墨子

수정증보판

국내 최초 완역판

겸애와 비공을 통해
이상사회를 추구한 사상가

묵자

수정증보판

묵자 지음
신동준 옮김

국내 최초 완역판

겸애와 비공을 통해
이상사회를 추구한 사상가

兼 愛 主 義

非 戰 主 義

節 用 主 義

인간사랑

국내 최초 완역판

겸애와

비공을

통해

이상사회를

추구한

사상가

兼愛主義

非戰主義

節用主義

수정증보판 역자 서문

전 세계를 위협하는 북핵 문제가 지난 2018년 초부터 세계적인 이슈로 부상했다. 남북과 미북 정상회담이 잇달아 열린 사실이 이를 뒷받침하고 있다. 그러나 많은 전문가들은 북핵 문제가 과연 극적인 해결점을 찾을 수 있을지 여전히 회의적이다. 대략 북한 핵폭탄의 뇌관이 완전히 제거되려면 제법 오랜 시간이 걸릴 전망이다. 한반도 주변국의 부산한 움직임이 이를 뒷받침한다.

지난 2018년 초의 제19대 전인대를 계기로 종신 집권의 근거를 마련한 중국의 시진핑은 미중 무역전쟁의 와중에 김정은과 긴급 회동을 갖고 대북지원 의사를 공공연히 밝힌 바 있다. 총선 승리의 여세를 몰아 지난 2018년 말 당내 경선마저 압승을 거둔 일본의 아베는 전후 최장수 총리 기록에 바짝 다가서며 미일간의 결속을 더욱 강화하고 있다. 재선을 토대로 옛 소련제국의 영광 재현을 꾀하는 러시아의 푸틴은 유사시를 대비한 한반도 간섭 의도를 노골화하고 있다. 그 사이에 낀 한국만 미국과 중국 사이를 오가며 줄타기 외교를 벌이고 있다. 더구나 '세계10대 무역대국'의 허명虛名 속에 바닥을 모르고 추락하고 있는 경제 불황이 북핵 못지않은 국정현안으로 부상했다. 엎친 데 덮친 격이다.

묵가의 창시자 묵적墨翟은 난세의 한복판인 전국시대 초기에 활약했다. 대략 공자가 세상을 떠난 지 10여 년 뒤 태어나, 맹자가 태어나기 10여 년 전 세상을 떠난 것으로 추정되고 있다. 그는 모든 사람을 두루 사랑할 것을 역설했다. 이른바 겸애兼愛이다. 나아가 그는 강대국 군주들에게 약소국 공격을 자제해 열국이 공히 평화를 누리는 길을 택하라고 권했다. 이른바 비공非攻이다. 그가 말한 '겸애'는 관념적인 사랑이 아니다. 타인을 이롭게 하는 것이 곧 자신을 이롭게 하는 길이라고 설파한 게 그렇다. 기독교과 불교에서 말하는 아가페 및 이타利他 정신과 하등 다를 게 없다. 싸움을 그치고 안정과 휴식을 취함으로써 서로 '윈-윈'할 수 있다는 '비공' 주장 역시 매우 합리적이다. 유엔 헌장보다 더 나은 바가 있다. 이는 그의 가르침이 21세기 제4차 산업혁명시대에도 여전히 유효하다는 사실을 보여준다.

묵자가 '겸애'와 '비공'을 역설한 데에는 당시의 혼란스런 시대상황이 크게 작용했다. 그가 활약한 전국시대는 강자가 약자를 무자비하게 집어삼키는 약육강식의 시대였다. 서양 최초의 사회계약론자인 홉스의 말을 약간 돌려 표현하면 '만국의 만국에 대한 투쟁의 시대'였다. 이는 전례 없는 일이었다. 공자가 활약한 춘추시대에는 전쟁을 치를 때조차 일정한 예법이 존재했다. 명분상 우위를 점하거나 무력을 과시하는 것만으로도 적의 무릎을 꿇게 만들 수 있었다. 실전 또한 왕공대부와 무사들이 전담한 까닭에 일시적인 국지전으로 끝났다. 스스로 무장할 수 있는 자들만이 싸움에 참여하는 전차전戰車戰이 대세를 이룬 이유다. 덕분에 일반 백성은 전쟁 중에도 나름 계속 생업에 종사할 수 있었다.

그러나 전국시대로 들어오면서 상황이 일변했다. 강대국이 약소국을 병탄해 지방의 한 현縣으로 편입하는 일이 보편화한 탓이다. 이른바 멸국치현滅國置縣 현상이다. 약소국의 경우 패망을 면하려면 일반 백성까지 총동원할 수밖에 없었다. 강대국 역시 또 다른 강대국과 전면전을 치르는 일이 자주 빚어진 까닭에 별반 차이가 없었다. 전국시대에 들어와 소규모의 국지전으로 전개된 전차전을 대신해 전면전으로 치러지는 대규모의 보병전步兵戰이 일반화한 배경이다. 전방과 후방을 가릴 것 없이 국가총력전 양상으로 전개되는 오늘날의 전쟁과 하등 다를 게 없다.

묵자는 바로 이런 시대를 살면서 소모적인 살육전을 매듭짓고 천하를 두루 평안케 만드는 방안을 찾는데 골몰했다. 그가 고심 끝에 찾아낸 것이 바로 '겸애'와 '비공'이다. 이는 천하에 군주 노릇을 하는 자는 매우 많지만 어진 자는 매우 적다는 판단에 따른 것이었다. 공자가 천하를 주유하며 열국 군주에게 인仁을 역설한 것과 취지를 같이한다. 그가 젊었을 때 유가에 가담해 공자사상을 깊이 흡입한 사실을 방증하는 대목이다. 그러나 그는 공자가 역설한 '인'에서 한 발 더 나아갔다. 그게 바로 사랑과 평화로 번역되는 '겸애'와 '비공'이다. 공자사상을 보다 적극적이며 보편적인 개념으로 확장한 결과다.

현재 중국은 말할 것도 없고 일본의 학계 역시 묵가에 대한 재조명 작업이 매우 활발하다. 일본 학계는 지피지기知彼知己 차원에서 접근하고 있다. 문제는 한국이다. 아쉽게도 한국 학계에서는 이런 움직임이 미미하다. 심도 있는 주석서나 활용 서적을 찾아보기 힘든 현실이 그렇다.

예나 지금이나 고전은 응당 글자 하나하나에 대한 엄밀한 주석이 뒷받침돼야 올바른 이해가 가능하다. 불행하게도 아직 그런 정밀한 주석서가 나와 있지 않다. 최근 일명 묵변墨辯으로 불리는 「경」과 「경설」 등 6개편을 깊숙이 탐사한 『묵경墨經』이 출간된 것은 나름 평가받을 만한 일이다.

원래 『묵자』는 71편이었으나 현존하는 것은 53편이다. 진시황의 천하통일을 계기로 묵가가 감쪽같이 사라지면서 『묵자』 또한 훼손을 면치 못한 결과다. 현존 53편으로도 나름 묵가사상의 요체를 파악할 수 있는 것은 불행 중 다행이다.

중국을 포함한 동아시아의 역사문화는 모두 춘추전국시대의 제자백가 사상에서 비롯됐다. 세계 최대의 시장으로 부상한 중국에 대한 이해는 21세기 제4차 산업혁명시대에 들어와 더욱 절실해졌다. 제자백가 사상을 제대로 이해코자 하면 유가와 묵가 및 도가와 더불어 이른바 '선진4가先秦四家'의 한 축을 이루고 있는 묵가사상을 깊숙이 탐사할 필요가 있다. 필자가 묵가의 기본 텍스트인 『묵자』에 대한 정밀한 분석을 시도한 이유다. 본서가 한반도통일을 조기에 실현해 명실상부한 '동북아 허브시대'의 개막에 앞장서고자 하는 모든 사람에게 나름 도움이 됐으면 하는 바람이다.

2018년 겨울 학오재學吾齋에서 저자 쓰다.

들어가는 글

한때 록밴드 '사랑과 평화'가 탁월한 연주 실력으로 대중의 사랑을 받은 바 있다. 이들이 어떤 이유로 이런 이름을 달았는지는 알 수 없으나 『묵자』를 관통하는 키워드가 바로 '사랑과 평화'다. 주목할 것은 『성경』을 관통하는 키워드도 '사랑과 평화'라는 점이다. 『묵자』와 『성경』의 유사성을 암시하는 대목이다.

'사랑과 평화'를 기치로 내건 묵가의 창시자 묵적墨翟은 생전에 원수를 사랑하라고 가르친 예수처럼 모든 사람을 두루 사랑할 것을 역설했다. 이른바 겸애兼愛이다. 나아가 그는 강대국 군주들에게 약소국 공격을 자제해 열국이 공히 평화를 누리는 길을 택하라고 권했다. 이른바 비공非攻이다. '겸애'와 '비공'을 현대어로 바꾸면 '사랑과 평화'가 된다.

묵자는 대략 공자가 세상을 떠난 지 10여 년 뒤 태어나, 맹자가 태어나기 10여 년 전 세상을 떠난 것으로 추정되고 있다. 예수보다 약 4백여 년 가량 앞서 인류가 서로 평화롭게 사는 비결을 전수한 셈이다. 그가 말한 '겸애'는 관념적인 사랑이 아니다. 타인을 이롭게 하는 것이 곧 자신을 이롭게 하는 길이라고 설파한 게 그렇다. 기독교와 불교에서 말하는 아가페 및 이타利他 정신과 하등 다를 게 없다. 싸움을 그치고 안정과 휴식을 취함으로써 서로 '윈-윈'할 수 있다는 '비공' 주장 역시 매우 합리적이다. 유엔 헌장보다 더 나은 바가 있다. 이는 그의 가르침이 21세기 스마트혁명시대에도 여전히 유효하다는 사실을 보여준다.

묵자가 '사랑과 평화'를 역설한데는 당시의 혼란스런 시대상황이 크게 작용했다. 그가 활약한 전국시대는 강자가 약자를 무자비하게 집어삼키는 약육강식의 시대였다. 서양 최초의 사회계약론자인 홉스의 말을 약간 돌려 표현하면 '만국의 만국에 대한 투쟁의 시대'였다. 이는 전례 없는 일이었다. 공자가 활약한 춘추시대에는 전쟁을 치를 때조차 일정한 예법이 존재했다. 명분상 우위를 점하거나 무력을 과시하는 것만으로도 적의 무릎을 꿇게 만들 수 있었다. 실전 또한 왕공대부와 무사들이 전담한 까닭에 일시적인 국지전으로 끝났다. 스스로 무장할 수 있는 자들만이 싸움에 참여하는 전차전戰車戰이 대세를 이룬 이유다. 덕분에 일반 백성은 전쟁 중에도 나름 계속 생업에 종사할 수 있었다.

그러나 전국시대로 들어오면서 상황이 일변했다. 강대국이 약소국을 병탄해 지방의 한 현縣으로 편입하는 일이 보편화한 탓이다. 이를 멸국치현滅國置縣이라고 한다. 약소국의 경우 패망을 면하려면 일반 백성까지 총동원할 수밖에 없었다. 강대국 역시 또 다른 강대국과 전면전을 치르는 일이 자주 빚어진 까닭에 별반 차이가 없었다. 전국시대에 들어와 소규모의 국지전으로 전개된 전차전을 대신해 전면전으로 치러지는 대규모의 보병전步兵戰이 일반화한 배경이다. 전방과 후방을 가릴 것 없이 국가총력전 양상으로 전개되는 오늘날의 전쟁과 하등 다를 게 없다.

묵자는 바로 이런 시대를 살면서 소모적인 살육전을 매듭짓고 천하를 두루 평안케 만드는 방안을 찾는데 골몰했다. 그가 고심 끝에 찾아낸 것이 바로 '겸애'와 '비공'이다. 이는 천하에 군주 노릇을 하는 자는 매우 많지만 어진 자는 매우 적다는 판단에 따른 것이었다. 공자가 천하를 주유하며 열국 군주에게 인仁을 역설한 것과 취지를 같이한다. 그가 젊었을 때 유가에 가담해 공자사상을 깊이 흡입한 사실을 방증하는 대목이다. 그러나 그는 공자가 역설한 '인'에서 한 발 더 나아갔다. 그게 바로 사랑과 평화로 번역되는 '겸애'와 '비공'이다. 공자사상을 보다 적극적이며 보편적인 개념으로 확장한 결과다.

현재 중국은 말할 것도 없고 일본의 학계 역시 묵가에 대한 재조명 작업이 매우 활발하다. 일본 학계는 지피지기知彼知己 차원에서 접근하고 있는 것이다. 문제는 우리나라다. 아쉽게도 한국 학계에서는 이런 움직임이 미미하다. 심도 있는 주석서나 활용 서적을 찾아보기 힘든 현실이 그렇다.

예나 지금이나 고전은 응당 글자 하나하나에 대한 엄밀한 주석이 뒷받침돼야 올바른 이해가 가능하다. 불행하게도 아직 그런 정밀한 주석서가 나와 있지 않다. 최근 염정삼이 일명 묵변墨辯으로 불리는 「경」과 「경설」 등 6편을 깊숙이 탐사한 『묵경墨經』(한길사, 2012)을 펴낸 것은 나름 평가받을 만한 일이다. 원래 『묵자』는 71편이었으나 현존하는 것은 53편이다. 진시황의 천하통일을 계기로 묵가가 감쪽같이 사라지면서 『묵자』 또한 훼손을 면치 못한 결과다. 현존 53편으로도 나름 묵가사상의 요체를 파악할 수 있는 것은 불행 중 다행이다.

21세기에 들어와 세계 최대의 시장으로 부상한 중국에 대한 이해는 이제 선택이 아니라 필수이다. 중국의 역사문화는 모두 춘추전국시대의 제자백가 사상에서 비롯됐다. 제자백가 사상을 제대로 이해코자 하면 유가와 법가 및 도가와 더불어 이른바 '선진4가先秦四家'의 한 축을 이루고 있는 묵가사상을 깊숙이 탐사할 필요가 있다. 필자가 묵가의 기본 텍스트인 『묵자』에 대한 정밀한 분석을 시도한 이유다. 본서가 한반도통일을 조기에 실현해 명실상부한 '동북아 허브시대'의 개막에 앞장서고자 하는 모든 사람에게 나름 도움이 됐으면 하는 바람이다.

2014년 봄 학오재學吾齋에서 저자 쓰다.

| 차례 |

권 1

권 2

권 3

권 4

[제1부]

묵자는 누구인가?

兼愛主義, 非戰主義, 節用主義

兼 愛 主 義

겸애와 비공을 통해
이상사회를 추구한 사상가

非 戰 主 義

節 用 主 義

국내
최초
완역판

겸애와

비공을

통해

이상사회를

추구한

사상가

兼 愛 主 義

非 戰 主 義

節 用 主 義

|제1편| 묵자는 어떻게 살았을까?

묵자의 등장

지금으로부터 약 2400년 전, 하늘의 뜻을 들먹이며 만인을 두루 사랑하는 겸애兼愛와 침략전쟁을 강고하게 반대하는 비공非攻을 역설한 인물이 있었다. 바로 묵자墨子다. 그의 이런 주장을 좇는 자들을 묵가墨家라고 했다. 주로 공인工人과 장인匠人 내지 무사武士들로 이뤄진 묵가는 강한 결속력을 자랑하며 집단생활을 영위했다. 이들은 열국의 군주와 백성들을 대상으로 묵가사상을 열심히 설파하면서 강대국의 침략 위기에 놓인 약소국을 위해 방어 전술을 전하고, 각종 수비용 무기와 설비를 직접 만들어 제공하기도 했다. 책과 문헌을 정리하는 설서說書, 수공업 기능과 군사 기술을 익혀 몸으로 일하는 종사從事, 사상의 전파를 위한 논증과 언변을 갈고닦는 담변談辯 등 3가지 업무의 전문가를 집중 양성한 배경이다. 역사상 매우 보기 드문 정치결사체에 해당한다.

묵자의 본명은 묵적墨翟이다. 그에게 '자'를 붙인 것은 존경을 표한 것이다. 공구孔丘를 공자, 맹가孟軻를 맹자로 높여 부른 것과 같다. 공구의 '공'과 맹가의 '맹'은 모두 크다는 뜻을 지니고 있다. '묵'을 성씨, '적'을 이름으로 보는 게 통설이다. 남송 때 정초鄭樵는 기전체

사서 『통지通志』에서 당나라 때 나온 『원화성찬元和姓纂』을 인용해 묵자의 성씨는 '묵'이고, 본래 묵태씨墨胎氏였다고 주장했다. 이에 대해 명말청초에 활약한 주량공周亮工은 노자의 성씨를 '노씨'로 볼 수 있느냐고 반박하면서 '적'을 원래의 성씨라고 했다. '묵'을 성씨인 '적' 앞에 쓴 것은 얼굴에 먹을 뜨는 묵형墨刑을 받았다는 사실을 드러내기 위한 것으로 보아야 한다는 것이다. 그러나 그가 이런 주장을 뒷받침할 만한 뚜렷한 근거를 제시한 것은 아니다.

원래 묵적의 '묵'은 우리말의 먹과 같은 뜻이다. 검다는 의미를 함축하고 있다. 얼굴에 먹을 뜨는 '묵형'은 중형에 해당한다. 그렇다면 묵적은 왜 하필 '묵형'의 이미지를 연상시키는 '묵'을 성씨로 삼은 것일까? 예로부터 이와 관련해 이론이 분분했다.

가장 널리 유포된 설은 묵적 자신이 어떤 일로 인해 '묵형'을 받은 까닭에 그런 성씨를 갖게 됐다는 주장이다. 민국 초기 사학계의 거두로 활약한 전목錢穆이 『묵자』에서 이를 적극 지지하고 나섰다. 중문학자 호회침胡懷琛의 『묵자학변墨子學辨』과 고고학자 위취현衛聚賢의 『묵자소전墨子小傳』은 입고 있던 옷과 피부가 까만데서 그런 이름을 갖게 됐다고 보았다. 이들 모두 묵자를 '묵형'을 받는 등의 천인으로 간주했다는 점에서 동일하다.

그러나 묵적을 천인 출신으로 간주한 것은 지나쳤다. 그를 포함한 묵가집단은 방어용 무기를 만들거나 성을 쌓는 데 뛰어난 기술을 보유했다. '묵형'을 받은 노비 출신으로 단정하는 것은 비합리적이다. 방어를 위주로 한 그의 뛰어난 병법사상에 주목할 필요가 있다. 「비성문」에서 「잡수」에 이르는 20여 편은 『손자병법』을 비롯한 여타 병서에서는 전혀 찾아볼 길이 없는 뛰어난 수성守城 전략전술로 채워져 있다. 「비성문」이하를 이른바 '묵자병법'으로 칭하는 이유다. 굳게 지킨다는 뜻의 묵수墨守 성어도 여기서 나왔다.

대략 무사 집안 출신으로 보는 게 타당할 듯싶다. 실제로 묵자와 그 제자들이 무사 출신이라는 추론을 가능케 해주는 증거가 제법 많다. 묵가 집단의 지도자는 거자鉅子로 불렀다. '거자'는 집단 성원에 대한 생살권도 지니고 있었다. 묵자는 이런 집단의 초대 거자에 해당한다. 『회남자』「태족훈泰族訓」의 다음 구절이 이를 뒷받침한다.

"묵자를 좇는 자들이 180인에 달했다. 묵자는 그들을 불속에 뛰어들거나 칼날을 밟게 할 수도 있었다. 그런 식으로 죽을지라도 그들은 발꿈치를 돌려 달아나지 않을 것이다. 모두 감화된 결과다."

『묵자』가 이른바 '묵자병법'에서 성을 방어하기 위한 전략전술과 수성용 무기 제조법을 상세히 다루고 있는 것도 이런 맥락에서 이해할 수 있다. 묵자를 포함한 묵가는 원래 무사집단이었을 가능성을 뒷받침한다. 묵가는 2가지 점에서 통상적인 무사와는 달랐다. 첫째, 묵가는 공격성을 띤 전쟁을 극력 반대했다. 오직 방어를 목적으로 한 전쟁만 용인했다. 둘째, 묵가는 실용주의에 입각해 자신들의 직업윤리를 가다듬었다. 묵가가 유가에 이어 사상 두 번째 제자백가로 등장한 배경이다. 여기에는 묵자를 포함한 묵가 집단이 일정 수준의 교양을 갖춘 게 크게 작용했을 듯싶다. 실제로 묵자의 언행을 보면 일정 수준의 학문을 익히지 않으면 불가능한 내용이 매우 많다. 공자가 그렇듯이 묵자 역시 하급 무사 집안 출신일 공산이 크다.

훗날 한무제 때 활약한 사마천은 『사기』를 저술하면서 나름 제자백가의 출현배경과 활약상을 자세히 기술해 놓았다. 그러나 묵자와 묵가에 대해서만큼은 예외이다. 소략하기 짝이 없다. 맹자와 순자의 사적을 기록한 「맹순열전孟荀列傳」의 말미에 한 줄 언급하는데 그친 게 그렇다. 해당 대목이다.

"대략 묵적은 송나라 대부로 성을 방어하는 기술에 뛰어났고 절용을 역설했다. 혹자는 공자와 같은 시대에 활약했다고 하고, 혹자는 그보다 뒤라고 한다."

원문은 '개묵적蓋墨翟, 송지대부宋之大夫, 선수어善守禦, 위절용爲節用. 혹왈병공자시或曰並孔子時, 혹왈재기후或曰在其後.'로 총 24자에 불과하다. 이게 전부다. 『사기』의 뒤를 이은 반고盤固의 『한서漢書』도 별반 다를 게 없다. 관련 대목이다.

"묵자는 이름이 적翟이고, 송나라 대부였다. 공자보다 후대에 살았다."

『한서』는 『사기』보다 더 간략하다. 21세기라고 해서 더 나아진 것도 없다. 학자들의 연구 결과를 종합해 요약하면 대략 이렇다. 선조는 송나라 사람이었고, 오랫동안 노나라에 있었고, 천민으로 분류된 장인匠人의 삶을 살면서 뛰어난 기술을 발휘했고, 젊었을 때 유가에 입문해 공자사상의 세례를 받았고, 속유俗儒의 속물 행보에 실망해 이내 '겸애'와 '비공'을 기치로 묵가를 창시했고, 공자 사후에 태어나 맹자가 태어나기 전인 전국시대 초기에 활약하면서 대략 90세 가까이 생존했고, 사후에 묵가는 상리씨相里氏, 상부씨相夫氏, 등릉씨鄧陵氏 등 3개 학파로 나뉘었다는 정도이다.

청대의 손이양은 『묵자간고』에서 묵자가 주나라 정왕定王 때 태어나 안왕安王 말기에 죽었을 것으로 추정했으나 무슨 확실한 근거를 제시한 것은 아니다. 청대 말기에서 민국 초기에 이르기까지 최고의 지성으로 불린 양계초梁啓超는 여러 전적에 나오는 묵자에 관한 기록을 망라한 『자묵자학설子墨子學說』을 펴낸 바 있다. 첫머리에 묵자의 사적을 정리한 「묵자약전墨子略傳」이 나온다. 이를 토대로 묵자의 삶을 살펴보기로 하자.

묵자의 출생지와 관련해 크게 3가지 견해가 있다. 『순자荀子』「수신修身」에 대한 양량楊倞의 주석, 『문선文選』「장적부長笛賦」주에 인용된 『포박자抱朴子』 등은 그를 송나라 출신으로 간주했다. 이게 현재의 통설이다. 이에 대해 『여씨춘추呂氏春秋』「당염當染」에 대한 고유高誘의 주석은 노나라 출신으로 파악했다. 양계초를 비롯한 많은 학자들이 이를 지지했다. 21세기에 들어와 이를 지지하는 학자들이 늘고 있다. 이들은 묵자가 태어난 지역을 공자와 맹자가 태어난 곳과 매우 가까운 등滕 땅으로 추정하고 있다. 지금의 산동성 등주시滕州市 근교에 해당한다. 『맹자』「양혜왕」과 「등문공」 등에는 맹자가 등나라 군주와 나눈 대화가 대거 수록돼 있다. 『묵자』 주석에서 손이양과 더불어 당대 최고의 주석가로 손꼽히는 필원畢沅은 묵자를 초나라 출신으로 파악했다. 이는 초나라 노양魯陽 땅의 문군文君과 나눈 대화가 『묵자』에 대거 수록된 점에 주목한 분석이다. 『묵자』의 내용을 토대로 보면 대략 묵자는 노나라를 근거지로 삼아 오랫동안 머물렀고, 수시로 송나라와 초나라 등지를 오가며 열국의 군주 앞에서 '겸애'와 '비공' 등을 유세했고, 이 와중에 각지에서 모여든 여러 제자들을 대거 육성한 것만은 확실하다.

양계초는 묵자가 활약한 시기를 대략 기원전 450년경에서 기원전 390년경 사이로 보았다. 시기적으로 춘추시대 말기에서 전국시대 초기에 해당한다. 이 시기는 춘추시대 말기를 화려하게 수놓은 오왕 합려闔閭 및 부차夫差 부자와 월왕 구천句踐이 천하의 패권을 놓고 치열한 각축전을 벌인 이른바 오월시대吳越時代의 연장선상에 있었다.

'오월시대'는 앞선 시기와 몇 가지 점에서 뚜렷한 차이점을 보이고 있었다. 춘추시대 중기에 활약한 제환공齊桓公과 진문공晉文公, 초장왕楚莊王 등은 이른바 존왕양이尊王攘夷를 기치로 내걸고 '왕도王道에 가까운 패도霸道'를 추구했다. 그러나 '오월시대'는 구천의 와신상담臥薪嘗膽 일화가 보여주듯이 수단방법을 가리지 않고 패업을 추구했다. 당대의 병법가인 오나라 책사 오자서伍子胥를 위시해 월왕 구천의 참모인 문종文種과 범리范蠡 역시 제환공과 진문공 등을 보필한 관중管仲이나 조최趙衰 등과 뚜렷한 차이를 보이고 있다. 이들은 전국시대에 본격 활약하는 법가法家와 병가兵家 및 종횡가縱橫家의 선구자에 해당하는 자들이었다.

큰 틀에서 볼 때 전국시대로 진입하면서 이른바 전국7웅戰國七雄으로 불리는 소수의 강대국이 치열한 각축전을 벌이게 된 것도 '오월시대'의 쟁패爭霸 구도가 그대로 이어진 결과로 해석할 수 있다. 와신상담의 복수전이 이를 상징한다. 묵자는 바로 이런 시기를 산 것이다. 『여씨춘추』「당염」에 따르면 묵자는 주나라 조정 대신으로 있으면서 의례儀禮에 밝았던 사각史角의 후손에게 글을 배웠다고 한다.

묵가의 성립

묵자를 시조로 한 묵가 학단學團은 진시황의 천하통일을 즈음해 이내 사라지고 말았다. 그 이유는 무엇일까? 묵가를 깊숙이 연구한 일본학자 와타나베 다카시渡邊卓는 지난 2004년에 펴낸 『고대중국사상의 연구古代中国思想の研究』에서 이같이 해석한 바 있다.

"묵자는 고대에 너무 일찍 근대를 지향했다. 묵가는 그로 인해 절멸했다. 동시에 그 때문에 오늘날 우리에게 다시금 상기되는 특이한 학단이다."

와타나베는 묵가가 가족윤리와 군신의 덕목을 중시한 여타 제자백가와 달리 보편적인 인류애와 합리적인 사회질서를 주창한 게 절멸의 가장 큰 이유가 됐다고 보았다. 한무제 때 활약한 사마천이 『사기』를 저술하면서 묵자의 사적을 제대로 기록치 못한 것도 이런 맥락에서 이해할 수 있다.

주목할 것은 묵자가 유가의 '예학'에 만족치 않고 보다 보편적인 '예학'을 찾아 나선 점이다. 청나라 건륭제 때의 실학자 손성연孫星衍이 이를 최초로 지적한 바 있다. 그는 묵자를 주나라의 예를 전한 공자와 달리 하나라의 예를 전한 사람으로 간주했다. 그가 논거로 든 것은 『회남자』「요략要略」의 다음 기록이다.

"묵자는 유가의 학업을 배우고 공자의 도술道術을 전수받았다. 그는 내심 유가의 예가 번거로워 쉽지 않은데다, 장례를 후하게 하여 재물을 낭비하면서 백성을 가난하게 만들고, 소매가 넓은 의복 등이 생활에 불편하며 일에 방해가 된다고 생각했다. 주나라의 도를 버리고 하나라의 정사를 받아들인 이유다."

묵자가 「절장」과 「비악」 등에서 장례의식을 검소하게 치르고, 음악을 멀리 할 것을 주문한 배경을 짐작케 해 준다. 모두 사치스런 문화소비를 극력 저지코자 하는 취지에서 나온 것이다. 묵자가 역대 성왕 가운데 하나라의 우왕을 높이 평가하며 부단히 그의 행보를 좇고자 한 것도 이런 맥락에서 이해할 수 있다.

원래 묵자의 고국으로 추정되는 노나라는 공자가 자부했듯이 주나라 건국 초기부터 고대의 문물을 잘 보전한 나라로 명성이 높았다. 주나라 건국 원훈인 주공周公의 봉지로 존재한 게 결정적인 배경이다. 비록 나라는 작았지만 사실상 중원문화의 중심지에 해당했다. 공자가 노나라 출신인 것도 결코 우연으로 볼 수 없는 이유다. 묵자를 노나라 출신으로 간주하는 견해도 유사한 관점에 서 있다. 묵자가 공자사상의 유풍遺風이 짙게 남아 있는 노나라에서 『시경』 등의 고전을 공부하며 『주례』 등의 예학禮學을 깊숙이 익혔을 것으로 보는 게 그렇다. 이들은 묵자가 요순堯舜과 우왕禹王, 탕왕湯王, 무왕武王과 문왕文王 등 유가의 성왕을 숭상한 점을 논거로 들고 있다.

묵자가 유가의 성왕 가운데 유독 하나라의 우왕을 크게 존숭한 것도 대략 이런 맥락에서 이해할 수 있다. 우왕은 홍수를 다스리기 위해 집안도 돌보지 않은 채 정강이에 털이 날 겨를도 없이 동분서주한 전설적인 성왕이다. 『장자』「천하」에 묵자가 우왕을 얼마나 숭상했는지를 뒷받침하는 대목이 나온다.

"묵자는 사람들을 향해 말하기를, '옛날 하나라의 우왕은 홍수를 막고, 장강과 황하의 물길을 터서 사방의 이적夷狄과 구주九州를 연결하는 길을 열었다. 당시 천하에는 커다란 하천이 3백개, 지류가 3천개나 되었다. 그 밖의 작은 내는 그 수를 셀 수 없을 정도로 많았다. 우왕이 친히 삼태기와 보습을 손에 들고 천하의 내를 소통케 할 때 우의 장딴지에는 살이 빠졌고, 정강이에는 털이 없어졌다. 장맛비에 얼굴을 씻고 모진 바람에 빗질한 덕분에 마침내 천하를 안정시켰다. 우왕은 큰 성인인데도 이처럼 천하를 위해 자기 몸을 혹사했다.'고 했다."

묵자가 죽을 때까지 전설적인 우왕의 행적을 좇기 위해 애쓴 것은 지상에 이상국을 세우고자 한 결과다. 이상은 늘 그렇듯이 현실과 동떨어진 것이기는 하되 사람들을 감동케 만든다. 묵자의 사상적 후계자인 맹자가 겉으로는 묵가를 금수禽獸와 같은 무리라고 욕하면서도 그의 희생정신만큼은 높이 평가한 이유다. 『맹자』「진심 상」의 해당 대목이다.

"묵자는 겸애를 주장하며 머리끝에서 발뒤꿈치까지 온몸이 다 닳도록 천하를 이롭게 할 수만 있다면 이를 실현키 위해 노력했다!"

맹자도 묵자 못지않은 이상주의자였다. 왕도를 역설한 게 그렇다. 사상사적으로 보면 이는 묵자가 역설한 의정義政을 살짝 돌려 표현한 것이다. 묵자의 희생정신이 어떠했는지를 짐작케 해주는 대목이다. 묵자가 '의정'을 언급한 것은 궁극적으로 '겸애'와 '비공'을 증명하기 위한 것이다. 그는 자신의 주장을 관철키 위해 동분서주했다. 이를 두고 『회남자』「수무훈脩務訓」은 이같이 기록해 놓았다.

"너무 바삐 돌아다니는 바람에 공자는 굴뚝이 검어질 짬이 없었고, 묵자는 앉은 자리가 따뜻해질 틈이 없었다."

밥을 지으려면 아궁이에 불을 때야 하고, 불을 때면 굴뚝이 검어진다. 공자는 너무 바삐 움직이는 바람에 식사 시간도 걸렀다는 뜻이다. 주목할 것은 묵자에 대한 표현이다. 앉은 자리가 따뜻해질 틈이 없었다는 것은 곧 공자처럼 사방으로 뛰어다니며 강설하는 바람에 한 곳에 오랫동안 머물지 못했다는 의미이다. 묵자를 공자와 같은 반열에 올려놓고 칭송한 셈이다. 원문은 '공자무검돌孔子無黔突, 묵자무난석墨子無暖席'이다. 이것이 『한서』의 저자 반고의 「답빈희答賓戲」에서 '공석불난孔席不暖, 묵돌불검墨突不黔'으로 바뀌었다. 당나라 때 들어와 후대 문인에 의해 '당송팔대가'의 일원으로 칭송받은 한유韓愈가 「쟁신론爭臣論」에서 「답빈희」를 그대로 이어받아 '공석불가난孔席不暇暖, 묵돌부득검而墨突不得黔'으로 표현하면서 공석묵돌孔席墨突 성어가 만들어지게 됐다. 정신없이 바삐 돌아다니는 것을 비유할 때 사용한다.

여러 기록을 종합해 볼 때 당시 묵자가 자신의 주장을 널리 펼치기 위해 공자처럼 바삐 돌아다닌 게 확실하다. 『묵자』를 포함한 선진시대 문헌의 관련 기록이 이를 증명한다. '묵돌' 행보의 대표적인 사례로 강대국 초나라가 약소국인 송나라를 공격하려고 하자 황급히 초나라로 달려가 갖은 설득 끝에 마침내 초나라의 침공의도를 좌절시킨 것을 들 수 있다. 이후 그는 강대국 제나라가 이웃한 노나라를 치려고 했을 때도 급히 제나라 군주를 찾아가 설복시켰다. 당시 노나라는 제나라와 비교할 때 약소국에 해당했으나 그보다 못한 나라에 대해서는 강대국과 마찬가지로 위압적이었다. 이웃한 정나라를 공격코자 한 게 그렇다. 묵자는 이 또한 좌절시켰다. 그밖에도 여러 나라를 돌아다니며 유사한 유세를 펼쳐 소기의 성과를 거뒀다.

주목할 것은 그가 맹자와 다른 모습을 보인 점이다. 맹자는 많은 무리를 이끌고 다니며 열국 군주가 제공하는 향응을 당연시했다. 그러나 묵자는 맹자와 달리 특별한 보수나 대우를 전혀 바라지 않았다. 월나라 군주가 묵자의 제자 공상과의 유세를 듣고 크게 탄복한 나머지 수레 50승乘을 보내면서 옛 노나라 땅 사방 5백리를 미끼로 내걸고 정중히 초빙했을 때 이를 일언지하에 거절한 게 그 증거다. 하늘의 뜻에 입각한 '겸애'와 '비공'은 결코 어떤 세속적인 명리와 바꿀 수 없다는 사실을 몸으로 보여준 셈이다. 무위자연無爲自然을 역설한 장자도 묵자에 대해 커다란 존경심을 표했다. 『장자』「천하」에 나오는 해당 대목이다.

"묵자는 널리 사랑하고 두루 이익을 나눠야 한다고 주장하면서 전쟁을 반대했다. 남이 모욕해도 성내지 않는 것을 도리로 여긴 이유다. 또 학문을 좋아해 널리 배우는 것만은 선왕의 도와 다르지 않았다. 그러나 그의 학문은 선왕의 도와 같지 않았다. 유가의 예악禮樂을 비방한 게 그렇다."

장자는 묵자가 유가의 예악을 질타한 것을 '옥의 티'로 거론했다. 그러나 묵자가 유가의 예악을 비판한 것은 그만한 이유가 있었기 때문이다. 당시 속유들은 번잡한 예악 의식儀式을 무기로 백성들의 등골을 빼먹고 있었다. 묵자는 크게 분개하며 이를 타파코자 했다. 유가의 후장구상厚葬久喪을 극력 반대한 이유다.

원래 '후장구상'은 주나라의 예법으로 적잖은 문제를 안고 있었다. 그 이전까지만 해도 장례와 상례의식은 매우 간단했다. 언덕에서 죽은 자는 언덕, 늪에서 죽은 자는 늪에 장사하는 게 원칙이었다. 따로 화려한 관곽을 마련해 호사스런 장례 의식을 치를 이유가 없었다. 상례도 크게 다르지 않았다. 3년상을 치르는 대신 3월상으로 상례를 마쳤다. 간략히 장례를 치르고 짧은 기간 내에 상례를 끝내는 묵가의 절장단상節葬短喪과 하등 다를 게 없다.

공자도 '후장구상'의 문제를 잘 알고 있었다. 묵자와 마찬가지로 '절장'을 주문한 게 그렇다. 그러나 '단상'에는 반대했다. 그런 점에서 묵자는 공자보다 뛰어난 바가 있다. 나아가 공자가 생존할 당시 예악은 거의 예외 없이 왕공대부 등 귀족의 유흥 수단으로 전락해 있었다. 일반 서민의 입장에서 볼 때 예악은 사치에 지나지 않았다. 묵자와 그의 제자들이 전통적인 예악을 옹호한 유가를 비판한 것은 나름 일리가 있다. '묵가' 출현의 근본배경도 여기서 찾을 수 있다.

묵가의 전파

묵자는 비록 유가의 '후장구상'을 비판하기는 했으나 장례와 상례를 소홀히 여긴 것은 아니다. 공자와 마찬가지로 애도하는 마음을 중시하며 형식이 내용을 압도하는 것을 용납지 않았을 뿐이다. 본말이 전도됐다고 간주한 결과다. 그런 점에서 『회남자』「요략」에 나오듯이 묵자가 주나라의 전통 예제를 온통 거부하고 하나라의 예제를 적극 수용했다고 단정하는 것은 지나쳤다. 실제로 그같이 보는 것은 『묵자』의 내용과도 부합하지 않는다.

『묵자』를 보면 묵자가 흔히 『시』와 『서』를 인용해 자신의 주장을 밑받침하는 대목을 쉽게 만날 수 있다. 묵자도 공자를 적극 끌어들여 묵가 이론의 정당성을 확보코자 했다. 공자의 명성이 그만큼 높았다. 묵자사상이 기본적으로 공자사상과 맥을 같이하는 이유다. 다만 공자가 주나라 문화를 전폭 수용해 자신의 사상적 배경으로 삼았다면, 묵자는 일부만 자신의 사상적 근거로 삼았다고 할 수 있다. 공자는 전래의 『시』, 『서』, 『예』, 『악』을 모두 취했다. 이에 대해 묵자는 『시』와 『서』만 취하고 『예』와 『악』을 취하지 않았다. 서민의 이익과 배치됐기 때문이다. 묵자가 주나라의 도를 버리고 하나라의 정사를 채택했다는 『회남자』의 주장은 반만 맞는다.

물론 묵자는 계승의 범위뿐만 아니라 계승의 방식에서 공자와 일정부분 차이를 보인다. 공자는 전통문화의 계승과 관련해 이른바 술이부작述而不作의 원칙을 지켰다. 선왕의 사적을 기술만 할 뿐 자의적인 개작은 하지 않는 것을 말한다. 그러나 묵자는 달랐다. 술이가작述而可作을 견지한 게 그렇다. 선왕의 사적을 기술하는데 그치지 않고 잘못된 내용을 과감히 수정했다. 후대에 올바른 가르침을 전하고자 한 것이다. 묵자가 유가의 '술이부작' 방식을 정면으로 비판하며 잘못된 것을 과감히 수정한 배경이다. 학문의 시대적 변용에 해당한다.

그러나 이는 묵가에 치명상을 안기는 부메랑으로 작용했다. 제자백가가 서로 치열한 논쟁을 벌이는 이른바 백가쟁명百家爭鳴의 와중에 묵가가 여타 제자백가의 집중포화를 맞게 된 게 그렇다. 당시 제자백가의 묵가에 대한 공격은 매우 신랄했다. 공격의 선봉에 선 대표적인 인물이 바로 공자사상을 집대성한 순자이다. 그가 묵가에 대해 신랄한 비판을 가한 데에는 맹자를 묵자의 사상적 후계자로 간주한 것과 밀접한 관련이 있다. 이를 뒷받침하는 『순자』「왕패」의 해당 대목이다.

"크게는 천하, 작게는 한 나라를 보유하면서 만일 묵가처럼 모든 일을 반드시 자신이 직접 챙겨 시행한다면 그 노고의 피로함과 초췌함이 막심할 것이다. 그렇다면 비록 남녀 노비라 할지라도 천자의 위세와 바꾸려 하지 않을 것이다. 천하를 다스리고 사해를 통일코자 하면서 어찌 반드시 자신만이 이를 해야 하는가? 군주가 친히 가서 하는 것은 일개 역부役夫의 일에 지나지 않는다. 묵자가 이런 주장을 폈다."

사농공상士農工商의 직분에 따른 분업을 통해 천하를 다스릴 것을 주장한 것이다. 군주가 묵가의 주장을 좇아 전설적인 우왕처럼 직접 농사를 짓고, 기물을 만드는 식으로 천하를 다스리고자 하면 이내 패망할 수밖에 없다고 본 결과다. 묵가의 무리를 잡역에 종사하는 일꾼 즉 '역부'에 비유한 게 통렬하다. 순자의 제자 한비자는 스승의 이런 주장을 토대로 강력한 법치를 역설하며 법가사상을 집대성하고 나섰다. 진시황의 무력을 통한 천하통일을 이론적으로 뒷받침한 배경이다.

역사가 증명하듯이 한비자의 법가사상과 정반대되는 묵가의 주장은 진시황이 보위에 오르는 전국시대 말기에 들어와 이미 설 곳을 잃고 말았다. 묵가가 급작스레 사라진 시대적 배경이다. 그럼에도 묵가사상은 21세기 스마트혁명 시대에 새로운 의미로 다가오고 있다. 비록 전설상의 인물이기는 하나 천하인을 위해 몸을 내던진 하나라의 창업주 우왕을 숭배한 게 그렇다. 우왕의 가장 큰 미덕은 '근면'과 '절검'에 있다. 묵자는 죽을 때까지 우왕을 좇기 위해 애썼다. 그의 제자들과 묵가도 마찬가지였다. 『논어』「태백」에 나오는 공자의 다음 언급이 이를 뒷받침한다.

"우왕에 대해서는 내가 흠잡을 데가 없다. 음식은 보잘 것 없이 하면서도 귀신에게는 정성을 다했고, 의복은 검소하게 입으면서도 관복에는 아름다움을 다했고, 궁실은 낮게 지으면서도 논도랑을 정비하는 데에는 온힘을 다했다. 우임금에 대해서는 내가 흠잡을 데가 없다."

묵자가 유가와 마찬가지로 요순과 탕왕, 무왕과 문왕 등을 똑같이 높이면서도 유독 우왕을 특별히 높이 숭배한데는 나름 이유가 있다. 묵자가 볼 때 유가의 '예학'은 일정한 한계가 있었다. 『예기』「곡례」에 나와 있듯이 유가는 예禮와 형刑을 엄히 구분하면서 왕공대부와 사인에게만 '예'를 적용하고, 그 밑의 서인에게는 '형'을 적용할 것을 주문하고 있다. 요순과 탕왕, 무왕과 문왕은 예와 형을 엄격히 구분하는 유가의 성인으로 추존하기에 알맞다. 노동자와 별반 다를 게 없는 삶을 산 우왕은 이와 성격이 다르다.

묵자는 이 점에 주목했다. 서민의 편에 서 있었던 그가 왕공대부는 물론 서민도 두루 존경할 수 있는 인물을 찾아내고자 한 이유다. 그가 궁극적으로 찾아낸 인물이 바로 우왕이었다. 우왕의 뛰어난 덕목은 '겸애'와 '비공'에 있다. 묵가가 전국시대 초기에 들어와 유가에 이어 두 번째 제자백가로 우뚝 선 배경이 여기에 있다. 이는 전국시대에 들어와 공자사상의 키워드 '인'과 동떨어진 속유俗儒가 횡행하고, 난세의 심도가 훨씬 깊어졌음을 반증한다.

많은 학자들이 이구동성으로 얘기하고 있듯이 '겸애'와 '비공'으로 표현된 묵자의 '사랑과 평화' 정신은 21세기 스마트혁명 시대에도 여전히 유효하다. 인류가 국가를 단위로 '자아실현'을 추구하는 한 '사랑과 평화'는 영원한 테제가 될 수밖에 없다. 묵자는 기원전에 이미 만민평등의 근대정신을 외친 인물이다. 그러나 당시 기준에서 볼 때 이는 시대를 너무 앞서나간 것이었다. 와타나베가 지적했듯이 이게 묵가에 치명타로 작용했다. 그럼에도 동시에 와타나베가 상기시켰듯이 묵자의 가르침은 21세기 스마트혁명 시대를 사는 모든 사람에게 오히려 더욱 큰 울림으로 다가온다. 그가 인류번영의 보편적인 가치를 그만큼 강도 높게 주창했음을 반증하는 대목이다.

국내 최초 완역판

겸애와

비공을

통해

이상사회를

추구한

사상가

兼愛主義

非戰主義

節用主義

|제2편| 묵자는 어떻게 생각했을까?

제1장 묵자사상의 특징

천하무인과 평화주의

묵자는 사상 최초의 '반전평화주의자'로 꼽히고 있다. 단순히 전쟁을 반대하는 반전反戰 차원을 넘어 아예 전쟁 자체를 인정치 않는 비전非戰을 주장한 점에서 '사랑과 평화'를 향한 그의 행보는 높은 점수를 받을만하다. 만인을 두루 사랑하는 '겸애'와 다툼을 그치고 서로 상생을 꾀하는 '비공'의 숭고한 정신이 이를 뒷받침한다.

'겸애'와 '비공'은 나와 남을 엄히 구별한 뒤 가까운 사람을 더욱 가까이하는 유가의 친친親親 사상을 부인한데서 출발한다. 묵가의 '겸애'가 유가의 별애別愛와 뚜렷이 구분되는 근본배경이 여기에 있다. 천하의 모든 사람을 두루 사랑하라는 '겸애'는 내용상 기독교의 사랑 내지 불교의 자비와 하등 차이가 없다.

그럼에도 묵가가 종교로 나아가지 않은 것은 겸애의 실천방법을 세속적인 가치에서 찾은데 있다. 그게 바로 교리交利이다. 천하의 이익을 두루 서로 나눈다는 뜻이다. 「대취」는 '교리'의 배경을 이같이 설명해 놓았다.

"천하인은 이롭게 해주면 모두 기뻐한다. '성인은 사랑만 있을 뿐 이롭게 하는 일은 없다.'고 하는 것은 모두 유자儒者들의 객쩍은 말이다. '천하에 남이란 없다.'고 한 것은 묵자의 말이다. 이는 앞으로도 계속 유효할 것이다."

'천하에 남이란 없다.'는 구절의 원문은 천하무인天下無人이다. 여기의 인人은 나를 제외한 타인他人의 의미로 사용된 것이다. 사상사적으로 볼 때 묵가의 '천하무인' 사상은 단군과 같이 동일한 조상을 둔 국가공동체의 통치이데올로기로 사용할 만하다. 외적의 침공 위협에서 나라의 전 구성원이 하나로 똘똘 뭉칠 수 있기 때문이다.

그러나 묵자의 생각은 이를 뛰어넘는다. 그의 '천하무인' 사상은 국가 차원을 뛰어넘는 천하의 모든 사람에게 적용되는 인류애人類愛에 가깝다. 일견 『논어』「안연」에서 공자의 제자 자하子夏가 언급한 사해형제四海兄弟 개념과 닮았다. 그러나 그 내용은 다르다. 「안연」에 나오는 자하의 '사해형제' 언급 대목이다.

"내가 듣건대 '생사는 명운에 달려 있고, 부귀는 하늘에 달려 있다.'고 했다. 군자가 공경하는 자세로 잘못을 저지르지 않고, 남과 더불어 있을 때 공손한 자세로 예를 갖추면 사해四海 안의 모든 사람이 곧 형제가 된다. 군자가 어찌 형제가 없는 것을 걱정하겠는가?"

자하는 공자사상을 예치禮治로 요약한 순자의 사상적 스승에 해당한다. '사해형제'는 예치를 통해 천하의 모든 사람이 공경한 자세를 취하며 평화를 이루는 순자학파의 기본이념을 상징한 말이다. 그러나 「대취」에 나오는 묵자의 '천하무인' 사상은 형식적인 예가 아니라 남을 내 몸처럼 생각하는 실질적인 사랑을 통해 이루고자 하는 훨씬 높은 경지를 말한다.

사상사적으로 보면 '천하무인'을 통해 궁극적으로 실현코자 하는 겸애 역시 공자가 역설한 충서忠恕 개념에서 나온 것이다. 『논어』「이인」에 이를 뒷받침하는 일화가 나온다.

하루는 공자가 증자曾子에게 말했다.

"삼參아, 나의 도는 일이관지一以貫之하고 있다."

'일이관지'는 사물의 이치를 하나로써 꿰었다는 뜻이다. 공자가 밖으로 나가자 공자의 제자들이 증자에게 물었다.

"일이관지는 무엇을 뜻하는 것이오?"

증자가 대답했다.

"선생님의 도는 충서忠恕일 뿐이오."

'충서'는 남을 내 몸처럼 헤아리며 매사에 성실한 자세로 대하는 것을 뜻한다. '충'을 『설문해자說文解字』는 진심盡心으로 풀이해 놓았다. 남송대의 주희는 자신의 모든 것을 다하는 진기盡己로 새겼다. '서'에 대해 『설문해자』는 인仁으로 풀이했다. 주희는 자신의 마음과 같이 대하는 여심如心으로 새겼다. 묵자가 역설한 '천하무인'의 정신과 다를 게 없다. 일각에서 묵가를 두고 이상을 지향하는 '공자좌파'로 해석하는 이유다. 순자처럼 현실에 무게를 두는 '공자우파'와 대비된다. 지난 1990년에 작고한 풍우란馮友蘭은 『중국철학사』에서 제자백가의 특징을 이같이 분석한 바 있다.

"유가는 사대부, 법가는 신흥지주, 도가는 몰락귀족, 묵가는 하층평민을 대표하는 사상이다."

객관적으로 볼 때 이는 결과론적인 분석에 불과하다. 『예기』「예운」에서 말하는 대동 세계는 대도大道가 행해지는 세계를 뜻한다. 이는 묵자가 역설하는 '천하무인'이 이뤄져야 가능한 세상이다. 천하의 이익을 두루 나누며 서로 사랑하는 자유롭고도 풍요한 삶이 보장되는 이상국이 그것이다.

공자사상을 결정적으로 왜곡한 맹자는 '공자좌파'의 시조로 불린다. 사상사적으로 보면 그는 묵자의 사상적 제자에 해당한다. 만일 묵자가 유가의 예악 등을 비판하지만 않았어도 묵가는 맹자에 앞서 '공자좌파'의 효시로 불렸을 것이다. 후대의 성리학자들은 예악에 방점을 찍은 나머지 비악非樂을 역설한 묵가를 유가와 입장을 달리하는 별개의 학파로 간주했다. 수천 년 동안 이것이 통설로 이어져 왔다.

그러나 사상사적으로 보면 묵가와 유가는 본래 아무런 차이가 없다. 백성을 위하는 위민爲民을 위정자의 기본덕목으로 꼽은 게 그렇다. 21세기에 들어와 적잖은 사람들이 맹자를 묵가의 사상적 후계자로 보는 것도 바로 이 때문이다. '천하무인'이 「이인」에 나오는 '충서'를 달리 표현한 것에 지나지 않는다는 분석이 이를 뒷받침한다. 제자백가에 대한 새로운 접근이 필요한 이유다.

위민사상과 평등주의

묵자는 백성의 이용후생에 보탬이 되지 않는 생산을 비판하며 절도 있는 소비를 역설했다. 사상 최초의 노동가치설 주창자로 평가받는 이유다. 필요에 따른 공급, 절제된 소비, 자원의 효율적인 분배를 주장한 사실이 이를 뒷받침한다. 유가의 후장구상厚葬久喪과 대비되는 박장단상薄葬短喪을 제안하고, 호사스런 음악과 사치스런 궁궐 축조를 반대한 것도 이런 맥락에서 이해할 수 있다.

이는 기본적으로 국가공동체의 대종을 이루고 있는 서민을 역사의 핵심 축으로 간주한데 따른 것이다. 묵자의 이런 생각은 당시의 시대상황과 밀접한 관련이 있다. 공자가 활약한 '오월시대'에 이미 중원의 제후들은 주나라 왕실에 명목적인 충성만 하고 있었다. 그러나 노나라를 비롯한 열국의 많은 제후들 역시 가신의 손아귀에서 놀아나는 일종의 괴뢰傀儡에 지나지 않았다. 열국의 권력은 경卿으로 불리는 권신에게 넘어갔고, 일부 국가에서는 실권이 다시 권신의 가신家臣들 수중으로 넘어가고 있었다. 제후들은 권모술수 이외에는 그 어느 것도 믿을만한 게 없었다. 이는 신분질서에 기초한 주왕조의 봉건제가 더 이상 존속키 어렵게 되었음을 암시하는 것이었다.

전국시대에 들어와 고정된 신분질서가 무너진데 따른 혼란은 극심했다. 가장 큰 피해를 보게 된 계층은 말할 것도 없이 서민이었다. 이들은 하극상下剋上이 만연하고 연일 전쟁이 빚어지는 상황에서 일종의 전쟁도구에 지나지 않았다. 이는 싸움의 양상이 국지전의 전차전에서 총력전의 보병전으로 바뀐데 따른 것이었다. 시신을 수습할 겨를도 없이 들판의 백골로 나뒹군 것은 결국 보병의 대종을 이룬 서민출신 병사들이었다. 공경대부와 무사들이 싸움의 주축을 이룬 춘추시대의 전차전에서는 볼 수 없는 양상이었다.

서민은 국가경제를 뒷받침하는 농공상 등의 생업에 종사하는 동시에 전쟁이 빚어지면 즉각 보병으로 출전해 목숨을 걸고 싸워야만 했다. 국가적으로 볼지라도 한창 일할 나이의 장정이 출정해 전사할 경우 그 폐해는 심각했다. 전사자 가족의 생계가 위험해질 뿐만 아니라 제때 농사를 짓지 못한 탓에 전답이 황량해지면서 국가경제 역시 휘청거릴 수밖에 없다. 일각에서는 묵자의 이런 주장을 노동가치설에 기초한 마르크스의 경제이론과 비교키도 한다. 사실 『묵자』에는 이를 뒷받침할 만한 대목이 매우 많다. 「상현 중」의 해당 대목이다.

"지금 왕공대인은 의상 한 벌도 만들 수 없는 까닭에 반드시 뛰어난 장인에 기대야 한다. 또한 한 마리 소나 양을 잡을 수 없는 까닭에 반드시 뛰어난 백정의 손을 빌려야 한다. 이런 2가지 일의 경우처럼 왕공대인 가운데 현자를 숭상하고 능력 있는 자를 발탁해 정사를 펴야 한다는 사실을 모르는 자가 없다. 그러나 나라가 혼란하고 사직이 위험에 처하는 지경에 이르는데도 능력 있는 자를 발탁해 정사를 펼 줄을 모른다. 친척을 불러들여 부리고, 아무런 공도 없이 부귀해지거나 얼굴을 꾸며 아첨하는 자를 발탁해 부리거나 한다. 아무런 공도 없이 부귀해지거나 얼굴을 꾸며 아첨하는 자를 발탁해 부릴 경우 어찌 그들이 반드시 지혜롭고 현자일 수 있겠는가? 만일 그들을 시켜 나라를 다스리게 하면 이는 지혜가 없는 자들로 하여금 나라를 다스리도록 하는 게 된다. 나라가 어지러워지는 것은 불문가지이다."

묵자가 현명하고 능력 있는 자를 발탁해 부리는 상현사능尙賢使能을 역설한 이유다. 묵자가 말하는 현능한 인물은 유가에서 말하는 군자君子와 다르다. 「상현 상」에 이를 뒷받침하는 묵자의 언급이 나온다.

"비유컨대 나라에 활 잘 쏘고 수레를 잘 모는 자가 많아지기를 바랄 경우 반드시 그런 자를 부유하게 해주고, 귀하게 대하고, 공경히 예우하고, 명예롭게 해주어야 한다. 옛 성왕은 정사를 펴면서 말하기를, '의롭지 않으면 부유하게 만들지도 말고, 귀한 자리에 앉히지도 말고, 친하게 지내지도 말고, 가까이 두지도 말라.'고 했다. 이런 얘기가 널리 퍼지자 도성에서 멀리 떨어진 벽지의 외신外臣과 궁정의 숙위宿衛하는 관원, 도성 안의 백성, 사방의 열국 백성들에 이르기까지 모두 다투어 의를 행했다."

원문은 벽지의 외신 등을 원비교외지신園鄙郊外之臣, 국중지중國中之衆, 사비지맹인四鄙之萌人으로 표현해 놓았다. 「상현 상」의 다른 대목에서는 농업이나 상공업에 종사하는 자를 뜻하는 농여공사지인農與工肆之人도 현능한 자의 일원으로 거론했다. 모두 농민을 포함해 수공업에 종사하는 자유민과 가노 등의 노비를 포함한 개념이다. 묵자의 입장에서 볼 때 의를 행할 수만 있다면 신분의 귀천을 떠나 과감히 발탁해 예우하는 게 나라를 잘 다스리는 길이다. 묵자의 이런 가르침을 좇을 경우 유가에서 말하는 군자와 소인의 구별은 아무런 의미도 없게 된다.

『논어』를 통해 알 수 있듯이 공자 역시 묵자와 마찬가지로 능력도 없이 오직 혈통에 의해 위정자의 자리를 세습하는 왕공대부 중심의 봉건질서에 비판적이었다. 그렇다고 생산에 종사하는 서민이 위정자의 자리에 오르는 것을 찬성한 것도 아니다. 중간층에 해당하는 무사武士 및 문사文士 등의 사인士人 계층에 초점을 맞춰 새 시대의 위정자 모델인 군자君子를 역설한 이유다. 공자가 볼 때 문무겸전의 '군자' 모습을 보이지 못할 경우 군주를 포함한 왕공대부는 소인에 불과했다. 당시의 기준에서 볼 때 매우 혁명적인 발상이었다.

묵자는 공자의 '인'을 확대한 '겸애'와 '비공'을 역설했듯이 치자治者의 자격에 대해서도 공자보다 훨씬 개방적이면서도 혁명적인 모습을 보였다. 신분의 귀천을 떠나 완전한 자유경쟁을 통한 위정자의 발탁을 주장한 게 그렇다. 관직을 혈통에 의거해 특정 계층이 독점적으로 세습하는 것을 반대하는 관무상귀官無常貴를 주장한 점에서는 공자와 취지를 같이한다. 그러나 일반 서민도 관직을 떠맡는 민무종천民無終賤을 역설한 점에서는 공자와 차이를 보인다. 그런 점에서 묵자사상을 마르크스 계급이론과 비교한 것은 나름 일리가 있다. 그만큼 혁명적이었다.

천의와 구세주의

『묵자』는 하늘의 뜻을 천지天志와 천의天意로 표현해 놓았다. 이는 크게 2가지 의미를 함축하고 있다. 첫째, 하늘은 지극히 공평무사하고, 인간처럼 의지를 지니고 있다. 일각에서 묵가를 인격신을 인정하는 유신론有神論으로 간주하는 이유다. 둘째, 하늘의 뜻은 서민의 뜻을 반영한다. 천지와 천의를 민의民意 내지 민지民志의 반영으로 본 것이다. 서민이 곧 하늘에 해당한다고 간주한 셈이다.

현실정치와 거리를 둔 기독교의 예수와 달리 묵자는 매우 적극적이었다. 그가 볼 때 인의에 입각한 의정義政은 반드시 나라와 백성의 이익에 부합해야 했다. 나라와 백성의 이익은 곧 하늘의 뜻에서 유출된 것이다. 따라서 하늘의 뜻인 천지와 천의가 모든 사물을 판단하는 최종 기준이 되지 않으면 안 된다. 『묵자』가 따로 「천지」편을 편제해 하늘의 뜻을 장황하게 설명해 놓은 이유다. 묵자의 입장에서 볼 때 하늘이 만물을 창조한데 이어 천자와 제후, 백관을 두어 정치를 관장케 한 것은 모두 일반 서민의 이익을 증진시키기 위한 것이다. 따라서 이들 위정자들은 반드시 3가지 원칙을 지켜야 했다.

첫째, 천자를 위시한 위정자들은 반드시 하늘의 뜻을 받들어야 한다. 하늘은 지극히 공평한 입장에서 위정자들을 감시한다. 천자 위에 하늘이 있는 까닭에 위정자의 우두머리인 천자는 말 그대로 하늘의 뜻을 정확히 집행해야만 한다. 그게 '의정'이다. 맹자는 이를 '왕도'로 표현했다.

둘째, 위정자는 늘 민생의 안정과 일반 백성의 복리를 증진을 꾀하는데 매진해야 한다. 전쟁 등을 일으켜 일반 서민의 민생과 이익을 해쳐서는 안 되는 이유다. 묵자가 '겸애'와 '비공'을 기치로 내건 근본 배경이 여기에 있다. 최초의 총력전 양상을 보인 보병전으로 치러지는 당시의 전쟁 상황에서 피해를 입는 것은 결국 서민밖에 없다는 사실을 통찰한 결과다.

셋째, 위정자가 하늘의 뜻을 저버릴 경우 천벌을 받게 된다. 하늘은 상벌의 권능을 관장하고 있어 의를 행하면 상을 주고 불의를 저지르면 벌을 내린다. 위정자의 우두머리 격인 천자를 위시해 그 어떤 관원도 예외가 될 수 없다. 하늘의 뜻을 어기면 하늘은 천하를 두루 굽어 살피는 까닭에 달아날 곳조차 없게 된다. 이는 공자가 『논어』「팔일」에서 말한 가르침을 그대로 좇은 것이다.

이에 따르면 하루는 위령공衛靈公을 모시는 위나라 대부 왕손 가賈가 공자에게 물었다.

"속담에 이르기를, '안방 신인 오신奧神에게 잘 보이기보다는 차라리 부엌 신인 조신竈神에게 잘 보이는 것이 낫다.'고 했습니다. 이는 무엇을 말한 것입니까?"

'오신'은 위령공, '조신'은 왕손 가를 상징한 말이다. 자신에게 빌붙어 벼슬할 생각이 없는지 여부를 물은 것이다. 왕손 가의 속셈을 꿴 공자가 이같이 대답했다.

"그렇지 않소. 하늘에 죄를 지으면 빌 곳조차 없게 되오."

공자는 왕손 가에게 아첨하여 벼슬하는 것을 하늘에 죄를 짓는 획죄어천獲罪於天으로 표현한 것이다. 군자는 의롭지 않은 방법으로 부귀를 추구해서는 안 된다는 것을 역설한 셈이다. 묵자가 하늘을 인간처럼 뚜렷한 의지를 지닌 인격신의 모습으로 그린 이유다. 이상을 추구하는 '공자좌파'의 기원이 묵자에게 있음을 방증하는 대목이다.

묵자의 주장에 따르면 하늘이 좋아하는 것은 '의'이고, 싫어하는 것은 '불의'이다. 하늘은 백성을 포함해 만물을 낳은 당사자이다. 자신의 소생인 만물과 백성을 애틋하게 여겨 안녕을 바라는 것은 당연한 일이다. 천자를 위시한 위정자는 하늘을 대신해 백성을 보듬는 자들이다. 이를 제대로 이행치 않는 것은 곧 하늘의 뜻을 어기는 게 된다. 하늘은 이를 좌시하지 않는다. 묵가가 인격신에 가까운 유신론을 펼친 배경이 여기에 있다.

묵자가 하늘의 뜻과 더불어 조상신을 포함한 모든 귀신의 뜻인 귀지鬼志을 받들 것을 주장한 것도 이런 맥락에서 이해할 수 있다. 그가 말하는 귀신은 크게 천신天神과 지기地祇, 인귀人鬼로 나뉜다. 이들 모두 하늘의 수하에 속해 있으면서 하늘과 더불어 독자적인 상벌의 권능을 지니고 있다. 이들 귀신들의 권능 행사 역시 하늘과 마찬가지로 지극히 공평무사하다.

『묵자』에는 하늘에 관한 언급이 모두 3백여 차례에 걸쳐 나온다. 「법의」와 「천지」, 「겸애」, 「비공」 등 4개 편에 집중돼 있다. 모두 206번이다. 학자들의 견해를 종합하면 그 특징은 모두 9가지이다. 첫째, 인격신에 가깝다. 의지를 지니고 있기 때문이다. 둘째, 만물의 창조주에 해당한다. 백성을 어여삐 여기는 이유다. 셋째, 지극히 존귀한 존재이다. 천자보다 더 높다. 천자는 하늘의 뜻을 집행하는 자에 불과하다. 넷째, 만물을 주재한다. 굽어 살피지 않는 게 없다. 다섯째, 세상의 모든 사람을 평등하게 대한다. 하늘 앞에서는 천자와 서민의 구별이 없게 된다. 여섯째, 국가구성원의 대종을 이루고 있는 농공상 등의 서민을 가장 사랑한다. 백성을 관원의 착취와 억압에서 해방시키는 구세제민救世濟民의 상징으로 간주된 이유다. 일곱째, 의를 기준으로 상벌을 내린다. 상벌의 시행으로 인간 세상에 적극 관여한다. 여덟째, 많은 귀신을 수하에 거느리고 있다. 이들 귀신은 하늘의 수족 역할을 수행한다. 아홉째, 거짓으로 하는 참배를 멀리한다. 성실한 자세로 제사에 임하는 자에게만 복을 내리는 이유다. 여러 면에서 기독교의 '야훼'와 닮아 있다.

그러나 다른 면도 있다. 크게 3가지이다. 첫째, 야훼는 인간의 원죄를 대속代贖하기 위해 예수를 지상으로 내려 보내면서 '천국'을 약속했으나 묵자의 하늘은 사후의 천국을 전혀 약속하지 않았다. 둘째, 야훼는 『성경』「마태복음」 22장 21절에 나오는 예수의 '카이사르의 것은 카이사르에게, 하느님의 것은 하느님에게' 언급을 통해 정신적인 해방을 주문했으나 묵자의 하늘은 현세의 해방을 궁극적인 목표로 삼았다. 야훼가 원수까지 사랑하라는 예수의 주문이 시사하듯 '희생적인 정신적 사랑'을 최고의 가치로 내세운데 반해 묵자가 하늘이 '이익균점의 현실적인 사랑'을 역설한 이유다. 묵가는 현세에서 모든 사람이 공평히 인간적인 대접을 받는 이상국을 만들고자 한 것이다. 셋째, 야훼는 만물을 지배하는 절대자로서 무조건적인 경배를 요구하는 징벌과 질투, 심판의 신이다. 이에 반해 묵자의 하늘은 국가구성원의 대종을 이루고 있는 인민의 뜻을 충실히 반영하는 섭리攝理에 가깝다. 야훼처럼 희생을 요구하지도 않으면서 사람들 모두 맡은 바 역할을 충실히 수행키를 바랄 뿐이다. 예수가 전쟁 등의 현실에 대해서는 언급을 피한데 반해 묵자는 전쟁을 인류 최고의 악으로 간주하며 '비공'을 역설했다. 묵가사상을 유신론의 일종으로 간주하면서도 종교가 아닌 제자백가 학단의 일원을 간주해야 하는 이유다.

제2장 묵자사상의 구성

제1절 겸애주의兼愛主義

인의와 겸애

공자는 인仁과 더불어 의義를 매우 중시했다. 그러나 '인'과 '의'를 결합한 인의仁義 개념은 한 번도 사용한 적이 없다. 『논어』를 보면 오히려 '인'을 예禮와 대비시켜 설명한 대목이 많다. 대표적인 경우가 『논어』「안연」의 첫머리에 나오는 극기복례克己復禮 구절이다. 이에 따르면 하루는 수제자 안연이 공자에게 '인'에 관해 묻자 공자가 이같이 대답했다.

"인은 '극기복례'를 통해 이룰 수 있다. 하루 만이라도 '극기복례'를 행하면 천하가 인으로 돌아갈 수 있다. 이는 자신에게서 비롯되는 것으로 어찌 다른 사람에게서 비롯될 수 있겠는가?"

안연이 다시 물었다.

"그 자세한 내용을 묻고자 합니다."

공자가 대답했다.

"예가 아니면 보지 않고, 예가 아니면 듣지 않고, 예가 아니면 말하지 않고, 예가 아니면 움직이지 않는 게 그것이다."

훗날 주희는 여기의 '극기복례'를 두고 이같이 풀이했다.

"극克은 이기는 것이고, 기己는 일신의 사욕을 뜻한다. 복復은 돌아간다는 뜻이고, 예禮는 천리天理에 관한 예절의 근본규범이다. 인을 행하는 것은 그 마음의 덕을 온전히 하는 것이다. 마음의 온전한 덕은 천리가 아닌 것이 없으나 또한 인욕人欲에 의해 파괴되지 않을 수 없다. 이로 인해 인을 이루고자 하는 자는 반드시 사욕을 이겨내고 예로 돌아가야만 한다. 일마다 모두 천리인 까닭에 그같이 해야만 본심의 덕이 다시 내 몸에서 온전하게 된다."

나름 일리가 있는 해석이나 성리학의 이론적 뿌리에 해당하는 이른바 '천리인욕설天理人欲說'을 합리화하기 위한 억지해석이라는 지적을 면키 어렵다. 이는 공자가 말한 기본 취지와 크게 다르다. 원래 '극기복례'는 『춘추좌전』「노소공 12년」조에 나오는 말이다. 당시 초영왕楚靈王은 멋대로 정치를 펼치다가 신하들에 의해 쫓겨나 객사하는 화난을 당했다. 공자는 이를 두고 이같이 평했다.

"옛 책에 이르기를, '극기복례를 인이라고 한다.'고 했다. 참으로 좋은 말이다. 만일 초영왕이 이같이 했다면 어찌 치욕을 당할 리 있었겠는가?"

이를 통해 알 수 있듯이 『논어』에 나오는 '극기복례'는 공자가 고서에 나오는 격언을 인용한 것이다. '극기'는 주희가 말한 것과 같은 형이상학적인 개념이 아니라 말 그대로 스스로 절제하는 자극自克을 뜻한다. '복례'는 『춘추좌전』에 나오듯이 복인復仁을 말한다. 공자가 말하는 '인'의 핵심 요소 중 하나가 바로 '예'이다. 공자사상을 집대성한 전국시대 말기의 순자가 맹자를 질타하며 '예치'를 역설한 것도 이런 맥락에서 이해할 수 있다.

양주는 자신만을 위하는 위아爲我를 주장했다. 이는 군주의 존재를 부정하는 무군無君의 학설이다. 묵적은 겸애를 주장했다. 이는 어버이를 부정하는 무부無父의 학설이다. '무부무군'을 주장하는 것은 짐승과 같은 짓이다. 양주와 묵적의 학설이 사라지지 않으면 공자의 도가 드러나지 못할 것이다. 이는 사설邪說로 백성을 속이고 인의를 가로막는 것이다. 인의가 막히면 짐승을 내몰아 사람을 잡아먹게 하다가 끝내는 사람들이 서로 잡아먹는 지경에 이를 것이다. 나는 이를 두려워해 선성先聖의 도를 보호하고, 양주와 묵적의 학설을 막고, 음란한 언설을 몰아냄으로써 사설을 주장하는 자가 생겨나지 않도록 했다. 음란한 언설과 사설은 그 마음에서 시작돼 일에 해를 끼치고, 일에서 시작돼 다시 정사에 해를 끼친다. 성인이 다시 살아 나와도 내 말을 따를 것이다."

공자의 사상적 후계자를 자처하며 묵가를 '위아'를 역설한 양주와 더불어 사람을 잡아먹는 사설의 교주로 몰아세운 것이다. 과연 그의 이런 주장이 타당한 것일까? 당초 공자는 친소에 따른 차별적인 사랑을 '인'의 출발로 보았다. 그는 부모에 대한 사랑과 이웃을 대하는 사랑에는 차등이 있어야 하고, 이웃과 먼 곳의 사람 사이에도 차별이 있어야 한다고 생각했다. 유가의 친친형형親親兄兄 사상이 바로 이를 상징적으로 보여준다.

'친친형형' 사상을 엄격히 적용할 경우 묵가의 주장은 무친무형無親無兄의 반윤리적 독설로 오해될 소지가 큰 게 사실이다. 맹자는 이런 입장에서 묵가를 바라보았다. 맹자가 묵자의 주장을 무부무군無父無君의 금수지도禽獸之道로 매도한 이유다. 그러나 이는 묵자의 '겸애'를 멋대로 왜곡한 것에 지나지 않는다. 묵자는 남의 부모를 나의 부모처럼 사랑하면 남 또한 나의 부모를 자신의 부모처럼 사랑할 것으로 보았다. 남의 부모를 사랑하는 것이 곧 나의 부모를 사랑하는 길이 된다는 것이다.

그런 점에서 묵자의 '겸애'는 일종의 '이기적 애타愛他'라고 할 수 있다. 원수를 사랑하라고 주문한 예수의 '무조건적 애타'와 다르다. 기독교에서는 이를 아가페라고 한다. 자신을 희생시킴으로써 이루는 인간의 신과 이웃에 대한 무조건적 사랑을 말한다. '겸애'는 아가페와 달리 부모에 대한 사랑을 완벽하게 실현하기 위한 수단으로 나온 것이다. 일종의 조건부적 사랑에 해당한다. 내용상 유가에서 말하는 '친친형형'과 하등 다를 게 없다. 오히려 이를 보다 철저히 구현키 위한 수단으로 나왔다고 보는 게 옳다. 묵자가 공자의 '인'을 제대로 구현키 위해 '인'과 '의'를 결합시킨 '인의' 개념을 사상 처음으로 제시한 배경이 여기에 있다. 일각에서 묵가를 유가에 뿌리를 둔 '공자좌파'로 보는 것도 바로 이 때문이다.

겸애와 교리

통상 사랑의 감정은 마치 물이 연원淵源에서 나와 멀리 흘러가듯이 가장 강한 것으로부터 시작해 점차 멀리까지 전이한다. 자신에 대한 사랑은 남을 사랑할 수 있는 감정의 연원에 해당한다. 자신의 부모에 대한 사랑과 남의 부모에 대한 사랑을 동등하게 취급하는 묵자의 '겸애'는 바로 이런 사랑의 감정을 시종 하나같이 만들고자 하는 노력의 일환으로 나온 것이다.

그러나 사랑의 감정이 멀리까지 전파됐음에도 연원에서 출발할 때와 똑같아지기 위해서는 특별한 동인이 필요하다. 마치 연원에서 흘러나온 물이 멀리까지 가기 위해서는 강력한 수세水勢가 뒷받침돼야 하는 것과 같다. 만일 '수세'가 강력하지 못하면 이내 흐르는 물은 마르고 만다. 힘에 부친 나머지 연원까지 고갈될 수도 있다. 자칫 웅달샘을 형성해 연원을 보호하느니 만도 못한 결과를 초래할 수 있다. 사랑의 감정을 널리 퍼뜨리기 위해서는 반드시 '수세'처럼 강력한 힘이 뒷받침돼야 하는 이유다.

그렇다면 '겸애'의 논리에서 '수세'의 역할을 하는 것은 과연 어떤 것일까? 묵자는 그것을 교리交利에서 찾았다. 천하의 이익을 두루 같이 나누는 것을 말한다. 천자에서 천인에 이르기까지 천하의 이익을 고루 나누면 그 누구도 불만을 품을 일이 없다는 게 묵자의 생각이었다. 이 경우 천자를 비롯한 왕공대인과 천인의 차이는 천하의 이익을 고루 나누는데 필요한 역할상의 차이에 불과하게 된다. 묵자는 교리를 통해야만 빈부귀천을 떠나 모든 사람이 인간적인 대접을 받는 만인평등의 이상을 실현할 수 있다고 보았다. 묵가사상에서 '겸애'와 '교리'가 상호 불가분의 관계를 맺고 있는 이유가 바로 여기에 있다.

묵자가 「비명 상」에서 본표本表, 원표原表, 용표用表 등의 이른바 3표三表를 제창한 것도 바로 이런 맥락에서 이해할 수 있다. '표'는 기준을 뜻한다. '본표'는 위로 옛 성왕의 사적을 거슬러 올라가는 일을 뜻하고, '원표'는 아래로 성왕의 사적을 토대로 백성의 일상적인 삶을 살펴보는 일을 말하고, '용표'는 형정을 공평히 시행하며 나라와 백성의 이익을 상세히 살피는 일을 의미한다. '본표'는 근본적인 기준, '원표'는 경험적 타당성, '용표'는 합리적 결과를 상징한다. 「비명 상」에 이를 뒷받침하는 대목이 나온다. 이에 따르면 하루는 묵자가 이같이 말했다.

"운명론을 주장하는 자들은 말하기를, '부유해질 운명이면 부유해지고, 가난해질 운명이면 가난해진다. 인구가 많아질 운명이면 많아지고, 적어질 운명이면 적어진다. 다스려질 운명이면 다스려지고, 어지러워질 운명이면 어지러워진다. 장수할 운명이면 장수하고, 요절할 운명이면 요절한다.'고 했다. 만일 그렇다면 아무리 노력할지라도 아무 소용이 없는 셈이니 삶에 무슨 도움이 되겠는가? 이들은 이런 운명론을 이용해 위로는 왕공대인에게 유세해 출세를 꾀하고, 아래로는 백성들의 생업을 가로막는 짓을 하고 있다. 운명론을 주장하는 자는 불인不仁한 자들이다. 운명론의 시비를 분명히 따지지 않으면 안 되는 이유다."

어떤 자가 물었다.

"운명론의 시비를 분명히 따지고자 하면 과연 어찌해야 합니까?"

묵자가 대답했다.

"반드시 기준을 세워야 한다. 말을 하면서 기준이 없는 것은 마치 도자기를 빚을 때 돌리는 녹로轆轤 위에서 동서의 방향을 정하는 것처럼 어려운 일이다. 이같이 해서는 시비와 이해를 제대로 가릴 길이 없다. 반드시 3가지 기준인 3표三表가 있어야 한다고 말하는 이유다."

"무엇이 3표입니까?"

"근본을 뜻하는 본표本表, 탐구를 뜻하는 원표遠表, 활용을 뜻하는 용표用表가 그것이다."

"무엇이 본표입니까?"

"위로 옛날 성왕의 사적을 거슬러 올라가는 일이다."

"무엇이 원표입니까?"

"아래로 성왕의 사적을 토대로 백성의 일상적인 삶을 살펴보는 일이다."

"무엇이 용표입니까?"

"형정刑政을 공평히 시행하며 나라와 백성의 이익을 상세히 살피는 일이다. 이것이 이른바 '3표'이다."

'3표'에 대한 묵자의 해석을 현대 논리학의 관점에서 보면 연역법演繹法과 귀납법歸納法을 동시에 구사하고 있음을 알 수 있다. '본표'와 '원표'는 연역법, '용표'는 귀납법에 해당한다. 가장 주목할 것은 3표 가운데 가장 핵심이 되는 3번째의 '용표'이다. 나라와 백성의 이익을 정사의 기준으로 삼는 게 관건이다. 천하의 이익을 두루 고르게 나누는 교리의 핵심이 바로 여기에 있다.

묵가의 '겸애'를 유가의 '별애' 내지 기독교의 '박애'와 구분하는 이유가 여기에 있다. '겸애'는 유가처럼 친족공동체를 기준으로 한 '별애'와도 다르고, 기독교에서 말하는 순수한 사랑 그 자체도 아니다. 천하인의 이익이 '겸애'의 근거이다. 이것이 연원에서 나오는 물을 멀리까지 흘려보내는 '수세'에 해당한다.

묵자사상은 겸애 이외에도 비공, 절용, 비악 등 다양한 이론으로 꾸며져 있으나 결국은 '겸애' 2자로 요약할 수 있다. 그러나 '겸애'는 반드시 '교리' 위에 서 있어야만 한다. '교리'를 전제로 하지 않은 '겸애'는 한낱 공허한 구호에 지나지 않는다. '교리'는 반드시 먼저 남에게 이익을 주고자 하는 마음가짐에서 출발한다. 묵가 역시 유가와 도가, 법가, 병가, 종횡가는 물론 사마천의 『사기』「화식열전」에 의해 집대성된 상가商家에 이르기까지 모든 제자백가가 하나같이 주목한 '이익'에 이론의 초점을 맞추고 있다.

『논어』는 '예'를 '인'을 실천하는 구체적인 덕목으로 거론하면서, '의'를 '리利'와 반대되는 개념으로 설명해 놓았다. '의'와 '리'를 군자와 소인을 가르는 논변인 이른바 의리지변義利之辨의 기본개념으로 사용한 게 그렇다. '의리지변'은 유가 역시 '이익'을 매우 중시했음을 반증한다.

이 문제를 가장 심도 있게 다룬 학파는 법가이다. 법가는 이익을 향해 무한 질주하는 인간의 호리지성好利之性에 주목했다. 한비자가 인의예지를 본성으로 간주한 맹자와 달리 '호리지성'을 인간의 본성으로 파악한 이유다. 이를 뒷받침하는 『한비자』「오두」의 해당 대목이다.

"흉년이 든 이듬해 봄에는 어린 동생에게도 먹을 것을 주지 못하지만, 풍년이 든 해의 가을에는 지나가는 나그네에게도 음식을 대접한다. 이는 골육을 멀리하고 나그네를 아끼기 때문이 아니라 식량의 많고 적음에 따른 것이다. 옛날 사람이 재물을 가볍게 여긴 것은 어질었기 때문이 아니라 재물이 많았기 때문이고, 요즘 사람이 재물을 놓고 서로 다투는 것은 인색하기 때문이 아니라 재물이 적기 때문이다. 옛날 사람이 천자의 자리를 쉽게 버린 것은 인격이 고상하기 때문이 아니라 세력과 실속이 박했기 때문이고, 요즘 사람이 권귀에 의탁해 미관말직을 놓고 서로 다투는 것은 인격이 낮기 때문이 아니라 이권에 따른 실속이 많기 때문이다."

군신간의 의리는 말할 것도 없고 부모자식과 형제처럼 가장 가까운 사람 간의 인간관계조차 '호리저성'의 덫에서 한 치도 벗어나지 못하고 있다는 지적이다. 이와 대비되는 것이 명예를 추구하는 호명지심好名之心이다. 이는 사회 및 국가 등의 공동체 속에서만 발현되고, 최소한 먹는 문제가 해결된 뒤에 나타난다는 점에서 인간의 본성에 해당하는 '호리지성'과 대비된다.

『손자병법』으로 상징되는 병가 역시 '호리지성'에 깊은 주의를 기울이며 이를 우직지계迂直之計로 풀이해 놓았다. 「군쟁」의 해당 대목이다.

"군쟁軍爭이 어렵다고 하는 것은 먼 우회로를 택하는 것처럼 가장한 뒤 지름길을 곧바로 가고, 객관적으로 불리한 조건을 문득 이로운 조건으로 바꿔놓아야 하기 때문이다. 짐짓 길을 우회하는 것처럼 기만하고, 나아가 작은 이익을 미끼를 내걸어 적을 유인하면 적보다 늦게 출발해도 먼저 도착할 수 있다. 이같이 하면 우회하는 것처럼 내보이면서 곧장 지름길로 가는 '우직지계'를 안다고 이를만하다."

'군쟁'은 아군과 적군이 승리에 유리한 조건을 먼저 손에 넣기 위해 다투는 것을 말한다. 『손자병법』은 이익을 미끼로 내걸 줄 알아야만 승리를 거둘 수 있다고 조언하고 있다. 이는 사람들이 '호리지성'으로 인해 눈앞의 작은 이익에 얽매이는 것을 최대한 활용한 계책에 해당한다. 전쟁터에서조차 대다수 장병들이 '우' 대신 '직'을 택하는 이유다. 그러나 이는 상대가 우직지계를 구사할 경우 미끼에 곧바로 걸려드는 것을 의미한다. '직'의 용병술이 매우 위험한 이유다.

'직'의 용병술은 쉽고 빠른 길이기는 하나 상대가 설치해 놓은 함정이 도사리고 있다는 사실을 숙지해야만 한다. 어느 경우든 아군의 진격 노선을 적도 훤히 읽고 있다고 보아야 한다. 이때 필요한 것이 바로 '우'의 용병술이다. 대표적인 예로 초한전 당시 한신이 구사한 암도진창暗渡陳倉 전술을 들 수 있다. 『삼십육계』는 '암도진창'을 제8계로 채택해 놓았다. 해당 대목이다.

"이 계책은 몰래 진창을 건넌다는 뜻으로 정면에서 공격하는 척하며 우회한 뒤 적의 배후를 치는 계책을 말한다. 짐짓 아군의 의도를 모르는 척 내보이며 적으로 하여금 엉뚱한 곳을 지키게 만든 뒤 그 틈을 노려 은밀히 적의 배후로 다가가 습격한다."

사마천이 집대성한 상가 이론 역시 '호리지성'을 적극 활용해 부민부국富民富國을 이룰 것을 역설하고 있다. 『사기』「화식열전」은 상가를 대표하는 인물로 공자의 수제자인 자공子貢을 대서특필해 놓았다. 자공을 공부하며 부를 쌓는 이른바 유상儒商의 전형으로 그려놓은 게 그렇다. 이를 뒷받침하는 「화식열전」의 해당 대목이다.

"최상의 통치는 백성을 천지자연의 도에 부합하도록 이끄는 도민道民이다. 그 다음은 백성을 이롭게 하는 식으로 이끄는 이민利民, 그 다음은 가르쳐 깨우치는 식으로 이끄는 교민教民, 그 다음은 백성들을 가지런히 바로잡는 식으로 이끄는 제민齊民이다. 마지막으로 최하의 통치는 백성과 이익을 다투는 식으로 이끄는 쟁민爭民이다."

도민은 도가, 이민은 상가, 교민은 유가, 제민은 법가와 병가의 통치이념을 요약해 놓은 것이다. 상가는 제환공을 도와 사상 첫 패업을 이룬 관중을 효시로 한 제자백가를 말한다. 상가의 사상적 배경을 사상 처음으로 설명한 게 『관자』「경중輕重」이다. '경중'은 원래 재화와 화폐 등을 관장하는 부서를 뜻한다. 일찍이 주나라는 경제정책을 총괄하는 태부太府를 비롯해 관할영역에 따라 옥부玉府와 내부內府, 외부外府, 천부泉府, 천부天府, 직내職內, 직금職金, 직폐職幣 등의 9개 부처를 설치했다. 관중은 이들 9개 부처를 중상重商 정책의 산실로 파악하면서 '경중'을 재화로 풀이했다. 「화식열전」의 경중9부輕重九府 명칭은 여기서 나왔다.

사마천이 「화식열전」에서 중상을 역설한 것은 『관자』의 가르침에 크게 공명한 결과다. 21세기에 들어와 중국 학계는 관중에서 시작해 자공을 거쳐 사마천에 의해 집대성된 부민부국의 사상적 흐름을 '상가'로 요약하고 있다. 일각에서는 경중가輕重家로 부르고 있다. 일종의 외교학파에 해당하는 소진과 장의 등이 합종책과 연횡책을 주도

한 점에 주목해 종횡가縱衡家로 명명한 것과 같은 취지이다. 그러나 일종의 경제학파에 해당하는 관중은 부국강병의 관건을 중상에서 찾았다는 점에서 '경중가'보다는 '상가'로 표현하는 게 타당하다. 제자백가의 구성원이 하나 더 늘어난 셈이다. 객관적으로 볼 때 「화식열전」은 애덤 스미스의 역저인 『국부론』의 선구에 해당한다. 실제로 중국 학계에서는 「화식열전」에서 자본주의 이론의 기원을 찾는 논문이 쏟아져 나오고 있다.

노자사상의 정수를 담은 『도덕경』도 예외가 아니다. 인간의 '호리지성'에 주목한 노자는 『도덕경』 제81장에서 이같이 주문하고 있다.

"성인은 자신을 위해 부귀영화를 쌓아두지 않는다. 다른 사람을 위함으로써 오히려 더 보유하고, 다른 사람에게 내줌으로써 오히려 더 축적케 된다. 하늘의 도는 만물을 이롭게 할 뿐 해치지 않고, 성인의 도는 남을 위할 뿐 다투지 않는다."

『도덕경』은 물의 비유를 통해 이익을 널리 베풀 것을 적극 권하고 있다. 물은 모든 만물에 이익을 주지만 자신의 이익만을 위해 남과 다투지 않는다. 노자가 자주 물의 비유를 통해 '도' 및 '덕'의 위대함을 표현한 이유가 여기에 있다. 『도덕경』 제8장의 다음 구절이 대표적인 실례이다.

"최고의 선은 물과 같다. 물은 능히 만물을 이롭게 하면서도 공을 다투지 않고, 많은 사람들이 싫어하는 곳에 머문다. 거의 도에 가까운 이유다."

위정자가 이익과 명예 및 지식 등의 세속적인 가치를 두고 백성과 다투는 쟁리爭利, 쟁명爭名, 쟁지爭智를 해서는 안 된다고 주문한 것이다. 「화식열전」에서 군주는 백성과 이익을 다퉈서는 안 된다고 역설한 것과 취지를 같이한다.

이를 통해 제자백가 모두 인간의 '호리지성'에 깊은 관심을 기울였음을 알 수 있다. 묵가도 예외가 아니다. 묵가사상을 관통하는 키워드 '겸애'가 천하의 이익을 두루 고루 나누는 '교리'의 논리 위에 서 있는 게 그렇다. 기독교의 '아가페 사랑'과 같은 차원에서 논해서는 안 되는 이유다.

묵자의 '겸애'가 지상에 실현된 이상국은 『예기』「예운」에 나오는 대동大同의 세계와 별반 다를 게 없다. 물론 거기에 이르는 과정에는 약간의 차이가 있다. 공자는 각자의 덕을 널리 확충해 먼저 소강小康 세상을 만든 뒤 최후 단계로 대동 세계를 건설코자 했다. 이에 대해 묵자는 직설적이면서 간단명료한 방법을 제시했다. 모든 사람이 서로 남을 자신의 몸처럼 사랑하기만 하면 일거에 태평한 세상을 이룰 수 있다고 주장한 게 그렇다. 묵자의 겸애는 기독교의 박애와 비교할 때 훨씬 적극적이면서도 현실적이다. '아가페 사랑'은 성직자조차 제대로 수행키가 힘들다. 일반인의 경우는 더 말할 게 없다. 이를 선불리 흉내 낼 경우 위선적인 사랑에 빠지게 된다.

그러나 묵자의 '겸애'는 '교리'를 전제로 삼고 있는 까닭에 비록 세속적이기는 하나 이런 위선적인 사랑에 빠질 이유가 없다. 천자를 위시한 위정자가 천하의 이익을 두루 나눌 생각을 하지 않을 경우 이를 그대로 수용할 이유가 없기 때문이다. 묵자는 비록 맹자처럼 폭군은 신하들이 합세해 몰아내야 한다는 폭군방벌론暴君放伐論을 주장하지는 않았으나 신하들 대신 하늘이 내친다는 폭군천벌론暴君天伐論을 언급했다. 「법의」의 해당 대목이다.

"옛 성왕인 우왕, 탕왕, 문왕과 무왕 등은 천하의 백성을 두루 사랑했고, 백성을 이끌고 하늘을 높이며 귀신을 섬겼다. 사람들을 크게 이롭게 한 덕분에 하늘이 그들에게 복을 내려 천자 자리에 오르게 했다. 천하의 제후들이 모두 그들을 공경히 섬긴 이유다. 폭군인 걸, 주, 유왕, 여왕 등은 천하의 백성을 두루 미워했고, 백성을 이끌고 하늘을 욕하며 귀신들을 업신여겼다. 사람들을 크게 해친 까닭에 하늘이 그들에게 화를 내려 나라를 잃게 했다. 자신들 또한 천하 사람들의 지탄 속에 죽임을 당하고 말았다. 후대인도 그들의 처신을 비난했으니 지금까지도 그런 비난이 그치지 않고 있다. 선하지 못한 일을 행해 화를 입은 자로 걸과 주, 유왕, 여왕을 드는 이유다. 정반대로 사람들을 사랑하고 이롭게 해 복을 받은 사람으로는 우왕과 탕왕, 문왕과 무왕을 들 수 있다. 그래서 세상에는 사람들을 두루 사랑하고 이롭게 해 복을 받는 사람이 있는가 하면, 사람들을 두루 미워하고 해침으로써 화를 입는 자도 존재하는 것이다."

당시의 기준에서 볼 때 묵자의 '폭군천벌론'은 군자의 행보를 보이지 않는 군주는 위정자 자격이 없다고 설파한 공자의 주장만큼이나 혁명적이다. 폭군의 모습을 보이는 군주는 신하들이 합세해 제거할 수 있다고 주장한 맹자의 '폭군방벌론'보다는 약하지만 공자의 '군자론'보다는 수위가 훨씬 높다. 묵자의 '폭군천벌론'은 겸애와 더불어 묵가사상의 키워드로 통하는 비공의 논리에도 그래도 적용된다. 이 또한 말할 것도 없이 교리의 토대 위에 서 있는 것이다.

천명과 천지

제자백가의 하늘에 대한 생각은 크게 3가지로 나눌 수 있다. 도가 및 법가의 천도天道, 유가의 천명天命, 묵가의 천지天志가 그것이다. 『도덕경』은 제79장에서 천도를 이같이 설명해 놓았다.

"천도는 사사롭게 가까이 하는 바가 없다. 늘 선인善人과 함께 할 뿐이다."

지극히 선하고 사사로움이 전혀 없는 지극히 공평무사한 행보를 '천도'로 풀이한 셈이다. 이를 행하는 사람이 바로 성인이다. 제47장에서는 '천도'와 '성인'의 관계를 이같이 언급해 놓았다.

"문밖에 나가지 않아도 천하를 알 수 있고, 창문으로 밖을 내다보지 않아도 천도를 볼 수 있다. 멀리 나갈수록 오히려 아는 것이 줄어들 뿐이다. 성인이 밖으로 돌아다니지 않고도 물정을 알고, 보지 않고도 본질을 통찰하고, 행하지 않고도 성취하는 이유다."

이는 군주가 본업인 치국평천하에 매진할 것을 주문한 것이다. 한비자는 사상 최초로 『도덕경』에 주석을 가한 당사자이다. 그는 『한비자』「유로」에서 『도덕경』에 나오는 천도를 이같이 풀이해 놓았다.

"사람의 몸에 난 구멍은 정신의 창문이다. 귀와 눈이 소리와 색을 구분하는데 사용되고, 정신이 겉모습을 분별하는데 모두 사용되면 몸 가운데 주인이 없게 된다. 몸 가운데 주인이 없게 되면 화복이 구릉이나 산처럼 밀려와도 분별할 수 없게 된다. 『도덕경』이 제47장에서 '문밖에 나가지 않아도 천하를 알 수 있고, 창문으로 밖을 내다보지 않아도 천도를 볼 수 있다.'고 말한 이유다. 이는 정신이 그 실체를 떠나서는 안 된다는 것을 말한 것이다."

한비자 역시 열국의 군주를 향해 정신을 통일시켜 치국평천하 업무에 정진할 것을 주문한 것이다. 사상사적으로 볼 때 노자와 한비자의 '천도'는 유가의 '천명'과 취지를 같이한다. 『논어』에는 모두 2번에 걸쳐 '천명' 용어가 나온다. 『논어』「계씨」의 해당 대목이다.

"공자가 말하기를, '군자에게는 3외三畏가 있다. 하늘의 명인 천명天命, 덕망이 높은 대인大人, 성인의 유훈인 성인지언聖人之言이 그것이다. 소인은 천명을 알지 못해 이를 두려워하지 않고, 대인을 함부로 대하고, 성인지언을 업신여긴다.'고 했다."

3외三畏는 군자가 두려워하는 3가지 대상이다. 이를 통상 '군자3외君子三畏'라고 한다. 대인은 천명을 대신하는 군주, '성인지언'은 천명을 정확히 받들어 행한 성인들의 언행을 지칭한 것이다. 공자 역시 군주가 치국평천하에 매진할 것을 주문한 것이다. 노자 및 한비자가 '천도'를 언급한 것과 취지를 같이한다. 공자는 「위정」에서 '천명'을 이같이 설명하기도 했다.

"공자가 말하기를, '나는 15세에 학문에 뜻을 두었고, 30세에 자립했고, 40세에 의혹되지 않았고, 50세에 천명을 알았고, 60세에 만사가 귀에 거슬리지 않게 되었고, 70세에 마음이 좇는 바대로 행할지라도 법도를 넘지 않게 되었다.'고 했다."

공자는 여기서 '천명'을 두고 각자 자신의 분수를 알고 맡은 바 역할에 충실한 것으로 새겼다. 천자에서 천인에 이르기까지 사람마다 각기 소임이 있는 까닭에 이를 충실히 행하는 것이 곧 천명을 좇는 것임을 역설한 것이다. '군자3외'의 천명이 천자를 위시한 위정자의 덕목을 언급한 것인데 반해, 여기의 천명은 서민을 포함한 일반 백성을 대상으로 삼은 점에서 약간 차이가 있으나 기본취지만큼은 동일하다. 그 역시 묵자와 마찬가지로 천자와 천인의 차이를 역할상의 차이에 불과한 것으로 파악한 것이다.

그러나 묵자는 공자의 '인'을 겸애로 확장시킨 것과 같은 입장에서 공자가 말한 '천명'을 인간처럼 명확한 의지를 지닌 인격신의 명령인 '천지' 내지 '천의'로 바꿔 버렸다. '폭군천벌론'이 등장케 된 근본 배경이 여기에 있다. 이를 뒷받침하는 『묵자』「천지 상」의 해당 대목이다.

"옛날 하, 은, 주 삼대의 성왕인 우왕, 탕왕, 문왕과 무왕 등은 하늘이 천자를 다스리고 있다는 사실을 천하의 백성들에게 분명히 얘기했다. 소, 양, 개, 돼지를 기르며 정성껏 단술 등의 제물을 마련한 뒤 상제와 귀신에게 제사를 올리며 하늘에 복을 빌지 않은 경우가 없는 것은 이 때문이다. 나는 일찍이 하늘이 천자에게 복을 빌었다는 말은 들어본 적이 없다. 하늘이 천자를 다스린다는 사실을 알게 된 이유다. 천자는 천하에서 가장 귀하고 부유한 사람이지만 하늘의 뜻을 좇지 않을 수 없다. 하늘의 뜻을 좇아 두루 서로 사랑하는 겸애兼愛와 오가며 서로 이롭게 하는 교리交利를 행하면 반드시 하늘로부터 상을 받을 것이다. 반대로 천지를 어겨 차별하여 서로 미워하는 별오別惡와 오가며 서로 해치는 교적交賊을 행하면 반드시 하늘로부터 벌을 받을 것이다."

'겸애'와 '별오', '교리'와 '교적'을 대비시켜 성군과 폭군을 비교한 사실에 주목할 필요가 있다. 이는 공자의 사상적 후계자를 자처한 맹자가 실은 공자사상을 이어받은 게 아니라 묵자사상의 대변자 역할을 수행했음을 뒷받침하는 유력한 근거에 해당한다. 그는 묵자의 '폭군천벌론'을 신하들의 합세에 의한 '폭군방벌론'으로 살짝 변형시켰을 뿐이다. 묵자가 말한 '천지' 내지 '천의' 개념에 공자의 '천명' 외투를 씌운 게 그렇다. 이를 뒷받침하는 『맹자』「이루 상」의 해당 대목이다.

"하늘의 뜻에 순종하는 자는 보전되고, 거스르는 자는 패망한다. 『시경』「대아, 문왕」에 이르기를, '은나라 자손은 그 수가 무수히 많았지만 하늘이 천명을 내리자 주나라에 복종했으니 천명은 고정된 게 아니네!'라고 했다. 공자도 말하기를, '어진 사람에게는 맞서는 무리의 수가 문제가 되지 않으니 군주가 어진 정사를 펼치면 천하무적이다.'라고 했다. 천하무적을 바라면서 어진 정사를 펼치지 않으니 이는 뜨거운 물건을 손에 쥐고도 찬물로 손을 씻지 않는 것과 같다."

『묵자』에 나오는 '별오'와 '교적'이 『맹자』에서는 하늘의 뜻을 거스르는 역천자逆天者로 표현돼 있음을 알 수 있다. 맹자가 말한 '천명'은 사실 천상天賞과 천벌天罰로 요약되는 묵자의 '천지' 내지 '천의'를 달리 표현한 것에 지나지 않는다. 그는 '공자 가게'를 간판으로 내세우고 실은 '묵자 가게'의 짝퉁 상품을 판매한 셈이다. 훗날 주희가 장자사상의 세례를 받은 선불교 교리를 끌어들여 성리학 이론을 집대성하면서 맹자의 주장을 전폭 수용한 것은 '묵자 가게'의 짝퉁 상품을 새롭게 포장해 내놓은 것에 지나지 않는다.

제2절 비전주의非戰主義

비공과 강병

공자사상은 치국평천하를 본령으로 삼고 있다. 그러나 남송대 이후 성리학이 통치이데올로기로 자리 잡으면서 공자사상은 크게 변질되고 말았다. 성리학을 집대성한 주희가 묵자의 사상적 후계자인 맹자의 사상을 전면에 내세운 결과다. 유학이 극히 사변적인 개인 차원의 도덕철학으로 함몰되고, '무신론적 유신론'으로 변질된 근본 배경이다. 서양이 종교에서 철학을 해방시키고, 다시 철학에서 과학을 떼어내며 산업혁명을 이룬 것과 극명한 대조를 이룬다. 아편전쟁을 계기로 21세기 현재에 이르기까지 서양을 중심으로 한 세계사가 근 2백년 가까이 지속되고 있는 것도 이와 무관할 수 없다. 묵자 및 맹자사상에 대한 새로운 접근이 필요한 이유다.

원래 '공자좌파'에 속하는 묵자와 맹자사상은 극히 이상적인 세상을 꿈꾼 까닭에 21세기의 G2시대처럼 동서가 치열하게 접전을 벌이는 난세 상황에서는 그 적용에 신중을 기할 필요가 있다. 난세일수록 현실에 토대한 '공자우파'의 상징인 순자의 제자 한비자 등의 법가사상에 많은 사람들이 주목하는 이유다. 가장 대표적인 인물이 법가사상을 가장 먼저 이론적으로 정립한 전국시대 중엽의 상앙商鞅을 들 수 있다. 전국시대 중엽 진효공을 도와 서쪽 변방의 진秦나라를 일거에 천하무적의 부강한 나라로 만든 인물이다. 그는 저서 『상군서商君書』「농전」에서 이같이 말했다.

"무릇 군주가 백성을 격려하는 수단은 관작官爵이고, 나라가 흥성하는 길은 농사를 지으며 싸우는 농전農戰이다. 백성들은 군주가 상으로 내리는 작록이 농전 한 가지에서만 나오는 것을 보면 전심전력으로 농전 한 가지에만 종사할 것이다. 백성들이 농전 한 가지에만 전념하면 다른 일을 꾀하지 않고, 백성들이 다른 일을 꾀하지 않으면 민력民力이 커지고, 민력이 커지면 나라가 강대해진다. 농전 한 가지에만 힘을 쏟으면 나라가 부유해진다. 나라가 부유하고 잘 다스려지는 것이 바로 천하를 호령하는 왕자王者의 길이다."

『상군서』를 관통하는 핵심어는 농전이다. 평소 농사를 지으며 부국富國에 매진하다가 전시에 용사로 싸우며 강병强兵에 헌신하는 것을 말한다. 『상군서』는 오랫동안 '상앙병법'으로 불려왔다. 실제로 『한서』「예문지」는 『상군서』 27편을 법서가 아닌 병서 목록에 기록돼 놓았다. 일각에서 『상군서』를 병서의 일종으로 간주해야 하고, 상앙을 법가가 아닌 병가로 분류해야 한다는 주장을 펴는 이유다. 이는 전혀 근거 없는 게 아니다. 삼국시대의 유비가 죽기 직전 아들 유선에게 내린 유조遺詔가 이를 뒷받침한다.

"시간이 있으면 제자백가서를 포함해 『육도六韜』와 『상군서』를 읽도록 해라. 의지와 지혜를 넓히는데 도움을 줄 것이다. 승상이 이미 『한비자』와 『관자』 등의 필사를 끝냈다고 들었으나 아직 도착하지 않았으니 네가 다시 청해 통달할 때까지 열심히 읽도록 해라."

『육도』는 주나라의 건국공신인 태공망 여상呂尙의 병서로 알려져 있으나 전국시대에 무명인이 여상을 가탁해 펴냈다는 게 통설이다. 『상군서』는 일부 후대인의 가필이 있기는 하나 『육도』와 달리 상앙이 직접 저술했다는 게 학계의 정설이다. 『상군서』는 법치를 역설한 점에서 『한비자』와 일치하고 있다. 그러나 무력을 근거로 한 이른바 병치兵治를 역설한 점에서 군주의 신하에 대한 통제술인 이른바 제신술制臣術에 초점을 맞추고 있는 『한비자』와 커다란 차이가 있다. 『한비자』가 오랫동안 금서처럼 간주된데 반해 『상군서』는 일반 병서처럼 공개적인 연구대상이 된 것도 이와 무관할 수 없다.

『상군서』는 제자백가서 가운데 수미일관하게 부국강병을 역설하고 있는 유일한 책이다. 난세에 매우 유용할 수밖에 없다. 실제로 명대와 청대 말기에 유학자들의 『상군서』에 대한 주석서가 쏟아져 나왔다. 청조 말기 공맹사상의 대변자를 자임한 호광총독 장지동張之洞이 대표적이다. 그는 서구 열강의 침탈로 서학西學에 대한 열기가 뜨거워지자 『상군서』를 중학中學의 핵심 저서로 내세운 바 있다. 이는 법가사상서가 유가경전을 압도한 최초의 사건이기도 하다. 당시 최고의 지식인으로 손꼽히는 양계초를 비롯해 많은 유학자들이 『상군서』 주석에 뛰어든 것도 바로 이 때문이다.

역사상 『상군서』의 농전사상을 깊숙이 흡입해 부국강병을 실현한 대표적인 인물로 진시황과 한무제, 위무제 조조 등을 들 수 있다. 이를 뒷받침하는 대목이 진수의 정사 『삼국지』「무제기」 배송지주에 인용된 『위서魏書』에 나온다. 이에 따르면 초평 3년(192) 조조의 참모 모개毛玠가 조조에게 변경의 경작지를 정비해 군량을 안정적으로 확보하는 방안으로 둔전의 확대 실시를 건의했다. 해당 대목이다.

"무릇 나라를 안정되게 하는 계책은 강병에게 충분한 식량을 공급하는 데 있습니다. 과거 진시황은 상앙이 역설한 농전으로 천하를 병탄했습니다. 한무제도 둔전을 이용해 마침내 서역을 평정했습니다 이는 선대의 뛰어난 제도입니다."

조조가 모개의 건의를 적극 수용한 것은 말할 것도 없다. 『한서』「흉노전」에 따르면 진시황은 장수 몽념을 시켜 흉노를 치게 하면서 소위 오르도스로 불리는 황하 상류의 하투河套 지역 일대에 백성들을 이주시켜 운량運糧의 수고를 크게 던 바 있다. 한무제도 이를 흉내 내 하서河西 지역에 여러 차례에 걸쳐 둔전을 실시해 서역개척에 큰 도움을 받았다. 그러나 이들이 행한 둔전은 주로 변경 주둔군의 군량확보와 군량수송의 노동력 절감 등을 이유로 한 한시적인 조치였다. 삼국시대는 상황이 달랐다. 군벌 간의 치열한 각축전이 연일 계속된 까닭에 식량 문제를 근원적으로 해결할 필요가 있었다.

이를 절감한 사람이 바로 조조였다. 진시황과 한무제가 농전과 둔전을 실시해 큰 효과를 보았다는 사실을 익히 알고 있었던 그는 이를 지속적인 부국강병 방안으로 변환시켰다. 창조경영의 대표적인 사례에 해당한다. 위나라가 삼국이 정립鼎立한 상황에서 가장 강력한 무력을 보유한 배경이 여기에 있다. 상앙의 '농전'을 철저히 시행한 덕분이다.

21세기에 들어와 중국에서 조조의 리더십이 크게 각광을 받으면서 『상군서』에 대한 주석서도 쏟아져 나오고 있다. 우리나라에서는 『한비자』의 그늘에 가려 『상군서』의 진면목이 제대로 알려져 있지 않다. 『상군서』는 춘추전국시대에 나온 제자백가서 가운데 처음부터 끝까지 오직 부국강병 하나에 초점을 맞춘 유일무이한 저서에 해당한다. '비공'을 내세우며 방어를 위한 전략전술에 치중한 이른바 '묵자병법'과 극명한 대조를 이루는 이유다.

비공과 묵수

묵자의 '겸애'는 '비공'과 불가분의 관계를 맺고 있다. '비공'은 천하의 모든 사람을 두루 사랑해야 하는 까닭에 싸울 일이 없다는 논리에서 출발하고 있다. 전쟁 자체를 아예 부인하는 일종의 비전론非戰論에 해당한다. 그는 전쟁을 정당화하는 모든 것을 부정한다. 의로운 전쟁을 제외한 모든 전쟁을 반대하는 맹자의 반전론反戰論은 묵자의 비전론에 사상적 뿌리를 두고 있는 것이다. 맹자가 부국강병을 기치로 내걸고 싸움을 전업으로 하는 병가兵家를 비롯해 강병의 토대인 부국을 실현키 위해 증산을 독려한 법가法家 등을 질타한 이유가 여기에 있다. 『맹자』「이루 상」은 당시 서민들이 겪은 참상을 이같이 묘사해 놓았다.

"열국의 제후들이 땅을 빼앗으려고 전쟁을 하여 죽은 병사들의 시체가 들판을 가득 채우고, 성을 빼앗으려고 전쟁을 하여 죽은 사람들의 시체가 성을 가득 채우고 있다. 이는 영토를 빼앗기 위해 사람고기를 먹은 것이나 다름없다. 그 죄는 사형에 처해도 용서받지 못할 것이다. 전쟁을 전업으로 하며 군사에 능한 병가는 극형, 합종연횡을 전업으로 하며 외교에 능한 종횡가는 그 다음의 극형, 통치술을 전업으로 하며 백성에게 일하면서 싸울 것을 강요하는 법가는 그 다음 다음의 극형에 처해야 한다."

맹자가 군사전문가인 병가와 외교전문가인 종횡가, 통치전문가인 법가를 싸잡아 엄형에 처해야 한다고 주장한 것은 묵자와 마찬가지로 전쟁이 예외 없이 백성들을 나락으로 몰아갔기 때문이다. 이들을 싸잡아 부국강병을 기치로 내걸고 영토전쟁을 부추기면서 무고한 백성들을 죽음으로 내몬 장본인으로 낙인찍은 이유다. 병가와 종횡가, 법가 등이 횡행하던 전국시대 말기의 세태에 대한 통렬한 비판에 해당한다. 맹자가 활약한 전국시대 말기 역시 묵자가 활약한 전국시대 초기와 크게 다르지 않았다.

당시 서민들은 어느 나라를 막론하고 과도한 세금과 잇단 출전으로 인해 매우 피폐한 상황에 놓여 있었다. 신분세습의 봉건질서에 대한 근원적인 개혁이 절실히 요구되는 상황이었다. 묵자가 서민을 전쟁도구로 삼아 영토 확장에 여념이 없는 열국의 왕공대부를 질타한 것은 바로 서민들의 참혹한 실상을 목도한 결과였다. 맹자가 병가와 종횡가 및 법가를 질타한 것과 하등 다를 게 없다. 맹자의 반전론은 비전론을 역설한 묵자의 사상적 후계자로 간주하는 유력한 근거로 거론된다.

주목할 것은 묵자의 '비전론'이 결코 무조건적인 평화주의를 추구한 게 아니라는 점이다. '비공'으로 표현된 그의 '비전론'은 방어 측면에서 볼 때 매우 적극적이면서도 전투적이다. 이는 한쪽이 아무리 '비공'을 외칠지라도 상대방이 호전적으로 나올 경우 맞서 싸우지 않을 수 없는 현실에 따른 것이다. 일각에서 그의 '비전론'을 '전투적 방어주의'로 규정하는 이유다. 「비성문」 이하에 나오는 이른바 '묵자병법'이 그 증거다. 이를 뒷받침하는 「호령」의 해당 대목이다.

"경계할 일이 생기면 대장이 있는 중군은 급히 북을 3번 울리고, 성 위의 길을 비롯해 마을의 골목길까지 봉쇄한다. 어기는 자는 참한다. 여자가 대군大軍에 들어오면 남자는 왼쪽, 여자는 오른쪽으로 걷는다. 나란히 걸어서는 안 된다. 군민 모두 각자 맡은 지역을 충실히 수비해야 한다. 명을 좇지 않는 자는 참한다. 수비 위치를 멋대로 떠난 자는 참한 뒤 그 시체를 3일 동안 이리저리 끌고 다니며 전시傳尸한다. 간사한 행동을 미연에 막기 위한 것이다. 이장과 마을의 장년들은 마을 어귀의 문을 단속한다. 관원이 자신의 부部를 순시하다가 마을 어귀의 문에 이르면 이장이 문을 열고 맞아들인다. 이어 관원을 배행陪行하면서 노인이 지키는 곳과 외진 골목까지 순찰한다. 간사한 마음을 품고 적과 내통한 간민姦民은 몸을 수레에 매어 찢어 죽이는 거열형車裂刑에 처한다. 이장과 부로父老 및 부를 관리하는 관원이 간민을 적발 내지 포획하지 못하면 모두 참한다. 간민을 적발 내지 포획하면 사면하고 1인 당 황금 2일鎰을 포상으로 내린다. 대장은 신임하는 부하를 각 수비지역에 파견해 수비 상황을 점검한다. 밤이 긴 겨울에는 하룻밤에 5번, 짧은 여름에는 3번 순찰케 한다. 사방을 지키는 장령들 역시 자신이 관할하는 수비지역을 대장과 마찬가지로 순찰한다. 이를 이행하지 않는 자는 참한다."

『손자병법』을 비롯한 모든 병서는 호령이 지켜지지 않을 경우 즉각 목을 벨 것을 역설하고 있다. 비록 수비를 위한 것이기는 하나 '묵자병법'도 호령을 어긴 자를 가차 없이 참형에 처한다는 점에서 별반 다를 게 없다는 것을 알 수 있다. '묵자병법'을 '전투적 방어주의'로 규정하는 이유다. '묵자병법'은 성을 적의 공격으로부터 방어하기 위한 모든 전략전술을 집대성해 놓았다고 해도 과언이 아니다. 다른 병서에서는 찾아볼 길이 없는 '묵자병법'만의 특징이다. 말할 것도 없이 힘에 의지하지 않으면 호전적인 적의 침공으로부터 평화를 지켜낼 수 없다는 극히 현실적인 판단에 따른 것이다. '묵자병법'은 '겸애'와 '비공'이 상호 불가분의 관계를 맺게 된 배경을 짐작케 해 준다.

'겸애'가 그렇듯이 '비공' 역시 정당성을 담보하는 판단의 기준을 하늘의 뜻인 '천지' 내지 '천의'에서 찾고 있다. 묵자의 하늘은 모든 인간을 인종 및 빈부귀천 등에 관계없이 사랑한다. 적국의 백성은 물론 먼 지역의 오랑캐도 하등 다를 게 없다. 모두 천자의 신민臣民에 해당하는 까닭에 '겸애'의 대상이 된다. 상대가 특별히 침공해 오지 않을 경우 먼저 무력을 동원해 정벌에 나서서는 안 되는 이유다. 후대인들은 '묵자병법'의 이런 특징을 이른바 묵수墨守로 요약해 표현했다. '묵수'의 취지를 상징적으로 보여주는 「잡수」의 해당 대목이다.

"성 밖의 모든 주요 도로에 있는 요해처要害處를 장악해 적의 진공을 저지하고 심대한 타격을 가한다. 이곳에는 3개의 전망대용 정자를 설치한다. 이들 3개 정자는 마치 직녀성의 삼성三星처럼 삼각형을 이루고 있어 유사시 서로 쉽게 도움을 줄 수 있다. 이때 각종 토산과 산림, 수로, 도랑, 구릉, 성곽이나 마을의 관문으로 이어지는 길의 요해처를 틀어막고 표지를 세운다. 이를 통해 적정을 대략 짐작할 수 있다. 적이 남긴 종적을 토대로 왕래한 적병의 규모와 매복지 등을 추론하는 게 그렇다. 적의 침공에 대비해 백성을 성 안으로 끌어들인 뒤 여러 궁실로 소산疏散시킬 때는 먼저 성안의 관부官府와 민택民宅, 내실內室, 외청外廳 등의 대소를 조사한 뒤 적절히 배치해야 한다. 혹여 형제 및 지인과 함께 있기를 원하는 자가 있으면 이를 허락한다. 성 밖의 민가가 보유한 곡식이나 가축 또는 재화 가운데 성의 수비를 도울 수 있는 것은 모두 성 안으로 들여온 뒤 위급할 때를 대비해 성문 안에 쌓아둔다. 백성이 바친 곡식이나 포백, 금전, 가축 등은 모두 공평하게 값을 따진 뒤 보관 증서를 담당하는 관원에게 이를 상세히 적어 교부하도록 한다. 사람들이 능력에 따라 일을 맡으면 천하사天下事가 합당해지고, 맡은 직분이 공평하면 천하사가 뜻대로 되고, 각자 좋아하는 일을 행하면 천하사가 갖춰지고, 강자와 약자가 분수를 지키면 천하사가 모두 이뤄지게 된다."

묵자는 여기서 철저한 수비를 뜻하는 '묵수'는 단순히 성을 지키는데 그치지 않고 '천하사'를 합당케 처리하는 최상의 방인임을 역설하고 있다. '비공' 역시 '겸애'에서 비롯된 것임을 뒷받침하는 대목이다. 묵자가 '겸애'를 전면에 내세운 것은 하늘의 뜻을 좇는 최상의 방안으로 간주한데 따른 것이다. 이는 맹자가 인의예지를 인간의 착한 본성의 실마리로 간주하는 이른바 사단설四端說을 주장한 것과 취지를 같이한다. 원래 맹자는 인간의 착한 본성을 인간만이 지닌 고귀한 성질로 보았다. 「이루 하」에 나오는 그의 다음과 같은 언급이 이를 뒷받침한다.

"사람이 금수와 다른 점은 매우 적다. 서민들은 이를 버리고, 군자는 이를 보존한다. 순임금은 여러 사물에 밝은 덕분에 인륜을 잘 살피면서 인의를 좇아 행했을 뿐이다. 결코 인의를 억지로 행한 것은 아니다."

맹자는 인성의 어두운 측면인 악성惡性을 애써 외면했다. 이는 그가 출발부터 성선설을 예상하고 들어갔음을 의미한다. 인仁의 실마리인 측은지심惻隱之心과 의義의 실마리인 수오지심羞惡之心, 예禮의 실마리인 사양지심辭讓之心, 지智의 실마리인 시비지심是非之心으로 상징되는 사단설이 그 증거이다. 사단의 핵심은 측은지심이다. 맹자는 동정심과 유사한 의미를 지닌 측은지심을 인간이 인간일 수 있는 가장 뚜렷한 징표로 간주했다.

맹자의 주장에 따르면 인간은 선한 본성을 지니고 있음에도 불구하고 감각적 욕구에 휘둘려 마침내 악을 범하게 된다. 맹자는 이를 미연에 방지하기 위해 감각적 욕망을 스스로 억제하는 것이 필요하다고 주장했다. 이른바 과욕설寡欲說이 그것이다. 「진심 하」의 해당 대목이다.

"선한 심성을 기르는 방법으로 욕심을 적게 하는 과욕寡欲보다 더 나은 게 없다. '과욕'하면 설령 마음이 보존되지 않았을지라도 그 보존되지 않은 바가 매우 적고, 정반대로 다욕多欲이면 설령 마음이 보존되었다 할지라도 그 보존된 바가 매우 적을 것이다."

'과욕설'은 사단설의 핵심인 '측은지심' 개념을 이해하는데 매우 중요하다. 맹자가 말한 '측은지심'은 고립된 나로부터 생기는 게 아니라 행위를 일으키는 현상 자체에서 비롯된다. 우물에 빠지려는 아이를 황급히 잡아 주는 것과 같이 자연발생적인 반응을 통해 드러나는 게 그렇다. 이는 인간이 본래 타고난 것으로 결코 종교적 신념의 소산도 아니고, 약자에 대한 애도의 산물도 아니다. 묵자가 말한 '겸애'는 맹자의 '측은지심'과 닮아 있다. 맹자가 '측은지심'을 본성으로 간주했듯이 '겸애'를 인간의 착한 본성에서 비롯된 것으로 간주한 게 그렇다.

묵자는 전쟁을 나쁜 습관에 물든 후과로 파악했다. 맹자가 인간의 악행을 먼지로 뒤덮인 거울에 비유한 것과 닮았다. 맹자는 그 어떤 악행을 저지른 자일지라도 먼지만 털어내면 원래의 착한 본성을 찾아낼 수 있다고 주장했다. 묵자가 전쟁을 일으키며 불의한 나라가 되는 것을 인민을 나쁘게 물들여 놓은 후과로 본 것과 취지를 같이한다. 이를 뒷받침하는 「소염」의 해당 대목이다.

"실은 파란 물감에 물들이면 파래지고, 노란 물감에 물들이면 노래진다. 넣는 물감이 변하면 그 색깔도 변한다."

묵자가 볼 때 전쟁 등의 잘못된 행동은 인간의 마음이 나쁘게 물들여진 탓이다. 이를 막기 위해서는 스스로 습관의 노예 상황으로부터 탈출할 필요가 있다. 스스로를 통제하는 게 관건이다. 이를 뒷받침하는 「경설 하」의 해당 대목이다.

"부린다는 것은 곧 명하여 시킨다는 뜻이다. 의에 입각해 시키는 것도 부리는 것이고, 의에 입각해 시키지 않는 것도 부리는 것이다. 그것이 의이다."

의에 입각해 스스로를 부리는 게 습관의 노예 상황에서 벗어나는 유일한 길이라는 지적이다. 스스로에 대한 통제는 자신은 물론 나라에도 이익이 된다. 그의 '비공' 주장은 바로 이런 논리 위에 서 있다. 「비공 하」의 해당 대목이다.

"지금 천하의 칭송을 받는 것은 어찌 해석해야 하는가? 위로는 하늘의 이익, 가운데로는 귀신의 이익, 아래로는 사람의 이익과 부합하기 때문에 칭송을 받는 것인가? 그게 아니라면 위로는 하늘의 이익, 가운데로는 귀신의 이익, 아래로는 사람의 이익과 부합하지 않기 때문에 칭송을 받는 것인가? 가장 어리석은 자일지라도 반드시 말하기를, '위로는 하늘의 이익, 가운데로는 귀신의 이익, 아래로는 사람의 이익과 부합하기 때문에 칭송한다.'고 대답할 것이다. 지금 천하가 공히 기르고자 하는 것은 성왕의 법도이다. 천하의 제후들이 아직도 남의 나라를 공벌해 병탄코자 하는 것을 두고 의롭다고 하니 이는 헛된 명성으로 그 실질을 살피지 않은 탓이다. 비유하면 장님이 눈뜬 사람들과 함께 흑백의 명칭을 붙이면서도 분별하지 못하는 것과 같다. 어찌 장님이 능히 분별할 수 있다고 말할 수 있겠는가?"

'비공'의 논리가 모든 사람에게 두루 고른 이익을 나눠주는 '교리'의 결정체인 '겸애'와 불가분의 관계를 맺고 있음을 뒷받침하는 대목이다. 묵자가 사람들이 전쟁으로 인해 많은 사람이 죽는 것을 두고 의롭다고 생각하는 것도 나쁜 습관에 물들여진 탓으로 본 것도 바로 이 때문이다. 습관의 노예 상황에서 벗어나지 못하면 모든 사람에게 해가 되는 것을 오히려 이익이 된다고 착각하게 된다. 대표적인 사례가 바로 전쟁이다. 그는 「비공 상」에서 이같이 말했다.

"지금 어떤 사람이 남의 과수원에 들어가 그곳의 복숭아나 자두를 훔치면 이 얘기를 들은 사람들 모두 이를 비난할 것이고, 위정자 또한 그를 잡아 처벌할 것이다. 이는 무슨 까닭인가? 남을 해치면서 자신을 이롭게 했기 때문이다. 남의 개나 닭, 돼지를 훔친 자는 그 불의不義가 남의 과수원에 들어가 복숭아나 자두를 훔친 것보다 더 심하다. 이는 무슨 까닭인가? 남을 해롭게 한 게 더 많기 때문이다. 남을 해롭게 한 게 많을수록 불인不仁도 더 심해지고 그 죄 또한 더욱 많아진다. 적군으로 나온 무고한 사람을 죽여, 갑옷을 벗기고, 소지했던 무기까지 빼앗으면 그 불의가 남의 마구간에 들어가 말이나 소를 훔친 것보다 훨씬 심하다. 이는 무슨 까닭인가? 남을 해롭게 한 게 더 많기 때문이다. 남을 해롭게 한 게 많을수록 그 불인도 더 심해지고, 그 죄 또한 더욱 많아진다."

고금동서를 막론하고 전쟁은 정도의 차이만 있을 뿐 예외 없이 많은 사람을 죽게 만들고 심지어 나라까지 패망케 만든다. 실로 불인불의不仁不義한 일이다. 어떤 일이 있어도 전쟁만은 막아야 하는 이유다. 그런 의미에서 묵자는 철두철미한 평화주의자였다. 이를 뒷받침하는 「비공 하」의 해당 대목이다.

"사람 1명을 죽이면 불의하다는 지탄을 받고, 반드시 그에 따른 사죄死罪를 짊어진다. 이를 확장하면 10명을 죽일 경우 10배의 불의가 되고, 10명의 살인에 따른 사죄를 짊어지게 된다. 100명을 죽일 경우 100배의 불의가 되고, 100명의 살인에 따른 사죄를 짊어지게 된다. 이 경우 천하의 군자들 모두 이를 알면 크게 비난하며 '불의'라고 말한다. 지금 남의 나라를 공격하는 불의를 저지르면서 비난을 할 줄도 모른다. 실로 그것이 불의라는 사실조차 모르는 것이다. 지금 여기 어떤 사람이 검은 것을 보고 검다고 말하다가, 검은 것을 많이 보고는 문득 희다고 말하면 흑백黑白을 구별할 줄도 모른다고 비난할 것이다. 쓴 것을 맛보고 쓰다고 말하다가, 쓴 것을 많이 맛보고는 문득 달다고 감고甘苦를 구별할 줄도 모른다고 비난할 것이다.

지금 작은 불의를 저지르면 이를 비난하다가, 남의 나라를 공격하는 큰 불의를 두고 비난할 줄 모르고, 오히려 칭송하면서 '의'라고 말한다. 이를 두고 어찌 '의'와 '불의'를 분별할 줄 안다고 말할 수 있겠는가? 이로써 나는 천하의 군자들이 '의'와 '불의'의 분별에 커다란 혼동을 일으키고 있음을 알 수 있다."

전쟁은 그 어떤 경우일지라도 결코 합리화할 수 없다는 점을 분명히 하고 있는 것이다. 하늘의 뜻에 어긋나기 때문이다. 묵자는 이를 '불의불인'으로 낙인찍었다. 그의 '비공' 논리가 하늘의 뜻을 구현하는 '겸애' 위에 서 있음을 보여준다. 묵자는 「비공 중」에서 전쟁이 하늘의 뜻을 명백히 저버린 불의한 짓임을 분명히 하고 있다.

"지금 군사를 동원코자 할 경우 겨울에는 추위가 두렵고, 여름에는 더위가 두렵다. 이는 겨울과 여름에 동원할 수 없음을 말한다. 그렇다고 봄에 동원하자니 백성들이 경작하는 농사를 망치고, 가을에 동원하자니 추수를 망치게 된다. 지금 한 철만 망쳐도 백성들이 굶주리고 헐벗어, 얼어 죽는 자가 부지기수이다. 가는 길이 매우 멀어 양식 운반이 수시로 끊기는 바람에 굶어죽는 자가 얼마나 되는지 이루 다 헤아릴 수조차 없다. 거처가 불안하고, 밥을 제때 먹지 못해 굶주림과 포식이 반복되는 까닭에 길에서 병이 나 죽는 자 또한 이루 헤아릴 수 없을 정도로 많다. 싸우다 죽거나 몰살을 당한 군사가 얼마나 되는지도 알 길이 없다. 제사지내 줄 사람까지 잃은 귀신 또한 얼마나 되는지 알 길이 없다. 비록 4, 5국이 전쟁으로 이득을 보았을지라도 정도를 행했다고 말할 수는 없다. 이는 의원이 약으로 병자를 치료하는 것에 비유할 수 있다. 여기 어떤 의사가 약을 만들어 천하의 병자를 치료한다고 치자. 1만 명이 이를 복용해 4, 5명만이 효과를 보았을 경우 제대로 된 약을 만들었다고 말할 수는 없다.

효자가 이를 부모에게 권할 리 없고, 충신이 군주에게 권할 리 없다."

묵자의 입장에서 볼 때 전쟁은 백해무익한 일이다. 특히 서민의 피해가 막심하기에 더욱 그렇다. 설령 일부 국가가 전쟁을 통해 영토를 확장하는 등의 이익을 볼지라도 이는 수많은 장병의 희생 위에 얻은 것으로 크게 평가할 일이 못된다. 그 어떤 경우든 전쟁은 하늘을 섬기는 백성을 동원해 하늘이 지켜주는 성읍을 공격하는 것으로 반드시 많은 백성을 죽이게 된다. '비공' 입장에서 볼 때 이는 나라에 아무런 이익도 가져다주지 않고, 특히 애꿎은 서민이 가장 큰 피해를 당한다는 점에서 매우 망국적이다. '겸애'에서 도출된 '비공'은 묵자의 평화주의 이념을 상징한다.

제3절 절용주의

노동과 이용후생

인간의 특징을 표현하는 말 가운데 '호모 라보란스'가 있다. 노동하는 사람이라는 뜻이다. 인간은 일을 하지 않으면 살아갈 수 없다. 제자백가 가운데 이를 통찰한 인물이 바로 묵자였다. 그는 노동을 인간이 지닌 특이한 품성으로 간주했다. 인간의 노동은 재화의 생산을 위한 것이다. 궁극적인 목적은 소비에 있다. 노동과 휴식이 그렇듯이 생산과 소비도 동전의 양면 관계를 이루고 있다. 균형을 찾는 일이 중요하다.

고금을 막론하고 소비는 크게 2가지 유형이 상존한다. 하나는 이용후생利用厚生과 직결된 실용소비이고, 다른 하나는 이용후생과 동떨어진 과시소비이다. 묵자는 실용소비는 필요하되, 과시소비는 사라져야 할 대상으로 보았다. 그가 과시소비의 예로 꼽은 것은 궁궐과 옷, 음식, 수레, 장례, 음악 등이다. 과시소비는 사치를 부추겨 백성들의 이용후생을 저해한다. 그 폐해가 전쟁 못지않다. 『묵자』가 「비공」 이외에도 「절용」과 「절장」, 「비악」 등을 편제해 사치스런 의식주 관행과 유가의 호화스런 예악 의식을 통렬하게 비판한 이유다. 이를 뒷받침하는 「절용 상」의 해당 대목이다.

"성인이 한 나라에서 정사를 펴면 나라의 부를 배로 늘릴 수 있다. 이를 천하 단위로 확대하면 천하의 부를 배로 늘릴 수 있다. 부를 배로 늘이는 것은 영토를 빼앗아 늘리는 게 아니다. 국가의 형편에 따라 쓸데없는 비용을 없애는 식으로 늘린다. 성왕은 정사를 펴면서 정령을 발동해 사업을 일이키고, 백성을 부려 재화를 사용할 때 하나같이 실용을 감안하지 않은 채 사업을 벌인 적이 없다. 재화의 사용에 낭비가 없고, 백성이 고생스럽게 수고하지 않고, 이익이 만들어내는 게 매우 많았던 이유다."

묵가의 '절용'이 실용에 기초해 있음을 알 수 있다. 객관적으로 볼 때 '절용'은 '겸애'에서 도출된 것이다. '겸애'는 천하의 이익을 두루두루 나누는 '교리' 위에 서 있는 까닭에 '절용'이 뒷받침되지 않으면 실효를 거두기 어렵다. '절용'은 '겸애'를 이루기 위한 선결조건에 해당한다. 묵가는 '교리'와 '절용'이 결합한 게 특징이다. 이를 흔히 실리주의實利主義 내지 실용주의實用主義로 해석하고 있다. '실리주의'는 이익, '실용주의'는 사용에 방점을 찍고 있어 약간의 차이가 있기는 하나 모두 이용후생을 지향하고 있는 점에서 아무런 차이가 없다.

예나 지금이나 실용주의 내지 실리주의는 실사구시實事求是 정신에 입각해야 제대로 기능할 수 있다. '실사구시'는 사실에 기초해 진리를 탐구하는 자세를 일컫는다. 현실과 동떨어진 공허한 이론인 공리공론空理空論과 대비되는 말이다. 학문을 탐구할 때 나타나는 '실사구시' 정신은 정확한 고증을 바탕으로 하는 과학적이면서도 객관적인 학문 태도를 말한다. 중국에서는 청나라 고증학의 학문 태도에서 찾아볼 수 있다. 조선시대 실학파도 이런 자세를 견지했다.

현대 경제학의 관점에서 보면 실리주의 내지 실용주의가 마냥 옳은 것만은 아니다. 경제순환 과정에서 '소비가 미덕이다.'라는 격언이 통하는 국면이 존재하기 때문이다. 절용만이 능사가 아니라는 얘기다. 순자가 바로 그런 입장에 있었다. 이를 뒷받침하는 『순자』「해폐解蔽」의 해당 대목이다.

"묵자는 실용에 가려져 예문禮文을 알지 못했다. 실용만을 도道라고 하면 사람들은 모두 공리만을 추구할 것이다. 이는 도의 한 모퉁이일 뿐이다."

내용 못지않게 형식도 중요하다는 지적이다. 묵자의 실용주의에 대한 통렬한 지적에 해당한다. 순자가 예악을 중시한 유가의 입장에 서 있었던 만큼 이는 당연한 비판이기도 하다. 『순자』「부국」의 다음 대목은 더욱 통렬하다.

"묵자의 말은 천하를 위해 일상 물자의 부족을 우려한 데 그 취지가 있다. 그러나 그가 말한 '부족'은 천하의 공적인 우환이 아니라 단지 개인의 사적인 우려와 지나친 생각일 뿐이다."

사실 순자의 지적과 같이 묵자의 실용주의를 맹목적으로 좇을 경우 부민부국富民富國을 이루기가 쉽지 않다. 국가경제 차원에서 보면 과시소비도 실용소비 못지않게 필요하다. 대표적인 예가 과시소비의 일종인 문화소비이다. 예나 지금이나 여가 향유의 진수에 해당하는 문화소비는 일정한 경제력이 뒷받침돼야 가능하다. 먹고 사는 일이 고달프면 서민들은 설령 간절히 원할지라도 전혀 할 수 없는 게 바로 문화소비이다. 묵자가 '예악'으로 상징되는 유가의 문화소비를 질타한 이유다.

그러나 국부를 축적하는 과정에서 과시소비는 응당 멀리해야 한다. 소비와 생산의 선순환구조가 나타나기는커녕 오히려 이를 저해할 소지가 크다. 바로 과시소비가 내포하고 있는 사치 성향 때문이다. 이는 생산계층의 근로의욕을 저상케 만들어 서민의 상대적 박탈감을 자극하고, 계층 간 위화감을 조성한다. 역대 왕조 모두 사치를 수반하는 과시소비를 극력 억제한 이유다. 『상군서』「약민」은 과시소비를 강력 억제해야 하는 이유를 이같이 설명해 놓았다.

"백성들이 가난하면 힘써 부를 축적하고, 힘써 부를 축적하면 방탕해지고, 방탕하면 폐해가 나타난다. 백성들이 부유할 경우 그들을 사용하지 않을 때는 식량을 바쳐 작위를 얻도록 한다. 각자 반드시 자신의 역량으로 식량을 생산해 작위와 바꾸도록 하면 농민들이 게으름을 피우지 않는다."

상앙이 시행한 일련의 변법은 중농重農에 초점을 맞춘 것이다. 중농은 상업을 억제하는 억상抑商과 밀접한 관련이 있다. 이로 인해 21세기 현재까지 적잖은 사람들은 상앙이 추진한 '억상'을 '중농'과 반대되는 모든 조치로 해석하고 있다. 결론부터 말하면 그는 상업과 수공업의 필요성을 통찰하고 있었다. 결코 '중농'과 반대되는 개념으로 접근한 게 아니다. 보다 정확히 표현하면 상업과 수공업을 농업에 대한 보조 산업으로 파악했다고 보는 게 타당하다. '중농억상'보다는 중농경상重農輕商에 가깝다. 이를 뒷받침하는 대목이 『상군서』「외내」에 나온다.

"백성들이 행하는 대내적인 일로 농사보다 어려운 게 없다. 가벼운 조치로는 백성들을 농사에 전념케 만들 수 없는 이유다. 무엇을 가벼운 조치라고 하는가? 첫째, 농민은 가난한데 상인은 부유한 것을 말한다. 식량의 가격이 떨어지면 돈이 귀해지기 마련인데 식량의 가격이 떨어져 농민이 가난해지고, 돈이 귀해져 상인이 부유해지는 경우다. 둘째, 상업과 수공업을 금하지 않아 사치품을 만드는 수공업자가 이득을 보고, 사방을 돌아다니며 먹고사는 자가 많은 것 등이 바로 가벼운 조치이다. 가벼운 조치가 행해지면 농민들은 힘들여 일하며 고생을 가장 많이 하는데도 얻는 이득이 적어 상인이나 수공업자만도 못하다. 상인이나 수공업자가 늘어나지 못하도록 하는 것은 곧 나라를 부유하게 만들려는 생각을 포기한 것으로 불가능한 일이기도 하다. 그래서 말하기를, '농업에 의지해 나라를 부유하게 만들고자 하면 국내의 식량 가격이 반드시 치솟고, 농업에 종사하지 않는 자에게 부과하는 요역이 반드시 늘어나고, 시장 이익에 대한 조세 또한 반드시 가중된다.'고 하는 것이다. 그 경우 백성들은 농사를 짓지 않을 수 없고, 농사를 짓지 않는 사람은 식량을 구할 길이 없다. 식량 가격이 오르면 농사짓는 자들이 유리하고, 농사짓는 자들이 유리하면 농업에 종사하는 자들이 늘어난다. 식량 가격이 오르면 식량을 사들이는 게 불리하고, 부세와 요역을 가중시키면 백성들은 상업과 수공업을 버리고 농업에 종사하지 않을 수 없게 된다. 백성들 모두 농업생산에 심혈을 기울여 이익을 얻고자 할 것이다."

상앙의 '중농억상'이 시장의 기능에 대한 불신에서 비롯된 것임을 쉽게 알 수 있다. 주목할 것은 상앙이 '상인이나 수공업자가 늘어나지 못하도록 하는 것은 곧 나라를 부유하게 만들려는 생각을 포기한 것으로 불가능한 일이기도 하다.'고 언급한 대목이다. 그가 추진한 '억상'은 상인이나 수공업자를 없애는 게 목표가 아니다. 상인의 폭리와 사치 공예품의 횡행을 저지하는데 기본취지가 있다. 한비자도 같은 입장이다. 『한비자』「오두」에 이를 뒷받침하는 대목이 나온다.

"무릇 명군의 치국 정책을 보면 상공인과 놀고먹는 백성의 숫자를 줄이면서 그 신분을 낮춘다. 극히 적은 사람만이 본업本業인 농사에 종사하려 하고, 대다수가 말업末業인 상공업으로 나아가려 하기 때문이다. 지금 세상은 관작을 돈으로 살 수 있다. 관작을 돈으로 살 수 있게 되면 상공인의 신분이 천하지 않게 된다. 상공업의 수익이 농사의 몇 배가 되는 까닭에 평소 농사를 짓다가 전쟁이 나면 전쟁터로 나가 공을 세우는 백성보다 더 존경을 받게 된다. 그리되면 바된 탓에 모두 뿔뿔이 헤어지려는 마음을 지니고 화합할 수 없게 된다. 심지어 여력이 있어도 버려두며 서로 돕지 않고, 좋은 도를 감춘 채 서로 가르쳐 주지 않고, 썩어나는 여분의 재물이 있어도 서로 나눠주지 않는다. 천하가 크게 어지러워져 심지어 금수처럼 된다. 군신, 상하, 노소 사이의 절도와 부자형제 사이의 예가 없어지는 까닭에 천하는 크게 어지러워진다."

묵자가 남는 힘이 있으면 서로 도와주고 나는 재물이 있으면 서로 나눠줘야 한다고 역설한 이유다. 실제로 그는 천하를 이롭게 할 수만 있다면 자신을 과감히 희생시키는 쪽으로 나아갈 것을 강력 주문했다. 「대취」의 해당 대목이다.

"삶과 죽음이 이로운 점에서 서로 같다면 사람들은 틀림없이 죽음을 버리고 삶을 택할 것이다. 한 사람을 죽여 천하를 보전하는 것은 한 사람을 죽여 천하를 이롭게 하는 게 아니다. 자신을 죽여 천하를 보전하는 것이 바로 자신을 죽여 천하를 이롭게 하는 것이다."

천하를 이롭게 하기 위한 강고한 희생정신을 주문한 것이다. 제자를 비롯한 묵가집단은 그의 이런 가르침을 철저히 이행했다. 『사기』「태사공자서」에 나오는 묵가집단에 대한 사마천의 평이 이를 증명한다.

"묵가 역시 유가와 마찬가지로 요순의 도를 숭상했다. 이들의 덕행과 관련해 사람들은 말하기를, '이들이 머무는 집의 높이는 3척이고, 흙 계단은 3단으로 되어 있었다. 지붕을 이은 풀도 가지런히 자르지 않고, 굽은 서까래도 가지런히 자르지 않았다. 흙으로 만든 밥그릇과 국그릇에 거친 곡식으로 만든 밥과 명아주 및 콩잎 국을 담아 먹었다. 여름에는 칡베 옷, 겨울에는 사슴 갖옷을 입었다.'고 했다. 이들은 장례를 치를 때 3촌 두께의 오동나무로 관을 만들어 사용했고, 곡도 간략히 했다. 또한 '절용'을 근본으로 삼아 백성들에게 집안이 넉넉해지는 비결을 전했다. 이는 묵가의 가장 큰 장점이다. 그 어떤 군주가 나올지라도 이를 바꾸지는 못할 것이다."

묵자의 사적에 대해서는 그토록 소략하게 기술한 사마천이 묵가집단에 대해서는 나름 상세하게 기록한 것은 '절용'에 관한 묵가의 신념이 얼마나 철저했는지를 반증한다. 묵가의 '절용'은 의식주를 포함해 배와 수레, 장례의식, 음악 등 모든 사안에 미쳐 있다. 『묵자』에 「절용」을 위시해 「절장」과 「비악」 등이 편제된 이유다. 사치를 억제해 서민의 의식주를 넉넉하게 만들고자 한 것이다.

비악과 비유

많은 사람들이 묵자의 기본입장을 지극한 실리주의 내지 실용주의로 규정하고 있다. 그가 검소한 장례를 뜻하는 절장節葬 등을 역설하며 유가의 예악을 비판한 사실에 주목한 결과다. 원래 유가는 예악을 통해 치국평천하를 달성코자 했다. 그러나 묵자가 볼 때 이는 제후들에게 빌붙어 부귀를 누리고자 하는 속유의 변명에 지나지 않았다. 실제로 당시 제후들은 풍악을 울리며 밤새도록 퍼마시는 풍조에 휩싸여 있었다. 그 피해는 고스란히 서민의 몫이었다. 과다한 세금과 빈번한 노역이 그렇다. 서민의 편에 서 있던 묵자가 유가의 예악을 질타한 근본배경이다. 『묵자』 「비악 상」은 백성에게는 크게 3가지 근심인 3환三患이 있다고 했다. 해당 대목이다.

"지금 왕공대인은 나라 안에서 악기의 제조와 연주를 일삼고 있다. 이는 단지 고여 있는 물을 푸거나 흙더미에서 그러모아 만드는 게 아니다. 반드시 백성들로부터 무겁게 징수해 대종大鍾과 명고鳴鼓

제선왕이 얼굴을 붉히면서 대답했다.

"과인은 요순과 같은 선왕의 음악을 좋아하는 것이 아니라 그저 세속의 음악을 좋아할 뿐이오."

맹자가 말했다.

"대왕이 음악을 매우 좋아한다면 제나라는 거의 잘 다스려질 것입니다. 요즈음의 음악도 옛날의 음악과 같습니다."

제선왕이 청했다.

"그 이유를 들려 줄 수 있겠소?"

맹자가 물었다.

"혼자 음악을 즐기는 것과 다른 사람과 함께 음악을 즐기는 것 중 어느 쪽이 더 즐겁겠습니까?"

"다른 사람과 함께 즐기느니만 못하오."

맹자가 다시 물었다.

"몇몇 사람과 음악을 즐기는 것과 많은 사람과 함께 음악을 즐기는 것 중 어느 쪽이 더 즐겁겠습니까?"

"많은 사람과 함께 즐기느니만 못하오."

그러자 맹자가 이같이 말했다.

"신이 대왕에게 즐기는 것에 관해 한 말씀 드리겠습니다. 지금 대왕이 여기에서 음악을 연주하는데 백성들이 대왕의 종과 북, 생황, 피리 소리를 듣고 모두 머리 아파하며 콧마루를 찡그린 채 서로 말하기를, '우리 군왕은 음악 연주를 좋아하면서 어찌하여 우리들을 이토록 고생스럽게 만드는 것인가? 부자가 서로 만나보지 못하고 형제처자가 이산했는데!'라고 한다면 어떻겠습니까? 또 만일 대왕이 여기서 사냥하는데 백성들이 대왕의 거마車馬 소리를 듣고 깃털로 아름답게 장식한 깃발을 보고는 모두 머리 아파하며 콧마루를 찡그린 채 서로 말하기를, '우리 군왕은 사냥을 좋아하면서 어찌하여 우리들을 이토록 고생스럽게 만드는 것인가? 부자가 서로 만나지 못하고 형제처자는 이산했는데!'라고 한다면 어떻겠습니까? 이는 다름 아니라 대왕이 백성들과 함께 즐거워하는 '여민동락'을 행하지 않았기 때문입니다. 지금 대왕이 여기서 음악을 연주하는데 백성들이 대왕의 종과 북, 생황, 피리 소리를 듣고 모두 즐거운 마음으로 기쁜 낯빛을 하여 서로 말하기를, '우리 군왕은 거의 편찮은 데가 없는 모양이다. 그렇지 않다면 어찌 음악을 연주할 수 있겠는가!'라고 한다면 어떻겠습니까? 또 만일 대왕이 여기서 사냥하는데 백성들이 대왕의 거마 소리를 듣고 깃털로 아름답게 장식한 깃발을 보고는 모두 즐거운 마음으로 기쁜 낯빛을 하여 서로 말하기를, '우리 군왕은 거의 편찮은 데가 없는 모양이다. 그렇지 않다면 어찌 사냥 할 수 있겠는가!'라고 한다면 어떻겠습니까? 이는 다름 아니라 대왕이 '여민동락'했기 때문입니다. 지금 대왕이 '여민동락'할 수만 있다면 이내 천하를 호령하는 왕자王者가 될 수 있을 것입니다."

이 일화의 핵심어는 '여민동락'이다. 「비악 상」의 '지금 왕공대인은 한낱 자신들의 즐거움을 위해 백성들이 입고 먹는 재화를 손상시키고 빼앗으면서 이처럼 대규모로 음악연주를 감상하고 있는 셈이다.'라는 지적과 취지를 같이하는 것이다. 이를 통해 맹자의 '여민동락' 사상이 묵자의 '비악'에서 흘러나온 것임을 쉽게 알 수 있다.

묵자가 유가의 후장厚葬 풍습을 통렬히 비판하면서 장례절차를 간소화하는 절장節葬을 역설한 것도 이런 맥락에서 이해할 수 있다. '후장'은 오랫동안 상례喪禮를 행하는 구상久喪과 더불어 허례허식의 전형에 해당했다. 일반 서민들은 주위의 눈치를 볼 수밖에 없었던 까닭에 파산을 무릅쓰며 울며 겨자 먹기 식으로 이런 폐풍을 답습

하고 있었다. 묵자는 「절장 하」에서 '후장구상'의 폐풍을 이같이 비판했다.

"지금 '후장구상'을 주장하는 자들의 말을 좇아 나라를 다스린다고 생각해보자. 왕공대인이 상을 당하면 그들은 말하기를, '관곽은 반드시 여러 겹으로 하고, 매장은 반드시 깊게 파는 식으로 하고, 수의壽衣와 금침衾枕도 반드시 많아야 하고, 무늬와 자수도 반드시 화려해야 하고, 봉분도 반드시 커야 한다.'고 할 것이다. 그러나 필부와 천민賤民이 상을 당하면 집안의 재물을 거의 다 써야 할 것이다. 제후가 상을 당하면 창고의 재물을 다 쓴 후 금옥과 여러 구슬로 사자의 몸을 두르고, 아름다운 실로 짠 새끼로 수레와 말을 잘 묶어 무덤 안에 묻을 것이다. 이때 반드시 장막과 포장, 솥과 북, 안석案席과 깔개, 술잔과 그릇, 창칼과 우모羽旄, 상아와 가죽제품 등을 부장품으로 묻어야 비로소 만족해할 것이다. 순장殉葬을 행할 경우 천자와 제후가 죽은 뒤 순장을 당하는 사람을 보면 많게는 수백 명에서, 적게는 수십 명에 이른다. 장군과 대부의 경우 역시 많게는 수십 명, 적게는 수 명에 이른다. 거상居喪은 또한 어떠한가? 흔히 말하기를, '무시로 곡을 하며 남이 대신하지 못하게 하고, 거친 베옷과 삼베띠를 머리와 허리에 두르고, 눈물을 흘리며 움막에 머물고, 거적자리 위에서 흙덩이를 베고 잔다. 또 먹지 않은 채 굶주리고, 얇은 옷을 입은 채 추위를 견디고, 얼굴이 크게 야위어 안색이 검푸르게 되고, 귀와 눈은 침침해지고, 수족에 힘이 빠져 사용치 못하도록 만드는 일을 서로 다퉈 행한다.'고 한다. 또 말하기를, '훌륭한 선비는 상을 당하면 반드시 부축해야 일어설 수 있고, 지팡이를 짚어야 다닐 수 있다.'고 한다. 이런 식으로 3년을 거상한다. 이런 식의 예법과 언행으로 예를 행하면 왕공대인의 경우는 반드시 일찍 조회에 나가고 늦게 퇴근하는 일을 할 수 없게 된다. 대부들 또한 5관6부五官六府에서 제대로 일을 보지 못해 황무지를 개간해 창고를 채우는 일이 불가능해진다. 농부들은 반드시 일찍 들로 나가 밤늦게 들어오면서 밭을 갈고 씨 뿌리는 일을 제대로 하지 못하게 된다. 공인들 역시 반드시 수레와 배를 건조하거나 그릇과 기물 등을 만드는 일을 할 수 없게 된다. 여인들 또한 반드시 일찍 일어나 밤늦게 잠자리에 들면서 방적과 길쌈을 하지 못하게 된다. '후장'은 세밀히 따지면 결국 모든 재화를 땅에 묻는 셈이고, '구상' 역시 따지고 보면 오랫동안 하던 일을 금하는 것이 된다. 애써 이룬 재화를 일거에 땅에 묻고, 살아 있는 자들은 하던 일을 금지당하는 꼴이다. 이같이 하고도 부유하기를 바란다면 이는 비유컨대 농사를 금하며 수확을 올리고자 하는 것과 같다. 부유해질 도리가 없다. '후장구상'을 행하고도 부자가 된다는 것은 애초부터 불가능한 일이다."

잘못된 관행은 과감히 혁파해야 한다. 더구나 서민을 파탄에 이르게 하는 경우는 더 말할 게 없다. 묵자가 생존할 당시 '후장구장'의 폐풍은 도를 넘고 있었다. 묵자가 이런 폐풍에 대한 일대 혁신을 주창하고 나선 이유다. 원래 유가도 장례의식을 과도하게 치르는 '후장구상'을 반대했다. 『논어』「선진」에 나오는 다음 일화가 이를 증명한다.

공자의 수제자 안연이 요절하자 공자의 제자들이 이를 안타까워하며 안연을 후장코자 했다. 공자가 반대했다.

"불가하다."

그러나 공자의 제자들이 결국 그를 후장했다. 공자가 이같이 질책했다.

"회回는 나 보기를 아버지처럼 했는데 이제 장례의 도리를 잃었으니 나는 그를 자식을 보듯이 대할 수 없게 되었다. 이는 내 탓이 아니라 몇몇 제자들 탓이다."

공자가 후장을 얼마나 반대했는지를 대략 짐작할 수 있다. 후장을 중시하는 풍조는 후대의 속유俗儒들로 인한 것이었다. 공자는 상례와 제례를 매우 중시했다. 그러나 그는 형식보다 애도하는 마음에 방점을 찍었다. 후대의 주희도 그같이 풀이했다.

"초상에 쓰이는 도구는 가세家勢의 유무에 맞춰야 한다. 가난하면서 후장하는 것은 이치에 맞지 않다. 공자가 안연의 후장을 만류한 이유다."

후대의 유자들은 왜 후장을 지지한 것일까? 바로 밥벌이 때문이었다. 예나 지금이나 장례와 상례는 다른 의식과 달리 상대적으로 매우 복잡하다. 이를 전문으로 하는 자들이 바로 유자들이었다. 이런 전례典禮와 관련된 대표적인 유가경전으로 『주례周禮』 및 『의례儀禮』와 더불어 3례三禮로 일컬어지는 『예기禮記』를 들 수 있다. 이는 유교 경전의 상징인 오경五經의 하나이다. 주나라 말기에서 진한秦漢 시대까지 전해져온 예에 관한 학설을 수록한 것이다.

『예기』는 주로 생활 의식에 관한 내용을 기록해 놓았다. 당시 예의 영역은 국가 통치제도에서부터 사회적인 윤리와 개인의 수신修身에 이르기까지 매우 광범위했다. 『예기』가 유가의 예치禮治를 선양하기 위한 교재로 중시된 이유다. 3례 가운데 『예기』의 영향이 가장 컸다. 『예기』에 수록된 번잡하기 짝이 없는 규정을 통해 짐작할 수 있듯이 이는 일반인이 알 수 있는 게 아니었다. 묵자가 활약한 전국시대 초기에 이미 이를 습득해 밥벌이로 삼는 속유가 횡행하고 있었다. 묵자가 「비유 하」에서 속유들의 이런 속물 행각을 질타한 이유다. 해당 대목이다.

"유자들은 예악을 번거롭게 꾸미는 번식예악繁飾禮樂으로 사람들을 혼란스럽게 만들고, 오랫동안 상복을 입고 거짓으로 슬퍼하는 구상위애久喪僞哀로 돌아가신 부모를 기만한다. 운명론을 좇은 탓에 빈곤한 처지에 빠져 있는데도 고상한 체 허세를 부리고, 근본을 어긴 탓에 할 일을 내팽개치고 있는데도 안일하게 나태한 모습을 보이며 오만하게 군다. 굶주리고 헐벗어 얼어 죽을 위기에 처해 있는데도 피할 생각조차 없다. 거지 모습을 한 채 들쥐처럼 음식을 여기저기 숨겨놓고, 숫양처럼 눈에 불을 키며 먹을 것을 찾아 헤매다가 혹여 눈에라도 띄면 멧돼지처럼 뛰쳐나온다. 군자들이 이를 비웃으면 이들은 화를 내며 말하기를, '시원찮은 자들이 어찌 뛰어난 유자를 알아보겠는가?'라고 한다. 여름에는 보리나 벼를 동냥하다가 가을에 곡식이 거둬들여지면 크게 장례를 치르는 집을 찾아다닌다. 자식과 손자 등을 모두 이끌고 가 음식을 물릴 정도로 뱃속에 가득 채워 넣는다. 이처럼 상갓집을 몇 차례 돌면 대략 추운 겨울도 버텨낼 수 있다. 유자가 남의 집에 기대 목숨을 이어가고, 남의 곡식에 기대 체면을 유지하는 이유다. 이들은 부잣집에 초상이 나면 크게 기뻐하며 말하기를, '이야말로 입고 먹는 근원이다!'라고 한다."

묵자가 공자를 크게 존숭하면서도 속유에 대해 통렬한 비판을 가하며 '묵가'라는 독립된 학파를 창시한 배경이 바로 여기에 있다. 복잡하기 짝이 없는 '예악'에 관한 지식을 배경으로 공자의 이름을 팔아먹으며 밥벌이를 하는 유자들을 속물의 전형으로 간주한 결과다.

이를 통해 알 수 있듯이 묵자가 말한 '절장'은 예악에 관한 알량한 지식으로 서민들의 등골을 빼먹는 속유의 속물 행보에 대한 강고한 비판의식에서 나온 것이다. 「절장」과 「비악」이 「비유」와 유사한 내용을 다루고 있는 이유다. 많은 사람들이 묵자의 '절용' 이론이 크게 총론인 「절용」을 비롯해 각론인 「절장」과 「비악」 및 「비유」로 구성돼 있다고 파악하는 것도 바로 이 때문이다.

묵자논리학과 과학

묵자는 비록 인격신에 가까운 '천지'와 '천의'를 들먹였지만 여타 부분에 대해서는 매우 합리주의적인 입장을 취했다. 이는 그가 장인匠人 출신인 사실과 무관치 않을 것이다. 오늘날의 자동차공학이나 건축공학이 그렇듯이 수레를 만들거나 성을 쌓은 등의 작업을 할 때는 반드시 엄밀한 과학논리 위에 서 있어야만 소기의 성과를 거둘 수 있다. 『묵자』에 이른바 '묵가논리학'으로 불리는 「경 상」과 「경 하」, 「경설 상」, 「경설 하」, 「대취」, 「소취」 등의 6개 편이 수록된 것도 이와 무관치 않을 것이다.

이들 6개 편은 오랫동안 묵변墨辯 내지 묵경墨經으로 불렸다. '묵변' 용어를 처음으로 사용한 사람은 서진西晉 때 지금의 남경시장인 건강령建康令을 지낸 노승魯勝이다. 『진서』 「은일전隱逸傳」에 따르면 그는 만년에 저술에 전념하면서 『묵변주墨辯注』를 썼다. 여기서 '묵변' 용어가 나왔다. 당시 그가 다룬 것은 「경 상」과 「경 하」, 「경설 상」, 「경설 하」 등 4개 편이었다. 이후 청대에 들어와 왕중汪中이 『술학述學』 「묵자서墨子序」에서 '묵경'이라는 용어를 사용하면서 '묵경' 용어가 보다 널리 사용되기 시작했다. 왕중은 노승과 달리 '묵변'에 나오는 4개 편 외에 「대취」와 「소취」를 더해 모두 6개 편을 '묵경'으로 지칭한 것이다. 내용상 왕중의 분류가 타당하다.

21세기에 들어와 '묵경'이 새삼 주목을 받은 것은 논리학을 위시해 광학과 물리학 등 과학기술에 관한 내용을 대거 수록하고 있기 때문이다. 여타 제자백가에서는 찾아볼 수 없는 묵가만의 특징이다. 지난 20세기 초 독일학자 포르케는 『중국고대철학사』에서 동양의 과학문명을 이같이 단정한 바 있다.

"중국에는 순수철학의 개념이 없다. 고대중국의 경우 철학과 종교의 구분이 불분명했고, 교의와 강력한 성직자 계급이 없었다. 중국인들의 관심은 극히 윤리적이고 사회정치적인 것에 집중돼 있었다. 형이상학과 과학철학은 거의 관심의 대상이 되지 않았다. 논리학과 인식론, 심리학 등에 대해서는 미약한 동기만이 존재했다."

그의 이런 지적이 동양문명을 얕잡아보는 '오리엔탈리즘'에 기초한 것임은 말할 것도 없다. 포르케의 이런 무모한 단정을 반격하는 가장 좋은 자료가 바로 '묵경'이다. 21세기에 들어와 중국 학계를 비롯해 많은 학자들이 새삼 '묵경'에 주목하는 이유다. '묵경'으로 상징되는 '묵가논리학'은 미신적인 운명론을 주도한 유가를 통렬히 비판하고 있다. 운명론을 비판한 「비명」이 내용상 「비유」와 통하는 이유다. 「비명 중」의 다음 대목이 이를 뒷받침한다.

"지금 천하의 사군자 가운데 혹자는 운명이 있다고 하고, 혹자는 없다고 한다. 운명의 존재 여부는 중인衆人이 보거나 들은 사실에 기초해야 정확히 알 수 있다. 중인은 견문한 바가 있으면 '있다', 없으면 '없다'고 말한다. 운명론을 주장하는 자들은 어찌하여 백성들이 견문한 사실을 토대로 존재 여부를 검토하지 않는 것인가? 옛 성왕은 효자孝子를 드러내 부모 봉양을 권하고, 현량賢良을 기려 선행을 권하고, 헌령憲令을 발포해 백성을 깨우치고, 상벌賞罰을 밝게 시행해 권선징악勸善懲惡을 행했다. 이같이 하면 어지러운 것을 다스리고, 위태로운 것을 편안히 할 수 있다. 탕왕과 무왕의 치세 때 다스려지고, 걸과 주의 치세 때 어지러웠다. 안위安危와 치란治亂은 군왕이 발포한 헌령에 달려 있다. 그러니 어찌 운명론을 얘기할 수 있겠는가?"

원래 '묵가논리학'을 비롯해 묵자의 과학적인 사고 및 학설은 거의 모두 '묵경'에 실려 있다. 객관적으로 볼 때 묵가사상과 이론을 학문적으로 정의한 묵학墨學은 21세기의 관점에서 보면 과학철학에 가장 가깝다. 정치사상의 정수인 공자의 공학孔學과 정치사상 내지 정치제도학에 가까운 순자의 순학荀學과 대비된다. 맹자의 맹학孟學은 후대의 주자학朱子學과 더불어 도덕철학으로 분류하는 게 타당하다. 노자의 노학老學은 정치철학, 한비자의 한학韓學은 정치사상사 내지 정치과학에 비유할 수 있다. 장자의 장학莊學은 후대에 들어온 불학佛學과 더불어 종교철학으로 보는 게 진실에 가깝다. 관중의 관학管學을 시작으로 사마천의 「화식열전」으로 집대성된 상가商家의 이론은 현대의 재정학 내지 경제학을 방불케 한다. 손무와 오기를 위시한 역대 병가의 학문은 동서고금을 통틀어 군사학의 진수에 해당한다.

이를 통해 알 수 있듯이 묵학은 '묵경'으로 상징되는 논리학과 과학철학, '묵자병법'으로 불리는 군사학, '겸애'의 도덕철학, '절용'의 경제학, '상현' 및 '상동'의 정치철학, '천지' 및 '명귀'의 종교철학 등이 총망라된 종합학문의 성격을 띠고 있다. 여타 제자백가 학문에서는 찾아볼 수 없는 묵학만의 특징이자 자랑이다.

'묵가논리학'을 집대성해 놓은 '묵형'은 묵가의 다양한 학설 가운데 현대 논리학에 가장 가깝다. 물론 서양처럼 논리학의 체계가 완전히 갖춰진 것은 아니지만 나름 장점이 있다. 궤변으로 빠지기 쉬운 개념을 정확히 정의한 뒤 이를 토대로 연역법이나 귀납법 등의 추리방식을 도입하고 있는 게 그렇다. 대표적인 예로 「경설 상」의 다음 대목을 들 수 있다.

"원인 가운데 작은 원인은 그것이 있을지라도 반드시 그리 되는 것은 아니지만 그것이 없으면 반드시 그리 되지 않는다. 작은 원인은 전체의 일부분으로 마치 1척尺 길이에 끝이 있는 것과 같다. 큰 원인은 이와 달리 그것이 있으면 반드시 그렇게 되고, 없으면 반드시 그렇게 되지 않는다. 마치 그것을 얻으면 반드시 그 일이 이뤄지는 것과 같다."

큰 원인인 대고大故와 작은 원인인 소고小故의 차이를 마치 수학의 집합원리처럼 설명해 놓았다. 수학 자체가 과학체계에서 가장 논리적이라는 점을 감안할 때 기원전에 출현한 '묵가논리학'의 이런 논리체계는 매우 뛰어난 바가 있다. '묵가논리학'의 정수는 광학에 대한 뛰어난 관찰에 있다. 이를 뒷받침하는 「경설 하」의 해당 대목이다.

"거울 속의 영상影像은 물체가 거울에 가까워져도 함께하고, 멀어져도 함께한다. 거리의 비례에 따른다. 영상이 함께한다는 것은 곧 거울에 비치지 않는 게 없는 까닭에 영상도 함께한다는 의미이다. 영상이 아무리 많을지라도 반드시 거울 속에 투영된다. 영상은 물체와 함께 머무는 까닭에 늘 함께하지만 거울과의 거리 등에 의해 다양한 모습으로 나타난다. 거울의 중앙에 위치할 경우 영상의 위치가 거울의 중앙에 가까울수록 비춰지는 내용도 많아지고 영상 또한 덩달아 커진다. 반대로 멀어지면 비춰지는 내용도 적어지고 영상 또한 작아진다. 어느 경우든 영상은 반드시 똑바른 모습으로 나타난다. 이는 빛이 광원光源에서 나온 뒤 평행으로 진행해 물체를 길고 바르게 비춘 결과다. 볼록거울의 경우 중심에서 가까운 테두리에 위치하면 중심에 가까울수록 비춰지는 내용도 많고 영상 또한 커진다. 반대로 가운데서 멀어질수록 비춰지는 내용도 적고 영상 또한 작아진다. 이

때 어느 경우든 그 모양이 찌그러져 나타난다. 이는 빛이 거울의 중심에 합쳐지기 위해 광선의 길이를 늘인 데 따른 것이다."

'묵경'에는 논리학과 광학 이외에도 현대 기하학과 물리학을 방불케 하는 언급이 매우 많다. 묵자가 기계를 직접 다루는 장인 출신이라는 사실이 기원전에 '묵가논리학'이라는 놀라운 업적을 만들어내는 동인으로 작용했을 것이다. 일각에서는 비록 진시황의 천하통일로 쇠멸키는 했으나 전국시대 말기 묵가가 유가를 압도한 배경을 묵자의 이런 과학적인 학문태도에서 찾기도 한다. 나름 일리 있는 분석이다.

제3장 묵자사상의 전개

묵학과 제자백가

제자백가서에 나오는 묵가에 대한 평은 거의 단편적이다. 그러나 유일한 예외가 있다. 바로 『장자』다. 『장자』「천하」는 제자백가의 장단점을 두루 논하면서 묵자 및 묵가 전반에 대한 평에 많은 지면을 할애하고 있다. 장자는 맹자와 비슷한 시기를 산 인물이다. 그는 '금수지도禽獸之道' 운운하며 맹비난을 퍼부은 맹자와 달리 나름 객관적인 평을 내리고 있다. 일면 비난하며 일면 칭송하는 일포일폄一褒一貶의 입장이 그렇다.

「천하」에 나오는 장자의 묵가에 대한 평은 약간 길기는 하나 전국시대 말기의 묵가 현황을 살피는 데 매우 긴요하다. 이를 그대로 옮기면 다음과 같다.

〈후대 사람들에게 사치를 부리지 않고, 만물을 낭비하지 않고, 예법을 번드레하게 내걸지 않고, 엄격한 계율로 스스로를 규제하고, 세상의 위급에 대비토록 한 학술이 옛 도술 가운데 존재했다. 당초 묵자와 그의 제자 금골희禽滑釐는 이런 학풍이 있다는 소식을 듣고 크게 기뻐했다. 그러나 이들은 실천하기를 너무 과하게 하고, 절제하기를 너무 지나치게 했다. 「비악」을 짓고, 「절용」의 편명을 지은 게 그것이다. 이들 모두 살아서는 노래하는 일이 없고, 죽어서는 상복을 입는 일이 없었다.

묵자는 널리 사랑하고 두루 이익을 나눠야 한다고 주장하면서 전쟁을 반대했다. 남이 모욕해도 성내지 않는 것을 도리로 여긴 이유다. 또 학문을 좋아해 널리 배우는 것만은 선왕의 도와 다르지 않았다. 그러나 그의 학문은 선왕의 도와 같지 않았다. 옛날의 예악을 비방한 이유다.

원래 황제黃帝는 『함지咸池』, 요임금은 『대장大章』, 순임금은 『대소大韶』, 우왕은 『대하大夏』, 탕왕은 『대호大濩』의 음악이 있었다. 주 문왕은 태학에서 연주하는 『벽옹지악辟雍之樂』이 있었고, 주나라 문왕 및 주공 단은 직접 『무武』를 작곡했다. 고대의 상례는 귀천에 따른 예의가 있어 상하 사이에 차등을 두었다. 천자는 관과 곽을 합쳐 7겹, 제후는 5겹, 대부는 3겹, 선비는 2겹이었다.

그런데도 유독 묵자만은 살아서는 노래하지 않고, 죽어서는 상복을 입지 않은 것이다. 그는 오동나무 관의 두께를 3촌으로 하고, 외곽은 만들지 않는 것을 법식으로 삼았다. 이런 기준으로 사람을 가르치면 아마 사람을 사랑하지 않게 될 것이고, 이런 기준으로 행동하면 실로 자신조차 사랑하지 않게 될 것이다.

묵자의 도를 비방하려는 것은 아니나 그렇다고 해도 노래하고 싶을 때 노래하지 못하고, 울고 싶을 때 울지 못하고, 음악을 연주하고 싶은데 연주하지 못하는 게 과연 인정에 가까운 것인가? 살아서는 노동에 지치고, 죽어서는 허술하게 떠나니 묵가의 도는 너무 각박하다. 이는 세인들을 걱정하게 하고 슬프게 만들 뿐이니 실행하기 어렵다. 가히 '성인의 도'라고 부르기 어려울 듯싶다. 천하인의 마음에 어긋나면 천하인은 이를 감내할 수 없다. 묵자가 비록 홀로 그리할 수 있을지라도 천하인의 경우는 과연 어찌할 것인가? 묵가의 도는 천하 사람들로부터 유리되어 있는 까닭에 왕자의 도에서 멀리 벗어나 있다. 묵자는 사람들을 향해 이같이 말했다.

"옛날 하나라 우왕은 홍수를 막고, 장강과 황하의 물길을 터서 사방의 이적夷狄과 구주九州를 연결하는 길을 열었다. 당시 천하에는 커다란 하천이 3백개, 지류가 3천개나 되었다. 그 밖의 작은 내는 그 수를 셀 수 없을 정도로 많았다. 우가 친히 삼태기와 보습을 손에 들고 천하의 내를 소통케 할 때 우의 장딴지에는 살이 빠졌고, 정강이에는 털이 없어졌다. 장맛비에 얼굴을 씻고 모진 바람에 빗질한 덕분에 마침내 만국을 안정시켰다. 우는 대성인인데도 이처럼 천하를 위해 자기 몸을 혹사했다."

그는 또 후대의 묵가들로 하여금 거친 옷을 입고, 나막신이나 짚은 신고, 밤낮으로 쉬지 않고 자기 몸을 혹사케 했다. 그는 이를 최고의 규율로 삼고는 이같이 말했다.

"능히 이처럼 하지 못하면 우의 도가 아니다. 묵가로 일컫기에 부족하다."

오늘날 묵가의 제자로는 상리근相里勤의 제자, 오후五侯의 무리들은 남방의 묵가들이다. 고획若獲과 이치已齒 및 등릉자鄧陵子의 무리들은 모두 『묵경墨經』을 독송하면서 그 해석이 서로 모순되고 대립하는 까닭에 상대 학파를 '별묵別墨'으로 부르며 비난한다. 마치 명가의 견백론堅白論 및 동이론同異論처럼 서로 비난하고, 홀수와 짝수처럼 짝이 맞지 않는 어긋난 말로 서로 헐뜯고, 우두머리인 소위 거자巨子를 성인으로 여긴다. 모두 자신이 우두머리가 돼 묵자의 후계자를 자처하려고 하는 까닭에 지금까지도 후사 자리를 정하지 못하고 있다. 묵적과 금골희의 뜻은 옳았으나 실천 방법은 잘못되었다.

후대의 묵가들로 하여금 반드시 스스로를 괴롭히는 방법으로 장딴지에 살이 다 빠지고 정강이에 털이 모두 닳아 없어지도록 강제하는 것은 서로 생명의 소진을 재촉하는 것에 지나지 않는다. 이는 천하를 어지럽히는 계책으로는 상책인 동시에 천하를 편히 다스리는 계책으로는 하책에 해당한다. 비록 그렇기는 하나 묵자 자신은 참으로 천하를 좋아했다. 그는 자신이 구하는 것을 얻지 못하면 비록 몸이 말라비틀어질지라도 그만두지 않았으니 실로 천하의 재사才士라고 일컬을 만하다.

묵자의 주장에 동조하지는 않지만 천하를 위해 헌신하는 자세만큼은 높이 평가할 만하다고 언급한 것이다. 이는 전국시대 말기 장자가 활약할 당시 묵가가 매우 극성했음을 반증한다. 장자가 묵자 사후에 등장한 묵가의 여러 학파를 두루 언급한 게 그렇다.

객관적으로 볼 때 『장자』「천하」의 묵가에 대한 비판은 같은 시기를 산 맹자가 유가의 수호자를 자처하며 묵가에 대해 맹비난을 퍼부은 것과 궤를 같이한다. 장자는 간접화법을 동원한데 반해 맹자는 직설화법으로 비난을 가한 게 다를 뿐이다.

주목할 것은 비록 장자가 완곡한 어법으로 묵가를 비판했으나 묵가의 접근방식으로는 결코 난세를 치세로 돌릴 수 없다고 지적한 점이다. 직설화법을 구사한 맹자와 별반 다를 바 없다. 취지는 인정하되 현실적인 존재 필요성을 인정치 않은 점에서는 하등 차이가 없다. 묵가가 여타 제자백가의 집중 포화를 맞고 이내 사라진 근본 배경이 여기에 있다. 『열자』「양주」에 나오는 다음 일화를 보면 그 배경을 대략 짐작할 수 있다.

하루는 장자의 사상적 스승인 양주楊朱가 '옛 사람은 터럭 하나를 버려 천하를 이롭게 할 수 있을지라도 이를 허락하지 않았다.'고 하자 이 얘기를 들은 묵자의 수제자 금골희禽滑厘가 양주를 찾아가 이같이 물었다.

"그대는 자신의 몸에 난 터럭 하나를 버려 세상을 구할 수 있다고 할지라도 과연 이를 하지 않을 생각이오?"

양주가 대답했다.

"세상은 본래 터럭 하나로 구제할 수 있는 게 아니오."

금골희가 재차 물었다.

"가령 구제할 수 있다고 하면 할 의향이 있소?"

양자가 아무 대답도 하지 않았다. 금골희가 밖으로 나와 이를 양주의 제자인 맹손양孟孫陽에게 말하자 맹손양이 이같이 말했다.

"터럭 하나는 피부보다 미소微小하고, 피부는 관절 한마디보다 미소하오. 그러나 터럭 하나가 쌓여 피부가 되고, 피부가 쌓여 관절을 이루는 것이오. 그러니 어찌 터럭 하나일지라도 소홀히 다룰 수 있겠소?"

금골희가 말했다.

"나는 그대에게 응답할 말이 없소. 그대의 말을 노담老聃과 관윤關尹에게 묻는다면 그들은 그대의 말이 옳다고 할 것이오. 그러나 나의 말을 우왕이나 묵적에게 묻는다면 그들은 내 말이 옳다고 할 것이오."

노담은 노자, 관윤은 노자가 주나라의 쇠퇴를 보고 주나라를 떠나기 위해 함곡관에 이르렀을 때 만난 관문 담당자인 관령關令 윤희尹喜를 말한다. 그가 맡았던 관직의 이름을 따 '관윤'으로 부르기도 한다. 노자가 윤희의 부탁을 받아 『도덕경』 5천자를 저술해 전해주었다고 한다. 『여씨춘추』「불이不二」에 따르면 윤희는 청淸을 귀히 여겼다고 한다. 당시 금골희가 노담과 관윤을 언급한 것은 양주를 노자를 추종하는 도가의 일원으로 간주했음을 의미한다.

그러나 양주의 행보는 노자보다는 장자에 가까웠다. 그의 기본입장은 '세상은 본래 터럭 하나로 구제할 수 있는 게 아니다.'라는 주장에 잘 나타나 있다. 이를 가능한 것으로 가정한 금골희의 질문에 양주가 대답치 않은 것은 바로 이 때문이다. 그는 '겸애'에 입각해 이타주의의 삶을 살고 있는 금골희의 질문에 쓸데없이 응답해 논쟁을 위한 논쟁을 하고 싶지 않았던 것이다.

이 일화에서 구체적으로 나타나지는 않았으나 만일 세상을 터럭 하나로 구제하는 일이 가능했다면 양주 역시 이를 선택했을 것이다. 양주가 '위아주의'를 주장한 것은 세상이 모두 외물에 미혹되어 있다고 본데 따른 것으로 제세濟世 자체에 무관심했던 것은 아니다. 『열자』「주목왕」에 나오는 노자의 다음과 같은 언급이 이를 뒷받침한다.

"천하가 모두 미혹해 있으면 누가 이를 바로 잡을 수 있겠는가? 애락哀樂, 성색聲色, 취미臭味, 시비是非에 관한 미혹을 과연 누가 바로 잡을 수 있겠는가? 심지어 나의 말도 반드시 미혹되지 않았다고 말할 수 없다."

오랫동안 양주의 '위아주의'를 극단적인 이기주의 내지 퇴폐적인 향락주의로 해석하는 것이 잘못된 것임을 보여준다. 훗날 『열자』를 주석한 장담長湛은 묵가를 이같이 평했다.

"우왕과 묵자의 가르침은 자신을 완전히 잊고 오직 남을 구제하는 데 있다!"

묵자가 천하의 이익을 위해 온 몸을 내던진 우왕을 사상적 시조로 삼은 배경을 짐작케 해 준다. 『묵자』「절용」이 시종 우왕처럼 절검節儉의 삶을 살 것을 역설한 게 그 증거다. 예나 지금이나 천하를 위해 헌신하는 자는 커다란 존경을 받게 마련이다. 묵가가 난세의 심도가 깊어진 전국시대 말기에 크게 발흥한 것도 이런 맥락에서 이해할 수 있다. 실제로 현재 학자들의 연구에 따르면 선진시대 및 진한시대의 전적에 등장하는 묵가의 인물은 매우 많다. 이들을 대략 정리하면 크게 3가지 부류로 나눌 수 있다.

첫째, 묵가의 직계直系 제자와 재전再傳 제자 등이다. 직계제자인 금골희禽滑釐와 재전제자인 허범許犯과 색로삼索盧參을 위시해 삼전三傳 제자인 전격田繫과 고석자高石子, 고하高何, 위월魏越, 수소자隨巢子, 현자석縣子碩, 공상과公尙過, 경주자耕柱子, 호비자胡非子 등이 있다. 이들의 제자인 굴장자屈將子와 관검오管黔敖, 조공자曹公子, 승작勝綽, 팽생경자彭輕生子, 맹산孟山, 현당자弦唐子, 질비跌鼻, 고손자高孫子, 치도오治徒娛 등도 같은 부류에 넣을 수 있다. 이들 모두 고대 전적에서 묵자의 가르침을 전수받은 직계와 재전, 삼전, 사전 제자로 거론한 인물들이다.

둘째, 전수받은 계통은 알 수 없으나 묵가를 자처하며 활약한 인물들이 있다. 장자가 언급한 상리씨相里氏와 등릉씨鄧陵氏, 상부씨相夫氏, 전구자田俅子 등이 대표적이다. 『한비자』「현학顯學」에 따르면 묵자 사후 상리씨와 상부씨, 등릉씨가 이끄는 묵가 학파가 가장 극성했다. 이들을 3묵三墨이라고 한다. 이들 이외에도 상리씨와 등릉씨와 어깨를 나란히 하며 남방에서 크게 활약한 고획苦獲과 이치已齒를 비롯해 아자我子와 전자纏子, 맹승孟勝 등이 있다. 이들의 문하에는 서약徐弱과 전양자田襄子, 복돈腹 , 사자謝子, 이자夷子, 당고과唐姑果, 정인적鄭人翟 등이 활약했다.

셋째, 여타 학파에서 묵가로 분류하지 않았음에도 묵가와 유사한 행보를 보이며 독자적인 학문체계를 이룬 인물들이다. 가장 대표적인 인물이 『장자』에 송영자宋榮子로도 나오는 송나라 출신 송견宋鈃이다. 『맹자』에는 송경宋牼, 『한비자』에는 송영宋榮, 『순자』에는 자송자子宋子로 나온다. '자'가 붙은 점에서 여타 제자백가들로부터 존경을 받았음을 알 수 있다. 절용과 실리, 비공 등을 주장한 점에서 묵가의 일원으로 보는 게 옳다.

윤문尹文도 크게 보아 묵가의 일원으로 꼽을 수 있다. 그의 이름이 『장자』와 『공손룡자』, 『여씨춘추』 등에 두루 나온다. 그 또한 송견과 유사한 주장을 폈다. 그의 저서로 알려진 『윤문자尹文子』 2편이 전해지고 있으나 내용은 모두 유가와 묵가를 공격하는 것이다. 묵가에서 방향을 틀어 명가와 법가로 나아간 듯하다. 농가農家를 대표하는 허행許行도 묵가의 일원으로 볼 수 있다. 『맹자』에 그의 행적이 소개돼 있다. 『장자』에 대거 등장하는 혜시惠施는 흔히 명가로 분류되나 크게 볼 때 묵가의 일원에 해당한다. 실제로 그는 묵가에서 출발했다. 명가를 대표하는 공손룡公孫龍도 묵가에서 시작했다. 위모魏牟도 명가로 분류되나 묵가로부터 출발했다는 게 통설이다.

이를 통해 대략 짐작할 수 있듯이 전국시대 말기 이름을 떨친 제자백가들 가운데 묵가사상의 세례를 받은 사람들이 매우 많다. 『한비자』 「현학」이 "세상에서 가장 잘 알려진 학단으로는 유가와 묵가가 있다."고 언급한데서 알 수 있듯이 당시 묵가는 유가와 더불어 사상계를 지배했다. 묵가는 유가에 대한 비난을 전담하다시피 했다. 그러나 열국의 군주들은 묵가를 크게 꺼렸다. 유가와 달리 묵가는 신분세습의 위정자에 대해 직접적이면서도 노골적인 비판을 퍼부었다. 진시황의 천하통일 이후 학맥이 끊어진 것은 그 후과로 보아야 한다. 학자들의 견해를 종합해 묵학의 학맥을 도식화하면 대략 다음과 같다.

〈전국시대 묵학 학맥 및 저서〉

정통파	직계 : 금골희, 경주자, 맹승 등
	방계 : 『호비자』, 『수소자』, 『전구자』 등
추종파	잡가 : 송견 등
	법가 : 『윤문자』 등
	명가 : 혜시, 『공손룡자』 등
	농가 : 허행 등
이단파	임협任俠

임협을 '이단파'로 분류한 것은 진시황 사후 천하를 횡행한 무리 가운데 묵가사상을 추종한 자들이 적지 않은 점에 주목한 것이다. 『사기』「유협열전遊俠列傳」에 나오는 인물들의 행보가 대개 그렇다. 진한시대로 들어오면서 묵가의 전통이 끊어진 탓에 묵가사상을 추종하는 자들이 대거 임협으로 변신한 듯하다. 한고조 유방의 치세 때 참모로 활약한 육가陸賈의 『신어新語』「사무思務」에 나오는 다음 구절이 이를 뒷받침한다.

"묵자의 문하에는 용사가 매우 많았다(墨子之門多勇士)."

'용사' 운운은 진한시대 때 묵가의 전통이 끊어졌음에도 묵자사상을 추종하는 자들이 의외로 많았음을 방증하는 대목이다. 실제로 『묵자』에는 임협을 높이 평가한 대목이 많이 나온다. 「경 상」의 '임협'에 대한 해석이 대표적이다.

"임협은 선비 스스로 손해를 보면서 유익한 일을 행하는 것이다."

묵자가 '임협'을 매우 중시했음을 방증하는 대목이다. 무예를 닦은 무협武俠을 포함해 유가사상의 세례를 받은 유협儒俠은 물론 묵가사상의 세례를 받은 묵협墨俠 모두 임협 내지 유협의 일원에 해당한다. 임협은 「경 상」의 풀이에 나오듯이 '천하를 위해 자신을 희생시켜 의로운 행위를 행하는 자'를 말한다. 「경 상」을 풀이한 「경설 상」의 임협에 대한 해설은 보다 직설적이다.

"임협은 자신이 싫어하는 일까지 행하여 남이 다급해하는 일을 이뤄주는 것이다."

자신에게 이익이 될 것인지 여부를 따지지 않고 남의 어려움을 구제해 주는 게 바로 임협이라고 정의한 것이다. 사마천이 『사기』 「유협열전」에 거론한 인물들이 모두 이런 자들이다. 전국시대 초기에 이미 임협의 무리가 등장했고, 진한시대까지 임협 정신이 면면히 이어졌음을 방증하는 대목이다. 사상사적으로 볼 때 모두 묵가의 무리에 해당한다.

사케미 겐이치酒見賢一의 원작소설을 토대로 한 모리 히데키森秀樹의 역사만화 『묵공墨攻』은 묵가사상의 세례를 받은 임협의 정신이 일본으로 건너가 사무라이 정신의 원형이 된 것으로 그려 놓았다. 문文보다 무武를 숭상한 일본의 역사문화 관점에서 보면 사무라이들 스스로 임협의 무리를 자처한 것을 탓할 수도 없다. 진시황의 천하통일로 문득 사라졌던 묵가사상이 2천여 년 만에 부활해 중국과 일본에서 새삼 각광을 받는 것도 이런 맥락에서 이해할 수 있다. 천하의 이익을 고루 나무며 천하인을 위해 온 몸을 내던진 묵도默徒 및 그 후신인 임협들의 헌신적인 자세와 정신은 21세기 스마트혁명 시대에도 여전히 유효하다.

묵학의 부활과 재조명

전국시대 말까지 유학과 더불어 제자백가의 쌍벽을 이뤘던 묵학이 문득 사라진 것은 지금도 미스터리이다. 일각에서는 전한 초까지 묵가가 번성했으나 한무제가 말년에 동중서의 건의를 받아들여 유학을 유일한 관학으로 인정하는 '독존유술'을 선포하면서 묵가에 대한 탄압을 시작해 묵가가 사라졌을 것으로 본다. 이들은 환관桓寬이 쓴 『염철론鹽鐵論』「조조晁錯」를 근거로 들고 있다. 여기에 전한 초기 회남왕과 형산왕이 사방에서 선비를 모았을 때 옛 노나라 땅 주변에서 많은 유가와 묵가가 강회江淮 일대로 모여들어 그들의 강론을 모아 수십 권의 책을 만들었다는 기록이 나온다. 이게 사실이라면 묵가가 전한 초까지 맥을 이어갔다는 얘기가 된다.

그러나 손이양은 『묵자간고』 부록에 실린 「묵자전략墨子傳略」에서 묵학은 이미 진나라 때 없어졌다고 했다. 제자백가서와 사서의 기록을 종합해 볼 때 손이양의 주장이 역사적 사실에 가깝다. 객관적으로 볼 때 묵가는 진시황에게 유세를 하다가 옥사를 당한 한비자가 활약하는 전국시대 말기까지만 해도 유가와 더불어 제자백가의 쌍벽을 이룬 게 확실하다. 『한비자』「현학」의 기록이 이를 뒷받침한다. 이후 진시황의 천하통일 후 문득 사라지고 말았다. 예로부터 그 배경을 둘러싸고 여러 해석이 나왔다.

현재 가장 유력한 견해 가운데 하나는 묵가 자체의 분열을 드는 견해이다. 『한비자』「현학」을 논거로 들고 있다. 이에 따르면 묵가는 묵자 사후 상리씨와 상부씨, 등릉씨 등의 3묵三墨으로 분열했다가 다시 더욱 잘게 쪼개져 서로 정통을 자처하며 치열한 논쟁을 벌였다. 나름 일리 있는 분석이기는 하나 유가를 비롯한 다른 학단도 수사한 모습을 보인 까닭에 이것만으로는 배경을 설명키에 부족하다.

한무제가 유학만을 유일한 관학으로 인정하는 이른바 독존유술獨尊儒術을 선포한데서 그 원인을 찾는 견해도 유력하다. 그러나 이 또한 일부만 타당하다. 도가와 법가 등은 비록 변형된 모습이기는 했으나 명맥을 계속 유지했기 때문이다. 여타 제자백가의 견제를 드는 견해도 있다. 전국시대 말기에 들어와 유가를 비롯한 여타 제자백가의 견제가 강화되면서 묵가는 점차 설 곳을 잃게 되었다는 것이다. 매우 그럴 듯하다.

그러나 무엇보다 가장 중요한 것은 묵가의 교리에서 찾는 게 타당하다. 법가사상을 추종한 진시황을 위시해 유학을 유일한 관학으로 내세운 역대 왕조의 제왕의 입장에서 볼 때 묵가사상은 매우 위험한 사상이었다. 천의天意로 간주되는 민의民意를 거스를 경우 하늘을 대신한 유덕자有德者에 의해 쫓겨나는 천벌天伐을 당하거나, 하늘이 직접 내리는 천벌天罰을 받거나 한다고 주장한 게 그렇다. 역대 왕조가 묵가사상을 좋아할 리 없다. 묵가가 진시황의 천하통일을 계기로 좌우의 집중포화 속에 문득 사라지고 만 근본배경을 여기서 찾는 게 타당할 것이다.

이는 묵자의 사상적 후계자인 맹자가 남송 때 주희에 의해 공자의 뒤를 잇는 아성亞聖으로 떠받들어지기 전까지만 해도 여러 제자백가 가운데 한 사람으로 취급받은 것과 맥을 같이한다. 당나라 때까지만 해도 '아성'은 맹자가 아닌 순자였다. 북송대의 사마광이 『자치통감』을 쓰면서 오직 순자만 인용하고 맹자를 단 한 구절도 인용하지 않은 사실이 이를 증명한다. 이는 맹자가 극히 과격한 인물로 간주된 사실과 무관치 않았다.

객관적으로 볼지라도 묵자와 맹자는 현실과 동떨어진 이상국을

|제1편| 『묵자』는 어떻게 나왔을까?

『묵자』는 묵가의 기본 텍스트에 해당한다. 묵자가 직접 쓴 게 아니다. 한때 유가와 쌍벽을 이뤘던 학단이었던 만큼 수많은 제자들이 묵자의 언행을 기록해 두었다가 묵자 사후 이를 책으로 펴냈다. 그게 『묵자』다. 『논어』의 편제 과정과 똑같다. 『논어』가 몇 차례의 수정편집을 거쳐 오늘날의 모습을 갖췄듯이 『묵자』도 유사한 과정을 거쳤을 듯하다. 다만 한무제의 '독존유술' 선언 이후 유일한 관학으로 우뚝 선 유가의 기본텍스트 『논어』와 달리 『묵자』는 묵가의 전통이 끊어짐에 따라 원래의 모습도 제대로 유지할 수 없었다. 71편 가운데 18편이 사라지고 53편만 남은 이유다. 남아 있는 53편도 본문이 완전하지 못하다.

『묵자』를 최초로 언급한 것은 『한서』「예문지」이다. 여기에 71편으로 기록돼 있다. 이때까지만 해도 71편이 제대로 전해졌던 듯하다. 도가의 서적을 망라해 펴낸 도장본道藏本은 『묵자』 71편 가운데 「절용 하」 등의 8편이 누락됐다고 밝혔다. 도장본은 원래 11세기에 송나라 장군방張君房이 편찬한 도교 교리의 개설서를 말한다. 통상 이를 소도장小道藏이라고 한다. 현재 3종의 판본이 전해진다. 명대에 나온 '도장본'과 청진관본淸眞館本, 청대에 간행된 도장집요본道藏輯要本이 그것이다. 반고가 『한서』를 쓰는 후한 초기에서 송대에 이르는 와중에 8개 편이 사라진 셈이다. 71편 가운데 8개 편이 사라졌다면 63편이 남아 있어야 하는데도 현행 『묵자』는 모두 53편밖에 안 된다. 그 사이에 다시 10개 편이 사라진 것이다. 도장본에 목록이 없는 까닭에 사라진 10개 편의 편목을 알 길이 없다. 일각에서는 도장본이 처음으로 판각되는 송대에 이들 10개 편도 이미 사라진 것으로 보고 있다.

진한시대만 해도 공묵孔墨으로 병칭될 정도로 명성을 떨쳤던 묵가학단의 기본텍스트가 도중에 전체의 4분의 1가량이 사라졌다는 것은 묵가의 전통이 얼마나 철저히 단절됐는지를 방증한다. 그렇다고 묵가의 전통이 완전히 끊어졌던 것은 아니다. 서진 때 노승이 『묵변주』를 쓴 게 그렇다. 『통지』「예문략藝文略」에 따르면 『묵자』의 제1편 「친사」에서 제13편 「상동 하」에 이르는 편장을 따로 묶은 판본이 크게 유행했고, 악대樂臺가 주석을 단 적이 있다. 비록 완전한 형태는 아니지만 『묵자』가 일반인 내에서 서로 전해져 왔음을 알 수 있다.

명대에 들어와 도장본 속에 끼어 있던 『묵자』 15권이 처음으로 간행됐다. 이것이 최초의 판본이다. 이때 『묵자』에 관심을 기울인 일부 학자의 저술이 처음으로 세상에 등장했다. 귀유광歸有光과 문진맹文震孟 공저의 『평점묵자評點墨子』를 비롯해 이탁오李卓吾의 『묵자비선墨子批選』, 모곤茅坤의 『묵자비교墨子批校』, 진인석陳仁錫의 『묵자기상墨子奇賞』 등이 그것이다. 가장 눈에 띄는 것은 주자학을 정면으로 비판한 이탁오의 『묵자비선』이다. 공리공론을 일삼는 주자학을 신랄하게 비판한 그가 묵자의 실용주의 사상을 높이 평가한 것은 자연스런 일이다. 그러나 이탁오의 『묵자비선』 등도 묵학에 대한 본격적인 연구로 보기는 어렵다.

청조 건륭제 연간에 훈고학이 크게 발달함에 따라 『묵자』에 관심을 기울이는 학자들이 등장하기는 했다. 그러나 『묵자』의 판본을 구하기도 힘들었다. 구했을지라도 제자백가서 가운데 가장 난해한 것으로 알려진 『묵자』를 독해하기가 쉽지 않았다. 묵학에 대한 본격적인 연구가 더디게 진행된 이유다. 『묵자』에 대한 기본적인 독해는 필원畢沅이라는 당대 최고의 석학이 주석 작업에 뛰어든 뒤에야 겨우 해결될 수 있었다. 필원이 주석을 겸해 펴낸 판본을 흔히 '필원본'이라고 한다. 건륭 48년(1783)에 출간됐다. 필원이 심혈을 기울여 역작 『묵자주』 16권을 펴내면서 묵학에 대한 본격적인 연구가 진행됐다.

필원본은 명대에 간행된 도장본을 저본으로 삼고, 만력 연간의 잠암자본潛庵子本과 낭씨당책함간본郎氏堂策檻刊本을 포함해 노문초盧文弨와 손성연孫星衍 및 옹방강翁方綱 등의 교감을 두루 참조해 펴낸 것이다. 그의 『묵자』 교주 작업은 참고할 자료가 전무한 상황에서 진행된 까닭에 매우 힘든 일이었다. 『묵자교주』 15권을 펴낸 북경대 교수 오육강吳毓江이 필원본의 간행을 두고 '『묵자』 원본과 함께 영원히 남을 기념비적인 업적이다.'라고 극찬한 게 이를 뒷받침한다. 건륭제의 뒤를 이은 도광제의 치세 때 필원본을 토대로 묵학 연구에 뛰어든 학자들이 제법 많아졌다. 대표적인 학자와 작품으로 장혜언張惠言의 『묵자경설해墨子經說解』를 비롯해 왕념손王念孫의 『독묵자잡지讀墨子雜志』, 왕중汪中의 『묵자표미墨子表微』를 들 수 있다.

그러나 가장 기억할 것은 광서 20년(1894)에 나온 손이양孫詒讓의 초간본 『묵자간고』 15권이다. 이는 묵학 연구의 한 획을 긋는 업적으로 평가받고 있다. 그는 이후 광서 32년(1907) 장혜언의 『묵자경설해』와 양보이楊葆彝의 『경설교주經說校注』를 참고해 본문을 확정한 개정판 『정본묵자간고定本墨子閒詁』를 펴냈다. 이것이 현존하는 최고의 판본인 '손이양본'이다. '손이양본'은 뛰어난 주석도 주석이지만 판본 자체의 정밀함도 타의 추종을 불허한다.

당시 손이양은 필원본을 비롯해 소시학蘇時學의 『묵자간오墨子刊誤』를 저본으로 삼고, 명대 오관吳寬의 사본寫本과 건륭제 때 고광기顧廣圻가 교정한 도장본 『묵자』, 왕념손과 왕인지王引之 부자가 교감한 『묵자』, 홍이훤洪頤煊과 유월兪樾 및 대망戴望의 교정을 두루 참조했다. 구할 수 있는 모든 판본과 교정본을 손에 넣고 철저한 교감 작업을 벌인 셈이다. 완벽한 판본이 나오게 된 배경이 여기에 있다. 당시 독자적으로 『묵자』 교정 작업을 벌인 유월은 '손이양본'을 보고는 『묵자간고』 서문에 이같이 썼다.

"『묵자』가 세상에 나온 이래 아직 이런 책은 존재한 적이 없다."

비록 '손이양본'보다는 성가가 떨어지기는 하나 유월의 『묵자평의墨子平議』 3권을 포함해 도홍경陶鴻慶의 『독묵자찰기讀墨子札記』 2권, 우창于鬯의 『묵자교서墨子校書』 2권 등도 나름 뛰어난 판본에 해당한다.

민국시대로 들어오면서 묵학 연구가 더욱 활발히 진행됐다. 양계초를 비롯한 많은 지식인들이 서구 열강의 침략을 막아내기 위한 방책을 전래의 고전에서 찾아내고자 하는 움직임의 일환으로 묵학 연구에 뛰어든 결과다. 대표적인 인물과 작품으로 장순일張純一의 『묵자집해墨子集解』 15권, 진주陳柱의 『묵자간오墨子刊誤』 2권, 우성오于省吾의 『묵자신증墨子新證』 4권, 고형高亨의 『묵자신전墨子新箋』 1권, 왕숙민王叔岷의 『묵자각증墨子斠證』 1권 등을 들 수 있다.

『묵자』 자체에 대한 활발한 주석 작업은 묵자의 생애와 사상에 대한 연구에도 커다란 동인으로 작용했다. 대표적인 인물로 민국 초기 최고의 지성인으로 불린 양계초를 들 수 있다. 그는 『묵자학안墨子學案』 1권, 『자묵자학설子墨子學說』 1권, 『묵학미墨學微』 1권을 펴냈다.

『묵자간고』가 그의 이런 작업을 자극한 결과다. 그는 『중국근삼백년학술사中国近三百年学术史』에서 『묵자간고』를 극찬했다.

"『묵자간고』가 나온 이후 모든 사람이 『묵자』를 능히 읽을 수 있게 됐다. 묵학이 현대에 부활할 수 있었던 것은 전적으로 『묵자간고』 덕분이다."

호적胡適도 『중국철학사대강中國哲學史大綱』에서 묵가사상에 깊은 관심을 기울였다. 풍우란도 『중국철학사』에서 묵자 및 묵가사상의 분석에 많은 지면을 할애했다. 21세기에 들어와서도 묵학 연구의 열기는 지속되고 있다. 대표적인 작품으로 산동대山東大 고적연구소古籍研究所 교수 정지에원鄭傑文이 지난 2006년 인민출판사에서 상하권으로 펴낸 『중국묵학통사中國墨學通史』을 들 수 있다. 이는 필원본의 출간 이후 최근에 이르기까지 1백여 년에 걸쳐 전개된 묵학을 총망라해 체계적으로 정리한 것으로 평가받고 있다. 묵학이 절학絶學된 시기로 간주된 위진남북조시대 이후에도 묵가사상의 편린이 유학 내에 잔존한 사실을 밝혀낸 것은 높은 평가를 받을 만하다.

국내
최초
완역판

겸애와

비공을

통해

이상사회를

추구한

사상가

兼 愛 主 義

非 戰 主 義

節 用 主 義

|제2편| 『묵자』는 어떻게 읽어야 할까?

현존하는 『묵자』는 총 53편이다. 71편으로 나오고 있는 『한서』「예문지」의 기록을 토대로 보면 모두 18편이 도중에 사라진 셈이다. 사라진 18편 가운데 8편은 편목이라도 남아 있으나 나머지 10편은 편목조차 알 길이 없다. 모든 학자들이 동의하듯이 『묵자』는 제자백가서 가운데 가장 읽기 어려운 책으로 꼽히고 있다. 필원과 손이양 등의 심혈을 기울인 교주작업에도 불구하고 아직까지 제대로 해석되지 않는 대목이 많다.

이는 기본적으로 '필원본'과 '손이양본'조차 본문에 현대에 전혀 사용하지 않는 고자古字와 벽자僻字, 괴자壞字 등이 무수히 나오고 있는 사실과 무관치 않다. 더구나 내용 자체도 다른 제자백가서에서는 찾아볼 길이 없는 논리학과 물리학 등 현대과학과 밀접한 관련이 있는 것이 매우 많아 이해하기가 쉽지 않다. 현대과학에 밝은 주석가가 적극 참여할 필요성이 제기되는 이유다.

호적은 『묵자』 53편을 크게 5가지 부류로 분류한 바 있다. 이에 따르면 첫째 부류는 권1의 제1편 친사親士, 제2편 수신修身, 제3편 소염所染, 제4편 법의法儀, 제5편 칠환七患, 제6편 사과辭過, 제7편 삼변三辯이다. 총 7개 편이다.

둘째 부류는 권2의 제8-10편 상현尙賢 상중하를 포함해 권3의 제

11-13편 상동相同 상중하, 권4의 제14-16편 겸애兼愛 상중하, 권5의 제17-19편 비공非攻 상중하, 권6의 제20-22편 절용節用 상중하 및 제23-25편 절장節葬 상중하, 권7의 제26-28편 천지天志 상중하, 권8의 제29-31편 명귀明鬼 상중하 및 제32-34편 비악非樂 상중하, 권9의 제35-37편 비명非命 상중하 및 제38-39편 비유非儒 상하이다. 모두 32개 편이다.

셋째 부류는 권10의 제40-41편 경經 상하 및 제42-43편 경설經說 상하, 권11의 제44편 대취大取와 제45편 소취小取이다. 총 6개 편이다.

넷째 부류는 권12의 제46편 경주耕柱, 제47편 귀의貴義, 제48편 공맹公孟, 권13의 제49편 노문魯問, 제50편 공수公輸이다. 총 5개 편이다.

다섯째 부류는 권14의 제51편 비적備敵, 제52편 비성문備城門, 제53편 비고림備高臨, 제54편 비구備鉤, 제55편 비충備衝, 제56편 비제備梯, 제57편 비인備堙, 제58편 비수備水, 제59편 비화備火, 제60편 비공동備空洞, 제61편 비돌備突, 제62편 비혈備穴, 제63편 비아부備蛾傅, 권15의 제64편 비분온備轒轀, 제65편 비헌거備軒車, 제66편 비습備襲, 제67편 비간備間, 제68편 영적사迎敵祠, 제69편 기치旗幟, 제70편 호령號令, 제71편 잡수雜守이다. 총 21개 편이다.

첫째 부류에 속하는 7편은 본문의 문장도 빠진 게 많고, 내용 또한 순수한 묵가사상으로 보기 어려운 대목이 많다. 유가사상과 매우 가까운 점에 주목해 묵가의 초기 사상을 반영했거나 후대의 유가가 슬쩍 끼워 넣은 것으로 보는 견해 등이 있다. 양계초는 첫 머리에 나오는 3편은 묵가사상이 아닌 것으로 후대인의 개작이 있었던 것으로 보면서 제4편 「법의」에서 제7편 「삼변」까지 4편은 묵학의 개요를 기술한 것인 만큼 무엇보다 먼저 읽어야 한다고 주장했다.

둘째 부류의 32편 가운데 현존하는 25편은 묵자사상의 핵심을 설명하고 있다. 앞에 나오는 23편은 모두 '자묵자왈子墨子曰'로 시작한다. 앞에 '자'를 한 번 더 덧붙인 것은 극존칭에 해당한다. 묵자의 제자가 기록한 것으로 추정하는 이유다. 둘째 부류의 각 편은 모두 상중하 3편으로 나뉘어져 있다. 각 편의 논지에 하등의 차이가 없어 『묵자』를 편제할 때 편의상 구분한 것으로 짐작된다. 일각에서는 상중하 3편으로 나뉜 것을 두고 묵자 사후 정통성 각축을 벌인 상리씨相里氏와 상부씨相夫氏, 등릉씨鄧陵氏 등 이른바 '3묵'의 입장을 모두 끼워 넣는 바람에 이런 편제를 갖게 됐다고 추정하고 있다. 맨 끝의 「비유」는 상하 2편으로 구성돼 있고, '자묵자왈'의 서두가 없다. 묵자의 말을 그대로 옮겨 놓은 게 아니라 전언傳言을 기록한 것으로 보는 이유다.

셋째 부류의 6편은 흔히 「묵변墨辯」 내지 「묵경墨經」으로 불리는 것으로 '묵가논리학'을 수록한 것이다. 본문에 해당하는 「경」 상하는 묵자가 직접 쓴 것으로 보는 게 통설이다. 이들은 해설의 성격을 띤 「경설」 상하는 묵자의 해설을 제자들이 받아 쓴 것으로 보고 있다. '묵가논리학'에는 기하학과 광학, 역학, 물리학 등에 관한 단편적인 기록이 대거 등장한다.

넷째 부류는 총 5편으로 묵자의 언행을 기록한 것으로 보는 견해가 통설이다. 마지막 편인 「공수」를 빼고는 모두 짤막한 대화로 구성돼 있다. 「논어」의 체제와 닮았다. 다섯째 부류는 총 21편 가운데 10편이 도중에 사라지고 11편만 남은 이른바 '묵자병법'이다. 모두 적의 공격으로부터 성을 방어하는 전략전술을 깊숙이 논하고 있다. 다른 병서에서는 찾을 수 없는 『묵자』만의 특징이다. 훗날 손이양은 사라진 10편의 '묵자병법'에 대해 나름 편목을 원본에 가깝게 추정했으나 도무지 찾을 길이 없는 것은 미상未詳으로 남겨 두었다. 제51편 비적備敵이 대표적이다. 본서는 『묵자』의 전체 편제 취지와 『손자병법』을 비롯한 역대 병서의 편제취지를 토대로 '비적'이라는 임시 편명을 달아 놓았다.

이들 5가지 종류의 편제 가운데 21세기에 들어와 가장 주목을 끄는 것은 셋째 부류로 분류된 「묵경」이다. 손이양도 「묵경」에 특별한 주의를 기울였다. 상세한 주석을 달기 위해 애쓴 흔적이 역력하다. 손이양과 양계초 등은 하나같이 전통적인 학문방법을 반성해 속히 서구의 앞선 과학기술을 좇아가야 한다는 생각을 갖고 있었다. 손이양이 양계초에게 『묵자』 연구를 권하는 편지를 보낸 사실이 이를 뒷받침한다. 여타 제자백가서에서는 찾아보기 힘든 논리학과 물리학, 광학, 역학, 기하학 등 과학과 관련한 내용이 대거 수록돼 있는 「묵경」에 특별한 주의를 기울인 배경이 여기에 있다. 이는 이들의 연구업적을 통해 쉽게 확인할 수 있다.

21세기까지 이어지고 있는 「묵경」에 대한 대표적인 연구업적으로 양계초의 『묵경교석墨經校釋』(1926년)을 비롯해 등고경鄧高鏡의 『묵경신석墨經新釋』(1931)과 호적의 『묵변신고墨辯新詁』(1931), 장기굉張其鍠의 『묵경통해墨經通解』(1931), 범경연范耕研의 『묵변소증墨辯疏證』(1934), 담계보譚戒甫의 『묵변발미墨辯發微』(1958), 고형의 『묵경교전墨經校詮』(1958), 오비백伍非百의 『묵변해고墨辯解詁』(1983), 진맹린陳孟麟의 『묵변논리학墨辯論理學』(2004), 심유정沈有鼎의 『묵경논리학墨經論理學』(2004) 등이 있다.

이들은 「경」 상하, 「경설」 상하, 「대취」와 「소취」의 저자 및 성격에 대해 각기 상이한 진단을 내리고 있다. 양계초는 「경」 상하는 묵자 자신의 저작, 「경설」 상하는 후학들의 저작으로 보았다. 반면 손이양과 호적 및 왕중 등은 「묵경」 모두를 묵자의 제자 내지 후대 묵가의 저작으로 보았다. 특히 호적은 장자가 말하는 별묵別墨의 저작이라고 했다. 혜시나 공손룡의 학설과 유사한 점이 많다는 점에 주목한 견해다.

이는 「묵경」의 성립시기에 관한 이견과 밀접한 관련이 있다. 양계초는 「묵경」 6편이 2편씩 성립 시기가 다르다는 주장을 펼쳤다. 이 밖에도 「경」과 「경설」이 동시에 성립됐다는 주장과 「경 상」과 「경 하」의 성립시기도 서로 다르다는 주장에 이르기까지 의견이 분분하다. 추후 정밀한 분석이 요구되는 대목이다.

주목할 점은 원래 「경 상」과 「경 하」의 텍스트가 상하 두 단으로 나뉘어 옆으로 길게 해독해야 하는 방행旁行 방식을 합쳐서 판각하는 바람에 장구가 매우 어지럽게 된 점이다. 예컨대 「경 상」의 1번째 항목 다음에 2번째 항목이 와야 하는데 50번째 항목이 나오는 식이다. 이로 인해 차례대로 기술된 「경설 상」의 순서가 맞지 않게 됐다. 이를 최초로 밝힌 사람이 필원이다. 필원을 비롯해 손이양 모두 이를 분명히 알았음에도 도장본을 비롯한 초기 판본의 형식을 바꾸지 않았다. 이런 번거로움 때문에 양계초와 담계보, 오육강 등은 「묵경」을 주석할 때 「경」과 「경설」을 합친 뒤 순서대로 다시 나열하는 방식을 택했다. 염정삼은 「묵경」을 주석하면서 이 방식을 좇았으나 본서는 손이양의 『묵가간고』와 마찬가지로 원래의 판본 순서를 좇아 주석을 가했다.

일러두기

1. 학자들은 『묵자』의 현존 53편 가운데 묵가사상을 대표하는 것으로 이른바 '묵자10론墨子十論'을 들고 있다. 「겸애兼愛」, 「비명非命」, 「비공非攻」, 「상현尙賢」, 「상동尙同」, 「천지天志」, 「명귀明鬼」, 「절용節用」, 「절장節葬」, 「비악非樂」이 그것이다. 본서는 『제자집성諸子集成』(중화서국, 1986)에 실려 있는 청대 손이양孫詒讓 주석의 『묵자간고墨子閒詁』를 저본으로 삼은 것이다. '묵자10론'과 「묵경」을 포함해 현존 『묵자』 53편의 내용을 손이양의 『묵자간고』과 일일이 비교하며 글자 하나하나를 정밀하게 추적한 본격 주석서에 해당한다. 성격상 『묵자간고』의 완역본에 가깝다.

2. 편제는 원문을 앞에 배치한 뒤 번역문은 싣고, 마지막으로 원문의 글자를 하나씩 쫓아가며 해석하는 축자주석逐字註釋을 싣는 식으로 구성했다. 번역문은 되도록 쉽게 표현하기 위해 애썼다. 원문의 한자를 부각시키는데 좋다고 판단된 경우는 번역문에 이를 반영한 뒤 축자주석에서 그 배경 등을 상세히 밝혀 놓았다.

3. 가장 해독하기 어려운 「묵경」 부분에 대해서는 염정삼의 『묵경』(한길사, 2012)을 크게 참조하면서 『묵자간고』와 다른 점 등에 대해서는 축자주석 부분에 이를 소상히 밝혀 놓았다. 손이양이 필원과 유월 등 역대 주석가와 다른 해석을 한 부분은 이들의 주석을 모두 수록해 놓았다. 독자들의 자체 판단을 돕고자 한 것이다. 손이양이 착간錯簡 등을 이유로 구체적인 설명을 생략한 원문에 대해서도 독자적인 해석을 시도했다. 자구 해석과 묵학墨學의 전개 등과 관련해서는 정지에원鄭傑文의 『중국묵학통사中國墨學通史』(인민출판사, 2006)와 뤄빙량羅炳良의 『묵자해설墨子解說』(화하출판사, 2007) 등을 크게 참조했다.

4. 원문에 나오는 고자古字와 벽자僻字 및 괴자壞字 등에 대해서도 손이양본의 중요성을 감안해 원문 그대로 실었다. 그 의미 등에 대해서는 축자주석 부분에서 상세히 설명해 놓았다. 원문이 사라진 18개 편의 편목에 대해서는 손이양이 추정한 편목을 붙였고, 제51편 비적備敵과 같이 손이양이 미상未詳으로 처리한 편목에 대해서도 '비적'처럼 독자적인 편목을 달았다. 이는 『묵자』 전체의 내용과 『손자병법』 등의 역대 병서 편제를 참조한 뒤 붙인 것으로 결코 터무니없이 붙인 게 아님을 밝혀 둔다.

국내
최초
완역판

겸애와

비공을

통해

이상사회를

추구한

사상가

兼 愛 主 義

非 戰 主 義

節 用 主 義

권 1

제1장 친사(親士)

'친사'는 선비를 가까이 한다는 뜻이다. 인재를 아끼고 중용해야 한다는 게 요지이다. 춘추시대 중엽 최초의 패업霸業을 이룬 제환공齊桓公을 비롯해 두 번째 패업을 달성한 진문공晉文公과 춘추시대 최후의 패업을 이룬 월왕 구천句踐 등을 천하의 폭군으로 알려진 하나라 걸桀 및 은나라 주紂 등과 비교한 이유다. 선비를 쓰는 방법에 대해서도 자세한 설명을 덧붙이고 있다. 대체로 유가에 가까운 주장이 많다. 군주의 경청과 신하의 간언을 역설한 것 등이 그렇다.

1-1

入國而不存其士, 則亡國矣. 見賢而不急, 則緩其君矣. 非賢無急, 非士無與慮國. 緩賢忘士, 而能以其國存者, 未曾有也. 昔者文公出走而正天下. 桓公去國而霸諸侯. 越王句踐, 遇吳王之醜, 而尙懾中國之賢君. 三子之能達名成功於天下也, 皆於其國抑而大醜也. 太上無敗, 其次敗而有以成, 此之謂用民.

현사賢士가 입국하여 조정의 정사를 문의했을 때 아껴주지 않으면 이내 패망케 된다. 현사를 보고도 임용을 서두르지 않으면 곧 군주를 오도하게 된다. 현사가 아니면 임용을 서두를 필요가 없고, 함께 국사를 논할 것도 없다. 현사를 소홀히 대하거나 내버리고도 능히 그 나라를 보존한 경우는 일찍이 존재한 적이 없다. 옛날 진문공晉文公은 황급히 국외로 달아난 적이 있으나 이내 귀국해 천하를 바로 잡았다. 제환공齊桓公도 망명한 적이 있으나 이내 돌아온 뒤 패업을 이뤄 천하의 제후들을 호령했다. 월왕 구천句踐은 오왕 부차夫差에게 패해 치욕을 당했으나 이후 각고의 노력 끝에 중원의 모든 나라를 두렵게 만든 현군이 되었다. 이들 3인의 군주가 명성을 얻고 천하에 공을 세울 수 있었던 것은 모두 그 나라에서 치욕을 당한 뒤 설욕한 덕분이다. 최상은 실패가 없는 경우이지만 차선은 실패를 할지라도 이후 성공을 거두는 경우다. 이를 일컬어 백성을 잘 활용하는 '용민用民'이라고 한다.

부존기사不存其士의 '존'은 예우하며 아낀다는 의미이다. 완기군緩其君의 '완'은 오도한다는 뜻이다. 문공文公은 춘추시대 중엽 두 번째로 패업을 이룬 진문공晉文公 중이重耳를 말한다. 환공桓公은 춘추시대 관중管仲의 보필을 받아 첫 패업을 이룬 제환공齊桓公 소백小白을 지칭한다. 패제후覇諸侯는 제후들의 우두머리가 됐다는 뜻으로 여기의 '패'는 패업을 이뤘다는 의미이다. 구천句踐은 춘추시대 말기 지금의 절강성 산음현에 있는 회계산會稽山 전투에서 오왕 부차夫差에게 패해 그의 노복으로 들어가 목숨을 구했다가 귀국 후 와신상담臥薪嘗膽 끝에 설욕을 하고 패업을 이뤘다. 대부 범리范蠡와 문종文種 등의 도움이 컸다. 범리의 '리'는 통상 '려'로 읽으나 인명으로 사용될 때는 '리'로 읽는다. 그는 구천이 패업을 이룬 후 그 곁을 떠나 제나라 도陶 땅으로 들어가 거만의 재산을 모았다. 그가 바로 전설적인 부호인 도주공陶朱公이다. 문종은 함께 떠나자는 범리의 권유를 거부했다가 토사구팽兎死狗烹을 당하고 말았다. 섭중국懾中國은 중원의 군주를 두렵게 만든다는 뜻이다.

1-2

吾聞之曰, '非無安居也, 我無安心也. 非無足財也, 我無足心也.' 是故君子自難而易彼, 衆人自易而難彼. 君子進不敗其志, 內究其情. 雖雜庸民, 終無怨心. 彼有自信者也. 是故爲其所難者, 必得其所欲焉. 未聞爲其所欲, 而免其所惡者也. 是故偪臣傷君, 諂下傷上. 君必有弗弗之臣, 上必有詻詻之下, 分議者延延, 而交儆者詻詻焉, 可以長生保國.

내가 듣건대, '편치 못한 것은 편안한 집이 없기 때문이 아니라 편안한 마음이 없기 때문이고, 만족치 못하는 것은 충분한 재물이 없기 때문이 아니라 만족해하는 마음이 없기 때문이다.'라고 했다. 군자가 스스로 어려운 일을 떠맡으면서 남은 쉽게 해주는 이유다. 일반인은 스스로 쉬운 일을 맡으면서 남은 어렵게 해 준다. 군자는 의도한 바대로 진출해 순항할 때도 당초의 뜻을 바꾸지 않고, 뜻을 얻지 못했을 때도 그 마음을 하나같이 한다. 설령 일반인과 섞여 지낼지라도 끝내 원망하는 마음을 품지 않는다. 스스로 믿는 바가 있기 때문이다. 어렵게 여겨지는 일을 해나가는 사람이 반드시 바라는 것을 얻는 이유다. 나는 그들이 하고 싶은 일만 추진해 나가면서 싫어하는 일을 피했다는 얘기를 들어본 적이 없다. 간사한 신하가 군주를 상하게 하고, 아첨하는 부하가 윗사람을 손상케 만드는 이유가 여기에 있다. 군주에게 반드시 뜻을 거스르는 신하가 있고, 윗사람에게 반드시 시비를 따지는 부하가 존재한 덕분에 논쟁이 진지하게 벌어지고 서로 훈계하며 시비를 따지면 그 군주는 가히 민생을 오래도록 돌보고, 나라 또한 오래도록 보전할 수 있을 것이다.

이피易彼의 '이'는 쉽게 만들어주었다는 사역동사로 사용된 것이다. 난피難彼의 '난'과 같은 용법이다. 내구기정內究其情의 '내'를 두고 유월兪樾은 『묵자기墨子記』에서 물러날 퇴退의 뜻으로 새겼다. 필원畢沅은 『묵자주墨子注』에서 '구'를 병들어 상하게 한다는 뜻의 구疚로 풀이했다. 용민庸民은 일반백성을 뜻하는 중용민中庸民의 약자이다. 『순자』「왕제王制」에 '중용민' 표현이 처음으로 나온다. 핍신상군偪臣傷君의 '핍'은 간사할 녕佞의 오자이다. 불불지신弗弗之臣의 '불불'은 '아니, 아니오.'의 뜻으로 군주의 심기를 거스르며 바른 도리를 주장하는 것을 의미한다. 액액지하詻詻之下의 '액액' 역시 사납게 다투는 것을 뜻한다. 연연延延은 논쟁이 진지하게 전개되는 것을 의미한다. 교경交儆은 서로 가르치며 훈계한다는 뜻이다. 원본에 지구支苟로 되어 있으나 『묵자간고』에 나오는 여러 주석가의 주장을 좇아 고쳤다. 장생보국長生保國의 '장생'을 두고 군주가 오래도록 사는 것으로 해석하는 견해가 있으나 문맥상 장양민생長養民生으로 파악하는 게 타당하다.

1-3

臣下重其爵位而不言, 近臣則喑, 遠臣則唫, 怨結於民心. 諂諛在側, 善議障塞, 則國危矣. 桀紂不以其無天下之士邪, 殺其身而喪天下? 故曰, "歸國寶, 不若獻賢而進士."

신하들이 자신의 작위를 소중히 여겨 말해야 할 때 말하지 않으면 가까운 신하는 이내 벙어리가 되고, 먼 신하는 입을 다물고 탄식하게 된다. 백성들 마음속에 원한이 맺히는 이유다. 아첨하는 자들이 군주 곁에 있으면 좋은 논의들이 막힌다. 그러면 나라가 위태로워진다. 하나라 걸桀과 은나라 주紂는 천하의 어진 선비가 없었기에 천하를 잃고 비참한 최후를 맞은 게 아니겠는가? '나라에 바치는 보물로 현자를 추천하고 선비를 천거하는 것보다 더 나은 게 없다.'고 말하는 이유다.

근신즉음近臣則喑의 '음'은 제대로 소리 내지 못하는 것을 뜻한다. 소리 없이 운다는 뜻으로 사용될 때는 '암'으로 읽는다. 원신즉금遠臣則唫의 '금'은 입을 다무는 것을 말한다. 걸주桀紂는 전설상의 고대왕국인 하나라의 마지막 왕 걸桀과 역사상 최초의 왕국인 은나라 마지막 왕 주紂를 지칭한다. 천하지사야天下之士邪의 '야'는 의문조사 야耶의 가차이다. 뒤에 나오는 구절 살기시신이상천하殺其身而喪天下 뒤에 붙는 게 옳으나 앞으로 당겨왔다. 귀국보歸國寶의 '귀'는 바칠 헌獻과 통한다. 헌현獻賢은 거현擧賢과 같은 뜻이다.

1-4

今有五錐, 此其銛, 銛者必先挫. 有五刀, 此其錯, 錯者必先靡. 是以甘井近竭, 招木近伐, 靈龜近灼, 神蛇近暴. 是故比干之殪, 其抗也. 孟賁之殺, 其勇也. 西施之沈, 其美也. 吳起之裂, 其事也. 故彼人者, 寡不死其所長. 故曰, "太盛難守也."

지금 여기에 있는 5개의 송곳이 모두 뾰쪽하다면 반드시 가장 뾰쪽한 것이 먼저 무디어지고, 5개의 칼이 모두 날카롭다면 반드시 가장 날카로운 것이 먼저 닳고 말 것이다. 맛있는 샘물이 먼저 마르고,

곧게 뻗은 나무가 먼저 잘리고, 신령한 거북이 먼저 불에 지져지고, 신령한 뱀이 먼저 햇볕에 말려지는 이유다. 은나라 주紂에게 충언을 한 비간比干이 죽음을 당한 것은 고상했기 때문이고, 전설적인 천하의 용사 맹분孟賁이 죽임을 당한 것은 용감했기 때문이고, 오왕 부차에게 헌상된 서시西施가 익사한 것은 아름다웠기 때문이고, 초나라로 망명한 오기吳起가 몸을 찢기는 최후를 맞이한 것은 일을 잘했기 때문이다. 이들 모두 자신의 뛰어난 점 때문에 죽은 자들이다. '너무 성하면 지키기 어렵다.'고 말하는 이유다.

추錐는 송곳, 섬銛은 뾰족한 것을 지칭한다. 착錯은 숫돌에 잘 간다는 뜻으로 마磨와 통한다. 선마先礳의 '마'는 옥을 다듬는다는 뜻으로 마磨의 본자本字이다. 근갈近竭의 '근'은 가능성이 높다는 뜻으로 사용된 것이다. 초목招木은 곧게 높이 자란 나무로 '초'는 높이 솟을 교喬와 통한다. 영구靈龜는 오래된 거북으로 길흉을 점칠 때 사용됐다. 신사神蛇는 깊은 연못에 사는 신령스런 뱀을 말하다. 가뭄이 들면 사람들이 이를 잡아다가 햇볕에 말리는 식으로 비가 오기를 기원했다. 근폭近暴의 '폭'은 햇볕에 쬐어 말린다는 뜻으로 폭曝과 같다. 비간지에比干之殪의 '비간'은 은나라 주의 숙부로 주에게 간언을 하다가 가슴이 쪼개지는 형벌을 당했다. '에'는 죽임을 당했다는 의미이다. 기항其抗의 '항'은 높고 고상하다는 뜻의 항亢과 통한다. 맹분孟賁은 하육夏育과 더불어 전설적인 용사이다. 살아있는 소의 뿔을 뽑을 정도의 힘을 지녔다고 한다. 서시지침西施之沈의 '서시'는 춘추시대 말기 월왕 구천이 오왕 부차에게 헌납한 것으로 알려진 미녀이다. 구천이 부차를 제압하고 천하를 호령하면서 서시를 총애하자 구천의 부인이 이를 시기한 나머지 몰래 서시를 물에 빠뜨려 죽였다고 한다. 오기지열吳起之裂의 '오기'는 전국시대 초기의 병법가로 『오자병법』의 저자이다. 위문후를 도와 패업을 이뤘으나 뒤를 이은 위무후의 의심을 받고 초나라로 망명해 일련의 변법을 시행했다. 그를 지원했던 초도왕楚悼王 사후 정적들의 기습공격으로 비참한 최후를 맞이했다.

1-5

故雖有賢君, 不愛無功之臣. 雖有慈父, 不愛無益之子. 是故不勝其任而處其位, 非此位之人也. 不勝其爵而處其祿, 非此祿之主也. 良弓難張, 然可以及高入深. 良馬難乘, 然可以任重致遠. 良才難令, 然可以致君見尊. 是故江河不惡小谷之滿己也, 故能大. 聖人者, 事無辭也, 物無違也, 故能爲天下器. 是故江河之水, 非一源之水也. 千鎰之裘, 非一狐之白也. 夫惡有同方取, 不取同而已者乎. 蓋非兼王之道也. 是故天地不昭昭, 大水不潦潦, 大火不燎燎, 王德不堯堯者, 乃千人之長也. 其直如矢, 其平如砥, 不足以覆萬物. 是故溪狹者速涸, 逝淺者速竭, 墝埆者其地不育. 王者淳澤, 不出宮中, 則不能流國矣.

아무리 현명한 군주일지라도 공이 없는 신하는 사랑하지 않을 것이고, 아무리 자애로운 부친일지라도 도움이 안 되는 자식을 사랑하지는 않을 것이다. 임무를 감당해 내지도 못하면서 높은 자리에 있는 것은 그런 자리에 앉을 사람이 못되고, 벼슬을 감당해 내지도 못하면서 많은 녹을 받는 것은 그런 녹을 받을 사람이 못되는 것이다. 좋은 활은 잡아당기기는 어렵지만 화살을 높이 띄워 깊숙이 박히게 하고, 좋은 말은 타기는 어렵지만 무거운 짐을 싣고 멀리 갈 수 있고, 훌륭한 인재는 부리기는 어렵지만 군주를 존귀하게 만든다.

장강과 황하는 작은 시냇물이 밀려들어 가득 채우는 것을 싫어하지 않기에 능히 커질 수 있고, 성인은 사양하는 일이 없고 어긋나는 사물이 없기에 천하의 그릇이 될 수 있다. 장강과 황하의 물은 한 곳에서 나온 게 아니고, 1천 일鎰의 가치가 나가는 갖옷은 한 마리 흰 여우의 털가죽으로 만들어지는 게 아니다. 그러니 어찌 자신과 의견을 같이하는 쪽만 받아들이고, 그렇지 못한 쪽은 버릴 이유가 있겠는가? 이는 천하를 두루 감싸는 군왕의 길이 아니다.

천지는 환히 빛나지 않아도 절로 밝아 모든 사물을 받아들이고, 큰물은 질펀하게 흐르지 않아도 절로 커져 모든 시냇물을 받아들이고, 큰불은 활활 타지 않아도 절로 왕성해 모든 사물을 밝히고, 군왕의 덕은 빼어난 모습을 보이지 않아도 절로 위대해 모든 귀천貴賤과 가까이 지낸다. 이런 사람은 능히 만인의 우두머리가 될 만하다. 화살처럼 곧고, 숫돌처럼 평평하면 만물을 덮을 수 없다. 좁은 골짜기의 물은 흐름이 빠르고, 얕게 흐르는 냇물은 쉽게 마르고, 거친 땅은 오곡을 키우지 못한다. 군왕의 은택이 궁중을 벗어나지 못하면 천하에 고루 펴는 것은 불가능하다.

소곡小谷은 작은 골짜기를 뜻한다. 천일千鎰의 '일'은 무게 단위로 24냥이다. 일호지백一狐之白의 '백'은 흰 털 가죽을 지칭한다. '오유동방취惡有同方取, 불취동이이자호不取同而已者乎' 구절의 해석을 둘러싸고 견해가 대립한다. 유월은 성인은 오직 같은 길을 가는 자만을 취할 뿐 굳이 뜻을 같이하는 자만을 취하지 않는다는 취지의 '오유동방취惡有同方取, 이취동기자호而取同己者乎'의 오사誤寫로 보고 있다. 그러나 굳이 그같이 새길 필요는 없다. 불취동不取同을 '뜻을 같이하지 않는 자'로 해석하면 아무 무리가 없다. 소소昭昭는 환한 모습, 노로潦潦는 길 위에 물이 흥건한 모습, 요료燎燎는 불이 환하게 타오르는 모습, 요요堯堯는 크게 빼어난 모습을 지칭한다. 속학速涸은 물이 빨리 마른다는 뜻이다.

제2장 수신(修身)

여기서는 주로 군자의 개인적 수양에 관한 문제를 논하고 있다. 치국의 근본으로 간주한 결과다. 맹자가 치국평천하治國平天下에 앞서 수신제가修身齊家를 역설한 것과 궤를 같이한다. 맹자를 묵자의 사상적 후계자로 보는 것도 이와 무관치 않다.

2-1

君子戰雖有陳, 而勇爲本焉. 喪雖有禮, 而哀爲本焉. 士雖有學, 而行爲本焉. 是故置本不安者, 無務豊末. 近者不親, 無務來遠. 親戚不附, 無務外交. 事無終始, 無務多業. 擧物而暗, 無務博聞. 是故先王之治天下也, 必察邇來遠. 君子察邇而邇修者也. 見不修行見毁而反之身者也, 此以怨省而行修矣. 譖慝之言, 無入之耳. 批扞之聲, 無出之口. 殺傷人之孩, 無存之心. 雖有詆訐之民, 無所依矣. 故君子力事日强, 願欲日逾, 設壯日盛. 君子之道也. 貧則見廉, 富則見義, 生則見愛, 死則見哀. 四行者不可虛假, 反之身者也. 藏於心者, 無以竭愛. 動於身者, 無以竭恭. 出於口者, 無以竭馴. 暢之四支, 接之肌膚, 華發隳顚, 而猶弗舍者, 其唯聖人乎!

군자는 전쟁을 할 때 진법을 쓰지만 용맹을 근본으로 삼고, 상을 치를 때 상례를 갖추지만 애도를 근본으로 삼고, 선비 또한 학문을 연마할 때 실천을 근본으로 삼는다. 근본이 안정되지 않았는데도 말단을 키우는데 애쓰거나, 가까운 사람과 친하지 않은데도 멀리 있는 사람과 가까이 하려 애쓰거나, 친척들이 따르지 않는데도 외부 인사와 사귀려 애쓰거나, 일이 정리돼 있지 않은데도 여러 사업을 벌이거나, 눈앞의 사물에 대해 잘 알지 못하는데도 많은 것을 알려고 애써서는 안 된다. 선왕이 천하를 다스리면서 반드시 가까운 것을 잘 살핀 뒤 먼 것을 가까이 한 이유다. 군자는 가까운 것을 잘 살핀 뒤 가까운 것부터 닦아나가는 사람이다. 수양이 되지 않았다거나 비난을 받는 상황에 이르면 스스로를 되돌아보며 반성하는 게 그렇다. 남의 원망을 받지 않도록 노력하면서 자신의 행실을 착실히 닦는 이유다. 남을 해치는 간악한 말을 귀에 담지 않고, 남을 공격하는 말을 입 밖에 내지 않고, 남을 죽이거나 상하게 할 뜻을 마음에 두지 않는 게 그렇다. 그리하면 설령 남을 헐뜯고자 한 백성도 빌붙을 데가 없게 된다. 그래서 군자는 그 역량이 날로 강해지고, 뜻하는 바가 날로 원대해지고, 장중한 품행이 날로 완벽해진다. 군자의 도는 가난할 때는 청렴, 부유할 때는 인의, 생자에 대해서는 자애, 사자에 대해서는 애도를 보여주는 것이다. 이들 4가지 품행은 짐짓 가장해서 할 수 있는 게 아니라 스스로 구비해야만 가능한 일이다. 품행을 마음에 두는 것은 무궁한 자애이고, 몸으로 실천하는 것은 비할 바 없는 공경이고, 입으로 말하는 것은 무한한 선행이다. 이들 4가지 품행이 사지와 피부에 두루 뻗치고, 머리가 성성해져 빠질 때까지 버리지 않아야 한다. 이는 성인만이 할 수 있는 일이다.

풍말豊末은 지엽말단적인 것에 힘쓰는 것을 뜻한다. 참특譖慝은 헐뜯고 무함하는 식의 간특함을 지칭한다. '참'은 참讒과 통한다. 비한批扞은 남을 공격하는 것을 말한다. 살상인지해殺傷人之孩의 '해'는 풀뿌리를 뜻하는 해荄와 통한다. 여기서는 감춰진 의도인 저의底意의 의미로 사용됐다. 저알詆訐은 개인적인 잘못을 들춰내 비방하는 것을 뜻한다. 원욕일투願欲日逾의 '투'는 투偸의 가차로 사용된 것이다. 구차하거나 억눌러 두는 것을 의미한다. 설장設壯을 두고 필원은 몸차림을 뜻하는 식장飾莊으로 보았다. 무이갈순無以竭馴의 '순'은 선善과 통한다. 사지四支의 '지'는 지肢와 같다. 화발휴전華發隳顚의 '화발'은 흰 머리의 노인을 비유한 것이다. '휴전'은 무너지거나 뒤집힌다는 뜻으로 여기서는 머리가 절로 빠지는 것을 지칭한다.

2-2

志不强者智不達. 言不信者行不果. 據財不能以分人者, 不足與友. 守道不篤, 遍物不博, 辯是非不察者, 不足與游. 本不固者末必幾, 雄而不修者, 其後必惰, 原濁者流不淸, 行不信者名必秏. 名不徒生, 而譽不自長. 功成名遂, 名譽不可虛假, 反之身者也.

뜻이 강고하지 못하면 지혜가 높지 못하고, 말에 신의가 없으면 행동이 과감하지 못하다. 재물을 많이 갖고 있는데도 주변에 나눠주지 못하는 자는 교유할 만한 가치가 없다. 도를 지키는 게 독실하지 못하거나, 사물을 아는 게 넓지 못하거나, 시비를 가리는 게 밝지 못한 자는 더불어 놀만한 가치가 없다. 뿌리가 견고하지 못한 자는 가지가 반드시 위태롭고, 용감하면서도 심신을 닦지 않는 자는 이후의 행동이 반드시 나태하다. 샘물의 근원이 흐리면 그 흐름이 맑을 수 없고, 행동에 신의가 없으면 명성은 반드시 훼손을 당할 것이다. 명성은 아무 까닭 없이 만들어지지 않고, 절로 자라는 것도 아니다. 공을 이뤄야만 명성을 얻을 수 있다. 명예는 헛되거나 거짓될 수 없으니 반드시 자신에게서 그 이유를 찾아야 한다.

편물불박遍物不博의 '편'은 사물을 분별한다는 뜻으로 변辯과 통한다. 말필기末必幾의 '말'은 곁가지를 뜻하는 지말枝末의 뜻이다. '기'는 위危와 통한다. 웅이불수雄而不修의 '웅'은 용맹하다는 뜻이다. 명필모名必秏의 '모'는 손상을 입는다는 의미이다.

2-3

務言而緩行, 雖辯必不聽. 多力而伐功, 雖勞必不圖. 慧者心辯而不繁說, 多力而不伐功, 此以名譽揚天下. 言無務爲多而務爲智, 無務爲文而務爲察. 故彼智無察, 在身而惰, 反其路者也. 善無主於心者不留, 行莫辯於身者不立. 名不可簡而成也, 譽不可巧而立也, 君子以身戴行者也. 思利尋焉, 忘名忽焉, 可以爲士於天下者, 未嘗有也.

말만 앞서고 실행이 더디면 비록 말을 잘할지라도 반드시 들어줄 사람이 없게 될 것이다. 능력이 뛰어날지라도 공로를 자랑하면 비록 열심히 노력할지라도 반드시 함께 일하려는 사람이 없게 될 것이다. 지혜로운 자는 내심 훤히 꿸지라도 번다하게 얘기하지 않고, 열심히 일할지라도 공을 자랑하지 않는다. 명예를 천하에 널리 떨치는 이유다. 말을 번다하게 하려고 애쓰지 말고, 지혜를 넓히는데 힘써야 한다. 스스로 자랑하는데 애쓰지 말고, 잘 살피는데 힘써야 한다. 지혜롭지 못한 자들은 잘 살피지 못하는데다 나태한 까닭에 정도와 어긋나는 쪽으로 나아간다. 선한 뜻이 본심에서 나오지 않는 자는 이름을 남기지 못하고, 실천이 말과 합치되지 않는 자는 명예를 이루지 못한다. 이름은 아무렇게나 얻을 수 있는 게 아니고, 명예 또한 기만적인 수법으로 이룰 수 있는 게 아니다. 군자는 언행이 일치하는 사람을 말한다. 이익을 중시하고, 명성을 가벼이 여기면서 천하에 현사賢士의 칭송을 얻고자 하는 것은 일찍이 존재한 적이 없다.

벌공伐功의 '벌'은 자랑한다는 뜻이다. 무위문務爲文의 '문'은 아름다운 문양을 뜻하는 문紋과 통한다. 재신이타在身而惰의 '타'는 원문이 정情으로 되어 있으나 필원의 주장을 좇아 '타'로 고쳤다. 반기로자反其路者의 '로'를 필원은 힘쓸 무務의 잘못으로 보았다. 이신대행以身戴行의 '대'는 실천의 뜻으로 재載와 통한다. 사리심언思利尋焉의 '심'을 두고 민국 14년(1925) 유재갱劉載賡은 『속묵자간고續墨子閒詁』에서 함부로 행동한다는 뜻의 심潯의 약자로 보았다. 그러나 가공언賈公彦이 소疏에서 복건服虔의 『춘추좌전』 풀이를 인용한 것처럼 '중시하다'의 뜻으로 보는 게 낫다.

제3장 소염(所染)

여기서는 천자와 제후, 대부, 선비 등 위정자가 사귀거나 가까이 해야 할 사람들의 중요성을 역설하고 있다. 옷감을 물을 들이는 비유를 든 게 그렇다. 결과적으로 태생적 요인보다 환경적 요인이 더 중요하게 작용한다고 언급한 셈이다. 『여씨춘추呂氏春秋』「당염當染」에도 유사한 내용이 나온다. 일각에서 후대인들의 가필로 보는 이유다.

3-1

子墨子言見染絲者而歎曰, "染於蒼則蒼, 染於黃則黃. 所入者變, 其色亦變. 五入必而已則爲五色矣." 故染不可不愼也. 非獨染絲然也, 國亦有染. 舜染於許由•伯陽, 禹染於皐陶•伯益, 湯染於伊尹•仲虺, 武王染於太公•周公. 此四王者所染當, 故王天下, 立爲天子, 功名蔽天地. 擧天下之仁義顯人, 必稱此四王者.

묵자가 실을 염색하는 자를 보고 탄식했다.

"실은 파란 물감에 물들이면 파래지고, 노란 물감에 물들이면 노래진다. 넣는 물감이 변하면 그 색깔도 변한다. 5번 물통에 넣었다

나중에 보니 곧 오색이 되어 있다."

염색을 신중히 하지 않을 수 없는 이유다. 실을 물들이는 것만 그런 게 아니다. 나라도 염색 과정이 있다. 순舜 임금은 허유許由와 백양伯陽에게 물들었고, 하나라 우왕禹王은 고요皐陶와 백익伯益에게 물들었고, 은나라 탕왕湯王은 이윤伊尹과 중훼仲虺에게 물들었고, 주나라 무왕武王은 태공太公과 주공周公에게 물들었다. 이들 4인의 군주는 물든 게 합당한 까닭에 천하의 제왕이 되어 천자로 즉위하고, 천지를 덮을만한 공명을 이뤘다. 천하에 인의를 이룬 저명한 사람을 들라면 반드시 이들 4인의 군주를 얘기할 것이다.

자묵자子墨子는 묵적墨翟에 대한 극존칭이다. 성 위에 존경을 뜻하는 자子를 또 다시 덧붙인 게 그렇다. 『열자』에도 극존칭인 자열자子列子 표현이 나온다. 순舜은 요堯의 뒤를 이어 천하를 다스린 전설적인 성군이다. 허유許由는 보위를 넘겨주려는 요임금의 제의를 거절한 것으로 유명하다. 백양伯陽은 순 임금 때의 인자仁者이다. 우禹는 황하를 다스린 공으로 순의 뒤를 이어 하夏나라의 창업주가 된 전설적인 인물이다. 흔히 하우夏禹로 불린다. 고고학적으로 볼 때 하나라는 고대왕국으로 보기가 어렵다. 대략 부족연합 수준이었을 것으로 짐작된다. 고요皐陶는 순 임금 때의 인물로 법을 관장했다. 백익伯益은 순 임금 때 산과 숲을 관장했다. 탕湯은 상商나라의 창업주로 흔히 상탕商湯으로 불린다. 상나라는 반경盤庚 때 지금의 하남성 안양시인 은허殷墟로 천도한 뒤 은나라로 불렸다. 고고학적으로 볼 때 중국 최초의 고대왕국에 해당한다. 이윤伊尹은 은나라의 건국공신이다. 중훼仲虺는 탕왕 때 좌상左相을 지냈다. 무왕武王은 문왕文王의 아들로 주나라를 세운 창업주이다. 태공太公은 주나라의 건국공신으로 이름은 여상呂尙이다. 주공周公은 주무왕의 동생이다. 주무왕 사후 조카인 성왕成王을 성실히 보필해 주나라의 기틀을 확고히 다지는데 큰 공을 세웠다. 이름은 단旦이다.

3-2

夏桀染於干辛•推哆, 殷紂染於崇侯•惡來, 厲王染於厲公長父•榮夷終, 幽王染於傅公夷•祭公穀. 此四王者所染不當, 故國殘身死, 爲天下僇. 擧天下不義辱人, 必稱此四王者.

하나라 걸桀은 간신干辛과 추치推哆에게 물들었고, 은나라 주紂는 숭후崇侯와 악래惡來에게 물들었고, 주나라 여왕厲王은 괵공虢公 장보長父와 영국榮國의 이종夷終에게 물들었고, 주나라 유왕幽王은 부공傅公 이夷와 채공蔡公 곡穀에게 물들었다. 이들 4인의 군주는 물든 게 합당하지 못해 나라를 망치고 자신을 죽게 만들었다. 천하에 불의를 행해 욕된 이름을 남긴 사람을 들려면 반드시 이들 4인의 군주를 얘기할 것이다.

하걸夏桀은 하나라 마지막 왕 걸桀을 말한다. 간신干辛은 걸에게 아첨한 간신이다. 양신羊辛이라고도 한다. 추치推哆 역시 걸의 폭정을 도운 간신이다. 힘이 장사였다. 추치推侈, 아치雅侈로도 표현한다. 은주殷紂는 은나라 마지막 왕 주紂를 말한다. 황음무도한 폭정을 상징하는 주지육림酒池肉林 성어의 주인공이기도 하다. 숭후崇侯는 주를 도운 제후이다. 악래惡來는 비렴飛廉의 아들로 주를 도운 장수이다. 여왕厲王은 주나라 10대 군주이다. 폭정을 일삼다가 기원전 841년 보위에서 쫓겨났다. 괵공虢公 장보長父에 대해서는 사서의 기록이 없다. 원문은 여공厲公이나 『여씨춘추』 등에 '괵공'으로 나온다. 영이종榮夷終은 『사기』「주본기」에 영국榮國의 제후 이공夷公으로 나온다. 이름이 '종終'일 공산이 크다. 유왕幽王은 여왕의 손자이다. 견융犬戎의 침공으로 죽임을 당했다. 그의 아들 평왕平王이 동쪽, 지금의 하남성 낙양인 낙읍洛邑으로 천도했다. 그 이전을 서주西周, 이후를 동주東周라고 한다. 부공傅公 이夷와 채공祭公 곡穀의 사적은 자세히 알려져 있지 않다. 원문은 채祭가 채蔡로 되어 있으나 『여씨춘추』를 좇아 바꿨다. 천하륙天下僇은 천하 사람이 죽였다는 뜻으로 여기의 '륙'은 륙戮과 같다.

3-3

齊桓染於管仲•鮑叔, 晉文染於舅犯•高偃, 楚莊染於孫叔•沈尹, 吳闔閭染於伍員•文義, 越句踐染於范蠡•大夫種. 此五君者所染當, 故覇諸侯, 功名傳於後世.

제환공齊桓公은 관중管仲과 포숙아鮑叔牙에게 물들었고, 진문공晉文公은 구범舅犯과 곽언郭偃에게 물들었고, 초장왕楚莊王은 손숙오孫叔敖와 침윤沈尹에게 물들었고, 오왕 합려闔閭는 오자서伍子胥와 문의文義에게 물들었고, 월나라 구천句踐은 범리范蠡와 대부 문종文種에게 물들었다. 이들 5인의 군주는 물든 게 합당해 제후들을 호령하는 패자霸者가 되고, 공명을 후대에까지 전하게 되었다.

제환齊桓은 춘추시대 관중의 도움을 얻어 첫 패업을 이룬 제환공을 말한다. 이름은 소백小白이다. 관중管仲은 부국강병의 방략을 체계화한 최초의 인물로 제자백가의 효시이기도 하다. 이름이 이오夷

吾이고, 자가 중仲이다. 제환공이 그를 높여 '중보仲父'로 불렀다. 포숙鮑叔은 일명 포숙아鮑叔牙로 불린다. 관중과 젊었을 때 나눈 교분에서 관포지교管鮑之交 성어가 나왔다. 관중이 재상으로 발탁된 것은 전적으로 그의 공이었다. 진문晉文은 제환공의 뒤를 이어 두 번째로 패업을 이룬 진문공을 말한다. 이름은 중이重耳이다. 구범舅犯은 진문공을 도와 패업을 이룬 인물이다. 진문공의 외숙뻘에 해당하는 까닭에 자에 '구舅'가 덧붙여졌다. 원래 이름은 호언狐偃, 자는 자범子犯이다. 곽언郭偃은 진문공 때 활약한 인물로 원문의 고언高偃은 '곽언'의 잘못이다. 복언卜偃으로도 나온다. 초장楚莊은 세 번째로 패업을 이룬 초장왕을 말한다. 초목왕의 아들로 천하를 경략코자 하는 뜻을 품었다. 주나라 왕실에 있는 구정九鼎의 무게를 물었다는 고사에서 문정問鼎 성어가 나왔다. 손숙孫叔은 초장왕 때의 명재상 손숙오를 말한다. 위가蔿賈의 아들로 위오蔿敖로도 쓴다. 침윤沈尹은 초장왕 때 열국의 정승과 같은 자리인 영윤令尹으로 침沈 땅의 대부를 지칭한듯하나 구체적으로 누구를 가리키는지 분명치 않다. 오합려吳闔閭는 오자서의 도움으로 보위에 올라 남방의 강국 초나라를 제압하고 패업을 이룬 오왕을 말한다. 월왕 구천에게 패해 재위 19년 만에 병사했다. 합려闔廬로도 쓴다. 오원伍員은 오왕 합려를 도와 패업을 이룬 오자서를 말한다. '원'은 이름이고 자가 '자서子胥'이다. 합려의 뒤를 이은 부차夫差와 갈등을 빚다가 비참한 최후를 맞았다. 문의文義는 오자서와 함께 합려를 보필한 인물로 문지의文之義로 표현키도 한다. 월구천越句踐은 와신상담 끝에 부차에게 설욕하고 패업을 이룬 월왕을 말한다. 범리范蠡는 월왕 구천을 도와 패업을 이룬 인물로 패업을 완성하자 곧바로 구천 곁을 떠난 뒤 거만의 재산을 모았다. 전설적인 부호인 도주공陶朱公이 바로 범리이다. 리蠡를 흔히

'려'로 읽고 있으나 사람 이름으로 사용될 때는 '리'로 읽는 게 옳다. 대부종大夫種은 범리와 함께 월왕 구천을 보필해 패업을 이룬 문종文種을 말한다. 범리의 말을 듣지 않고 계속 구천 곁에 있다가 비참한 최후를 맞았다. 여기서 공신을 무자비하게 숙청할 때 사용되는 토사구팽兎死狗烹 성어가 나왔다.

3-4

范吉射染於長柳朔•王勝, 中行寅染於籍秦•高强, 吳夫差染於王孫雒•太宰嚭, 知伯搖染於智國•張武, 中山尙染於魏義•偃長, 宋康染於唐鞅•佃不禮. 此六君者所染不當, 故國家殘亡, 身爲刑戮, 宗廟破滅, 絶無後類, 君臣離散, 民人流亡. 擧天下之貪暴苛擾者, 必稱此六君也.

진나라의 범길석范吉射은 장류삭長柳朔과 왕성王勝에게 물들었고 진나라 중항인中行寅은 적진籍秦과 고강高强에게 물들었고, 오왕 부차夫差는 왕손락王孫雒과 태재太宰 백비伯嚭에게 물들었고, 중원의 진나라 지백知伯 요搖는 지국智國과 장무張武에게 물들었고, 위나라 중산상中山尙은 위의魏義와 언장偃長에게 물들었고, 송나라 강왕은 당앙唐鞅과 전불례佃不禮에게 물들었다. 이들 6인의 군주는 물든 게 합당하지 않아 국가를 망치고 자신도 처형을 당했다. 나아가 종묘가 파괴되고, 후손이 끊이고, 군주와 신하가 흩어지고, 백성들은 살던 마을을 떠나 유랑하게 됐다. 천하에 탐욕스럽고 횡포하고 가혹한 정치를 마구 한 자를 들라면 반드시 이들 6명의 군주를 얘기할 것이다.

범길석范吉射은 중원 진나라의 대부이다. 장류삭長柳朔은 범길석의 가신으로 성이 '장류'이다. 왕승王勝 역시 범길석의 가신으로 일부 제자백가서에는 '승'이 생生으로 나온다. 중항인中行寅은 진나라 대부이다. 성이 '중항'이다. 적진籍秦과 고강高强 모두 중항인의 가신이다. 오부차吳夫差는 오왕 합려의 뒤를 이은 오왕 부차를 말한다. 왕손락王孫雒은 오나라 대부로 왕손락王孫駱 내지 공손락公孫雒, 왕손웅王孫雄 등으로 나오기도 한다. 태재비太宰嚭는 오나라 태자 백비伯嚭를 말한다. 지백요知伯搖는 지씨 가문의 우두머리로 있던 지요知搖를 지칭한다. 지국智國은 장무張武와 더불어 지요의 가신이다. 중산상中山尙은 '중산' 땅을 다스린 위나라 사대부이다. 위의魏義는 언장偃長과 더불어 중산상의 가신이다. 송강宋康은 전국시대 말기 '왕호'를 칭했다가 열국에 의해 패망한 송강왕을 말한다. 『사기』「송미자세가」에 따르면 기원전 370년 송환후宋桓侯 벽辟이 재위 3년 만에 죽자 아들 척성군剔成君이 즉위했다. 척성군 41년(기원전 329) 공자 언偃이 형 척성군을 급습하자 척성군이 제나라로 달아났다. 공자 언은 재위 11년(기원전 318)에 왕을 칭했다. 그는 왕을 칭한 후 동쪽으로 대국 제나라를 쳐 5개 성읍을 빼앗고, 남쪽으로 초나라를 쳐 3백리에 달하는 땅을 손에 넣고, 이어 서쪽으로 진군해 위나라를 격파했다. 그가 간단치 않은 인물이었음을 짐작할 수 있다. 그러나 이는 강대국인 제나라와 초나라, 위나라 등을 모두 적국으로 만든 것은 화를 자초한 것이나 다름없었다. 그의 시호가 '강'이다. 패망한 나라의 군주에게 시호가 있을 리 없다. 제나라 등의 강대국이 야유조로 편안할 '강'의 시호를 붙였을 공산이 크다. 당앙唐鞅은 『순자』「해폐」에 간신으로 나온다. '당앙은 권력욕에 가려 송나라 태재 대불승戴不勝을 몰아냈다가 죽임을 당했다.'고 되어 있다. 『여씨춘추』에는 신하들에 대한 무차별 살육으로 왕의 위엄을 보여줄 것을 주청했다가 살해된 것으로 나온다. 전불례佃不禮 역시 송강왕 때 활약한 대부로 『여씨춘추』에는 '전'이 전田으로 되어 있다. 『사기』「조세가」에는 조나라 대부로 나온다. 도중에 조나라로 건너가 벼슬했을 가능성도 배제할 수 없다. 후류後類는 후손과 같은 뜻이다.

3-5

凡君之所以安者何也, 以其行理也. 行理性於染當. 故善爲君者, 勞於論人而佚於治官. 不能爲君者, 傷形費神, 愁心勞意, 然國愈危, 身愈辱. 此六君者, 非不重其國•愛其身也, 以不知要故也. 不知要者, 所染不當也. 非獨國有染也, 士亦有染. 其友皆好仁義, 淳謹畏令, 則家日益•身日安•名日榮, 處官得其理矣, 則段干木•禽子•傅說之徒是也. 其友皆好矜奮, 創作比周, 則家日損•身日危•名日辱, 處官失其理矣, 則子西•易牙•豎刁之徒是也. 『詩』曰, "必擇所堪." 必謹所堪者, 此之謂也.

무릇 군주가 편안한 것은 어찌해서 가능한 것인가? 하는 일이 합리적이기 때문이다. 이는 물드는 게 합당한데서 비롯된다. 군주 노릇을 잘하는 자는 인재를 선발하는데 애쓸 뿐 관원을 다스리는 일에는 느긋한 모습을 보인다. 군주 노릇을 잘 하지 못하는 자는 정반대로 몸을 축내고, 정신을 피로하게 만들고, 마음을 근심으로 채우고, 뜻을 수고롭게 한다. 그러면 그럴수록 나라는 더욱 위태롭게 되고, 자신 또한 더욱 욕된 모습을 보이게 된다. 위에서 말한 이들 6인의 군주는 나라를 소중히 여기지 않는 것도 아니고, 자기 몸을 아끼지 않은 것도 아니다. 그들은 나라를 다스리는 요령을 몰랐다. 요령을 모르면 물드는 게 합당치 않게 된다. 물드는 이치가 나라에만 통용되는 게 아니다. 선비에게도 적용된다. 벗들이 모두 인의를 좋아하고, 순박하고 삼가는 자세로 법령을 두려워하면 집안은 날로 흥성하고, 자신은 날로 편안해지고, 명성은 날로 높아지고, 벼슬을 살아도 이치에 맞게 일을 처리케 된다. 단간목段干木, 금골희禽滑釐, 부열傅說 같은 사람이 바로 그런 자들이다. 벗들이 모두 뽐내며 분수를 지키지 않고, 무리를 지어 사리를 추구하면 집안은 날로 쇠퇴하고, 자신 또한 날로 위태로워지고, 명성은 날로 욕되게 되고, 벼슬을 살아도 이치에 맞게 일을 처리치 못하게 된다. 자서子西, 역아易牙, 수조豎刁 같은 무리들이 바로 그런 자들이다. 『시경』에서 말하기를, '반드시 자신의 몸을 물들게 만들 곳을 택한다네!'라고 했다. 반드시 적실 곳은 삼간다고 하는 것은 바로 이를 언급한 것이다.

논인論人은 품행과 능력 등을 헤아려 인재를 발탁하는 것을 말한다. 단간목段干木은 공자의 제자인 자하子夏의 문하에서 배웠다. 위문후가 불렀으나 가지 않았다. 금자禽子는 묵자의 제자 금골희禽滑釐를 높여 부른 것이다. '금골'은 옛 성씨이다. '희'는 통상 '리'로 읽으나 사람 이름이나 시호로 사용될 때는 '희'로 읽는다. 원래 제사 때 사용하는 고기인 조육胙肉을 뜻한다.

「공수」와 「비성무」 등에 그의 사적이 상세히 나온다. 부열傅說은 은나라 중흥조인 고종高宗 때의 명신이다. 고종이 꿈에서 그를 보고 재상으로 발탁했다고 한다. 긍분矜奮은 오만하게 뽐내는 것을 지칭한다. 창작비주創作比周의 '창작'은 법제와 관습을 무시하고 멋대로 행동하는 것을 뜻한다. '비주'는 무리를 지어 사리사욕을 챙기는 것을 의미한다. 자서子西는 초평왕 때의 영윤이다. 조정의 반대를 무릅쓰고 원한을 품은 초평왕의 손자인 백공白公 승勝을 초나라로 불러들였다가 백공 승의 난이 일어났을 때 궁중에서 죽임을 당했다. 역아易

牙는 제환공 때의 요리사로 자식을 요리로 만들어 바쳤다. 수조豎刁 역시 제환공 때의 인물로 스스로 거세해 환관이 됐다. 역아와 수조 모두 제환공 사후 자신들이 추종하는 공자들을 옹립하기 위해 내전을 일으켰다. 제환공이 애써 이룬 패업이 중원의 진晉나라에게 넘어간 이유다. '필택소담必擇所堪'은 현존 『시경』에 나오지 않는 일시逸詩이다. 여기의 '담'을 두고 왕념손王念孫은 적신다는 뜻의 담湛의 가차로 보았다.

제4장 법의(法儀)

'법의'는 곧 법도法度 내지 준칙準則을 뜻하는 말이다. 고금을 막론하고 매사를 올바로 처리코자 하면 반드시 일정한 법도를 좇아야 한다. 고대의 여러 성왕을 예로 든 이유다. 묵자는 여타 제자백가와 달리 '하늘의 뜻'을 의미하는 천지天志 내지 천의天意를 법도의 근원으로 내세운 게 특징이다. 사후의 내세來世를 덧붙이면 곧바로 종교의 세계로 넘어가게 된다.

4-1

子墨子曰, "天下從事者, 不可以無法儀. 無法儀而其事能成者, 無有也." 雖至士之爲將相者, 皆有法. 雖至百工從事者, 亦皆有法. 百工爲方以矩, 爲圓以規, 直以繩, 正以縣, 平以水. 無巧工不巧工, 皆以此五者爲法. 巧者能中之, 不巧者雖不能中, 放依以從事, 猶逾己. 故百工從事, 皆有法所度. 今大者治天下, 其次治大國, 而無法所度, 此不若百工辯也. 然則奚以爲治法而可? 當皆法其父母, 奚若? 天下之爲父母者衆, 而仁者寡. 若皆法其父母, 此法不仁也. 法不仁, 不可以爲法. 當皆法其學, 奚若? 天下之爲學者衆, 而仁者寡. 若皆法其學, 此法不仁也. 法不仁, 不可以爲法. 當皆法其君, 奚若? 天下之爲君者衆, 而仁者寡, 若皆法其君, 此法不仁也. 法不仁, 不可以爲法. 故父母•學•君三者, 莫可以爲治法.

묵자가 말했다.

"천하에 무슨 일을 할지라도 법도가 없어서는 안 된다. 법도가 없는데도 일을 잘 할 수 있는 경우는 없다."

설령 학문에 뛰어난 선비로서 장수나 재상이 된 자일지라도 일을 처리할 때는 법도가 있어야 하고, 각종 작업에 종사하는 전문 장인匠人일지라도 일을 할 때는 법도가 있어야 한다. 장인들은 곱자로 네모꼴을 만들고, 그림쇠로 원을 만들고, 먹줄로 직선을 긋고, 줄이 달린 추로 수직을 맞추고, 수준기水準器로 수평을 헤아린다. 기술 있는 장인이나 기술 없는 장인을 막론하고 모두 이들 5가지 도구를 법도로 삼는다. 기술 있는 자는 법도에 알맞게 할 수 있을 것이고, 기술 없는 자 또한 비록 알맞게 할 수는 없을지라도 법도에 따르면 일을 훨씬 더 잘할 수 있을 것이다. 장인들의 작업 때 어떤 경우든 법도를 따를 만하다고 말하는 이유다. 지금 다스리는 대상으로 가장 큰 것은 천하이고, 그 다음은 대국이다. 법도가 없다면 이는 여러 장인들의 분별만도 못하게 된다. 그렇다면 무엇을 치국治國의 법도로 삼아야 좋은 것일까? 모든 사람이 자신의 부모를 법도로 삼으면 어떨까? 천하에 부모 노릇 하는 사람은 많지만 어진 사람은 적다. 모두 자신의 부모를 법도로 삼으면 이는 불인不仁을 법도로 삼는 게 된다. 불인을 법도로 삼을 수는 없는 일이다. 모든 사람이 자신의 스승을 법도로 삼으면 어떨까? 천하에 스승 노릇 하는 사람은 많지만 어진 사람은 적다. 모두 자신의 스승을 법도로 삼으면 이는 불인을 법도로 삼는 게 된다. 불인을 법도로 삼을 수는 없는 일이다. 모든 사람이 자신의 군주를 법도로 삼으면 어떨까? 천하에 군주 노릇 하는 사람은 많지만 어진 사람은 적다. 모두 자신의 군주를 법도로 삼으면 이는 불인을 법도로 삼는 게 된다. 불인을 법도로 삼을 수는 없는 일이다. 부모와 스승, 군주 등 3인의 경우는 법도로 삼아서는 안 되는 이유다.

백공百工은 목공 등의 기술자를 총칭한 말이다. 위방이구爲方以矩의 '구'는 곱자를 지칭한다. 위원이규爲圓以規의 '규'는 그림쇠로 컴퍼스와 같다. 직이승直以繩의 '승'은 목재 등에 직선을 그을 때 사용하는 먹줄이다. 정이현正以縣의 '현'은 수직으로 세울 때 사용하는 도구로 추가 달린 줄을 지칭한다. '평이수平以水'는 수준기水準器로 수평을 맞춘다는 뜻이다. 원본에는 이 구절이 빠져 있으나 『묵자한고』에 나오는 손이양孫詒讓의 주장을 좇아 덧붙였다. 그래야 뒤에 나오는 '이차오자以此五者' 구절과 맞아떨어지게 된다. 백공변百工辯의 '변'은 분별할 변辨과 통한다. 당개법기부모當皆法其父母의 '당'은 가정법 구문을 유도하는 부사어로 당儻과 같다. 해약奚若의 '해'는 어찌 내지 무엇을 뜻하는 하何와 통한다. 법기학法其學의 '학'은 스승을 뜻한다.

4-2

然則奚以爲治法而可. 故曰'莫若法天'. 天之行廣而無私, 其施厚而不德, 其明久而不衰, 故聖王法之. 旣以天爲法, 動作有爲, 必度於天. 天之所欲則爲之, 天所不欲則止. 然而天何欲何惡者也? 天必欲人之相愛相利, 而不欲人之相惡相賊也. 奚以知天之欲人之相愛相利, 而不欲人之相惡相賊也? 以其兼而愛之·兼而利之也. 奚以知天兼而愛之·

兼而利之也? 以其兼而有之•兼而食之也.

그렇다면 무엇을 치국의 법도로 삼아야 좋은 것일까? 대개 말하기를, '하늘을 법도로 삼는 것보다 더 나은 것은 없다.'고 한다. 하늘의 운행은 광대하면서도 사사로움이 없고, 베푸는 은덕이 두터운데도 전혀 자랑하지 않고, 그 광휘光輝 또한 영원해 전혀 쇠하지 않는다. 성왕이 하늘을 법도로 삼는 이유다. 이미 하늘을 법도로 삼았다면 그 행동과 하는 일 모두 반드시 하늘을 좇게 될 것이다. 하늘이 바라는 것이면 행하고, 바라지 않는 것이면 그만 두는 게 그렇다. 그렇다면 하늘은 무엇을 바라고 무엇을 싫어하는 것일까? 하늘은 반드시 사람들이 서로 사랑하며 이롭게 하는 것을 바랄 뿐, 결코 서로 미워하며 해치는 것을 바라지 않는다. 무엇으로 사람들이 서로 사랑하며 이롭게 하는 것을 바랄 뿐, 결코 서로 미워하며 해치는 것을 바라지 않는다는 것을 알 수 있는가? 하늘이 모든 것을 두루 사랑하고, 두루 이롭게 하는 것으로 알 수 있다. 무엇으로 하늘이 모든 것을 두루 사랑하고, 두루 이롭게 한다는 것을 알 수 있는가? 하늘이 모든 것을 두루 보전하고, 두루 먹여 살리는 것으로 알 수 있다.

무사無私는 사사로움이 없다는 뜻으로 공평公平과 같다. 시후의 '시'는 시덕施德의 뜻이다. 부덕不德의 '덕'은 덕으로 내세운다는 뜻의 동사로 사용됐다. 상애상리相愛相利의 '리' 역시 이롭게 만든다는 뜻의 동사로 사용된 것이다. 상오상적相惡相賊의 '적'은 해친다는 의미이다. 겸이유지兼而有之의 '겸'은 두루 주周와 통한다. '유'는 보유 내지 보전의 뜻이다. 겸이사지兼而食之의 '사'는 사飼와 통한다.

4-3

今天下無大小國, 皆天之邑也. 人無幼長貴賤, 皆天之臣也. 此以莫不犓羊•豢犬猪, 絜爲酒醴粢盛, 以敬事天, 此不爲兼而有之•兼而食之邪? 天苟兼而有食之, 夫奚說以不欲人之相愛相利也? 故曰, '愛人利人者, 天必福之. 惡人賊人者, 天必禍之.' 曰, '殺不辜者, 得不祥焉.' 夫奚說人爲其相殺而天與禍乎? 是以知天欲人相愛相利, 而不欲人相惡相賊也.

지금 천하의 모든 나라는 대소大小를 막론하고 하늘의 나라이다. 사람 또한 장유長幼와 귀천貴賤을 막론하고 모두 하늘의 종복이다. 제물로 바치기 위해 소와 양과 개와 돼지를 기르고, 정성껏 단술 등의 제물을 마련해 공경히 하늘을 섬기지 않는 자가 없는 게 그렇다. 이것이 바로 하늘이 모든 것을 두루 보전하고, 두루 먹여 살려 주기 때문이 아니겠는가? 하늘은 실로 모든 것을 두루 보전하며 먹여 살려 준다. 그러니 어찌 사람들이 서로 사랑하며 이롭게 하기를 바라지 않는다고 말할 수 있겠는가? '남을 사랑하고 이롭게 하면 하늘이 반드시 복을 내리고, 남을 미워하고 해치면 하늘이 반드시 재앙을 내린다.'고 말하는 이유다. 그래서 말하기를, '무고한 사람을 죽이면 상서롭지 못한 결과를 얻는다.'고 하는 것이다. 어찌하여 사람들이 서로 죽이면 하늘이 재앙을 내린다고 말하는 것인가? 사람들이 서로 사랑하며 이롭게 하기를 바랄 뿐, 결코 사람들이 서로 미워하며 해치는 것을 바라지 않기 때문이다.

천지신天之臣의 '신'은 문맥상 종복從僕으로 해석하는 게 옳다. 『춘추좌전』「노희공 17년」조에 따르면 '신'은 여자 노비를 뜻하는 첩妾과 대비되는 남자 노비의 뜻으로 사용됐다. 막불추양莫不犓羊의 '추'는 꼴을 먹여 소를 키운다는 뜻이다. 여기서는 제사의 희생犧牲으로 삼기 위해 키운다는 뜻을 내포하고 있다. 환견저豢犬猪의 '환'은 가축의 사육을 뜻한다. 결위주례絜爲酒醴의 '결'은 통상 헤아리거나 묶는다는 뜻의 '혈'로 사용되고 있으나 여기서는 정갈할 결潔의 뜻으로 사용된 것이다. '례'는 제사 때 사용하는 단술을 뜻한다. 자성粢盛의 '자'는 메기장을 뜻하는 직稷과 통하나 여기서는 제사상에 올리는 제물의 뜻으로 사용됐다. 시이지是以知의 '지'가 원본에는 빠져 있었으나 왕념손 등이 이를 보충해 넣었다.

4-4

昔之聖王禹·湯·文武, 兼愛天下之百姓, 率以尊天事鬼. 其利人多, 故天福之, 使立爲天子. 天下諸侯, 皆賓事之. 暴王桀·紂·幽·厲, 兼惡天下之百姓, 率以詬天侮鬼. 其賊人多, 故天禍之, 使遂失其國家, 身死爲僇於天下. 後世子孫毁之, 至今不息. 故爲不善以得禍者, 桀·紂·幽·厲是也. 愛人利人以得福者, 禹·湯·文武是也. 愛人利人以得福者, 有矣. 惡人賊人以得禍者, 亦有矣.

옛 성왕인 우왕, 탕왕, 문왕과 무왕 등은 천하의 백성을 두루 사랑했고, 백성을 이끌고 하늘을 높이며 귀신을 섬겼다. 사람들을 크게 이롭게 한 덕분에 하늘이 그들에게 복을 내려 천자 자리에 오르게 했다. 천하의 제후들이 모두 그들을 공경히 섬긴 이유다. 폭군인 걸, 주, 유왕, 여왕 등은 천하의 백성을 두루 미워했고, 백성을 이끌고 하늘을 욕하며 귀신들을 업신여겼다. 사람들을 크게 해친 까닭에 하늘이 그들에게 화를 내려 나라를 잃게 했다. 자신들 또한 천하 사람들의 지탄 속에 죽임을 당하고 말았다. 후대인도 그들의 처신을 비난했으니 지금까지도 그런 비난이 그치지 않고 있다. 선하지 못한 일을 행해 화를 입은 자로 걸과 주, 유왕, 여왕을 드는 이유다. 정반대로 사람들을 사랑하고 이롭게 해 복을 받은 사람으로는 우왕과 탕왕, 문왕과 무왕을 들 수 있다. 그래서 세상에는 사람들을 두루 사랑하고 이롭게 해 복을 받는 사람이 있는가 하면, 사람들을 두루 미워하고 해침으로써 화를 입는 자도 존재하는 것이다.

후천모귀詬天侮鬼의 '후'는 욕을 하며 책망하는 것을 뜻한다. 사추실기국가使遂失其國家의 '추'는 추락할 추墜의 가차로 사용된 것이다. 후세자손後世子孫은 후대인을 의미한다.

제5장 칠환(七患)

여기서는 나라가 위험에 빠지는 7가지 환난을 언급하고 있다. 국방을 경시하거나, 민력을 소진시키거나, 군주가 멋대로 다스리거나, 상벌의 시행이 불공평하거나, 국고가 텅 비거나 하는 경우가 그렇다. 고금의 모든 위정자가 주의해야 할 대목이다. 요체는 사치를 멀리하며 절용節用하는데 있다. 뒤에 나오는 「절용」과 관계가 깊다. 적잖은 학자들이 「칠환」을 포함해 앞에 나오는 7개장을 묵가의 초기 사상을 반영한 것으로 보는 이유다.

5-1

子墨子曰, "國有七患. 七患者何? 城郭溝池不可守而治宮室, 一患也. 邊國至境, 四隣莫救, 二患也. 先盡民力無用之功, 賞賜無能之人, 民力盡於無用, 財寶虛於待客, 三患也. 仕者持祿, 游者養佼, 君修法討臣, 臣懾而不敢拂, 四患也. 君自以爲聖智而不問事, 自以爲安强而無守備, 四隣謀之不知戒, 五患也. 所信者不忠, 所忠者不信, 六患也. 畜種菽粟不足以食之, 大臣不足以事之, 賞賜不能喜, 誅罰不能威, 七患也. 以7患居國, 必無社稷. 以七患守城, 敵至國傾. 七患之所當, 國必有殃."

묵자가 말했다.

"나라에는 7가지 환난이 있다. 7환은 무엇을 말하는 것인가? 성곽이나 해자垓字를 지키지도 못하면서 궁실을 크게 짓는 게 첫 번째 환난이다. 적국이 국경에 이르렀는데도 사방의 이웃나라가 구원에 나서지 않는 게 두 번째 환난이다. 먼저 민력民力을 쓸 데 없는 일에 소진하여 무능한 자에게 상을 주고, 민력을 쓸 데 없이 소진하여 손님 접대로 재물을 탕진하는 게 세 번째 환난이다. 벼슬아치는 녹봉을 유지하려 하고, 출사出仕하지 못한 자들은 서로 결속해 무리를 만들고, 군주가 법을 멋대로 고쳐 신하를 내쳐도 신하들이 두려워하며 감히 거스르지 못하는 게 네 번째 환난이다. 군주가 스스로 뛰어나게 지혜롭다고 여기며 주변에 자문을 구하지 않고, 스스로 안녕하며 강하다고 여겨 방비를 허술히 하는 사이 사방의 이웃 나라가 협공을 꾀하고 있는데도 경계할 줄 모르는 게 다섯 번째 환난이다. 신임하는 자들은 충성스럽지 못하고, 충성스런 자들은 신임하지 않는 게 여섯 번째 환난이다. 가축과 양식은 백성들을 먹이기에 부족하며 대신은 군주를 섬기기에 부족하고, 상을 내려도 기쁘게 할 수 없는 데다 처벌해도 위엄을 세울 수 없는 게 일곱 번째 환난이다. 나라에서 이들 7가지 환난이 있으면 반드시 사직이 무너지고, 나름 열심히 수성守城코자 해도 적이 쳐들어오면 이내 나라는 기울고 말 것이다. 이들 7가지 환난이 있는 나라는 반드시 재앙이 뒤따르게 된다."

구지溝池는 성을 지키기 위해 성 둘레에 파 놓은 도랑으로 곧 해자를 말한다. 양교養佼는 교제하며 세력을 불린다는 뜻이다. 원본은 '애교愛佼'로 되어 있으나 왕념손의 주장을 좇아 '양교'로 바꿨다. 『순자』「신도」 등에는 '양교'로 되어 있다. '교'는 교交와 통한다.

축종숙속畜種菽粟의 '축종'은 가축이나 곡식을 말한다. 일부 판본에 '축'이 축蓄으로 되어 있는 점에 주목해 쌓아 둔 곡식으로 풀이하는 견해도 있다. '숙속'은 콩과 조를 뜻하는 말로 여기서는 곡식을 통칭하는 말로 사용됐다.

5-2

凡五穀者, 民之所仰也, 君之所以爲養也. 故民無仰, 則君無養. 民無食, 則不可事. 故食不可不務也, 地不可不力也, 用不可不節也. 五穀盡收, 則五味盡御於主, 不盡收, 則不盡御. 一穀不收謂之饉, 二穀不收謂之旱, 三穀不收謂之凶, 四穀不收謂之餽, 五穀不收謂之饑.

무릇 오곡은 백성들이 생존 근거로 삼는 것이며, 군주가 자신과 백성들을 기르는 토대이기도 하다. 백성들이 기댈 게 없으면 군주 또한 백성을 기를 길이 없고, 백성들 또한 먹을 게 없으면 군주를 섬길 길이 없다. 백성들의 먹고 사는 문제에 힘쓰지 않을 수 없고, 경작지를 힘들여 개간하지 않을 수 없고, 재정을 운용할 때 절약하지 않을 수 없는 이유다. 오곡이 모두 풍성하게 결실을 맺으면 군주에게 오미五味의 음식을 모두 올릴 수 있으나, 그렇지 못하면 다 올리지 못하게 된다. 한 가지 곡식이 걷히지 않는 것을 근饉, 두 가지 곡식이 걷히지 않는 것을 한旱, 세 가지 곡식이 걷히지 않은 것을 흉凶, 4가지 곡식이 걷히지 않은 것을 궤餽, 다섯 가지 곡식이 모두 걷히지 않은 것을 기饑라고 한다.

오곡五穀은 벼와 메기장, 찰기장, 보리, 콩을 말한다. 오미五味는 시고, 달고, 짜고, 맵고, 쓴 맛을 지칭한다. 여기서는 모든 요리를 뜻하는 말로 사용됐다. 부진어不盡御의 '어'는 군주가 먹고 입는 일을 뜻하는 진어進御의 의미로 사용된 것이다. 위지한謂之旱의 '한'을 두고 유월兪樾은 수확이 적은 한罕의 잘못으로 보았으나 그대로 두고 해석해도 가하다. 궤餽는 흉년의 뜻으로 다한다는 뜻의 궤匱와 통한다. 기饑는 굶주린다는 뜻으로 북송 태종 때 이방李昉이 편찬한 백과사서 『태평어람太平御覽』에는 기飢로 나온다. 『춘추곡량전春秋穀梁傳』「노양공 24년」조에는 '근饉, 한旱, 흉凶, 궤餽, 기饑'가 '겸嗛, 기饑, 근饉, 강康, 대침大侵'으로 표현돼 있다.

5-3

歲饉, 則仕者大夫以下皆損祿五分之一. 旱, 則損五分之二. 凶, 則損五分之三. 餽, 則損五分之四. 饑, 則盡無祿, 稟食而已矣. 故凶饑存乎國, 人君徹鼎食五分之三, 大夫徹縣, 士不入學, 君朝之衣不革制. 諸侯之客, 四隣之使, 雍食而不盛. 徹驂騑, 塗不芸, 馬不食粟, 婢妾不衣帛, 此告不足之至也.

'근'이 든 해는 대부 이하 관원 모두 녹봉을 5분의 1로 줄이고, '한'이 든 해는 5분의 2, '흉'이 든 해는 5분의 3, '궤'가 든 해는 5분의 4, '기'가 든 해는 녹봉을 없애고 관에서 먹여주기만 한다. 나라가 '흉'과 '궤' 내지 '기'의 상황에 처하면 군주는 먹던 음식의 5분의 3을 줄이고, 대부는 음악을 듣지 않고, 선비는 책을 읽는 대신 경작에 힘쓰고, 군주의 조복朝服을 새롭게 만들지 않는다. 제후의 손님과 사방 이웃 나라의 사자에게도 식사만 대접하며 성대한 잔치를 베풀어 주지 않는다. 또 네 마리 말이 이끄는 수레는 참마驂馬를 없애 두 마리 말이 끌게 하고, 도로를 정비하지 않고, 말에 곡식을 먹이지 않고, 궁녀에게 비단옷을 입히지 않는다. 이는 나라의 곤핍한 상황을 널리 인식시키려는 것이다.

늠식廩食은 관에서 먹여주는 것을 의미한다. 흉기凶饑는 '흉'과 '궤' 및 '기'의 상황을 총칭한 것이다. 철정식徹鼎食의 '철'은 철거撤去의 뜻으로 철撤과 통한다. '정식'은 군왕이나 제후들이 여러 음식을 담아 놓은 세발솥을 벌려 놓고 먹는 식사를 지칭한다. 철현徹縣의 '현'은 악기를 걸어 놓은 것을 지칭한 말로 궁중 음악 등을 상징한다. 옹손雍食은 세끼 식사를 뜻하는 말로 옹손饔飧과 같다. 참비驂騑는 수레를 끄는 네 마리 말 가운데 바깥쪽의 곁마인 참마驂馬를 뜻한다. 안쪽의 두 마리 말은 복마服馬라고 했다. 도불운塗不芸의 '운'은 풀을 뽑는 것을 뜻하는 말로 여기서는 도로정비를 의미한다. 비첩婢妾은 통상 여자 종을 뜻하는 말이지만 여기서는 궁녀의 의미로 사용됐다. 불의백不衣帛의 '의'는 옷을 입힌다는 뜻의 사역동사로 사용된 것이다.

5-4

今有負其子而汲者, 隊其子於井中, 其母必從而道之. 今歲凶·民饑·道餓, 重其子此疚於隊, 其可無察邪? 故時年歲善, 則民仁且良. 時年歲凶, 則民吝且惡. 夫民何常此之有? 爲者疾, 食者衆, 則歲無豐.

지금 자식을 업고 물을 긷다가 우물 속에 빠뜨릴 경우 그 어미는 반드시 건져 내고자 할 것이다. 지금 흉년이 들어 백성들이 굶주리며 길에서 아사하는 지경에 이를 경우 이는 자식을 물에 빠뜨린 것보다 더 중한 일이다. 어찌 자세히 살피지 않을 수 있겠는가? 풍년이

들면 백성들 모두 어질고 착하지만, 흉년이 들면 백성들 모두 인색하고 악해진다. 그러니 백성이 어찌 늘 일정한 성정을 유지할 수 있겠는가? 생산하는 사람이 아무리 부지런할지라도 먹는 자들이 많으면 풍년이 들어도 별 효용이 없다.

추기자隊其子의 '추'는 떨어질 추墜의 가차이다. 종이도지從而道之의 '도'는 도導와 같다. 여기서는 끌어올린다는 뜻으로 사용됐다. 위자질爲者疾의 '위자'는 경작하는 사람을 지칭한다. '질'을 두고 유월은 과寡로 바꿔야 한다고 주장했으나 그대로 두고 해석해도 무리가 없다. 『한비자』「오두」에도 같은 취지의 글이 나온다. 해당 대목이다.

"흉년이 든 이듬해 봄에는 어린 동생에게도 먹을 것을 주지 못하지만, 풍년이 든 해의 가을에는 지나가는 나그네에게도 음식을 대접한다. 이는 골육지간을 멀리하고 나그네를 아끼기 때문이 아니라 식량의 많고 적음에 따른 것이다. 옛날 사람이 재물을 가볍게 여긴 것은 어질었기 때문이 아니라 재물이 많았기 때문이고, 요즘 사람이 재물을 놓고 서로 다투는 것은 인색하기 때문이 아니라 재물이 적기 때문이다."

유가에서 역설하는 인의예지와 예의염치 등의 덕목 역시 인간의 본성이 선하기 때문이 아니라 의식衣食이 풍족한데 따른 하나의 사회공동체 이념에 지나지 않다는 주장이다. 식량이 모자랄 때는 예의염치와 인의예지의 덕목은 설 땅을 잃게 된다. 묵자도 유사한 주장을 한 셈이다.

5-5

故曰, "財不足則反之時, 食不足則反之用." 故先民以時生財, 固本而用財, 則財足. 故雖上世之聖王, 豈能使五穀常收, 而旱水不至哉? 然而無凍餓之民者, 何也? 其力時急而自養儉也. 故「夏書」曰, "禹七年水." 「殷書」曰, "湯五年旱." 此其離凶餓甚矣, 然而民不凍餓者, 何也? 其生財密, 其用之節也. 故倉無備粟, 不可以待凶饑. 庫無備兵, 雖有義不能征無義. 城郭不備全, 不可以自守. 心無備慮, 不可以應卒. 是若慶忌無去之心, 不能輕出.

그래서 말한다.

"재용이 부족하면 농사철에 주의하고, 식량이 부족하면 절약에 주의한다."

옛 현인은 농사철에 맞춰 재화를 생산하고, 생산기반을 굳건히 하며 소비했다. 재물이 풍족했던 이유다. 어찌 옛 성왕인들 오곡을 늘 풍성히 거두고, 가뭄과 홍수가 오지 않도록 만들 수야 있었겠는가? 그런데도 헐벗고 굶주려 죽는 백성이 없었던 이유는 무엇인가? 농사철에 맞춰 경작하고, 검박한 생활을 영위하며 재화의 소비를 줄였기 때문이다. 『서경』「하서夏書」에 '우왕 때 7년 동안 홍수가 났다.'고 하고, 『서경』「상서商書」에 '탕왕 때 5년 동안 가뭄이 들었다.'고 했다. 그토록 심한 흉년과 기근을 겪으면서도 헐벗고 굶주려 죽는 백성이 없었던 이유는 무엇인가? 생산된 재화가 많고, 소비할 때 절검을 행했기 때문이다. 곡식창고에 비축된 곡식이 없으면 흉년이나 기근에 대비할 수 없고, 무기창고에 준비된 무기가 없으면 설령 의전義戰을 펼치고자 해도 불의를 칠 길이 없고, 성곽이 완벽하게 정비돼 있지 못하면 스스로 지킬 수 없고, 내심 유사시를 대비하지 않으면 급작스런 일에 대처할 길이 없다. 이는 춘추시대 말기 오나라 공자 경기慶忌가 만약의 사태를 대비하는 마음을 소홀히 하지 않았다면 자객 요리要離가 결코 가벼이 척살에 나서지 못했을 것이라는 주장과 취지를 같이한다.

「하서夏書」는 「우서虞書」와 「상서商書」, 「주서周書」 등과 함께 『서경』의 기본 편제를 이루고 있다. 「은서殷書」는 「상서」의 별칭이다. 기리흉아其離凶餓의 '리'는 곤경에 처한다는 뜻으로 리罹와 통한다. 기생재밀其生財密의 '밀'은 많다는 뜻으로 다多와 같다. 응졸應卒은 창졸간에 빚어진 일에 응변應變한다는 뜻이다. 경기慶忌는 춘추시대 말기 공자 광光의 무리에게 피살된 오왕 료僚의 아들이다. 공자 광이 바로 오자서의 보필을 받아 패업을 이룬 오왕 합려闔閭이다. 『여씨춘추』「충렴」과 『오월춘추』「합려내전」 등에 따르면 경기는 힘이 장사로 부왕이 살해된 뒤 곧바로 망명했으나 오자서의 사주를 받은 자객 요리要離에 의해 죽임을 당했다. 무거지심無去之心을 두고 '거' 뒤에 비備 자가 탈락돼 있다는 주장이 있으나 해석상 큰 문제는 없다.

5-6

夫桀無待湯之備, 故放. 紂無待武之備, 故殺. 桀紂貴爲天子, 富有天下, 然而皆滅亡於百里之君者, 何也? 有富貴而不爲備也. 故備者, 國之重也. 食者, 國之寶也. 兵者, 國之爪也. 城者, 所以自守也. 此三者, 國之具也.

걸桀은 탕왕을 방어할 대비책이 없었기에 쫓겨났고, 주紂는 무왕을 방어할 대비책이 없었기에 죽임을 당했다. 걸과 주는 천자의 귀한 몸으로 천하의 부를 차지하고 있었다. 그럼에도 모두 사방 1백리 밖에 안 되는 영토의 군주에게 패한 이유는 무엇인가? 부귀만 지닌 채 유사시를 대비하지 않았기 때문이다. 유사시를 염두에 둔 대비는 나라의 중대한 일이다. 양식은 나라의 보배이고, 병력은 나라의 발톱이고, 성채는 스스로를 지키는 수단이다. 이들 3가지는 나라를 유지하는 도구이다.

대당지비待湯之備의 '대'를 두고 왕념손의 아들 왕인지王引之는 방어할 어禦로 풀이했다. 백리지군百里之君은 사방 1백리의 영토를 지닌 제후를 지칭한다. 『맹자』「공손추 상」에 따르면 원래 탕왕은 사방 70리, 문왕은 사방 1백리의 땅을 다스렸다. 해당 대목이다.

"힘을 사용하면서 인을 실천하는 것처럼 가장하는 이력가인以力假仁을 행하는 자는 패자霸者이다. 패자는 반드시 대국이어야 한다. 덕으로써 인을 실천하는 이덕행인以德行仁을 행하는 자는 왕자王者이다. 왕자는 반드시 대국일 필요가 없다. 탕왕은 사방 70리의 땅으로 인을 행했고, 주문왕은 사방 1백리의 땅으로 인을 행했다. 힘으로 복종시키면 마음으로부터 우러나는 복종을 얻을 수 없다. 그들은 단지 자신의 힘이 부족해 억지로 복종한 것일 뿐이다. 그러나 덕으로 사람을 복종시키면 내심 크게 기뻐하며 진심으로 복종한다."

5-7

故曰, "以其極賞, 以賜無功. 虛其府庫, 以備車馬·衣裘·奇怪. 苦其役徒, 以治宮室觀樂. 死又厚爲棺槨, 多爲衣裘. 生時治臺榭, 死又修墳墓, 故民苦於外, 府庫單於內, 上不厭其樂, 下不堪其苦. 故國離寇敵則傷, 民見凶饑則亡, 此皆備不具之罪也." 且夫食者, 聖人之所寶也. 故『周書』曰, "國無三年之食者, 國非其國也. 家無三年之食者, 子非其子也." 此之謂國備.

그래서 말한다.

"과도한 상을 공도 없는 자에게 내리고, 국고를 텅 비울 정도로 사치를 부려 거마와 의복 및 기이한 물건 등을 치장하고, 백성과 노비를 혹사해 궁실을 건조하며 연회와 오락을 즐기고, 장례 때 관곽을 크게 장만하며 수많은 의복을 묻게 하고, 살아서는 누대와 정자를 꾸미며 죽어서는 또 분묘를 치장하니 백성은 밖에서 고생하고 창고는 안으로 바닥나게 된다. 위에서는 즐기는 일에 싫증을 낼 줄 모르고, 아래서는 그 괴로움을 감당하지 못한다. 나라가 한번 적의 침공을 받기만 해도 이내 커다란 손상을 입고, 백성이 한번 흉년과 기근을 만나면 이내 굶주려 죽는 이유다. 모두 유사시를 대비하지 않은 죄이다."

게다가 양식은 성인들도 나라의 보배로 여긴 것이다. 『서경』「주서」에서 말하기를, '나라에 3년의 양식 없으면 나라가 있어도 그 군주의 나라가 아니고, 집안에 3년의 양식이 없으면 자식이 있어도 그 부모의 자식이 아니다.'라고 했다. 이를 일컬어 나라를 유지하는 근본 대비책인 '국비國備'라고 한다.

치궁실治宮室의 '치'는 궁실을 새로이 건조하거나 화려하게 수리한다는 뜻이다. 관곽棺槨은 시신을 넣은 속널과 덧널을 말한다. 대사臺榭는 누대와 무술을 익히는 도장을 말한다. '사'가 『순자』「왕패」에는 사謝로 나온다. 같은 뜻이다. 탄어내單於內의 '탄'은 다하여 없어진다는 뜻의 탄殫과 같다. 민견흉기民見凶饑의 '견'은 재난을 만난다는 뜻이다. 『주서周書』는 『서경』「주서」편을 말하는 게 아니라 『일주서逸周書』를 뜻한다. 서진 때 지금의 하남성 급군汲郡의 부준不準이라는 사람이 몰래 전국시대 위양왕魏襄王의 무덤을 발굴하여 훔쳐낸 죽간竹簡 속에 주나라의 역사서가 나온 까닭에 『급총주서汲冢周書』라는 명칭을 얻게 됐다. 『한서』「예문지」에 '주서周書 70편, 주나라의 사기史記'로 기록돼 있다. 이것이 바로 『일주서』로 현재 60편만 남아 있고 10편은 분실되었다.

제6장 사과(辭過)

'사과'는 도에 넘는 것을 멀리한다는 뜻으로 사양辭讓과 통한다. 허례허식을 물리치는 게 관건이다. 옛 성왕은 사는 집이나 옷, 음시, 배와 수레 등을 모두 실용의 차원에서 접근했다고 언급한 게 그렇다. 「절용」의 상편 및 하편 내용과 상당 부분 겹친다. 일각에서는 사라진 「절용」의 하편이 아닌지 의심하고 있다.

6-1

子墨子曰, "古之民, 未知爲宮室時, 取陵阜而居, 穴而處, 下潤濕傷民, 故聖王作爲宮室. 爲宮室之法, 曰, '室高足以辟潤濕, 邊足以圉風寒, 上足以待雪霜雨露, 宮牆之高足以別男女之禮, 謹此則止.' 凡費財勞力不加利者, 不爲也. 役修其城郭, 則民勞而不傷. 以其常正, 收其租稅, 則民費而不病. 民所苦者非此也, 苦於厚作斂於百姓. 是故聖王作爲宮室, 便於生, 不以爲觀樂也. 作爲衣服帶履, 便於身, 不以爲辟怪也. 故節於身, 誨於民, 是以天下之民可得而治, 財用可得而足. 當今之主, 其爲宮室, 則與此異矣. 必厚作斂於百姓, 暴奪民衣食之財, 以爲宮室, 臺榭曲直之望, 靑黃刻鏤之飾. 爲宮室若此, 故左右皆法象之. 是以其財不足以待凶饑·振孤寡, 故國貧而民難治也. 君實欲天下之治,而惡其亂也，當爲宮室不可不節.

묵자가 말했다.

"옛 사람은 집을 지을 줄 몰랐기에 언덕에 굴을 파고 살았다. 위치가 낮아 습한 기운이 백성들의 건강을 해쳤다. 성왕이 나타나 집을 지은 이유다. 당시 집을 짓는 방법을 얘기하면 '집의 높이는 족히 습기를 피하고, 울타리는 족히 바람과 추위를 막고, 지붕은 족히 눈과 서리 및 비와 이슬을 방비하고, 담은 족히 남녀의 예의를 가리는 것으로 족했다.'고 말할 수 있다. 성왕은 재물을 소비하며 백성들을 수고롭게 하는 일을 이쯤에서 그치고, 자신에게 이익이 되는 일은 결코 하지 않았다. 백성들이 나라의 성곽을 수축하기 위해 수고를 해도 피해를 입지 않은 이유다. 일정한 기준 아래 조세를 거둔 까닭에 백성들은 재화를 소비해도 큰 탈이 없었다. 벽성들이 괴로워하는 것은 여기에 있는 게 아니라 호화로운 건물 등을 짓느라 부역과 세금을 무겁게 부과하는데 있다. 성왕이 궁실을 지은 것은 생활을 편리하려는 것이었지 먹고 마시며 즐기려고 그런 게 아니다. 의복과 허리띠 및 신을 착용한 것도 몸에 편리토록 한 것이었지 기괴한 차림을 하려고 그런 게 아니다. 스스로 절검을 행하며 백성들을 위해 애쓴 덕분에 천하의 백성을 잘 다스릴 수 있었고, 쓰는 재물 또한 넉넉할 수 있었다. 지금 열국의 군주들이 궁실을 짓는 것은 이와 다르다. 하나같이 호화로운 궁실을 짓기 위해 백성들로부터 무겁게 거둬들이고, 심지어 백성들이 먹고 입는데 사용할 재화까지 마구 뺏어다가 궁실을 짓고, 경관이 뛰어난 곳에 누대와 정자 등을 마구 세우고, 기둥 등에 화려한 단청과 조각 장식까지 한다. 이같이 하는 탓에 신하들도 덩달아 이를 흉내 낸다. 나라의 재화가 흉년과 기근을 대비하거나 고아나 과부 등을 구제하는데 턱없이 부족한 이유다. 나라가 가난해지고 백성을 다스리기 어렵게 되는 것도 바로 이 때문이다. 군주가 실로 천하를 바르게 다스리고 혼란을 피하고자 한다면 응당 궁실을 수축할 때 절제하지 않으면 안 된다.

궁실宮室은 궁전뿐만 아니라 모든 가옥을 지칭한다. 진시황 이전까지만 해도 '궁'은 일반 가옥을 지칭하는 말이었다. 짐朕을 통상적인 1인칭으로 사용한 것과 같다. 능부陵阜는 크고 작은 언덕을 말한다. 혈이처穴而處의 '혈'은 굴을 판다는 동사로 사용됐다. 윤습潤濕은 축축하게 습기가 찬다는 말로 습윤濕潤과 같다. 이기상정以其常正의 '정'은 징수할 징徵과 통한다. 소시학蘇時學은 『묵자간오墨子刊誤』에서 손에 넣을 정征과 통하는 것으로 보았다. 벽괴辟怪는 괴이하게 사치를 부리는 것을 뜻한다. 곡직지망曲直之望은 이리저리 아로새겨 겉모습을 화려하게 꾸민 것을 말한다. 각루刻鏤는 새기거나 쇠붙이 장식을 한다는 뜻이다. 좌우左右는 군주의 주변 신하들을 지칭한다. 진고과振孤寡의 '진'은 어려운 사람을 구한다는 진제振濟의 뜻이다. '진제'는 『삼국지』「위지, 양준전杨俊传」에 '진제빈핍振济贫乏'으로 나온다. 흉년을 당해 가난한 백성을 돕는다는 뜻의 진휼賑恤과 같은 취지이다.

6-2

古之民, 未知爲衣服時, 衣皮帶茭, 冬則不輕而溫, 夏則不輕而凊. 聖王以爲不中人之情, 故作誨婦人治絲麻•梱布絹, 以爲民衣. 爲衣服之法, 冬則練帛之中, 足以爲輕且暖. 夏則絺綌之中, 足以爲輕且凊, 謹此則止. 故聖人之爲衣服, 適身體•和肌膚而足矣, 非榮耳目而觀愚民也. 當是之時, 堅車良馬不知貴也, 刻鏤文采不知喜也. 何則? 其所道之然. 故民衣食之財, 家足以待旱水凶饑者, 何也? 得其所以自養之情, 而不感於外也. 是以其民儉而易治, 其君用財節而易贍也. 府庫實滿, 足以待不然. 兵革不頓, 士民不勞, 足以征不服, 故霸王之業可行於天下矣. 當今之主, 其爲衣服, 則與此異矣. 冬則輕煗, 夏則輕凊, 皆已具矣. 必厚作斂於百姓, 暴奪民衣食之財, 以爲錦繡文采靡曼之衣, 鑄金以爲鉤, 珠玉以爲佩. 女工作文采, 男工作刻鏤, 以爲身服, 此非云益煗之情也. 單財勞力, 畢歸之於無用也. 以此觀之, 其爲衣服, 非爲身體, 皆爲觀好. 是以其民淫僻而難治, 其君奢侈而難諫也. 夫以奢侈之君御好淫僻之民, 欲國無亂, 不可得也. 君實欲天下之治而惡其亂, 當爲衣服不可不節.

옛 사람은 의복을 입을 줄 몰랐기에 짐승 가죽을 입고 새끼줄로 띠를 둘렀다. 겨울에는 가볍거나 따스하지 않았고, 여름에는 가볍거나 시원하지 않았다. 성왕은 이것이 인정에 맞지 않는다고 생각해 여인들로 하여금 삼으로 실을 만들거나 베와 명주를 짜 옷을 해 입도록 가르쳤다. 옷을 입는 법도를 마련하자 겨울에는 비단으로 만든 속옷을 입어 가볍고도 따뜻했고, 여름에는 굵고 가는 베로 만든 속옷을 입어 가볍고도 시원했다. 성왕은 이런 정도에 그치면서 더 이상 나아가지 않았다. 성인이 옷을 입을 때 몸에 적당하고 피부에 맞는 것으로 만족해 한 이유다. 결코 눈과 귀를 어지럽게 하고 어리석은 백성을 현혹케 하려는 게 아니었다. 당시는 튼튼한 수레나 좋은 말이 귀중한 것인지도 알지 못했고, 조각을 하여 아름답게 꾸미는 게 좋은 것인지도 알지 못했다. 왜 그랬을까? 자연스런 방도를 따랐기 때문이다. 덕분에 백성들은 입고 먹는 재화에 여유가 있어 가뭄과 장마, 흉년, 굶주림 등에 족히 대처할 수 있었다. 그 이유는 무엇일까? 스스로 보양코자 하는 인정에 맞는 것만 취하고 그 밖의 것은 관심을 두지 않았기 때문이다. 이로써 백성들 모두 검소하여 쉽게 다스릴 수 있었고, 군주 또한 재화를 절약해 쉽게 풍족해질 수 있었다. 국고가 가득 차 족히 불측의 변고에 대처할 수 있었고, 군사를 동원하거나 백성을 수고롭게 하지 않아도 능히 복종하지 않는 자들을 정복하기에 족했다. 패왕의 위업을 천하에 실행할 수 있었던 이유다. 지금의 군주는 의복을 입는 것이 이와 달랐다. 겨울에는 가볍고 따스하며 여름에는 가볍고 시원해야 하는 조건은 모두 갖췄다. 그러나 백성에게 많은 재물을 거둬들이고, 백성들이 입고 먹을 재화를 마구 빼앗고, 온갖 수를 놓은 비단으로 화려한 옷을 해 입고, 금을 녹여 허리띠 고리를 만들고, 주옥으로 패옥을 만들어 사용한다. 여공女工은 수를 놓고, 남공男工은 무늬를 조각하는 식으로 의복을 마련하니 이는 몸에 맞게 옷을 입고자 하는 취지에 어긋난다. 재화를 소진하고 몸만 수고롭게 할 뿐 모두 쓸데없는 짓이 되고 만다. 이렇게 보면 지금의 의복은 몸을 위한 게 아니라 오직 보기 좋게 하려는 것일 뿐이다. 백성들이 삿되고 편벽돼 다스리기 어렵고, 군주가 사치스러워 간하기 어렵게 된 이유다. 사치스런 군주가 삿되고 편벽된 백성을 다스리니 나라가 어지럽지 않으려 해도 그리 될 수 없게 됐다. 군주가 실로 천하를 바르게 다스리며 혼란을 피하고자 하면 옷을 지어 입을 때 절제하지 않으면 안 된다.

의피대교衣皮帶茭의 '교'를 왕인지는 마른 풀로 엮어 만든 새끼줄로 풀이했다. 작회作誨는 깨우치게 만든다는 뜻의 사역동사로 사용됐다. 곤포견梱布絹의 '곤'은 원래 두드리거나 가지런히 한다는 뜻으로 곤梱과 같다. '견'을 두고 손이양은 생명주실을 뜻하는 초綃의 잘못으로 보았다. 연백지중練帛之中의 '연'은 명주를 의미하는 증繒과 같다. '중'을 손이양은 속옷을 뜻하는 중의中衣로 풀이했다. 치격絺綌의 '치'는 가는 갈포葛布, '격'은 굵은 갈포를 뜻한다. 이섬易贍의 '섬'은 넉넉하다는 의미로 풍豐과 통한다. 병혁부돈兵革不頓은 군사를 동원한다는 뜻으로 여기의 '병혁'은 병기와 갑옷 등의 무기류를 통틀어 지칭한다. '돈'은 무너진다는 의미로 괴壞와 통한다. 경난輕煖의 '난'은 따뜻하다는 뜻으로 난暖 내지 난煖과 같다. 음벽淫僻은 삿되고 편벽됐다는 뜻이다.

6-3

古之民, 未知爲飮食時, 素食而分處, 故聖人作誨男耕稼樹藝, 以爲民食. 其爲食也, 足以增氣充虛•强體適腹而已矣. 故其用財節, 其自養儉, 民富國治. 今則不然, 厚作斂於百姓, 以爲美食芻豢蒸炙魚鼈, 大國累百器, 小國累十器, 前方丈, 目不能遍視, 手不能遍操, 口不能遍味, 冬則凍冰, 夏則飾饐. 人君爲飮食如此, 故左右象之. 是以富貴者奢侈, 孤寡者凍餒, 雖欲無亂, 不可得也. 君實欲天下治而惡其亂, 當爲飮食不可不節.

옛 사람은 음식을 만들 줄 몰랐기에 요리하지 않은 음식을 먹고 이리저리 흩어져 살았다. 성인이 나타나 남자들로 하여금 경작하고 과수를 심어 양식을 마련토록 가르쳤다. 음식의 조리는 곡기穀氣를 더해 허기를 면하고, 몸을 튼튼히 해 배를 채우는 선에서 그쳤다. 재화 사용의 절제로 스스로 검박한 생활을 영위할 수 있었고, 덕분에 백성은 부유하고 나라는 잘 다스려졌다. 지금은 그렇지 않다. 백성들로부터 많은 것을 거둬들여 소와 양 등의 고기를 즐기면서 물고기나 자라 등의 생선을 찌거나 훈제해 먹는다. 대국의 군주는 백여 가지, 소국의 군주는 십여 가지 음식을 펼쳐 놓고 먹는다. 먹는 사람 앞에 1장丈 넓이로 음식이 펼쳐지는 까닭에 눈은 이를 다 볼 수 없고, 손은 이를 다 집을 수 없고, 입은 이를 다 맛볼 수 없어 겨울이면 남은 음식이 얼어붙고 여름이면 이내 상하고 쉬어버린다. 군주가 음식을 이처럼 먹는 까닭에 신하들도 이를 본받는다. 부귀한 자들이 사치를 하고 고아나 과부 같은 자들이 헐벗고 굶주리는 이유다. 이런 상황에서 혼란이 일어나지 않기를 바란들 그리 될 수 없는 일이다. 군주가 실로 천하를 바르게 다스리며 혼란을 피하고자 하면 음식을 먹을 때 절제하지 않으면 안 된다.

소식素食은 통상 육식을 하지 않는 것을 뜻하나 여기서는 요리하지 않은 채 먹는 것을 지칭한다. 추환芻豢은 여러 가축의 고기를 뜻한다. '추'는 풀을 먹는 소와 양, '환'은 곡식을 먹는 개와 돼지 등을 의미한다. 증자어별蒸炙魚鼈의 '증'은 김을 쐬어 찐다는 뜻으로 증烝과 같다. 당태종 때 위징이 주도해 펴낸 『군서치요群書治要』에는 '어별'이 없다. 『태평어람太平御覽』에는 전방장前方丈이 전즉방장前則方丈으로 되어 있다. 편미遍味의 '미'는 맛을 본다는 뜻의 동사로 사용됐다. 식애飾饐의 '식'을 두고 유월 등은 음식이 쉰다는 뜻의 애餲의 와전으로 보았다. 『논어』「향당」에 식의이애食饐而餲 표현이 나온다. 동뇌凍餒는 헐벗고 굶주려 얼어 죽는 것을 말한다.

6-3

古之民，未知爲舟車時，重任不移，遠道不至，故聖王作爲舟車，以便民之事. 其爲舟車也, 全固輕利, 可以任重致遠, 其爲用財少而爲利多, 是以民樂而利之. 法令不急而行, 民不勞而上足用, 故民歸之. 當今之主, 其爲舟車, 與此異矣. 全固輕利皆已具, 必厚作斂於百姓, 以飾舟車. 飾車以文采, 飾舟以刻鏤. 女子廢其紡織而修文采, 故民寒. 男子離其耕稼而修刻鏤, 故民饑. 人君爲舟車若此, 故左右象之, 是以其民饑寒並至, 故爲姦袤, 姦袤多則刑罰深, 刑罰深則國亂. 君實欲天下之治而惡其亂, 當爲舟車不可不節.

옛 사람은 배와 수레를 만들 줄 몰랐기에 무거운 짐을 실어 나를 수도 없었고, 먼 곳에 갈 수도 없었다. 성인이 나와 배와 수레를 만들어 백성들의 일을 편하게 덜어준 이유다. 그때 만든 배와 수레는 온전하고 견고한데다 가볍고 편리했던 까닭에 무거운 짐을 싣고 멀리 갈 수 있었다. 재화를 적게 사용하면서 많은 이익을 남긴 덕분에 백성들은 이를 즐기면서 이롭게 여겼다. 법령으로 강압하지 않아도 일이 제대로 행해지고, 백성들이 수고롭지 않고도 군주는 재용이 풍족했다. 백성들이 마음으로 군주에게 귀의한 배경이다. 지금의 군주들이 배와 수레를 만드는 것은 이와 다르다. 온전하고 견고하며 가볍고 편리한 조건은 두루 갖춰졌으나 백성들로부터 많이 거둬들여 배와 수레를 장식하고 있다. 수레를 화려하게 장식하고, 배에 여러 조각을 하는 게 그렇다. 여인들이 길쌈을 폐한 채 수레를 화려하게 장식하는 일에 종사하는 까닭에 백성들은 추위에 떨고, 남자들이 농사를 떠나 조각하는 일에 종사하는 까닭에 백성들은 굶주리게 된다. 군주가 배와 수레에 이런 일을 벌이는 까닭에 신하들도 이를 본받는다. 백성들이 극도의 기한饑寒 속에서 간사한 짓을 벌이는 이유다. 간사한 짓이 많아지면 곧 형벌이 번다해지고, 형벌이 번다해지면 나라가 어지러워진다. 군주가 실로 천하를 바르게 다스리며 혼란을 피하고자 하면 배와 수레를 만들 때 절제하지 않으면 안 된다.

기한병지饑寒並至에서 '병지'는 동시에 들이닥친다는 뜻이다. '병'은 병幷과 같다. 간리姦萿가 『태평어람』에는 간사奸邪로 되어 있다. 형벌심刑罰深의 '심'은 번잡하고 심해진다는 의미이다.

6-4

凡回於天地之間, 包於四海之內, 天壤之情, 陰陽之和, 莫不有也. 雖至聖不能更也. 何以知其然? 聖人有傳. 天地也, 則曰上下. 四時也, 則曰陰陽. 人情也, 則曰男女. 禽獸也, 則曰牡牝•雄雌也. 眞天壤之情, 雖有先王不能更也. 雖上世至聖必蓄私, 不以傷行, 故民無怨. 宮無拘女, 故天下無寡夫. 內無拘女, 外無寡夫, 故天下之民衆. 當今之君, 其蓄私也, 大國拘女累千, 小國累百, 是以天下之男多寡無妻, 女多拘無夫, 男女失時, 故民少. 君實欲民之衆而惡其寡, 當蓄私不可不節. 凡此五者, 聖人之所儉節也, 小人之所淫佚也. 儉節則昌, 淫佚則亡, 此五者不可不節. 夫婦節而天地和, 風雨節而五穀孰, 衣服節而肌膚和.

천지지간을 포함해 세상의 모든 곳을 망라할지라도 천지의 실정과 음양의 조화가 존재하지 않는 곳은 없다. 지극한 성인일지라도 이를 바꿀 수는 없다. 어떻게 이를 알 수 있는가? 성인이 전하는 말에 따르면 천지는 상하上下, 사계절은 음양陰陽, 사람은 남녀男女, 금수는 빈모牡牝와 자웅雌雄으로 구성돼 있다. 이는 천지의 참된 실정으로 옛 성왕도 이를 변경시킬 수는 없다. 비록 옛 성현도 사사롭게 시첩을 두기는 했지만 그것으로 품행을 그르치지는 않았다. 백성들이 원망하는 일이 없었던 이유다. 궁중에서 홀로 늙는 여인이 없었고, 천하에 홀아비가 없었던 게 그렇다. 안으로 구금을 당하는 여인이 없고, 밖으로 홀아비가 없었던 덕분에 천하의 백성이 매우 많았다. 지금의 군주는 사사롭게 수많은 시첩을 두고 있으니 대국은 궁중에 구금된 여인들이 수천 명, 소국은 수백 명에 달한다. 천하의 남자들 가운데 여인 없이 홀로 사는 자가 많아지고, 여자들 가운데 남편 없이 구금된 자가 많아진 이유다. 남녀 모두 혼인할 적기를 잃은 까닭에 백성들이 적어진 것이다. 군주는 실로 백성들이 많아지기를 바라고 적어지는 것을 싫어한다면 시첩을 둘 때 절제하지 않으면 안 된다. 무릇 이들 5가지 사항은 성인이 늘 검약하며 절제한 대상으로 소인들만 사치하며 멋대로 즐긴 것이다. 검약하고 절제하면 창성하고, 사치하며 멋대로 즐기면 패망하기 마련이다. 이들 5가지 사항 모두 절제하지 않으면 안 된다. 부부가 하는 일에 절제가 있으면 천지가 조화를 이루고, 풍우風雨가 내릴 때 절제가 있으면 오곡을 풍성하게 거두고, 의복을 입을 때 절제가 있으면 몸이 편안해진다.

회어천지지간回於天地之間의 '회'를 두고 소시학은 동同의 잘못으로 보았다. 그러나 여기서는 두루 주周의 뜻으로 사용된 것이다. 모빈牡牝은 짐승의 암수, 웅자雄雌는 새의 암수를 지칭한다. 축사蓄私는 사적으로 축적했다는 의미로 시첩을 거느렸다는 취지이다. 구녀拘女는 갇혀 있는 여인으로 곧 궁녀를 상징한다. 과부寡夫는 홀아비의 뜻으로 환鰥과 같다. 오곡숙五穀孰의 '숙'은 익을 숙熟의 가차이다.

제7장 삼변(三辯)

'삼변'은 요순과 탕왕 및 주무왕의 다스림과 음악의 관계를 논한다는 뜻이다. 여기서는 향번과 묵자가 문답을 통해 음악의 비효용을 깊숙이 논하고 있다. 향락을 멀리하라는 게 골자이다. 그러나 본문의 내용과 제목이 일치하지 않는다. '삼변'의 한 편은 이미 망실됐다. 손이양을 비롯한 일부 주석가는 「비악」의 잔문殘文으로 본다.

7-1

程繁問於子墨子曰, "夫子曰, '聖王不爲樂.' 昔諸侯倦於聽治, 息於鐘鼓之樂. 士大夫倦於聽治, 息於竽瑟之樂. 農夫春耕•夏耘•秋斂•冬藏, 息於聆缶之樂. 今夫子曰, '聖王不爲樂.' 此譬之猶馬駕而不稅, 弓張而不弛, 無乃非有血氣者之所不能至邪?"

정번程繁이 묵자에게 물었다.

"선생은 말하기를, '성왕은 음악을 듣지 않는다.'고 했습니다. 그러나 옛 제후들은 정사를 돌보다가 지치면 종과 북을 울리는 종고지악鐘鼓之樂을 들으며 휴식을 취했습니다. 사대부도 정사를 돌보다가 지치면 생황과 거문고를 연주하는 우슬지악竽瑟之樂을 들으며 휴식을 취했습니다. 농부들도 봄에 밭 갈고, 여름에 김매고, 가을에는 거둬들이고, 겨울에는 저장해 놓은 뒤 흙으로 빚어 만든 동이와 장군을 치는 영부지악聆缶之樂을 들으며 휴식을 취했습니다. 그런데도 지금 선생은 말하기를, '성왕은 음악을 듣지 않는다.'고 했습니다. 이는 말을 수레에 매기만 한 채 풀어주지 않고, 활시위를 당긴 채 놓지 않는 것과 같습니다. 혈기를 지닌 자는 그리 할 수 없는 게 아니겠습니까?"

정번程繁은 묵자와 마찬가지로 유가에서 출발해 묵가를 연구한 인물이다. 청치聽治는 정사를 펼친다는 뜻으로 청정聽政과 같다. 종고鐘鼓는 종과 부을 울리는 아악雅樂, 우슬竽瑟은 생황과 유사한 취주악기와 거문고 비슷한 현악이 동원되는 가곡歌曲, 영부聆缶는 질그릇을 두드리는 노래를 부르는 민요民謠를 상징한다. 불탈不稅의 '탈'은 마차에서 말을 떼어 풀어놓는 것을 말한다. 『태평어람』에는 탈脫로 되어 있다. 무내비無乃非의 '비'를 유월은 연자衍字로 파악했다.

7-2

子墨子曰, "昔者堯舜有茅茨者, 且以爲禮, 且以爲樂. 湯放桀於大水, 環天下自立以爲王, 事成功立, 無大後患, 因先王之樂, 又自作樂, 命曰「護」, 又修「九招」. 武王勝殷殺紂, 環天下自立以爲王, 事成功立, 無大後患, 因先王之樂, 又自作樂, 命曰「象」. 周成王因先王之樂, 又自作樂, 命曰「騶虞」. 周成王之治天下也, 不若武王. 武王之治天下也, 不若成湯. 成湯之治天下也, 不若堯舜. 故其樂愈繁者, 其治愈寡. 自此觀之, 樂非所以治天下也."

묵자가 대답했다.

"옛날 요순은 초가로 궁전을 지었으나 예의를 차리고 즐겁게 지냈소. 그러나 탕왕은 하나라 걸桀을 대수大水로 내치고 천하를 통일해 스스로 천자가 되었소. 대업을 이루고 공을 세우자 큰 후환이 없을 것으로 생각해 선왕의 음악을 쓰면서 새로 곡을 만들어 「호護」라고 부르고, 하나라를 세운 우왕의 음악인 「구초九招」로 손질했소. 주나라 무왕은 은나라 주紂를 죽이고 천하를 통일해 스스로 천자가 되었소. 대업을 이루고 공을 세우자 큰 후환이 없을 것으로 생각해 선왕의 음악을 쓰면서 새로 곡을 만들어 「상象」이라고 불렀소. 주성왕은 선왕의 음악을 쓰면서 새로 곡을 만들어 「추우騶虞」라고 했소. 주성왕의 천하는 무왕만 못했고, 무왕은 탕왕만 못했고, 탕왕은 요순만 못했소. 음악이 번거로워질수록 정사는 오히려 더욱 시원찮았던 셈이오. 이렇게 보면 음악은 천하를 다스리는 바탕이 될 수 없다는 것을 알 수 있소."

모자茅茨의 '자'는 지붕을 잇는 것을 말한다. 「호護」는 탕왕이 만든 음악으로 호濩 또는 대호大濩로도 부른다. 「구초九招」를 두고 『사기』는 우왕의 음악, 『여씨춘추』는 제곡帝嚳의 음악, 『산해경』은 하나라 우왕의 아들 계啓의 음악이라고 했다. 「상象」은 『시경』「주송」 및 『예기』「문왕세자」의 정현鄭玄 주에 따르면 무왕이 은나라 주를 토벌한 것을 기린 음악이다. 「추우騶虞」는 『시경』「소남」에 나온다. 주성왕 때의 작품이라고 한다. 유번愈繁의 '유'가 일부 판본에는 유逾로 되어 있다.

7-3

程繁曰, "子曰, '聖王無樂.' 此亦樂已, 若之何其謂聖王無樂也?" 子墨子曰, "聖王之命也, 多寡之. 食之利也, 以知饑而食之者, 智也. 因爲無智矣. 今聖有樂而少, 此亦無也."

정번이 물었다.

"선생은 말하기를, '성왕은 음악이 없다.'고 했지만 지금 말한 것 또한 음악일 뿐입니다. 그런데도 어찌하여 '성왕은 음악이 없다.'고 말하는 것입니까."

묵자가 대답했다.

"성왕은 명을 내릴 때 많은 것을 덜도록 주문했소. 음식의 이로움을 예로 들면 굶주림이 어떤 것인지 알고 먹도록 하는 것은 지혜로운 일이오. 한 가지 맛만 추구하여 많이 먹는 것은 지혜롭지 못하오. 지금의 성왕 역시 비록 음악은 있지만 들을 만한 게 거의 없소. 그래서 음악이 없는 것과 같다고 말한 것이오."

이 장은 생략된 구절이 많아 해석하기 쉽지 않다. 다과지多寡之는 많은 것을 덜게 한다는 뜻으로 풀이하는 게 좋을 듯하다. 인위무지의因爲無智矣는 앞뒤로 구절이 생략되어 정확한 뜻을 헤아리기가 쉽지 않으나 문맥상 맛난 음식만을 찾는 것을 지칭한 것으로 보인다.

권 2
제8장 상현(尙賢) 상

'상현'은 현명한 인재를 숭상한다는 뜻이다. 여기서는 '상현'과 정치의 관계를 논하고 있다. 능력을 정확히 평가해 쓸 만한 인재를 과감히 등용하고 존중해 주어야 한다는 게 골자다. 가문 등의 신분에 얽매이지 않고 능력을 기준으로 발탁해야 한다는 주장을 펼친 점에서 봉건귀족 제도에 대한 강한 반감을 읽을 수 있다. 「상현」은 크게 3편으로 나뉘어져 있으나 내용상 큰 차이는 없다.

8-1

子墨子言曰, "今者王公大人爲政於國家者, 皆欲國家之富, 人民之衆, 刑政之治. 然而不得富而得貧, 不得衆而得寡, 不得治而得亂, 則是本失其所欲, 得其所惡." 是其故何也? 子墨子言曰, "是在王公大人爲政於國家者, 不能以尙賢事能爲政也." 是故國有賢良之士衆, 則國家之治厚. 賢良之士寡, 則國家之治薄. 故大人之務, 將在於衆賢而已.

묵자가 말했다.

"지금 왕공대인王公大人은 나라를 다스리면서 하나같이 나라가 부유해지고, 인민이 많아지고, 법령을 통해 잘 다스려지기를 바라고 있다. 그러나 부유해지기는커녕 가난해지고, 인민이 많아지기는커녕 적어지고, 잘 다스려지기는커녕 더 어지러워지고 있다. 이는 기본적으로 바라는 일은 이뤄지지 않고 오히려 싫어하는 일을 얻은 결과다."

그 까닭은 무엇인가? 묵자가 대답했다.

"이는 왕공대인이 나라를 다스리면서 현자를 존중하며 능력 있는 자가 정사를 맡도록 조치하지 못한 탓이다."

나라에 현량賢良한 선비가 많으면 치적이 크고, 적으면 치적도 작다. 대인이 현량한 선비를 모으는데 애쓰는 이유다.

왕공대인王公大人의 '대인'을 두고 『예기』「예운」에서 정현 주는 제후諸侯로 풀이했다. 형정刑政은 형벌과 정령을 지칭한다. 사능위정事能爲政의 '사'를 두고 소시학은 사역동사 사使의 잘못으로 보았다.

8-2

曰, "然則衆賢之術將奈何哉." 子墨子言曰, "譬若欲衆其國之善射御之士者, 必將富之·貴之·敬之·譽之, 然後國之善射御之士, 將可得而衆也. 況又有賢良之士, 厚乎德行, 辯乎言談, 博乎道術者乎. 此固國家之珍而社稷之佐也. 亦必且富之·貴之·敬之·譽之, 然後國之良士, 亦將可得而衆也. 是故古者聖王之爲政也, 言曰, '不義不富, 不義不貴, 不義不親, 不義不近.' 是以國之富貴人聞之, 皆退而謀曰, '始我所恃者富貴也, 今上擧義不辟貧賤, 然則我不可不爲義.' 親者聞之, 亦退而謀曰, '始我所恃者親也, 今上擧義不辟疏, 然則我不可不爲義.' 近者聞之, 亦退而謀曰, '始我所恃者親也, 今上擧義不避遠, 然則我不可不爲義.' 遠者聞之, 亦退而謀曰, '我始以遠爲無恃, 今上擧義不辟遠, 然則我不可不爲義.' 逮至遠鄙郊外之臣•內庭庶子•國中之衆•四鄙之萌人聞之, 皆競爲義. 是其何故也? 曰, '上之所以使下者, 一物也. 下之所以事上者, 一術也.' 譬之富者, 有高牆深宮, 宮牆旣立, 謹止爲鑿一門. 有盜人入, 闔其自入而求之, 盜其無自出. 是其故何也? 則上得要也."

누군가 물었다.

"그렇다면 현량한 선비들을 모으려면 어찌해야 하는가?"

묵자가 대답했다.

"비유컨대 나라에 활 잘 쏘고 수레를 잘 모는 자가 많아지기를 바랄 경우 반드시 그런 자를 부유하게 해주고, 귀하게 대하고, 공경히 예우하고, 명예롭게 해주어야 한다. 그래야 활 잘 쏘고 수레 잘 모는 자가 많아진다. 하물며 현량한 선비가 덕행에 독실하고, 변론을 잘하고, 도술에 두루 밝은 경우이겠는가? 이들은 본래 나라의 보배이고 사직의 보필자이다. 반드시 그들을 부유하게 해주고, 귀하게 대하고, 공경히 예우하고, 명예롭게 해주어야 현량한 선비들을 대거 모을 수 있다. 옛 성왕은 정사를 펴면서 말하기를, '의롭지 않으면 부유하게 만들지도 말고, 귀한 자리에 앉히지도 말고, 친하게 지내지도 말고, 가까이 두지도 말라.'고 했다. 이 말을 듣고 부귀한 자들이 모두 물러나 대책을 논의키를, '당초 우리가 믿었던 것은 우리가 부귀하다는 점이었다. 지금 군주는 의로운 사람이면 빈천한 자도 꺼리지 않은 채 등용하고 있다. 우리도 의를 행하지 않을 수 없다.'고 했다. 군주와 친하게 지내는 사람들도 모두 물러나 대책을 논의키를, '당초 우리가 믿었던 것은 군주와 친하다는 점이었다. 지금 군주는 의로운 사람이면 친분이 먼 자도 꺼리지 않은 채 등용하고 있다. 우리도 의를 행하지 않을 수 없다.'고 했다. 가까운 곳에서 일하는 사람들도 모두 물러나 대책을 논의키를, '당초 우리가 믿었던 것은 군주와 가까운 위치에 있다는 점이었다. 지금 군주는 의로운 사람이면 소원한 자도 꺼리지 않은 채 등용하고 있다. 우리도 의를 행하지 않을 수 없다.'고 했다. 군주와 소원한 자들도 모두 물러나 대책을 논의키를, '당초 우리는 군주와 관계가 멀어 의지할 바가 없다고 여겼다. 지금 군주는 의로운 사람이면 관계가 먼 것도 꺼리지 않은 채 등용하고 있다. 우리도 의를 행하지 않을 수 없다.'고 했다. 이런 얘기가 널리 퍼지자 도성에서 멀리 떨어진 벽지의 외신外臣과 궁정의 숙위宿衛하는 관원, 도성 안의 백성, 사방의 열국 백성들에 이르기까지 모두 다투어 의를 행했다. 이는 무슨 까닭인가? '군주가 아래 신하들을 부리는 내용이 오직 한 가지로 통일돼 있고, 아래 신하들이 군주를 섬기는 길이 오직 하나 뿐이기 때문이다.'라고 할 수 있다. 비유하면 이렇다. 어떤 부자가 높은 담장을 한 깊숙한 집에 살고 있다. 담장을 높이 세운 뒤 위쪽으로 문 하나만 뚫어 놓았다. 어떤 도적이 이곳을 들어오면 곧바로 그 문을 닫고서 도적을 잡으면 도적은 빠져나갈 길이 없게 된다. 이는 무슨 까닭인가? 위에서 다스리는 사람이 요점을 파악하고 있기 때문이다."

현량지사賢良之士는 현명하고 착한 선비를 지칭한다. 사직지좌社稷之佐는 사직을 보필하는 신하를 뜻하는 말로 사직지신社稷之臣과 같다. 불피빈천不辟貧賤의 '피'는 피할 피避의 가차이다. 체지逮至는 '-에 이르기까지'의 뜻으로 지어至於와 같다. 국중지중國中之衆은 도성 안의 백성으로 국인國人과 같은 뜻이다. 사비지맹인四鄙之萌人의 '사비'는 사방의 먼 곳을 가리킨다. '맹인'은 일반 서민을 지칭한다. 궁장기립宮牆既立의 원문은 장립기牆立既이다. 문맥이 잘 통하지 않는다. 『묵자간고』에 나오는 손이양의 주장을 좇아 바꿨다. 근지謹止의 원문 역시 근상謹上이나 손이양을 좇아 고쳤다.

8-3

故古者聖王之爲政, 列德而尙賢, 雖在農與工肆之人, 有能則擧之, 高予之爵, 重予之祿, 任之以事, 斷予之令. 曰, "爵位不高, 則民弗敬. 蓄祿不厚, 則民不信. 政令不斷, 則民不畏." 擧者授之賢者, 非爲賢賜也, 欲其事之成. 故當是時, 以德就列, 以官服事, 以勞殿賞, 量功而分祿. 故官無常貴而民無終賤. 有能則擧之, 無能則下之. 擧公義, 辟私怨, 此若言之謂也.

옛 성왕은 정사를 펼 때 덕 있는 자를 높은 자리에 앉히고 현자를 높였다. 비록 농업이나 상공업에 종사하는 자일지라도 능력만 있으면 과감히 발탁해 높은 작위를 내리고 두터운 녹봉을 주었다. 이때 정사를 맡기면서 결단해 명령할 권한을 부여했다. 옛 사람은 이같이 말했다.

"작위가 높지 않으면 백성이 공경치 않고, 받는 녹봉이 두텁지 않으면 백성이 믿지 않고, 정령이 엄하지 않으면 백성이 두려워하지 않는다."

이들 3가지를 현자에게 내리는 것은 현자 자신을 위하려는 것이 아니라 정사를 잘 펼치고자 하는 것이다. 옛 성왕의 시대에는 덕을 기준으로 벼슬자리로 나아가고, 관직을 기준으로 일을 맡고, 노고를 기준으로 상을 내리고, 공을 헤아려 녹봉을 배분했다. 관직에 나아갔다고 늘 귀한 것도 아니었고, 백성 또한 늘 천한 것도 아니었다. 능력이 있으면 등용되고 능력이 없으면 좌천되었다. 공의公義를 내세워

사원私怨을 피했다는 것은 바로 이를 언급한 것이다.

열덕列德은 덕성을 기준으로 관직을 내렸다는 뜻이다. 공사지인工肆之人은 공인工人과 상인商人을 통칭한 말이다. '사'는 가게를 뜻한다. 단여지령斷予之令의 '단'은 결단을 의미한다. 정령부단政令不斷의 '단'은 결단의 뜻으로 여기서는 엄정嚴正의 의미로 사용된 것이다. 이로전상以勞殿賞의 '전'을 유월은 정할 정定으로 풀이했다. 차약此若의 '약'은 '차'와 같다. 같은 뜻의 말을 겹쳐 사용한 것이다. 『관자』「지수」 등에 '차약此若' 표현이 대거 나온다.

8-4

故古者堯擧舜於服澤之陽, 授之政, 天下平. 禹擧益於陰方之中, 授之政, 九州成. 湯擧伊尹於庖廚之中, 授之政, 其謀得. 文王擧閎夭·泰顚於罝罔之中, 授之政, 西土服. 故當是時, 雖在於厚祿尊位之臣, 莫不敬懼而施, 雖在農與工肆之人, 莫不競勸而尙意. 故士者, 所以爲輔相承嗣也. 故得士則謀不困, 體不勞, 名立而功成, 美章而惡不生, 則由得士也. 是故子墨子言曰, "得意, 賢士不可不擧. 不得意, 賢士不可不擧." 尙欲祖述堯·舜·禹·湯之道, 將不可以不尙賢. 夫尙賢者, 政之本也.

옛날 요堯는 순舜을 복택服澤의 북쪽에서 찾아내 정사를 맡겼다. 천하가 평화로워진 이유다. 우禹는 익益을 음방陰方에서 찾아내 정사를 맡겼다. 중국에 9주九州가 나타난 이유다. 탕湯은 이윤伊尹을 부엌에서 찾아내 정사를 맡겼다. 계책이 성사된 이유다. 문왕文王은 굉요閎夭와 태전泰顚을 짐승을 잡는데서 찾아내 정사를 맡겼다. 서쪽 일대를 복종시킨 이유다. 옛날에는 아무리 두터운 녹봉을 받는 높은 자리에 앉은 자일지라도 공경하고 두려워하는 자세로 정사에 임하지 않은 자가 없었다. 또한 농업이나 상공업에 종사하는 자일지라도 다퉈 근검을 권하면서 덕을 숭상하지 않는 자가 없었다. 선비는 군주를 곁에서 보좌하면서 정령을 받들어 행하는 자이다. 선비를 얻으면 계책이 궁하지 않고, 몸을 수고롭게 하지 않고, 명성을 이루면서 공을 이루고, 아름다운 덕이 널리 드러나면서 악행이 생겨나지 않는다. 모두 선비를 얻은 덕분이다. 묵자는 말했다.

"뜻을 얻었을 때도 현명한 선비는 발탁하지 않을 수 없고, 뜻을 얻지 못했을 때도 현명한 선비는 발탁하지 않을 수 없다. 요, 순, 우, 탕 같은 선왕의 도를 받들어 따르고자 할 경우 현자를 숭상하지 않으면 안 된다. 무릇 현자를 숭상하는 것은 정치의 근본이다."

복택지양服澤之陽의 '복택'을 두고 손이양은 『사기』「오제본기」에 나오는 부하負夏로 파악했다. 자세한 위치는 알려져 있지 않다. '양'은 강의 북쪽, 산의 남쪽을 가리킨다. 구주九州는 우가 황하를 다스린 뒤 천하를 9개 주로 나눴다는 전설에서 나온 중원 일대를 지칭한다. 서주徐州, 기주冀州, 연주兗州, 청주青州, 양주扬州, 형주荊州, 양주梁州, 옹주雍州, 예주豫州를 지칭한다. 이윤伊尹은 은나라 건국공신으로 당초 요리사 노릇을 했다. 부엌을 뜻하는 포주지중庖厨之中은 이를 언급한 것이다. 굉요閎夭와 태전泰顚은 주문왕 때의 대표적인 공신으로 그밖에도 산의생散宜生, 남궁괄南宮括 등이 있었다. 저망罝罔의 '저'는 날짐승과 들짐승, '망'은 물고기를 잡는 그물을 말한다. 경구이시敬懼而施의 '시'를 두고 유월은 근심할 척惕과 같은 것으로 보았으나 문맥상 시정施政의 의미로 풀이하는 게 나을 듯하다. 승사承嗣는 크게 3가지 의미를 지니고 있다. 첫째, 세습의 뜻이다. 『춘추좌전』「노소공 20년」조에 나오는 '승사대부承嗣大夫' 구절이 그렇다. 둘째, 적장자 내지 장자를 의미한다. 셋째, 정사를 처리하는 고관을 뜻한다. 여기서는 세 번째 뜻으로 사용됐다. 손이양이 승사丞司의 뜻으로 풀이한 게 그렇다.

제9장 상현(尙賢) 중

중편 역시 상편에 이어 현자를 존중해야만 나라를 제대로 다스릴 수 있다는 점을 역설하고 있다.

9-1

子墨子言曰, "今王公大人之君人民•主社稷•治國家, 欲修保而勿失, 故不察尙賢爲政之本也?" 何以知尙賢之爲政本也? 曰, "自貴且智者爲政乎愚且賤者則治, 自愚且賤者爲政乎貴且智者則亂. 是以知尙賢之爲政本也."

묵자가 말했다.

"지금 왕공대인이 백성을 부리고, 사직을 받들고, 국가를 다스리면서 잘 닦고 보전해 실패하는 일이 없도록 하려고 한다. 그런데 어찌하여 현자를 숭상하는 것이 정치의 근본임을 살피지 않는 것인가?"

무엇으로 현자를 숭상하는 것이 정치의 근본임을 알 수 있는가? 대답은 이렇다.

"고귀하고 총명한 자가 어리석고 천한 자들을 다스리면 나라가 편안하고, 어리석고 천한 자들이 고귀하고 총명한 자들을 다스리면 나라가 어지러워진다. 이로써 현자를 숭상하는 것이 정치의 근본임을 알 수 있다."

군인민君人民의 '군'은 군림한다는 뜻의 동사로 사용된 것이다. 고불찰故不察의 '고'가 일부 판본에는 호胡로 되어 있다. 같은 뜻이다. 자귀차지自貴且智의 '자'는 비롯된다는 뜻의 유由와 같다.

9-2

故古者聖王甚尊尙賢, 而任使能, 不黨父兄, 不偏貴富, 不嬖顔色. 賢者擧而上之, 富而貴之, 以爲官長. 不肖者抑而廢之, 貧而賤之, 以爲徒役. 是以民皆勸其賞, 畏其罰, 相率而爲賢者, 以賢者衆而不肖者寡, 此謂進賢. 然後聖人聽其言, 迹其行, 察其所能而愼予官, 此謂事能. 故可使治國者使治國, 可使長官者使長官, 可使治邑者使治邑. 凡所使治國家·官府·邑里, 此皆國之賢者也.

옛 성왕은 현자를 매우 숭상하며 존중했다. 능력에 따라 등용하고, 부형을 편들지 않고, 부귀한 자에게 치우치지 않고, 미색을 총애하는 일이 없었다. 현자면 발탁해 높여 주면서 부귀하게 해주고, 관청의 우두머리로 삼은 게 그렇다. 불초한 자는 파면시키고, 빈천하게 만들고, 일꾼으로 삼았다. 백성들 모두 서로 포상을 권하고, 형벌을 두려워하고, 함께 현자가 되려고 노력했다. 현자가 많고 불초한 자가 적었던 이유다. 이를 일컬어 현자를 천거하는 진현進賢이라고 한다. 연후에 성인은 그들의 말을 듣고, 그들의 행적을 좇고, 그들의 능력을 살피고, 신중히 벼슬을 내렸다. 이를 일컬어 능력 있는 자를 부리는 사능事能이라고 한다. 덕분에 나라를 다스리는 위정자로 하여금 나라를 잘 다스리게 하고, 관청의 우두머리로 하여금 관청을 잘 다스리고, 고을을 다스리는 자로 하여금 고을을 잘 다스리게 할 수 있었다. 무릇 나라와 관청과 고을을 잘 다스리는 것은 나라의 현자여야만 가능한 일이다.

부당부형不黨父兄의 '당'과 불편귀부不偏貴富의 '편' 모두 편파적으로 한쪽을 편드는 것을 지칭한다. 편당偏黨이 그렇다. 불폐안색不嬖顔色의 '폐'는 사적으로 총애한다는 의미로 폐총嬖寵과 같다. '안색'은 미색美色의 뜻이다. 사능事能의 '사'는 부릴 사使의 뜻이다.

9-3

賢者之治國也, 蚤朝晏退, 聽獄治政, 是以國家治而刑法正. 賢者之長官也, 夜寢夙興, 收斂關市·山林·澤梁之利, 以實官府, 是以官府實而財不散. 賢者之治邑也, 蚤出莫入, 耕稼樹藝·聚菽粟, 是以菽粟多而民足乎食. 故國家治則刑法正, 官府實則萬民富. 上有以絜爲酒醴粢盛以祭祀天鬼. 外有以爲皮幣, 與四隣諸侯交接. 內有以食飢息勞, 將養其萬民. 外有以懷天下之賢人. 是故上者天鬼富之, 外者諸侯與之, 內者萬民親之, 賢人歸之. 以此謀事則得, 擧事則成, 入守則固, 出誅則彊. 故唯昔三代聖王堯·舜·禹·湯·文武之所以王天下, 正諸侯者, 此亦其法已.

현자는 나라를 다스리면 일찍 조정에 나아가면서 늦게 퇴청하고, 옥사를 공평히 하면서 정사를 바르게 한다. 나라가 잘 다스려지고, 형벌과 법령이 바로 잡히는 이유다. 현자는 관청을 다스리면 밤늦게 자면서 일찍 일어나고, 관문關門과 시장市場, 산림山林, 천택川澤 등에서 거둔 세금으로 관청의 창고를 채운다. 관청의 창고가 충실해지고, 재물이 흩어지지 않는 이유다. 현자가 고을을 다스리면 일찍 출근하고 늦게 귀가하면서 백성들로 하여금 밭 갈고 씨 뿌리며, 곡식을 많이 거두게 한다. 곡식이 풍성하고 백성의 양식이 넉넉해지는 이유다. 나라가 잘 다스려지면 형벌과 법령이 바로 잡히고, 관고官庫가 충실해지고, 모든 백성이 부유해진다. 위로는 정갈하고 풍성한 주식酒食과 제물을 마련해 하늘과 귀신에게 제사를 오리고, 밖으로는 비싼 가죽화폐인 피폐皮幣를 마련해 사방의 이웃 제후들과 사귄다. 안으로 굶주리는 자를 먹이면서 노역하는 자들을 쉬게 해 모든 백성을 양육하고, 천하의 현자를 불러들인다. 덕분에 위에서는 하늘과 귀신이 그를 부유하게 해주고, 밖에서는 제후들이 그의 편을 들고, 안에서는 모든 백성이 그를 가까이하면서 현자들이 귀의하게 된다. 일을 도모하면 뜻하는 바대로 되고, 일을 행하면 성공을 거두고, 들어와 성을 지키면 견고하고, 출정해 적을 토벌하면 강한 힘을 발휘한 이유다. 옛 삼대의 성왕인 요, 순, 우, 탕, 문왕과 무왕 모두 천하에 군림하면서 제후를 호령한 것은 오직 이런 이치에 따른 결과일 뿐이다.

조조안퇴蚤朝晏退의 '조조'는 아침 일찍 조정회의에 참석하는 것을 말한다. '안퇴'는 늦게 퇴청하는 것을 뜻한다. 야침숙흥夜寢夙興은 늦게 자고 아침 일찍 일어난다는 의미로 숙흥야매夙興夜寐와 같다. 택량澤梁은 천택川澤과 같은 뜻이다. '량'은 원래 교량의 뜻이나 여기서는 천川의 뜻으로 사용됐다. 조출모입蚤出莫入의 '모'는 늦을 모暮의 본자이다. 숙조菽粟는 콩과 조로 여기서는 곡식을 뜻하는 말로 사용된 것이다. 이결위주례以絜爲酒醴의 '결'은 정결히 한다는 뜻의 동사로 사용된 것으로 결潔과 통한다. '주례'는 일반 술과 단술인 감주甘酒를 통칭한 말이다. 자성粢盛의 '자'는 조기趙岐의 『맹자장구』에 따르면 기장으로 지은 젯밥, '성'은 쌀로 지은 젯밥을 말한다. 피폐皮幣는 사슴 가슴 부분의 흰 가죽으로 만든 화폐로 액면가치가 매우 높은 화폐를 지칭한다. 제후들 사이에 빙문聘問할 때 예물로 사용됐다. 식기식로食飢息勞의 '기'가 원문에는 기饑로 되어 있으나 손이양은 도장본道藏本을 좇아 기飢로 바꿨다. 장양將養의 '장'을 유월은 지持의 잘못으로 보았다. 외유이外有以를 두고 왕인지는 연자衍字로 보았다. 출주즉강出誅則彊의 '출주'는 출정하여 토벌한다는 뜻이다. 여기의 '강'은 강强과 같다. 정제후正諸侯의 '정'을 손이양은 우두머리가 된다는 뜻의 장長으로 풀이했다.

9-4

既曰若法, 未知所以行之術, 則事猶若未成. 是以必爲置3本. 何謂3本? 曰, "爵位不高, 則民不敬也. 蓄祿不厚, 則民不信也. 政令不斷, 則民不畏也." 故古聖王高予之爵, 重予之祿, 任之以事, 斷予之令. 夫豈爲其臣賜哉? 欲其事之成也. 『詩』曰, "告女憂卹, 誨女予爵, 孰能執熱, 鮮不用濯." 則此語. 古者國君諸侯之不可以不執善承嗣輔佐也, 譬之猶執熱之有濯也, 將休其手焉. 古者聖王, 唯毋得賢人而使之, 般爵以貴之, 裂地以封之, 終身不厭. 賢人唯毋得明君而事之, 竭四肢之力, 以任君之事, 終身不倦. 若有美善則歸之上. 是以美善在上, 而所怨謗在下. 寧樂在君, 憂慼在臣. 故古者聖王之爲政若此.

비록 이런 이치가 있을지라도 실천하는 방법을 모르면 일을 성사시킬 수 없다. 반드시 다음 '3가지 근본조치'를 행해야만 한다. 무엇이 '3가지 근본조치'인가? 다음과 같다.

"작위가 높지 않으면 백성이 공경치 않고, 받는 녹봉이 두텁지 않으면 백성이 믿지 않고, 정령이 엄하지 않으면 백성이 두려워하지 않는다."

옛 성왕이 현자에게 작위를 높게 내리고, 녹봉을 두텁게 주고, 일을 맡길 때 법령을 엄히 시행하는 권한을 내려준 이유다. 그것이 어찌 신하들을 위해 내려준 것이겠는가? 일이 성취되기를 바랐기 때문이다. 『시경』에서 말했다.

"그대에게 사람들의 걱정 근심을 얘기하면서 순서를 좇아 작위를 나눠주길 일깨워주지. 누가 뜨거운 물건을 그대로 잡을 수 있나? 찬물에 손을 담그지 않는 자 드물다네."

이는 옛날 군주와 제후가 후사後嗣와 보필 대신과 잘 지내지 않으면 안 되었던 사정을 말하고 있다. 비유하면 뜨거운 물건을 잡을 경우 곧 찬물에 손을 담그는 것과 같다. 손을 쉬게 하려는 것이다. 옛 성왕은 오직 현자를 등용해 부리면서 높은 작위를 내려 귀하게 해주고, 땅을 떼어 봉하면서 평생 싫증내지 않았다. 현자 또한 오직 명철한 군주를 가려 섬기면서 온 힘을 다해 군주의 일을 떠맡고, 평생 게으름을 피우지 않았다. 아름답고 훌륭한 공적을 이루면 이를 군주에게 돌렸다. 아름답고 훌륭한 공적은 위에 있고, 원망과 비난은 아래에 있었던 이유다. 안녕과 즐거움은 군주에게 있고, 근심과 걱정은 신하에게 있었던 것도 같은 맥락이다. 옛 성왕의 정사는 이와 같았다.

기왈약법旣曰若法의 '약'은 차此와 같다. 고녀우휼告女憂卹 이하의 구절은 『시경』「대아, 상유桑柔」에서 따온 것이다. '녀'는 2인칭으로 여汝와 같다. 『시경』에는 통상 이爾로 나온다. '우휼'은 근심과 걱정을 말한다. '휼'은 휼恤과 같다. 회녀여작誨女予爵의 '여작'이 『시경』에는 작위를 순차적으로 내린다는 뜻의 서작序爵으로 되어 있다. 선불용탁鮮不用濯이 『시경』에는 서불이탁逝不以濯으로 나온다. 뜻은 같다. 집선執善은 친선親善의 뜻이다. 승사承嗣는 후계자를, 보좌輔佐는 군주 곁에서 보필하는 신하를 지칭한다. 유무득현인唯毋得賢人의 '무'는 어조사로 뜻이 없다. 반작般爵의 '반'은 나눠준다는 뜻으로 반頒과 같다. 우척憂慼의 '척'은 척戚 내지 척慽과 같다.

9-5

今王公大人亦欲效人, 以尙賢使能爲政, 高予之爵而祿不從也. 夫高爵而無祿, 民不信也. 曰, "此非中實愛我也, 假藉而用我也." 夫假藉之, 民將豈能親其上哉? 故先王言曰, "貪於政者, 不能分人以事. 厚於貨者, 不能分人以祿." 事則不與, 祿則不分, 請問, 天下之賢人將何自至乎王公大人之側哉? 若苟賢者不至乎王公大人之側, 則此不肖者在左右也. 不肖者在左右, 則其所譽不當賢, 而所罰不當暴. 王公大人尊此以爲政乎國家, 則賞亦必不當賢, 而罰亦必不當暴. 若苟賞不當賢而罰不當暴, 則是爲賢者不勸, 而爲暴者不沮矣. 是以入則不慈孝父母, 出則不長弟鄕里. 居處無節, 出入無度, 男女無別. 使治官府則盜竊, 守城則倍畔, 君有難則不死, 出亡則不從. 使斷獄則不中, 分財則不均. 與謀事不得, 擧事不成, 入守不固, 出誅不强. 故雖昔者三代暴王桀•紂•幽•厲之所以失措其國家, 傾覆其社稷者, 已此故也. 何則? 皆以明小物而不明大物也.

지금의 왕공대인 역시 옛 성군을 본받아 현자를 숭상하고 능력 있는 자를 발탁해 정사를 펼치고자 한다. 그러나 작위는 높이 내리면서 녹봉이 이를 따르지 못하는 경우가 있다. 작위만 높고 녹봉이 두텁지 못하면 백성이 믿지 않는다. 발탁된 자도 이같이 불평한다.

"이는 충심으로 우리를 사랑하는 것이 아니다. 헛된 명성을 내려 속으로는 우리를 이용하려는 것일 뿐이다!"

이처럼 헛된 명성을 이용해 인재를 끌어들이고자 할 경우 어찌 그들이 군주를 가까이 할 리 있겠는가? 옛 선왕은 이같이 말했다.

"권세를 탐하는 자는 남에게 일을 나눠 맡기지 않고, 재물을 중시하는 자는 남에게 녹봉을 나눠주지 않는다."

일을 나눠 맡기지 않고 녹봉을 나눠주지 않으면 묻건대, 천하의 현자가 어떻게 왕공대인 곁으로 모여들 수 있겠는가? 실로 현자가 왕공대인 곁으로 모여들지 않으면 불초한 자들만 군주의 좌우를 채우게 된다. 불초한 자들이 군주의 좌우를 채우면 영예가 현자에게 돌아가지 않고, 형벌이 포학한 자에게 적용되지 않게 된다. 왕공대인이 이런 불초한 자들을 중시해 정사를 펴면 포상은 현자에게 돌아갈 길이 없고, 형벌 또한 포학한 자에게 적용되지 않는다. 실로 포상이 현자에게 돌아가지 않고 형벌이 포학한 자에게 적용되지 않으면 현자의 분발을 권할 수 없고, 포학한 자의 전횡을 막을 길이 없다. 그리하면 집안에서 부모에게 불효하거나 순종치 않고, 집밖에서 마을 어른에게 불경하게 된다. 거처에 절도가 없고, 출입에 법도가 없고, 남녀에 분별이 없는 이유다. 그들로 하여금 관청 일을 보게 하면 도둑질이나 하고, 성을 지키게 하면 배반이나 한다. 군주가 어려움에 처해도 죽을 각오로 섬기지 않고, 군주가 망명하면 따라가지 않는다. 그들로 하여금 옥사를 다루게 하면 공정하게 처리하지 못하고, 재물을 분배토록 하면 공평히 나누지 못한다. 그들과 일을 꾀하면 뜻대로 되지 않고, 거사를 하면 성공하지 못하고, 들어와 성을 지킬지라도 견고하지 못하고, 출정해 적을 토벌할지라도 강하지 못하다. 삼대의 폭군인 하나라 걸桀과 은나라 주紂, 주나라 유왕幽王과 여왕厲王 모두 나라를 잘못 다스려 사직을 무너뜨린 것도 바로 이 때문이다. 왜 그랬을까? 모두 사적인 작은 일에만 밝고, 국가대사처럼 큰일에 밝지 못한 탓이다.

중실中實은 충심衷心과 같은 뜻이다. 가자假藉는 임시로 빌린다는 뜻으로 가차假借와 같다. 탐어정자貪於政者의 '정'은 문맥상 권세를 뜻한다. 부당폭不當暴의 '폭'은 포학暴虐을 의미한다. 장제長弟는 윗사람을 섬기고, 아랫사람을 아껴주는 것을 의미한다. 배반倍畔은 배반背反과 같다. 삼대폭왕三代暴王은 하, 은, 주 삼대에 걸친 폭군을 말한다. 삼대성왕三代聖王과 대비된다. 실조失措는 조치를 잘못했다는 뜻으로 정치를 잘못하는 실정失政과 같은 의미이다. 이차고已此故의 '이'는 이以와 같다.

9-6

今王公大人有一衣裳不能制也, 必藉良工. 有一牛羊不能殺也, 必藉良宰. 故當若之2物者, 王公大人未知以尙賢使能爲政也. 逮至其國家之亂, 社稷之危, 則不知使能以治之. 親戚則使之, 無故富貴•面目佼好則使之. 夫無故富貴•面目佼好則使之, 豈必智且有慧哉? 若使之治國家, 則此使不智慧者治國家也, 國家之亂旣可得而知已.

지금 왕공대인은 의상 한 벌도 만들 수 없는 까닭에 반드시 뛰어난 장인에 기대야 한다. 또한 한 마리 소나 양을 잡을 수 없는 까닭에 반드시 뛰어난 백정의 손을 빌려야 한다. 이런 2가지 일의 경우처럼 왕공대인 가운데 현자를 숭상하고 능력 있는 자를 발탁해 정사를 펴야 한다는 사실을 모르는 자가 없다. 그러나 나라가 혼란하고 사직이 위험에 처하는 지경에 이르는데도 능력 있는 자를 발탁해 정사를 펼 줄을 모른다. 친척을 불러들여 부리고, 아무런 공도 없이 부귀해지거나 얼굴을 꾸며 아첨하는 자를 발탁해 부리거나 한다. 아무런 공도 없이 부귀해지거나 얼굴을 꾸며 아첨하는 자를 발탁해 부릴 경우 어찌 그들이 반드시 지혜롭고 현자일 수 있겠는가? 만일 그들을 시켜 나라를 다스리게 하면 이는 지혜가 없는 자들로 하여금 나라를 다스리도록 하는 게 된다. 나라가 어지러워지는 것은 불문가지이다.

필자양재必藉良宰의 '재'는 백정을 뜻한다. 재상宰相은 원래 제사용 희생犧牲을 잡던 황실의 집사를 뜻하는 말이었다. 왕공대인미지王公大人未知의 '미지'를 왕인지 등은 미상부지未嘗不知의 잘못으로 보았다. 손이양은 '미'를 본本의 잘못으로 파악했다. 무고부귀無故富貴의 '무고'는 아무런 근거도 없다는 뜻이다. 유월은 '무'를 연자로 보았고, 손이양은 공功의 차자借字인 공攻의 잘못으로 파악했다. 손이양의 주장을 좇았다. 면목교호面目佼好는 아첨하기 위해 얼굴을 꾸미는 것을 말한다. '교'는 예쁠 교姣와 같다. 가득이지이可得而知已는 쉽게 알 수 있다는 뜻으로 불문가지不問可知와 같다.

9-7

且夫王公大人有所愛其色而使, 其心不察其知而與其愛. 是故不能治百人者, 使處乎千人之官. 不能治千人者, 使處乎萬人之官. 此其故何也? 曰, "處若官者, 爵高而祿厚, 故愛其色而使之焉." 夫不能治千人者,使處乎萬人之官, 則此官什倍也. 夫治之法將日至者也, 日以治之, 日不什脩, 知以治之, 知不什益. 而予官什倍, 則此治一而棄其九矣. 雖日夜相接, 以治若官, 官猶若不治. 此其故何也? 則王公大人不明乎以尙賢使能爲政也. 故以尙賢使能爲政而治者, 夫若言之謂也, 以下賢爲政而亂者, 若吾言之謂也. 今王公大人中實將欲治其國家, 欲修保而勿失, 胡不察尙賢爲政之本也?

왕공대인은 아첨하는 자의 얼굴을 보고 총애하며 부린다. 이는 마음속으로 그들의 지혜는 살피지 않은 채 총애하는 것이다. 1백 명도 다스리지 못하는 자를 1천 명을 다스리는 자리에 앉히고, 1천 명을 다스리지 못하는 자를 1만 명을 다스리는 자리에 앉히는 게 그렇다. 이는 무슨 까닭인가? 대답은 이렇다.

"그런 자리에 앉는 자는 작위도 높고 녹봉도 많다. 모두 아첨하는 자의 얼굴을 보고 총애하며 부린 탓이다."

1천 명을 다스리지 못하는 자를 1만 명을 다스리는 자리에 앉히면 능력의 10배나 되는 자리에 앉히는 셈이 된다. 무릇 나라를 다스리는 기본원칙은 하루의 정무를 정해진 시간 내에 처리하는 것처럼 매번 이치에 맞도록 하는데 있다. 하루의 시간을 10배로 늘릴 수 없듯이, 다스리는 능력 역시 갑자기 10배로 늘릴 수는 없는 일이다. 능력의 10배나 되는 자리에 앉히면 이는 하나만 다스리고 나머지 아홉은 버리는 게 된다. 아무리 밤낮으로 쉬지 않고 열심히 일할지라도 정무를 제대로 처리할 길이 없게 된다. 이는 무슨 까닭인가? 왕공대인이 현자를 숭상하고 능력 있는 자를 부려 정사를 펼쳐야 한다는 이치를 제대로 알지 못한 탓이다. 현자를 숭상하고 능력 있는 자를 부려 정사를 펴면 앞서 말한 것처럼 크게 다스릴 수 있다. 그

9-12

然則親而不善以得其罰者誰也? 曰, "若昔者伯鯀, 帝之元子, 廢帝之德庸, 旣乃刑之於羽之郊, 乃熱照無有及也, 帝亦不愛." 則此親而不善以得其罰者也.

그렇다면 친하면서도 선하지 못해 벌을 받은 사람은 누구인가? 대답은 이렇다.

"옛날의 곤鯀과 같은 자이다. 전욱顓頊의 맏아들이었으나 제왕의 덕을 폐한 까닭에 마침내 우산羽山의 들판에서 형벌을 받게 됐다. 그곳은 햇빛과 달빛이 닿지 않는 곳으로 요임금 또한 그를 사랑하지 않았다."

이것이 친하면서도 선하지 못해 벌을 받은 경우이다.

백곤伯鯀은 『사기』「하본기」에 따르면 하나라를 세운 우禹의 부친으로 전욱顓頊의 아들이다. 순임금이 숭백崇伯에 봉해 '백곤'으로 불렸다. 황하의 물을 다스리게 했으나 우산羽山에 갇혀 죽었다. 제지덕용帝之德庸의 '용'을 『춘추좌전』「노양공 25년」조의 두예杜預 주는 용用으로 풀이했다. 열조熱照는 햇빛과 달빛을 뜻한다.

9-13

然則天之所使能者誰也. 曰, "若昔者禹·稷·皐陶是也." 何以知其然也? 先王之書「呂刑」道之曰, "皇帝淸問下民, 有辭有苗. 曰, '群后之肆在下, 明明不常, 鰥寡不蓋. 德威維威, 德明維明.' 乃名三后, 恤功於民. 伯夷降典, 哲民維刑. 禹平水土, 主名山川. 稷隆播種, 農殖嘉穀. 三后成功, 維假於民." 則此言三聖人者, 謹其言, 愼其行, 精其思慮, 索天下之隱事遺利. 以上事天, 則天鄕其德. 下施之萬民, 萬民被其利, 終身無已. 故先王之言曰, "此道也, 大用之天下則不窕, 小用之則不困, 修用之則萬民被其利, 終身無已."

하늘이 부린 능력 있는 자는 누구인가? 대답은 이렇다.

"옛날의 우禹, 직稷, 고요皐陶 등이 그들이다."

어떻게 그렇다는 것을 아는가? 선왕의 글인 『서경』「여형呂刑」에서 이같이 말했다.

"황제黃帝가 백성들에게 걱정하는 바를 묻자 묘족苗族의 해를 우려하는 얘기가 가장 많았다. 요임금이 말하기를, '제후를 위시해 그 밑의 관원에 이르기까지 덕을 밝히는데 일정한 법도가 없고, 홀아비와 과부도 감싸주지 않고 있다. 숭고한 품성에서 나온 위엄이야말로 진정한 위엄이고, 숭고한 품성에서 나온 명찰明察이야말로 진정한 명찰이다.'라고 했다. 이어 백이伯夷와 우禹, 직稷 등 3명의 제후에게 명해 백성들의 노고를 더는 조치를 취하게 했다. 이에 백이는 전례典禮를 만든 뒤 백성들로 하여금 철인哲人을 본받게 하고, '우'는 물과 땅을 다스리면서 산과 냇물의 이름을 짓고, '직'은 백성들에게 파종하는 방법을 가르치며 열심히 양식을 생산케 했다. 이들 3명의 제후가 성공을 거두자 백성들 모두 큰 복을 받게 됐다."

이는 백이와 우, 직 등 3명의 제후가 말을 공손히 하고, 행동을 삼가고, 생각을 정교히 하고, 천하에 숨겨진 일과 잊힌 이익을 두루 찾아낸 것을 언급한 것이다. 이런 방식을 동원해 위로 하늘을 섬기면 하늘이 그 덕을 가상히 여기고, 아래로 천하 만민에게 베풀면 만민이 그 이익을 입어 평생토록 그치지 않을 것이다. 선왕이 말했다.

"이 도는 천하에 크게 써도 부족하지 않고, 작게 써도 곤경에 처하고, 죽음을 몹시 증오한다. 바라는 것을 얻지 못하면 증오하는 일이 거듭 닥치게 된다. 예로부터 지금까지 그리하고도 천하를 호령하며 제후를 바로잡은 경우는 존재한 적이 없다. 지금 왕공대인이 천하를 호령하며 제후들을 바로잡고, 천하에서 뜻을 펼쳐 명성을 후대까지도 전하고자 한다. 그러면서 어찌하여 현자를 숭상하는 게 정치의 근본이라는 사실을 살피지 않는 것인가? 성인의 숭고한 품행이 바로 여기에 있다.

왕천하王天下는 덕으로 천하를 다스리는 것을 말한다. 힘으로 다스리는 패천하霸天下와 대비된다. 협진挾震은 옆에 끼고 떨게 만든다는 뜻으로 곧 구사한다는 의미이다. 경저민지사傾者民之死의 '저'는 지어之於의 축약형인 저諸와 같다. '저'로 읽어야 한다. 고불찰故不察의 '고'는 '어찌'의 뜻인 호胡와 통한다.

제10장 상현(尙賢) 하

기본 취지는 '상현' 상 및 중과 별 차이가 없다.

10-1

子墨子言曰, "天下之王公大人皆欲其國家之富也, 人民之衆也, 刑法之治也." 然而不識以尙賢爲政其國家百姓, 王公大人本失尙賢爲政之本也. 若苟王公大人本失尙賢爲政之本也, 則不能毋擧物示之乎? 今若有一諸侯於此, 爲政其國家也, 曰, "凡我國能射御之士, 我將賞貴之. 不能射御之士, 我將罪賤之." 問於若國之士, 孰喜孰懼. 我以爲必能射御之士喜, 不能射御之士懼. 我賞因而誘之矣, 曰, "凡我國之忠信之士, 我將賞貴之. 不忠信之士, 我將罪賤之." 問於若國之士, 孰喜孰懼. 我以爲必忠信之士喜, 不忠不信之士懼. 今惟毋以尙賢爲政其國家百姓, 使國爲善者勸, 爲暴者沮. 大以爲政於天下, 使天下之爲善者勸, 爲暴者沮. 然昔吾所以貴堯·舜·禹·湯·文武之道者, 何故以哉? 以其唯毋臨衆發政而治民, 使天下之爲善者可而勸也, 爲暴者可而沮也. 然則此尙賢者也, 與堯·舜·禹·湯·文武之道同矣.

묵자가 말했다.

"천하의 왕공대인 모두 그의 나라가 부유해지고, 인민이 많아지고, 형벌과 법령이 잘 다스려지기를 바란다. 그러나 현자를 숭상하는 식으로 나라와 백성들을 다스릴 줄 모르고 있다. 왕공대인이 근본적으로 현자를 숭상하는 것이 정치의 근본임을 잊었기 때문이다. 실로 왕공대인이 근본적으로 현자를 숭상하는 것이 정치의 근본임을 잊고 있다는 사실을 어찌 증거를 들어 보여주지 않을 수 있겠는가?"

지금 여기 한 제후가 있는데, 나라를 다스리면서 이같이 말했다.

"무릇 우리나라에 활을 잘 쏘고 수레를 잘 모는 자에게 상을 내리고 귀하게 만들어 줄 것이다. 그러나 그렇지 못한 자에게는 죄를 묻고 천하게 만들어 주겠다."

그 나라 선비들에게 누가 기뻐하고 누가 두려워할 것인지 물어보자. 짐작컨대 반드시 활을 잘 쏘고 수레를 잘 모는 자들은 기뻐할 것이나, 그렇지 못한 자들은 두려워할 것이다. 나는 일찍이 이를 토대로 다음과 같은 가설을 제시한 바 있다.

"무릇 우리나라에 충신忠信한 선비에게 상을 내리고 귀하게 해주겠다. 그러나 그렇지 못한 자에게는 죄를 묻고 천하게 만들어 주겠다."

그 나라 선비들에게 어떤 사람이 기뻐하고 어떤 사람이 두려워할 것인지 물어보자. 짐작컨대 반드시 충신한 선비는 기뻐할 것이나, 그렇지 못한 자들은 두려워할 것이다. 지금 오직 현자를 숭상하는 식으로 나라와 백성을 다스리고, 국가기관으로 하여금 선을 권하면서 포학한 자들을 막도록 해야 한다. 이어 이런 식으로 천하를 임해 천하로 하여금 선을 권하면서 포학한 자들을 막도록 해야 한다. 그렇다면 옛날 요, 순, 우, 탕, 문무 등의 성군이 도를 귀하게 여긴 것은 무슨 까닭인가? 백성들에게 정령을 발하고 백성을 다스리면서 천하로 하여금 선을 권하고 포학한 자들을 막을 수 있기 때문이다. 현자를 숭상하는 것은 곧 요, 순, 우, 탕 문무 등의 성왕이 행한 도와 같은 것이다.

거물시지擧物示之는 증거가 될 사물을 거시擧示한다는 뜻이다. 약국지사問於若國之士의 '약'은 '이것'을 뜻하는 지시대명사로 차此와 같다. 2인칭 대명사인 여汝의 뜻으로 사용되기도 한다. 유무惟毋의 '무' 역시 '오직'의 뜻을 지닌 어조사이다.

10-2

而今天下之士君子, 居處言語皆尙賢, 逮至其臨衆發政而治民, 莫知尙賢而使能. 我以此知天下之士君子, 明於小而不明於大也. 何以知其然乎? 今王公大人有一牛羊之財不能殺, 必索良宰. 有一衣裳之財不能制, 必索良工. 當王公大人之於此也, 雖有骨肉之親•無故富貴•面目美好者, 實知其不能也, 不使之也. 是何故? 恐其敗財也. 當王公大人之於此也, 則不失尙賢而使能. 王公大人有一罷馬不能治, 必索良醫. 有一危弓不能張, 必索良工. 當王公大人之於此也, 雖有骨肉之親•無故富貴•面目美好者, 實知其不能也, 必不使. 是何故? 恐其敗財也. 當王公大人之於此也, 則不失尙賢而使能. 逮至其國家則不然, 王公大人骨肉之親•無故富貴•面目美好者則擧之. 則王公大人之親其國家也, 不若親其一危弓•罷馬•衣裳•牛羊之財與? 我以此知天下之士君子, 皆明於小而不明於大也. 此譬猶瘖者而使爲行人, 聾者而使爲樂師. 是故古之聖王之治天下也, 其所富, 其所貴, 未必王公大人骨肉之親•無故富貴•面目美好者也.

지금 천하의 사군자士君子는 평소 얘기를 할 때 모두 현자를 숭상한다고 한다. 그러나 막상 정사에 임하면서 백성에게 정령을 발하고 백성을 다스릴 때는 현자를 숭상하고 능력 있는 자를 부릴 줄 모른다. 이로써 천하의 사군자는 작은 일에만 밝고 큰일에는 밝지 못하다는 것을 알 수 있다. 무엇으로 그렇다는 것을 알 수 있는가? 지금 왕공대인에게 한 마리 소나 양 등이 있을 때 이를 잡을 줄 모르면 반드시 솜씨 좋은 백정을 찾을 것이다. 한 벌의 옷감이 있을 때 옷을 만들 줄 모르면 반드시 솜씨 좋은 재단사를 찾을 것이다. 이때 왕공대인은 설령 골육의 친분이 있거나 아무런 공도 없이 부귀하게 됐거나 이목이 수려한 자가 있을지라도 실로 이를 할 수 없다는 것을 안다면 결코 그들에게 이런 일을 시키지 않을 것이다. 이는 무슨 까닭인가? 자신의 재물을 훼손할까 두려워하기 때문이다. 왕공대인도 이런 일을 할 때 현자를 숭상하고 능력 있는 사람을 부리는 일을 잊지 않고 있다. 왕공대인에게 한 마리 병든 말이 있을 때 이를 고칠 줄 모른다면 반드시 솜씨 좋은 수의사를 찾을 것이다. 한 개의 낡은 활이 있을 때 시위를 잡아당길 수 없으면 반드시 솜씨 좋은 공인을 찾을 것이다. 이때 왕공대인은 설령 골육의 친분이 있거나 아무런 공도 없이 부귀하게 됐거나 이목이 수려한 자가 있을지라도 실로 이를 할 수 없다는 것을 안다면 결코 그들에게 이런 일을 시키지 않을 것이다. 이는 무슨 까닭인가? 자신의 재물을 훼손할까 두려워하기 때문이다. 왕공대인도 이런 일을 할 때 현자를 숭상하고 능력 있는 사람을 부리는 일을 잊지 않고 있다. 그럼에도 그들은 나라를 다스릴 때 그리하지 않는다. 골육의 친분이 있거나 아무런 연고도 없이 부귀하게 됐거나 이목이 수려한 자가 있으면 곧바로 그들을 등용한다. 왕공대인이 자신의 나라를 친해하는 것이 한 개의 낡은 활,

병든 말, 옷감, 소나 양 등의 재물을 대하는 것만도 못한 것인가? 이로써 나는 천하의 사군자 모두 작은 일에만 밝고 큰일에는 밝지 못하다는 것을 알 수 있다. 이는 비유컨대 마치 벙어리를 사자로 발탁하거나 귀머거리를 악사로 삼는 것과 같다. 옛 성왕이 천하를 다스릴 때 부귀하게 해준 사람은 반드시 골육의 친분이 있거나, 아무런 연고도 없이 부귀하게 됐거나, 이목이 수려했던 자는 아니었을 것이다.

사군자士君子는 크게 4가지 뜻이 있다. 첫째, 주나라 때 공경대부公卿大夫卿 및 주현州縣의 관장을 지칭한다. 둘째, 지도층 인사를 총칭한다. 셋째, 학문과 품성이 뛰어난 사람을 지칭한다. 넷째, 독서인을 뜻한다. 여기서는 첫 번째 의미로 사용된 것이다. 거처居處는 통상적인 삶의 행태를 지칭한다. 양재良宰의 '재'는 훗날 재상을 뜻하는 말로 사용됐으나 원래는 군주의 집사를 뜻하는 말이다. 여기서는 백정의 뜻으로 사용된 것이다. 골육지친骨肉之親은 혈연관계를 뜻한다. 피마罷馬의 '피'는 피로할 피疲와 같다. 위궁危弓의 '위'는 낡았다는 뜻이다. 음자瘖者는 벙어리로 아자啞者와 같다.

10-3

是故昔者舜耕於歷山, 陶於河瀕, 漁於雷澤, 反於常陽. 堯得之服澤之陽, 立爲天子, 使接天下之政, 而治天下之民. 昔伊尹爲莘氏女師僕, 使爲庖人, 湯得而擧之, 立爲三公, 使接天下之政, 治天下之民. 昔者傅說居北海之洲, 圜土之上, 衣褐帶索, 庸築於傅巖之城. 武丁得而擧之, 立爲三公, 使之接天下之政, 而治天下之民. 是故昔者堯之擧舜也, 湯之擧伊尹也, 武丁之擧傅說也, 豈以爲骨肉之親•無故富貴•面目美好者哉? 惟法其言, 用其謀, 行其道, 上可而利天, 中可而利鬼, 下可而利人, 是故推而上之.

옛날 순임금은 역산에서 밭을 갈고, 황하 가에서 질그릇을 굽고, 뇌택雷澤에서 고기잡이를 하고, 항산恒山 남쪽 기슭에서 장사를 했다. 요임금이 그를 복택服澤의 북쪽 기슭에서 발견해 자신의 뒤를 잇는 천자로 삼은 뒤 천하의 정사를 맡기면서 천하의 백성을 다스리게 했다. 이윤伊尹은 유신씨有莘氏의 딸이 시집을 갈 때 데리고 간 요리사였다. 탕왕이 그를 발견해 재상으로 발탁한 뒤 천하대사를 맡기며 천하의 백성을 다스리게 했다. 부열傅說은 북해北海 일대 마을 감옥 곁에 살면서, 베옷을 입고 새끼줄로 허리띠를 매고 부암傅巖에서 성을 쌓는 노비로 있었다. 은나라의 고종高宗 무정武丁이 그를 발견하고 삼공으로 삼은 뒤 천하대사를 맡기고 천하의 백성들을 다스리게 했다. 옛날 요임금이 순임금을 발탁하고, 탕왕이 이윤을 등용하고, 은나라 고종이 부열을 등용한 것이 어찌 골육의 친분이 있거나, 공도 없이 부귀한 자이거나, 이목이 수려한 자였기 때문이겠는가? 오직 그들의 말을 법도로 삼고, 그들이 계책을 채용하고, 그들의 도를 실행했을 뿐이다. 위로 하늘을 이롭게 하고, 가운데로 귀신을 이롭게 하고, 아래로 사람들을 이롭게 할 수 있었던 이유다. 사람들이 그들을 추대해 왕으로 삼은 것도 바로 이 때문이다.

반어상양反於常陽의 '반'은 장사할 판販의 가차이다. 원문은 회灰로 되어 있으나 유월 등의 견해를 좇아 '반'으로 고쳤다. '상양'은 지금의 하북성 곡양현 서북쪽에 있는 항산恒山의 남쪽을 지칭한다. 전한 초기 한문제 유항劉恒의 이름을 꺼려 '항'이 상常으로 바뀐 것이다. 사복師僕은 사신私臣과 같은 뜻으로, '사'를 유월은 사私의 잘못으로 보았다. 북해지주北海之洲의 '북해'는 구체적으로 어느 곳을 말하는지 분명치 않다. '주'를 필원은 고을을 뜻하는 주州의 잘못으로 보았다. 환토지상圜土之上의 '환토'는 『주례』에 대한 정현의 주에 따르면 주나라 때 옥獄을 지칭한 말이다. 은나라 때는 유리羑里, 하나라 때는 균대均臺로 불렀다고 한다.

10-4

古者聖王旣審尙賢, 欲以爲政, 故書之竹帛, 琢之槃盂, 傳以遺後世子孫. 於先王之書『呂刑』之書然. 王曰, "於, 來! 有國有土, 告女訟刑. 在今而安百姓, 女何擇言人? 何敬不刑? 何度不及?" 能擇人而敬爲刑, 堯·舜·禹·湯·文武之道可及也. 是何也? 則以尙賢及之. 於先王之書·豎年之言然, 曰, "晞夫聖武知人, 以屛輔而身." 此言先王之治天下也, 必選擇賢者, 以爲其群屬輔佐.

옛 성왕은 이미 현자를 숭상해 정사를 펴는 이치를 훤히 알았다. 이를 죽백竹帛에 기록하고, 반우盤盂에 쪼아 넣어 후대 자손에게 전한 게 그렇다. 선왕의 문서인 『서경』「여형」의 기록이 그 실례이다. 여기에서 선왕은 이같이 말했다.

"아, 어서 오시오! 나라와 영토를 지닌 왕공대인이여, 그대들에게 공정한 형법에 관해 자세히 일러주겠소. 지금 그대들은 백성을 편히 다스리려 하면서 현자를 내치면 그 어떤 선택이 달리 있을 수 있겠소? 형벌을 제외하면 이보다 더 신중히 대할 게 있을 수 있겠소? 그 어떤 고려가 있다 한들 어찌 거기에 이를 수 있겠소?"

사람을 잘 가려 쓰면서 형벌을 공평히 사용하면 가히 요, 순, 우,

탕, 문무가 행한 도에 이를 수 있다. 이는 무슨 까닭인가? 현자를 숭상하는 방법을 통해 그런 도에 이를 수 있다. 선왕의 문서와 옛 사람의 말 가운데 이런 얘기가 나온다.

"성인聖人과 무인武人, 지인智人을 열심히 찾아내 그대 자신을 보필케 하라."

이는 선왕이 다스릴 때 반드시 현능한 자를 발탁해 자신을 보좌케 한 사실을 언급한 것이다.

죽백竹帛은 종이가 출현하기 이전에 사용한 대쪽과 비단을 말한다. 반우槃盂는 쟁반과 대야로 '반'은 반盤과 통한다. 고대에는 교훈이 될 만한 글을 쟁반과 대야 등의 금속기에 새겨 넣었다. 오於는 감탄사이다. 송형訟刑의 '송'을 두고 건륭제 때의 사학자 왕명성王鳴盛은 자세히 얘기한다는 뜻의 상詳의 잘못으로 보았다. 손이양도 이를 좇았다. 하택언인何擇言人의 '언'을 두고 왕인지는 고대에 비非 내지 불不의 뜻으로 사용된 부否의 잘못으로 보았다. 하탁불급何度不及의 '탁'은 헤아리거나 고려한다는 뜻이다. 수년豎年은 옛날을 뜻하는 말로 여기의 '수'는 거距와 통한다. 희부성무지인睎夫聖武知人의 '희'를 필원은 살펴볼 희睎의 잘못으로 보았다. 병보屛輔는 감싸며 보필한다는 뜻이다. 군속群屬은 뭇 신하를 지칭한다.

10-5

曰, "今也天下之士君子, 皆欲富貴而惡貧賤." 曰, "然女何爲而得富貴而辟貧賤." 莫若爲賢. 爲賢之道將奈何? 曰, "有力者疾以助人, 有財者勉以分人, 有道者勸以教人." 若此, 則饑者得食, 寒者得衣, 亂者得治. 若饑則得食, 寒則得衣, 亂則得治, 此安生生.

흔히 이같이 말한다.

"지금 천하의 사군자 모두 부귀를 바라면서 빈천을 싫어한다."

한번 물어보자.

"그렇다면 그대는 어떤 식으로 부귀를 얻고 빈천을 피할 수 있는가?"

현명해지는 것보다 더 나은 방법은 없다. 현명해지는 길은 과연 어떤 것인가? 대답은 이렇다.

"힘 있는 자는 재빨리 남을 돕고, 재물 있는 자는 기꺼이 나눠주고, 도를 지닌 자는 힘써 남을 가르치면 된다."

그리하면 굶주린 자는 먹을 것을 얻고, 헐벗은 자는 옷을 얻고, 어지럽히는 자는 다스려진다. 굶주리면 양식을 얻고, 헐벗으면 옷을 얻고, 어지럽히면 다스려지는 까닭에 모든 사람이 편히 생업에 종사하며 살게 된다.

피빈천辟貧賤의 '피'는 피避와 같다. 차안생생此安生生의 '안'을 두고 왕인지는 내乃의 뜻으로 풀이했다. '생생'은 생업에 종사하며 살아가는 것을 뜻한다.

10-6

今王公大人, 其所富, 其所貴, 皆王公大人骨肉之親•無故富貴•面目美好者也. 今王公大人骨肉之親•無故富貴•面目美好者, 焉故必知哉? 若不知, 使治其國家, 則其國家之亂可得而知也.

지금 왕공대인이 부귀하게 만들어주는 자들 모두 왕공대인과 골육의 친분이 있거나, 공도 없이 부귀해졌거나, 이목이 수려한 자들이다. 지금 왕공대인과 골육의 친분이 있거나, 공도 없이 부귀해졌거나, 이목이 수려하거나 한 자가 어찌 반드시 지혜로운 자라고 할 수 있겠는가? 이런 이치를 모른 채 나라를 다스리고자 할 경우 그 나라가 이내 어지러워질 것은 불 보듯 빤한 일이다.

언고焉故는 의문부사로 하고何故와 같다. 필지재必知哉의 '지'는 지혜로운 자를 뜻하는 지智와 통한다.

10-7

今天下之士君子皆欲富貴而惡貧賤, 然女何爲而得富貴而辟貧賤哉. 曰, "莫若爲王公大人骨肉之親•無故富貴•面目美好者." 王公大人骨肉之親•無故富貴•面目美好者, 此非可學能者也. 使不知辯, 德行之厚若禹•湯•文武, 不加得也. 王公大人骨肉之親, 躄瘖聾暴爲桀紂, 不加失也. 是故以賞不當賢, 罰不當暴. 其所賞者, 已無故矣. 其所罰者, 亦無罪. 是以使百姓皆攸心解體, 沮以爲善. 垂其股肱之力, 而不相勞來也. 腐臭餘財, 而不相分資也. 隱慝良道, 而不相教誨也. 若此, 則饑者不得食, 寒者不得衣, 亂者不得治.

지금 천하의 사군자 모두 부귀를 바라면서 빈천을 싫어한다. 그렇다면 그대는 어떤 식으로 부귀를 얻고 빈천을 피할 수 있는가? 반드시 이같이 대답할 것이다.

"왕공대인과 골육의 친분이 있거나, 공도 없이 부귀해졌거나, 이목이 수려한 자보다 더 나은 경우는 없다."

왕공대인과 골육의 친분이 있거나, 공도 없이 부귀해졌거나, 이목이 수려한 것은 배워서 될 수 있는 게 아니다. 왕공대인에게 현자나 능력 있는 자를 알아보는 지혜와 분별력이 없다면 두터운 덕행이 설령 우, 탕, 문무 등의 성군과 같은 자가 있을지라도 임용될 길이 없을 것이다. 반면 왕공대인과 골육의 친분이 있는 자는 설령 비렁뱅이, 벙어리, 귀머거리, 장님에 포학한 모습이 걸桀 내지 주紂와 같을지라도 임용에서 떨어질 일이 없게 된다. 포상이 현자에게 돌아가지 않고, 형벌이 포학한 자에게 내려지지 않는 이유가 여기에 있다. 왕공대인이 상을 내리는 자들은 이미 공이 없는 자들이고, 벌을 내리는 자들 역시 죄 없는 자들이다. 이는 백성들의 마음을 사방으로 흩뜨리고, 선행으로 진행하는 길을 막는 짓이다. 그들의 수족을 태만하게 만들어 서로 근면을 격려치 못하게 하는 짓이다. 썩어나는 재물이 있어도 서로 나눠 갖지 않고, 훌륭한 도를 숨겨둔 채 서로 가르치며 깨우쳐 주는 일을 하지 않을 것이다. 이같이 하면 굶주리는 자들은 먹을 것을 얻지 못하고, 헐벗는 자들은 옷을 얻지 못하고, 어지럽히는 자들은 다스려질 길이 없게 된다.

사불지변使不知辯의 '지변'은 지혜롭고, 분별이 있다는 뜻이다. 현자와 능력 있는 자를 알아보는 것을 말한다. 불가득不加得의 '득'은 부귀를 얻는다는 뜻으로 곧 임용되는 것을 의미한다. 유심해체攸心解體의 '유'를 필원은 방탕할 방放, 손이양은 소홀히 다룬다는 뜻의 유悠로 풀이했다. 수기고굉지력垂其股肱之力의 '수'를 손이양은 사舍의 잘못으로 보았다. '고굉'은 넓적다리와 팔뚝으로 대략 수족手足과 같다. 노래勞來는 『사기』「주본기」 등에 나오는 용어로 근면을 뜻한다. 은닉隱慝의 '닉'은 숨길 닉匿의 이체자異體字이다.

10-8

推而上之以. 是故昔者堯有舜, 舜有禹, 禹有皋陶, 湯有小臣, 武王有閎夭·泰顚·南宮括·散宜生, 而天下和, 庶民阜富. 是以近者安之, 遠者歸之. 日月之所照, 舟車之所及, 雨露之所漸, 粒食之所養, 得此莫不勸譽. 且今天下之王公大人士君子, 中實將欲爲仁義, 求爲上士, 上欲中聖王之道, 下欲中國家百姓之利, 故尙賢之爲說, 而不可不察此者也. 尙賢者, 天·鬼·百姓之利, 而政事之本也.

옛날 요堯에게는 순舜, 순에게는 우禹, 우에게는 고요皋陶, 탕왕에게는 이윤伊尹, 무왕에게는 굉요閎夭·태전泰顚·남궁괄南宮括·산의생散宜生 등의 신하가 있었다. 천하가 화평하고 백성들이 부유했던 이유다. 가까운 곳의 사람은 편안함을 누렸고, 먼 곳의 사람들은 그에게 귀의했다. 일월이 비추는 곳과 수레가 닿는 곳, 비와 이슬비 내리는 곳, 곡식이 사람들을 먹이기에 충분한 곳에서 이런 현자를 얻으면 서로 권하며 고취하지 않는 경우가 없을 것이다. 지금 천하의 왕공대인과 사군자들은 진심으로 인의仁義를 행하며 훌륭한 선비가 되고자 한다. 위로 성왕의 도에 부합하고, 아래로 나라와 백성의 이익에 부합코자 한다. 현자를 숭상하는 이치를 잘 살피지 않으면 안 되는 이유다. 현자를 숭상하면 하늘과 귀신, 백성에게 고루 이익이 되는 동시에 정사의 근본이 된다.

탕유소신湯有小臣의 '소신'은 이윤伊尹을 지칭한다. 굉요閎夭와 태전泰顚, 남궁괄南宮括, 산의생散宜生 모두 『서경』「주서, 군석君奭」에 따르면 주나라 건국 당시의 현신들이다. 서민부庶民阜의 '부'는 크게 풍족하다는 뜻이다. 중실中實은 내심 실로 원하는 것을 의미한다. 상사上士는 상급의 선비로 곧 뛰어난 선비를 뜻한다.

권 3
제11장 상동(尙同) 상

'상동'은 위와 하나로 화합한다는 뜻이다. 관건은 군주를 포함해 최하층의 백성에 이르기까지 나라의 모든 구성원이 정치의 최고 기준인 하늘의 뜻인 천의에 부합하는 행보를 보이는데 있다. 이는 나라가 혼란스런 원인을 천의에 부합하지 않는 행보에서 찾은 결과다. 어질고 현명한 사람에게 국정을 맡길 것을 역설한 것도 이런 맥락에서 이해할 수 있다. 상중하 3편으로 나뉘어 있으나 내용상 별 차이가 없다.

11-1

子墨子言曰, "古者民始生, 未有刑政之時, 蓋其語, 人異義." 是以一人則一義, 二人則二義, 十人則十義. 其人玆衆, 其所謂義者皆玆衆. 是以人是其義, 以非人之義, 故交相非也. 是以內者夫子兄弟作怨惡, 離散不能相和合. 天下之百姓, 皆以水火毒藥相虧害. 至有餘力, 不能以相勞. 腐死餘財, 不以相分. 隱匿良道, 不以相敎. 天下之亂, 若禽獸然.

묵자가 말했다.

"옛날 인류가 처음으로 나타나 아직 정치가 존재하지 않았을 때는 대략 똑같은 말도 사람마다 모두 그 뜻이 달랐다."

1명이면 1가지, 2명이면 2가지, 10명이면 10가지 뜻이 있었던 이유다. 사람이 많아지면 말하는 뜻 또한 많아졌다. 사람들은 자신의 뜻은 옳다고 여기고, 남의 뜻은 비난했다. 사람들이 서로를 비난한 이유다. 안으로 부자지간과 형제가 서로 원망하고 미워하며 사방으로 흩어지자 서로 화합할 길이 없었다. 천하의 백성들 모두 물과 불, 독약으로 서로를 해친 배경이다. 여력이 있을지라도 서로 도와주지 않고, 썩어나는 여분의 재물이 있어도 서로 나누지 않고, 훌륭한 도를 숨긴 채 서로 가르칠 생각을 하지 않았다. 천하가 극히 어지러워져 이내 금수의 무리처럼 된 이유다.

자중玆衆의 '자'는 불어날 자滋와 통한다. 휴해虧害는 손해損害와 같다. 부후腐朽의 '후'는 후朽와 같다.

11-2

夫明乎天下之所以亂者, 生於無政長, 是故選天下之賢可者, 立以爲天子. 天子立, 以其力爲未足, 又選擇天下之賢可者, 置立之以爲三公. 天子·三公旣以立, 以天下爲博大, 遠國異土之民·是非利害之辯, 不可一二而明知, 故畫分萬國, 立諸侯國君, 諸侯國君旣已立, 以其力爲未足, 又選擇其國之賢可者, 置立之以爲正長.

천하가 어지러워진 이유를 밝히면 이는 기본적으로 관장官長이 없기 때문이다. 천하 사람이 현능한 자를 추대해 천자天子로 삼는 이유다. 천자가 설지라도 그의 힘만으로는 부족한 까닭에 다시 천하의 현능한 자를 삼공三公으로 삼았다. 천자와 삼공이 선 뒤에도 천하는 넓고도 큰 까닭에 멀리 떨어진 나라와 풍속이 다른 고장의 백성을 비롯해 시비와 이해관계의 분별을 자세히 판단할 길이 없다. 천하를 만국萬國으로 나눠 제후와 군주를 세운 이유다. 제후와 군주가 선 뒤에도 그들의 힘만으로는 부족한 까닭에 다시 현능한 자를 발탁해 관장으로 삼은 것이다.

정장政長의 '정'을 두고 필원은 정正의 잘못으로 보았으나 두 글자는 서로 통한다. 삼공三公은 천자를 보좌하는 대신으로 주나라 때는 태사太師, 태부太傅, 태보太保를 지칭했다. 기이旣以의 '이'는 이已와 통한다.

11-3

正長旣已具, 天子發政於天下之百姓, 言曰, "聞善而不善, 皆以告其上. 上之所是, 必皆是之. 所非, 必皆非之. 上有過則規諫之, 下有善則傍薦之. 上同而不下比者, 此上之所賞而下之所譽也. 意若聞善而不善, 不以告其上. 上之所是弗能是, 上之所非不能非. 上有過弗規諫, 下有善弗傍薦. 下比不能上同者, 此上之所罰而百姓所毁也." 上以此爲賞罰, 甚明察而審信.

관장을 모두 두면 천자는 이내 천하의 백성들에게 정령을 발하면서 이같이 말한다.

"선하거나 선하지 않은 것을 들으면 모두 윗사람에게 고하도록 하라. 윗사람이 옳게 행하면 반드시 옳다고 하고, 그르게 행하면 반드시 그르다고 해야 한다. 윗사람에게 허물이 있으면 바르게 간하고, 아랫사람 가운데 선한 자가 있으면 널리 군주에게 추천한다. 윗사람과 함께 하면서 아랫사람과 붕당을 만들지 않는 자는 곧 윗사람이 상을 내리고, 아랫사람이 칭송할 자이다. 선하거나 선하지 않은 것을 듣고도 이를 윗사람에 고하지 않고, 윗사람이 옳게 행하는데도 옳다고 하지 않고, 윗사람이 그르게 행하는데도 그르다고 하지 않고, 윗사람에게 허물이 있어도 바르게 간하지 않고, 아랫사람 가운데 선한 자가 있는데도 널리 천거하지 않고, 아랫사람과 붕당을 만들면서 윗사람과 함께 하지 않는 자는 곧 윗사람이 벌을 내리고, 백성이 비난할 자이다."

윗사람이 상과 벌을 다룰 때 심히 밝게 살피면서 신중히 다뤄 매우 믿을만한 이유다.

문선이불선聞善而不善의 '이'는 '-과'를 뜻하는 여與와 같다. '상지소시上之所是' 이하의 구절을 두고 일각에서 "윗사람이 옳다고 여기는 것은 반드시 모두 옳다고 하고, 그르다고 여기는 것은 반드시 모두 그것을 그르다고 여겨야 한다."고 번역했으나 이는 잘못이다. 시시비비를 가려 간하라고 권한 것이다. 규간規諫은 올바로 간하는 것을 말한다. 상동上同은 윗사람과 한마음이 되어 행동하는 것을 지칭한다. 기리며 따른다는 뜻의 상동尙同과 같다. 하비下比는 아랫사람과 붕당朋黨을 이루는 것을 뜻한다. 심신審信은 사안을 세심히 살펴 사안 당사자의 신뢰를 얻는 것을 의미한다.

11-4

是故里長者, 里之仁人也. 里將發政里之百姓, 言曰, "聞善而不善, 必以告其鄉長. 鄉長之所是, 必皆是之. 鄉長之所非, 必皆非之. 去若不善言, 學鄉長之善言. 去若不善行, 學鄉長之善行." 則鄉何說以亂哉?

察鄕之所治者, 何也? 鄕長唯能壹同鄕之義, 是以鄕治也.

이장里長은 마을에서 가장 어진 사람이다. 이장은 마을 사람에게 정령을 알리면서 이같이 말한다.

"선하거나 선하지 않은 것을 들으면 반드시 향장鄕長에 고하도록 하라. 향장이 옳게 행하면 반드시 옳다고 하고, 그르게 행하면 반드시 그르다고 해야 한다. 그대의 선하지 않은 말을 버린 채 향장의 선한 말을 좇고, 그대의 선하지 못한 행동을 버린 채 향장의 선한 행동을 배우도록 하라."

그리하면 마을을 무슨 이론으로 어지럽힐 수 있겠는가? 그대가 마을이 잘 다스려지는 것을 살필 수 있는 까닭은 무엇인가? 향장만이 능히 마을 전체의 뜻을 하나로 만들 수 있기 때문이다. 마을이 잘 다스려지는 이유다.

이장里長은 마을의 우두머리, 향장鄕長은 여러 개의 마을이 모여 있는 향당鄕黨의 우두머리를 뜻한다. 약불선행若不善行의 '약'은 2인칭으로 여汝와 같다. 일동壹同은 모두 하나로 통일한다는 뜻이다.

11-5

鄕長者, 鄕之仁人也. 鄕長發政鄕之百姓, 言曰, "聞善而不善者, 必以告國君. 國君之所是, 必皆是之. 國君之所非, 必皆非之. 去若不善言, 學國君之善言. 去若不善行, 學國君之善行." 則國何說以亂哉? 察國之所以治者, 何也? 國君唯能壹同國之義, 是以國治也.

향장은 향당鄕黨에서 가장 어진 사람이다. 향장은 향당의 백성들에게 정령을 알리면서 이같이 말한다.

“선하거나 선하지 못한 것을 들으면 반드시 군주에게 고하도록 하라. 군주가 옳게 행하면 반드시 옳다고 하고, 그르게 행하면 반드시 그르다고 해야 한다. 그대의 선하지 않은 말을 버린 채 군주의 선한 말을 좇고, 그대의 선하지 못한 행동을 버린 채 군주의 선한 행동을 배우도록 하라.”

그리하면 향당을 무슨 이론으로 어지럽힐 수 있겠는가? 그대가 마을이 잘 다스려지는 것을 살필 수 있는 까닭은 무엇인가? 군주만이 능히 나라 전체의 뜻을 하나로 만들 수 있기 때문이다. 나라가 잘 다스려지는 이유다.

일동국지의壹同國之義의 ‘일’은 일一과 같다.

11-6

國君者, 國之仁人也. 國君發政國之百姓, 言曰, “聞善而不善, 必以告天子. 天子之所是, 皆是之. 天子之所非, 皆非之. 去若不善言, 學天子之善言. 去若不善行, 學天子之善行.” 則天下何說以亂哉. 察天下之所以治者何也. 天子唯能壹同天下之義, 是以天下治也.

군주는 나라에서 가장 어진 사람이다. 군주는 나라 안의 백성들에게 정령을 발하면서 이같이 말한다.

“선하거나 선하지 못한 것을 들으면 반드시 천자에게 고하도록 하라. 천자가 옳게 행하면 모두 옳다고 하고, 그르게 행하면 모두 그르다고 해야 한다. 그대의 선하지 않은 말을 버린 채 천자의 선한 말을 좇고, 그대의 선하지 못한 행동을 버리고 천자의 선한 행동을 배우도록 하라."

그리하면 천하를 무슨 이론으로 어지럽힐 수 있겠는가? 그대가 천하가 잘 다스려지는 것을 살필 수 있는 까닭은 무엇인가? 천자만이 능히 천하의 뜻을 하나로 만들 수 있기 때문이다. 천하가 잘 다스려지는 이유다.

학천자지선언學天子之善言의 '학'은 배운다는 뜻으로 본받을 효效와 통한다.

11-7

天下之百姓皆上同於天子, 而不上同於天, 則菑猶未去也. 今若天飄風苦雨, 溱溱而至者, 此天之所以罰百姓之不上同於天者也. 是故子墨子言曰, "古者聖王爲五刑, 請以治其民." 譬若絲縷之有紀, 罔罟之有綱, 所連收天下之百姓不尙同其上者也.

천하의 백성들 모두 천자를 기리며 따르지만 하늘을 기리며 따르지는 않는다. 재난이 아직도 없어지지 않는 이유다. 지금 폭풍과 폭우가 수시로 퍼붓는 것은 하늘이 하늘을 기리며 따르지 않는 백성을 벌하고자 하기 때문이다. 묵자는 이같이 말했다.

"옛 성왕은 5가지 형벌을 정한 뒤 그것으로 백성을 다스렸다."

비유하면 실타래에 실마리가 있고, 그물에 벼리가 있는 것과 같다. 벼리를 이용해 윗사람을 기리며 따르지 않는 백성을 두루 단속코자 하는 것이다.

재유미거菑猶未去의 '재'는 재난 내지 재앙을 뜻하는 재災와 통한다. 표풍고우飄風苦雨는 태풍과 오래도록 내리는 폭우를 말한다. 진진溱溱은 매우 잦고 성한 모양을 가리킨다. 오형五刑은 고대의 5가지 형벌로 이마에 먹을 뜨는 묵형墨刑, 코를 베는 의형劓刑, 발꿈치를 베는 월형刖刑, 거세하는 궁형宮刑, 목숨을 빼앗는 사형死刑을 말한다. 망고罔罟는 금수와 어류를 잡는 모든 그물을 뜻한다.

제12장 상동(尙同) 중

대략 상편의 주장을 부연하는 내용으로 꾸며져 있다.

12-1

子墨子曰, "方今之時, 復古之民始生, 未有正長之時, 蓋其語曰, '天下之人異義, 是以一人一義, 十人十義, 百人百義.' 其人數玆衆, 其所謂義者亦玆衆. 是以人是其義, 而非人之義, 故相交非也. 內之夫子兄弟作怨讎, 皆有離散之心, 不能相和合." 至乎舍餘力, 不以相勞. 隱匿良道, 不以相敎, 腐死餘財, 不以相分. 天下之亂也, 至如禽獸然. 無君臣上下長幼之節·父子兄弟之禮, 是以天下亂焉.

묵자가 말했다.

"지금의 시점에서 옛날 인류가 처음 생겨나 관장이 없던 시절을 상기하면 대략 '천하의 사람들 모두 각기 다른 뜻으로 갖고 있어 1명이면 1가지, 10명이면 10가지, 100명이면 100가지 뜻이 존재했다.'고 말할 수 있다. 사람의 숫자가 불어날수록 뜻 역시 불어나게 된다. 사람들이 자신의 뜻만 옳고, 남의 뜻은 그르다며 서로 상대방을 비난하게 된 이유다. 그리되면 집안에서조차 부자지간이나 형제까지 서로 원수가 된 탓에 모두 뿔뿔이 헤어지려는 마음을 지니고 화합할 수 없게 된다."

심지어 여력이 있어도 버려두며 서로 돕지 않고, 좋은 도를 감춘 채 서로 가르쳐 주지 않고, 썩어나는 여분의 재물이 있어도 서로 나눠주지 않는다. 천하가 크게 어지러워져 심지어 금수처럼 된다. 군신, 상하, 노소 사이의 절도와 부자형제 사이의 예가 없어지는 까닭에 천하는 크게 어지러워진다.

복고지민시생復古之民始生의 '복'은 돌아갈 반反의 뜻으로 여기서는 상기한다는 의미로 사용됐다. 자중玆衆의 '자'는 번성할 자滋와 통한다.

12-2

明乎民之無正長以一同天下之義, 而天下亂也, 是故選擇天下賢良•聖知•辯慧之人, 立以爲天子, 使從事乎一同天下之義. 天子旣以立矣, 以爲唯其耳目之請, 不能獨一同天下之義, 是故選擇天下贊閱賢良•聖地•辯慧之人, 置以爲三公, 與從事乎一同天下之義. 天子三公旣已立矣, 以爲天下博大, 山林遠土之民, 不可得而一也, 是故靡分天下, 設以爲萬諸侯國君, 使從事乎一同其國之義. 國君旣已立矣, 又以爲唯其耳目之請, 不能一同其國之義, 是故擇其國之賢者, 置以爲左右將軍大夫, 以遠至乎鄕里之長, 與從事乎一同其國之義. 天子•諸侯之君•民之正長, 旣已定矣, 天子爲發政施敎, 曰, "凡聞見善者, 必以告其上. 聞見不善者, 亦必以告其上. 上之所是, 必亦是之. 上之所非, 必亦非之. 己有善, 傍薦之. 上有過, 規諫之. 尙同義其上, 而毋有下比之心. 上得則賞之, 萬民聞則譽之. 意若聞見善, 不以告其上, 聞見不善, 亦不以告其上,上之所是不能是, 上之所非不能非. 己有善, 不能傍薦之. 上有過, 不能規諫之. 下比而非其上者, 上得則誅罰之, 萬民聞則非毁之." 故古者聖王之爲刑政賞譽也, 甚明察以審信. 是以擧天下之人, 皆欲得上之賞譽而畏上之毁罰.

백성에게 관장이 없으면 천하의 뜻을 하나로 묶을 수 없고, 이내 천하가 크게 어지러워진다는 것은 분명하다. 현량하며 총명하고 언변이 뛰어난 천하의 인재를 골라 천자로 옹립한 뒤 천하의 뜻을 하나로 묶는 일에 종사토록 한 이유다. 천자가 설지라도 자신의 귀와 눈만으로는 보고 듣는데 한계가 있는 까닭에 천하의 뜻을 하나로 묶을 수 없다. 현량하며 총명하고 언변이 뛰어난 천하의 인재를 골라 삼공의 자리에 앉힌 뒤 천자와 함께 천하의 뜻을 하나로 묶는 일에 종사토록 한 이유다. 천자와 삼공이 설지라도 천하는 넓고 커서 산림 속이나 먼 곳의 백성까지 하나로 묶을 수는 없다. 천하를 여러 지역으로 나눠 여러 제후와 군주를 둔 뒤 나라의 뜻을 하나로 묶는 일에 종사토록 한 이유다. 군주가 설지라도 그들의 귀와 눈만으로는 보고 듣는 것은 한계가 있는 까닭에 그 나라의 뜻을 하나로 묶을 수 없다. 나라의 현자를 선택해 군주의 좌우에서 보필하는 경대부卿大夫의 자리에 앉히고, 먼 고을에 이르기까지 관장을 둔 뒤 서로 협력해 그 나라의 뜻을 하나로 묶는 일에 종사토록 하는 이유다. 천자를 위시해 제후국의 군주와 백성의 관장이 결정되면 천자는 정책을 발포하고 가르침을 베풀면서 이같이 말한다.

"무릇 선한 것을 들으면 반드시 윗사람에게 고하고, 선하지 못한 것을 들을지라도 반드시 윗사람에게 고하도록 하라. 윗사람이 옳게 행하면 모두 옳다고 하고, 그르게 행하면 모두 그르다고 해야 한다.

자신에게 좋은 계책이 있으면 윗사람에게 건의하고, 윗사람에게 허물이 있으면 바르게 간하라. 윗사람과 뜻이 같으면 아랫사람과 사사로이 무리를 지을 생각을 가져서는 안 된다. 윗사람이 이를 알면 포상을 내리고, 천하 만민이 이를 칭송할 것이다. 만일 선한 것을 견문하고도 윗사람에게 보고하지 않거나, 선하지 못한 것을 견문하고도 윗사람에게 보고하지 않으면 윗사람이 옳게 행할지라도 옳다고 말할 길이 없고, 윗사람이 그르게 행할지라도 그르다고 말할 길이 없다. 나아가 자신에게 좋은 계책이 있어도 이를 건의할 길이 없고, 윗사람에게 허물이 있을지라도 바르게 간할 길이 없다. 아랫사람과 붕당을 이뤄 윗사람을 비난하면 윗사람은 그를 처벌하고, 천하 만민은 그를 비난하며 공격할 것이다."

옛 성왕이 형벌과 포상을 정하고, 사안을 매우 밝게 살펴 신뢰를 얻은 이유다. 이로써 천하인 모두 군주가 내리는 포상과 칭송을 얻고자 하고, 군주가 내리는 형벌을 두려워했다.

이목지청耳目之請의 '청'을 필원은 정情의 잘못으로 보았다. 찬열贊閱은 품성이 뛰어나고 행동거지가 간소하다는 뜻이다. 여기의 '찬'을 『한서』「동방삭전」의 안사고顔師古 주는 진進으로 풀이했다. '열'은 간簡의 뜻이다. 미분천하靡分天下의 '미분'은 여러 개로 쪼개는 것을 의미한다. 유월은 '미'를 역歷의 잘못, 손이양은 역歷의 가차假借인 력磿의 오자로 보았다. 장군대부將軍大夫의 '장군'은 『주례』「하관夏官」에 따르면 모두 경卿을 뜻한다. 춘추전국시대에는 '경'이 장군의 직책을 맡았다. 기유선己有善의 '기'를 왕인지는 민民의 오자로 간주했으나 손이양은 그대로 두고 해석해도 무리는 없다고 보았다. 방천傍薦은 윗사람에게 고하여 천거한다는 의미이다. '방'은 방訪과 통한다. 상동의기상尙同義其上의 '의'를 손이양은 호乎의 잘못으로 보았다. 하비下比는 아랫사람과 사사롭게 가까이 지내면 무리를 이루는 것을 뜻한다. 비훼非毁는 비난하고 헐뜯는 것을 말한다. '훼'는 훼譭와 통한다.

12-3

是故里長順天子政, 而一同其里之義. 里長旣同其里之義, 率其里之萬民以尙同乎鄕長, 曰, "凡里之萬民, 皆尙同乎鄕長, 而不敢下比. 鄕長之所是, 必亦是之. 鄕長之所非, 必亦非之. 去而不善言, 學鄕長之善言. 去而不善行, 學鄕長之善行." 鄕長固鄕之賢者也, 擧鄕人以法鄕長, 夫鄕何說而不治哉? 察鄕長之所以治鄕者, 何故之以也. 曰, "唯以其能一同其鄕之義, 是以鄕治."

이장은 천자의 정책을 좇아 마을의 뜻을 하나로 묶는 역할을 한다. 마을의 뜻을 하나로 묶으면 마을 백성을 이끌어 향장의 뜻과 맞추면서 이같이 말한다.

"무릇 마을의 백성들 모두 향장의 뜻에 맞추면서 감히 아랫사람과 사사로이 무리를 짓지 말라. 향장이 옳게 행하면 모두 옳다고 하고, 그르게 행하면 모두 그르다고 해야 한다. 그대의 선하지 않은 말을 버린 채 향장의 선한 말을 좇고, 그대의 선하지 못한 행동을 버린 채 향장의 선한 행동을 배우도록 하라."

향장은 본래 향당의 현자이다. 마을의 모든 사람이 향장을 본받아야 하는 이유다. 그러면 향당이 어찌 잘 다스려지지 않을 리 있겠는가? 향장이 향당을 잘 다스리는 이유를 살펴볼 때 이는 과연 무슨 까닭인가? 이같이 말할 수 있다.

"오직 향당의 뜻을 하나로 묶는데 있다. 향당이 잘 다스려지는 이유다."

고향지현자固鄕之賢者의 '고'는 본래 그러하다는 뜻의 부사어로 실實 내지 본本과 같다.

12-4

鄕長治其鄕, 而鄕旣已治矣, 其率其鄕萬民, 以尙同乎國君, 曰, "凡鄕之萬民, 皆上同乎國君, 而不敢下比. 國君之所是, 必亦是之. 國君之所非, 必亦非之. 去而不善言, 學國君之善言. 去而不善行, 學國君之善行." 國君固國之賢者也, 擧國人以法國君, 夫國何說而不治哉. 察國君之所以治國而國治者, 何故之以也. 曰, "唯以其能一同其國之義, 是以國治."

향장은 향당을 다스릴 때 향당이 잘 다스려지면 향당의 백성을 이끌어 군주의 뜻에 맞추면서 이같이 말한다.

"무릇 향당의 백성들 모두 군주의 뜻에 맞추면서 감히 아랫사람과 사사로이 무리를 짓지 말라. 군주가 옳게 행하면 모두 옳다고 하고, 그르게 행하면 모두 그르다고 해야 한다. 그대의 선하지 않은 말을 버린 채 군주의 선한 말을 좇고, 그대의 선하지 못한 행동을 버린 채 군주의 선한 행동을 배우도록 하라."

군주는 본래 나라의 현자이다. 나라의 모든 사람이 군주를 본받아야 하는 이유다. 그러면 나라가 어찌 잘 다스려지지 않을 리 있겠는가? 군주가 나라를 잘 다스리는 이유를 살펴볼 때 이는 과연 무슨 까닭인가? 이같이 말할 수 있다.

"오직 나라의 뜻을 하나로 묶는데 있다. 나라가 잘 다스려지는 이유다."

거이불선언去而不善言의 '이'는 2인칭으로 여汝 내지 약若과 같다.

12-5

國君治其國, 而國旣已治矣, 有率其國之萬民, 以尙同乎天子, 曰, "凡國之萬民, 皆上同乎天子, 而不敢下比. 天子之所是, 必亦是之. 天子之所非, 必亦非之. 去而不善言, 學天子之善言. 去而不善行, 學天子之善行." 天子者, 固天下之仁人也, 擧天下之萬民以法天子, 夫天下何說而不治哉. 察天子之所以治天下者, 何故之以也. 曰, "唯以其能一同天下之義, 是以天下治."

군주가 나라를 다스릴 때 나라가 잘 다스려지면 나라의 백성을 이끌어 천자의 뜻에 맞추면서 이같이 말한다.

"무릇 나라의 백성들 모두 천자의 뜻에 맞추면서 감히 아랫사람과 사사로이 무리를 짓지 말라. 천자가 옳게 행하면 모두 옳다고 하고, 그르게 행하면 모두 그르다고 해야 한다. 그대의 선하지 않은 말을 버린 채 천자의 선한 말을 좇고, 그대의 선하지 못한 행동을 버린 채 천자의 선한 행동을 배우도록 하라."

천자는 본래 천하의 현자이다. 천하의 모든 사람이 천자를 본받아야 하는 이유다. 그러면 천하가 어찌 잘 다스려지지 않을 리 있겠는가? 천자가 나라를 잘 다스리는 이유를 살펴볼 때 이는 과연 무슨 까닭인가? 이같이 말할 수 있다.

"오직 천하의 뜻을 하나로 묶는데 있다. 천하가 잘 다스려지는 이유다."

유솔기국지만민有率其國之萬民의 '유'를 손이양은 우又의 의미로 풀이해 '우'로 읽었다.

12-6

夫旣尙同乎天子, 而未上同乎天者, 則天災將猶未止也. 故當若天降寒熱不節, 雪霜雨露不時, 五穀不孰, 六畜不遂, 疾菑戾疫·飄風苦雨, 荐臻而至者, 此天之降罰也, 將以罰下人之不尙同乎天者也.

이미 천자의 뜻과 하나로 묶였는데도 하늘의 뜻과 하나로 묶이지 못하면 곧 하늘의 재앙이 그치지 않을 것이다. 하늘이 추위와 더위를 계절에 맞지 않게 내리고, 눈과 서리 및 비와 이슬을 제때에 맞지 않게 내리고, 오곡이 제대로 익지 않고, 가축들이 제대로 자라지 않고, 질병과 전염병 등이 만연하거나 회오리바람과 소낙비가 심하게 내리는 게 그렇다. 이는 모두 하늘이 내리는 벌이다. 아랫사람들이 하늘을 숭상하지 않고 하나로 묶이지 않은 것을 벌주려는 것이다.

질재疾菑의 '재'는 재災와 같다. 여역戾疫은 사나운 역질疫疾의 뜻이다. 천진荐臻은 매우 중하다는 의미로 '천'은 천薦과 같다.

12-7

故古者聖王明天鬼之所欲, 而避天鬼之所憎, 以求興天下之利, 除天下之害, 是以率天下之萬民, 齊戒沐浴, 潔爲酒醴粢盛, 以祭祀天鬼. 其事鬼神也, 酒醴粢盛不敢不蠲潔, 犧牲不敢不腯肥, 珪璧幣帛不敢不中度量, 春秋祭祀不敢失時幾, 聽獄不敢不中, 分財不敢不均, 居處不敢怠慢. 曰, "其爲正長若此, 是故上者天鬼有厚乎其爲政長也, 下者萬民有便利乎其爲政長也." 天鬼之所深厚而能彊從事焉, 則天鬼之福可得也. 萬民之所便利而能强從事焉, 則萬民之親可得也. 其爲政若此, 是以謀事得, 擧事成, 入守固, 出誅勝者, 何故之以也. 曰, "唯以尙同爲政者也." 故古者聖王之爲政若此.

옛 성왕은 하늘과 귀신이 무엇을 원할지 훤히 알았다. 하늘과 귀신이 미워하는 것을 피함으로써 천하의 이익을 구하고 재해를 없애려 한 게 그렇다. 천하 만민을 이끌고 목욕재계한 뒤 정성껏 단술 등의 제물을 마련해 하늘과 귀신에게 제사를 지냈다. 귀신을 섬기면서 단술 등의 제물은 감히 정갈하지 않게 한 게 없었고, 희생으로 쓰는 소와 양은 감히 크고 살지지 않은 게 없었고, 제물로 바치는 구슬과 비단은 감히 규격에 맞지 않는 게 없었다. 또 봄·가을 제사는 감히 시기時機를 놓치는 일이 없었고, 옥사의 처리는 공평하지 않는 게 없었고, 재물의 분배는 감히 고르지 않은 게 없었고, 사람을 대하며 일을 처리할 때 감히 예절을 태만히 한 적이 없었다. 이같이 말할 수 있다.

"관장이 되어 이같이 할 수 있다면 위로는 하늘과 귀신이 그의 관장 역할을 두터이 도와주고, 아래로는 천하 만민이 그의 관장 역할에 커다란 편리를 제공한다."

하늘과 귀신의 두터운 도움을 받아 강력히 정사를 펼치면 곧 하늘과 귀신이 내리는 복을 얻고, 천하 만민이 제공하는 편리를 얻어 강력히 정사를 펼치면 곧 천하 만민의 친애親愛를 얻게 된다. 옛 성왕의 정사가 이와 같았다. 꾀하는 일마다 뜻대로 되고, 거사를 하면 성공을 거두고, 들어와 성을 지키면 견고하고, 출정해 적을 토벌하면 반드시 승리하는 이유다. 그 까닭은 무엇인가? 대답은 이렇다.

"오직 정사를 펼치면서 능히 뜻을 하나로 묶은 덕분이다."

옛 성왕의 정사가 이와 같았다.

재계목욕齊戒沐浴의 '재'는 재齋와 같다. 도장본道藏本에는 재齋로 나온다. 견결蠲潔은 깨끗하다는 뜻으로 '결'이 『여씨춘추』「존사尊師」에는 혈絜로 나온다. 돈비腯肥는 크고 살지다는 뜻으로 『춘추좌전』「노환공 6년」조에 희생이 살지고 크다는 뜻의 박석비돈博碩肥腯 표현이 나온다. 시기時幾의 '기'는 기機와 같다. 기幾는 섬세함을 뜻하는 실 사絲와 방비할 수戍 자가 결합한 글자다. 미세한 변화를 감지하고 미리 대비한다는 뜻이다. 여기에 목木이 덧붙여지면서 적의 미세한 변화에 미리 대비하는 무기인 쇠뇌 '기機' 자가 만들어졌다. 기미機微와 기미幾微가 같은 의미로 사용되는 이유다.

12-8

今天下之人曰, "方今之時, 天下之正長猶未廢乎天下也, 而天下之所以亂者, 何故之以也?" 子墨子曰, "方今之時之以正長, 則本與古者異矣. 譬之若有苗之以五刑然. 昔者聖王制爲五刑, 以治天下, 逮至有苗之制五刑, 以亂天下, 則此豈刑不善哉? 用刑則不善也. 是以先王之書『呂刑』之道曰, '苗民否用練, 折則刑. 唯作五殺之刑, 曰法.' 則此言善用刑者以治民, 不善用刑者以爲五殺. 則此豈刑不善哉? 用刑則不善, 故遂以爲五殺. 是以先王之書『術令』之道曰, '唯口出好興戎.' 則此言善用口者出好, 不善用口者以爲讒賊寇戎, 則此豈口不善哉? 用口則不善也, 故遂以爲讒賊寇戎."

지금 천하 사람들은 말한다.

"지금 천하의 관장들이 아직도 천하에 폐해지지 않고 존재하는데도 천하가 혼란한 것은 무슨 까닭인가?"

묵자가 말했다.

"지금의 관장은 기본적으로 옛날의 관장과 다르다. 비유하면 묘苗나라 군주에게 5가지 형벌이 있는 것과 같다. 옛 성왕은 5가지 형벌을 정해 놓고 천하를 다스렸으나, 묘나라 군주는 오히려 5가지 형벌을 제정해 천하를 어지럽혔다. 이 어찌 5가지 형벌이 훌륭하지 않기 때문이겠는가? 형벌의 적용이 옳지 못했기 때문이다. 선왕의 글인 『서경』「여형」에서 말하기를, '묘나라 백성이 정령을 좇지 않자 형벌로 다스렸다. 오직 5가지 포학한 형벌을 만들어 놓고 법이라고 불렀다.'고 했다. 이는 형벌을 잘 사용하는 자는 그것으로 백성을 다스리고, 그렇지 못한 자는 그것으로 5가지 포학한 짓을 한다는 뜻이다. 이 어찌 형벌 자체가 좋지 않아 그런 것이겠는가? 형벌의 적용이 옳지 못했기에 5가지 사나운 짓을 하게 된 것이다. 선왕의 글인 『서경』「술령術令」에서 말하기를, '오직 입은 좋은 결과를 내기도 하나 전쟁을 일으키기도 한다.'고 했다. 이는 입을 잘 사용하는 자는 좋을 결과를 얻고, 그렇지 못한 자는 남을 음해하거나 내란과 외침을 야기하는 것을 지적한 것이다. 어찌 입 자체가 좋지 않아 그런 것이겠는가? 입의 사용이 좋지 못했기에 남을 음해하거나 내란과 외침을 야기한 것이다."

유묘有苗는 지금의 호북성과 호남성 일대에 살았던 남방민족으로 『서경』「대우모」 및 『한비자』「오두」 등에 나온다. '부용련否用練, 절즉형折則刑' 구절이 『서경』「여형」에는 '불용령弗用靈, 제이형制以刑'으로 나온다. '련'과 '령'은 선善의 뜻으로 사용된 것이다. 오살五殺이 『서경』에는 오학五虐으로 되어 있다. 술령術令은 현존 『서경』에 없다. 해당 구절은 「대우모大禹謨」에 나온다. 손이양은 『서경』의 「열명說命」에서 '술명'의 명칭이 나온 것으로 보았다. '열說'과 '술術', '명命'과 '령令'이 유사하다는 게 논거다. 참적讒賊은 남을 헐뜯어 해치는 참해讒害와 같다. 구융寇戎은 외침을 의미한다.

12-9

故古者之置正長也, 將以治民也. 譬之若絲縷之有紀, 而罔罟之有綱也. 將以運役天下淫暴而一同其義也. 是以先王之書·相年之道曰, "夫建國設都, 乃作后王君公, 否用泰也. 輕大夫師長, 否用佚也, 維辯使治天均." 則此語古者上帝鬼神之建設國都立正長也, 非高其爵, 厚其祿, 富貴佚而錯之也, 將以爲萬民興利除害, 富貴貧寡, 安危治亂也. 故古者聖王之爲若此.

옛날 관장을 둔 것은 백성을 잘 다스리려는 취지였다. 비유하면 마치 실타래에 실마리가 있고 그물에 벼리가 있는 것과 같았다. 그것으로 천하의 음란하고 포학한 무리를 모두 제압하고 천하의 뜻을 하나로 통일할 수 있었다. 선왕의 글과 원로의 얘기에 이런 말이 나온다.

"무릇 나라를 세우면서 도읍을 정하고 제후들을 봉한 것은 그들이 교만하고 태평하게 지내도록 하려는 취지가 아니었다. 경대부와 관장을 둔 것 또한 그들이 편히 지내도록 하려는 취지가 아니었다.

오로지 직책을 나눠 맡아 천하를 고르게 다스리고자 한 것이다."

이는 옛날 상제上帝와 귀신이 나라와 도읍을 건립하고 관장을 둔 것이 그들에게 높은 작위와 많은 녹봉을 내려 부귀하게 해주고 편히 지내게 하려는 조치가 아님을 언급한 것이다. 천하 만민을 유익하게 해주고, 재해를 없애주고, 가난하고 외로운 자를 부귀하게 해주고, 위태로운 것을 편하게 해주고, 어지러운 것을 다스리라는 취지이다. 옛 성왕의 정사가 이와 같았다.

운역運役를 두고 왕인지는 뜻이 확실치 않다며 「상동」 상편에 나오는 유사한 구절의 '거두어 가두다'의 뜻인 연수連收로 해석했다. 상년지도相年之道의 '상년'을 필원은 오래된 옛날을 뜻하는 거년拒年의 잘못으로 보았다. 비용태야否用泰也의 '태'를 두고 남북조시대 양나라 황간皇侃은 『논어』「자한」에 대한 『논어의소論語義疏』의 주석에서 교태驕泰로 풀이했다. 경대부사장輕大夫師長의 '경'을 필원은 경卿의 잘못으로 파악했다. 유변維辯의 '변'은 직책을 나눠준다는 뜻의 분分과 통한다.

12-10

今王公大人之爲刑政則反此, 政以爲便譬•宗於父兄故舊, 以爲左右, 置以爲正長. 民知上置正長之非正以治民也, 是以皆比周隱匿, 而莫肯尙同其上. 是故上下不同義. 若苟上下不同義, 賞譽不足以勸善, 而刑罰不足以沮暴. 何以知其然也? 曰, "上唯毋立而爲政乎國家, 爲民正長. 曰, '人可賞, 吾將賞之.' 若苟上下不同義, 上之所賞, 則衆之所非. 曰, '人衆與處, 於衆得非, 則是雖使得上之賞, 未足以勸乎.' 上唯毋立而爲政乎國家, 爲民正長, 曰, '人可罰, 吾將罰之.' 若苟上下不同義, 上之所罰, 則衆之所譽. 曰, '人衆與處, 於衆得譽, 則是雖使得上之罰, 未足以沮乎.' 若立而爲政乎國家, 爲民正長, 賞譽不足以勸善, 而刑罰不沮暴, 則是不與鄕吾本言'民始生未有正長之時' 同乎! 若有正長與無正長之時同, 則此非所以治民一衆之道."

지금 왕공대인이 행하는 정사는 이와 정반대이다. 총애하는 자와 종친의 부형, 오랜 친구들이 좌우에 포진해 관장으로 앉아 있다. 백성들은 군주가 이런 자들을 관장으로 임명해 바르지 않은 방법으로 백성을 다스리고 있다는 사실을 알고 있다. 무리를 지어 어울리고, 사실을 숨기면서 군주와 뜻을 같이하지 않는 이유다. 위아래가 뜻을 같이 할 길이 없다. 실로 위아래가 뜻을 같이 하지 않으면 포상과 명예로도 선을 권할 수 없고, 형벌로도 포학한 자들을 저지할 수 없게 된다. 무엇으로 이를 알 수 있는가? 대답은 이렇다.

"가령 고관에 임명돼 나라를 다스리는 관장의 자리에 앉은 자가 말하기를, '이 사람은 가히 상을 받을 만하니 내가 상을 내리도록 하겠다.'고 하자. 이때 위아래의 뜻이 같지 않다면 상을 받은 사람은 백성들의 비난을 받게 될 것이다. 그래서 말하기를, '백성과 더불어 거처하면서 백성의 비난을 받게 되면 설령 윗사람이 나서 상을 내릴지라도 이로써 사람들을 권장할 수 없다.'고 하는 것이다. 가령 고관에 임명돼 나라를 다스리는 관장의 자리에 앉은 자가 말하기를, '이 사람은 가히 벌을 받을 만하니 내가 벌을 내리도록 하겠다.'고 하자. 이때 위아래의 뜻이 같지 않다면 벌을 받는 사람은 백성들의 칭송을 받게 될 것이다. 그래서 말하기를, '백성과 더불어 거처하면서 백성의 칭송을 받게 되면 설령 윗사람이 나서 벌을 내릴지라도 이로써 사람들을 경계시킬 수 없다.'고 하는 것이다. 만일 고관에 임명돼 나라를 다스리는 관장의 자리에 앉은 자가 포상과 칭송으로 백성들을 권장하지 못하고, 형벌로도 백성들을 경계하지 못하면 이는 앞서 언급한 '옛날 인류가 처음으로 나타나 아직 정치가 존재하지 않았을 때'와 같지 않겠는가! 만일 관장을 두고도 관장이 없을 때와 같다면 이는 곧 백성을 다스리거나 하나로 묶는 길이 아닐 것이다."

편벽便譬의 '벽'은 통상 비유할 '비'의 뜻이나 여기서는 남의 비위를 잘 맞추어 아첨하는 편벽便辟의 뜻으로 사용된 것이다. 『논어』「계씨」에 용례가 나온다. 생각 따위가 한쪽으로 치우친 편벽偏僻과 구분해야 한다. 종어부형宗於父兄의 '종어'를 두고 손이양은 종족宗族의 잘못으로 보았다. 비주은닉比周隱匿의 '비주'는 서로 작당하는 것을 뜻하고, '은닉'은 나쁜 짓을 감추는 것을 지칭한다. 상유무립上唯毋立의 '유무'는 별 뜻이 없는 어조사로 사용된 것이다. 향오본언鄉吾本言의 '향'은 '얼마 전'의 뜻으로 향嚮과 통한다.

12-11

故古者聖王唯而審以尙同, 以爲正長, 是故上下情請爲通. 上有隱事遺利, 下得而利之. 下有蓄怨積害, 上得而除之. 是以數千萬里之外, 有爲善者, 其室人未遍知, 鄕里未遍聞, 天子得而賞之. 數千萬里之外, 有爲不善者, 其室人未遍知, 鄕里未遍聞, 天子得而罰之. 是以擧天下之人, 皆恐懼振動惕慄, 不敢爲淫暴, 曰, '天子之視聽也神.' 先王之言曰, "非神也, 夫唯能使人之耳目助己視聽, 使人之吻助己言談, 使人之心助己思慮, 使人之股肱助己動作." 助之視聽者衆, 則其所聞見者遠矣. 助之言談者衆, 則其德音之所撫循者博矣. 助之思慮者衆, 則其談謀度速得矣. 助之動作者衆, 卽其擧事速成矣. 故古者聖人之所以濟事成功, 垂名於後世者, 無他故異物焉, 曰, "唯能以尙同爲政者也."

옛 성왕은 오직 자세히 살피고 백성의 뜻을 하나로 묶기 위해 관장을 두었다. 위아래의 정이 서로 통한 이유다. 설령 위에서 일을 은폐할지라도 이익을 남겨주는 까닭에 아래서는 이를 눈치 챌지라도 그것이 자신들에게 이익이 된다는 사실을 안다. 또한 아래에서 원한과 폐해가 쌓이면 위에서 수시로 이를 해결해 준다. 수천만 리 밖에서 선한 일을 한 자가 있을 때 집안사람과 마을사람이 모를지라도 천자는 이를 알아내 상을 내리고, 수천만 리 밖에서 선하지 못한 일을 한 자가 있을 때 집안사람과 마을사람이 모를지라도 천자는 이를 알아내 벌을 내리는 이유다. 천하 만민이 모두 두려워 떨며, 감히 음란하고 포학한 생각을 하지 못한다. 그래서 말하기를, '천자가 보고 듣는 것이 귀신과 같다.'고 하는 것이다. 선왕은 이같이 말했다.

"그것은 신령스러운 게 아니다. 다만 사람들의 귀와 눈을 부려 자신이 보고 듣는 것을 돕게 하고, 사람들의 입을 부려 자신이 말하는 것을 돕게 하고, 사람들의 마음을 부려 자신이 생각하는 바를 돕게 하고, 사람들의 팔다리를 부려 자신이 움직이는 것을 돕게 한 것일 뿐이다."

보고 듣는 것을 돕는 자가 많으면 곧 자신이 듣고 보는 것 또한 먼 곳에까지 이르게 된다. 말하는 것을 돕는 자가 많으면 곧 덕음德音이 널리 펴져 사람들을 두루 다독이게 된다. 생각하는 바를 돕는 자가 많으면 곧 자신이 말하고 꾀하는 게 더욱 빨라진다. 움직이는 것을 돕는 자가 많으면 자신이 행하는 일이 신속히 이뤄진다. 옛 성인이 일을 완성시켜 대공을 세우고, 후대까지 명성을 남기는 까닭은 다른데 있는 게 아니다. 한마디로 이같이 말할 수 있다.

"오직 위아래의 뜻을 하나로 묶는 식으로 정사를 펼친 덕분이다."

상하정청위통上下情請爲通의 '청'을 대부분 연자衍字로 보고 있다. 척률惕慄은 두려워 몸을 떠는 것을 말한다. 인지문人之吻의 '문'은 입술로 문脤과 같다. 덕음德音은 군주의 말로 곧 정령政令을 뜻한다. 무순撫循은 안무按撫 내지 위무慰撫의 뜻이다. 기담모탁其談謀度의 '담'을 왕인지는 연자로 보았다. '모탁'은 꾀하고 헤아린다는 뜻이다.

12-12

是以先王之書『周頌』之道之曰, "載來見彼王, 聿求厥章." 則此語古者國君諸侯之以春秋來朝聘天子之廷, 受天子之嚴敎, 退而治國, 政之所加, 莫敢不賓. 當此之時, 本無有敢紛天子之敎者. 『詩』曰, "我馬維駱, 六轡沃若, 載馳載驅, 周爰咨度." 又曰, "我馬維騏, 六轡若絲, 載馳載驅, 周爰咨謀." 卽此語也. 古者國君諸侯之聞見善與不善也, 皆馳驅以告天子. 是以賞當賢, 罰當暴, 不殺不辜, 不失有罪, 則此尙同之功也. 是故子墨子曰, "今天下之王公大人士君子, 請將欲富其國家, 衆其人民, 治其刑政, 定其社稷, 當若尙同之不可不察, 此爲政之本也."

옛 선왕의 글인 『시경』「주송周頌」에서 이같이 말했다.

"처음으로 천자를 알현하고, 전장典章을 구하네!"

이는 옛날 제후들이 봄가을로 천자의 조정에 내조來朝해 천자의 엄한 가르침을 받고, 물러나와 나라를 다스린 사실을 언급한 것이다. 천자의 정령이 시행되는 곳에서 감히 복종치 않는 자가 없었던 이유다. 당시만 해도 감히 천자의 가르침을 어지럽히는 자는 존재하지 않왔다. 『시경』「소아小雅」에서 말했다.

"내 말은 검은 갈기의 백마이니, 여섯 가닥의 고삐 모두 윤이 나네! 길 위에서 내달리거나 서행하니, 이르는 곳마다 두루 물으며 탐사한다네!"

또 이같이 말했다.

"내 말은 검푸른 색이니, 여섯 가닥의 고삐 가지런하네! 길 위에서 내달리거나 서행하니, 이르는 곳마다 두루 물으며 일을 꾀한다네!"

바로 이를 언급한 것이다. 옛날 제후들은 선하거나 선하지 않는 것을 듣고 보면 곧바로 달려와 천자에게 고했다. 포상이 현자에게 돌아가고, 형벌이 포학한 자에게 떨어지고, 죄 없는 자는 죽이지 않고, 죄 있는 자를 빠뜨리지 않은 이유다. 이것이 바로 위아래의 뜻을 하나로 묶은 공효이다. 묵자가 말했다.

"지금 천하의 왕공대인과 사군자는 나라를 부유하게 만들고, 인민을 크게 늘리고, 형정을 바르게 시행하고, 사직을 안정시키고자 한다. 그러기 위해서는 위아래의 뜻을 하나로 묶는 일을 자세히 살피지 않을 수 없다. 그것이 정사의 근본이기 때문이다."

'재래현피왕載來見彼王, 율구궐장聿求厥章' 구절은 『시경』「주송周頌」의 '재현載見'에 나온다. '재'는 '처음' 내지 '비로소'의 의미이다. '율'이 『시경』에는 왈曰로 나온다. 뜻은 같다. '장'은 제도와 문물을 뜻하는 전장典章을 지칭한다. 막감불빈莫敢不賓의 '빈'은 복종한다는 의미이다. 시왈詩曰의 '시'는 『시경』「소아, 황황자화皇皇者華」를 가리킨다. 아마유락我馬維駱의 '락'은 검을 갈기의 백마를 뜻한다. 육비옥약六轡沃若의 '육비'는 사마駟馬의 수레를 이끄는 말에 매단 6가닥의 고삐를 뜻한다. '옥약'은 반들반들 윤기가 나는 모습을 형용한 것이다. 재치재구載馳載驅의 '재'는 어조사이다. 주원자탁周爰咨度의 '원' 역시 어조사이다. '자탁'은 정사에 관해 자문을 구하며 헤아린다는 뜻이다. 아마유기我馬維騏의 '기'는 검푸른 갈기를 지닌 말을 지칭한다. 육비약사六轡若絲의 '약사'는 베틀의 실처럼 가지런하다는 뜻이다. 불고不辜는 죄가 없다는 뜻으로 무고無辜와 같다. 청장욕請將欲의 '청'은 '실로'의 뜻으로 성誠과 통한다. 차위정지본此爲政之本의 원문에는 '위정'이 생략돼 있다. 필원과 손이양 등은 '지' 앞에 '위정'이 생략된 것으로 보았다. 이를 좇았다.

제13장 상동(尙同) 하

상편 및 중편과 마찬가지로 백성들을 하나로 통합해 천의에 부합할 것을 역설하고 있다.

13-1

子墨子言曰, "知者之事, 必計國家百姓所以治者而爲之, 必計國家百姓之所以亂者而辟之. 然計國家百姓之所以治者何也? 上之爲政, 得下之情則治, 不得下之情則亂. 何以知其然也? 上之爲政得下之情, 則是明於民之善非也. 若苟明於民之善非也, 則得善人而賞之, 得暴人而罰之也. 善人賞而暴人罰, 則國必治. 上之爲政也, 不得下之情, 則是不明於民之善非也. 若苟不明於民之善非, 則是不得善人而賞之, 不得暴人而罰之. 善人不賞而暴人不罰, 爲政若此, 國衆必亂. 故賞罰不得下之情, 而不可不察者也."

묵자가 말했다.

"지자智者는 일을 할 때 반드시 나라와 백성이 다스려지는 배경을 헤아려 일을 하고, 나라와 백성이 어지러워지는 배경을 헤아려 일을 피한다. 나라와 백성이 다스려지는 배경을 헤아린다는 것은 무은 뜻인가? 윗사람이 정사를 펼 때 아랫사람들의 실정을 파악하면 다스려지고, 그렇지 못하면 어지러워진다는 뜻이다. 무엇으로 그렇다는 것을 알 수 있는가? 윗사람이 정사를 펴면서 아랫사람의 실정을 파악한다는 것은 곧 백성들의 선행과 비행에 밝다는 것을 의미한다. 실로 백성의 선행과 비행에 밝다면 곧 선한 자를 파악해 상을 주고 포학한 자를 파악해 벌을 줄 것이다. 선한 자가 상을 받고 포학한 자가 벌을 받으면 나라는 반드시 잘 다스려질 것이다. 윗사람이 정사를 펴면서 아랫사람의 실정을 파악치 못하면 백성의 선행과 비행에 밝지 못하다는 뜻이다. 실로 백성들의 선행과 비행에 밝지 못하면 선한 자를 파악해 상을 주거나, 포학한 자를 파악해 벌을 주는 일이 불가능해진다. 선한 자가 상을 받지 못하고, 포학한 자가 벌을 받지 않으면 아무리 정사를 열심히 한들 나라와 백성은 반드시 어지러워질 것이다. 상과 벌을 내리면서 아랫사람의 실정을 정확히 파악치 않으면 안 되는 이유다. 자세히 살피지 않을 수 없다."

피지辟之의 '피'는 피避와 통한다. 고상벌故賞罰의 원문에는 '벌'이 없다. 유월 등은 '상' 뒤에 벌罰이 생략된 것으로 보았다. 이를 좇았다.

13-2

然計得下之情將奈何可, 故子墨子曰, "唯能以尙同一義爲政, 然後可矣. 何以知尙同一義之可而爲政於天下也? 然胡不審稽古之治爲政之說乎? 古者天之始生民未有正長也, 百姓爲人. 若苟百姓爲人, 是一人一義, 十人十義, 百人百義, 千人千義. 逮至人之衆不可勝計也, 則其所謂義者, 亦不可勝計. 此皆是其義而非人之義, 是以厚者有鬪而薄者有爭. 是故天下之欲同一天下之義也, 是故選擇賢者立爲天子. 天子以其知力爲未足獨治天下, 是以選擇其次立爲三公. 三公又以其知力爲未足獨左右天子也, 是以分國建諸侯. 諸侯又以其知力爲未足獨治其四境之內也, 是以選擇其次立爲卿之宰. 卿之宰又以其知力爲未足獨左右其君也, 是以選擇其次, 立而爲鄕長·家君. 是故古者天子之立三公·諸侯·卿之宰·鄕長·家君, 非特富貴游佚而擇之也, 將使助治亂刑政也. 故古者建國設都, 乃立后王君公, 奉以卿士師長, 此非欲用說也, 唯辯而使助治天明也."

아랫사람의 실정을 정확히 파악코자 하면 어찌해야 하는가? 묵자가 말했다.

"오직 윗사람과 뜻을 같이 한 연후에 가능할 것이다. 무엇으로 뜻을 하나로 한 연후에 천하를 능히 다스릴 수 있다는 것을 알 수 있는가? 어찌하여 옛 사람이 행한 정사의 정황을 자세히 살피지 않는 것인가? 옛날 하늘이 처음으로 인류를 만들어 아직 관장이 없었을 때 백성들 모두 하나로 묶이지 못했다. 실로 백성들이 하나로 묶이지 못할 경우 1명이면 1가지, 10명이면 10가지, 100명이면 100가지 뜻이 존재하고, 사람이 그 수를 헤아릴 수 없을 정도로 불어나면 그 뜻 또한 헤아릴 수 없을 정도로 불어나게 된다. 사람들이 자신의 뜻만 옳고, 남의 뜻은 그르다며 서로 상대방을 비난하게 된 이유다. 그리되면 크게는 서로 목숨을 내걸고 싸우는 일이 빚어지고, 작게는 서로 양보 없이 다투는 일이 빚어지게 된다. 천하 사람들이 천하의 뜻을 하나로 묶고자 한 이유가 여기에 있다. 현자를 골라 세워 천자로 삼은 배경이다. 천자는 자신의 지혜와 힘만으로는 천하를 다스리기에 부족하다. 그 다음 가는 사람을 선택해 삼공으로 세운 이유다.

그러나 삼공 역시 자신의 지혜와 힘만으로는 천자를 보필키에 부족하다. 천하를 여럿으로 나눠 제후를 봉한 이유다. 그러나 제후 또한 자신의 지혜와 힘만으로는 사방의 영토를 다스리기에 부족하다. 그 다음 가는 사람을 선택해 경卿과 재상宰相으로 세운 이유다. 그러나 경과 재상 역시 자신의 지혜와 힘만으로는 군주를 보좌하기에 부족하다. 그 다음 가는 사람을 선택해 향장鄕長과 가군家君으로 삼은 이유다. 옛날 천자가 삼공과 제후, 경과 재상, 향장과 가군을 차례로 세운 것은 유독 그들만을 부귀하게 만들어 편히 놀게 하려고 그런 게 아니다. 나라를 다스리고 정사를 펴는데 도움을 주게 하려고 그런 것이다. 옛날 나라와 도읍을 정하고 여러 제후를 세운 뒤 경사卿士 등의 관장들로 하여금 받들게 한 것은 그들을 편히 지내게 해주려고 그런 게 아니다. 오직 일을 나눠 맡김으로써 천하를 밝게 다스리는데 도움을 주게 하려고 그런 것이다."

연계득하지정然計得下之情의 '연'은 즉則과 같다. 백성위인百姓爲人은 백성들이 서로 뒤섞이지 못했다는 의미이다. 여기의 '인'은 별개로 존재하는 인형과 같은 존재를 상징한다. 좌우천자左右天子의 '좌우'는 보필의 뜻으로 좌우佐佑와 같다. 경지재卿之宰의 '지'를 손이양은 여與로 풀이했다. 가군家君은 크게 3가지 뜻이 있다. 첫째, 춘추시대 경대부의 봉지에서 일하는 하급관원을 뜻한다. 서리胥吏의 뜻에 가깝다. 둘째, 자신의 부친을 지칭한다. 셋째, 남의 부친을 높여 부를 때 사용한다. 현가군賢家君, 족하가군足下家君 등이 그렇다. 여기서는 첫 번째 의미로 사용된 것이다. 치란형정治亂刑政의 '란'을 손이양은 연자로 보았다. 그러나 '란'도 치治의 뜻을 지니고 있다. '치란'을 치리治理로 해석하면 된다. 비욕용열非欲用說의 '열'을 왕인지와 손이양 등은 일逸의 잘못으로 보았다. 중편에 용일用佚 표현이 나온다. 그러나 '열'을 기뻐할 열悅로 해석할 경우 큰 무리는 없다.

13-3

今此何爲人上而不能治其下, 爲人下而不能事其上? 則是上下相賊也. 何故以然? 則義不同也. 若苟義不同者有黨, 上以若人爲善, 將賞之. 若人唯使得上之賞, 而辟百姓之毁, 是以爲善者必未可使勸, 見有賞也. 上以若人爲暴, 將罰之, 若人唯使得上之罰, 而懷百姓之譽, 是以爲暴者必未可使沮, 見有罰也. 故計上之賞譽, 不足以勸善. 計其毁罰, 不足以沮暴. 此何故以然? 則義不同也.

지금 어찌하여 사람들은 윗자리에 앉아 있으면서 아랫사람을 제대로 다스리지 못하고, 아랫자리에 앉아 있으면서 윗사람을 제대로 섬기지 못하는 것인가? 위아래가 서로 해치려 했기 때문이다. 왜 그리 되었는가? 뜻이 같지 않기 때문이다. 실로 뜻이 같지 않은 자들이 붕당을 이루면 군주가 그런 자들이 선하다는 이유로 포상할 경우 비록 포상을 받을지라도 백성들의 비난을 피할 수는 없다. 그런 식으로는 반드시 선을 권할 수도 없고, 헛되이 상만 내려주는 셈이 된다. 군주가 그런 자들이 포학하다는 이유로 벌을 내릴 경우 비록 처벌을 받을지라도 백성들의 칭송을 막을 수는 없다. 그런 식으로는 포학한 행동을 막을 수도 없고, 헛되이 벌을 내리게 된다. 군주의 포상褒賞과 칭예稱譽를 헤아려 볼 때 선을 권장하기에 부족하고, 비훼誹毁와 처벌處罰을 헤아려 볼 때 포학을 막기에 부족한 것은 이 때문이다. 이는 무슨 까닭인가? 위아래의 뜻이 같지 않기 때문이다.

유당有黨은 붕당을 이뤄 사리를 취한다는 뜻이다. 유사唯使의 '유'를 손이양은 수雖의 잘못으로 보았다. 회백성지예懷百姓之譽의 '회'는 백성들의 칭송을 얻게 된다는 뜻으로 사용됐다. 상예賞譽의 '예'는 칭찬하여 높이 평가하는 것을 뜻하고, 훼벌毁罰의 '훼'는 헐뜯어 명예를 훼손하는 것을 말한다.

13-4

然則欲同一天下之義, 將奈何可? 故子墨子言曰, "然胡不賞使家君, 試用家君發憲布令其家? 曰, '若見愛利家者必以告, 若見惡賊家者亦必以告. 若見愛利家以告, 亦猶愛利家者也. 上得且賞之, 衆聞則譽之. 若見惡賊家不以告, 亦猶惡賊家者也. 上得且罰之, 衆聞則非之.' " 是以遍若家之人, 皆欲得其長上之賞譽, 辟其毁罰. 是以善言之, 不善言之. 家君得善人而賞之, 得暴人而罰之. 善人之賞而暴人之罰, 則家必治矣. 然計若家之所以治者何也? 唯以尙同一義爲政故也.

그렇다면 천하의 뜻을 하나로 묶고자 할 경우 어찌해야 하는가? 묵자가 말했다.

"어찌하여 가군家君으로 하여금 하속들에게 다음과 같은 헌령憲令을 발포하지 않는 것인가? '만일 집안을 사랑하고 이롭게 하는 자를 보면 반드시 고하고, 집안을 미워하고 해치는 자를 보아도 반드시 이를 고하도록 하라. 집안을 사랑하고 이롭게 하는 자를 보고 이를 고하면 이 또한 집안을 사랑하고 이롭게 하는 것이다. 윗사람은 이를 알면 상을 내리고, 중인衆人은 이를 들으면 칭찬해 준다. 집안을 미워하고 해치는 자를 보고도 이를 고하지 않으면 이 또한 집안을 미워하고 해치는 짓이다. 윗사람은 이를 알면 벌을 내리고, 중인은 이를 들으면 비난토록 한다.'"

이런 식으로 모든 집안사람에게 이를 알린다. 그러면 사람들 모두 가군의 포상과 칭예를 얻고, 비훼와 징벌을 피하려 들 것이다. 그래야만 선행도 보고하고, 비행도 보고하게 된다. 가군은 선한 자가 있으면 상을 내리고, 포학한 자가 있으면 벌을 내린다. 선한 자가 포상을 받고 포학한 자가 처벌을 받으면 그 집안은 반드시 잘 다스려질 것이다. 한 집안이 잘 다스려지는 까닭은 무엇인가? 오직 위아래의 뜻을 하나로 묶어 정사에 임한 덕분이다.

호불상사가군胡不賞使家君의 '상'을 왕인지와 손이양은 '일찍이'의 뜻인 상嘗의 잘못으로 보았다. '사가군'을 두고 왕인지는 뒤에 시용가군試用家君이 나오는 점에 주목해 연자로 파악했다. 손이양도 이를 좇았다. 발헌포령發憲布令은 발포헌령發布憲令의 강조용법이다. '헌령'은 나라의 기본 되는 법령을 지칭한다.

13-5

家旣已治, 國之道盡此已邪? 則未也. 國之爲家數也甚多, 此皆是其家而非人之家, 是以厚者有亂, 而薄者有爭. 故又使家君總其家之義, 以尙同於國君. 國君亦爲發憲布令於國之衆, 曰, "若見愛利國者必以告, 若見惡賊國者亦必以告. 若見愛利國以告者, 亦猶愛利國者也. 上得且賞之, 衆聞則譽之. 若見惡賊國不以告者, 亦猶惡賊國者也. 上得且罰之, 衆聞則非之." 是以遍若國之人, 皆欲得其長上之賞譽, 避其毁罰. 是以民見善者言之, 見不善者言之. 國君得善人而賞之, 得暴人而罰之. 善人賞而暴人罰, 則國必治矣. 然計若國之所以治者何也? 唯能以尙同一義爲政故也.

집안이 이미 잘 다스려졌다면 나라를 잘 다스리는 길 또한 여기에 있는 것인가? 그것만으로는 미흡하다. 나라에는 집안의 수가 매우 많다. 자신의 집안은 옳다고 하고, 남의 집안은 그르다고 하는 이유다. 심한 경우는 혼란을 일으키고, 가벼운 경우도 남의 집안과 다툰다. 가군으로 하여금 해당 집안의 뜻을 총괄해 군주의 뜻과 하나로 묶어야 하는 이유다. 군주 역시 나라의 백성에게 다음과 같은 헌령을 발포한다.

"만일 나라를 사랑하고 이롭게 하는 자를 보면 반드시 고하고, 나라를 미워하고 해치는 자를 보아도 반드시 이를 고하도록 하라. 나라를 사랑하고 이롭게 하는 자를 보고 이를 고하면 이 또한 나라를 사랑하고 이롭게 하는 것이다. 윗사람은 이를 알면 상을 내리고, 중인은 이를 들으면 칭찬해 준다. 나라를 미워하고 해치는 자를 보고도 이를 고하지 않으면 이 또한 나라를 미워하고 해치는 짓이다. 윗사람은 이를 알면 벌을 내리고, 중인은 이를 들으면 비난토록 한다."

이런 식으로 나라의 모든 사람에게 이를 알린다. 그러면 사람들 모두 윗사람의 포상과 칭예를 얻고, 비훼와 징벌을 피하려 들 것이다. 그래야만 백성들은 선행도 보고하고, 비행도 보고하게 된다. 군주는 선한 자가 있으면 상을 내리고, 포학한 자가 있으면 벌을 내린다. 선한 자가 포상을 받고 포학한 자가 처벌을 받으면 그 나라는 반드시 잘 다스려질 것이다. 나라가 잘 다스려지는 까닭은 무엇인가? 오직 위아래의 뜻을 하나로 묶어 정사에 임한 덕분이다.

상득차상지上得且賞之의 '차'가 일부 판본에는 즉則으로 되어 있다.

13-6

國旣已治矣, 天下之道盡此已邪? 則未也. 天下之爲國數也甚多, 此皆是其國而非人之國, 是以厚者有戰, 而薄者有爭. 若又使國君選其國之義, 以尙同於天子. 天子亦爲發憲布令於天下之衆, 曰, "若見愛利天下者必以告, 若見惡賊天下者亦以告. 若見愛利天下以告者, 亦猶愛利天下者也. 上得則賞之, 衆聞則譽之. 若見惡賊天下不以告者, 亦猶惡賊天下者也. 上得且罰之, 衆聞則非之." 是以遍天下之人, 皆欲得其長上之賞譽, 避其毁罰. 是以見善•不善者告之. 天子得善人而賞之, 得暴人而罰之. 善人賞而暴人罰, 天下必治矣. 然計天下之所以治者何也? 唯而以尙同一義爲政故也.

나라가 이미 잘 다스려졌다면 천하를 잘 다스리는 길 또한 여기에 있는 것인가? 그것만으로는 미흡하다. 천하에는 나라의 수가 매우 많다. 자신의 나라는 옳다고 하고, 다른 나라는 그르다고 하는 이유다. 심한 경우는 천하를 어지럽히고, 가벼운 경우도 남의 나라와 다툰다. 군주로 하여금 해당국의 뜻을 총괄해 천자의 뜻과 하나로 묶어야 하는 이유다. 천자 역시 천하의 백성에게 다음과 같은 헌령을 발포한다.

"만일 천하를 사랑하고 이롭게 하는 자를 보면 반드시 고하고, 천하를 미워하고 해치는 자를 보아도 반드시 이를 고하도록 하라. 천하를 사랑하고 이롭게 하는 자를 보고 이를 고하면 이 또한 천하를 사랑하고 이롭게 하는 것이다. 윗사람은 이를 알면 상을 내리고, 중인은 이를 들으면 칭찬해 준다. 천하를 미워하고 해치는 자를 보고도 이를 고하지 않으면 이 또한 천하를 미워하고 해치는 짓이다. 윗사람은 이를 알면 벌을 내리고, 중인은 이를 들으면 비난토록 한다."

이런 식으로 천하의 모든 사람에게 이를 알린다. 그러면 천하인 모두 윗사람의 포상과 칭예를 얻고, 비훼와 징벌을 피하려 들 것이다. 그래야만 천하의 모든 사람이 선행도 보고하고, 비행도 보고하게 된다. 천자는 선한 자가 있으면 상을 내리고, 포학한 자가 있으면 벌을 내린다. 선한 자가 포상을 받고 포학한 자가 처벌을 받으면 천하는 반드시 잘 다스려질 것이다. 천하가 잘 다스려지는 까닭은 무엇인가? 오직 위아래의 뜻을 하나로 묶어 정사에 임한 덕분이다.

선기국지의選其國之義의 '선'을 유월은 나란히 한다는 뜻의 제齊와 통하는 것으로 보았다.

13-7

天下旣已治, 天子又總天下之義以尙同於天. 故當尙同之爲說也, 尙用之天子, 可以治天下矣. 中用之諸侯, 可而治其國矣. 小用之家君, 可而治其家矣. 是故大用之治天下不窕, 小用之治一國一家而不橫者, 若道之謂也. 故曰, "治天下之國若治一家, 使天下之民若使一夫." 意獨子墨子有此, 而先王無此其有邪? 則亦然也. 聖王皆以尙同爲政, 故天下治. 何以知其然也? 於先王之書也『大誓』之言然, 曰, "小人見姦巧, 乃聞不言也, 發罪鈞." 此言見淫辟不以告者, 其罪亦猶淫辟者也.

천하가 이미 잘 다스려졌다면 천자 또한 천하의 뜻을 하늘의 뜻과 하나로 묶어야 한다. 그래야 상동尙同의 이치가 위로는 천자에게 적용돼 천하를 잘 다스리고, 가운데로는 제후에게 적용돼 나라를 잘 다스리고, 아래로는 가군에게 적용돼 집안을 잘 다스리게 된다. 크게 사용해 천하를 다스릴지라도 부족하지 않게 되고, 작게 사용해

한 나라나 한 집안을 다스릴지라도 막히는 일이 없는 것은 바로 '상동'의 이치를 언급한 것이다. 그래서 이같이 말한다.

"천하의 여러 나라를 다스리는 것은 한 집안을 다스리는 것과 같고, 천하의 백성을 부리는 것은 한 집안의 남자를 부리는 것과 같다."

그렇다면 오직 묵자만 그리 주장하고, 선왕은 그리하지 않았는가? 선왕도 그같이 주장했다. 선왕이 '상동'의 이치로 정사를 편 덕분에 천하가 잘 다스려졌다. 무엇으로 그것을 알 수 있는가? 선왕의 글인 『서경』「태서大誓」에 나오는 다음 구절이 그렇다.

"소인이 간교한 짓을 드러내면 곧바로 고하도록 하라. 고하지 않으면 그 죄가 똑같다."

이는 음란하고 편벽된 짓을 보고도 곧바로 고하지 않는 것은 그 죄가 똑같다는 사실을 언급한 것이다.

상용지尙用之의 '상'은 상上과 통한다. 소용지가군小用之家君의 '소용지'를 왕인지는 하용지下用之의 잘못으로 보았다. 부조不窕의 '조'는 부족不足의 뜻으로 왕인지는 불만不滿으로 새겼다. 불횡不横의 '횡'을 왕인지는 막힌다는 뜻의 충색充塞으로 풀이했다. 태서大誓는 지금의 『서경』「주서」에 나오는 '태서泰誓'를 말한다. 무왕이 은나라 주紂를 칠 때 군사들에게 한 훈시라고 한다. 현존 『서경』에는 '소인현간교小人見姦巧, 내문불언야乃聞不言也' 구절이 나오지 않고 발죄균發罪鈞이 궐죄유균厥罪惟鈞으로 되어 있다. '균'은 균등均等의 뜻이다.

13-8

故古之聖王治天下也，其所差論以自左右羽翼者皆良，外爲之人，助之視聽者衆, 故與人謀事, 先人得之. 與人擧事, 先人成之. 光譽令聞, 先人發之. 唯信身而從事, 故利若此. 古者有語焉, 曰, "一目之視也, 不若二目之視也. 一耳之聽也, 不若二耳之聽也. 一手之操也, 不若二手之彊也." 夫唯能信身而從事, 故利若此. 是故古之聖王之治天下也, 千里之外有賢人焉, 其鄕里之人皆未之均聞見也, 聖王得而賞之. 千里之內有暴人焉, 其鄕里未之均聞見也, 聖王得而罰之. 故唯毋以聖王爲聰耳明目與, 豈能一視而通見千里之外哉? 一聽而通聞千里之外哉? 聖王不往而視也, 不就而聽也. 然而使天下之爲寇亂盜賊者周流天下無所重足者, 何也. 其以尙同爲政善也.

옛 성왕은 천하를 다스리면서 자신의 좌우에서 보필할 자를 선발했는데 이들 모두 현량賢良한 인물이었다. 당시 성왕을 도와 듣거나 보는 역할을 수행한 자가 매우 많았다. 사람들과 일을 꾀하면 남보다 먼저 얻고, 거사를 하면 남보다 앞서 성사시키고, 영예와 아름다운 명성을 남보다 앞서 떨친 이유다. 오직 성실한 자세로 일한 덕분이니, 그 이익이 이와 같았다. 옛 사람은 이같이 말했다.

"한 눈으로 보는 것은 두 눈으로 보느니만 못하고, 한 귀로 듣는 것은 두 귀로 듣느니만 못하고, 한 손으로 잡는 것은 두 손의 강력強力만 못하다."

성실한 자세로 일한 덕분에 그 이익이 이와 같을 수 있었다. 옛 성왕은 천하를 다스리면서 천리 밖에 현자가 있을 경우 마을 사람이 그에 관한 얘기를 고루 듣거나 보지 못했을지라도 이를 알아내 상을 내렸다. 또 천리 안에 포학한 자가 있을 경우 마을 사람이 그에 관한 얘기를 고루 듣거나 보지 못했을지라도 이를 알아내 벌을 내렸다. 성왕이 아무리 총명할지라도 어찌 한 눈으로 천리 밖을 보고,

한 귀로 천리 밖의 일을 들을 수 있겠는가? 성왕은 직접 가서 보거나, 듣는 게 아니다. 그럼에도 반역과 도적질을 일삼는 자들이 천하를 두루 돌아다니고자 할지라도 거듭 발붙일 곳이 없도록 만든 것은 과연 무슨 까닭인가? 위아래의 뜻을 하나로 묶어 정사를 잘 펼친 덕분이다.

차론差論의 '차'와 '론'을 왕인지는 가릴 택擇의 뜻으로 새겼다. 좌우우익左右羽翼의 '우익'은 원래 날개를 뜻하나 여기서는 보필한다는 의미로 사용된 것이다. '좌우'와 같다. 외위지인外爲之人의 '외위'를 손이양은 연자로 간주하면서 앞에 나온 구절의 양良과 합쳐 양지인良之人으로 풀이했다. 광예영문光譽令聞은 영광스런 칭송과 아름다운 명성을 뜻한다. 균문견均聞見은 두루 듣거나 본다는 의미이다. 유무唯毋의 '유'는 수雖와 통한다. '무'를 두고 손이양은 아무런 뜻이 없는 허사虛辭인 어조사語助辭로 보았다. 총이명목聰耳明目은 총명이목聰明耳目의 강조용법이다. 중족重足은 거듭 발을 들여놓는다는 뜻이다. '족'이 동사로 사용됐다.

13-9

是故子墨子曰, "凡使民尙同者, 愛民不疾, 民無可使." 曰, "必疾愛而使之, 致信而持之. 富貴以道其前, 明罰以率其後. 爲政若此, 唯欲毋與我同, 將不可得也." 是以子墨子曰, "今天下王公大人士君子, 中情將欲爲仁義, 求爲上士, 上欲中聖王之道, 下欲中國家百姓之利, 故當尙同之說而不可不察, 尙同爲政之本, 而治要也."

묵자가 말했다.

"백성들로 하여금 뜻을 하나로 묶도록 해야 한다. 애민愛民의 정신이 깊지 못하면 백성은 결코 부릴 수 없다."

이는 이같이 풀이할 수 있다.

"반드시 절실히 백성을 애호하는 식으로 부려야 하고, 성심으로 뒷받침해 주어야 한다. 부귀로 앞에서 인도하고, 엄정한 형벌로 뒤에서 밀어주어야 한다. 이런 식으로 정사를 펴면 설령 자신과 뜻을 같이하기를 바라지 않을지라도 그리 될 수 없을 것이다."

그래서 묵자는 이같이 말했다.

"지금 천하의 왕공대인과 사군자가 실로 인의를 행하고 훌륭한 선비를 구하고자 하면 위로는 성왕의 도에 부합토록 해야 하고, 아래로는 백성의 이익에 부합토록 애써야 한다. 뜻을 하나로 묶는 '상동'의 이치를 잘 살피지 않으면 안 되는 이유다. '상동'은 정치의 근본이자 다스림의 요체이기 때문이다."

애민부질愛民不疾의 '부질'을 손이양은 필질必疾의 잘못으로 보았다. 유욕무여아동唯欲毋與我同의 '유'는 고대에 수雖와 같은 뜻으로 사용됐다. 중정中情은 '충심으로'의 뜻을 지닌 부사어로 사용된 것이다. 여기의 '정'은 성誠과 통한다. 상사上士는 덕성이 뛰어난 상급의 선비를 지칭한다. 치요治要는 통치의 관건을 뜻한다.

권 4
제14장 겸애(兼愛) 상

'겸애'는 묵가사상을 하나로 요약한 용어에 해당한다. 모든 사람을 차별 없이 두루 사랑하는 것을 뜻한다. 겸兼은 두루 주周와 통한다. 가까운 사람을 더욱 가까이 하는 이른바 친친親親에 입각한 유가의 별애別愛와 극명한 대조를 이루는 대목이다. 인仁에 입각한 공자의 박애博愛 사상을 천하의 모든 사람으로 두루 확장할 것을 역설한 결과다. 주목할 것은 '겸애'가 서로 이익을 나누는 교리交利와 불가분의 관계를 맺고 있는 점이다. '겸애'는 일견 모든 사람을 두루 차별 없이 사랑하는 것이 불가능하다는 점에서 볼 때 맹목적이라는 지적을 면키 어렵다. 그러나 이익을 서로 나누는 '교리'를 덧붙여 생각하면 비록 극히 이상적이기는 하나 나름 일리가 있다. 상중하 3편으로 나뉘어 있으나 내용상 큰 차이는 없다.

14-1

聖人以治天下爲事者也, 必知亂之所自起, 焉能治之. 不知亂之所自起, 則不能治. 譬之如醫之攻人之疾者然, 必知疾之所自起, 焉能攻之. 不知疾之所自起, 則弗能攻. 治亂者何獨不然? 必知亂之所自起, 焉能治之. 不知亂之所自起, 則弗能治. 聖人以治天下爲事者也, 不可不察亂之所自起.

성인은 천하를 다스리는 일에 종사하는 까닭에 반드시 혼란이 일어나는 까닭을 잘 알아야 한다. 그래야 천하를 제대로 다스릴 수 있기 때문이다. 그렇지 못하면 천하를 제대로 다스릴 길이 없다. 비유하면 마치 의원이 사람의 병을 고치는 것과 같다. 의원도 반드시 병이 생겨난 까닭을 알아야 병을 고칠 수 있으니, 그렇지 못하면 고칠 길이 없다. 혼란을 다스리는 것이 어찌 일찍이 이와 같지 않은 적이 있었는가? 반드시 혼란이 일어나는 까닭을 알아야 천하를 다스릴 수 있으니, 그렇지 못하면 다스릴 길이 없다. 성인은 천하를 다스리는 일에 종사하는 까닭에 혼란이 일어나는 까닭을 반드시 잘 살피지 않으면 안 된다.

언능치지焉能治之의 '언'을 왕인지는 '이내'의 뜻을 지닌 내乃로 풀이했다. 공인지질攻人之疾의 '공'은 병을 고치는 치료의 뜻으로 사용된 것이다.

14-2

當察亂何自起? 起不相愛. 臣子之不孝君父, 所謂亂也. 子自愛, 不愛父, 故虧父而自利. 弟自愛, 不愛兄, 故虧兄而自利. 臣自愛, 不愛君, 故虧君而自利, 此所謂亂也. 雖父之不慈子, 兄之不慈弟, 君之不慈臣, 此亦天下之所謂亂也. 父自愛也, 不愛子, 故虧子而自利. 兄自愛也, 不愛弟, 故虧弟而自利. 君自愛也, 不愛臣, 故虧臣而自利. 是何也? 皆起不相愛.

일찍이 혼란이 어디서 비롯됐는지 살펴본 적이 있는가? 서로 사랑하지 않는데서 비롯된 것이다. 신하와 자식이 군주와 부모에게 불효하고 불경한 것을 일컬어 '난亂'이라고 한다. 자식은 자신만 사랑하고 부모는 사랑하지 않는 까닭에 부모를 해치면서 자신을 이롭게 한다. 아우 또한 자신만 사랑하고 형은 사랑하지 않는 까닭에 형을 해치면서 자신을 이롭게 한다. 신하 역시 자신만 사랑하고 군주는 사랑하지 않는 까닭에 군주를 해치면서 자신을 이롭게 한다. 이것이 바로 '난'이다. 부모가 자식에게, 형이 아우에게, 군주가 신하에게 자애롭지 않은 것 역시 천하의 '난'에 해당한다. 부모는 자신만 사랑하고 자식은 사랑하지 않는 까닭에 자식을 해치면서 자신을 이롭게 한다. 형 또한 자신만 사랑하고 아우는 사랑하지 않는 까닭에 아우를 해치면서 자신을 이롭게 한다. 군주 역시 자신만 사랑하고 신하는 사랑하지 않는 까닭에 신하를 해치면서 자신을 이롭게 한다. 이는 무슨 까닭인가? 모두 서로 사랑하지 않는데서 비롯된 것이다.

상찰當察의 '상'을 손이양은 상嘗의 가차로 보았다. 불효군부不孝君父의 '효'는 효경孝敬의 뜻으로 사용됐다. 부모에 대한 효성孝誠과 군주에 대한 충경忠敬을 의미한다. 휴부虧父의 '휴'는 손상損傷의 뜻이다. 부자제不慈弟의 '자'는 자애慈愛를 의미한다.

14-3

雖至天下之爲盜賊者亦然. 盜愛其室, 不愛其異室, 故竊異室以利其室. 賊愛其身, 不愛人, 故賊人以利其身. 此何也? 皆起不相愛. 雖至大夫之相亂家, 諸侯之相攻國者亦然. 大夫各愛其家, 不愛異家, 故亂異家以利其家. 諸侯各愛其國, 不愛異國, 故攻異國以利其國. 天下之亂物, 具此而已矣. 察此何自起! 皆起不相愛.

천하의 도적일지라도 또한 그러하다. 도적은 자신의 집안만 사랑하고 다른 집안은 사랑하지 않는 까닭에 다른 집안의 것을 훔쳐 자신의 집을 이롭게 한다. 도적이 자신만 사랑하고 남은 사랑하지 않는 까닭에 남을 해치면서 자신을 이롭게 한다. 이는 무슨 까닭인가? 모두 서로 사랑하지 않은데서 비롯된 것이다. 대부들이 서로 남의 집안을 어지럽히고, 제후들이 서로 남의 나라를 공격하는 것 역시 그러하다. 대부들은 자신의 집안만 사랑하고 남의 집안은 사랑하지 않는 까닭에 남의 집안을 어지럽히면서 자신의 집안을 이롭게 한다. 제후들은 자신의 나라만 사랑하고 남의 나라는 사랑하지 않는 까닭에 남의 나라를 공격하면서 자신의 나라를 이롭게 한다. 천하를 어지럽히는 것은 모두 여기서 비롯된 것이다. 이것이 어디서 비롯된 것인지 자세히 살펴보도록 하라! 모두 서로 사랑하지 않는데서 비롯된 것이다.

도적盜賊의 '도'는 절도, '적'은 살상을 의미한다.

14-4

若使天下兼相愛, 愛人若愛其身, 猶有不孝者乎? 視父兄與君若其身, 惡施不孝. 猶有不慈者乎? 視弟子與臣若其身, 惡施不慈? 故不孝不慈亡有, 猶有盜賊乎? 故視人之室若其室, 誰竊? 視人身若其身, 誰賊? 故盜賊亡有, 猶有大夫之相亂家, 諸侯之相攻國者乎? 視人家若其家, 誰亂? 視人國若其國, 誰攻? 故大夫之相亂家, 諸侯之相攻國者亡有. 若使天下兼相愛, 國與國不相攻, 家與家不相亂, 盜賊無有, 君臣父子皆能孝慈, 若此, 則天下治. 故聖人以治天下爲事者, 惡得不禁惡而勸愛. 故天下兼相愛則治, 交相惡則亂. 故子墨子曰, "不可以不勸愛人者, 此也."

만일 천하 사람들로 하여금 두루 서로 사랑하고, 남을 사랑하는 것을 자신을 사랑하듯이 하면 어찌 불효하고 불경한 일이 빚어질 리 있겠는가? 부형과 군주를 자신을 대하듯 하면 어찌 불효와 불경을 행하고, 자애롭지 못한 일이 빚어질 리 있겠는가? 아우와 신하를 자신을 대하듯 하면 어찌 자애롭지 못한 일이 빚어질 리 있겠는가? 불효하며 불경하고 자애롭지 못한 일이 없으면 어찌 도적이 존재할 리 있겠는가? 남의 집안을 자신의 집안을 보듯이 하면 누가 남의 집안 물건을 훔치겠는가? 남을 자신을 보듯이 하면 누가 남을 해치겠는가? 도둑이 사라진 마당에 대부가 서로 남의 집안을 어지럽히거나 제후가 서로 남의 나라를 공격할 리 있겠는가? 남의 집안을 자신의 집안을 보듯이 하면 누가 남의 집안을 어지럽히겠는가? 남의 나라를 자신의 나라를 보듯이 하면 누가 남의 나라를 공격하겠는가? 그러면 대부들이 서로 남의 집안을 어지럽히고, 제후들이 서로 남의 나라를 공격하는 일이 사라질 것이다. 만일 천하 사람들로 하여금 모두 서로 사랑하도록 만들면 나라와 나라는 서로 공격하는 일이 없을 것이고, 집안과 집안은 서로 어지럽히는 일이 없을 것이다. 그러면 도적이 사라지지고, 군신과 부자가 서로 효도하며 자애로운 일을 실천할 수 있다. 천하 또한 잘 다스려질 것이다. 성인은 천하를 다스리는 일에 종사하는 자이다. 어찌 악을 금하고 사랑을 권하는 일을 행하지 않을 리 있겠는가? 천하 사람이 두루 서로 사랑하면 천하가 잘 다스려지고, 정반대로 오가며 서로 미워하면 어지러워지게 된다.

묵자가 말했다.

"남을 두루 사랑하라고 권하지 않을 수 없으니, 그 이치가 바로 여기에 있다."

겸상애兼相愛는 두루 사랑하는 겸애兼愛와 서로 사랑하는 상애相愛를 총칭한 말이다. 오시불효惡施不孝의 '오'는 '어찌'의 뜻으로 하고何故와 같다. 무유亡有의 '무'는 무無와 통한다.

제15장 겸애(兼愛) 중

상편의 주장을 부연해 설명하고 있다.

15-1

子墨子言曰, "仁人之所以爲事者, 必興王天下之利, 除去天下之害, 以此爲事者也." 然則天下之利何也? 天下之害何也? 子墨子言曰, "今若國之與國之相攻, 家之與家之相簒, 人之與人之相賊, 君臣不惠忠, 父子不慈孝, 兄弟不和調, 此則天下之害也." 然則崇此害亦何用生哉? 以不相愛生邪? 子墨子言, "以不相愛生." 今諸侯獨知愛其國, 不愛人之國, 是以不憚擧其國, 以攻人之國. 今家主獨知愛其家, 而不愛人之家, 是以不憚擧其家, 以簒人之家. 今人獨知愛其身, 不愛人之身, 是以不憚擧其身, 以賊人之身. 是故諸侯不相愛則必野戰, 家主不相愛則必相簒, 人與人不相愛則必相賊, 君臣不相愛則不惠忠, 父子不相愛則不慈孝, 兄弟不相愛則不和調. 天下之人皆不相愛, 强必執弱, 富必侮貧, 貴必敖賤, 詐必欺愚. 凡天下禍簒怨恨其所以起者, 以不相愛生也, 是以仁者非之.

묵자가 말했다.

"어진 사람이 일을 하는 것은 반드시 천하의 이익을 일으키고, 천하의 폐해를 제거하려는 취지이다. 이들이 일을 하는 이유다."

그렇다면 천하의 이익은 무엇이고, 폐해는 무엇인가? 묵자가 말했다.

"지금 나라와 나라가 서로 공격하고, 집안과 집안이 서로 빼앗고, 사람과 사람이 서로 해치고, 군신이 서로 은혜롭거나 충성스럽지 않고, 부자가 서로 자애롭거나 효성스럽지 않고, 형제가 서로 화목하지 않으면 이것이 바로 천하의 폐해이다."

이런 폐해를 살펴볼 때 이는 어디서 비롯된 것인가? 서로 사랑하지 않은데서 비롯된 것인가? 묵자가 말했다.

"서로 사랑하지 않는데서 폐해가 생긴다."

지금 제후들은 자신의 나라만 사랑할 줄 알고 남의 나라는 사랑할 줄 모르는 까닭에 나라의 병력을 동원해 남의 나라를 공격하는데 거리낌이 없다. 지금 경대부는 자신의 집안만 사랑할 줄 알고 남의 집안은 사랑할 줄 모르는 까닭에 집안의 가솔을 동원해 남의 집안의 재산을 빼앗는데 거리낌이 없다. 지금 사람들은 자신만 사랑할 줄 알고 남을 사랑할 줄 모르는 까닭에 자신의 힘을 동원해 남을 해치는데 거리낌이 없다. 제후들이 서로 사랑하지 않으면 반드시 들판에서 전쟁을 벌이고, 경대부가 서로 사랑하지 않으면 반드시 서로 빼앗고, 사람들이 서로 사랑하지 않으면 반드시 서로 해친다. 군신이 서로 사랑하지 않으면 서로 은혜롭거나 충성스럽지 않게 되고, 부자가 서로 사랑하지 않으면 서로 자애롭거나 효성스럽지 않게 되고, 형제가 서로 사랑하지 않으면 서로 화목하지 못하게 된다.

천하 사람들이 모두 서로 사랑하지 않으면 강자가 반드시 약자를 억누르고, 부자가 반드시 빈자를 업신여기고, 귀인이 반드시 서민을 오만하게 대하고, 약은 자가 반드시 어리석은 자를 속이게 될 것이다. 무릇 천하의 화난禍難과 찬탈簒奪, 원망怨望, 통한痛恨이 일어나는 근원을 보면 모두 서로 사랑하지 않은데서 기인한 것이다. 어진 사람이 이를 비난하는 이유다.

혜충惠忠은 은혜와 충성, 자효慈孝는 자애와 효도를 뜻한다. 화조和調는 크게 3가지 뜻이 있다. 첫째는 조화调, 둘째는 조미调味, 셋째는 화목和睦이다. 여기서는 '화목'의 뜻으로 사용됐다. 숭차해崇此害의 '숭'을 유월은 찰察의 오자로 보았다. 하용생재何用生哉의 '하용'은 '어찌하여'의 뜻으로 하이何以 내지 하유何由와 같다. 가주家主를 손이양은 경대부卿大夫로 풀이했다.

15-2

既以非之, 何以易之? 子墨子言曰, "以兼相愛•交相利之法易之." 然則兼相愛•交相利之法將奈何哉? 子墨子言, "視人之國若視其國, 視人之家若視其家, 視人之身若視其身. 是故諸侯相愛則不野戰, 家主相愛則不相簒, 人與人相愛則不相賊, 君臣相愛則惠忠, 父子相愛則慈孝, 兄弟相愛則和調." 天下之人皆相愛, 强不執弱, 衆不劫寡, 富不侮貧, 貴不傲賤, 詐不欺愚. 凡天下禍簒怨恨, 可使毋起者, 以相愛生也, 是以仁者譽之.

이를 비난할 경우 무엇으로 이런 상황을 대신할 수 있겠는가? 묵자가 말했다.

"두루 서로 사랑하고, 오가며 서로 이롭게 하는 방법으로 이를 대신하면 된다."

두루 서로 사랑하고, 오가며 서로 이롭게 하는 방법은 어찌해야 가능한가? 묵자가 말했다.

"남의 나라를 자신의 나라를 보듯이 하고, 남의 집안을 자신의 집안을 보듯이 하고, 남을 자신을 보듯이 하면 된다. 그러면 제후들이 서로 사랑해 들판에서 전쟁하는 일이 없고, 경대부가 서로 사랑해 서로 빼앗는 일이 없고, 사람이 서로 사랑해 서로 해치는 일이 없고, 군신이 서로 사랑해 은혜로우며 충성스럽고, 부자가 서로 사랑해 자애로우며 효성스럽고, 형제가 서로 사랑해 화목을 이루게 된다."

천하의 사람들이 모두 서로 사랑하면 강자가 약자를 억누르거나, 다수가 소수를 겁박하거나, 부자가 빈자를 업신여기거나, 귀인이 서민을 오만하게 대하거나, 약은 자가 어리석은 자를 속이거나 하는 일이 없게 된다. 무릇 천하의 화난과 찬탈, 원망, 통한이 빚어지지 않도록 하는 것은 오직 서로 사랑하는 방식으로만 가능하다. 어진 사람이 이를 칭송하는 이유다.

강부집약強不執弱의 '집'은 억압하며 짓누르는 것을 뜻한다. 중불겁과衆不劫寡의 '겁'은 위협을 가하며 압박하는 것을 의미한다.

15-3

然而今天下之士君子曰, "然, 乃若兼則善矣. 雖然, 天下之難物于故也." 子墨子言曰, "天下之士君子特不識其利•辯其故也. 今若夫攻城野戰, 殺身爲名, 此天下百姓之所皆難也. 苟君說之, 則士衆能爲之. 況於兼相愛•交相利, 則與此異." 夫愛人者, 人必從而愛之. 利人者, 人必從而利之. 惡人者, 人必從而惡之. 害人者, 人必從而害之. 此何難之有? 特上弗以爲政, 士不以爲行故也. 昔者晉文公好士之惡衣, 故文公之臣皆牂羊之裘, 韋以帶劍, 練帛之冠, 入以見於君, 出以踐於朝. 是其故何也? 君說之, 故臣爲之也. 昔者楚靈王好士細要, 故靈王之臣皆以一飯爲節, 脇食然後帶, 扶牆然後起. 非期年, 朝有黧黑之色. 是其故何也. 君說之, 故臣能之也. 昔越王句踐好士之勇, 教馴其臣, 和合之, 焚舟失火, 試其士曰, "越國之寶盡在此." 越王親自鼓其士而進之, 士聞鼓音, 破碎亂行, 蹈火而死者, 左右百人有餘. 越王擊金而退之. 是故子墨子言曰, "乃若夫少食•惡衣•殺身而爲名, 此天下百姓之所皆難也. 若苟君說之, 則衆能爲之. 況兼相愛•交相利, 與此異矣. 夫愛人者, 人亦從而愛之. 利人者, 人亦從而利之. 惡人者, 人亦從而惡之. 害人者, 人亦從而害之. 此何難之有焉. 特上不以爲政, 而士不以爲行故也."

지금 천하의 사군자는 이같이 말한다.

"과연 그렇다. 두루 사랑하는 것은 실로 좋은 일이다. 비록 그렇기는 하나 그것은 지극히 어렵고, 천하의 그 어떤 일보다 더 우원迂遠한 일이다."

묵자가 말했다.

"천하의 사군자는 두루 서로 사랑하는 일의 이익을 알지 못하고, 그 배경을 분별하지 못하고 있다. 지금 병사들은 성을 공격키 위해 들판에서 전쟁할 때 자기 몸을 내던지며 명성을 이루고 있다. 이는 천하의 백성들이 모두 어렵게 생각하는 일이나, 군주가 이를 좋아하기에 병사들 모두 그리하는 것이다. 하물며 두루 서로 사랑하고 이롭게 하는 일은 이와 비교할 수 없을 정도로 좋은 일이니 더 말할 게 없다."

무릇 남을 사랑하는 자는 반드시 남도 그를 좇아 사랑하고, 남을 이롭게 하는 자는 반드시 남도 그를 좇아 이롭게 해 준다. 남을 미워하는 자는 반드시 남도 그를 좇아 미워하고, 남을 해치는 자는 반드시 남도 그를 좇아 해치게 된다. 두루 서로 사랑하며 이롭게 하는 일에 무슨 어려움이 있겠는가? 단지 군주가 이를 정사에 도입하지 않고, 선비가 이를 실행하지 않고 있을 뿐이다. 옛날 진문공은 선비들이 누추한 옷을 입고 있는 것을 좋아했다. 신하들 모두 암컷 양의 가죽으로 만들어 입고, 무두질한 가죽 띠로 패도를 둘러차고, 거친 비단의 관을 쓴 채 안으로 들어가 알현하고, 밖으로 나와 조회에 참석했다. 이는 무슨 까닭인가? 군주가 그런 것을 좋아했기에 신하들이 그리한 것이다. 옛날 초영왕楚靈王은 선비들의 가는 허리를 좋아했다. 신하들 모두 한 끼의 밥으로 절식했다. 숨을 들이쉰 뒤 비로소 허리띠를 매고, 벽에 의지해 간신히 일어설 수 있었다. 1년이 채 안 돼 대신들 모두 안색이 검누렇게 변했다. 이는 무슨 까닭인가? 군주가 그런 것을 좋아했기에 신하들이 그리한 것이다. 옛날 월왕 구천은 병사들의 용맹을 좋아했다. 그는 병사들을 길들이기 위해 한 곳에 모은 뒤 궁 안에 불을 지르고는 시험 삼아 이같이 말했다.

"월나라 보물이 모두 이 안에 있다."

그러고는 친히 북을 치며 전진케 했다. 병사들이 북소리를 듣고는 대오를 흩뜨리며 어지러이 달려가 불속으로 뛰어들어 타죽었다. 그 수가 1백여 명이 되었을 때 비로소 징을 쳐 물러나게 했다. 묵자가 말했다.

"신하들이 절식하고, 해진 옷을 입고, 몸을 불태워 명성을 얻는 것은 천하의 백성들 모두 어렵게 여기는 일이지만 실로 군주가 이를 좋아하면 백성들은 능히 이를 행한다. 하물며 두루 서로 사랑하고 이롭게 해주는 일은 이와 비교할 수 없을 정도로 좋은 일이니 더 말할 게 없다. 무릇 남을 사랑하는 자는 반드시 남도 그를 좇아 사랑하고, 남을 이롭게 하는 자는 반드시 남도 그를 좇아 이롭게 해 준다. 남을 미워하는 자는 반드시 남도 그를 좇아 미워하고, 남을 해치는 자는 반드시 남도 그를 좇아 해치게 된다. 두루 서로 사랑하며 이롭게 하는 일에 무슨 어려움이 있겠는가? 단지 군주가 이를 정사에 도입하지 않고, 선비가 이를 실행하지 않고 있을 뿐이다."

난물우고難物于故의 '우고'는 우원한 일을 지칭한다. '우'는 우迂와 통하고 '고'는 사事의 뜻이다. 여기의 '우'는 옛 판본에 어於로 되어 있었으나 손이양이 도장본을 좇아 '우'로 고쳤다. 장양牂羊의 '장'은 양의 암컷으로 빈양牝羊과 같다. 숫양은 장羘이다. 위이대검韋以帶劍의 '위'는 무두질한 가죽을 말한다. 연백練帛은 거친 비단의 일종으로 대백大帛과 같다. 『춘추좌전』「노민공 2년」조에 '대백' 표현이 나온다. 출이천어조出以踐於朝의 '천'을 두고 필원과 손이양은 뒤에 거칠게 짠 짚신을 뜻하는 조저지구且苴之屨가 생략된 것으로 보았다. '조'는 조粗와 통한다. 「겸애 하」에 '조저지구' 표현이 나온다. 초영왕호사세요楚靈王好士細要 일화는 매우 유명해 『안자춘추』와 『한비자』「이병」 등에 두루 소개돼 있다. 협식脇食은 허리를 최대한 가늘게 하기 위해 갈비뼈로 숨을 쉰다는 뜻이다. 기년期年은 1년을 지칭한다. 여흑지색黧黑之色은 영양실조로 인해 안색이 검누렇게 변한 것을 말한다. 화합지和合之를 손이양은 '은밀히 사람에게 명하다'의 뜻인 사령인私令人의 잘못으로 보았다. 그러나 병사들을 한 곳으로 그러모았다는 뜻으로 새겨도 큰 무리는 없다. 분주실화焚舟失火의 '주'를 손이양은 침전寢殿을 뜻하는 내內의 잘못으로 보았다. 파쇄난행破碎亂行의 '파쇄'는 대오를 무너뜨렸다는 의미이다. '쇄'를 손이양은 무리를 뜻하는 췌萃의 가차로 보았다. 격금擊金의 '금'은 징으로 후퇴할 때 사용한다.

15-4

然而今天下之士君子曰, "然, 乃若兼則善矣. 雖然, 不可行之物也. 譬若挈太山越河濟也." 子墨子言, "是非其譬也. 夫挈太山而越河濟, 可謂畢劫有力矣, 自古及今, 未有能行之者也. 況乎兼相愛·交相利, 則與此異." 古者聖王行之. 何以知其然? 古者禹治天下, 西爲西河漁竇, 以泄渠·孫·皇之水. 北爲防·原·泒, 注后之邸·嘑池之竇. 洒爲底柱, 鑿爲龍門, 以利燕·代·胡·貉與西河之民. 東方漏之陸, 防孟諸之澤, 灑爲九澮, 以楗東土之水, 以利冀州之民. 南爲江·漢·淮·汝, 東流之, 注五湖之處, 以利荊楚·干越與南夷之民. 此言禹之事, 吾今行兼矣. 昔者文王之治西土, 若日若月, 乍光於四方·於西土. 不爲大國侮小國, 不爲衆庶侮鰥寡, 不爲暴勢奪穡人黍稷狗彘. 天屑臨文王慈, 是以老而無子者, 有所得終其壽. 連獨無兄弟子, 有所雜於生人之間. 少失其父母者, 有所放依而長. 此文王之事, 則吾今行兼矣. 昔者武王將事泰山隧, 傳曰, "泰山, 有道曾孫周王有事, 大事既獲, 仁人尙作, 以祗商夏·蠻夷醜貉. 雖有周親, 不若仁人. 萬方有罪, 維予一人." 此言武王之事, 吾今行兼矣.

지금 천하의 사군자는 이같이 말한다.

"과연 그렇다. 두루 사랑하는 것은 실로 좋은 일이다. 비록 그렇기는 하나 그것은 행하기 어려운 일이다. 비유하면 마치 태산을 옆에 끼고 황하나 제수濟水를 건너는 것과 같다."

묵자가 말했다.

"그것은 합당한 비유가 아니다. 태산을 옆에 끼고 황하나 제수를 건너면 가히 날쌔고 힘이 넘친다고 이를 만하다. 예로부터 지금까지 그리 할 수 있는 자는 없었다. 하물며 두루 서로 사랑하고 이롭게 하는 것은 매우 쉬운 일이니 그것과는 전혀 차원이 다른 것이다."

실제로 옛 성왕이 이미 이를 행한 바 있다. 무엇으로 그렇다는 것을 알 수 있는가? 예날 우왕은 천하를 다스리면서 서쪽으로 서하西河와 어두漁竇를 소통시켜, 거수渠水와 손수孫水 및 황수皇水의 물을 빼냈다. 북쪽으로 원수原水 및 고수泒水를 막아, 후지저后之邸와 호타하滹沱河로 흘러들게 했다. 황하가 저주산底柱山에서 갈라져 흐르게 한 뒤 용문龍門을 뚫어 연燕과 대代, 호胡, 낙貉을 비롯해 서하 일대의 백성에게 이익을 안겨주었다. 동쪽으로 대륙大陸의 물을 빼 맹저택孟諸澤으로 흘러드는 것을 막고, 황하가 아홉 갈래로 흐르도록 해 동쪽 땅에 홍수가 나는 것을 막는 방식으로 기주冀州의 백성을 이롭게 했다. 남쪽으로 장강長江과 한수漢水, 회수淮水, 여수汝水를 소통시켜 동쪽 바다로 흘러들어가게 함으로써 오호五湖 일대의 논밭에 물을 댔다. 형초荊楚와 오월吳越 및 남이南夷의 백성을 이롭게 해준 배경이다. 이는 우왕이 행한 것으로 내가 지금 말한 겸애의 구체적인 사례에 해당한다. 옛날 주문왕은 서쪽 땅을 다스릴 때 마치 일월처럼 사방과 서주西周 일대에 찬란한 빛을 발했다. 대국을 이유로 소국을 업신여기거나, 다수 내지 부유함을 이유로 외로운 홀아비나 과부 등을 업신여기거나, 강포한 세력에 의지해 농민의 양식과 가축을 빼앗거나 하는 일이 없었다. 하늘이 문왕의 자애로운 정사를 도운 덕분에 늙도록 자식이 없는 자도 수명대로 살고, 형제가 없는 고단한 자도 사람들 사이에 섞여 생업에 종사하고, 어려서 부모를 잃은 자도 몸을 의지하며 성장할 수 있었다. 이는 문왕이 행한 것으로 내가 지금 말한 겸애의 구체적인 사례에 해당한다. 옛날 무왕은 은

나라를 멸한 뒤 태산에 제사를 올리기 위해 길을 닦을 당시, 전하는 말에 따르면 이같이 빌었다고 한다.

"태산이여! 도가 있던 분의 증손인 주나라 왕이 제사를 올립니다. 지금 은나라를 멸하는 대사를 이미 이뤘으니 어진 사람이 일어나 서로 도움으로써 중원의 은나라 유민을 비롯해 사방 이민족의 백성을 모두 구하고자 합니다. 설령 지친至親일지라도 어진 사람만 못합니다. 천하 사람에게 죄가 있다면 이는 오직 저 한 사람에게 책임이 있는 것입니다."

이는 무왕이 행한 것으로 내가 지금 말한 겸애의 구체적인 사례에 해당한다.

설태산월하제挈太山越河濟의 '설'은 번쩍 든다는 뜻의 거擧와 같다. 원문 그대로 휴대携帶의 뜻으로 새겨도 된다. '월'은 뛰어넘을 초超와 통한다. '태산'은 태산泰山으로도 쓴다. '하제'는 황하와 제수濟水를 지칭한다. 필겁유력畢劫有力의 '필'을 『회남자淮南子』의 고유高誘 주는 잽싸고 날쌔다는 뜻의 질疾로 풀이했다. '겁'은 굳셀 경勁의 뜻으로 손이양은 할劼의 잘못으로 보았다. 서하西河는 항하의 상류로 지금의 섬서성과 산서성 경계를 지칭한다. 어두漁竇는 강물 이름이나 위치가 명확치 않다. 손이양은 '어'를 위渭의 잘못으로 보았다. 호지지독嘑池之竇을 필원은 지금의 산서성 번치현 일대를 흐르는 호타하滹沱河로 보았다. '독'은 도랑을 뜻하는 독瀆의 가차이다. 쇄위저주洒爲底柱의 '쇄'는 물이 갈라졌다가 다시 합쳐지는 것을 뜻한다. '저주'는 하남성 섬현 동북쪽의 '저주산'으로 지주砥柱로 표현키도 한다. 용문龍門은 산서성 하진과 섬서성 한성 사이에 있는 산을 지칭한다. 맥貉은 동북쪽 이민족으로 맥貊과 같다. 동방루지륙東方漏之

陸의 '방'과 '지륙'을 손이양은 위爲와 대륙大陸의 잘못으로 보았다. 맹저지택孟諸之澤은 지금의 산동성 우성현에 있던 못의 명칭이다. 쇄위구회灑爲九澮의 '쇄'는 쇄洒와 같다. '구회'는 강물 이름이다. 건동토지수楗東土之水의 '건'은 막는다는 뜻으로 홍수의 방지를 의미한다. 간월干越은 오월吳越을 뜻한다. 손이양은 '간'을 『춘추좌전』「노애공 9년」조에 나오는 한邗의 가자로 보았다. 기원전 486년 오나라는 지금의 강소성 양주시 북쪽의 '한' 땅에 성을 쌓은 뒤 성 둘레에 도랑을 파 장강과 회수가 서로 통하게 한 바 있다. 당시 오나라를 '한'으로 표현했음을 알 수 있다. 색인穡人은 농사짓는 사람을 말한다. 서직黍稷은 메기장과 찰기장으로 곡식을 상징한다. 구체狗彘는 개와 돼지로 가축을 의미한다. 천설天屑의 '설'을 『후한서』「마료전馬廖傳」의 이현李賢 주는 돌아볼 고顧로 풀이했다. 연독連獨의 '연'을 필원은 홀아비 환鰥과 통하는 것으로 보았다. 방의放依의 '방'은 기댈 의依와 통한다. 이지상하以祇商夏의 '지'와 추락醜貉의 '추'를 손이양은 구해줄 진振과 많을 중衆으로 풀이했다. 주친周親은 지친至親의 뜻이다.

15-5

是故子墨子言曰, "今天下之君子, 中實欲天下之富, 而惡其貧. 欲天下之治, 而惡其亂, 當兼相愛·交相利, 此聖王之法, 天下之治道也, 不可不務爲也."

묵자가 말했다.

"지금 천하의 군자들이 충심으로 천하의 부를 바라며 가난을 꺼리고, 천하가 잘 다스려지기를 바라며 혼란을 꺼린다면 의당 두루 서로 사랑하며 이롭게 해야 한다. 이는 성왕의 법도이고, 천하를 바르게 다스리는 치도治道이다. 힘써 행하지 않으면 안 된다."

중실中實이 일부 판본에는 충실忠實로 되어 있다. 손이양은 '중'과 '충'은 서로 통한다고 보았다.

제16장 겸애(兼愛) 하

'겸애'가 전제돼야 천하가 비로소 안녕할 수 있다는 점을 역설하고 있다.

16-1

子墨子言曰, "仁人之事者, 必務求興天下之利, 除天下之害." 然當今之時, 天下之害孰爲大? 曰, "若大國之攻小國也, 大家之亂小家也, 强之劫弱, 衆之暴寡, 詐之謀愚, 貴之敖賤, 此天下之害也. 又與爲人君者之不惠也, 臣者之不忠也, 父者之不慈也, 子者之不孝也, 此又天下之害也. 又與今人之賤人, 執其兵刃毒藥水火, 以交相虧賊, 此又天下之害也."

묵자가 말했다.

"어진 사람의 사업은 반드시 천하의 이익을 일으키고 천하의 폐해를 제거하는 일을 힘써 구하는데 있다."

그러나 지금 시대에 천하의 폐해 가운데 무엇이 가장 큰가? 대답은 이렇다.

"대국이 소국을 공격하고, 큰 종족이 작은 종족을 침범하고, 강자가 약자를 겁박하고, 다수가 소수를 폭압하고, 약은 자가 어리석은 자를 속이고, 귀인이 서민을 오만하게 대하는 게 그것이다. 이것이 천하의 폐해이다. 또한 군주가 되어 은혜롭지 않고, 신하가 되어 충성스럽지 않고, 아비가 되어 자애롭지 않고, 자식이 되어 효성스럽지 않은 경우가 있다. 이 또한 천하의 폐해이다. 그밖에도 지금의 서민들처럼 날카로운 무기나, 독약, 물, 불 등을 들고 서로 해치는 경우가 있다. 이 또한 천하의 폐해이다."

우여又與의 '여'는 여如와 통한다. 금인지천인今人之賤人에서 왕인지는 '금인'의 '인'을 연자로 보았다.

16-2

姑嘗本原若衆害之所自生, 此胡自生? 此自愛人利人生與? 卽必曰'非然也', 必曰'從惡人賊人生'. 分名乎天下惡人而賊人者, 兼與, 別與? 卽必曰'別也'. 然卽之交別者, 果生天下之大海者與! 是故別非也. 子墨子曰, "非人者, 必有以易之, 若非人而無以易之, 譬之猶以水救火也." 其說將必無可焉. 是故子墨子曰, "兼以易別!" 然卽兼之可以易別之故何也? 曰, "藉爲人之國, 若爲其國, 夫誰獨擧其國, 以攻人之國者哉? 爲彼者由爲己也. 爲人之都, 若爲其都, 夫誰獨擧其都, 以伐人之都者哉? 爲彼猶爲己也. 爲人之家, 若爲其家, 夫誰獨擧其家, 以亂人之家者哉? 爲彼猶爲己也. 然則國都不相攻伐, 人家不相亂賊, 此天下之害與, 天下之利與? 卽必曰'天下之利也'."

잠시 시험 삼아 이런 여러 폐해가 생겨나는 근원을 헤아려 보자. 과연 이런 폐해는 어디서 생겨나는 것일까? 남을 사랑하고 이롭게 하는데서 생겨나는 것일까? 반드시 '그렇지 않으며', 오히려 반드시 '남을 미워하고 해치는데서 생겨난다.'고 말할 것이다. 천하에 남을 미워하고 해치는 자들을 분별해 그 특징을 찾아보기로 하자. 그들은 과연 남과 두루 어울리는가, 아니면 서로 차별을 하는가? 반드시 '차별을 한다.'고 말할 것이다. 그렇다면 차별을 하는 자들은 과연 천하의 큰 폐해를 빚어내는 자들이란 말인가! 차별은 그릇된 것이다. 묵자가 말했다.

"남을 그르다고 하는 자는 반드시 대안을 제시할 수 있어야 한다. 남을 그르다고 하면서 대안을 제시하지 못하면 비유컨대 마치 물로 홍수를 막고, 불로 화재를 막고자 하는 것과 같다."

그런 이론은 반드시 받아들여지지 않을 것이다. 묵자는 이같이 말했다.

"두루 아우르는 것으로 차별하는 것을 대신하라!"

두루 아우르는 '겸애'로 차별하는 것을 대신할 수 있는 이유는 무엇인가? 이같이 대답할 수 있다.

"남의 나라를 자신의 나라처럼 위하면 누가 홀로 자신의 나라를 동원해 남의 나라를 공격하겠는가? 남을 위하는 것은 자신을 위하는데서 비롯된다. 남의 도읍을 자신의 도읍처럼 위하면 누가 홀로 자신의 도읍을 동원해 남의 도읍을 정벌하겠는가? 남을 위하는 것은 곧 자신을 위하는 것과 같다. 남의 집안을 자신의 집안처럼 위하면 누가 홀로 자신의 집안을 동원해 남의 집안을 침범하겠는가? 남을 위하는 것은 곧 자신을 위하는 것과 같기 때문이다. 나라와 도읍이 서로 공벌攻伐하지 않고, 사람과 집안이 서로 침범하거나 해치지 않을 경우 이는 천하의 폐해가 되는 것인가, 아니면 천하의 이익이 되는 것인가? 반드시 '천하의 이익이 된다!'고 말할 것이다.

분명分名은 분별하여 그 특징을 찾아보자는 뜻이다. 이수구화以水救火를 두고 유월과 손이양은 '이수구수以水救水, 이화구화以火救火'의 잘못으로 보았다. 자위인지국藉爲人之國의 '자'는 가정을 뜻하는 부사어로 약若과 같다. 유위기由爲己의 '유'는 유猶와 통한다.

16-3

姑嘗本原若衆利之所自生. 此胡自生? 此自惡人賊人生與? 卽必曰'非然也', 必曰'從愛人利人生'. 分名乎天下愛人而利人者, 別與, 兼與? 卽必曰'兼也'. 然卽之交兼者, 果生天下之大利者與! 是故子墨子曰, "兼是也." 且鄕吾本言曰, "仁人之事者, 必務求興天下之利, 除天下之害." 今吾本原兼之所生, 天下之大利者也. 吾本原別之所生, 天下之大害者也. 是故子墨子曰, "別非而兼是者, 出乎若方也."

잠시 시험 삼아 이런 여러 이익이 생겨나는 근원을 헤아려 보자. 과연 이런 이익은 어디서 생겨나는 것일까? 남을 미워하고 해치는데서 생겨나는 것일까? 반드시 '그렇지 않다'고 말할 것이다. 오히려 반드시 '남을 사랑하고 이롭게 하는데서 생겨난다.'고 말할 것이다. 천하에 남을 사랑하고 이롭게 하는 자들을 분별해 생각해보자. 그들은 과연 남과 두루 어울리는가, 아니면 서로 차별을 하는가? 반드시 '두루 어울린다.'고 말할 것이다. 그렇다면 두루 어울리는 자들은 과연 천하의 큰 이익을 만들어내는 자들이란 말인가!

그런 이론은 반드시 받아들여지지 않을 것이다. 묵자는 이같이 말했다.

"두루 아우르는 '겸애'가 옳은 일이다."

앞서 이같이 말한 바 있다.

"어진 사람의 사업은 반드시 천하의 이익을 일으키고 천하의 폐해를 제거하는 일을 힘써 구하는데 있다."

지금 '겸애'의 효과를 분석하면 모두 천하의 이익으로 나타나고, 차별의 효과로 분석하면 모두 천하의 폐해로 나타났다. 묵자는 이같이 말했다.

"차별은 그르고 '겸애'가 옳다고 한 것은 바로 이런 도리에서 나온 것이다."

향오본언왈鄕吾本言曰의 '향'은 방금 전의 시간을 지칭하는 부사어로 향嚮과 같다. 출호약방出乎若方의 '방'은 방도方道의 뜻이다.

16-4

今吾將正求與天下之利而取之, 以兼爲正. 是以聰耳明目相與視聽乎, 是以股肱畢强相爲動宰乎, 而有道肆相教誨. 是以老而無妻子者, 有所侍養, 以終其壽. 幼弱孤童之無父母者, 有所放依, 以長其身. 今唯毋以兼爲正, 卽若其利也. 不識天下之士, 所以皆聞兼而非者, 其故何也!

지금 천하의 이익을 일으키는 방법을 찾아내 시행코자 할 경우 그 해답은 바로 '겸애'로 정사를 펴는데 있다. 눈과 귀가 밝은 사람들이 서로 보고 듣는 것을 돕고, 팔과 다리가 날쌔고 강한 자들이 서로 움직이며 행동하는 것을 돕고, 좋은 방법을 아는 자들이 서로 가르쳐주며 돕는 이유다. 덕분에 늙도록 처자가 없는 자도 시중과 봉양을 받아 목숨이 다할 때까지 살 수 있고, 어리고 약한 고아도 의지할 곳이 있어 무사히 성장할 수 있다. 지금 오직 '겸애'로 정사를 펴야만 천하에 이익을 줄 수 있다. 그럼에도 천하의 선비들 모두 '겸애'로 정사를 펴야 한다는 얘기를 듣고는 그르다고 비난한다. 나는 도무지 그 까닭을 모르겠다!

고굉필강股肱畢强의 '필강'을 필원은 「겸애 중」의 필겁유력畢劫有力과 같은 것으로 보았다. '필'은 날쌔다는 의미이다. 동재動宰의 '재'를 손이양은 거동을 뜻하는 거擧의 잘못으로 파악했다. 사상교회肆相教誨의 '사'는 근면히 노력하는 것을 뜻한다.

16-5

然而天下之士, 非兼者之言, 猶未止也, 曰, "卽善矣, 雖然, 豈可用哉?" 子墨子曰, "用而不可, 雖我亦將非之, 此焉有善而不可用者?" 姑嘗兩而進之, 誰以爲二士, 使其一士者執別, 使其一士者執兼. 是故別士之言曰, "吾豈能爲吾友之身, 若爲吾身? 爲吾友之親, 若爲吾親?" 是故退睹其友, 饑卽不食, 寒卽不衣, 疾病不侍養, 死喪不葬埋. 別士之言若此, 行若此. 兼士之言不然, 行亦不然. 曰, "吾聞爲高士於天下者, 必爲其友之身, 若爲其身. 爲其友之親, 若爲其親, 然後可以爲高士於天下." 是故退睹其友, 饑則食之, 寒則衣之, 疾病侍養之, 死喪葬埋之. 兼士之言若此, 行若此. 若之2士者, 言相非而行相反. 與當使若2士者, 言必信, 行必果, 使言行之合, 猶合符節也, 無言而不行也. 然卽敢問, "今有平原廣野於此, 被甲嬰冑將往戰, 死生之權, 未可識也. 又有君大夫之遠使於巴•越•齊•荊, 往來及否, 未可識也." 然卽敢問不識將惡也, 家室奉承親戚, 提挈妻子而寄託之, 不識於兼之有是乎, 於別之有是乎? 我以爲當其於此也, 天下無愚夫愚婦, 雖非兼之人, 必寄託之於兼之有是也. 此言而非兼, 擇卽取兼, 卽此言行費也. 不識天下之士, 所以皆聞兼而非之者, 其故何也!

천하의 선비들 사이에서 '겸애'를 비난하는 얘기가 그치지 않고 있다. 그들은 이같이 말한다.

"훌륭하기는 하다. 그러나 어찌 실제로 써먹을 수 있겠는가?"

묵자가 말했다.

"실제로 써먹을 수 없는 것이라면 나 역시 그것을 비난했을 것이다. 그러나 어찌 훌륭한 방안이라고 말하면서 실제로 써먹을 수 없다는 식으로 말할 수 있는가?"

잠시 시험 삼아 2가지 주장을 나란히 놓고 생각해보자. 2명의 선비를 설정해놓고 그 중 한 선비는 차별의 방식을 주장하고, 다른 한 선비는 '겸애'의 방식을 주장한다고 치자. 차별의 방식을 주장하는 선비는 이같이 말한다.

"내가 어찌 나의 친구를 내 몸처럼 위하고, 친구의 부모를 내 부모처럼 위할 수 있겠는가?"

그러고는 물러나 친구를 만났을 때 굶주리고 있는데도 먹여주지 않고, 헐벗고 있는데도 입혀주지 않고, 병들어 있는데도 시중들지 않고, 죽어나가도 장사지내주지 않는다. 차별의 방식을 주장한 선비의 말과 행동이 이와 같다. '겸애'의 방식을 주장한 선비의 말과 행동은 그렇지 않다. 그는 이같이 말한다.

"내가 듣건대 천하의 고사高士는 반드시 자신의 친구를 자신의 몸처럼 위하고, 친구의 부모를 내 부모처럼 위한다. 그래야만 천하의 고사가 될 수 있다."

그러고는 물러나 친구를 만났을 때 굶주리고 있으면 먹여 주고, 헐벗고 있으면 입혀 주고, 병들어 있으면 시중들고, 죽으면 장사를 지내준다. 아우르는 방식을 주장하는 선비의 말과 행동이 이와 같다. 두 선비의 말이 서로 다르고, 행동 또한 상반된다. 시험 삼아 두 선비로 하여금 자신의 말을 반드시 실행하고, 마치 부절符節이 맞는 것처럼 말을 내뱉으면 행하지 않는 일이 없다고 하자. 그 경우 다음과 같이 가정해보자.

"지금 널따란 광야가 여기에 있다. 병사가 갑옷과 투구를 걸치고 전쟁터로 나가는데 생사 여부는 알 길이 없다. 또한 군주의 명을 받은 대부가 멀리 파巴, 월越, 제齊, 초楚 등에 사자로 가게 되었는데 과연 무사히 귀환할 수 있을지 여부는 알 길이 없다."

감히 묻건대 장차 어찌 선택할지 알 수는 없지만 가속家屬 가운데 부모를 봉양하고, 처자들을 부탁코자 할 경우 과연 '겸애'를 주장하는 쪽에 맡길까, 아니면 차별을 주장하는 쪽에 맡길까? 짐작컨대 이 경우 천하의 우부우부愚夫愚婦조차 겉으로는 '겸애'의 방식을 비난할지라도 반드시 그쪽에 맡길 것이다. 말로는 아우르는 방식을 비난하면서도 선택은 그쪽으로 하니 이는 말과 행동이 어긋나는 짓이다. 천하의 선비들 역시 겸애로 정사를 펴야 한다는 얘기를 듣고는 그르다고 비난한다. 나는 도무지 그 까닭을 모르겠다!

수이위2사誰以爲二士의 '수'를 왕인지는 가정을 뜻하는 설設의 잘못으로 보았다. 기즉불사饑卽不食의 '사'는 먹일 사飼의 뜻이다. 부절符節은 돌이나 대나무, 옥 따위로 만들어 신표로 삼던 물건을 말한다. 주로 사신들이 가지고 다녔다. 둘로 쪼개 하나는 조정에 보관하고 하나는 본인이 가지고 다니면서 신분의 증거물로 삼았다. 피갑영주被甲嬰冑의 '영'은 빙 둘러친다는 뜻으로 대략 피被와 같다. 사생지권死生之權의 '권'을 손이양은 기機의 잘못으로 보았다. 가실家

室은 가속家屬 내지 권속眷屬을 뜻한다. 봉승친척奉承親戚의 '친척'을 전대흔錢大昕과 손이양은 부모의 뜻으로 풀이했다. 차언행불此言行費의 '불'은 여기서 어긋난다는 의미로 사용됐다. 불拂과 통한다.

16-6

然而天下之士, 非兼者之言, 猶未止也, 曰, "意可以擇士, 而不可以擇君乎." 姑嘗兩而進之, 推以爲2君, 使其一君者執兼, 使其一君者執別, 是故別君之言曰, "吾惡能爲吾萬民之身, 若爲吾身? 此泰非天下之情也. 人之生乎地上之無幾何也? 譬之猶駟馳而過隙也." 是故退睹其萬民, 饑卽不食, 寒卽不衣, 疾病不侍養, 死喪不葬埋. 別君之言若此, 行若此. 兼君之言不然, 行亦不然. 曰, "吾聞爲明君於天下者, 必先萬民之身, 後爲其身, 然後可以爲明君於天下." 是故退睹其萬民, 饑卽食之, 寒卽衣之, 疾病侍養之, 死喪葬埋之. 兼君之言若此, 行若此. 然則交若之二君者, 言相非而行相反, 與常使若二君者, 言必信, 行必果, 使言行之合, 猶合符節也, 無言而不行也. 然卽敢問, "今歲有癘疫, 萬民多有勤苦凍餒, 轉死溝壑中者, 旣已衆矣." 不識將擇之二君者, 將何從也? 我以爲當其於此也, 天下無愚夫愚婦, 雖非兼者, 必從兼君是也. 言而非兼, 擇卽取兼, 此言行拂也. 不識天下所以皆聞兼而非之者, 其故何也!

천하의 선비들 사이에서 겸애를 비난하는 얘기가 그치지 않고 있다. 그들은 이같이 말한다.

"그런 방식은 선비들 차원에서 써먹을 수는 있을 것이다. 그러나 군주 차원에서는 써먹을 수 없지 않겠는가?"

잠시 시험 삼아 2가지 주장을 나란히 놓고 생각해보자. 2명의 군주를 설정해 놓고 그 중 한 군주는 차별의 방식을 주장하고, 다른 한 군주는 겸애의 방식을 주장한다고 치자. 차별의 방식을 주장하는 군주는 이같이 말한다.

"내가 어찌 내 백성을 내 몸처럼 위할 수 있겠는가? 이는 거의 천하인의 정리情理에 어긋나는 짓이다. 사람이 세상에 사는 세월이 과연 얼마나 되는가? 비유하면 문틈 사이로 4마리 말이 이끄는 수레가 지나가는 것을 보는 것과 같다."

그러고는 물러나 백성을 만났을 때 굶주리고 있는데도 먹여주지 않고, 헐벗고 있는데도 입혀주지 않고, 병들어 있는데도 시중들지 않고, 죽어나가도 장사지내주지 않는다. 차별의 방식을 주장한 군주의 말과 행동이 이와 같다. 겸애의 방식을 주장한 군주의 말과 행동은 그렇지 않다. 그는 이같이 말한다.

"내가 듣건대 천하의 명군明君은 반드시 자신의 백성을 자신보다 앞세운다. 그래야만 천하의 명군이 될 수 있다."

그러고는 물러나 백성을 만났을 때 굶주리고 있으면 먹여 주고, 헐벗고 있으면 입혀 주고, 병들어 있으면 시중들고, 죽으면 장사를 지내준다. 아우르는 방식을 주장하는 군주의 말과 행동이 이와 같다. 두 군주의 언행을 비교하면 말이 서로 다르고, 행동 또한 상반된다. 시험 삼아 두 군주로 하여금 자신의 말을 반드시 실행하고, 마치 부절符節이 맞는 것처럼 말을 내뱉으면 행하지 않는 일이 없다고 하자. 그 경우 다음과 같이 가정해보자.

"금년에 독한 전염병이 돌아 많은 백성들이 크게 고생을 하다가 헐벗고 굶주린 나머지 도랑에 굴러 떨어져 죽고 있다. 그 수가 매우 많다."

장차 두 군주 가운데 어느 쪽을 택할지 알 길이 없지만 과연 어느 쪽을 택할 것인가? 짐작컨대 이 경우 천하의 우부우부愚夫愚婦조차 겉으로는 겸애의 방식을 비난할지라도 반드시 그쪽을 택할 것이다. 말로는 아우르는 방식을 비난하면서도 선택은 그쪽으로 하니 이는 말과 행동이 어긋나는 짓이다. 천하 사람들은 겸애로 정사를 펴야한다는 얘기를 듣고는 그르다고 비난한다. 나는 도무지 그 까닭을 모르겠다!

집겸執兼과 집별執別의 '집'은 주장한다는 의미로 사용됐다. 교약지2군자交若之二君者의 '교'를 두고 손이양은 '교겸교별交兼交別'의 잘못으로 보았다. 여상사與常使의 '상'을 소시학은 당當, 손이양은 상嘗의 잘못으로 파악했다. 여역癘疫은 독한 전염병을 지칭한다. 구학溝壑은 도랑을 뜻한다.

16-7

然而天下之士, 非兼者之言也猶未止也, 曰, "兼卽仁矣·義矣, 雖然, 豈可爲哉? 吾譬兼之不可爲也, 猶挈泰山以超江河也. 故兼者直願之也, 夫豈可爲之物哉?" 子墨子曰, "夫挈泰山以超江河, 自古之及今, 生民而來, 未嘗有也. 今若夫兼相愛·交相利, 此自先聖六王者親行之." "何知先聖6王之親行之也?" 子墨子曰, "吾非與之並世同時, 親聞其聲, 見其色也, 以其所書於竹帛·鏤於金石·琢於, 傳遺後世子孫者知之. 『泰誓』曰, '文王若日若月乍照, 光於四方·於西土.' 卽此言文王之兼愛天下之博大也, 譬之日月, 兼照天下之無有私也." 卽此文王兼也. 雖子墨子之所謂兼者, 於文王取法焉.

천하의 선비들 사이에서 겸애를 비난하는 얘기가 그치지 않고 있다. 그들은 이같이 말한다.

"겸애는 곧 인의仁義를 행하는 것이다. 그러나 어찌 이를 행할 수 있겠는가? 비유하면 겸애는 마치 태산을 옆에 끼고 장강이나 황하를 건너는 것과 같다. 겸애가 바람직한 것이기는 하나 어찌 이를 실행할 수 있겠는가?"

묵자가 말했다.

"태산을 옆에 끼고 장강이나 황하를 건너는 것은 예로부터 지금까지 사람이 생긴 이래 실행한 자가 없다. 그러나 지금 두루 서로 사랑하며 이롭게 하는 일은 옛날 6명의 성왕이 친히 행한 일이다."

"어떻게 옛날 6명의 성왕이 친히 행했다는 것을 알 수 있는가?"

묵자가 말했다.

"나는 그분들과 같은 세상을 살며 그들의 얘기를 듣고 그들의 얼굴을 본 것은 아니다. 그들의 사적과 관련해 죽백竹帛에 쓰거나, 금석金石에 새기거나, 반우盤盂에 쪼아 넣어 후대 자손에게 전한 기록을 통해 아는 것이다. 『서경』「태서」에 이르기를, '문왕이 일월처럼 사방에 빛을 비추니, 사방과 서주 일대가 환하게 빛났다.'고 했다. 이는 문왕이 천하를 두루 사랑한 것이 매우 컸음을 언급한 것이다. 비유하면 일월이 천하를 빠짐없이 비추면서 사사로움이 없는 것과 같다."

이것이 문왕의 '겸애'이다. 묵자가 말하는 '겸애'는 바로 문왕의 법도를 취한 것이다.

설태산挈泰山의 '설'은 원래 손에 든다는 뜻으로 여기서는 옆에 낀다는 의미로 새기는 게 적당하다. 직원지直願之의 '직'은 지只와 통한다.

16-8

且不唯『泰誓』爲然, 雖『禹誓』卽亦猶是也. 禹曰, "濟濟有衆, 咸聽朕言, '非惟小子, 敢行稱亂, 蠢茲有苗, 用天之罰, 若予旣率爾群對諸君, 以征有苗.'" 禹之征有苗也, 非以求以重富貴·干福祿·樂耳目也, 以求興天下之利, 除天下之害, 卽此禹兼也. 雖子墨子之所謂兼者, 於禹求焉.

『서경』「태서」뿐만 아니라 『서경』「우서禹誓」에도 유사한 얘기가 나온다. 우왕은 이같이 말했다.

"그대들 열국의 군주 모두 다음과 같은 내 말을 들으라. '나처럼 작은 나라의 군주가 감히 난을 일으키려는 게 아니다. 불손한 묘족의 군주에게 하늘이 벌을 내리려는 것이다. 나는 열국의 제후들인 그대들을 이끌고 묘족을 정벌코자 한다.'"

우왕이 묘족의 군주를 정벌한 것은 거창한 부귀나 복록을 얻거나 귀와 눈을 즐겁게 만들려는 게 아니다. 천하의 이익을 일으키고 천하의 폐해를 제거코자 한 것이다. 이것이 우왕의 '겸애'이다. 묵자가 말하는 '겸애'는 우왕의 법도에서 구한 것이다.

수우서雖禹誓의 '수'는 유唯와 통한다. 현행 『서경』에는 「우서」가 없고 「대우모大禹謨」가 있다. 손이양은 「대우모」의 원본이 「우서」였을 것으로 본다. 제제유중濟濟有衆의 '제제'를 한무제 때의 학자 공안국孔安國은 무리가 성하다는 뜻의 중성衆盛으로 풀이했다. 칭란稱亂의 '칭'을 공안국은 거擧와 통한다고 보았다. 준자유묘蠢玆有苗의 '준'을 전한 때 출간된 『이아爾雅』의 「석훈釋訓」은 불손不遜으로 풀이했다. 봉제후封諸君의 '대'를 손이양은 봉封의 잘못으로 보았다.

16-9

且不唯『禹誓』爲然, 雖『湯說』卽亦猶是也. 湯曰, "惟予小子履, 敢用玄牡, 告於上天后, 曰, '今天大旱, 卽當朕身履, 未知得罪於上下. 有善不敢蔽, 有罪不敢赦, 簡在帝心. 萬方有罪, 卽當朕身. 朕身有罪, 無及萬方.'" 卽此言湯貴爲天子, 富有天下, 然且不憚以身爲犧牲, 以祠說於上帝鬼神, 卽此湯兼也. 雖子墨子之所謂兼者, 於湯取法焉.

「우서」뿐만 아니라 『서경』「탕설湯說」에도 유사한 내용이 나온다. 탕왕은 이같이 말했다.

"저처럼 작은 나라의 군주가 감히 검은 황소를 제물로 사용해 하늘에 다음과 같이 고하고자 합니다. '지금 하늘이 큰 가뭄을 내리고 있으니 이는 곧 저 자신의 책임입니다. 하늘과 땅에 지은 죄를 자세히 알지는 못합니다. 선행을 감히 가리지 못하고, 죄를 감히 용서하지 못하는 것은 상제가 마음으로 살펴보고 있기 때문입니다. 천하의 모든 죄는 저의 책임입니다. 저에게 죄를 물을지언정 천하 사람에게 묻지는 말아 주십시오.'"

이는 탕왕이 천자의 귀한 몸으로 천하의 부를 지니고 있으면서도 자신이 희생되는 것을 꺼리지 않고, 상제와 귀신에게 기도를 올렸음을 언급한 것이다. 이것이 탕왕의 '겸애'이다. 묵자가 말하는 '겸애'는 탕왕의 법도에서 취한 것이다.

탕설湯說에 나오는 구절은 현행 『서경』「탕서湯誓」의 내용과 비슷하다. 탕왈湯曰의 '탕'을 필원은 '탕고문湯誥文'으로 해석했다. 현모玄牡는 은나라 때 가장 큰 제물로 사용한 검은 황소를 지칭한다. 상천후上天后는 상제上帝와 같다. 당짐신리當朕身履의 '리'는 탕왕의 이름이다.

16-10

且不惟「誓命」與「湯說」爲然, 「周詩」卽亦猶是也. 「周詩」曰, “王道蕩蕩, 不偏不黨. 王道平平, 不黨不偏. 其直若矢, 其易若厎, 君子之所履, 小人之所視.” 若吾言非語道之謂也? 古者文武爲正, 均分·賞賢·罰暴, 勿有親戚弟兄之所阿, 卽此文武兼也. 雖子墨子之所謂兼者, 於文武取法焉. 不識天下之人所以皆聞兼而非之者, 其故何也!

「서명誓命」과 「탕설」뿐만 아니라 「주시周詩」에도 유사한 내용이 나온다. 「주시」에서 말했다.

“왕도는 탕탕蕩蕩하니, 불편부당不偏不黨하다. 왕도는 평평平平하니, 부당불편不黨不偏하다. 곧기는 화살 같고, 평탄하기는 숫돌 바닥 같다. 군자가 왕도로 앞에서 이끌면, 소인은 뒤에서 이를 바라보며 좇는다.”

내가 한 말이 도에 부합하지 않는다고 말할 수 있는가? 옛날 문왕과 무왕의 정사는 매우 공평해 현자에게 상을 내리고, 포학한 자에게 벌을 내렸다. 부모형제 등에 대한 사적인 우대가 없었던 이유다. 이것이 문왕과 무왕의 ‘겸애’이다. 묵자가 말하는 ‘겸애’는 문왕과 무왕의 법도에서 취한 것이다. 그럼에도 천하 사람들은 겸애로 정사를 펴야 한다는 얘기를 듣고는 그르다고 비난한다. 나는 도무지 그 까닭을 모르겠다!

서명誓命을 손이양은 내용상 ‘우서’로 표현하는 게 옳다고 했다. 주시周詩의 내용은 『서경』「홍범洪範」에 나온다. 탕탕蕩蕩은 넓은 모양을 말한다. 기이약지其易若厎의 ‘지’는 숫돌을 뜻하는 지砥와 통한다. 약오언비어도若吾言非語道는 문맥상 약언비오어도若言非吾語

道의 착간錯簡으로 보인다. 친척제형제소아親戚弟兄之所阿의 '친척제형'은 부모형제의 뜻이다. '아'는 사사롭게 편의를 봐주는 것을 의미한다.

16-11

然而天下之非兼子者言猶未止, 曰, "意不忠親之利而害爲孝乎?" 子墨子曰, "姑嘗本原之孝子之爲親度者. 吾不識孝子之爲親度者, 亦欲人愛利其親與, 意欲人之惡賊其親與? 以說觀之, 卽欲人之愛利其親也. 然卽吾惡先從事卽得此? 若我先從事乎愛利人之親, 然後人報我愛利吾親乎? 意我先從事乎惡人之親, 然後人報我以愛利吾親乎? 卽必吾先從事乎愛利人之親, 然後人報我以愛利吾親也. 然卽之交孝子者, 果不得已乎, 毋先從事愛利人之親者與? 意以天下之孝子爲遇, 而不足以爲正乎?" 姑嘗本原之, 先王之所書『大雅』之所道, 曰, "無言而不讎, 無德而不報. 投我以桃, 報之以李." 卽此言愛人者必見愛也, 而惡人者必見惡也. 不識天下之士, 所以皆聞兼而非之者, 其故何也!

천하 사람들 사이에서 '겸애'를 비난하는 얘기가 그치지 않고 있다. 그들은 이같이 말한다.

"혹여 이것이 부모의 이익에 부합치 못하면 효를 행하는데 해가 되지 않겠는가?"

묵자가 말했다.

"잠시 시험 삼아 효자가 부모를 보살피는 근본을 따져보기로 하자. 나는 효자가 부모를 보살피면서 과연 남이 자신의 부모를 자신처럼 사랑하고 이롭게 해주기를 바라는지, 아니면 자신의 부모를 미워하고 해치기를 바라는지 잘 모르겠다. 그러나 상식에 비춰볼 때 대략 남이 자신처럼 사랑하고 이롭게 해주기를 바랄 것이다. 그렇다면 어찌해야 이런 일이 가능하겠는가? 내가 먼저 남의 부모를 사랑하고 이롭게 해줘야 남도 나의 부모를 사랑하고 이롭게 해줄까, 아니면 내가 먼저 남의 부모를 미워하고 해쳐야 남도 나의 부모를 사랑하고 이롭게 해줄까? 반드시 내가 먼저 남의 부모를 사랑하고 이롭게 해줘야 비로소 남도 나의 부모를 사랑하고 이롭게 해줄 것이다. 오가며 서로 이롭게 해주는 효자는 과연 부득이해서 그런 것인가, 아니면 먼저 스스로 남의 부모를 사랑하고 이롭게 하는 것인가? 그것도 아니면 천하의 효자는 어리석은 까닭에 정사를 맡기기에 부족하기 때문인가?"

잠시 시험 삼아 이 문제를 따져보자. 선왕의 글인 『시경』「대아」에서 이같이 말했다.

"세상에는 응답 없는 말이 없고, 응보 없는 덕이 없다. 내게 복숭아를 건네면 자두로 갚는다."

이는 남을 사랑하면 반드시 남의 사랑을 받고, 남을 미워하면 반드시 남의 미움을 받게 되는 것을 언급한 것이다. 그럼에도 천하의 선비들은 겸애로 정사를 펴야 한다는 얘기를 듣고는 그르다고 비난한다. 나는 도무지 그 까닭을 모르겠다!

의불충친지리意不忠親之利의 '의'는 '그렇지 않다면'의 뜻을 지닌 억혹抑或 내지 '짐작컨대'의 뜻인 이위以爲와 통한다. 여기의 '충'을 소시학은 부합한다는 뜻의 득중得中으로 풀이하며 중中의 잘못으로 보았다. 효자지위친탁孝子之爲親度의 '탁'은 헤아린다는 뜻의 촌탁忖度을 의미한다. 이천하지효자위우以天下之孝子爲遇의 '우'를 손이양은 우愚의 잘못으로 보았다. 대아大雅는 『서경』「대아, 억抑」을 지칭한다. 무언이불수無言而不讎의 '수'는 응답應答의 뜻이다.

16-12

意以爲難而不可爲邪? 嘗有難此而可爲者. 昔荊靈王好小要, 當靈王之身, 荊國之士, 飯不踰乎一, 固據而後興, 扶垣而後行. 故約食爲其難爲也, 然後爲而靈王說之, 未踰於世, 而民可移也, 卽求以鄕其上也. 昔者越王句踐好勇, 教其士臣三年, 以其知爲未足以知之也, 焚舟失火, 鼓而進之. 其士偃前列, 伏水火而死有, 不可勝數也. 當此之時, 不鼓而退也, 越國之士, 可謂顫矣. 故焚身爲其難爲也, 然後爲之, 越王說之, 未踰於世, 而民可移也, 卽求以鄕上也. 昔者晉文公好苴服, 當文公之時, 晉國之士, 大布之衣, 牂羊之裘, 練帛之冠, 且苴之屨, 入見文公, 出而踐之朝. 故苴服爲其難爲也, 然後爲而文公說之, 未踰於世, 而民可移也, 卽求以鄕其上也. 是故約食•焚舟•苴服, 此天下之至難爲也, 然後爲而上說之, 未踰於世, 而民可移也, 何故也? 則求以鄕其上也. 今若夫兼相愛•交相利, 此其有利且易爲也, 不可勝計也. 我以爲則無有上說之者而已矣, 苟有上說之者, 勸之以賞譽, 威之以刑罰, 我以爲人之於就兼相愛•交相利也, 譬之猶火之就上, 水之就下也, 不可防止於天下.

겸애는 매우 어려워 행할 수 없는 것인가? 일찍이 어려움이 있어도 행할 수 있었던 실례가 있다. 옛날 초영왕이 가는 허리를 좋아하자 초나라 선비들은 하루 한 끼 이상 밥을 먹지 않았다. 힘들여 물건을 붙잡고서야 겨우 일어날 수 있었고, 담에 의지해야 겨우 길을 다닐 수 있었다. 절식은 매우 어려운 일이나 이같이 한 연후에 비로소 초영왕을 기쁘게 만들 수 있었다. 이로 인해 얼마 안 돼 민풍民風

이 바뀌고 말았다. 이는 군주에게 영합코자 했기 때문이다. 옛날 월왕 구천은 용맹을 좋아했다. 장병을 3년 동안 가르쳤지만 효과가 어느 정도인지 알 길이 없어 시험할 요량으로 궁 안에 불을 지른 뒤 북을 치며 진격케 했다. 장병들이 앞에서 넘어지면 뒤에서 이를 타고 넘는 식으로 전진하자 물과 불 위에 엎드려 죽은 자가 헤아릴 수 없을 정도로 많았다. 당시 북을 그만 울리고 퇴각을 명했을지라도 월나라 장병들은 크게 두려워했을 것이다. 몸을 불태우는 것은 매우 어려운 일이나 이같이 한 연후에 비로소 월왕을 기쁘게 만들 수 있었다. 이로 인해 얼마 안 돼 민풍이 바뀌고 말았다. 이는 군주에게 영합코자 했기 때문이다. 옛날 진문공은 선비들이 누추한 옷을 입고 있는 것을 좋아했다. 그의 치세 때 진나라 선비들은 거친 베옷과 암양 가죽옷, 거친 비단의 관, 조잡한 신발 차림으로 입조해 군주를 알현하고, 밖으로 나와 조회에 참석했다. 누추한 옷을 입는 것은 매우 어려운 일이나 이같이 한 연후에 비로소 진문공을 기쁘게 만들 수 있었다. 이로 인해 얼마 안 돼 민풍이 바뀌고 말았다. 이는 군주에게 영합코자 했기 때문이다. 절식하고, 궁 안을 불사르고, 누추한 옷을 입는 것은 천하에 지극히 어려운 일이다. 그러나 이같이 한 연후에 비로소 군주를 기쁘게 만들 수 있었다. 이로 인해 얼마 안 돼 민풍이 바뀌고 말았다. 그 까닭은 무엇인가? 그들의 군주에게 영합코자 했기 때문이다.

지금 두루 서로 사랑하는 겸애兼愛와 오가며 서로 이롭게 하는 교리交利는 매우 유익하고도 쉽게 행할 수 있는 것으로 굳이 따질 필요조차 없는 일이다. 생각건대 겸애와 교리를 기뻐하지 않는 군주는 없다. 실로 군주가 기뻐하며, 상을 내리며 칭찬하는 식으로 권장하고, 형벌로 위협을 세우면 된다. 짐작건대 사람들이 겸애와 교리를 행하는 것은 마치 불이 위로 타오르고, 물이 아래로 흘러내리는 것과 같다. 천하에 이를 막을 방법은 없다.

형영왕荊靈王의 '형'은 초楚를 지칭한다. 소요小要는 세요細腰의 뜻이다. 고거이후흥固據而後興의 '고거'는 물건을 단단히 잡는 것을 의미한다. 미유어세未踰於世의 '유'를 손이양은 변화를 뜻하는 유渝의 잘못으로 보았다. 가위전의可謂顫矣의 '전'은 두려워한다는 뜻이다. 조저지구且苴之屨는 거칠게 짠 짚신을 지칭한다.

16-13

故兼者聖王之道也, 王公大人之所以安也, 萬民衣食之所以足也. 故君子莫若審兼而務行之. 爲人君必惠, 爲人臣必忠, 爲人父必慈, 爲人子必孝, 爲人兄必友, 爲人弟必悌. 故君子莫若欲爲惠君•忠臣•慈父•孝子•友兄•悌弟, 當若兼之不可不行也, 此聖王之道而, 萬民之大利也.

겸애는 성왕의 도이고, 왕공대인의 편안해지는 배경이고, 천하 만민이 의식衣食을 풍족히 하는 근거이다. 군자가 겸애를 자세히 살펴 힘써 행해야 하는 이유다. 반드시 군주가 된 자는 은혜롭고, 신하가 된 자는 충성스럽고, 아비가 된 자는 자애롭고, 자식이 된 자는 효성스럽고, 형이 된 자는 우애롭고, 아우가 된 자는 공순해야 한다. 그래서 군자가 은혜로운 군주나 충성스런 신하, 자애로운 아비, 효성스런 자식, 우애로운 형, 공순한 아우가 되고자 하면 응당 겸애를 행하지 않으면 안 된다. 이것이 성왕의 도이고, 천하 만민의 큰 이익이다.

위인제필제爲人弟必悌의 제悌는 화평하고 친근하다는 뜻의 개제愷悌를 의미한다. 여기서는 공순恭順의 의미로 사용됐다.

권 5
제17장 비공(非攻) 상

'비공'은 타국에 대한 침공을 반대한다는 뜻이다. 이는 '겸애'와 더불어 묵가사상을 대표하는 기본이념이기도 하다. 묵자가 전쟁을 반대하는 것은 기본적으로 백성의 이익을 해치기 때문이다. 이는 곧 하늘의 뜻에 어긋나는 것이다. 그의 입장을 반전反戰을 뛰어넘는 비전非戰으로 평하는 이유다. 전쟁 자체를 아예 인정치 않는 입장이 그것이다. 똑같이 전쟁을 반대했음에도 맹자의 '반전'과 약간의 차이를 보이는 이유다. 상중하 3편으로 나뉘어 있으나 내용상 차이는 없다.

17-1

今有一人, 入人園圃, 竊其桃李. 衆聞則非之, 上爲政者, 得則罰之. 此何也? 以虧人自利也. 至攘人犬豕鷄豚者, 其不義又甚入人園圃竊桃李. 是何故也? 以虧人愈多, 其不仁玆甚, 罪益厚. 至入人欄廐, 取人馬牛者, 其不仁義又甚攘人犬豕鷄豚. 此何故也. 以其虧人愈多. 苟虧人愈多, 其不仁玆甚, 罪益厚. 至殺不辜人也, 拕其衣裘, 取戈劍者, 其不義又甚入人欄廐取人馬牛. 此何故也. 以其虧人愈多. 苟虧人愈多, 其不仁玆甚矣, 罪益厚. 當此, 天下之君子皆知而非之, 謂之不義. 今至大爲攻國, 則弗知非, 從而譽之謂之義. 此可謂知義與不義之別乎?

지금 어떤 사람이 남의 과수원에 들어가 그곳의 복숭아나 자두를 훔치면 이 얘기를 들은 사람들 모두 이를 비난할 것이고, 위정자 또한 그를 잡아 처벌할 것이다. 이는 무슨 까닭인가? 남을 해치면서 자신을 이롭게 했기 때문이다. 남의 개나 닭, 돼지를 훔친 자는 그 불의不義가 남의 과수원에 들어가 복숭아나 자두를 훔친 것보다 더 심하다. 이는 무슨 까닭인가? 남을 해롭게 한 게 더 많기 때문이다. 남을 해롭게 한 게 많을수록 불인不仁도 더 심해지고 그 죄 또한 더욱 많아진다. 적군으로 나온 무고한 사람을 죽여, 갑옷을 벗기고, 소지했던 무기까지 빼앗으면 그 불의가 남의 마구간에 들어가 말이나 소를 훔친 것보다 훨씬 심하다. 이는 무슨 까닭인가? 남을 해롭게 한 게 더 많기 때문이다. 남을 해롭게 한 게 많을수록 그 불인도 더 심해지고, 그 죄 또한 더욱 많아진다. 이 경우 천하의 군자들 모두 이를 알면 크게 비난하며 '불의'라고 말한다. 지금 남의 나라를 공격하는 불의를 저지르면서 비난을 할 줄도 모르고, 오히려 칭송하며 '의'라고 말한다. 이를 두고 어찌 '의'와 '불의'를 분별할 줄 안다고 말할 수 있겠는가?

원포園圃는 과실나무와 채소 따위를 심어 가꾸는 뒤란이나 과수원을 말한다. 견시계돈犬豕鷄豚의 '시'와 '돈' 모두 돼지를 뜻하는 말로, '돈'은 상대적으로 통통하며 작은 돼지를 지칭한다. 자심玆甚의 '자'는 자滋와 통한다. 난구欄廐는 우리가 쳐진 마구간을 의미한다. 불고인不辜人은 죄가 없는 사람으로 무고인無辜人과 같다. 타기의구扡其衣裘의 '타'를 손이양은 빼앗을 탈奪의 뜻으로 풀이했다. 과검戈劍

은 창과 칼로 무기를 지칭한다.

17-2

殺一人謂之不義, 必有一死罪矣. 若以此說往, 殺十人, 十重不義, 必有十死罪矣. 殺百人, 百重不義, 必有百死罪矣. 當此, 天下之君子, 皆知而非之, 謂之不義. 今至大爲不義攻國, 則弗知非, 從而譽之謂之義. 情不知其不義也, 故書其言以遺後世. 若知其不義也, 夫奚說書其不義, 以遺後世哉?

사람 1명을 죽이면 불의하다는 지탄을 받고, 반드시 그에 따른 사죄死罪를 짊어진다. 이를 확장하면 10명을 죽일 경우 10배의 불의가 되고, 10명의 살인에 따른 사죄를 짊어지게 된다. 100명을 죽일 경우 100배의 불의가 되고, 100명의 살인에 따른 사죄를 짊어지게 된다. 이 경우 천하의 군자들 모두 이를 알면 크게 비난하며 '불의'라고 말한다. 지금 남의 나라를 공격하는 불의를 저지르면서 비난을 할 줄도 모른다. 실로 그것이 불의라는 사실조차 모르는 것이다. 이런 불의를 기록으로 남겨 후대에 전하는 이유다. 그것이 불의라는 것을 알았다면 어찌 불의한 내용을 기록으로 남겨 후대에 전할 리 있겠는가?

당차當此의 '당'은 가정을 유도하는 동사로 사용됐다. 정부지情不知의 '정'은 '내심으로'의 뜻을 지닌 부사어로 사용됐다.

17-3

今有人於此, 少見黑曰黑, 多見黑曰白, 則以此人不知白黑之辯矣. 少嘗苦曰苦, 多嘗苦曰甘, 則必以此人爲不知甘苦之辯矣. 今小爲非, 則知而非之. 大爲非攻國, 則不知非, 從而譽之謂之義. 此可謂知義與不義之辯乎? 是以知天下之君子也, 辯義與不義之亂也.

지금 여기 어떤 사람이 검은 것을 보고 검다고 말하다가, 검은 것을 많이 보고는 문득 희다고 말하면 흑백黑白을 구별할 줄도 모른다고 비난할 것이다. 쓴 것을 맛보고 쓰다고 말하다가, 쓴 것을 많이 맛보고는 문득 달다고 감고甘苦를 구별할 줄도 모른다고 비난할 것이다. 지금 작은 불의를 저지르면 이를 비난하다가, 남의 나라를 공격하는 큰 불의를 두고 비난할 줄 모르고, 오히려 칭송하면서 '의'라고 말한다. 이를 두고 어찌 '의'와 '불의'를 분별할 줄 안다고 말할 수 있겠는가? 이로써 나는 천하의 군자들이 '의'와 '불의'의 분별에 커다란 혼동을 일으키고 있음을 알 수 있다.

감고지변甘苦之辯의 '변'은 구별할 변辨과 통한다.

제18장 비공(非攻) 중

여기서 묵자는 전쟁의 폐해를 집중 거론하고 있다. 전쟁으로 점철된 전국시대 상황에 대한 통렬한 비판이기도 하다.

18-1

子墨子言曰, "古者王公大人爲政於國家者, 情欲譽之審, 賞罰之當, 刑政之不過失." 是故墨子曰, "古者有語, '謀而不得, 則以往知來, 以見知隱.' 謀若此, 可得而知矣." 今師徒唯毋興起, 冬行恐寒, 夏行恐暑, 此不可以冬夏爲者也. 春則廢民耕稼樹藝, 秋則廢民獲斂. 今唯毋廢一時, 則百姓饑寒凍餒而死者, 不可勝數. 今嘗計軍上, 竹箭•羽旄•幄幕•甲盾•撥劫, 往而靡弊腑冷不反者, 不可勝數. 又與矛•戟•戈•劍•乘車, 其列往碎折靡弊而不反者, 不可勝數. 與其牛馬肥而往, 瘠而反, 往死亡而不反者, 不可勝數. 與其涂道之修遠, 糧食輟絶而不繼, 百姓死者不可勝數也. 與其居處之不安, 食飯之不時, 饑飽之不節, 百姓之道疾病而死者, 不可勝數. 喪師多不可勝數, 喪師盡不可勝計, 則是鬼神之喪其主后, 亦不可勝數.

묵자가 말했다.

"옛날 왕공대인은 나라에 정사를 펼 때 실로 훼예毁譽를 세심히 살피고, 상벌을 공정히 내려 형정刑政에 차질이 없게 했다."

또 이같이 말했다.

"옛 속담에 이르기를, '일을 꾀하다 안 되면 과거를 살펴 미래를 알고, 드러난 일을 살펴 숨겨진 일을 안다.'고 했다. 일을 꾀하는 것이 이와 같다면 가히 꾀하는 바를 이룰 수 있을 것이다."

지금 군사를 동원코자 할 경우 겨울에는 추위가 두렵고, 여름에는 더위가 두렵다. 이는 겨울과 여름에 동원할 수 없음을 말한다. 그렇다고 봄에 동원하자니 백성들이 경작하는 농사를 망치고, 가을에 동원하자니 추수를 망치게 된다. 지금 한 철만 망쳐도 백성들이 굶주리고 헐벗어, 얼어 죽는 자가 부지기수이다. 지금 시험 삼아 군사동원의 폐해를 계산해 보기로 하자. 화살, 깃발, 장막, 갑옷과 방패, 큰 방패와 나무로 만든 칼자루 등이 전쟁터로 나가면 부서지거나 썩어 폐기되는 것이 얼마나 되는지 헤아릴 수조차 없다. 크고 작은 창과 칼, 수레 등도 전쟁터로 나가면 부서지거나 깨지거나 썩어 폐기되는 것이 얼마나 되는지 알 길이 없다. 소나 말도 전쟁터로 나갈 때는 살쪘고 튼튼했지만 돌아올 때는 모두 여위어 있고, 죽어서 돌아오지 못한 숫자 또한 헤아릴 길이 없다. 또한 가는 길이 매우 멀어 양식운반이 수시로 끊기는 바람에 굶어죽는 자가 얼마나 되는지 이루 다 헤아릴 수조차 없다. 거처가 불안하고, 밥을 제때 먹지 못해 굶주림과 포식이 반복되는 까닭에 길에서 병이 나 죽는 자 또한 이루 헤아릴 수 없을 정도로 많다. 싸우다 죽거나 몰살을 당한 군사가 얼마나 되는지도 알 길이 없다. 제사지내 줄 사람까지 잃은 귀신 또한 얼마나 되는지 알 길이 없다.

정욕예지심情欲譽之審의 '예'를 두고 왕인지는 훼예毁譽의 '훼'가 누락된 것으로 보았다. 사도師徒는 군사軍士를 말한다. 획렴獲斂은 추수를 뜻한다. 금상계군출今嘗計軍出의 '상'을 손이양은 시試로 풀이했다. '출'은 원문에 상上으로 되어 있으나 『전국책』「제책」을 인용한 손이양의 주장을 좇아 '출'로 바꿨다. 우모羽旄는 새 깃과 모우旄牛의 꼬리털로 만든 깃발을 말한다. 발겁撥劫의 '발'은 큰 방패를 뜻한다. '겁'을 손이양은 나무로 만든 칼자루로 풀이했다. 미폐부랭靡弊腑冷의 '미폐'는 넘어지거나 부서져 폐기되는 것을 말한다. '부'를 필원은 부腐의 이체자異體字, '랭'을 문드러질 란爛과 통하는 것으로 보았다. 모극과矛戟戈의 '모'는 세모창, '극'은 갈래가 난 창, '과'는 통상적인 창을 지칭한다. 도도涂道의 도涂는 길을 뜻하는 도塗와 통한다. 철절輟絶은 공급이 끊어지는 것을 뜻한다. 주후主后는 『예기』「왕제」의 정현 주에 따르면 자손이 없이 죽은 자를 위해 대신 제사를 지내주는 제주祭主를 말한다.

18-2

國家發政, 奪民之用, 廢民之利, 若此甚衆, 然而何爲爲之. 曰, "我貪伐勝之名及得之利, 故爲之." 子墨子言曰, "計其所自勝, 無所可用也. 計其所得, 反不如所喪者之多." 今攻三里之城·七里之郭, 攻此不用銳且無殺而徒得此然也. 殺人多必數於萬, 寡必數於千, 然後三里之城·七里之郭, 且可得也. 今萬乘之國, 虛數於千, 不勝而入. 廣衍數於萬, 不勝而辟. 然則土地者, 所有餘也. 王民者, 所不足也. 今盡王民之死, 嚴下上之患, 以爭虛城, 則是棄所不足而重所有餘也. 爲政若此, 非國之務者也.

나라에서 전쟁을 일으켜 백성들이 쓰는 것을 빼앗고, 그 이익을 황폐케 만드는 게 이처럼 많다. 그런데도 무엇 때문에 전쟁을 하는 것인가? 그들의 대답은 이렇다.

"나는 전승戰勝의 명예와 전리戰利를 탐하기에 전쟁을 한다."

묵자가 말했다.

"그들이 얻은 승리는 쓸모가 없는 것이다. 따져보면 얻은 것보다 오히려 잃은 게 더 많다."

지금 3리 길이의 성벽에 7리 길이의 외곽이 있는 성읍을 공격한다고 치자. 불가불 정예부대를 사용하거나 살상을 행하지 않고는 점령할 수 없다는 것은 분명하다. 그 경우 살해당하는 자의 수가 반드시 많게는 1만 명 단위에서 적게는 수천 명에 달하게 된다. 그래야 3리 길이의 성벽에 7리 길이의 외곽이 있는 성읍을 점령할 수 있다. 지금 만승萬乘의 병거兵車를 보유한 대국의 경우 텅 비어 있는 성읍의 수가 천 단위에 이르러 일일이 쳐들어가 점거할 수 없을 정도이다. 광활한 땅 또한 만 단위에 이르러 일일이 개간할 수 없을 정도이다. 땅은 남아돌고, 백성은 부족한 셈이다. 지금 무수한 전사자로 인해 위정자와 백성 모두 재앙을 초래하는 것은 곧 텅 비어 있는 성을 다툼으로써 부족한 것을 방치하고, 오히려 남아도는 것을 중히 여기는 짓이다. 이런 정치는 나라의 요무要務가 아니다.

불승이벽不勝而辟의 '벽'은 땅 등을 개척한다는 뜻의 벽闢과 통한다. 왕민王民을 왕인지는 사민士民의 잘못으로 보았다.

18-3

飾攻戰者言曰, "南則荊·吳之王, 北則齊·晉之君, 始封於天下之時,其土地之方，未至有數百里也，人徒之衆，未至有數十萬人也．以攻戰之故，土地之博至有數千里也，人徒之衆至有數百萬人，故當攻戰而不可爲也．" 子墨子言曰，"雖四五國則得利焉，猶謂之非行道也．譬若醫之藥人之有病者然，今有醫於此，和合其祝藥之於天下之有病者而藥之．萬人食此，若醫四五人得利焉，猶謂之非行藥也．故孝子不以食其親，忠臣不以食其君．" 古者封國於天下，尙者以耳之所聞，近者以目之所見，以攻戰亡者，不可勝數．何以知其然也？東方有莒之國者，其爲國甚小，間於大國之間，不敬事於大，大國亦弗之從而愛利，是以東者越人夾削其壤地，西者齊人兼而有之．計莒之所以亡於齊越之間者，以是攻戰也．雖南者陳蔡，其所以亡於吳越之間者，亦以攻戰．雖北者且不一著何，其所以亡於燕·代·胡·貉之間者，亦以攻戰也．是故子墨子言曰，"古者王公大人情欲得而惡失，欲安而惡危，故當攻戰而不可不非．"

공격전을 옹호하는 자들은 말한다.

"남쪽으로 초楚와 오吳, 북쪽으로 제齊와 진晉나라가 있다. 당초 천자로부터 봉지를 받았을 때만 해도 그 넓이는 수백 리, 백성은 수십만 명에 이르지 못했다. 그러나 공격전을 통해 그 넓이가 수천 리에 달하고, 백성 또한 수백만 명에 이르게 됐다. 공격전이 불가피한 이유다."

묵자가 말했다.

"비록 4, 5국이 전쟁으로 이득을 보았을지라도 정도를 행했다고 말할 수는 없다. 이는 의원이 약으로 병자를 치료하는 것에 비유할 수 있다. 여기 어떤 의사가 약을 만들어 천하의 병자를 치료한다고 치자. 1만 명이 이를 복용해 4, 5명만이 효과를 보았을 경우 제대로 된 약을 만들었다고 말할 수는 없다. 효자가 이를 부모에게 권할 리 없고, 충신이 군주에게 권할 리 없다."

옛날 천자가 열국의 군주를 봉할 때 먼 오래된 일은 소문을 통해 귀로 듣고, 근자의 일은 눈으로 목도할 수 있었다. 공격전을 펼치다 패망한 자가 수를 헤아릴 수 없을 정도로 많았음을 알 수 있다. 무엇으로 이를 알 수 있는가? 동쪽 거莒나라는 크기가 매우 작았고 열국 사이에 끼어 있었다. 이웃한 대국을 공경하지 않자 대국들 역시 아끼거나 이롭게 해주지 않았다. 동쪽 월나라 군사가 그 나라 영토를 깎아 먹고, 서쪽 제나라가 그 땅을 겸병해 나갔다. 거나라가 제나라와 월나라 사이에서 패망한 배경을 살펴보면 바로 공격전으로 인한 것이다. 남쪽 진陳과 채蔡나라가 오나라와 월나라 사이에서 패망한 것 역시 공격전으로 인한 것이다. 북쪽 사柤와 부도하不屠何 나라가 연燕, 대代, 호胡, 맥貉 사이에서 패망한 것도 공격전으로 인한 것이다.

묵자가 말했다.

"옛날 왕공대인은 실로 이득을 바라면서 손실을 싫어하고, 안녕을 바라면서 위험을 싫어했다. 공격전을 비난하지 않을 수 없었던 이유다."

축약祝藥의 '축'을 손이양은 『주례』에 대한 정현 주를 인용해 외상에 바르거나 붙이는 약을 뜻하는 주注의 잘못으로 보았다. 상자尙者는 옛날을 뜻하는 말로 근자近者와 대비된다. 사불일저且不一著의 '사'를 손이양은 『국어』「진어」를 근거로 사柤로 보았다. 위치는 알 길이 없다. '불일저'를 『관자』「소광」 등을 인용해 부도하不屠何로 풀이했다. 모두 북쪽에 존재했던 이민족의 나라로 대략 요서 일대에 존재했던 것으로 추정했다.

18-4

飾攻戰者之言曰, “彼不能收用彼衆, 是故亡. 我能收用我衆, 以此攻戰於天下, 誰敢不賓服哉?” 子墨子言曰, “子雖能收用子之衆, 子豈若古者吳闔閭哉? 古者吳闔閭教七年, 奉甲執兵, 奔三百里而舍焉. 次注林, 出於冥隘之徑, 戰於柏擧, 中楚國而朝宋與及魯. 至夫差之身, 北而攻齊, 舍於汶上, 戰於艾陵, 大敗齊人, 而葆之大山. 東而攻越, 濟三江五湖, 而葆之會稽. 九夷之國, 莫不賓服. 於是退不能賞孤, 施舍群萌. 自恃其力, 伐其功, 譽其智, 怠於教, 遂築姑蘇之臺, 七年不成. 及若此, 則吳有離罷之心. 越王句踐視吳上下不相得, 收其衆以復其仇. 入北郭, 徙大內, 圍王宮, 而吳國以亡.” 昔者晉有六將軍, 而智伯莫爲强焉. 計其土地之博, 人徒之衆, 欲以抗諸侯, 以爲英名攻戰之速. 故差論其爪牙之士, 皆列其舟車之衆, 以攻中行氏而有之. 以其謀爲旣已足矣, 又攻玆范氏而大敗之, 並三家以爲一家而不止, 又圍趙襄子於晉陽. 及若此, 則韓魏亦相從而謀曰, “古者有語, ‘脣亡則齒寒.’ 趙氏朝亡, 我夕從之. 趙氏夕亡, 我朝從之. 『詩』曰, ‘魚水不務, 陸將何及乎.’ ” 是以三主之君, 一心戮力, 辟門除道, 奉甲興士. 韓魏自外, 趙氏自內, 擊智伯, 大敗之.

공격전을 옹호하는 자들은 말한다.

“거나라 등은 백성을 거둬 활용하지 못했기 때문에 패망한 것이다. 나는 나의 백성들을 거둬 활용하고 있다. 이런 식으로 천하에 공격전을 펼치면 그 누가 감히 굴복하지 않을 수 있겠는가?”

묵자가 말했다.

“그대가 비록 그대의 민중을 거둬 활용할지라도 어찌 옛날 오왕 합려만큼이야 할 수 있겠는가? 합려는 7년 동안 군사를 훈련시킨 뒤 갑옷을 입고 무기를 든 채 3백리를 달려가 주둔할 정도였다. 그는 자신의 군사를 이끌고 주림注林에 머물다가 명애冥隘의 좁은 길을 빠져나간 뒤 백거柏擧에서 초나라 군사를 깨뜨리고, 송나라와 노나라마저 굴복시켜 내조來朝토록 만들었다. 뒤를 이은 부차 때는 북으로 제나라를 치면서 문수汶水 가에서 진을 치고 있다가 애릉艾陵에서 제나라 군사를 깨뜨려, 제나라가 태산으로 숨어들어가 간신히 목숨을 보전케 했다. 또 동쪽으로 월나라를 쳐, 월나라가 3강三江과 5호五湖를 건너 회계산會稽山으로 숨어들어가 간신히 잔명을 잇게 하고, 장강 주변의 구이九夷들이 모두 복종케 만들었다. 그러나 그는 철군 후 고아에게 포상하고, 백성에게 은덕을 베풀지 않은 채 힘만 믿고 공을 자랑하고, 자신의 지혜를 기리며 교화를 태만히 했다. 마침내 거대한 규모의 고소대姑蘇臺를 짓기 시작했으나 7년이 되도록 완성시키기 못했다. 오나라 민심은 등을 돌리고 지치게 된 이유다. 이 사이 월왕 구천은 오나라 군민君民이 서로 화합하지 못한 것을 보고 자신의 백성들을 열심히 거둬 마침내 복수에 성공했다. 오나라 도성의 북쪽 외곽으로 진공해 부차의 용주龍舟를 탈취하고 왕궁을 포위하자, 오나라는 이내 패망하고 말았다."

옛날 진晉나라에는 6명의 권신이 있었다. 이들 가운데 지백智伯이 가장 강했다. 그는 광대한 영토와 많은 병사를 배경으로 여타 제후들을 제압하면서 신속한 용병술로 명성을 떨치고자 했다. 용맹한 병사를 선발해 훈련시키며 많은 배와 수레를 벌려놓고 중항씨中行氏를 공격해 병탄했다. 그의 계책과 용병은 이미 충분히 입증됐는데도 범씨范氏를 공격해 쳐부수고 병탄했다. 이후 여기에 만족치 않고 조씨趙氏의 조양자趙襄子를 진양晉陽에서 포위했다. 한씨韓氏와 위씨魏氏가 서로 만나 앞일을 논의했다.

"옛날 말에 이르기를, '입술이 없어지면 이가 시리다'고 했다. 조씨가 아침에 망하면 우리는 저녁에 그 뒤를 따를 것이고, 조씨가 저녁에 망하면 우리는 아침에 그 뒤를 좇게 될 것이다. 『시』에 이르기를, '물고기가 물에서 빨리 내달리지 못해 뭍 위로 올라오면 어찌 돌아갈 수 있겠는가?'라고 했다."

이에 3가문이 한 마음이 되어 전력을 기울여 공격에 나섰다. 성문을 열고 길을 연 뒤 무장한 군사를 시켜 지백의 군사를 치게 했다. 한씨와 위씨는 밖, 조씨는 안에서 협공해 마침내 그를 패사시켰다.

식공전자飾攻戰者의 '식'은 꾸미거나 옹호하는 것을 말한다. 빈복賓服은 복종 내지 굴복의 뜻이다. 분3백리이사奔三百里而舍의 '분'은 질주, '사'는 야영하며 주둔하는 것을 말한다. 차次 역시 주둔을 뜻한다. 『춘추좌전』「노장공 3년」조에 따르면 군사가 출동해 하루 동안 머무는 '사舍', 이틀 동안 머무는 것을 '신信', 그 이상 머무는 것을 '차次'라고 한다. 주림注林은 지명으로 정확한 위치는 알려져 있지 않다. 명애冥隘는 『춘추좌전』「노정공 4년」조에 나오는 명액冥阨으로 지금의 하남성 신양현 동남쪽 90 리에 위치한 평정관平靖關 일대를 말한다. 백거柏擧는 기원전 506년 오나라와 초나라가 맞붙은 곳으로 지금의 호북성 마성현 동남쪽에 있다. 애릉艾陵은 지금의 산동성 태안현 동남쪽 일대를 지칭한다. 보지태산葆之大山의 '보'는 보保와 통한다. '태산'은 태산泰山과 같다. 3강5호三江五湖의 '3강'에 대해 여러 설이 있으나 『국어』「월어」에 대한 위소韋昭 주에 따르면 송강宋江, 절강浙江, 포양강浦陽江을 뜻한다. 『수경주水經注』도 곽박郭璞의 설을 이용해 위소의 주와 마찬가지로 풀이했다. '5호'는 월나라에 있던 호수를 지칭한다. 회계會稽는 지금의 절강성 산음현에 소재한 산 이름이다. 구이九夷는 장강 일대에 존재했던 9개 이민족의 나라를 말한다. 군맹群萌은 여러 백성을 뜻한다. '맹'은 맹氓과 통한다. 고소지대姑蘇之臺는 오왕 부차가 세운 누대로 지금의 강소성 소주에 있었다. 이피지심離罷之心의 '피'는 피疲와 통한다. 사대내徙大內의 '사'를 위소는 『국어』「오어」의 주에서 취取로 풀이했다. '대내'를 왕인지는 오왕 부차의 전용선인 대주大舟의 잘못으로 보았다. 차론差論은 구분하여 뽑는다는 뜻으로 선발과 같다. 조아지사爪牙之士는 발톱과 손톱에 해당하는 정예병을 지칭한다. 시왈詩曰 이하의 구절은 현재의 『시경』에 나오지 않는다. 어수불무魚水不務의 '무'는 열심히 헤엄쳐 내달린다는 뜻으로 무鶩와 통한다. 유游의 생략형인 유의 잘못으로 보기도 한다. 육력戮力은 전력으로 애쓰는 것을 뜻한다.

18-5

是故子墨子言曰, "古者有語曰, '君子不鏡於水而鏡於人. 鏡於水, 見面之容. 鏡於人, 則知吉與凶.' 今以攻戰爲利, 則蓋嘗鑒之於智伯之事乎?" 此其爲不吉而凶, 旣可得而知矣.

묵자가 말했다.

"옛날 말에 이르기를, '군자는 물을 거울로 삼지 않고, 사람을 거울로 삼는다. 물을 거울로 삼으면 얼굴 모습만 보게 되지만 사람을 거울로 삼으면 길흉을 알 수 있다.'고 했다. 지금 공격전이 이득이라고 생각하는 자들은 어찌하여 지백의 일을 감계鑒戒로 삼지 않는 것인가?"

공격전이 길하지 못하고 흉하다는 것은 이미 쉽게 알 수 있는 일이다.

합상감지盍嘗鑒之의 '합'은 하불何不의 축약형이다.

제19장 비공(非攻) 하

여기서도 상편 및 중편에 이어 비전非戰의 타당성을 설파하고 있다.

19-1

子墨子言曰, "今天下之所譽善者, 其說將何哉? 爲其上中天之利, 而中中鬼之利, 而下中人之利, 故譽之與? 意亡非爲其上中天之利, 而中中鬼之利, 而下中人之利, 故譽之與.? 雖使下愚之人, 必曰, '將爲其上中天之利, 而中中鬼之利, 而何中人之利, 故譽之.' 今天下之所同義者, 聖王之法也. 今天下之諸侯將猶多皆免攻伐並兼, 則是有譽義之名而不察其實也. 此譬猶盲者之與人同命白黑之名, 而不能分其物也, 則豈謂有別哉?

묵자가 말했다.

"지금 천하의 칭송을 받는 것은 어찌 해석해야 하는가? 위로는 하늘의 이익, 가운데로는 귀신의 이익, 아래로는 사람의 이익과 부합하기 때문에 칭송을 받는 것인가? 그게 아니라면 위로는 하늘의 이익, 가운데로는 귀신의 이익, 아래로는 사람의 이익과 부합하지 않기 때문에 칭송을 받는 것인가? 가장 어리석은 자일지라도 반드시 말하기를, '위로는 하늘의 이익, 가운데로는 귀신의 이익, 아래로는 사람의 이익과 부합하기 때문에 칭송한다.'고 대답할 것이다. 지금 천하가 공히 기르고자 하는 것은 성왕의 법도이다. 천하의 제후들이 아직도 남의 나라를 공벌攻伐해 병탄코자 하는 것을 두고 의롭다고 하니 이는 헛된 명성으로 그 실질을 살피지 않은 탓이다. 비유하면 장님이 눈 뜬 사람들과 함께 흑백의 명칭을 붙이면서도 분별하지 못하는 것과 같다. 어찌 장님이 능히 분별할 수 있다고 말할 수 있겠는가?"

의무비위意亡非爲의 '의'를 왕인지는 억抑, '무'를 무無와 통한다고 보았다. 천하지소동의天下之所同義의 '의'를 필원과 손이양은 양養의 잘못으로 보았다.

19-2

是故古之知者之爲天下度也, 必順慮其義, 而後爲之. 行是以動則不疑, 速通成得其所欲而順天•鬼•百姓之利, 則知者之道也. 是故古之仁人有天下者, 必反大國之說. 一天下之和, 總四海之內. 焉率天下之百姓以農, 臣事上帝山川鬼神, 利人多, 功故又大. 是以天賞之, 鬼富之, 人譽之, 使貴爲天子, 富有天下, 名參乎天地, 至今不廢. 此則知者之道也, 先王之所以有天下者也.

옛날 지혜로운 사람은 천하를 위해 계책을 낼 때면 반드시 사안이 의에 합당한지 여부를 생각한 뒤 일을 추진했다. 의를 좇아 움직인 덕분에 호령이 아무런 의구심 없고, 멀고 가까운 사람 모두 자신이 바라던 바를 확실히 얻으면서 하늘과 귀신과 백성의 이익에도 부합했다. 이것이 지혜로운 자의 도이다. 옛날 천하를 다스린 어진 사람이 반드시 대국의 공벌 계책을 반대하며, 천하 인민의 화목을 꾀하고, 사해四海 안의 백성을 이끌며 농사를 열심히 짓고, 이내 상제와 산천 및 귀신에게 신하의 예를 취한 배경이다. 덕분에 사람들을 두루 이롭게 한 일이 매우 많았고, 공적 또한 매우 컸다. 하늘이 상을 내리고, 귀신이 부유하게 만들어주고, 사람들이 칭송한 덕분에 천자라는 귀한 몸이 돼 천하의 부를 다 차지하고, 명성이 천지에 널리 퍼져 지금까지 폐해지지 않는 이유다. 이것이 곧 지혜로운 사람의 도이고, 선왕이 천하를 다스린 근본 이유다.

속통성速通成을 손이양은 '멀고 가까운 사람 모두'의 뜻을 지닌 원이함遠邇咸의 잘못으로 보았다. 필반대국지설必反大國之說의 '반'을 손이양은 '대국과 즐겁게 지내다.'의 뜻인 교交의 잘못으로 보았으나 문맥상 그대로 두고 풀이하는 게 낫다. 언솔焉率의 '언'은 내乃와 통한다.

19-3

今王公大人天下之諸侯則不然, 將必皆差論其爪牙之士, 皆列其舟車之卒伍, 於此爲堅甲利兵, 以往攻伐無罪之國. 入其國家邊境, 芟刈其禾稼, 斬其樹木, 墮其城郭, 以湮其溝池, 攘殺其牲牷, 燔潰其祖廟, 勁殺其萬民, 覆其老弱, 遷其重器. 卒進而柱乎鬬, 曰, "死命爲上, 多殺次之, 身傷者爲下. 又況失列北橈乎哉? 罪死無赦." 以譂其衆. 夫無兼國覆軍, 賊虐萬民, 以亂聖人之緒, 意將以爲利天乎? 夫取天之人, 以攻天之邑, 此刺殺天民, 剝振神之位, 傾覆社稷, 攘殺其犧牲, 則此上不中天之利矣. 意將以爲利鬼乎? 夫殺之人, 滅鬼神之主, 廢滅先王,賊虐萬民, 百姓離散, 則此中不中鬼之利矣. 意將以爲利人乎? 夫殺之人, 爲利人也博矣. 又計其費, 此爲周生之本, 竭天下百姓之財用, 不可勝數也, 則此下不中人之利矣.

지금 왕공대인과 제후들은 그렇지 않다. 반드시 자신의 정예병을 선발하고, 군함과 전차 대오를 펼치고, 튼튼한 갑옷과 예리한 무기를 준비한 뒤 죄 없는 나라를 침공한다. 그 나라의 변경을 넘어 들어간 뒤 애써 농사지은 곡식을 베고, 나무를 자르고, 성곽을 무너뜨리고, 해자를 메우고, 가축을 함부로 죽이고, 사당을 불사르고, 백성을 찔러 죽이고, 늙은이와 약자를 없애고, 소중한 보물을 빼앗아 간다. 급격히 진격해 싸우게 될 때면 이같이 엄명한다.

"목숨을 바쳐 군명君命을 받드는 게 최상이고, 적을 많이 죽이는 게 그 다음이고, 몸에 부상을 입는 것은 최하이다. 뒤돌아 달아나는 자는 반드시 사형에 처하고 용서치 않을 것이다."

군사들을 두렵게 만들어 이웃 나라를 병탄하고, 적군을 몰살하고, 백성을 해치며 학대해 성인의 공업功業을 어지럽히는 이유다. 그리 하는 게 과연 하늘을 이롭게 하는 것인가? 하늘이 낳은 백성인 이른바 천민天民을 동원해 천민이 살아가는 도읍인 천읍天邑을 공격하면 결국 천민을 찔러 죽이고, 신위神位를 깎거나 찢어 없애고, 사직을 뒤엎고, 희생을 함부로 죽이는 짓이다. 이는 위로 하늘의 이익에 부합하지 않는 짓이다. 그런데도 과연 이런 식으로 귀신을 이롭게 할 수 있다고 생각하는 것인가? 무릇 천민을 죽이고, 신주神主를 없애고, 선왕의 업적을 폐해 없애고, 천하 만민을 해치며 학대하고, 백성을 사방으로 뿔뿔이 흩어지게 만드는 짓이다. 이는 가운데로 귀신들의 이익에 부합하지 않는 짓이다. 그런데도 과연 이런 식으로 사람들을 이롭게 할 수 있다고 생각하는 것인가? 사람을 죽이는 것이 백성들에게 커다란 이익을 안겨준다고 여길 경우 그 이익은 극히 작은 것이다. 오히려 그 비용을 계산해 보면 이는 삶의 근본을 해치고, 천하 인민의 재용財用을 마르게 하는 짓이다. 그럼에도 그런 일이 헤아릴 수 없을 정도로 많이 빚어지고 있다. 이는 아래로 사람들의 이익에 부합하지 않는 짓이다.

삼예芟刈는 풀 등을 베어내는 것을 말한다. 삼제芟除와 같다. 화가禾稼는 농사지은 곡식을 지칭한다. 인기구지湮其溝池의 '인'은 메운다는 뜻으로 매埋와 통한다. '구지'는 성 둘레에 파놓은 도랑과 못으로 해자垓字와 같다. 생전牲牷의 '생'은 제물로 사용하는 짐승, '전'은 사지를 다 갖춘 짐승을 뜻한다. 번궤燔潰는 태워 없앤다는 의미이다. 경살勁殺의 '경'을 두예는 『춘추좌전』「노정공 4년」조에 대한 주에서 죽인 뒤 머리를 취하는 취수取首로 풀이했다. 배뇨北橈는 뒤로 돌아 달아난다는 뜻이다. '뇨'는 짧은 노櫓를 뜻할 때는 '요'이나, 흩어지거나 굽히거나 흔들리거나 한다는 뜻일 때는 '뇨'로 읽는다. 필원의 판본에는 뇨撓로 나온다. 이천기중以譂其衆의 '천'을 필원은 두렵게 할 탄憚의 잘못으로 보았다. 성인지서聖人之緖의 '서'는 삼국시대 위명제 때 『이아』의 속편으로 나온 장읍張揖의 『광아廣雅』「석고釋詁」에 따르면 업業의 의미이다. 여기서는 공업功業의 의미로 사용됐다. 박진剝振의 '진'과 주생周生의 '주'를 왕인지는 각각 찢어질 백捭과 해칠 해害의 잘못으로 보았다.

19-4

今夫師者之相爲不利者也, 曰, "將不勇, 士不分, 兵不利, 敎不習,師不衆，率不利和，威不圉，害之不久，爭之不疾，孫之不强，植心不堅，與國諸侯疑．與國諸侯疑，則敵生慮而意羸矣．遍具此物，而致從事焉，則是國家失卒，而百姓易務也．" 今不嘗觀其說好攻伐之國，若使中興師，君子，庶人也必且數千，徒倍十萬，然後足以師而動矣．久者數歲，速者數月，是上不暇聽治，士不暇治其官府，農夫不暇稼穡，婦人不暇紡績織紝，則是國家失卒，而百姓易務也．然而又與其車馬之罷弊也，幔幕帷蓋，三軍之用，甲兵之備，五分而得其一，則猶爲序疏矣．然而又與其散亡道路，道路遼遠，糧食不繼傺，食飲之時，廁役以此饑寒凍餒疾病而轉死溝壑中者，不可勝計也．此其爲不利於人也，天下之害厚矣．而王公大人樂而行之，則此樂賊滅天下之萬民也，豈不悖哉．今天下好戰之國，齊•晉•楚•越，若使此4國者得意於天下，此皆十倍其國之衆，而未能食其地也．是人不足而地有餘也．今又以爭地之故而反相賊也，然則是虧不足而重有餘也．

지금 군대라는 것은 서로에게 이롭지 않은 것이다. 이유는 다음과 같다.

"장수가 용감하지 않고, 병사가 분투하지 않고, 무기가 예리하지 않고, 교련이 제대로 이뤄지지 않고, 군사규모가 크지 않고, 장병들이 서로 불화한 경우를 보자. 이 경우 적의 위협 하에서 방어를 제대로 할 수 없고, 적을 막고자 해도 오래 버티지 못하고, 싸움이 빨리 끝나지도 않고, 백성과의 결속도 강하지 않고, 결전의 각오도 굳지 않고, 동맹한 제후들도 내심의 의심을 품는다. 제후들이 의심을 품으면 곧 적대하는 마음이 생겨나 함께 대적코자 하는 의지가 약화된다. 이런 불리한 여건에서 전쟁을 벌이면 나라는 법도를 잃고, 백성은 업을 바꾸게 된다."

지금 공벌을 옹호하는 논조를 제대로 고찰하지 않은 채 군사를 일으키면 지휘관은 백여 명, 일반 장병은 천여 명, 노역자는 수십만 명이 있어야 비로소 군사를 일으켜 침공을 행할 수 있다. 이 경우 오래갈 때는 몇 년, 빨라도 몇 달이 걸린다. 군주는 정사를 펼 겨를이 없고, 관원은 관부官府를 다스릴 겨를이 없고, 농부는 농사지을 겨를이 없고, 여인은 방적하며 길쌈할 겨를이 없게 된다. 나라가 법도를 잃고, 백성들이 하던 일을 바꾸는 이유다. 전쟁을 치르면 수레와 말은 낡거나 피폐해 버려지고, 장막과 포장을 포함해 갑옷과 무기 등의 군수품은 5분의 1만 남아도 많다고 할 정도로 소모가 심하다. 출정의 길은 아득히 먼데 군량이 이어지지 않아 식사를 제때 하지 못하니 노역자로 끌려간 백성들이 굶주리고 헐벗거나 병에 걸려 도랑에 굴러 떨어져 죽는 자가 헤아릴 수 없을 정도로 많다. 이는 사람에게 크게 불리하고, 천하에 큰 해를 끼치는 것이다. 그럼에도 왕공대인이 이런 전쟁을 즐기고 있으니 이는 천하 만민을 해치고 절멸시키는 짓이다. 이 어찌 도리에 어긋난 짓이 아니겠는가? 지금 천하에 전쟁을 좋아하고 나라로 제齊, 진晉, 초楚, 월越을 들 수 있다. 이들 4국은 뜻을 이뤄 백성을 10배로 늘릴지라도 보유한 땅을 전부 경작할 수 없을 정도다. 사람은 부족한데 땅은 남아돌기 때문이다. 그런데 지금 또 남의 나라 땅을 빼앗기 위해 서로 해치면 이는 부족한 것을 축내면서 남아도는 것을 중히 여기는 짓이다.

사불분士不分의 '분'은 사기를 떨친다는 뜻으로 분奮과 통한다. 솔불리화率不利和의 '솔'을 유월은 장령을 뜻하는 장솔將率로 풀이하면서 '리'를 연자로 보았다. 해지불구害之不久의 '해'를 손이양은 위圍의 잘못으로 보았다. 손지불강孫之不强의 '손'을 손이양은 『국어』「오어」의 위소 주를 인용해 백성을 잘 다스린다는 뜻의 계係로 파악했다. 도배십만徒倍十萬의 '배십'은 수십數十과 같다. 가색稼穡은 곡식농사를 뜻한다. 피폐罷弊의 '피'는 피疲와 통한다. 서소序疏를 손이양은 크게 남는다는 뜻의 후여厚餘로 보았다. 불계제不繼傺의 '제'는 묵을 숙宿의 뜻이다. 측역廁役을 왕개운王闓運은 『춘추공양전春秋公羊傳』「노선공 12년」조를 인용해 노무자를 뜻하는 시역廝役의 잘못으로 보았다.

19-5

今遝夫好攻伐之君, 又飾其說以非子墨子曰, "以攻伐之爲不義, 非利物與? 昔者禹征有苗, 湯伐桀, 武王伐紂, 此皆立爲聖王, 是何故也?" 子墨子曰, "子未察吾言之類, 未明其故者也. 彼非所謂攻, 謂誅也. 昔者三苗大亂, 天命殛之. 日妖宵出, 雨血三朝, 龍生於廟, 犬哭乎市. 夏冰, 地坼及泉, 五穀變化, 民乃大振. 高陽乃命玄宮. 禹親把天之瑞令, 以征有苗. 四電誘祗, 有神人面鳥身, 若瑾以侍, 搤矢有苗之祥, 苗師大亂, 後乃遂幾. 禹既已克有三苗, 焉磨爲山川, 別物上下. 卿制大極, 而神民不違, 天下乃靜. 則此禹之所以征有苗也. 遝至乎夏王桀, 天有皓命, 日月不時, 寒暑雜至, 五穀焦死, 鬼呼國, 鶴鳴十夕餘. 天乃命湯於鑣宮, '用受夏之大命. 夏德大亂, 予既卒其命於天矣, 往而誅之, 必使汝堪之.' 湯焉敢奉率其衆, 是以鄉有夏之境. 帝乃使陰暴毀有夏之城. 少少有神來告曰, '夏德大亂, 往攻之, 予必使汝大堪之, 予既受命於天. 天命融隆火於夏之城間西北之隅.' 湯奉桀衆以克有, 屬諸侯於薄, 薦章天命, 通於四方, 而天下諸侯莫敢不賓服. 則此湯之所以誅桀也. 遝至乎商王紂, 天不序其德, 祀用失時, 兼夜中十日, 雨土於薄, 九鼎遷止, 婦妖宵出, 有鬼宵吟, 有女爲男, 天雨肉, 棘生乎國道, 王兄自縱也. 赤鳥銜珪, 降周之岐社, 曰, '天命周文王伐殷有國.' 泰顚來賓, 河出綠圖, 地出乘黃, 武王踐功. 夢見三神, 曰, '予旣沈漬殷紂於酒德矣, 往攻之, 予必使汝大堪之.' 武王乃攻狂夫. 反商之周, 天賜武王黃鳥之旗. 王旣已克殷, 成帝之來, 分主諸神, 祀紂先王, 通維四夷, 而天下莫不賓, 焉襲湯之緒. 此卽武王之所以誅紂也. 若以此三聖王者觀之, 則非所謂攻也, 所謂誅也."

지금 공벌을 좋아하는 군주가 자신의 주장을 옹호하며 묵자를 비판했다.

"공벌을 불의라고 하는 것은 공벌이 불리하다는 것을 주장하려는 속셈이 아니겠는가? 옛날 우왕은 묘족을 쳤고, 탕왕은 걸桀을 정벌했고, 무왕은 주紂를 토벌했다. 이들 모두 성왕이라는 칭송을 받았다. 이는 무슨 까닭인가?"

묵자가 말했다.

"그대는 나의 말을 잘 살피지 못해 그 뜻을 제대로 파악치 못하고 있다. 우왕 등이 행한 것은 '공벌'이 아니라 죄를 지은 자를 토벌하는 '주벌誅伐'이다. 옛날 묘족이 천하를 크게 어지럽히자 하늘이 우왕에게 명해 그들을 치게 했다. 당시 요괴가 밤마다 나타나고, 혈우血雨가 3일 동안 내리고, 용이 묘당廟堂에서 생겨나고, 개가 시장에서 울부짖고, 여름에 얼음이 얼고, 땅이 갈라져 깊숙한 곳의 지하수까지 이르고, 오곡이 제대로 크지 못해 백성들 모두 크게 떨며 두려워했다. 고양씨高陽氏 전욱顓頊이 현궁玄宮에게 우왕에게 명을 내리자 우왕이 친히 하늘의 명을 받아 묘족을 쳤다. 번개와 벼락이 치고, 사람 얼굴에 새의 몸을 가진 신이 공손히 곁에서 시립했다. 화살로 묘족의 장령들을 쏘아 죽이자 저들이 크게 어지러워져 이내 쇠

잔하게 되었다. 우왕이 묘족을 친 뒤 산천을 나누고, 사물의 상하를 구분하고, 사방을 통제했다. 신과 백성이 서로 화목하고, 천하가 안정된 이유다. 이상이 우왕의 묘족 정벌 배경이다. 하나라 걸의 시기에 이르러서도 하늘이 엄명을 내렸다. 일월이 제때 출몰하지 않고, 추위와 더위가 마구 뒤엉키고, 오곡이 말라죽고, 귀신이 나라 안에서 울부짖고, 학의 울음소리가 십여 일 밤이나 계속됐다. 상제가 표궁鑣宮에서 탕왕에게 명하기를, '속히 가서 하나라를 대신할 천명을 받으라. 하나라의 덕이 크게 어지러워졌다. 내가 이미 하나라의 명을 끊기로 했으니 속히 가서 저들을 토벌하라. 내가 반드시 하나라를 대신토록 해주겠다.'고 했다. 탕왕이 이를 받들어 백성을 이끌고 하나라로 진군했다. 상제가 은밀히 사자를 보내 하나라 성을 무너뜨렸다. 얼마 후 한 신이 탕왕에게 와 전하기를, '하나라의 덕이 크게 어지러워졌으니 속히 가서 토벌토록 하라. 내가 반드시 그대의 하나라 평정을 돕도록 하겠다. 나는 이미 상제의 명을 받았고, 상제 또한 불의 신 축융祝融에게 명해 하나라의 성들 사이에 있는 서북쪽 성 모퉁이에 불을 내리도록 했다.'고 했다. 탕왕이 이를 받들어 백성들 이끌고 하나라로 진격했다. 박薄 땅에 제후들을 모아놓고 하늘의 명을 밝힌 뒤 사방으로 포고케 하자 천하의 제후들 가운데 감히 복종하지 않는 자가 없었다. 이것이 탕왕이 걸을 정벌한 배경이다. 은나라 주의 치세에 이르러 제사를 지내는 것이 때를 잃자 하늘이 이를 받아들이지 않게 됐다. 밤에 10개의 해가 뜨고, 흙비가 내리고, 구정九鼎이 자리를 옮기고, 여자귀신이 밤에 나타나고, 밤에 귀신 우는 소리가 나고, 여자가 남자로 변하고, 하늘에서 피비가 내리고, 도성의 큰 길에 가시덤불이 자라나고, 군주인 주는 멋대로 방종했다. 상제의 전령이 적조赤鳥가 부서符瑞를 물어다가 주나라 도성이 있는 기

岐 땅의 사당에 떨어뜨렸다. 부서에 이르기를, '하늘이 주나라 무왕에게 명하니 은나라를 토벌토록 하라.'고 했다. 그러자 현신賢臣 태전泰顚이 귀부해 돕고, 황하에 상서로운 도록圖籙이 나오고, 땅에서 누런 신마神馬가 뛰쳐나왔다. 무왕이 천자의 자리에 오르자 꿈에 3명의 신이 나타나 말하기를, '나는 은나라 주가 술 마시는 일에 크게 빠져 있다는 것을 안다. 가서 그를 치도록 하라. 내가 반드시 그대의 하나라 평정을 돕도록 하겠다.'고 했다. 무왕이 은나라 주를 치기 위해 주나라를 떠나 은나라로 진군했다. 하늘이 무왕에게 황조黃鳥의 깃발을 내렸다. 무왕은 은나라를 평정한 뒤 하늘이 내리는 상을 받았다. 이에 제후들에게 명해 여러 신을 나눠 섬기게 하고, 은나라 주의 조상을 제사지내고, 사방에 교화를 폈다. 천하에 복종하지 않는 자가 없게 된 이유다. 탕왕의 공업을 계승한 결과이기도 하다. 이것이 무왕이 은나라 주를 토벌한 배경이다. 이들 3명의 성왕 행보를 보건대 이는 '공벌'이 아니라 '주벌'에 해당한다."

답부遝夫의 '답'은 이를 지至의 뜻이고, '부'는 문장의 앞에 나와 어기語氣를 돕는 발어사發語詞이다. 천명극지天命殛之의 '극'은 주살誅殺의 뜻이다. 일요소출日妖宵出의 '일'을 손이양은 유有로 보았다. 고양高陽은 삼황오제인 고양씨高陽氏 전욱顓頊을 지칭한다. 사전유지四電誘祇를 손이양은 우레와 번개가 번쩍이고 진동하는 뇌전패진雷電誖振의 잘못으로 보았다. 약근若瑾을 손이양은 옥홀을 받들고 있다는 뜻의 봉규奉珪로 보았다. 액시유묘지상搤矢有苗之祥의 '액시'는 화살에 맞았다는 뜻이다. '상'은 장將의 잘못이다. 언마위산천焉磨爲山川의 '마'를 왕인지는 분별한다는 뜻의 력歷으로 보았다. 경제대극卿制大極의 '경'을 필원은 『설문해자』를 인용해 빛날 창章으로 보았으나 손이양은 향鄕의 잘못으로 보았다. '대극'은 위대한 법전을 뜻하나 손이양은 『이아』「석지釋地」를 인용해 사방의 먼 나라로 풀이했다. 천유곡명天有皓命의 '곡'을 손이양은 엄할 혹酷 내지 급할 곡嚳의 잘못으로 보았다. 음폭陰暴은 사나운 벼락을 내린다는 뜻으로 '음'을 손이양은 강降으로 보았다. 대감지大堪之의 '감'은 뛰어나다는 뜻으로 여기서는 승勝의 의미로 사용됐다. 천명융天命融의 '융'은 전설의 불의 신인 축융祝融을 말한다. 촉제후어박屬諸侯於薄의 '촉'은 모을 합合의 뜻이다. '박'은 하남성 언사현 부근의 은나라 도읍지로 박亳과 같다. 우육雨肉은 살점이 비에 섞여 내린다는 뜻으로 혈우血雨와 통한다. 왕황자종야王兄自縱也의 '황'을 왕인지는 더할 익益의 뜻을 지닌 황況으로 보았다. 녹도綠圖는 상서로운 도록圖錄을 말한다. 승황乘黃은 『산해경』「해외서경」에 따르면 태평성대에 나타나는 상서로운 동물로 여우처럼 생겼고, 등에 뿔이 나 있고, 이를 탄 사람은 2천년을 살게 된다고 한다. 기록해 놓았다. 『관자』「소광」에 대한 윤지장尹知章의 주석에 따르면 신마神馬로도 불린다. 천공踐功의 '공'은 보위를 상징하는 조阼의 잘못으로 보았다. '천조'는 즉위卽位를 뜻한다. 침지沈漬는 깊이 빠져 있는 탐닉耽溺의 뜻이다. 공광부攻狂夫를 손이양은 왕공지往攻之의 잘못으로 보았다. 성제지래成帝之來의 '래'는 천명을 내린다는 뜻으로 하사할 뢰賚와 통한다. 탕지서湯之緖의 '서'는 유업遺業의 뜻인 서업緖業을 지칭한다.

19-6

則夫好攻伐之君, 又飾其說以非子墨子曰, "子以攻伐爲不義, 非利物與. 昔者楚熊麗, 始討此睢山之間. 越王繄虧, 出自有遽, 始邦於越. 唐叔與呂尙邦齊晉, 此皆地方數百里, 今以幷國之故, 四分天下而有之,是故何也?" 子墨子曰, "子未察吾言之類, 未明其故者也." 古者天子之始封諸侯也, 萬有餘. 今以并國之故, 萬國有餘皆滅, 而四國獨立, 此譬猶醫之藥萬有餘人, 而四人愈也, 則不可謂良醫矣.

공벌을 좋아하는 군주가 자신의 주장을 옹호하며 묵자를 비판했다.

"공벌을 불의라고 하는 것은 공벌이 불리하다는 것을 주장하려는 속셈이 아니겠는가? 옛날 초나라 웅려熊麗는 수산睢山 사이에 처음으로 봉해졌고, 월왕 예휴緊虧는 유거有遽로부터 나와 처음으로 월 땅에 나라를 세웠고, 당숙唐叔과 여상呂尙은 각각 진晉나라와 제나라에 봉해졌다. 이들 4국은 그 영토가 사방 수백 리에 달했지만 다른 나라를 병탄한 덕분에 천하를 넷으로 나눠 차지할 수 있었다. 이는 무슨 까닭인가?"

묵자가 말했다.

"그대는 나의 말을 잘 살피지 못해 그 뜻을 제대로 파악치 못하고 있다. 옛날 천자가 처음으로 봉한 제후는 만여 명이나 되었다. 지금은 이들이 다른 나라를 병탄해 모두 멸망하고 오직 4국만 홀로 존재하게 되었다. 비유하면 1만여 명에게 약을 주어 병을 치료했는데 오직 4명만 병이 나은 것과 같다. 이런 의원은 양의良醫라고 할 수 없다."

웅려熊麗는 초나라 왕실의 조상이다. 『사기』「초세가」는 주성왕 때 웅려의 손자인 웅역熊繹을 처음으로 초나라에 봉한 것으로 기록해 놓았다. 토수산지간討睢山之間의 '토'를 필원은 봉封의 잘못으로 보았다. '수산'은 장강과 한수가 만나는 곳에 있는 초나라 산 이름이다. 예휴繄虧와 유거有遽 모두 월나라 왕실의 조상이다. 당숙唐叔은 주성왕의 아우 숙우叔虞로 당唐 땅에 봉해졌다. 이후 그의 아들이 진晉 땅으로 옮기면서 진후晉侯로 불리게 됐다.

19-7

則夫好攻伐之君又飾其說曰, "我非以金玉子女壤地爲不足也, 我欲以義名立於天下, 以德求諸侯也." 子墨子曰, "今若有能以義名立於天下, 以德求諸侯者, 天下之服可立而待也. 夫天下處攻伐久矣, 譬若傅子之爲馬然. 今若有能信效先利天下諸侯者, 大國之不義也, 則同憂之. 大國之攻小國也, 則同救之. 小國城郭之不全也, 必使修之. 布粟之絶則委之. 幣帛不足則共之. 以此效大國, 則小國之君說. 人勞我逸, 則我甲兵强. 寬以惠, 緩易急, 民必移. 易攻伐以治我國, 攻必倍. 量我師擧之費, 以爭諸侯之斃, 則必可得而序利焉. 督以正, 義其名, 必務寬吾衆·信吾師, 以此授諸侯之師, 則天下無敵矣. 其爲下不可勝數也." 此天下之利. 而王公大人不知而用, 則此可謂不知利天下之巨務矣. 是故子墨子曰, "今且天下之王公大人士君子, 中情將欲求興天下之利, 除天下之害, 當若繁爲攻伐, 此實天下之巨害也." 今欲爲仁義. 求爲上士, 尙欲中聖王之道, 下欲中國家百姓之利, 故當若非攻之爲說, 而將不可不察者, 此也.

공벌을 좋아하는 군주는 자신의 주장을 옹호하며 이같이 말했다.

"내가 금옥金玉이나 자녀子女, 영토가 모자라 공벌을 행하는 게 아니다. 나는 천하에 의를 내세워 명성을 떨치고, 덕으로 제후들을 굴복시키려는 것이다."

묵자가 말했다.

“지금 천하에 의를 내세워 명성을 떨치고, 덕으로 제후들을 굴복시키는 자가 있다면 천하의 복종은 서서 기다릴 정도로 빠를 것이다. 천하에 공벌이 빚어진지 이미 오래 되었다. 비유하면 어린애가 말을 기르는 것과 닮았다. 지금 서로 신의로 사귀며 천하를 먼저 이롭게 할 제후가 있다면 불의를 행하는 대국에 합세해 대항하고, 대국의 침공을 받은 소국을 합세해 구해주고, 소국의 성곽이 허술하면 반드시 합세해 수리해 주고, 입을 것과 먹을 것이 모자라면 합세해 보내주고, 예물용 폐백幣帛이 부족하면 합세해 공급해줄 것이다. 이런 식으로 대국과 맞서게 하면 소국의 군주는 크게 기뻐할 것이다. 상대가 힘을 소진해 피로할 때 내가 평온을 유지하면 아군은 강해진다. 또 백성에게 은혜로운 자세로 위급을 구해주면 백성들 또한 반드시 마음으로 귀의할 것이다. 공벌의 정책을 바꿔 치국에 힘쓰면 그 공업은 오히려 배가 될 것이다. 군사동원의 비용을 헤아려 제후들의 피폐한 상황을 무마하는데 힘쓰면 반드시 많은 이익을 얻을 수 있을 것이다. 공정으로 남을 살피고, 의를 전면에 내세우고, 백성들을 관대히 대하며 장병의 믿음을 얻는데 애써야 한다. 이런 식으로 제후들의 군사를 지원하면 곧 천하무적이 될 것이고, 그에 따른 이익 또한 헤아릴 수도 없을 정도로 클 것이다. 이것이 천하의 이익이다. 그러나 왕공대인은 이런 방법을 사용할 줄 모른다. 천하를 이롭게 하는 가장 긴요한 일을 모른다고 이를 만하다. 묵자가 말했다.

“지금 천하의 왕공대인과 사군사는 내심 천하의 이익을 일으키려고 하면 천하의 폐해를 제거해야 한다. 번거로이 공벌에 나서는 것은 실로 천하의 큰 폐해이다. 지금 인의를 행하는 뛰어난 선비를 구하고자 하면 위로 성왕의 도, 아래로 나라와 백성의 이익에 부합해야 한다. 공벌에 반대하는 비공非攻과 같은 주장을 자세히 살피지 않으면 안 되는 이유가 여기에 있다."

신효信效의 '효'를 손이양은 교交의 가차假借로 간주하면서 '서로 믿음으로 사귀다.'의 의미로 풀이했다. 포속지절布粟之絶의 '지'를 왕인지는 핍乏의 잘못으로 보았다. 민필이民必移의 '이'를 손이양은 『여씨춘추』「의상義賞」에 대한 고유高誘의 주를 인용해 귀의할 귀歸로 풀이했다. 서리序利의 '서'를 왕인지는 후厚의 잘못으로 보았다. 수제후지사授諸侯之師의 '수'를 손이양은 원援의 잘못으로 보면서 『예기』「유행儒行」에 대한 정현의 주를 인용해 인引 내지 취取의 뜻으로 풀이했다.

권 6
제20장 절용(節用) 상

'절용' 역시 '겸애' 및 '비공'과 마찬가지로 묵가사상을 대표하는 대표적인 이념이다. 사치를 멀리하고 검소한 삶을 영위하는 것을 말한다. 궁극적인 목적은 말할 것도 없이 민생의 도모에 있다. 공인工人 출신인 묵자의 사상적 특성이 뚜렷이 드러나는 대목이다. 부국富國의 달성은 부민富民 위에서 가능하다고 역설한 점에서 공자와 궤를 같이한다. 상중하 3편으로 나뉘어졌으나 중편은 도중에 사라졌다.

20-1

聖人爲政一國, 一國可倍也. 大之爲政天下, 天下可倍也. 其倍之, 非外取地也, 因其國家去其無用之費, 足以倍之. 聖王爲政, 其發令興事, 使民用財也, 無不加用而爲者. 是故用財不費, 民德不勞, 其興利多矣.

성인이 한 나라에서 정사를 펴면 나라의 부를 배로 늘릴 수 있다. 이를 천하 단위로 확대하면 천하의 부를 배로 늘릴 수 있다. 부를 배로 늘이는 것은 영토를 빼앗아 늘리는 게 아니다. 국가의 형편에 따라 쓸데없는 비용을 없애는 식으로 늘린다. 성왕은 정사를 펴면서 정령을 발해 사업을 일으키고, 백성을 부려 재화를 사용할 때 하나같이 실용을 감안하지 않은 채 사업을 벌인 적이 없다. 재화의 사용에 낭비가 없고, 백성이 고생스럽게 수고하지 않고, 이익을 만들어내는 게 매우 많았던 이유다.

가배可倍를 필원은 이익이나 부를 배로 늘리는 것으로 풀이했다. 민덕불로民德不勞의 '덕'을 손이양은 득得과 통하는 것으로 보았다. 백성들의 생산 활동을 지칭한다.

20-2

其爲衣裘何以爲? 冬以圉寒, 夏以圉暑. 凡爲衣裳之道. 冬加溫, 夏加清者, 芊䱉. 不加者, 去之. 其爲宮室何以爲? 冬以圉風寒, 夏以圉暑雨. 有盜賊加固者, 芊䱉. 不加者, 去之. 其爲甲盾五兵何以爲? 以圉寇亂盜賊. 若有寇亂盜賊, 有甲盾五兵者勝. 無者不勝. 是故聖人作爲甲盾五兵. 凡爲甲盾五兵, 加輕以利, 堅而難折者, 芊䱉. 不加者, 去之. 其爲舟車何以爲? 車以行陵陸, 舟以行川谷, 以通四方之利. 凡爲舟車之道, 加輕以利者, 芊䱉. 不加者, 去之. 凡其爲此物也, 無不加用而爲者. 是故用財不費, 民德不勞, 其興利多矣. 有去大人之好聚珠玉•鳥獸犬馬, 以益衣裳宮室甲盾五兵舟車之數, 於數倍乎. 若則不難.

사람들이 옷이나 갖옷을 만드는 것은 무슨 까닭인가? 겨울에 추위를 막고, 여름에 더위를 막고자 한 것이다. 옷을 만드는 기본 이치는 겨울에 온기를 더하고, 여름에 청량함을 더하는 데 있다. 화려하기만 하고 편익에 도움이 되지 않는 것은 곧바로 제거해야 한다. 집을 짓는 것은 무슨 까닭인가? 겨울에 바람과 추위를 막고, 여름에는 더위와 비를 막고자 한 것이다. 도적이 들 경우를 대비해 튼튼히 만드는 이유다. 화려하기만 하고 편익에 도움이 되지 않는 것은 곧바로 제거해야 한다. 갑옷과 방패 및 5가지 병기를 만드는 것은 무슨 까닭인가? 반역과 도적질을 막고자 한 것이다. 그런 자들이 나타날 경우 갑옷과 방패 및 5가지 병기를 지닌 자는 이기고, 그렇지 못한 자는 질 것이다. 성인이 갑옷과 방패 및 5가지 병기를 만드는 이유다. 무릇 갑옷과 방패 및 5가지 병기를 만들 때는 더욱 가벼우면서도 날카롭고, 튼튼하면서도 잘 부러지지 않게 한다. 화려하기만 하고 편익에 도움이 되지 않는 것은 곧바로 제거해야 한다. 배와 수레를 만드는 것은 무슨 까닭인가? 수레로 육로를 다니고, 배로 수로를 다니며 사방으로 속히 목적지에 도달하는 편리를 도모코자 한 것이다. 배와 수레를 만드는 기본 이치는 더욱 빠르면서도 편리하게 만드는데 있다. 화려하기만 하고 편익에 도움이 되지 않는 것은 곧바로 제거해야 한다. 무릇 이런 물건을 만들 때 사용에 편리하도록 만들지 않은 게 없다. 재화의 사용에 낭비가 없고, 백성이 고생스럽게 수고하지 않고, 이익이 만들어내는 게 매우 많았던 이유다. 군주가 주옥珠玉과 조수鳥獸, 견마犬馬 등을 즐겨 수집하는 취향을 버리고 그것으로 옷과 집을 비롯해 갑옷과 방패 및 5가지 병기, 배와 수레 등의 물건을 늘리면 그 숫자가 거의 2배로 늘어날 것이다. 이는 어려운 일도 아니다.

어한圉寒의 '어'는 막을 어禦와 통한다. 천저芊組를 유월은 화려한 것을 뜻하는 선저鮮且로 보았다. 5병五兵은 다섯 가지 대표적인 병기로 『주례』「하관夏官, 사병司兵」의 정현 주에 따르면 긴 창인 과戈, 모난 창인 수殳, 갈래 창인 극戟, 길이가 2장인 추모酋矛, 길이가 2장 4척인 이모夷矛를 말한다. 병기를 총칭하거나 전쟁을 뜻하기도 한다.

20-3

故孰爲難倍? 惟人爲難倍. 然人有可倍也. 昔者聖王爲法曰, "丈夫年二十, 毋敢不處家. 女子年十五, 毋敢不事人." 此聖王之法也. 聖王卽沒, 于民次也. 其欲蚤處家者, 有所二十年處家. 其欲晩處家者, 有所四十年處家. 以其蚤與其晩相踐, 後聖王之法十年. 若純三年而字, 子生可以二三年矣. 此不惟使民蚤處家而可以倍與. 且不然已.

그렇다면 그 무엇이 2배로 늘리기 어려운 것일까? 오직 사람만은 문득 2배로 늘리기 어렵다. 그러나 사람도 2배로 늘릴 방법이 있기는 하다. 옛 성왕의 법은 이같이 말했다.

"남자는 20세가 되면 감히 장가가지 않는 일이 없고, 여자는 나이 15세가 되면 감히 시집가지 않는 일이 없어야 한다."

이것이 성왕의 법이다. 성왕이 서거한 뒤 백성들이 이를 멋대로 행하고 있다. 일찍 장가가고자 하는 자는 20세에 가기도 하나 늦게 가고자 하는 자는 40세에 가기도 한다. 빠른 것과 늦은 것을 평균하면 성왕의 법보다 10년이 늦다. 만일 모두 3년 만에 아이를 낳아 기르면 그 사이 모두 2, 3명의 자식을 낳을 수 있다. 이것이 일찍 장가가도록 해 인구를 2배로 늘리는 비결이다. 그러나 지금 위정자들은 그리 하지 않는다.

처가處家는 혼인을 통해 집안을 일군다는 뜻의 성가成家와 같다. 우민자야于民次也의 '자'는 멋대로 할 자恣의 가차이다. 유소有所의 '소'를 왕인지는 시時와 통한다고 보았다. 상천相踐의 '천'을 손이양은 『예기』「옥조玉藻」의 정현 주를 인용해 제거할 전翦으로 간주하면서 상전相翦을 평균값을 내는 것으로 풀이했다. 순3년이자純三年而字의 '순'은 『주례』「옥인玉人」의 주에 따르면 개皆의 뜻이다. '자'를 소시학은 양육할 양養으로 풀이했다. 『설문해자』는 아이에게 젖을 먹여 기른다는 뜻의 유乳로 해석해 놓았다.

20-4

今天下爲政者, 其所以寡人之道多. 其使民勞, 其籍斂厚. 民財不足, 凍餒死者, 不可勝數也. 且大人惟毋興師以攻伐鄰國, 久者終年, 速者數月, 男女久不相見, 此所以寡人之道也. 與居處不安, 飮食不時, 作疾病死者, 有與侵就僾橐•攻城野戰死者, 不可勝數. 此不令爲政者所以寡人之道, 數術而起與? 聖人爲政特無此. 不聖人爲政, 其所以衆人之道, 亦數術而起與. 故子墨子曰, "去無用之費, 聖王之道, 天下之大利也."

지금 천하의 위정자들 가운데 인구를 적게 하는 노선을 좇는 자가 많다. 백성을 지나치게 부리고, 세금을 많이 거둬들이는 게 그렇다. 백성들 가운데 재화 부족으로 헐벗고 굶주려 얼어 죽는 자가 헤아릴 수 없을 정도로 많다. 그럼에도 군주들은 오직 군사동원으로 이웃나라 공벌을 일삼고 있다. 싸움이 길면 1년, 짧아도 몇 달이 걸리는 탓에 남녀가 오랫동안 서로 만나지 못한다. 인구를 줄이는 길이다. 거처가 불안한데다 제때 먹지 못해 병이 나 죽는 자, 무기를 들고 싸우다가 포로로 잡히거나 성을 공격하다 야전에서 죽는 자들 또한 헤아릴 수 없을 정도로 많다. 이는 정사를 제대로 하지 못하는 위정자들이 인구를 줄이는 짓으로 모두 잘못된 정책에 따른 게 아니겠는가? 성인이 정사를 펴면 결코 이런 일이 없다. 성인이 정사를 펴면서 인구를 늘리는 노선 역시 그들의 시책에 따른 게 아니겠는가? 묵자가 말했다.

"쓸데없는 비용을 없애는 게 성왕의 도이고, 천하의 큰 이익이다."

적렴籍斂의 '적'을 왕인지는 『시경』「대아, 한혁韓奕」에 대한 정현의 주를 인용해 세금을 거둬들인다는 뜻의 세稅로 풀이했다. 유여침취원탁有與侵就偯橐의 '유'는 우又의 뜻이다. '원'을 필원은 복伏의 잘못으로 보았다. '탁'을 손이양은 화공火攻의 도구로 파악했다. '침취원탁'은 문맥상 무기를 들고 싸우다가 포로로 잡힌다는 뜻으로 풀이하는 게 좋을 듯하다. 수술數術은 술수術數와 같다.

제21장 절용(節用) 중

여기서는 옛 성왕의 절검하는 자세를 집중 조명하고 있다. 묵자의 주장에 따르면 모두 실용적인 사고에서 비롯된 것이다.

21-1

子墨子言曰, "古者明王聖人, 所以王天下·正諸侯者, 彼其愛民謹忠, 利民謹厚." 忠信相連, 又示之以利. 是以終身不饜, 歿世而不卷. 古者明王聖人其所以王天下·正諸侯者, 此也.

묵자가 말했다.

"옛날 명왕과 성인이 천하를 다스리고 제후들을 바로잡은 배경은 그들의 백성을 사랑해 삼가 충성스럽게 만들고, 백성을 이롭게 해 삼가 독실하게 만든데 있었다."

충성과 믿음을 서로 연결시키고, 이익을 구체적으로 보여주는 게 관건이다. 덕분에 종신토록 싫어하는 자가 없었고, 죽기 직전에도 싫증을 내지 않았다. 옛날 명왕과 성인이 천하를 다스리고 제후들을 바로잡은 배경이 바로 여기에 있다.

근충謹忠의 '근'을 『설문해자』「언부言部」는 삼갈 신愼으로 풀이해 놓았다. 불염不饜의 '염'이 오초본에는 염厭으로 되어 있다. 몰세歿世는 '평생'의 뜻으로 몰세沒世와 같다. 여기서는 '평생토록'의 의미로 사용됐다. 불권不卷의 '권'은 권태로울 권倦과 같다.

21-2

是故古者聖王制爲節用之法, 曰, "凡天下群百工, 輪車•鞼匏•陶冶•梓匠, 使各從事其所能. 曰凡足以奉給民用, 則止." 諸加費不加於民利者, 聖王弗爲.

옛 성왕은 재화사용을 절제하는 절용節用의 법도를 정할 때 이같이 선언했다.

"무릇 천하의 모든 공인工人은 수레, 가죽제품, 도기, 주물, 목공제품 등을 만들 때 각기 자신의 능력을 좇아 일에 임하도록 한다. 제품 생산은 백성이 사용하는데 족할 정도에 그친다."

성왕은 비용만 많이 들고 백성의 편익에 도움이 되지 않는 일은 결코 하지 않았다.

궤포鞼匏의 '궤'를 필원은 가죽에 수놓을 운韗, '포'를 가죽을 다루는 혁공革工인 포鞄의 잘못으로 보았다. 도야陶冶는 도공陶工과 야공冶工을 통칭한 것이다. 재장梓匠은 가래나무 등의 고급 목재로 가구를 만드는 공인을 지칭한다.

21-3

古者聖王制爲飮食之法, 曰, "足以充虛繼氣, 强股肱, 耳目聰明, 則止. 不極五味之調, 芬香之和, 不致遠國珍怪異物." 何以知其然? 古者堯治天下, 南撫交阯, 北降幽都, 東西至日所出入, 莫不賓服. 逮至其厚愛, 黍稷不二, 羹胾不重. 飯於土㽉, 啜於土形, 斗以酌. 俛仰周旋威儀之禮, 聖王弗爲.

옛 성왕은 먹고 마시는 음식飮食의 법도를 정할 때 이같이 선언했다.

"허기를 채우고, 기운을 차리고, 수족을 강하게 하고, 이목을 밝게 하는데서 그친다. 오미五味와 향내의 조화를 끝까지 추구하지 않고, 먼 나라의 진귀하고 특이한 음식을 탐하지 않는다."

무엇으로 이를 알 수 있는가? 옛날 요임금이 천하를 다스릴 때 남쪽으로 교지交阯 및 북쪽으로 유도幽都에 이르고, 동서쪽으로 해가 뜨고 지는 곳까지 이르도록 복종하지 않는 자가 없었다. 그러나 그가 곡식을 아낀 탓에 식사 때 메기장인 서黍와 찰기장인 직稷을 같이 먹거나, 고깃국과 장을 담근 고기를 같이 먹거나 하지 않았다. 흙으로 빚은 그릇에 밥을 먹고, 국을 담아 마시고, 나무국자로 술을 퍼마셨다. 남과 어울리기 위해 몸을 굽혔다 펴며 인사하는 면앙주선俛仰周旋의 예도 성왕은 행하지 않았다.

5미五味는 5가지 맛으로 단맛의 감甘, 신맛의 산酸, 쓴맛의 고苦, 매운맛의 신辛, 짠맛의 함鹹을 지칭한다. 남무교지南撫交阯의 '교지'는 지금의 베트남 일대로 교지交趾와 같다. 북강유도北降幽都의 '강'을 왕개운은 인접할 제際의 잘못으로 보았다. '유도'는 지금의 북경 일대인 유주幽州를 말한다. 갱자羹胾는 국과 고기반찬을 뜻한다. 토류土㽉의 질그릇으로 된 밥그릇을 지칭한다. 철어토형啜於土

形의 '형'은 질그릇으로 된 국그릇으로 금속제 국그릇인 형鉶과 통한다. 두이작斗以酌의 '작'은 술이나 국 등을 떠서 마신다는 의미이다. 면앙주선俛仰周旋의 '면앙'는 몸을 굽혔다가 편다는 뜻으로 상견례相見禮를 상징한다. '주선'은 남들과 두루 어울리는 것을 뜻한다.

21-4

古者聖王制爲衣服之法, 曰, "冬服紺緅之衣輕且暖, 夏服絺綌之衣輕且凊, 則止." 諸加費不加於民利者, 聖王弗爲.

옛 성왕은 옷에 관한 의복衣服의 법도를 정할 때 이같이 선언했다. "겨울옷은 짙은 보라와 잿빛으로 하고, 가볍고 따뜻하게 하는데서 그친다. 여름옷은 굵고 가는 베옷으로 하고, 가볍고 시원하게 하는 데서 그친다."

옛 성왕은 비용만 많이 들고 백성의 편익에 도움이 되지 않는 일은 결코 하지 않았다.

감추지의紺緅之衣의 '감'은 짙은 보랏빛, '추'는 일반적인 보랏빛을 뜻한다. 손이양은 '추'가 고대에 사용된 글자가 아니라는 이유로 재纔로 바꿔야 한다고 주장했다. 치격지의絺綌之衣의 '치격'은 굵고 가는 베옷을 말한다.

21-5

古者聖人爲猛禽狡獸暴人害民, 於是教民以兵行日帶. 劍, 爲刺則入, 擊則斷, 旁擊而不折, 此劍之利也. 甲, 爲衣則輕且利, 動則兵且從. 此甲之利也. 車, 爲服重致遠, 乘之則安, 引之則利. 安以不傷人, 利以速至. 此車之利也. 古者聖王爲大川廣谷之不可濟, 於是利爲舟楫, 足以將之, 則止. 雖上者三公諸侯至, 舟楫不易, 津人不飾, 此舟之利也.

옛 성인은 사납고 교활한 금수禽獸가 인민을 해치자 백성들에게 무기를 쓰는 법을 가르쳤다. 칼은 찌르면 들어가고, 치면 끊어지고, 옆에서 쳐도 부러지지 않는다. 이는 칼만의 이점이다. 갑옷은 편리하고 몸을 움직이면 재빨리 함께 움직인다. 이는 갑옷만의 이점이다. 수레는 무거운 짐을 싣고 멀리까지 갈 수 있다. 타면 안전하고, 끌면 편리하다. 안전은 사람들을 다치지 않게 하고, 편리는 속히 목적지에 이르게 하는 것이다. 이는 수레만의 이점이다. 옛 성왕은 큰 강과 넓은 계곡의 물을 그대로 건널 수 없어 배와 노를 만들었다. 그러나 배와 노는 건너는데 필요한 수준에서 그쳤다. 비록 귀한 신분으로 삼공三公과 제후 등이 올지라도 배와 노를 바꾸지 않았고, 뱃사공 또한 장식을 더하는 일을 하지 않았다. 이는 배만의 이점이다.

맹금교수猛禽狡獸의 '교'를 『광아』「석고」는 억셀 건健으로 풀이했다. 병차종兵且從의 '병'을 손이양은 재빨리 변할 변弁의 잘못으로 보았다.

21-6

古者聖王制爲節葬之法, 曰, "衣三領, 足以朽肉. 棺三寸, 足以朽骸. 堀穴, 深不通於泉, 流不發洩, 則止." 死者旣葬, 生者毋久喪用哀.

옛 성왕은 조촐하게 장사지내는 절장節葬의 법도를 정할 때 이같이 선언했다.

“수의는 세 벌로 해 피부가 쉽게 썩도록 하면 충분하고, 관은 세 치 두께로 해 뼈가 쉽게 썩도록 하면 족하다. 묘실은 파서 지하수가 나오지 않도록 하고, 냄새가 밖으로 새나오지 않을 정도에 그친다.”

사자를 장사지낸 뒤에는 살아 있는 사람이 오래도록 복상服喪하며 애도케 해서는 안 된다.

의3령衣三領의 ‘령’은 옷을 세는 단위로 우리말의 ‘벌’과 같다. 유불발예流不發洩의 ‘유’를 필원은 냄새를 뜻하는 기氣의 잘못으로 보았다.

21-7

古者人之始生, 未有宮室之時, 因陵丘堀穴而處焉. 聖王慮之, 以爲堀穴, 曰冬可以避風寒, 逮夏, 下潤溼, 上熏烝, 恐傷民之氣, 於是作爲宮室而利. 然則爲宮室之法, 將奈何哉? 子墨子言曰, “其旁可以圉風寒, 上可以圉雪霜雨露, 其中蠲潔可以祭祀, 宮牆足以爲男女之別, 則止. 諸加費不加民利者, 聖王弗爲.”

옛날 사람은 처음 생겨나 집이 없었을 때는 언덕에 굴을 파고 살았다. 성왕은 이를 염려했다. 굴속에 살면 겨울에 바람과 추위를 피할 수 있지만, 여름에 아래로 습기가 차고 위로 더운 열기가 차 백성들의 기운이 손상될까 우려한 것이다. 집을 만들어 편리를 도모한 이유다. 집을 짓는 방법은 어떻게 전개된 것인가? 묵자가 말했다.

“옆으로 바람과 추위를 막을 수 있고, 위로 눈과 서리 그리고 비와 이슬을 막을 수 있고, 가운데로 주변을 깨끗이 하여 제사를 지낼 수 있도록 했다. 집의 담은 남녀의 구별을 족히 할 수 있는 수준에 그쳤다. 성왕은 비용만 많이 들고 백성의 편익에 도움이 되지 않는 일은 결코 하지 않았다."

윤습潤溼의 '습'은 습濕과 같은 글자이다. 훈증熏烝은 뜨거운 기운으로 훈증薰蒸과 같다. 더운 연기를 쐬거나 그것에 찌는 훈증燻蒸과는 구별해야 한다. 견결蠲潔의 '견'은 맑고 깨끗하다는 의미로 '결'과 같다.

제22장 절용(節用) 하 망실

제23장 절장(節葬) 상 망실

제24장 절장(節葬) 중　　망실

제25장 절장(節葬) 하

'절장'은 장례절차를 간소하게 하는 것을 의미한다. 관건은 번거로운 의식을 과감히 생략하는데 있다. 후장厚葬을 주장한 유가와 극명한 대조를 이룬다. 묵가가 묵자의 생존 시부터 박장薄葬의 상징으로 간주된 것도 이 때문이다. 당시 묵가가 볼 때 유가는 '후장'의 관례 등을 이용해 자신의 잇속이나 챙기는 속유俗儒에 지나지 않았다. 당초 상중하 3편으로 편제됐으나 현재는 하편 하나만 남아 있다.

25-1

子墨子言曰, "仁者之爲天下度也, 辟之無以異乎孝子之爲親度也." 今孝子之爲親度也, 將奈何哉? 曰, "親貧, 則從事乎富之. 人民寡, 則從事乎衆之. 衆亂, 則從事乎治之." 當其於此也, 亦有力不足•財不贍•智不智, 然後已矣. 無敢舍餘力隱謀遺利, 而不爲親爲之者矣. 若三務者, 孝子之爲親度也, 旣若此矣. 雖仁者之爲天下度, 亦猶此也. 曰, "天下貧, 則從事乎富之. 人民寡, 則從事乎衆之. 衆而亂, 則從事乎治之. 當其於此, 亦有力不足•財不贍•智不智, 然後已矣. 無敢舍餘力隱謀遺利, 而不爲天下爲之者矣. 若三務者, 此仁者之爲天下度也, 旣若此矣."

묵자가 말했다.

"어진 사람이 천하를 위해 계책을 내는 것은 비유컨대 효자가 부모를 극진히 보살피는 것과 다를 게 없다."

지금 효자가 부모를 위해 극진히 보살피고자 할 경우 어찌 해야만 하는가? 묵자가 말했다.

"부모가 가난하면 부유하게 해주는데 힘쓰고, 집안사람이 적으면 많아지게 하는데 힘쓰고, 집안사람이 많아 어지러우면 바르게 다스리는데 힘쓴다."

이런 일을 할 때는 모든 힘을 다하고, 모든 재력을 다하고, 모든 지혜를 다해 더 이상 여력이 없을 때 비로소 그친다. 이때 감히 힘을 남겨 두고, 좋은 계책을 감춰 두고, 이익을 버려두지 않는다. 그리 하는 것은 부모를 위한 게 아니기 때문이다. 이런 3가지 일에 힘써야 효자가 부모를 위해 극진히 보살피는 게 된다. 효자가 부모를 극진히 헤아리는 게 이와 같다. 어진 사람이 천하를 위해 계책을 내는 것 또한 이와 닮았다. 묵자가 말했다.

"천하가 가난하면 부유하게 해주는데 힘쓰고, 백성이 적으면 곧 많아지게 하는데 힘쓰고, 백성이 많아 어지러우면 바르게 다스리는데 힘쓴다. 이때 감히 힘을 남겨 두고, 좋은 계책을 감춰 두고, 이익을 버려두지 않는다. 그리 하는 것은 천하를 위한 게 아니기 때문이다. 이런 3가지 일에 힘써야 어진 사람이 천하를 위해 계책을 내는 게 된다. 어진 사람이 천하를 위해 계책을 내는 게 이와 같다."

비지辟之의 '비'는 비유할 비譬의 가차이다. 역부족力不足은 힘이 달린다는 뜻으로 『논어』「이인」에 나온다. 흔히 심유여心有餘와 짝을 이뤄 사용된다. 재불섬財不贍의 '섬'은 풍족豊足의 뜻이다. 은모

隱謀는 부모를 위해 도모할 생각이 있는데도 실행치 않는 것을 지칭한 것이다.

25-2

今逮至昔者三代聖王既沒, 天下失義. 後世之君子, 或以厚葬久喪以爲仁也·義也·孝子之事也. 或以厚葬久喪以爲非仁義·非孝子之事也. 曰二子者, 言則相非, 行卽相反, 皆曰, "吾上祖述堯·舜·禹·湯·文武之道者也." 而言卽相非, 行卽相反, 於此乎後世之君子皆疑惑乎二子者言也. 若苟疑惑乎之二子者言, 然則姑嘗傳而爲政乎國家萬民而觀之. 計厚葬久喪, 奚當此三理者? 我意若使法其言, 用其謀, 厚葬久喪, 實可以富貧衆寡, 定危治亂乎, 此仁也·義也·孝子之事也, 爲人謀者不可不勸也. 仁者將興之天下, 誰賈而使民譽之, 終勿廢也. 意亦使法其言, 用其謀, 厚葬久喪, 實不可以富貧衆寡, 定危理亂乎, 此非仁·非義·非孝子之事也, 爲人謀者不可不沮也. 仁者將求除之天下, 相廢而使人非之, 終身勿爲. 且故興天下之利, 除天下之害, 令國家百姓之不治也, 自古及今未嘗之有也.

지금 옛날 삼대 성왕의 서거로 천하가 의를 상실하자 후대의 군자 가운데 혹자는 성대히 장사지내고 오랫동안 복상하는 이른바 후장구상厚葬久喪을 인의와 효행으로 여기고, 혹자는 그렇지 않다고 여긴다. 양측은 말로 상대를 비난하고, 행동 또한 상반되게 하며 하나같이 이처럼 말한다.

"우리야말로 위로 요, 순, 우, 탕, 문무의 도를 계승한 자들이다."

그러나 양측 모두 말로 상대를 비난하고, 행동 또한 상반되게 한다. 후대의 군자들 모두 양측의 주장에 의혹을 갖는 이유다. 양측의 주장에 의혹을 갖고 있다면 잠시 시험 삼아 양측의 주장을 토대로 나라와 백성을 다스리는 경우를 상정해 그 타당성을 살펴보기로 하자. '후장구상'을 토대로 따져볼 때 어느 쪽이 앞서 말한 3가지 이익에 부합하는가? 생각하건대 '후장구상'을 행하여 실로 가난한 자를 부유하게 만들고, 적은 것을 많아지게 하고, 위태로운 것을 안정시키고, 어지러운 것을 바로 다스릴 수만 있다면 이는 인의와 효행을 실천하는 셈이 된다. 백성을 위해 계책을 내는 자라면 이를 권하지 않을 수 없을 것이다. 어진 사람이라면 이를 실천해 천하를 흥성케 하고, 제도로 정착시켜 백성들로 하여금 이를 칭송하고, 결코 폐지하는 일이 없도록 할 것이다. 생각하건대 '후장구상'을 행하여 실로 가난한 자를 부유하게 만들지 못하고, 적은 것을 많아지게 하지 못하고, 위태로운 것을 안정시키지 못하고, 어지러움을 바로 다스리지 못한다면 이는 인의와 효행을 실천하는 게 아니다. 백성을 위해 계책을 내는 자라면 이를 적극 저지하지 않을 수 없을 것이다. 어진 사람이라면 이를 제거해 천하를 구하고, 다퉈 폐하여 백성들로 하여금 이를 비난하고, 종신토록 이를 행하는 일이 없도록 할 것이다. 천하의 이익을 일으키고 천하의 폐해를 제거하고도 나라와 백성을 제대로 다스리지 못한 경우는 예로부터 지금까지 존재한 적이 없다.

조술祖述은 『예기』「중용」에 따르면 선인先人의 언행을 기준으로 삼아 사물을 서술하고 밝히는 것을 뜻한다. 고상전姑嘗傳은 잠시 화제를 돌린다는 뜻으로 여기의 '전'은 전轉과 통한다. 수가誰賈를 손이양은 제도로 정한다는 뜻의 설치設置로 보았다.

25-3

何以知其然也? 今天下之士君子, 將猶多皆疑惑厚葬久喪之爲中是非利害也. 故子墨子言曰, "然則姑嘗稽之, 今雖毋法執厚葬久喪者言, 以爲事乎國家. 此存乎王公大人有喪者, 曰, '棺槨必重, 葬埋必厚, 衣衾必多, 文繡必繁, 丘隴必巨.' 存乎匹夫賤人死者, 殆竭家室. 存乎諸侯死者, 虛車府, 然後金玉珠璣比乎身, 綸組節約車馬藏乎壙, 又必多爲屋幕, 鼎鼓几梴壺濫, 戈劍羽旄齒革, 寢而埋之, 滿意若送從. 曰, '天子殺殉, 衆者數百, 寡者數十. 將軍大夫殺殉, 衆者雖十, 寡者數人.' 處喪之法將奈何哉? 曰, '哭泣不秩, 聲翁, 縗絰, 垂涕, 處倚廬, 寢苫枕凷. 又相率强不食而爲饑, 薄衣以爲寒, 使面目陷陬, 顏色黧黑, 耳目不聰明, 手足不勁强, 不可用也.' 又曰, '上士之操喪也, 必扶而能起, 杖而能行.' 以此共三年. 若法若言, 行若道, 使王公大人行此, 則必不能蚤朝, 五官六府, 辟草木, 實倉廩. 使農夫行此, 則必不能蚤出夜入, 耕稼樹藝. 使百工行此, 則必不能修舟車, 爲器皿矣. 使婦人行此, 則必不能夙興夜寐, 紡績織紝. 細計厚葬爲多埋賦之財者也. 計久喪爲久禁從事者也. 財以成者, 扶而埋之. 後得生者, 而久禁之. 以此求富, 此譬猶禁耕而求獲也, 富之說無可得焉. 是故求以富家, 而旣已不可矣."

무엇으로 이를 알 수 있는가? 지금 천하의 사군자 모두 '후장구상'의 시비是非와 이해利害와 관련해 많은 의혹을 품고 있다. 묵자가 말했다.

"잠시 시험 삼아 차분히 따져보자. 지금 '후장구상'을 주장하는 자들의 말을 좇아 나라를 다스린다고 생각해보자. 왕공대인이 상을 당하면 그들은 말하기를, '관곽은 반드시 여러 겹으로 하고, 매장은 반드시 깊게 파는 식으로 하고, 수의壽衣와 금침衾枕도 반드시 많아야 하고, 무늬와 자수도 반드시 화려해야 하고, 봉분도 반드시 커야 한다.'고 할 것이다. 그러나 필부와 천민賤民이 상을 당하면 집안의 재물을 거의 다 써야 할 것이다. 제후가 상을 당하면 창고의 재물을 다 쓴 후 금옥과 여러 구슬로 사자의 몸을 두르고, 아름다운 실로 짠 새끼로 수레와 말을 잘 묶어 무덤 안에 묻을 것이다. 이때 반드시 장막과 포장, 솥과 북, 안석案席과 깔개, 술잔과 그릇, 창칼과 우모羽旄, 상아와 가죽제품 등을 부장품으로 묻어야 비로소 만족해할 것이다. 순장殉葬을 행할 경우 천자와 제후가 죽은 뒤 순장을 당하는 사람을 보면 많게는 수백 명에서, 적게는 수십 명에 이른다. 장군과 대부의 경우 역시 많게는 수십 명, 적게는 수 명에 이른다. 거상居喪은 또한 어떠한가? 흔히 말하기를, '무시로 곡을 하며 남이 대신하지 못하게 하고, 거친 베옷과 삼베 띠를 머리와 허리에 두르고, 눈물을 흘리며 움막에 머물고, 거적자리 위에서 흙덩이를 베고 잔다. 또 먹지 않은 채 굶주리고, 얇은 옷을 입은 채 추위를 견디고, 얼굴이 크게 야위어 안색이 검푸르게 되고, 귀와 눈은 침침해지고, 수족에 힘이 빠져 사용치 못하도록 만드는 일을 서로 다퉈 행한다.'고 한다. 또 말하기를, '훌륭한 선비는 상을 당하면 반드시 부축해야 일어설 수 있고, 지팡이를 짚어야 다닐 수 있다.'고 한다. 이런 식으로 3년을 거상한다. 이런 식의 예법과 언행으로 예를 행하면 왕공대인의 경우는 반드시 일찍 조회에 나가고 늦게 퇴근하는 일을 할 수 없게 된다. 대부들 또한 5관6부五官六府에서 제대로 일을 보지 못해 황무지를 개간해 창고를 채우는 일이 불가능해진다. 농부들은 반드시 일찍 들로 나가 밤늦게 들어오면서 밭을 갈고 씨 뿌리는 일을 제대로 하지 못하게 된다. 공인들 역시 반드시 수레와 배를 건조하거나 그릇과 기물 등을 만드는 일을 할 수 없게 된다. 여인들 또한 반드시 일찍 일어나 밤늦게 잠자리에 들면서 방적과 길쌈을 하지 못하게 된다. '후장'은 세밀히 따지면 결국 모든 재화를 땅에 묻는 셈이고, '구상' 역시 따지고 보면 오랫동안 하던 일을 금하는 것이 된다. 애써 이룬 재화를 일거에 땅에 묻고, 살아 있는 자들은 하던 일을 금지당하는 꼴이다. 이같이 하고도 부유하기를 바란다면 이는 비유컨대 농사를 금하며 수확을 올리고자 하는 것과 같다. 부유해질 도리가 없다. '후장구상'을 행하고도 부자가 된다는 것은 애초부터 불가능한 일이다.

고상계지姑嘗稽之의 '계'는 비교해 판단하는 계교計較 내지 따져서 실체를 밝혀내는 고핵考覈의 뜻이다. 수무雖毋의 '수'를 왕인지는 유唯와 통하는 것으로 보았다. 관곽棺槨은 속 널인 내관內棺과 덧널인 외관外棺을 통칭한 말이다. 관재棺材를 통칭하는 수관壽棺의 의미로 사용키도 한다. 구롱丘隴은 봉분封墳을 달리 표현한 것이다. 허거부虛車府의 '거'를 유월은 고庫의 오자로 보았다. 주기珠璣의 '주'는 둥근 구슬, '기'는 모양이 일정치 않거나 작은 구슬을 지칭한다. 절약節約은 사자를 묶는 것을 의미한다. 장호광藏乎壙의 '광'은 관을 넣기 위해 판 구덩이를 말한다. 악막屋幕이 오초본에는 악막幄幙으로 나온다. '악屋'은 작은 휘장을 뜻하는 악幄의 속자로 사용됐다. 궤연호람几梴壺濫의 '궤'는 안석案席, '연'은 연筵과 같은 자로 대나무 돗자리를 말한다. '호람'의 '람'을 두고 필원은 『여씨춘추』「절장」에 대한 고유의 주를 인용해 얼음을 놓고 음식을 차게 만들 때 사용하는 쟁반이라고 주장했다. 그러나 손이양은 노문초盧文弨 등의 주석을 인용해 글자를 새겨 넣는 그릇인 감鑒으로 보았다. 약송종若送從을 손이양은 「공맹」에 나오는 송사약사送死若徙로 보았다. 장자 지내는 것을 이사하듯이 한다는 뜻이다. 살순殺殉은 순장殉葬과 같다. 곡읍부질哭泣不秩의 '질'을 『이아』「석고」는 상常으로 풀이했다. 성옹聲翁을 손이양은 소리 내어 흐느끼는 성익聲嗌의 잘못으로 보았다. 최질縗絰은 3년 상을 이를 치를 때 입는 거친 삼베 상복을 말한다. '질'은 원래 머리와 허리에 두르는 띠를 지칭한다. 의려倚廬는 무덤 곁에 가설한 움막을 말한다. 침점침괴寢苫枕甴의 '점'은 거친 거적자리를 말하고, '괴'는 흙덩이 괴塊와 통한다. 함쇠陷陬의 '쇠'를 필원은 부끄러워할 추陬로 보았다. 여흑黧黑의 '여'는 검누런 흑황색黑黃色을 뜻한다. 공3년共三年의 '공'은 공경할 공恭과 통한다. 조조蚤朝는 아침 일찍 조회하는 조조早朝와 같다. 유월은 '조조' 뒤에 늦게 퇴근하는 안퇴宴退가 빠진 것으로 보았다. '조조안퇴'는 뒤에 나오는 조출야입蚤出夜入 구절과 짝을 이루고 있다. 5관6부五官六府는 여러 관청을 총칭한 말이다. 『예기』「곡례 하」에 따르면 '5관'은 관원의 인사를 담당한 사도司徒, 군사를 다루는 사마司馬, 토건 등을 총괄하는 사공司空, 감찰을 관장한 사사司士, 형옥의 총책인 사구司寇 등을 말한다. '6부'는 『서경』「대우모」에 따르면 사토司土, 사목司木, 사수司水, 사금司金, 사화司火, 사곡司穀을 지칭한다. 방적직임紡績織紝은 실을 뽑고 천을 짜는 것을 말한다. 세계후장細計厚葬의 '세'를 유월과 손이양은 연자衍字로 보았다. 재이성자財以成者의 '이'를 필원은 이已로 파악했다.

25-4

欲以衆人民, 意者可邪? 其說又不可矣. 今唯無以厚葬久喪者爲政, 君死, 喪之三年. 父母死, 喪之三年. 妻與後子死者, 五皆喪之三年. 然後伯父·叔父·兄弟·孽子其. 族人五月. 姑姊甥舅, 皆有月數, 則毁瘠必有制矣. 使面目陷陬, 顔色黧黑, 耳目不聰明, 手足不勁强, 不可用也.

又曰, “上士操喪也, 必扶而能起, 杖而能行.” 以此共三年. 若法若言, 行若道, 苟其飢約, 又若此矣. 是故百姓冬不仞寒, 夏不仞暑, 作疾病死者, 不可勝計也. 此其爲敗男女之交多矣. 以此求衆, 譬猶使人負劍而求其壽也. 衆之說無可得焉. 是故求以衆人民, 而旣以不可矣.

‘후장구상’으로 인구를 늘리고자 할 경우 그게 과연 가능할까? 이론 자체가 불가능한 일이다. 지금 ‘후장구상’을 주장하는 자들이 정사를 펼 경우 군주가 죽으면 3년 복상을 하고, 부모가 죽어도 3년 복상을 하고, 처와 적장자가 죽어도 3년 복상을 하게 된다. 이들 5인의 경우 모두 3년 복상을 한다. 백부와 숙부 및 형제와 여타 자식의 경우는 1년, 여러 친족의 경우는 5달, 고모와 누이 및 생질과 외삼촌 등도 여러 달 복상을 한다. 거상을 하는 와중에 몸을 지치고 여위게 하는 데도 일정한 제도가 있다. 얼굴이 크게 야위어 안색이 검푸르게 되고, 귀와 눈은 침침해지고, 수족에 힘이 빠져 사용치 못하도록 만드는 게 그것이다. 그러고도 말하기를, ‘훌륭한 선비는 상을 당하면 반드시 부축해야 일어설 수 있고, 지팡이를 짚어야 다닐 수 있다.’고 한다. 이런 식으로 3년을 거상한다. 이런 식의 예법과 언행으로 예를 행하면 실로 굶주리며 곤궁한 모습이 이처럼 처참해질 것이다. 백성은 겨울에 추위를 견딜 길이 없고, 여름에 더위를 견딜 도리가 없다. 병이 들어 죽는 자가 헤아릴 수 없을 정도로 많은 이유다. 이는 결국 남녀의 교제를 크게 해치는 짓이다. 이런 식으로 백성을 늘리고자 하는 것은 비유컨대 사람들을 칼날 위에 엎드리게 하면서 장수하기를 바라는 것과 같다. 백성을 늘리고자 하는 이론 자체가 설득력이 없다. ‘후장구상’으로 백성을 늘리고자 하는 것은 애초부터 불가능한 일이다.

유무唯無는 '오직'의 뜻으로 유무唯毋와 같다. 후자後子를 공자의 70대손인 공광삼孔廣森은 『전국책』「제책」을 예로 들어 부친의 뒤를 잇는 자식이라는 뜻의 장자長子로 풀이했다. 얼자기孽子其의 '얼자'는 장자 이외의 자식을 말한다. 『의례儀禮』「상복喪服」은 중자衆子로 표현해 놓았다. '기'는 기期와 같다. 월수月數를 왕인지는 수월數月로 바꿔야 한다고 했다. 기약飢約은 굶주리고 곤궁한 것을 말한다. 불인한不仞寒의 '인'을 필원은 인忍으로 새겼다. 부검負劍은 칼날 위에 엎드리는 것을 말한다. 손이양은 '부'를 복伏으로 풀이했다.

25-5

欲以治刑政, 意者可乎? 其說又不可矣. 今唯無以厚葬久喪者爲政, 國家必貧, 人民必寡, 刑政必亂. 若法若言, 行若道, 使爲上者行此, 則不能聽治. 使爲下者行此, 則不能從事. 上不聽治, 刑政必亂. 下不從事, 衣食之財必不足. 若苟不足, 爲人弟者求其兄而不得, 不弟弟必將怨其兄矣. 爲人子者求其親而不得, 不孝子必是怨其親矣. 爲人臣子求之君而不得, 不忠臣必且亂其上矣. 是以僻淫邪行之民, 出則無衣也, 入則無食也. 內續奚吾, 並爲淫暴, 而不可勝禁也. 是故盜賊衆而治者寡. 夫衆盜賊而寡治者, 以此求治, 譬猶使人三睘而毋負己也, 治之說無可得焉. 是故求以治刑政, 而旣已不可矣.

'후장구상'으로 형정刑政을 다스리고자 할 경우 그게 과연 가능할까? 이론 자체가 불가능한 일이다. 지금 '후장구상'을 주장하는 자들이 정사를 펼 경우 나라는 반드시 가난해지고, 인민은 반드시 줄어들고, 형정은 반드시 어지러워질 것이다. 이런 식의 예법과 언행으로 예를 행하면 윗사람의 경우 정사를 제대로 펼 길이 없다. 아랫사람 역시 맡은 일을 제대로 할 수 없게 된다. 윗사람이 제대로 정사를 펴지 못하는 까닭에 형정 또한 반드시 어지러워진다. 아랫사람이 맡은 일을 제대로 하지 못하는 까닭에 입고 먹는 재화 또한 반드시 부족하게 된다. 실로 재화가 부족해지면 아우가 형에게 얻고자 해도 얻을 수 없게 돼 아우 노릇을 제대로 못하는 처지에서 반드시 형을 원망하게 될 것이다. 자식도 부모에게 얻고자 해도 얻을 수 없게 돼 효도를 제대로 못하는 처지에서 반드시 부모를 원망하게 될 것이다. 신하 또한 군주에게 얻고자 해도 얻을 수 없게 돼 충성을 제대로 못하는 처지에서 반드시 군주에게 반기를 들 것이다. 그 경우 방탕하고 사악한 백성은 외출할 때 입을 옷이 없고, 들어와서는 먹을 게 없다. 내심 치욕이 쌓여 마침내 어지럽고 포학한 짓을 해도 금할 길이 없게 된다. 도적이 많아지고 치안이 불안해지는 이유다. 도적이 활개치고 치안이 불안해진 상황에서 이런 식으로 다스리고자 할 경우 이는 비유컨대 마치 사람을 여러 차례 내치면서 자신을 배반하지 않기를 바라는 것과 같다. 그런 식으로 나라를 다스리고자 하는 이론 자체가 설득력이 없다. '후장구장'으로 형정을 다스리고자 하는 것은 애초부터 불가능한 일이다.

벽음사행僻淫邪行은 편벽되고, 음란하고, 사악한 행동을 말한다. 내속해오內續奚吾를 유월은 내적해후內積奚后의 잘못으로 간주하면서 '해후'를 창피를 주고 꾸짖는 혜구謑詬의 가차로 보았다. 3환三睘의 '환'을 왕인지는 환還과 같은 뜻으로 보면서 몸을 3번 돌리는 것으로 풀이했다. 부기負己는 등을 보이는 것을 의미한다.

25-6

欲以禁止大國之攻小國也, 意者可邪? 其說又不可矣. 是故昔者, 聖王旣沒, 天下失義, 諸侯力征. 南有楚越之王, 而北有齊晉之君, 此皆砥礪其卒伍, 以攻伐幷兼爲政於天下. 是故凡大國之所以不攻小國者, 積委多, 城郭修, 上下調和, 是故大國不耆攻之. 無積委, 城郭不修, 上下不調和, 是故大國耆攻之. 今唯無以厚葬久喪者爲政, 國家必貧, 人民必寡, 刑政必亂. 若苟貧, 是無以爲積委也. 若苟寡, 是城郭溝渠者寡也. 若苟亂, 是出戰不克, 入守不固. 此求禁止大國之攻小國也, 而旣已不可矣.

'후장구상'으로 대국의 소국 침공을 금지시키고자 할 경우 그게 과연 가능할까? 이론 자체가 불가능한 일이다. 옛 성왕이 서거한 후 천하가 의를 잃자 제후들이 무력으로 다른 나라를 치게 되었다. 그런 군주로 남쪽에 초나라와 월나라 왕, 북쪽에 제나라와 진나라의 군주가 있었다. 이들 모두 군사를 조련한 뒤 다른 나라를 공벌해 병탄하는 것으로 천하에 뜻을 펴고자 했다. 무릇 대국이 소국을 치지 않는 것은 소국일지라도 비축한 군수물자가 많고, 성곽이 잘 보수돼 있고, 위아래가 화합하기 때문이다. 이런 나라에 대해서는 대국이 감히 침공할 생각을 못한다. 그러나 비축한 군수물자도 없고, 성곽도 잘 보수돼 있지 않고, 위아래가 화합하지 못하면 대국은 즐겨 침공한다. 지금 '후장구상'을 주장하는 자들에게 정사를 맡기면 반드시 나라는 가난해지고, 백성은 줄어들고, 형정은 어지러워질 것이다. 실로 가난하면 군수물자를 비축할 길이 없고, 백성이 적으면 성곽을 수리하고 해자를 팔 사람도 적어지고, 형정이 어지러우면 밖으로 출정해 적과 싸워도 이기지 못하고 들어와 성을 지켜도 견고하지 못하게 된다. '후장구상'으로 대국의 소국 침공을 금하고자 하는 것은 애초부터 불가능한 일이다.

지려砥礪는 숫돌에 간다는 뜻으로 여기서는 군사를 조련調練한다는 의미로 사용됐다. 적위積委는 물자가 이리저리 쌓여 있는 것을 말한다. 『주례』「대사도大司徒」에 대한 정현의 주는 '소少를 위委, 다多를 적積이라고 한다.'고 했다. 구거溝渠는 원래 도랑을 뜻하나 여기서는 성 둘레에 해자를 판다는 의미로 사용됐다.

25-7

欲以干上帝鬼神之福, 意者可邪. 其說又不可矣. 今唯無以厚葬久喪者爲政, 國家必貧, 人民必寡, 刑政必亂. 若苟貧, 是粢盛酒醴不淨潔也. 若苟寡, 是事上帝鬼神者寡也. 若苟亂, 是祭祀不時度也. 今又禁止事上帝鬼神. 爲政若此, 上帝鬼神始得從上撫之, 曰, "我有是人也, 與無是人也, 孰愈?" 曰, "我有是人也, 與無是人也, 無擇也!" 則惟上帝鬼神, 降之罪厲之禍罰而棄之, 則豈不亦乃其所哉?

'후장구상'으로 상제와 귀신에게 복을 빌고자 할 경우 그게 과연 가능할까? 이론 자체가 불가능한 일이다. 지금 '후장구상'을 주장하는 자들에게 정사를 맡기면 반드시 나라는 가난해지고, 백성은 줄어들고, 형정은 어지러워질 것이다. 실로 가난하면 제사에 사용하는 단술 등의 제물이 정갈할 리 없고, 백성이 적으면 상제와 귀신을 섬기는 자도 적어지고, 형정이 어지러우면 제사지내는 시기와 법도가 어지러워진다. 게다가 지금은 상제와 귀신을 섬기는 것도 금하고 있다. 이런 식으로 정사를 펴면 상제와 귀신이 위에서 그 책임을 이같이 물을 것이다.

"나에게 이런 부류의 인간이 있는 경우와 없는 경우 가운데 어느 쪽이 낫겠는가?"

그러고는 또 이같이 말할 것이다.

"나에게 이런 부류의 인간이 있는 경우와 없는 경우는 아무 차이가 없다!"

상제와 귀신이 죄를 물어 재앙과 벌을 내리며 내칠 것이다. 이 어찌 응보가 아니겠는가?

욕이간欲以干의 '간'은 구할 구求의 의미이다. 자성주례粢盛酒醴는 기장으로 만든 젯밥을 비롯해 여타의 제사음식과 술 및 단술 등을 지칭하는 말로 제사상에 오르는 모든 제물祭物을 의미한다. '성'은 제사음식을 뜻한다. 종상무지從上撫之의 '무'는 여기서 죄상을 묻는 안按의 의미로 사용됐다. 내기소乃其所를 왕인지는 실로 그것은 당연하다는 뜻의 고기의固其宜로 풀이했다.

25-8

故古聖王制爲葬埋之法, 曰, "棺三寸, 足以朽體. 衣衾三領, 足以覆惡. 以及其葬也, 下毋及泉, 上毋通臭, 壟若參耕之畝, 則止矣. 死則既以葬矣, 生者必無久哭, 而疾而從事, 人爲其所能, 以交相利也." 此聖王之法也.

옛 성왕은 시신을 땅에 묻는 장매葬埋의 법도를 정할 때 이같이 선언했다.

"관은 세 치 두께로 해 시신이 쉽게 썩도록 하면 족하고, 수의는 세 벌로 해 썩는 시체의 냄새를 덮을 정도면 족하다. 무덤을 만들 때 아래로 지하수에 닿을 정도로 깊게 파거나 위로 시신이 썩는 냄새가 날 정도로 얇게 파서는 안 된다. 봉분은 3번 쟁기질한 밭이랑 정도의 높이면 그친다. 사자를 장사지낸 뒤 살아 있는 자는 반드시 오래도록 곡을 하지 말아야 하고, 속히 하던 일에 복귀해 각자 능력을 발휘함으로써 서로 두루 이롭게 하는 일에 힘써야 한다."

이것이 성왕이 제정한 법도이다.

하무급천下毋及泉의 '천'은 지하수를 뜻한다. 농약삼경지무壟若參耕之畝의 '농'은 봉분, '삼경지무'는 3번 쟁기질한 밭이랑을 의미한다. 손이양은 한 번 밭갈이 할 때마다 이랑이 1척씩 넓어져 3번 갈면 넓이 3척에 높이 1척의 밭이랑이 생긴다고 했다. 당시 1척의 길이는 22.5센티미터가량이었다.

25-9

今執厚葬久喪者之言曰, "厚葬久喪, 雖使不可以富貧衆寡, 定危治亂, 然此聖王之道也." 子墨子曰, "不然, 昔者堯北敎乎八狄, 道死, 葬蛩山之陰. 衣衾三領, 穀木之棺, 葛以緘之. 旣氾而後哭, 滿埳無封, 已葬而牛馬乘之. 舜西敎乎七戎, 道死, 葬南己之市. 衣衾三領, 穀木之棺, 葛以緘之. 已葬而市人乘之. 禹東敎乎九夷, 道死, 葬會稽之山, 衣衾三領, 桐棺三寸, 葛以緘之. 絞之不合, 通之不埳, 土地之深, 下毋及泉, 上毋通臭. 旣葬, 收餘壤其上, 壟若參耕之畝, 則止矣. 若以此若三聖王者觀之, 則厚葬久喪果非聖王之道. 故三王者, 皆貴爲天子, 富有天下, 豈憂財用之不足哉? 以爲如此葬埋之法."

지금 '후장구상'을 주장하는 자들은 말한다.

"설령 '후장구상'이 가난한 자를 부유하게 하고, 백성을 크게 늘리고, 위태로운 나라를 안정시키고, 어지러운 나라를 다스리는데 도움을 주지 못할지라도 이는 성왕이 만든 법도이다."

묵자가 말했다.

"그렇지 않다. 옛날 요임금은 북쪽으로 8적八狄을 교화한 뒤 귀국하는 도중에 죽어 공산蛩山의 북쪽 기슭에 묻혔다. 당시 수의는 3벌이었고, 닥나무 관을 칡덩굴로 묶어 하관을 한 뒤에야 곡을 했고, 구덩이 또한 흙으로 채우기만 했을 뿐 봉분도 없었다. 매장 후 소와 말이 그 위에서 놀았다. 순임금은 서쪽으로 7융七戎을 교화한 뒤 귀국하는 도중에 죽어 남파南巴의 저자에 묻혔다. 당시의 수의는 3벌이었고, 닥나무 관을 칡덩굴로 묶어 매장하자 저자 사람이 그 위에서 놀았다. 우임금은 동쪽으로 9이九夷를 교화한 뒤 귀국하는 도중에 죽어 회계산會稽山에 묻혔다. 당시 수의는 3벌이었고, 오동나무 관을 3촌 두께로 만든 뒤 칡덩굴로 묶었다. 관 뚜껑을 덮기만 했을 뿐 세밀히 봉하지는 않았고, 관이 들어갈 정도만 팠을 뿐 깊이 파지도 않았다. 구덩이 깊이는 아래로 지하수에 닿지 않도록 했고, 위로 시신 썩는 냄새가 나지 않을 정도로 했다. 구덩이는 나온 흙으로 덮었고, 봉분은 3번 쟁기질한 정도의 밭이랑 높이에서 멈췄다. 이들 3명의 성왕을 보면 '후장구상'이 결코 성왕의 도가 아니었음을 알 수 있다. 이들 성왕 모두 천자라는 고귀한 신분에 천하의 부까지 지녔는데, 어찌 재용의 부족을 걱정했을 리 있겠는가? 그럼에도 이런 매장이 법도에 맞는다고 생각했다."

8적八狄은 북쪽의 8개 종족 이적夷狄을 말한다. 『이아』「석지

釋地」에 '8적' 표현이 나온다. 『시경』「소아, 요소蓼蕭」의 주석에는 '5적五狄이 북방에 있다.'고 했다. 『예기』「왕제」의 주는 '5적'을 월지月支, 예맥穢貊, 흉노匈奴, 선우單于, 백옥白屋으로 풀이했다. 『주례』「직방씨職方氏」에는 6적六狄으로 나온다. 공산蛩山은 공산邛山으로도 쓴다. 정확한 위치는 알지 못한다. 곡목지관穀木之棺은 좋지 않은 나무로 만든 관을 뜻한다. '곡목'을 『설문해자』「목부木部」는 닥나무 저楮로 풀이했다. 기범이후곡旣泖而後哭의 '범'을 필원은 하관下棺을 뜻하는 폄窆의 가차인 범犯으로 풀이했다. 만감滿埳은 구덩이를 흙으로 메운다는 뜻으로 필원은 '감'을 감坎의 오자로 보았다. 7융七戎은 서쪽의 7개 종족 이적을 말한다. 『주례』「직방씨」는 5융五戎, 『태평어람』 등에는 견융犬戎으로 기록해 놓았다. 『예기』「왕제」의 주에는 6융六戎으로 나온다. 이에 따르면 요이僥夷, 융이戎夷, 노백老白, 기강耆羌, 비식鼻息, 천강天剛이 그것이다. 남기南己를 손이양은 남파南巴의 잘못으로 보았다. 9이九夷는 동쪽의 9개 종족 이적을 말한다. 『후한서』「동이전」에 따르면 견이畎夷, 우이于夷, 방이方夷, 황이黃夷, 백이白夷, 적이赤夷, 현이玄夷, 풍이風夷, 양이陽夷가 그것이다. 불감不埳은 구덩이를 깊게 파지 않는다는 뜻이다.

25-10

今王公大人之爲葬埋, 則異於此. 必大棺中棺, 革闠3操, 璧玉卽具, 戈劍鼎鼓壺濫, 文繡素練, 大鞅萬領, 輿馬女樂皆具. 曰, "必捶垛差通, 壟雖凡山陵." 此爲輟民之事, 靡民之財, 不可勝計也, 其爲毋用若此矣. 是故子墨子曰, "鄉者, 吾本言曰意亦使法其言, 用其謀, 計厚葬久喪, 請可以富貧衆寡, 定危治亂乎, 則仁也•義也•孝子之事也. 爲人謀者不可不勸也. 意亦使法其言, 用其謀, 若人厚葬久喪, 實不可以富貧衆寡,定危治亂乎, 則非仁也·非義也·非孝子之事也. 爲人謀者不可不沮也. 是故求以富國家, 甚得貧焉. 欲以衆人民, 甚得寡焉. 欲以治刑政, 甚得亂焉. 求以禁止大國之攻小國也, 而旣已不可矣. 欲以干上帝鬼神之福, 又得禍焉. 上稽之堯·舜·禹·湯·文武之道, 而政逆之. 下稽之桀·紂·幽·厲之事, 猶合節也. 若以此觀, 則厚葬久喪, 其非聖王之道也."

지금 왕공대인의 매장하는 법도는 이와 다르다. 반드시 관棺과 곽槨이 있고, 무늬가 있는 가죽으로 관을 3번이나 단단히 묶는다. 둥근 옥과 구슬을 비롯해 창칼, 솥과 북, 술잔, 그릇, 수놓은 비단과 흰 비단, 말의 가슴걸이 1만 벌, 수레와 말, 여악 등을 두루 갖춘다. 그러고도 이같이 말한다.

"반드시 묘도墓道는 충실히 만들고, 봉분은 산언덕처럼 커야 한다."

이는 백성에게 할 일을 못하게 하고, 백성들의 재물을 낭비하는 짓이다. 이런 일이 헤아릴 수 없을 정도로 많다. '후장구상'의 쓸모없는 모습이 이와 같다. 묵자는 이같이 말했다.

"전에 내가 말한 것처럼 이런 식의 언론을 좇고 이런 계책을 채택한 '후장구상'의 효용을 헤아려 보기로 하자. '후장구상'을 행하여 실로 가난한 자를 부유하게 만들고, 적은 것을 많아지게 하고, 위태로운 것을 안정시키고, 어지러운 것을 바로 다스릴 수만 있다면 이는 인의와 효행을 실천하는 셈이 된다. 백성을 위해 계책을 내는 자라면 이를 권하지 않을 수 없을 것이다. 반대로 '후장구상'을 행하여 실로 가난한 자를 부유하게 만들지 못하고, 적은 것을 많아지게 하지 못하고, 위태로운 것을 안정시키지 못하고, 어지러움을 바로 다스리지 못한다면 이는 인의와 효행을 실천하는 게 아니다. 백성을 위해 계책을 내는 자라면 이를 적극 저지하지 않을 수 없을 것이다. 그런 식으로 나라를 부유하게 만들고자 하면 오히려 더욱 가난해질 것이고, 인구를 늘리고자 하면 더욱 적어질 것이고, 형정을 다스리려 하면 더욱 어지러워질 것이다. 나아가 그런 식으로 대국의 소국 침공을 막고자 할 경우 애초부터 불가능한 일이고, 상제와 귀신에게 복을 얻고자 할 경우 오히려 재앙만 더할 뿐이다. 위로 요堯, 순舜, 우禹, 탕湯, 문무文武가 행한 도를 감안할 때 '후장구상'은 이와 정면으로 배치되고, 아래로 걸桀, 주紂, 유왕幽王, 여왕厲王이 행한 폭정을 감안할 때 오히려 이와 꼭 들어맞는다. 이로써 보건대 '후장구상'은 성왕의 도가 될 수 없다."

대관중관大棺中棺은 큰 관과 중간 크기 관으로 곧 덧널인 외관外棺 즉 곽槨과 속널인 내관內棺을 뜻한다. 혁궤3조革闠三操의 '궤'를 『국어』「제어」에 대한 위소의 주는 가죽에 새겨 넣은 무늬인 궤繢로 보았다. '조'는 둘러싸는 겹의 의미로 잡匝과 같다. 추도차통捶垛差通의 '추도'를 필원은 수도隧涂로 보았다. 무덤길을 말한다. '차'는 묘도墓道인 선羨과 통한다. 향자鄕者는 '접때'의 뜻으로 '향'은 향嚮의 가차이다. 본언왈本言曰의 '본언'은 본래 말했다는 뜻이다. 정역지政逆之는 정면으로 어긋난다는 의미로 정正과 통한다.

25-11

今執厚葬久喪者言曰, "厚葬久喪, 果非聖王之道, 夫胡說中國之君子爲而不已, 操而不擇哉?" 子墨子曰, "此所謂'便其習而義其俗者' 也. 昔者, 越之東有輆沭之國者, 其長子生, 則解而食是, 謂之'宜弟.' 其大父死, 負其大母而棄之, 曰, '鬼妻不可與居處.' 此上以爲政, 下以爲俗,爲而不已，操而不擇．則此豈實仁義之道哉？此所謂便其習而義其俗者也．楚之南有炎人國者，其親戚死，朽其肉而棄之，然後埋其骨，乃成爲孝子．秦之西有儀渠之國者，其親戚死，聚柴薪而焚之，熏上，謂之‘登遐’．然後成爲孝子．此上以爲政，下以爲俗，爲而不已，操而不擇．則此豈實仁義之道哉？此所謂便其習而義其俗者也．若以此若3國者觀之，則亦猶薄矣．若以中國之君子觀之，則亦猶厚矣．如彼則大厚，如此則大薄，然則葬埋之有節矣．” 故衣食者，人之生利也，然且猶尙有節．葬埋者，人之死利也，夫何獨無節？於此乎子墨子制爲葬埋之法，曰，“棺三寸，足以朽骨．衣三領，足以朽肉．掘野之深，下無菹漏，氣無發洩於上，壟足以期其所，則止矣．哭往哭來，反，從事乎衣食之財，佴乎祭祀，以致孝於親．” 故曰‘子墨子之法，不失死生之利者’，此也．

지금 ‘후장구상’을 주장하는 자들은 말한다.

“만일 ‘후장구상’이 성왕의 도가 아니라면, 중원의 군자들이 끊임없이 이를 행하며 포기하지 않는 것을 과연 어찌 설명할 것인가?”

묵자가 말했다.

“이는 자신들의 풍습과 습속을 편히 여기며 바르다고 생각하는 이른바 ‘편습의속便習義俗’의 탓이다. 옛날 월나라 동쪽에 해원국輆猿國이 있었다. 그들은 첫 아이를 낳으면 곧 잡아먹으면서 말하기를, ‘아우들에게 좋은 일이다.’라고 했다. 또 조부가 죽으면 조모를 업어다 버리면서 말하기를, ‘귀신의 처와는 함께 살 수 없다.’고 했다. 이런 식으로 위에서 정사를 펴고, 아래서 옳은 풍속으로 여긴 탓에 계속 그런 풍속을 포기하지 않고 지킨 것이다. 이 어찌 실로 인의의 도일 수 있겠는가? 이게 바로 ‘편습의속’의 실체이다. 초나라 남쪽에 염인국炎人國이 있었다. 그들은 부모가 죽으면 사자의 살을 썩힌 뒤 뼈만

묻었다. 그래야 효자가 될 수 있었다. 진秦나라 서쪽에 의거국儀渠國이 있었다. 그들은 부모가 죽으면 땔나무를 모아 시체를 태운 뒤 연기가 위로 올라가면 이를 '등하登遐'로 불렀다. 그래야 효자가 될 수 있었다. 이런 식으로 위에서 정사를 펴고, 아래서 옳은 풍속으로 여긴 탓에 끊임없이 그런 풍속을 버리지 않고 지킨 것이다. 이 어찌 실로 인의의 도일 수 있겠는가? 이게 바로 '편습의속'의 실체이다. 이들 3국의 입장에서 볼 때 박장薄葬에 해당하는 것도 중원의 군자 입장에서 보면 후장厚葬이 될 수 있다. 이쪽에서 보면 너무 후하고, 저쪽에서 보면 너무 박한 셈이 된다. 장사지낼 때 절도가 있어야 하는 이유다."

본래 의식衣食은 살아가는데 반드시 필요한 것이지만 절도가 있어야 한다. 장례 역시 사자에 대한 예우로 필요한 것이지만 어찌 절도가 없을 수 있겠는가? 묵자는 장례의 법도를 만들면서 이같이 말했다.

"관은 세 치 두께로 해 시신의 뼈가 쉽게 썩도록 하면 족하고, 수의는 세 벌로 해 시신의 살이 쉽게 썩도록 하면 족하다. 무덤의 깊이는 아래로 시신이 지하수에 젖지 않고, 위로 시신이 썩는 냄새가 날 정도면 된다. 봉분의 높이는 위치를 알아볼 수 있는 정도에 그친다. 곡을 하며 장례를 치른 뒤 집으로 돌아가서는 먹고 입는 재화를 생산하는데 힘쓰면서 제수祭需를 마련하는데 소홀하지 않고, 부모에게 효성을 다해야 한다."

'묵자의 법도는 생사를 불문하고 이로움을 잃지 않고 있다.'고 말하는 것은 바로 이 때문이다.

호설胡說의 '호'는 의문사 하何와 같다. 불택재不擇哉의 '택'을 필원은 놓을 석釋으로 보았다. 『회남자』「설산훈說山訓」에 대한 고유의 주는 버릴 사舍로 풀이했다. 해원지국輆猿之國을 손이양은 월나라 동쪽의 나라로 보고, '해'를 『열자』「탕문湯問」에 첩재輒才 표현이 나오는 것을 토대로 첩輒으로 읽어야 한다고 했다. 필원은 '새'로 읽었다. 대부大父는 조부, 대모大母는 조모를 뜻한다. 염인국炎人國의 '염'이 「노문」에는 담啖으로 나온다. 의거지국儀渠之國은 진秦나라 서쪽의 나라이다. 『사기』「진본기」에도 나온다. 등하登遐는 먼 곳으로 올라간다는 뜻으로 선경仙境으로 들어가는 것을 의미한다. 저루菹漏의 '저'를 손이양은 젓을 저沮로 보았다. 『광아』「석고」는 습溼으로 풀이했다. 이호제사佴乎祭祀의 '이'를 손이양은 나란히 하여 소홀히 하지 않는다는 뜻의 차비次比로 해석했다.

25-12

故子墨子言曰, "今天下之士君子, 中請將欲爲仁義, 求爲上士, 上欲中聖王之道, 下欲中國家百姓之利, 故當若節喪之爲政, 而不可不察此者也."

묵자가 말했다.
"지금 천하의 사군자가 내심 인의를 행하는 훌륭한 선비가 되고자 하면 위로 성왕의 도에 맞게 행동하고, 아래로 나라와 백성의 이익이 부합하도록 행동해야 한다. 절장節葬에 기초한 정사를 잘 살피지 않으면 안 되는 이유가 여기에 있다."

중청中請의 '중'을 왕인지는 충忠, '청'을 성誠으로 풀이했다.

권 7

제26장 천지(天志) 상

'천지'는 하늘이 뜻을 말한다. 천의天意와 같다. '겸애'와 '교리'를 역설키 위해 천의를 끌어들인 것이다. 묵자사상은 공자사상이 인仁으로 수렴하듯이 의義 한 자로 요약할 수 있다. 맹자는 '인'과 '의'를 결합한 '인의'를 역설했다. 그러나 이는 『묵자』에 나오는 '인의' 개념을 차용한 것으로 『논어』에는 '인의'라는 표현이 단 한 구절도 나오지 않는다. 묵자의 견해가 그만큼 독창적이었음을 보여준다. 「천지」 역시 모두 3편으로 구성돼 있으나 내용상 차이는 없다.

26-1

子墨子言曰, "今天下之士君子知小而不知大. 何以知之? 以其處家者知之. 若處家得罪於家長, 猶有鄰家所避逃之. 然且親戚•兄弟•所知識共相儆戒, 皆曰, '不可不戒矣. 不可不愼矣. 惡有處家而得罪於家長而可爲也?' 非獨處家者爲然, 雖處國亦然. 處國得罪於國君, 猶有鄰國所避逃之, 然且親戚•兄弟•所止息共相儆戒, 皆曰, '不可不戒矣. 不可不愼矣. 誰亦有處國得罪於國君而可爲也?' 此有所避逃之者也, 相儆戒猶若此其厚. 況無所避逃之者, 相儆戒豈不愈厚然後可哉? 且語言有之曰, '焉而晏日焉而得罪, 將惡避逃之?' 曰, '無所避逃之.' 夫天不可爲林谷幽門無人, 明必見之. 然而天下之士君子之於天也, 忽然不知以相儆戒. 此我所以知天下士君子知小而不知大也.

묵자가 말했다.

"지금 천하의 사군자는 작은 것만 알고 큰 것은 알지 못한다. 무엇으로 이를 알 수 있는가? 집에서 생활하는 모습을 통해 알 수 있다. 가장에게 죄를 지을 경우 이웃집으로 달아날 수는 있을 것이다. 그러나 부모와 형제 및 죄 지은 자를 아는 사람들 모두 서로 경계하며 말하기를, '경계하거나 삼가지 않으면 안 되오. 어찌 집안에 살면서 가장에게 죄를 짓고도 괜찮을 수 있겠소?'라고 할 것이다. 집에서 생활하는 경우뿐만 아니라 나라에서 사는 경우 또한 같다. 나라에서 살다가 군주에게 죄를 지으면 이웃나라로 달아날 수는 있다. 그러나 부모와 형제 및 죄 지은 자를 아는 사람들 모두 서로 경계하며 말하기를, '경계하거나 삼가지 않으면 안 되오. 그 누가 나라에서 살면서 군주에게 죄를 짓고도 괜찮을 수 있겠소?'라고 할 것이다. 달아날 곳이 있는 경우인데도 서로 경계하는 게 이처럼 엄하다. 하물며 달아날 곳이 없는 경우라면 서로 경계하는 게 어찌 더욱 엄하지 않을 수 있겠는가? 속어에서 이르기를, '어찌 이런 대명천지에 죄를 짓고 장차 어디로 달아날 수 있단 말인가?'라고 했다. 하늘은 숲이나 골짜기처럼 한적하고 아무도 없는 곳에 있을지라도 반드시 밝게 본다. 그럼에도 천하의 사군자는 하늘에 대해 문득 서로 경계할 줄 모른다. 이것이 바로 천하의 사군자들이 작은 것만 알고 큰 것을 알지 못하는 이유를 알게 된 배경이다."

어언語言은 속담을 지칭한다. 언이안일언이焉而晏日焉而에서 앞에 나오는 '언이'를 유월은 연자로 보았으나 손이양은 어차於此로 풀이했다. '안'을 『설문해자』「일부日部」는 천청天淸, 유월은 청명淸明으로 해석했다.

26-2

然則天亦何欲何惡? 天欲義而惡不義. 然則率天下之百姓以從事於義, 則我乃爲天之所欲也. 我爲天之所欲, 天亦爲我所欲. 然則我何欲何惡? 我欲福祿而惡禍祟. 若我不爲天之所欲而爲天之所不欲, 然則我率天下之百姓以從事於禍祟中也. 然則何以知天之欲義而惡不義? 曰, "天下有義則生, 無義則死. 有義則富, 無義則貧. 有義則治, 無義則亂." 然則天欲其生而惡其死, 欲其富而惡其貧, 欲其治而惡其亂, 此我所以知天欲義而惡不義也.

그렇다면 하늘은 무엇을 바라고 무엇을 싫어하는가? 하늘은 의義를 바라고 불의不義를 싫어한다. 따라서 천하의 백성을 이끌고 의를 행하는 것은 내가 곧 하늘이 바라는 바를 행하는 게 된다. 내가 하늘이 바라는 바를 행하면 하늘 역시 내가 바라는 바를 행한다. 그렇다면 나는 무엇을 바라고 무엇을 싫어하는가? 나는 복록福祿을 바라고 하늘의 재앙인 화수禍祟를 싫어한다. 내가 하늘이 바라는 바를 행하지 않고, 바라지 않는 바를 행하는 것은 내가 곧 천하의 백성을 이끌고 '화수'의 한복판에서 일하는 셈이 된다. 무엇으로 하늘이 의를 바라고 불의를 싫어하는 것을 알 수 있는가? 이같이 말할 수 있다.

"천하에 의가 있으면 살고, 없으면 죽는다. 또 의가 있으면 부유해지고, 없으면 가난해진다. 나아가 의가 있으면 다스려지고, 없으면 어지러워진다."

하늘은 사람들의 삶을 바라며 죽음을 싫어하고, 부유함을 바라며 가난을 싫어하고, 다스림을 바라며 어지러움을 싫어한다. 이것이 바로 내가 하늘이 의를 바라고 불의를 싫어하는 이유를 알게 된 배경이다.

화수禍祟는 화난禍難의 빌미를 말한다. 빌미는 재앙이나 탈 따위가 생기는 원인을 의미한다.

26-3

曰, '且夫義者, 政也.' 無從下之政上, 必從上之政下. 是故庶人竭力從事, 未得次己而爲政, 有士政之. 士竭力從事, 未得次己而爲政, 有將軍大夫政之. 將軍大夫竭力從事, 未得次己而爲政, 有三公諸侯政之. 三公諸侯竭力聽治, 未得次己而爲政, 有天子政之. 天子未得次己而爲政, 有天政之. 天子爲政於三公•諸侯•士•庶人, 天下之士君子固明知. 天之爲政於天子天下百姓, 未得之明知也.

흔히 말하기를 '무릇 의는 올바른 것이다.'라고 한다. 이는 아래에서 시작해 위를 바로잡는다는 뜻이 아니라 반드시 위에서 시작해 아래를 바로잡는 것을 말한다. 서민이 열심히 일할지라도 멋대로 하도록 방치하지 않고 잘못을 관원이 바로잡고, 관원이 열심히 일할지라도 멋대로 하도록 방치하지 않고 잘못을 장군과 대부가 바로잡고, 장군과 대부가 열심히 일할지라도 멋대로 하도록 방치하지 않고 잘못을 삼공과 제후가 바로잡고, 삼공과 제후가 열심히 일할지라도 멋대로 하도록 방치하지 않고 잘못을 천자가 바로잡고, 천자가 열심히 일할지라도 멋대로 하도록 방치하지 않고 잘못을 하늘이 바로잡는 이유가 여기에 있다. 천자가 삼공과 제후, 관원, 서민을 다스린다는 사실을 천하의 군자는 명확히 알고 있다. 그러나 하늘이 천자와 천하의 백성을 두루 다스린다는 사실은 아직 명확히 알지 못하고 있다.

미득자기未得次己의 '자'는 자恣의 뜻이다. 유사정지有士政之의 '사'는 하급 관원을 지칭한다.

26-4

故昔三代聖王禹·湯·文武, 欲以天之爲政於天子, 明說天下之百姓, 故莫不犓牛羊·豢犬彘, 潔爲粢盛酒醴, 以祭祀上帝鬼神而求祈福於天. 我未嘗聞天下之所求祈福於天子者也. 我所以知天之爲政於天子者也. 故天子者, 天下之窮貴也, 天下之窮富也. 故於富且貴者, 當天意而不可不順. 順天意者, 兼相愛·交相利, 必得賞. 反天意者, 別相惡·交相賊, 必得罰. 然則是誰順天意而得賞者? 誰反天意而得罰者? 子墨子言曰, "昔三代聖王禹·湯·文武, 此順天意而得賞也. 昔三代之暴王桀·紂·幽·厲, 此反天意而得罰者也." 然則禹·湯·文武其得賞何以也? 子墨子言曰, "其事, 上尊天, 中事鬼神, 下愛人. 故天意曰, '此之我所愛, 兼而愛之. 我所利, 兼而利之. 愛人者此爲博焉, 利人者此爲厚焉.' 故使貴爲天子, 富有天下, 業萬世子孫, 傳稱其善, 方施天下, 至今稱之, 謂之聖王." 然則桀·紂·幽·厲得其罰何以也? 子墨子言曰, "其事, 上詬天, 中詬鬼, 下賊人. 故天意曰, '此之我所愛, 別而惡之. 我所利, 交而賊之. 惡人者此爲之博也, 賤人者此爲之厚也.' 故使不得終其壽, 不歿其世, 至今毁之, 謂之暴王."

옛날 하, 은, 주 삼대의 성왕인 우, 탕, 문무 등은 하늘이 천자를 다스리고 있다는 사실을 천하의 백성들에게 분명히 얘기했다. 소, 양, 개, 돼지를 기르며 정성껏 단술 등의 제물을 마련한 뒤 상제와 귀신에게 제사를 올리며 하늘에 복을 빌지 않은 경우가 없는 것은 이 때문이다. 나는 일찍이 하늘이 천자에게 복을 빌었다는 말은 들어본 적이 없다. 하늘이 천자를 다스린다는 사실을 알게 된 이유다. 천자는 천하에서 가장 귀하고 부유한 사람이지만 하늘의 뜻을 좇지 않을 수 없다. 하늘의 뜻을 좇아 두루 서로 사랑하는 겸애兼愛와 오가며 서로 이롭게 하는 교리交利를 행하면 반드시 하늘로부터 상을 받을 것이다. 반대로 천지를 어겨 차별하여 서로 미워하는 별오別惡와 오가며 서로 해치는 교적交賊을 행하면 반드시 하늘로부터 벌을 받을 것이다. 그렇다면 누가 천지를 좇아 상을 받고, 천지를 어겨 벌을 받는 것일까? 묵자가 말했다.

"옛날 삼대의 성왕인 우, 탕, 문무 등은 천지를 좇아 상을 받은 사람들이다. 반면 걸, 주, 유왕, 여왕 등은 천지를 어겨 벌을 받은 자들이다."그렇다면 우, 탕, 문무 등이 상을 받은 것은 무슨 까닭인가? 묵자가 말했다.

"그들이 한 일은 위로 하늘을 높이고, 가운데로 귀신을 섬기고, 아래로 사람을 사랑한 일이다. 그래서 천지天志가 이르기를, '이들은 내가 사랑하는 것을 두루 서로 사랑하고, 내가 이롭게 하는 것을 두루 서로 이롭게 해주었다. 이들이 사람을 사랑하는 것이 이처럼 넓었고, 사람을 이롭게 하는 것이 이처럼 두터웠다.'고 한 것이다. 하늘이 이들로 하여금 귀하게는 천자가 되고, 부유하기로는 천하를 차지하게 하고, 그 왕업이 만세에 걸쳐 그 자손에 이르게 하고, 덕행을 기리는 칭송이 대대로 전해지며 천하에 널리 퍼지게 하고, 그 칭송이 지금까지 이르게 한 이유다. 이들을 일컬어 성왕이라고 한다."

그렇다면 걸, 주, 유왕, 여왕 등이 벌을 받은 것은 무슨 까닭인가? 묵자가 말했다.

"그들이 한 일은 위로 하늘을 욕하고, 가운데로 귀신을 무함하고, 아래로 사람을 해친 일이다. 그래서 천지에서 이르기를, '이들은 내가 사랑하는 것을 차별하여 미워하고, 내가 이롭게 하는 것을 오가며 서로 해쳤다. 이들이 사람을 미워하는 것이 이처럼 넓었고, 사람을 해치는 것이 이처럼 두터웠다.'고 한 것이다. 하늘이 이들로 하여금 수명을 다 누리지 못하게 하고, 삶을 제대로 마치지 못하게 하고, 그 악명이 지금까지 이르게 한 이유다. 이들을 일컬어 폭왕暴王이라고 한다."

未嘗聞天下의 '천하'에서 소시학 등은 '하'를 연자로 보았다. 업만세자손業萬世子孫을 손이양은 『춘추좌전』「노소공 원년」의 두예 주를 인용해 엽만자손葉萬子孫으로 풀이했다. '엽'은 세世의 뜻이다. 방시천하方施天下의 '방'은 '두루'의 뜻으로 방旁과 같다. 『설문해자』「상부上部」는 부溥로 풀이해 놓았다. 중구귀中詬鬼의 '구'가 도장본에는 무함할 무誣로 되어 있다. 천인자賤人者의 '천'을 손이양은 적賊의 잘못으로 보았다.

26-5

然則何以知天之愛天下之百姓? 以其兼而明之. 何以知其兼而明之? 以其兼而有之. 何以知其兼而有之? 以其兼而食焉. 何以知其兼而食焉? 四海之內, 粒食之民, 莫不犓牛羊·豢犬彘, 潔爲粢盛酒醴, 以祭祀於上帝鬼神. 天有邑人, 何用弗愛也? 且吾言殺一不辜者, 必有一不祥. 殺不辜者誰也? 則人也. 予之不祥者誰也. 則天也. 若以天爲不愛天下之百姓, 則何故以人與人相殺而天予之不祥. 此我所以知天之愛天下之百姓也.

그렇다면 무엇으로 하늘이 천하의 백성을 두루 사랑하는 겸애兼愛를 알 수 있는가? 하늘이 천하의 백성을 두루 밝게 살피는 겸명兼明을 통해 알 수 있다. 무엇으로 그 '겸명'을 알 수 있는가? 하늘이 천하의 모든 덕을 두루 지니고 있는 겸유兼有를 통해 알 수 있다. 무엇으로 그 '겸유'를 알 수 있는가? 하늘이 천하의 모든 것을 먹여주는 겸사兼食를 통해 알 수 있다. 무엇으로 그 '겸사'를 알 수 있는가? 곡식을 먹는 천하의 모든 백성들 가운데 소, 양, 개, 돼지를 길러 정성껏 단술 등의 제물을 마련한 뒤 상제와 귀신에게 제사를 지내지 않는 자가 없는 것을 통해 알 수 있다. 하늘이 천하의 백성을 다스리고 있는데 어찌 사랑하지 않을 리 있겠는가? 내가 1명의 무고한 사람을 죽이면 반드시 한 사람만큼의 상서롭지 못한 재앙이 빚어지게 된다. 무고한 사람을 죽이는 자는 누구인가? 바로 사람이다. 상서롭지 못한 재앙을 내리는 자는 누구인가? 바로 하늘이다. 만일 하늘이 천하의 백성을 사랑하지 않는다면 어째서 사람과 사람이 서로 죽이는 일로 인해 하늘이 그들에게 상서롭지 못한 재앙을 내리겠는가? 이로써 나는 하늘이 천하의 백성을 두루 사랑한다는 사실을 알 수 있다.

이기겸이사언以其兼而食焉의 '사'는 먹여 살린다는 뜻으로 사飼와 통한다. 입식지민粒食之民은 곡식을 먹는 천하의 백성이라는 뜻으로 『대대례기大戴禮記』「소한少閒」에 나오는 표현이다.

26-6

順天意者, 義政也. 反天意者, 力政也. 然義政將奈何哉? 子墨子言曰, "處大國不攻小國, 處大家不簒小家, 强者不劫弱, 貴者不傲賤, 多詐者不欺愚. 此必上利於天, 中利於鬼, 下利於人. 三利, 無所不利. 故擧天下美名加之, 謂之聖王. 力政者則與此異, 言非此, 行反此, 猶倖馳也. 處大國攻小國, 處大家簒小家, 强者劫弱, 貴者傲賤, 多詐欺愚. 此上不利於天, 中不利於鬼, 下不利於人. 三不利, 無所利. 故擧天下惡名加之, 謂之暴王."

'천의'를 좇는 것을 두고 인의를 좇은 정사인 의정義政, 반하는 것을 폭력에 의한 정사인 역정力政이라고 한다. 그렇다면 의정은 과연 어떤 것인가? 묵자가 말했다.

"대국이 소국을 공격하지 않고, 큰 종족이 작은 종족을 침범하지 않고, 강자가 약자를 겁박하지 않고, 귀인이 서민에게 오만하지 않고, 약은 자가 어리석은 자를 속이지 않는 것이다. 이같이 하면 위로 하늘, 가운데로 귀신, 아래로 사람에게 모두 이롭다. 이들 3가지가 모두 이로우면 천하에 이롭지 않은 게 없게 된다. 그래서 천하의 가장 아름다운 명칭을 덧붙여 '성왕'이라고 일컫는 것이다. 역정은 이와 다르다. 말도 다르고, 행동도 반대된다. 마치 반대 방향으로 내달리는 듯하다. 대국이 소국을 침공하고, 큰 종족이 작은 종족을 빼앗고, 강자가 약자를 겁박하고, 귀인이 서민을 오만하게 대하고, 약은 자가 어리석은 자를 속인다. 이같이 하면 위로 하늘, 가운데로 귀신, 아래로 사람에게 모두 이롭지 못하다. 이들 3가지가 모두 이롭지 못하면 천하에 이로운 게 없게 된다. 그래서 천하의 가장 혐오스런 명칭을 덧붙여 '폭왕'이라고 일컫는 것이다."

언비차言非此의 '비'는 배背와 통한다. 유행치야猶倖馳也의 '행'이 등질 배背의 뜻인 배偝로 된 판본도 있다.

26-7

子墨子言曰, "我有天志, 譬若輪人之有規, 匠人之有矩." 輪匠執其規矩, 以度天下之方圜, 曰, '中者是也. 不中者非也.' 今天下之士君子之書不可勝載. 言語不可盡計. 上說諸侯, 下說列士. 其於仁義, 則大相遠也. 何以知之. 曰, "我得天下之明法以度之."

묵자가 말했다.

"사람이 하늘의 뜻인 천지天志를 지니고 있는 것은 비유컨대 수레바퀴를 만드는 공인이 그림쇠, 목수가 곱자를 갖고 있는 것과 같다."

수레바퀴 공인과 목수는 그림쇠와 곱자로 천하의 모든 네모와 원을 재면서 말하기를, '들어맞으면 바르고, 그렇지 못하면 그르다.'고 한다. 지금 천하의 사군자가 기록한 책은 수레에 다 실을 수 없을 정도로 많고, 그들이 한 말과 이론 역시 이루 다 헤아릴 수 없을 정도로 많다. 위로 제후, 아래로 여러 선비를 설복코자 하나 그 언행은 인의로부터 멀리 떨어져 있다. 무엇으로 이를 알 수 있는가? 묵자의 대답은 이렇다.

"내가 천하의 밝은 법도로 헤아린 덕분이다."

윤인輪人은 윤장輪匠과 같은 말이다. 규구規矩는 그림쇠와 곱자를 말한다. 사군자지서士君子之書는 사대부 군자들의 책이라는 뜻으로 제자백가서를 지칭한다. 언어言語는 논설을 뜻한다. 하세열사下說列士의 '세'는 유세遊說의 뜻이다.

제27장 천지(天志) 중

여기서는 의에 입각해 정사를 펴는 의정義政을 집중 거론하고 있다. 사상사적으로 볼 때 맹자의 왕도王道는 '의정'을 달리 표현한 것이다. 묵자가 질타한 역정力政 역시 맹자가 극도로 혐오한 패도霸道의 원형에 해당한다. 두 사람 모두 같은 곡을 달리 연주한 동공이곡同工異曲인 셈이다. 많은 사람들이 맹자를 묵자의 사상적 제자로 간주하는 이유다.

27-1

子墨子言曰, "今天下之君子之欲爲仁義者, 則不可不察義之所從出." 旣曰不可以不察義之所欲出, 然則義何從出? 子墨子曰, "義不從愚且賤者出, 必自貴且知者出." 何以知義之不從愚且賤者出, 而必自貴且知者出也? 曰, "義者, 善政也." 何以知義之爲善政也? 曰, "天下有義則治, 無義則亂, 是以知義之爲善政也. 夫愚且賤者, 不得爲政乎貴且知者. 然後得爲政乎愚且賤者. 此吾所以知義之不從愚且賤者出, 而必自貴且知者出也." 然則孰爲貴, 孰爲知? 曰, "天爲貴‧天爲知而已矣." 然則義果自天出矣. 今天下之人曰, "當若天子之貴諸侯, 諸侯之貴大夫, 傐明知之, 然吾未知天之貴且知於天子也." 子墨子曰, "吾所以知天貴且知於天子者, 有矣. 曰, '天子爲善, 天能賞之. 天子爲暴, 天能罰之.' 天子有疾病禍祟, 必齋戒沐浴, 潔爲酒醴粢盛, 以祭祀天鬼, 則天能除去之. 然吾未知天之祈福於天子也. 此吾所以之天之貴且知於天子者. 不止此而已矣, 又以先王之書, 馴天明不解之道也知之. 曰, '明哲維天, 臨君下土.' 則此語天之貴且知於天子." 不知亦有貴知夫天者乎? 曰, '天爲貴•天爲知而已矣.' 然則義果自天出矣. 是故子墨子曰, "今天下之君子, 中實將欲遵道利民, 本察仁義之本, 天之意不可不愼也."

묵자가 말했다.

"지금 천하의 군자가 인의를 행하고자 하면 반드시 의義가 나오는 배경을 자세히 살피지 않으면 안 된다."

의가 나오는 배경을 자세히 살피지 않으면 안 된다고 말하고 있으나 과연 의는 어디서 나오는 것인가? 묵자가 말했다.

"의는 어리석고 천한 자들로부터 나오지 않고 반드시 귀하고 지혜로운 자들로부터 나온다."

의가 어리석고 천한 자들로부터 나오지 않고 반드시 귀하고 지혜로운 자들로부터 나오는 것을 어찌 알 수 있는가? 묵자가 말했다.

"의가 선정善政에서 비롯되기 때문이다."

의가 선정에서 비롯되는 것을 어찌 알 수 있는가. 묵자가 말했다.

"천하에 의가 있으면 다스려지고, 없으면 어지러워진다. 이로써 의가 곧 선정임을 알 수 있다. 무릇 어리석고 천한 자들은 귀하고 지혜로운 자를 다스릴 수 없다. 귀하고 지혜로운 자라야 어리석고 천한 자를 다스릴 수 있다. 의가 어리석고 천한 자로부터 나오지 않고 반드시 귀하고 지혜로운 자로부터 나오는 것을 알 수 있는 이유다."

누가 귀하고 누가 지혜로운가? 대답은 이렇다.

"하늘만이 귀하고 지혜로울 뿐이다."

그렇다면 과연 의는 과연 하늘로부터 나오는 셈이 된다. 지금 천하 사람들은 이같이 말한다.

"천자는 제후, 제후는 대부보다 귀하다는 사실은 확연히 할 수 있다. 그러나 우리는 하늘이 천자보다 귀하고 지혜롭다는 이유를 잘 모르겠다."

묵자가 말했다.

"내가 하늘이 천자보다 귀하고 지혜롭다는 것을 안 데는 나름 이유가 있다. '천자가 선을 행하면 하늘이 상을 주고, 천자가 포학한 짓을 하면 하늘이 벌을 준다.'고 말한 게 그것이다. 천자에게 질병이나 재앙이 생기면 반드시 목욕재계한 뒤 정갈하게 단술 등의 제물을 장만해 하늘과 귀신에게 제사를 지낸다. 그러면 하늘이 질병과 재앙을 없애준다. 그러나 나는 하늘이 천자에게 복을 빌었다는 얘기를 알지 못한다. 하늘이 천자보다 귀하고 지혜롭다는 사실을 안 이유가 여기에 있다. 비단 여기에 그치는 것도 아니다. 선왕이 쓴 책에서 하늘의 밝은 도를 설명한 대목을 통해서도 알 수 있다. 거기에는 '명철한 것은 하늘이니, 하계下界의 천자를 굽어 살핀다.'고 되어 있다. 이는 곧 하늘이 천자보다 귀하고 지혜로운 사실을 말한 것이다."

아직도 하늘보다 귀하고 지혜로운 것이 있을 수 없다는 사실을 모르겠는가? 선왕이 쓴 책에서 말하기를, '하늘만이 귀하고 지혜로울 뿐이다.'라고 했다. 의가 실로 하늘로부터 나오는 이유다. 묵자가 말했다.

"지금 천하의 군자가 실로 성왕이 행한 도를 좇아 백성을 이롭게 하고 인의의 근본을 살피고자 하면, '천의'를 삼가 좇지 않을 수 없다."

확명지지傐明知之의 '확'을 필원은 분명할 확碻의 잘못으로 보았다. 임군하토臨君下土의 '토'가 원본에는 출出로 되어 있었다. 왕인지가 이를 '토'로 바꿨다. 중실中實은 '실로'의 뜻이다. 본찰本察은 근본적으로 살핀다는 의미이다. 불가불신不可不愼의 '신'은 따를 순順과 통한다.

27-2

既以天之意以爲不可不愼已，然則天之將何欲何憎？子墨子曰，"天之意，不欲大國之攻小國也，大家之亂小家也，强之暴寡，詐之謀愚，貴之傲賤，此天之所不欲也．不止此而已，欲人之有力相營，有道相教，有財相分也．又欲上之强聽治也，下之强從事也．上强聽治，則國家治矣．下强從事，則財用足矣."若國家治，財用足，則內有以潔爲酒醴粢盛，以祭祀天鬼．外有以爲環璧珠玉，以聘撓四隣．諸侯之寃不興矣，邊境兵甲不作矣．內有以食饑息勞，持養其萬民，則君臣上下惠忠，父子兄弟慈孝．故唯毋明乎順天之意，奉而光施之天下，則刑政治，萬民和，國家富，財用足，百姓皆得暖衣飽食，便寧無憂．是故子墨子曰，"今天下之君子，中實將欲遵道利民，本察仁義之本，天之意不可不愼也."

'천의'가 삼가 좇지 않을 수 없는 대상이라면, '천의'는 과연 무엇을 바라고 무엇을 싫어하는 것인가? 묵자가 말했다.

"대국이 소국을 공격하거나, 큰 종족이 작은 종족을 침범하거나, 강자가 소수의 약자를 포학하게 대하거나, 약은 자가 어리석은 자를 속이거나, 귀인이 서민을 오만하게 대하는 것 등은 '천의'가 바라는 바가 아니다. 비단 여기에 그치는 게 아니다. 사람들이 힘이 있으면 서로 도와주고, 도리를 알아 서로 가르쳐 주고, 재물이 있으면 서로 나눠 갖기를 바란다. 또 윗사람은 힘써 다스리고, 아랫사람은 힘써 일하기를 바란다. 윗사람이 힘써 다스리면 나라가 잘 다스려지고, 아랫사람이 힘써 일하면 재용財用이 넉넉해진다. 나라가 잘 다스려지고 재용이 넉넉하면 곧 안으로 정갈하게 단술 등의 제물을 장만해 하늘과 귀신에게 제사를 지낼 수 있고, 밖으로 여러 주옥을 예물로 갖춰 사방의 이웃나라를 찾아다니며 친교를 맺을 수 있다. 그러면 제후들 사이에 원한이 생기지 않고, 변경에서 전쟁이 일어나는 일도 없을 것이다. 안으로 굶주린 사람을 먹이고 지친 사람을 쉬게 하면서 백성을 두루 부양한 덕분에 군신상하가 각기 은혜와 충성을 다하고, 부자형제가 각기 자애와 효성을 다한다. '천의'를 분명히 깨달아 온 천하에 덕을 널리 베풀면 곧 형정은 잘 행해지고, 천하 만민은 서로 화합하고, 나라는 부유하게 되고, 재용은 넉넉해진다. 백성들 모두 따뜻하게 옷을 입고 배부르게 음식을 먹으며, 편안하고 걱정 없이 지낼 수 있다. 묵자가 말했다.

"천하의 군자가 실로 성왕이 행한 도를 좇아 백성을 이롭게 하고 인의의 근본을 살피고자 하면, '천의'를 삼가 좇지 않을 수 없다."

상영相營은 서로 일하며 돕는다는 뜻이다. 환벽주옥環璧珠玉의 '환벽'은 납작하고 둥근 구멍이 뚫린 서옥瑞玉을 지칭한다. 빙례聘禮 때 예물로 사용한 '주옥'을 말한다. 빙뇨聘撓의 '뇨'는 예물을 들고 가 친교親交한다는 의미이다. 병갑兵甲은 무기와 갑옷으로 갑병甲兵과 같다. 전쟁을 상징한다. 광시光施는 하늘의 뜻을 밝히고 세상에 널리 베푼다는 의미이다. 편녕便寧은 안녕安寧과 같다.

27-3

且夫天子之有天下也, 辟之無以異乎國君諸侯之有四境之內也. 今國君諸侯之有四境之內也, 夫豈欲其臣國萬民之相爲不利哉? 今若處大國則攻小國, 處大家則攻小家, 欲以此求賞譽, 終不可得, 誅罰必至矣. 夫天之有天下也, 將無已異此. 今若處大國則攻小國, 處大都則伐小都, 欲以此求福祿於天, 福祿終不得, 而禍祟必至矣. 然有所不爲天之所欲, 而爲天之所不欲, 則夫天亦且不爲人之所欲, 乃爲人之所不欲矣. 人之所不欲者, 何也? 曰, '疾病禍祟也.' 若已不爲天之所欲, 而爲天之所不欲, 是率天下之萬民以從事禍祟之中也. 故古者聖王, 明知天鬼之所福, 而辟天鬼之所憎, 以求興天下之利, 而除天下之害. 是以天之爲寒熱也節, 四時調, 陰陽雨露也時, 五穀孰, 六畜遂, 疾菑戾疫凶饑則不至. 是故子墨子曰, "今天下之君子, 中實將欲遵道利民, 本察仁義之本, 天意不可不愼也."

천자가 천하를 차지하고 있는 것은 마치 군주나 제후가 영지를 보유하고 있는 것과 다를 바 없다. 지금 군주나 제후가 영지를 보유하고 있으면서 어찌 그 신하와 백성이 서로 이롭지 못한 짓을 하기를 바라겠는가? 지금 대국이 소국을 공격하고, 큰 종족이 작은 종족을 침공하면서 포상과 칭송을 바라면 끝내 포상도 받지 못할 뿐만 아니라 반드시 주벌誅罰을 당할 것이다. 하늘이 천하를 차지하고 있는 것도 이와 하등 다를 게 없다. 지금 대국이 소국을 공격하고, 큰 종족이 작은 종족을 침공하면서 하늘의 복록을 바라면 끝내 복록도 얻지 못할 뿐만 아니라 반드시 재앙을 입게 될 것이다. 하늘이 바라는 것을 행하지 않으면서 하늘이 바라지 않는 것을 행하면, 하늘도 당사자가 바라는 것을 행하지 않고 그가 바라지 않는 것을 행하게 될 것이다. 사람들이 바라지 않는 것은 과연 무엇인가? 바로 질병과 재앙이다. 하늘이 바라는 것을 행하지 않고 하늘이 바라지 않는 것을 행하는 것은 천하 만민을 이끌고 재앙 속에서 일하는 셈이 된다. 옛 성왕은 하늘과 귀신이 복록을 내려주는 이유를 분명히 안 까닭에 하늘과 귀신의 미움을 피해 천하의 이익을 증진시키고, 천하의 폐해를 없애는데 애썼다. 추위와 더위가 절기에 맞고, 사철이 조화를 이루고, 음양과 우로雨露가 때에 맞고, 오곡이 잘 익고, 여러 가축이 잘 자라고, 질병과 역질 및 흉년과 기근 등이 닥치지 않도록 하늘이 배려한 이유다. 묵자가 말했다.

"천하의 군자가 실로 성왕이 행한 도를 좇아 백성을 이롭게 하고 인의의 근본을 살피고자 하면, '천의'를 삼가 좇지 않을 수 없다."

사경지내四境之內는 국경 안을 뜻하는 말로 경내境內와 같다. 무이無已는 하는 일이 없다는 뜻으로 '이'는 이以와 같다. 대도大都는 경대부 소유 식읍食邑을 말한다. 소도小都는 그 반대이다. 질재疾菑는 질병과 재난을 말한다. '재'는 재災와 통한다. 여역戾疫은 돌림병으로 역질疫疾과 같다.

27-4

且夫天下蓋有不仁不祥者, 曰, "當若子之不事父, 弟之不事兄, 臣之不事君也, 故天下之君子與謂之不祥者." 今夫天兼天下而愛之, 撽遂萬物以利之, 若毫之末, 非天之所爲也, 而民得而利之, 則可謂否矣, 然獨無報夫天, 而不知其爲不仁不祥也. 此吾所謂'君子明細而不明大也'. 且吾所以知天之愛民之厚者有矣. 曰, "以磨爲日月星辰, 以昭道之. 制爲四時春秋冬夏, 以紀綱之. 雷降雪霜雨露, 以長遂五穀麻絲, 使民得而財利之. 列爲山川溪谷, 播賦百事, 以臨司民之善否. 爲王公侯伯, 使之賞賢而罰暴. 賊金木鳥獸, 從事乎五穀麻絲, 以爲民衣食之財." 自古及今, 未嘗不有此也. 今有人於此, 驩若愛其子, 竭力單務以利之, 其子長而無報子求父, 故天下之君子, 與謂之不仁不祥. 今夫天兼天下而愛之, 撽遂萬物以利之, 若毫之末, 非天之所爲, 而民得而利之, 則可謂否矣, 然獨無報夫天, 而不知其爲不仁不祥也, 此吾所謂'君子明細而不明大也'.

천하에는 어질지도 상서롭지도 않은 자들이 있다. 그들의 행보는 이렇다.

"자식이 되어 부모를 섬기지 않고, 아우가 되어 형을 섬기지 않고, 신하가 되어 군주를 섬기지 않는다. 천하의 군자는 이를 두고 '상서롭지 못하다'고 말한다."

지금 하늘은 천하를 두루 사랑하고, 만물을 모두 길러 이롭게 해주고 있다. 터럭 끝처럼 작은 것도 하늘이 만든 까닭에 백성이 이를 통해 얻는 이익은 실로 막대하다고 할 수 있다. 그런데도 하늘에 보답키는커녕 자신들이 하는 짓 또한 전혀 어질거나 상서롭지도 않다는 사실을 모르고 있다. 내가 '군자가 사소한 일은 알면서 큰일은 알지 못한다.'고 말한 이유다. 하늘이 천하 만민을 사랑하는 것이 매우 두텁다는 사실을 알게 된 것도 이 때문이다. 그 이유는 이렇다.

"하늘은 일월성신日月星辰을 나눠 배치해 길을 밝게 인도하고, 춘하추동春秋冬夏의 사계를 만들어 기강을 잡고, 설상우로雪霜雨露를 때맞춰 내려 오곡과 베옷 재료인 삼이 잘 자라게 해주었다. 덕분에 백성들은 많은 재화와 이익을 얻을 수 있게 됐다. 또 산천계곡山川溪谷을 벌려 놓아 온갖 일을 하도록 배려하면서 백성들의 선행과 악행을 자세히 살피고, 왕공후백王公侯伯의 자리를 만들어 놓고 그들로 하여금 상과 벌로 공평히 다스리게 했다. 나아가 금목조수金木鳥獸를 포획하고 오곡과 삼을 길러 백성들 스스로 입고 먹는 재화를 마련케 했다."

예로부터 지금까지 하늘이 이를 빠뜨린 적이 없다. 지금 여기 어떤 사람이 자식을 극진히 사랑해 온 힘을 다해 자식을 이롭게 해주었다고 하자. 그 자식이 성장한 후 부모에게 보답하지 않으면 천하의 군자 모두 이를 두고 어질지도 상서롭지도 못하다는 취지에서 '불인불상不仁不祥'이라고 말할 것이다. 지금 하늘은 천하를 두루 사랑하면서, 만물을 양육해 사람들을 이롭게 해주고 있다. 터럭 끝조차 하늘이 마련해 준 덕분에 천하 만민 모두 커다란 이익을 얻고 있다. 그런데도 하늘에 전혀 보답하지 않으면 스스로 '불인불상'을 행하고 있다는 것을 모르는 것이다. 내가 '군자가 사소한 일은 알면서 큰일은 알지 못한다.'고 말한 이유다.

교수만물이리지撽遂萬物以利之의 '물'이 오초본에는 민民으로 되어 있다. 유월은 '교'를 요邀로 바꿔야 한다고 했다. 손이양은 『장자』「지락」에 대한 성현영成玄英의 소疏를 근거로 타격打擊으로 새겼다. '수' 또한 축逐의 잘못으로 보았다. 가위부의可謂否矣의 '부'를 소시학은 후厚의 잘못으로 파악했다. 이마위일월성신以磨爲日月星辰의 '마'를 왕인지는 『대대례기』「오제덕五帝德」을 근거로 역歷과 통하는 역磨의 잘못으로 보았다. 뇌강雷降의 '뇌'를 왕인지는 떨어질 운霣으로 해석했다. 운隕과 같다. 『춘추좌전』「노장공 7년」조에 성운여우星隕如雨 표현이 나온다. 『춘추공양전』에는 '운霣'으로 되어 있다. 파부播賦는 널리 마련해 놓는다는 뜻이다. 임사臨司의 '사'는 내려다볼

사伺와 통한다. 적금목조수賊金木鳥獸의 '적'을 손이양은 부賦의 잘못으로 보았다. 환약驩若은 기뻐한다는 뜻으로 '환'은 환歡의 고자古字이다. 갈력탄무竭力單務는 모든 노력과 방법을 다한다는 뜻으로 '탄'은 탄殫과 통한다. 무보자구부無報子求父의 '자구'를 소시학은 호乎의 잘못으로 보았다.

27-5

且吾所以知天愛民之厚者, 不止此而足矣. 曰, "殺不辜者, 天予不祥." 不辜者誰也? 曰, '人也.' 予之不祥者誰也? 曰, '天也.' 若天不愛民之厚, 夫胡說人殺不辜而天予之不祥哉? 此吾之所以知天之愛民之厚也. 且吾所以知天之愛民之厚者, 不止此而已矣. 曰, "愛人利人, 順天之意, 得天之賞者有之. 憎人賊人, 反天之意, 得天之罰者亦有矣."

하늘이 백성을 사랑하는 게 매우 두텁다는 것을 알게 된 까닭은 비단 여기서 그치는 게 아니다. 대답은 이렇다.

"무고한 사람을 죽이면 하늘이 상서롭지 못한 재앙을 내린다."

무고한 사람을 죽인 자는 누구인가? 사람이다. 재앙을 내리는 자는 누구인가? 하늘이다. 하늘이 백성을 사랑하는 게 두텁지 않다면 무고한 사람을 죽였을 때 하늘이 재앙을 내리는 것을 어찌 설명할 것인가? 하늘이 백성을 사랑하는 게 매우 두텁다는 것을 알게 된 또 다른 이유다. 하늘이 백성을 사랑하는 게 매우 두텁다는 것을 알게 된 데에는 또 다른 이유도 있다. 대답은 이렇다.

"사람을 사랑하고 이롭게 해주면서 '천의'를 좇으면 하늘이 내리는 상을 받게 된다. 사람들을 미워하고 해치면서 '천의'를 어기면 하늘이 내리는 벌을 받게 된다."

불고不辜는 아무런 죄가 없다는 뜻으로 무고無辜와 같다. 불상不祥은 상서롭지 못한 것으로 재앙을 뜻하는 생眚과 통한다.

27-6

夫愛人利人, 順天之意, 得天之賞者, 誰也? 曰, "若昔三代聖王堯·舜·禹·湯·文武者是也." 堯·舜·禹·湯·文武焉所從事? 曰, "從事兼, 不從事別." 兼者, 處大國不攻小國, 處大家不亂小家, 强不劫弱, 衆不暴寡, 詐不謀愚, 貴不傲賤. 觀其事, 上利乎天, 中利乎鬼, 下利乎人. 三利, 無所不利, 是謂天德, 聚斂天下之美名而加之焉, 曰, "此仁也·義也, 愛人利人·順天之意, 得天之賞者也." 不止此而已, 書於竹帛, 鏤之金石, 琢之槃盂, 傳遺後世子孫. 曰, '將何以爲?' 將以識夫愛人利人·順天之意, 得天之賞者也. 『皇矣』道之曰, "帝謂文王, 予懷明德, 不大聲以色, 不長夏以革, 不識不知, 順帝之則." 帝善其順法則也, 故擧殷以賞之, 使貴爲天子, 富有天下, 名譽至今不息. 故夫愛人利人, 順天之意, 得天之賞者, 旣可得留而已.

사람을 사랑하고 이롭게 해주면서 '천의'를 좇아 하늘이 내리는 상을 받는 자는 누구인가? 대답은 이렇다.

"옛날 삼대의 성왕인 요, 순, 우, 탕, 문무와 같은 성군이다."

그들은 어떤 일을 했는가? 대답은 이렇다.

"그들 모두 사람을 두루 사랑하는 '겸애'를 행했고, 사람을 차별하여 미워하는 별오別惡를 행하지 않았다."

'겸애'는 대국이 소국을 공격하거나, 큰 종족이 작은 종족을 침범하거나, 강자가 약자를 겁박하거나, 다수가 소수를 폭압하거나, 약은 자가 어리석은 자를 속이거나, 귀인이 서민을 오만하게 대하거나 하지 않는 것을 말한다. 그들이 하는 일을 보면 위로 하늘, 가운데로 귀신, 아래로 사람에게 이롭다. 이들 3가지가 이로우면 천하에 이롭지 않은 게 없게 된다. 이를 일컬어 하늘의 덕인 천덕天德이라고 한다. 천하의 아름다운 이름을 모두 그러모아 붙이면 이같이 말할 수 있다.

"그것이 바로 인의仁義이고, 사람을 두루 사랑하며 이롭게 하는 애리愛利이고, 천지를 좇는 순천順天이고, 하늘로부터 포상을 받는 천상天賞이다."

비단 여기에 그치는 게 아니다. 죽백竹帛에 쓰고, 금석金石에 새기고, 반우盤盂에 쪼아 넣어 후대 자손에게 전해 주었다. '이는 무엇 때문인가?'라고 물을 수 있을 것이다. 바로 사람들에게 인의仁義와 애리愛利, 순천順天, 천상天賞의 이치를 각인시키고자 한 것이다. 『시경』「황의皇矣」에서 이같이 말했다.

상제가 문왕에게 이같이 말했지	帝謂文王
나는 밝은 덕 지닌 자 생각하니	予懷明德
겉모습의 목소리와 안색이 아니고	不大聲以色
겉포장과 변혁을 숭상하지도 않고	不長夏以革
자신도 전혀 알지 못하는 사이에	不識不知
오직 상제의 법도만 따라야 하네	順帝之則

상제는 문왕이 법도를 잘 따르는 것을 높이 평가한 것이다. 은나라를 통째로 문왕에게 상으로 내려 귀하기로는 천자가 되고, 부유하기로는 천하를 차지하고, 명성이 지금까지 그치지 않게 만든 이유다. 애리愛利, 순천順天, 천상天賞의 이치를 이를 통해 알 수 있다.

언소焉所는 '어떤 곳' 내지 '어떤 일'을 뜻한다. 성이색聲以色은 희로를 나타내는 안색과 언성을 말한다. '이'는 이而와 같다. 하이혁夏以革은 회초리와 채찍을 뜻한다. '하'는 개오동나무로 만든 매를 뜻하는 말로 가檟와 같다. 강의용 막대기를 뜻하는 교편敎鞭을 『예기』「학기學記」는 하초夏楚로 표현해 놓았다. '초' 역시 가시나무로 만든 매를 의미한다.

27-7

夫憎人賊人, 反天之意, 得天之罰者, 誰也. 曰, "若昔者三代暴王桀•紂•幽•厲者是也." 桀•紂•幽•厲焉所從事? 曰, "從事別, 不從事兼." 別者, 處大國則攻小國, 處大家則亂小家, 强劫弱, 衆暴寡, 詐謀愚, 貴傲賤. 觀其事, 上不利乎天, 中不利乎鬼, 下不利乎人. 三不利, 無所利, 是謂天賊, 聚斂天下之醜名而加之焉, 曰, "此非仁也•非義也, 憎人賊人•反天之意, 得天之罰者也." 不止此而已, 又書其事於竹帛, 鏤之金石, 琢之盤盂, 傳遺後世子孫. 曰, "將何以爲?" 將以識夫憎人賊人•反天之意, 得天之罰者也. 『大誓』之道之曰, "紂越厥夷居, 不肯事上帝, 棄厥先神祇不祀, 乃曰'吾有命'. 無廖僔務天下, 天亦縱棄紂而不葆." 察天以縱棄紂而不葆者, 反天之意也. 故夫憎人賊人•反天之意, 得天之罰者, 旣可得而知也.

무릇 사람을 미워하거나 해치는 증적憎賊을 행하고, '천의'를 어겨 하늘이 벌을 내리는 천벌天罰을 받은 자들은 누구인가? 대답은 이렇다.

"옛날 삼대의 폭군인 걸, 주, 유왕, 여왕 같은 자들이다."

걸, 주, 유왕, 여왕 등은 어떤 일을 했는가? 대답은 이렇다.

"그들은 사람들을 차별해 미워하는 별오別惡를 행하고, 두루 사랑하는 '겸애'를 행하지 않았다."

'별오'는 대국이 소국을 공격하고, 큰 종족이 작은 종족을 어지럽히고, 강자가 약자를 겁박하고, 다수가 소수를 폭압하고, 약은 자가 어리석은 자들을 속이고, 귀인이 서민을 오만하게 대하는 것을 말한다. 그들이 하는 일을 보면 위로 하늘, 가운데로 귀신, 아래로 사람에게 이롭지 않다. 이들 3가지가 이롭지 않으면 천하에 이로운 것이 없게 된다. 이를 일컬어 하늘의 도적인 천적天賊이라고 한다. 천하의 추악한 이름을 모두 그러모아 붙여주면 이같이 말할 수 있다.

"그것이 바로 어질거나 의롭지 못한 비인의非仁義이고, 사람을 미워하거나 해치는 증적憎賊이고, '천의'를 어겨 하늘로부터 벌을 받는 천벌天罰이다."

비단 여기에 그치는 게 아니다. 죽백竹帛에 쓰고, 금석金石에 새기고, 반우盤盂에 쪼아 넣어 후대 자손에게 전해 주어 경계시켰다. '이는 무엇 때문인가?'라고 물을 수 있을 것이다. '이는 무엇 때문인가?'라고 물을 수 있을 것이다. 바로 사람들에게 비인의非仁義와 증적憎賊, 천벌天罰을 경계시키고자 한 것이다. 『서경』「주서, 태서大誓」에서 이같이 말했다.

은나라 주紂는 실로 오만불손한 까닭에	紂越厥夷居
상제와 조상신, 천지신명 제사지내지 않고	棄厥先神祇不祀
이내 말하기를, '나에게 천명이 있다' 했지	乃曰吾有命
그가 정사를 펼치는데 힘써 노력하지 않자	無廖僔務天下
하늘도 마침내 그를 버린 채 돕지 않았지	天亦縱棄紂而不葆

하늘이 은나라 주를 버리고 돕지 않은 것은 그가 '천의'를 어겼기 때문이다. 증적憎賊과 반천의反天意에서 비롯된 천벌天罰에 대한 경계를 이를 통해 알 수 있다.

월궐이거越厥夷居의 '월'은 어조사, '궐'은 기其와 통한다. '이거'는 크게 거만하다는 뜻으로 거오倨傲와 같다. 무료비무無廖僔務는 해야 할 일에 힘쓰지 않는다는 뜻이다. '료'는 륙僇과 같다. 힘을 다한다는 뜻의 육력戮力의 육戮과 통한다. '비'는 기其의 잘못이다. 「비명 중」에 '무륙기무毋僇其務' 구절이 나온다. 불보不葆의 '보'는 보保와 같다.

27-8

是故子墨子之有天之, 辟人無以異乎輪人之有規, 匠人之有矩也. 今夫輪人操其規, 將以量度天下之圜與不圜也. 曰, "中吾規者謂之圜. 不中吾規者謂之不圜." 是以圜與不圜, 皆可得而知也. 此其故何? 則圜法明也. 丈人亦操其矩, 將以量度天下之方與不方也. 曰, "中吾矩者謂之方, 不中吾矩者謂之不方." 是以方與不方, 皆可得而知之. 此其故何? 則方法明也. 故子墨子之有天之意也, 上將以度天下之王公大人爲刑政也, 下將以量天下之萬民爲文學•出言談也. 觀其行, 順天之意, 謂之善意行. 反天之意, 謂之不善意行. 觀其言談, 順天之意, 謂之善言談. 反天之意, 謂之不善言談. 觀其刑政, 順天之意, 謂之善刑政. 反天之意, 謂之不善刑政. 故置此以爲法, 立此以爲儀, 將以梁度天下之王公大人卿大夫之仁與不仁, 譬之猶分黑白也. 是故子墨子曰, "今天下之王公大人士君子, 中實將欲遵道利民, 本察仁義之本, 天之意不可不順也. 順天之意者, 義之法也."

묵자는 '천의'를 두고 비유컨대 수레바퀴 만드는 사람에게 그림쇠, 목수에게 곱자가 있는 것과 다를 게 없다고 생각했다. 지금 수레바퀴 만드는 사람들은 그림쇠를 들고 천하의 둥근 것과 그렇지 않은 것을 잰다. 그들은 말하기를, '내 그림쇠에 들어맞는 것은 둥글고, 들어맞지 않는 것은 둥글지 않다고 말한다.'고 한다. 이런 식으로 둥글거나 그렇지 않은 것을 모두 알 수 있다. 그 까닭은 무엇인가? 둥근 것에 대한 법도가 분명하기 때문이다. 목수 역시 곱자를 들고 천하의 각진 것과 그렇지 않은 것을 잰다. 그들은 말하기를, '나의 곱자에 들어맞는 것은 각지고, 들어맞지 않는 것은 각지지 않다고 말한다.'고 한다. 이런 식으로 각지거나 그렇지 않은 것을 모두 알 수 있다. 그 까닭은 무엇인가? 각진 것에 관한 법도가 분명하기 때문이다. 묵자는 '천의'를 아는 까닭에 위로는 천하의 왕공대인이 이를 토대로 정사를 펼치는지, 아래로는 천하 만민이 이를 문학과 언담言談의 기준으로 삼는지 여부를 헤아린다. 그 행동을 살펴보고 천지를 좇으면 '좋은 행실', 거스르면 '나쁜 행실'이라고 말한다. 그 말을 살펴보고 천지를 좇으면 '좋은 말', 거스르면 '나쁜 말'이라고 말한다. 그 정사를 살펴보고 천지를 좇으면 '좋은 정사', 거스르면 '나쁜 정사'라고 말한다. 천지를 법도와 평가의 잣대로 삼아 천하의 왕공대인과 경대부가 과연 어진지 여부를 헤아린다. 이는 비유하면 마치 흑백을 구분하는 것과 같다. 묵자가 말했다.

"지금 천하의 왕공대인과 사대부가 실로 천도天道를 좇아 백성을 이롭게 하고자 하면 기본적으로 인의의 근본을 살펴야 한다. 우리가 천지를 좇지 않을 수 없는 이유다. 천지를 좇는 것이야말로 의義가 요구하는 기본법칙이다."

비인무이이辟人無以異의 '인'을 손이양은 지之의 잘못으로 보았다. 문학文學은 통상적인 의미의 '문학'이 아니라 여기서는 공부하는 것을 뜻한다. 의행意行의 '의'를 손이양은 덕德과 같은 자인 덕悳의 오자로 보았다.

제28장 천지(天志) 하

여기서는 상편과 중편을 부연 설명하면서 하늘에 대한 믿음을 역설하고 있다. 많은 사람들이 그의 사상을 현대 기독교에 비유하며 종교의 일종으로 간주하는 이유다.

28-1

子墨子言曰, "天下之所以亂者, 其說將何哉. 則是天下士君子皆明於小而不明於大. 何以知其明於小不明於大也? 以其不明於天之意也. 何以知其不明於天之意也? 以處人之家者知之. 今人處若家得罪, 將猶有異家所以避逃之者, 然且父以戒子, 兄以戒弟, 曰, '戒之, 愼之, 處人之家, 不戒不愼之, 而有處人之國者乎?' 今人處若國得罪, 將猶有異國所以避逃之者矣, 然且父以戒子, 兄以戒弟, 曰, '戒之, 愼之, 處人之國者, 不可不戒愼也.' 今人皆處天下而事天, 得罪於天, 將無所以避逃之者矣. 然而莫知以相極戒也, 吾以此知大物則不知者也."

묵자가 말했다.

"천하에 혼란이 일어나는 이유는 무엇인가? 천하의 사군자가 작은 것에만 밝고 큰 것에 대해서는 밝지 못하기 때문이다. 무엇으로 사소한 것에만 밝고 큰 것에 대해서는 밝지 못하다는 것을 알 수 있는가? 천지天志에 대해 밝지 못하다는 것을 보고 알 수 있다. 무엇으로 천지에 대해 밝지 못하다는 것을 알 수 있는가? 사람들이 집안에서 처신하는 것을 보고 알 수 있다. 지금 집안의 어떤 사람이 죄를 지은 뒤 다른 집으로 달아났을 경우 부친은 자식, 형은 동생에게 이같이 훈계할 것이다.

'경계하고 삼가라. 사람이 집안에서 처신하면서 경계하거나 삼가지 않으면 어찌 남의 집안에서 제대로 처신할 수 있겠는가?'

지금 어떤 사람이 나라에서 죄를 지은 뒤 다른 나라로 달아났을 경우 역시 부친은 자식, 형은 아우에게 이같이 훈계할 것이다.

'경계하고 삼가라. 사람은 나라에서 처신하면서 경계하고 삼자지 않을 수 없다.'지금 사람들 모두 천하에서 처신하면서 하늘을 섬기다가 죄를 지으면 달아날 곳이 없다. 그런데도 그 누구도 서로 경계할 줄 모른다. 이로써 큰일에 대해 밝지 못하다는 것을 알 수 있다."

극계極戒의 '극'을 왕인지는 경계할 경儆의 오자로 보았다.

28-2

是故墨子言曰, "戒之, 愼之, 必爲天之所欲, 而去天之所惡." 曰, "天之所欲者, 何也? 所惡者, 何也?" 天欲義而惡其不義者也. 何以知其然也? 曰, "義者正也." 何以知義之爲正也? 天下有義則治, 無義則亂, 我以此知義之爲正也.

묵자가 말했다.

"경계하고 삼가라. 반드시 하늘이 바라는 일을 행하고, 하늘이 싫어하는 것을 제거해야 한다."

누군가 물었다.

"하늘이 바라는 것은 무엇이고, 싫어하는 것은 무엇인가?"

하늘은 '의'를 바라고, '불의'를 싫어한다. 무엇으로 그것을 아는가? 대답은 이렇다.

"의가 정도正道이기 때문이다."

무엇으로 그것을 아는가? 대답은 이렇다.

"천하에 의가 있으면 잘 다스려지고, 그렇지 못하면 어지러워진다. 이로써 의가 바로 정도임을 알 수 있다."

의자정야義者正也의 '정'을 손이양은 정인正人으로 풀이했다.

28-3

然而正者, 無自下正上者, 必自上正下. 是故庶人不得次己而爲正, 有士正之. 士不得次己而爲正, 有大夫正之. 大夫不得次己而爲正, 有諸侯正之. 諸侯不得次己而爲正, 有三公正之. 三公不得次己而爲正, 有天子正之. 天子不得次己而爲正, 有天正之. 今天下之士君子, 皆明於天子之正天下也, 而不明於天之正天子也.

'정도'는 아래에서 위를 바르게 한 적이 없고, 반드시 위에서 아래를 바르게 하는 것이다. 백성은 멋대로 행할 수 없기에 선비가 바르게 해주고, 선비도 멋대로 행할 수 없기에 대부가 바르게 해주고, 대부도 멋대로 행할 수 없기에 제후가 바르게 해주고, 제후도 멋대로 행할 수 없기에 삼공이 바르게 해주고, 삼공도 멋대로 행할 수 없기에 천자가 바르게 해주고, 천자도 멋대로 행할 수 없기에 하늘이 바르게 해줘야 한다. 지금 천하의 사군자 모두 천자가 천하를 바르게 해줘야 한다는 사실만 알고, 하늘이 천자를 바르게 해줘야 한다는 사실은 잘 모르고 있다.

차기次己의 '차'를 손이양은 자恣로 풀이했다.

28-4

是故古者聖人明以此說人曰, "天子有善, 天能賞之. 天子有過, 天能罰之." 天子賞罰不當, 聽獄不中, 天下疾病禍福, 霜露不時, 天子必且犓豢其牛羊犬彘, 潔爲粢盛酒醴, 以禱祠祈福於天. 我未嘗聞天之禱祈福於天子也. 吾以此知天之重且貴於天子也.

옛날 성인이 천자와 하늘에 관해 이같이 말했다.

"천자가 선행을 하면 하늘은 상을 내리고, 잘못이 있으면 벌을 내린다."

천자가 행하는 상벌이 합당하지 못하고 옥사의 처리가 공정하지 못하면 하늘은 질병과 재앙을 내리고, 서리와 이슬이 제때 내리지 않게 한다. 천자는 반드시 소, 양, 개, 돼지를 기르고 정성껏 단술 등의 제물을 마련한 뒤 제사를 올리며 하늘에 복을 빌어야 한다. 나는 일찍이 하늘이 천자에게 복을 빌었다는 얘기를 들어본 적이 없다. 이로써 하늘이 천자보다 귀중하다는 것을 알 수 있다.

질병화복疾病禍福의 '복'을 왕인지는 빌미 수祟의 잘못으로 보았다. 추환犓豢은 풀과 곡식 등으로 가축을 기르는 것을 뜻한다. 결위자성주례絜爲粢盛酒醴의 '결'은 결潔과 같다. '자성주례'는 일체의 제물祭物을 상징한다.

28-5

是故義者, 不自愚且賤者出, 必自貴且知者出. 曰, "誰爲知? 天爲知. 然則義果自天出也." 今天下之士君子之欲爲義者, 則不可不順天之意矣. 曰, "順天之意何若?" 曰, "兼愛天下之人." 何以知兼愛天下之人也? 以兼而食之也. 何以知其兼而食之也? 自古及今, 無有遠靈孤夷之國, 皆犓豢其牛羊犬彘, 絜爲粢盛酒醴, 以敬祭祀上帝山川鬼神. 以此知兼而食之也. 苟兼而食焉, 必兼而愛之. 譬之若楚越之君, 今是楚王食於楚之四境之內, 故愛楚之人. 越王食於越, 故愛越之人. 今天兼天下而食焉, 我以此知其兼愛天下之人也.

의는 어리석고 천한 자들로부터 나오는 게 아니라 반드시 귀하고도 지혜로운 자들로부터 나온다. 이같이 말할 수 있다.

"누가 귀한가? 하늘이 귀하다. 누가 지혜로운가? 하늘이 지혜롭다. 실로 의가 하늘로부터 나오는 것은 분명하다."

지금 천하의 사군자로서 의를 행하고자 하면 천지를 좇지 않으면 안 된다. 누군가 묻는다.

"천의를 좇고자 하면 어찌 해야 하는가?"

대답은 이렇다.

"천하의 모든 사람을 두루 사랑하는 '겸애'를 행해야 한다."

무엇으로 하늘이 '겸애'하는 것을 알 수 있는가? 하늘이 천하의 모든 사람을 두루 먹여 주는 겸사兼食로 알 수 있다. 무엇으로 '겸사'를 알 수 있는가? 예로부터 지금까지 멀리 떨어진 외진 나라를 막론하고 소와 양, 개, 돼지를 기르면서 정성껏 단술 등의 제물을 마련한 뒤 상제와 산천의 귀신에게 공경히 제사지내고 있다. 이로써 하늘이 '겸사'하는 것을 알 수 있다. 실로 '겸사'를 행하면 반드시 '겸애'를 하게 될 것이다. 초나라와 월나라 군주가 행하는 바를 예로 들어보자. 지금 초나라 왕은 초나라 영토 안의 백성만 먹여 주고 있다. 초나라 백성만 사랑하는 이유다. 월나라 왕은 월나라 영토 안의 백성만 먹여 주고 있다. 월나라 백성만 사랑하는 이유다. 지금 하늘은 천하의 모든 사람을 고루 먹여 주고 있다. 이로써 하늘이 천하 만민을 '겸애'한다는 사실을 알 수 있다.

유월은 '수위지誰爲知' 앞에 '수위귀誰爲貴 천위귀天爲貴' 6자가 생략된 것으로 보았다. 원령고이遠靈孤夷의 '원'을 손이양은 허虛의 잘못으로 보았다. 멀리 떨어진 곳을 뜻한다. '고이'는 외진 곳을 의미한다.

28-6

且天之愛百姓也, 不盡物而止矣. 今天下之國, 粒食之民, 殺一不辜者, 必有一不祥. 曰, "誰殺不辜?" 曰, "人也." 孰予之不辜? 曰, "天也." 若天之中實不愛此民也, 何故而人有殺不辜而天予之不祥哉? 且天之愛百姓厚矣, 天之愛百姓別矣, 旣可得而知也. 何以知天之愛百姓也? 吾以賢者之必賞善罰暴也. 何以知賢者之必賞善罰暴也? 吾以昔者三代之聖王知之. 故昔也三代之聖王堯·舜·禹·湯·文武之兼愛之天下也, 從而利之, 移其百姓之意, 焉率以敬上帝山川鬼神. 天以爲從其所愛而愛之, 從其所利而利之, 於是加其賞焉, 使之處上位, 立爲天子, 以法也, 名之曰'聖人'. 以此知其賞善之證. 是故昔也三代之暴王桀·紂·幽·厲之兼惡天下也, 從而賊之, 移其百姓之意, 焉率以詬侮上帝山川鬼神.

天以爲不從其所愛而惡之, 不從其所利而賊之, 於是加其罰焉, 使之父子離散, 國家滅亡, 抎失社稷, 憂以及其身. 是以天下之庶民屬而毁之, 業萬世子孫繼嗣, 毁之賁不之廢也, 名之曰'失王'. 以此知其罰暴之證. 今天下之士君子欲爲義者, 則不可不順天之意矣.

하늘이 천하의 백성을 '겸애'하는 것은 여기에 그치는 게 아니다. 지금 천하에 곡식을 먹고 사는 백성 모두 한 사람의 무고한 사람을 죽일 경우 반드시 그에 해당하는 재앙을 입게 된다. 누가 무고한 사람을 죽였는가? 사람이다. 누가 재앙을 내리는가? 하늘이다. 하늘이 실로 천하의 백성을 사랑하지 않는다면 어찌 무고한 사람을 죽일 경우 재앙을 내리겠는가? 하늘이 천하의 백성을 사랑하는 것이 매우 두텁고, 유별나다는 것을 알 수 있다. 무엇으로 하늘이 천하의 백성을 사랑하는 것을 알 수 있는가? 현자는 반드시 선한 자에게 상을 내리고, 포학한 자에게 벌을 내리는 것으로 안다. 무엇으로 그것을 알 수 있는가? 옛날 삼대의 성왕을 통해 알 수 있다. 원래 옛날 삼대의 성왕인 요, 순, 우, 탕, 문무 등은 천하의 백성을 두루 사랑한 까닭에 그들의 뜻을 좇아 이롭게 해주고, 그 마음을 감화시킨 뒤 그들을 이끌고 상제와 산천의 귀신을 공경했다. 하늘은 그들이 사랑하는 것을 좇아 사랑했고, 이롭게 한 것을 좇아 이롭게 했다. 그들을 포상해 가장 윗자리인 천자의 자리에 앉히고, 후대인으로 하여금 이들을 표상으로 삼으면서 '성인'으로 일컫게 한 배경이다. 이로써 하늘이 선덕을 쌓은 사람에게 상을 내리는 증거가 있음을 알 수 있다. 옛날 삼대의 폭군인 걸, 주, 유왕, 여왕 등은 천하의 백성을 두루 미워하는 겸오兼惡를 행하면서 해치고, 그 뜻을 약화시킨 뒤 그들을 이끌고 상제와 산천의 귀신을 욕보이며 모욕했다. 하늘은 이들 폭군이 하늘의 뜻을 거스르며 백성을 미워하고 이롭게 하기는커녕 해치고 여겨 마침내 벌을 내렸다. 그들로 하여금 부자가 서로 헤어지고, 나라가 멸망해 사직을 잃고, 마침내 우환이 그 자신에게까지 미치게 했다. 천하의 백성 모두 그들을 비난하고, 자손만대에 이르기까지 계속 비난하고, 그들을 두고 실패한 왕이라는 뜻의 '실왕失王'으로 일컫는 이유다. 이로써 하늘이 포학한 자에게는 벌을 내리는 증거가 있음을 알 수 있다. 지금 천하의 사군자로서 의를 행하고자 하면 천지를 좇지 않으면 안 된다.

천지애백성별의天之愛百姓別矣의 '별'을 왕인지는 두루 편徧의 뜻으로 풀이했으나 글자 그대로 '유별나다'의 의미로 새기는 게 낫다. 이기백성지의移其百姓之意의 '이'는 마음을 옮긴다는 뜻으로 감화시킨다는 의미이다. 속이훼지屬而毁之의 '속이'는 무리를 이룬다는 의미로 곧 '다같이'의 뜻이다. 훼지분毁之賁의 '분'을 왕인지는 자者의 잘못으로 보았다.

28-7

曰, "順天之意者, 兼也. 反天之意者, 別也. 兼之爲道也, 義正. 別之爲道也, 力正."

묵자가 말했다.

"천의天意를 좇는 것은 겸애兼愛, 천의를 거스르는 것은 별오別惡이다. 겸애로 다스리는 것은 의정義政, 별오로 다스리는 것은 역정力政이다."

역정力正의 '정'은 정政의 뜻이다.

28-8

曰, "義正者何若?" 曰, "大不攻小也, 强不侮弱也, 衆不賊寡也, 詐不欺愚也, 貴不傲賤也, 富不驕貧也, 壯不奪老也." 是以天下之庶國, 莫以水火毒藥兵刃以相害也. 若事上利天, 中利鬼, 下利人. 三利而無所不利, 是謂天德. 故凡從事此者, 聖知也, 仁義也, 忠惠也, 慈孝也, 是故聚斂天下之善名而加之. 是其故何也? 則順天之意也.

누군가 말했다.

"의정義政은 과연 어떤 것인가?"

대답은 이렇다.

"대국이 소국을 공격하지 않고, 강자가 약자를 업신여기지 않고, 다수가 소수를 해치지 않고, 약은 자가 어리석은 자를 속이지 않고, 귀인이 서민을 오만하게 대하지 않고, 부자가 빈자에게 교만하게 대하지 않고, 장년이 노인을 약탈하지 않는 것이다."

그리하면 천하의 많은 나라가 물과 불, 독약, 무기 등으로 서로 살해하는 일이 없게 된다. 이는 위로 하늘, 가운데로 귀신, 아래로 사람을 이롭게 하는 것이다. 이들 3가지가 이로우면 천하에 이롭지 않은 게 없게 된다. 이를 일컬어 천덕天德이라고 한다. 무릇 천덕을 좇는 것은 성지聖知이고, 인의仁義이고, 충혜忠惠이고, 자효慈孝이다. 천하의 미명美名을 모두 그러모아 당사자를 칭송하는 이유다. 그 까닭은 무엇인가? 천지를 좇은 덕분이다.

서국庶國은 통상적인 모든 나라를 지칭하는 말로 중국衆國

과 같다.

28-9

曰, "力正者何若." 曰, "大則攻小也, 强則侮弱也, 衆則賊寡也, 詐則欺愚也, 貴則傲賤也, 富則驕貧也, 壯則奪老也." 是以天下之庶國, 方以水火毒藥兵刃以相賊害也. 若事上不利天, 中不利鬼, 下不利人. 三不利而無所利, 是謂之賊. 故凡從事此者, 寇亂也, 盜賊也, 不仁不義, 不忠不惠, 不慈不孝, 是故聚斂天下之惡名而加之. 是其故何也? 則反天之意也.

누군가 물었다.

"그렇다면 역정은 과연 어떤 것인가?"

대답은 이렇다.

"대국이 소국을 공격하고, 강자가 약자를 업신여기고, 다수가 소수를 해치고, 약은 자가 어리석은 자를 속이고, 귀인이 서민을 오만하게 대하고, 부자가 빈자에게 교만하게 대하고, 장년이 노인을 약탈하는 것이다."

그리하면 천하의 많은 나라가 물과 불, 독약, 무기 등으로 서로 살해하게 된다. 이는 위로 하늘, 가운데로 귀신, 아래로 사람을 이롭지 못하게 만드는 짓이다. 이들 3가지가 이롭지 못하면 천하에 이로운 게 없게 된다. 이를 일컬어 천적天賊이라고 한다. 무릇 천적을 좇는 것은 나라를 안팎으로 어지럽히는 구란寇亂이고, 도적盜賊이고, 불인불의不仁不義이고, 불충불혜不忠不惠이고, 부자불효不慈不孝이다. 천하의 악명惡名을 모두 그러모아 당사자를 비판하는 이유다. 그 까닭은 무엇인가? 천지를 거스른 탓이다.

방이수화方以水火의 '방'은 '두루'의 뜻으로 방旁과 통한다. 지적之賊의 '지'를 유월은 천天의 잘못으로 보았다.

28-10

故子墨子置立天之, 以爲儀法, 若輪人之有規, 匠人之有矩也. 今輪人以規, 匠人以矩, 以此知方圜之別矣. 是故子墨子置立天之以爲儀法, 吾以此知天下之士君子之去義遠也. 何以知天下之士君子之去義遠也? 今知氏大國之君寬者然曰, "吾處大國而不攻小國, 吾何以爲大哉." 是以差論蚤牙之士, 比列其舟車之卒, 以攻罰無罪之國. 入其溝境, 刈其禾稼, 斬其樹木, 殘其城郭, 以御其溝池, 焚燒其祖廟, 攘殺其犧牷. 民之格者, 則勁拔之. 不格者, 則係操而歸, 丈夫以爲僕圉胥靡, 婦人以爲舂酋. 則夫好攻伐之君, 不知此爲不仁義, 以告四隣諸侯曰, "吾攻國覆軍殺將若干人矣." 其鄰國之君, 亦不知此爲不仁義也, 有具其皮幣, 發其徒遽, 使人饗賀焉. 則夫好攻伐之君, 有重不知此爲不仁不義也. 有書之竹帛, 藏之府庫. 爲人後子者, 必且欲順其先君之行, 曰, "何不當發吾府庫, 視吾先君之法美?" 必不曰, "文武之爲正者若此矣!" 曰, "吾攻國覆軍殺將若干人矣!" 則夫好攻伐之君, 不知此爲不仁不義也. 其鄰國之君, 不知此爲不仁不義也. 是以攻伐世世而不已者, 此吾所謂大物則不知也.

묵자가 천지天志를 내세워 법도로 삼은 것은 마치 수레바퀴 공인에게 그림쇠, 목수에게 곱자가 있는 것과 같다. 지금 수레바퀴 공인은 그림쇠, 목수는 곱자로 기준을 삼아 각지고 둥근 것을 분별한다. 묵자가 천지를 내세워 법도로 삼은 것을 보면 천하의 사군자가 의로부터 멀리 떨어져 있다는 것을 알 수 있다. 무엇으로 그것을 알 수 있는가? 지금 대국의 군주는 자만하여 이같이 말한다.

"과인은 대국을 보유하고 있으면서 소국을 공격하지 않으면 어찌 더 영토를 넓힐 수 있겠는가?"

용맹한 군사들을 훈련시켜 배와 수레를 탈 병사를 벌려 놓고 죄 없는 나라를 침공하는 이유다. 변경으로 쳐들어가 죄 없는 나라 백성의 벼와 농작물을 거두고, 나무를 자르고, 성곽을 무너뜨리고, 해자를 메우고, 사당을 불태우고, 제물로 기르는 짐승과 가축을 빼앗고 죽인다. 백성들 가운데 대항하는 자는 찔러 죽이고, 대항하지 않는 자들은 묶어 포로로 잡아온다. 남자 하인이나 노역자, 여자는 방아를 찧거나 술을 빚는 노비로 부린다. 공벌을 좋아하는 군주는 그것이 인의에 어긋난 일인 줄도 모른 채 사방의 이웃 제후들에게 이같이 자랑한다.

"과인은 다른 나라를 공격해 그 나라 군사를 궤멸시키고 여러 명의 장령을 죽였다."

이웃 나라 군주 역시 그것이 인의에 어긋난 일인 줄도 모른 채 피폐皮幣의 예물을 마련한 뒤 그들의 병졸과 수레를 내어 따르게 하고 사신을 보내 선물을 바치며 축하를 한다. 공벌을 좋아하는 군주는 거듭 그것이 인의에 어긋난 것인 줄도 모른 채 죽백에 이를 기록해 부고府庫에 저장케 한다. 후손이 된 자들은 반드시 그들 선조의 유지를 좇으며 이같이 말할 것이다.

"어찌하여 부고의 문을 열어 우리 선군의 법도를 보지 않는 것인가?"

이들은 반드시 이같이 쓰지는 않을 것이다.

"문왕과 무왕이 행한 업적이 바로 이와 같다!"

오히려 이들은 반드시 이같이 기록할 것이다.

"우리 선조는 다른 나라를 공격해 그 나라 군대를 궤멸시키고 약간 명의 장수를 죽였다!"

공벌을 좋아하는 군주는 그것이 인의에 어긋난 일인 줄도 모른다. 이웃한 나라의 군주 역시 그것이 인의에 어긋난 것인 줄 모른다. 공벌이 대대로 끊이지 않는 이유다. 사람들이 큰일에 대해 밝지 못하다고 말한 것도 바로 이 때문이다.

치립천지置立天之의 '지'를 필원은 지志로 풀이했다. 고대에는 지志 자가 없어 지之로 대용했다. 필원은 『설문해자』에 지志 자가 나오지 않는 점을 논거로 들었다. 지씨知氏를 두고 유월은 '지'는 연자, '씨'는 是의 잘못으로 보았다. 차론差論은 골라내 정비한다는 뜻이다. 조아지사蚤牙之士는 날랜 병사를 뜻하는 말로 여기의 '조아'는 조아爪牙와 같다. 오초본에는 '조'가 조爪로 되어 있다. 구경溝境을 왕인지는 변경邊境의 잘못으로 보았다. 화가禾稼는 벼와 농작물을 지칭한다. 양살攘殺은 빼앗고 죽인다는 뜻이다. 희전犧牷은 제물로 쓰기 위해 기르는 짐승과 가축을 말한다. '희'는 희생犧牲, '전'은 순수하게 한 가지 색으로 된 소를 뜻하는 말로 살찐 희생을 지칭한다. 경발勁拔은 찌르고 친다는 뜻이다. 필원은 '경'을 경剄의 잘못으로 간주하면서 경불剄刜로 풀이했다. 이에 대해 손이양은 「비공 하」의 '경살기만민勁殺其萬民' 구절을 근거로 경살勁殺의 잘못으로 보았다. 계조係操의 '조'를 필원은 류纍의 잘못으로 파악했다. 복어서미僕圉胥靡의 '복어'는 노비, '서미'는 노역에 동원된 죄수를 뜻한다. 용추舂酋는 방아를 찧고 술을 빚는 사람을 의미한다. 도거徒遽는 보졸과 수레를 뜻한다. 향하饗賀의 '향'을 손이양은 빙향聘享의 향享으로 풀이했다. 『주례』「옥인玉人」의 정현 주는 헌獻으로 새겼다.

28-10

所謂小物則知之者何若? 今有人於此, 入人之場園, 取人之桃•李•瓜•薑者, 上得且罰之, 衆聞則非之, 是何也? 曰, "不與其勞, 獲其實, 已非其有所取之故. 而況有踰於人之牆垣, 担格人之子女者乎? 與角人之府庫, 竊人之金玉蚤絫者乎? 與踰人之欄牢, 竊人之牛馬者乎? 而況有殺一不辜人乎?" 今王公大人之爲政也,自刺殺一不辜人者. 踰人之牆垣, 担格人之子女者. 與角人之府庫, 竊人之金玉蚤絫者. 與踰人之欄牢, 竊人之牛馬者. 與入人之牆垣, 竊人之桃•李•瓜•薑者, 今王公大人之加罰此也, 雖古之堯•舜•禹•湯•文武之爲政, 亦無以異此矣. 今天下之諸侯, 將猶皆侵凌攻伐兼幷, 此謂殺一不辜人者數千萬矣. 此爲踰人之牆垣•格人之子女者, 與角人府庫•竊人金玉蚤絫者數千萬矣. 踰人之欄牢•竊人之牛馬者, 與入人之場園•竊人之桃•李•瓜•薑者數千萬矣. 而自曰, '義也.' 故子墨子言曰, "是蕡我者, 則豈有以異是蕡黑白•甘苦之辯者哉? 今有人於此, 少而示之黑, 謂之黑. 多示之黑, 謂白. 必曰, '吾目亂, 不知黑白之別.' 今有人於此, 能少嘗之甘, 謂甘. 多嘗, 謂苦. 必曰, '吾口亂, 不知其甘苦之味.' 今王公大人之政也, 或殺人其國家, 禁之此蚤越. 有能多殺其鄰國之人, 因以爲文義, 此豈有異蕡白黑•甘苦之別者哉?"

'작은 일에만 밝다.'고 말한 것은 과연 무엇을 뜻하는가? 지금 여기 어떤 사람이 남의 농장에 들어가 복숭아나 자두, 외, 생강 등을 훔쳤다고 치자. 윗사람은 그를 잡아 처벌코자 할 것이고, 일반인은 얘기를 들으면 그를 비난할 것이다. 이는 무슨 까닭인가? 대답은 이렇다.

"작물을 기르는 수고도 하지 않은 채 얻고, 자신의 소유도 아닌데

손에 넣었기 때문이다. 하물며 남의 집 담을 넘어 들어가 자녀들을 납치하고, 남의 집 창고의 벽을 뚫고 들어가 금옥과 포백布帛 등을 훔치고, 남의 집 외양간에 들어가 소와 말을 훔친 경우는 어떠하겠는가? 더욱이 무고한 사람을 죽인 경우야 어떠하겠는가?"

지금 왕공대인은 정사를 펴면서 무고한 사람을 죽이거나, 남의 집 담을 넘어 들어가 자녀들을 납치하거나, 남의 집 창고 벽을 뚫고 들어가 금옥과 포백을 훔치거나, 남의 집 외양간에 들어가 소와 말을 훔치거나, 남의 농원에 들어가 복숭아나 자두나 외나 생강 등을 훔치거나 한 자들에게 법에 따라 응분의 형벌을 가한다. 비록 옛날의 요, 순, 우, 탕, 문무 등이 정사를 펼지라도 이와 다르지 않을 것이다. 지금 천하의 제후들은 여전히 남의 나라를 침공해 병탄하는 일을 계속하고 있다. 이는 도적이 한 무고한 사람을 죽이는 것보다 수천만 배나 못 된 짓이고, 남의 집 담을 넘어 들어가 자녀들을 납치하거나 남의 집 창고 벽을 뚫고 금옥과 포백을 훔치는 것보다 수천만 배나 더 나쁜 짓이다. 그런데도 스스로 말하기는 '의로운 일이다.'라고 한다. 묵자가 말했다.

"이는 의를 어지럽히는 짓이다. 이 어찌 흑백黑白과 감고甘苦의 분별을 어지럽히는 짓과 다를 리 있겠는가? 지금 여기에 어떤 사람이 검은 것을 약간 보여주었을 때는 검다고 했으나 검은 것을 많이 보고는 오히려 희다고 말한다면 반드시 고백키를, '내 눈이 어지러워 흑백의 분별을 제대로 하지 못했다.'고 할 것이다. 지금 여기 어떤 사람이 단 것을 조금 맛보고는 달다고 했으나 단 것을 많이 맛보고는 쓰다고 말하면 반드시 고백키를, '내 입이 어지러워 감고의 분별을 제대로 하지 못했다.'고 할 것이다. 지금 왕공대인들이 정사를 펴면서 나라 안에서 도적이 무고한 사람을 죽이면 이를 재빨리 금하면서, 이웃 나라 백성을 무수히 죽일 때는 오히려 이를 '대의'라고 말한다. 이것이 어찌 흑백과 감고의 분별을 제대로 하지 못하는 것과 다를 바가 있겠는가?

장원場園의 '장'은 채소밭, '원'은 과수원을 지칭한다. 저격抯格은 납치한다는 뜻이다. '저'를 손이양은 진흙탕 속에서 물건을 빼앗는다는 뜻의 남쪽 초나라 일대의 방언으로 보았다. 각인지부고角人之府庫의 '각'을 유월은 구멍을 뚫는다는 뜻의 혈穴로 파악했다. 조루蚤絫를 왕인지는 삼베와 갈포를 뜻하는 포조布喿의 잘못으로 보았다. 조喿는 조繰와 통한다. 난뢰欄牢는 마구간과 소 외양간을 뜻한다. 분아蕡我를 두고 손이양은 '분'은 분紛과 통하고, '아'는 의義의 잘못이라고 했다. 조월蚤越은 재빨리 행한다는 뜻이다. 인이위문의因以爲文義의 '문'을 왕인지는 대大의 잘못으로 보았다. 손이양은 지之의 잘못으로 보면서 '위'는 위謂와 통한다고 했다. 왕인지의 주장을 좇았다.

28-11

故子墨子置天之, 以爲儀法. 非獨子墨子以天之志爲法也, 於先王之書『大夏』之道之然. "帝謂文王, 予懷明德, 毋大聲以色, 毋長夏以革. 不識不知, 順帝之則." 此誥文王之以天志爲法也, 而順帝之則也. 且今天下之士君子, 中實將欲爲仁義, 求爲上士, 上欲中聖王之道, 下欲中國家百姓之利者, 當天之志, 而不可不察也. 天之志者, 義之經也.

묵자는 '천지天志'를 법도의 기준으로 삼았다. 묵자만 '천지'를 법도의 기준으로 삼은 것도 아니다. 선왕의 책인 『시경』「대아」에도 이같이 기록돼 있다.

하늘이 문왕에게 말한 바 있으니	帝謂文王
나는 밝은 덕 지닌 자 좋아하나	予懷明德
큰소리와 빛으로 나타내지 않고	毋大聲以色
허례허식과 변조를 숭상치 않고	毋長夏以革
본인이 전혀 알지 못하는 사이	不識不知
상제의 법도를 좇는 게 그것이다	順帝之則

이것이 바로 문왕이 '천지'를 법도의 기준으로 삼고, 상제의 법도만 좇았음을 보여주는 것이다. 지금 천하의 사군자가 실로 인의를 행하여 훌륭한 선비가 되고자 하면 위로 성왕의 도에 부합하고, 아래로 나라와 백성의 이익에 부합하고, '천지'를 잘 살피지 않으면 안 된다. '천지'가 의의 기본원칙이기 때문이다.

치천지置天之의 '지'를 필원은 지志의 잘못으로 보았다. 대하大夏를 유월은 『시경』「대아大雅」로 보았다. 아雅와 하夏는 고대에 서로 통했다.

권 8

제29장 명귀(明鬼) 상 　망실

제30장 명귀(明鬼) 중 망실

제31장 명귀(明鬼) 하

'명귀'는 귀신의 존재를 밝힌다는 취지에서 나온 것이다. 묵자는 단순히 귀신이 존재한다는 것을 밝히는데 그치지 않고, 인간의 길흉화복에 모두 영향을 미친다는 신념을 갖고 있었다. 귀신의 존재를 믿는 것이 천하의 이익과 부합한다고 주장한 게 그렇다. 기독교와 불교처럼 사후세계를 언급하지만 않았을 뿐 사실상 종교적 교리에 가깝다. 「명귀」는 원래 3편으로 구성돼 있으나 지금은 하편만 남아 있다. 귀신을 섬기는 사귀事鬼가 핵심어이다.

31-1

子墨子言曰, "逮至昔三代聖王旣沒, 天下失義, 諸侯力正. 是以存夫爲人君臣上下者之不惠忠也. 父子弟兄之不慈孝弟長貞良也. 正長之不强於聽治, 賤人之不强於從事也. 民之爲淫暴寇亂盜賊, 以兵刃毒藥水火退無罪人乎道路率徑, 奪人車馬衣裘以自利者, 並作由此始, 是以天下亂." 此其故何以然也? 則皆以疑惑鬼神之有與無之別, 不明乎鬼神之能賞賢而罰暴也. 今若使天下之人, 偕若信鬼神之能賞賢而罰暴也, 則夫天下豈亂哉.

묵자가 말했다.

"옛날 삼대의 성왕 사후 천하는 의를 잃고 제후들은 힘으로 정치를 하게 되었다. 군신과 상하가 서로 은혜롭거나 충성스럽지 못하고, 부자와 형제가 서로 자애롭거나 효성스럽거나 공경스럽거나 우애롭거나 바르거나 하지 못한 이유다. 또한 관장은 정사에 힘쓰지 않고, 백성은 맡은 바 일에 힘쓰지 않게 되었다. 백성이 음란하고 포학한 모습을 보이며 반역과 도적질을 일삼고, 무기와 독약을 비롯해 물과 불 등의 공격수단을 사용해 길에서 무고한 자를 가로막은 채 수레와 말과 옷가지 등을 약탈하는 식으로 이익을 챙기는 일이 여기저기서 빚어지는 것은 바로 여기서 비롯됐다. 천하가 크게 어지러워진 이유다."

이같이 된 근본배경은 과연 무엇인가? 모두 귀신의 존재유무에 대한 의혹을 지닌 채 귀신이 현명한 자를 포상하고 포학자 자를 처벌하는 이른바 상현벌폭賞賢罰暴을 제대로 알지 못한 탓이다. 지금 천하 사람들로 하여금 귀신의 '상현벌폭'을 명확히 알 수 있게 한다면 천하가 어찌 어지러워질 리 있겠는가?

퇴무죄인退無罪人의 '퇴'를 소시학은 만날 우遇, 유월은 다그칠 박迫, 손이양은 가로막을 아迓의 잘못으로 보았다. 솔경率徑을 손이양은 술경術徑으로 풀이했다. 술術은 차도車道, 경徑은 보도步道를 의미한다. 『광아』「석고」는 '솔'을 술述로 풀이했다. '술'을 두고 『설문해자』「행부行部」는 마을의 큰 길을 뜻하는 읍중도邑中道, 『한서』「형법지」의 곽순淳注 주는 대도大道로 해석했다.

31-2

今執'無鬼' 者曰, '鬼神者固無有.' 旦暮以爲教誨乎天下, 疑天下之衆, 使天下之衆皆疑惑乎鬼神有無之別, 是以天下亂. 是故子墨子曰, "今天下之王公大人士君子, 實將欲求興天下之利, 除天下之害, 故當鬼神之有與無之別, 以爲將不可以不明察此者也."

지금 귀신이 없다고 주장하는 자들은 말하기를, '귀신은 본래 없는 것이다.'라고 한다. 어떤 만일 이런 식으로 천하의 사람을 가르치면 천하 만민은 이내 귀신의 존재유무에 대해 커다란 의혹을 갖게 될 것이다. 천하가 어지러워지는 이유다. 묵자가 말했다.

"지금 천하의 왕공대인과 사군자는 실로 천하의 이익을 일으키고 천하의 폐해를 제거코자 한다. 그렇다면 응당 귀신의 존재유무에 대해 자세히 살피지 않으면 안 된다고 생각한다."

개의혹皆疑惑의 '혹'이 오초본에는 없다.

31-3

旣以鬼神有無之別以爲不可不察已, 然則吾爲明察此, 其說將奈何而可. 子墨子曰, "是與天下之所以察知有與無之道者, 必以衆之耳目之實, 知有與亡爲儀者也. 請惑聞之見之, 則必以爲有. 莫聞莫見, 則必以爲無. 若是, 何不嘗入一鄉一里而問之? 自古以及今, 生民以來者, 亦有嘗見鬼神之物, 聞鬼神之聲, 則鬼神可謂無乎? 若莫聞莫見, 則鬼神可謂有乎. 今執'無鬼' 者言曰, "夫天下之爲聞見鬼神之物者, 不可勝計也." 亦孰爲聞見鬼神有無之物哉? 子墨子言曰, "若以衆之所同見與衆之所同聞, 則若昔者杜伯是也."

귀신의 존재유무에 대해 잘 살피지 않으면 안 된다는 사실을 전제로 할 때 이를 자세히 살피고자 할 경우 과연 어떻게 설명해야 좋은 것일까? 묵자가 말했다.

"천하 사람이 귀신의 존재유무를 자세히 살피고자 할 경우 반드시 여러 사람의 귀와 눈을 통해 견문見聞한 사실을 토대로 그 존재유무를 판단해야 한다. 누가 뭔가를 견문했다면 반드시 그것은 존재하고, 아무도 견문하지 못했다면 반드시 그것은 존재하지 않는 것으로 여길 것이다. 그렇다면 어찌하여 어떤 향리鄕里로 들어가 물어보지 않는 것인가? 예로부터 지금에 이르기까지 사람이 생겨난 이래 귀신을 보거나 귀신의 소리를 들은 자가 있다면 어찌 귀신이 없다고 말할 수 있겠는가? 또한 아무도 견문한 자가 없다면 과연 귀신이 있다고 말할 수 있겠는가? 묵자가 말했다.

"여러 사람이 함께 견문한 사례를 들라면 옛날 주선왕周宣王 때의 제후인 두백杜伯을 꼽을 수 있다."

이목지실耳目之實은 귀와 눈으로 듣고 본 사실을 뜻한다. 위의爲儀는 법도로 삼는다는 의미이다. 청혹문지견지請惑聞之見之의 '청'을 손이양은 성誠의 오자로 파악했다. 두백杜伯은 두杜나라의 제후로, 작위는 백작이었다.

31-4

周宣王殺其臣杜伯而不辜. 杜伯曰, "吾君殺我而不辜. 若以死者爲無知, 則止矣. 若死而有知, 不出三年, 必使吾君知之." 其三年, 周宣王合諸侯而田於圃田, 車數百乘, 從數千, 人滿野. 日中, 杜伯乘白馬素車, 朱衣冠, 執朱弓, 挾朱矢, 追周宣王, 射之車上, 中心, 折脊, 殪車中,伏弢而死. 當是之時, 周人從者莫不見, 遠者莫不聞, 著在周之『春秋』. 爲君者以教其臣, 爲父者以警其子, 曰, "戒之, 愼之, 凡殺不辜者, 其得不祥. 鬼神之誅, 若此之憯遬也." 以若書之說觀之, 則鬼神之有, 豈可疑哉?

옛날 주선왕은 두백을 죽였지만 그는 아무 죄도 없었다. 당시 두백은 이같이 말했다.

"군주가 저를 죽이고자 하나 저는 아무 죄도 없습니다. 죽은 자는 아무 지각이 없어 그만이지만 만일 지각이 있다면 3년이 지나기 전에 반드시 군주에게 이를 알리도록 하겠습니다."

3년 뒤 주선왕이 제후들을 불러 모아 포전圃田에서 사냥을 하게 됐다. 수백 대의 수레와 수천 명의 시종이 들판에 가득 찼다. 해가 중천에 걸렸을 때 두백이 흰말이 끄는 흰 수레 위에서 붉은 옷과 관을 걸친 채 붉은활과 붉은 화살을 들고 나타나 주선왕의 뒤를 쫓아와 화살을 날렸다. 가슴을 뚫고 들어간 화살이 등뼈를 부러뜨리자 수레 안의 주선왕이 곧바로 활집 위에 엎어져 죽었다. 당시 주선왕을 시종한 주나라 사람 가운데 이를 보지 않은 자가 없었고, 멀리 있는 사람 중에도 이 얘기를 듣지 못한 자가 없었다. 이는 주나라 역사를 기록한 『춘추』에 명백히 기록돼 있다. 이후 군주가 된 자는 이를 예로 들어 신하들을 가르치고, 아비가 된 자는 자식에게 훈계하며 이같이 말했다.

"경계하고 삼가라. 무릇 무고한 사람을 죽이면 상서롭지 못하니 귀신이 내리는 재앙이 이처럼 빠르다."

주나라 『춘추』의 이 기록을 토대로 볼 때 귀신의 존재를 어찌 의심할 수 있겠는가?

주선왕周宣王은 주나라 11대 군주이다. 포전圃田을 유월은 『시경』「소아, 거공車攻」에 대한 정현의 주를 인용해 지명인 보전甫田으로 풀이했다. 에거중殪車中의 '에'는 죽어 넘어진다는 뜻이다. 복도伏弢의 '도'는 활집을 말한다. 춘추春秋는 고대에 사서를 지칭하는 보통명사이다. 묵자는 두백의 혼령에 관한 얘기가 주나라 사서에 나온다고 주장했으나 이를 액면 그대로 믿기가 어렵다. 현재 두백의 혼령에 관한 사서의 기록을 찾을 길이 없다. 현존 사서의 기록에는 주선왕이 재위 46년 만에 죽었다는 사실만이 나와 있을 뿐이다. 묵자가 항간에 떠도는 얘기를 귀신의 실존을 뒷받침하기 위한 증거로 삼고자 이런 주장을 펼쳤을 공산이 크다. 경기자譤其子의 '경'은 경警과 같다. 『설문해자』는 계戒로 풀이해 놓았다. 참속憯遬은 매우 빠르다는 뜻으로 참속憯速과 같다.

31-5

非惟若書之說爲然也, 昔者鄭穆公當晝日中處乎廟, 有神入門而左, 鳥身, 素服3絶, 面狀正方. 鄭穆公見之, 乃恐懼奔, 神曰, "無懼, 帝享女明德, 使予錫女壽十年有九, 使若國家蕃昌, 子孫茂, 毋失鄭." 穆公再拜稽首曰, "敢問神名." 曰, "予爲句芒." 若以鄭穆公之所身見爲儀, 則鬼神之有, 豈可疑哉?

이는 주나라 사서에만 나오는 게 아니다. 옛날 진목공秦穆公이 한낮에 묘당廟堂 안에 있었을 때 문득 귀신이 문 안으로 들어와 왼쪽으로 걸어갔다. 새의 몸을 하고, 흰 옷을 걸친 채 검은 모자를 썼고, 얼굴은 네모진 모습이었다. 진목곡이 그를 보고 두려운 마음에 달아나려고 하자 귀신이 말했다.

"두려워 말라. 상제가 그대의 명철한 덕을 기린 나머지 나를 보내 그대에게 19년의 수명이 더해지고, 나라가 창성하고, 자손이 번성하고, 나라가 패망하지 않도록 했다."

진목공이 두 번 절하고 머리를 조아리는 재배계수再拜稽首를 하며 물었다.

"감히 신령의 이름을 알고자 합니다."

신령이 대답했다.

"나는 구망句芒이다."

진목공의 경험을 토대로 볼 때 어찌 귀신의 존재를 의심할 수 있겠는가?

정목공鄭穆公의 '정'을 손이양은 『논형論衡』「복허福虛」 등을 인용해 진秦의 잘못이라고 했다. 유신입문이좌有神入門而左의 '이좌'를 필원은 인면人面의 잘못으로 보고 '입문'에서 구두점을 찍은 뒤 뒤에 나오는 조신鳥身과 함께 읽을 것을 주장했다. 『산해경』「해외동경海外東經」에 따르면 동쪽에 사는 구망句芒은 조신인면鳥身人面을 하고 있다. 삼절三絶을 손이양은 심의深衣를 뜻하는 현순玄純의 잘못으로 보았다. 공구분恐懼奔은 두려워해 달아나는 것을 말한다. '분'은 분犇과 같다. 석녀錫女의 '석'은 하사할 사賜, '녀'는 2인칭 여汝와 같다. 구망句芒은 일명 구룡句龍 내지 망동芒童으로 불리는 전설적인 천신天神으로 소호少昊의 후손이다. 이름은 중重으로 복희伏羲의 신하로 있다가 사후에 봄날을 관장하는 목신木神이 되어 수목의 생장을 주관하게 됐다. 조신인면鳥身人面을 하고 쌍룡을 타고 다닌다.

31-6

非惟若書之說爲然也，昔者燕簡公殺其臣莊子儀而不辜．莊子儀曰，“吾君王殺我而不辜．死人毋知亦已．死人有知，不出三年，必使吾君知之.” 期年，燕將馳祖．燕之有祖，當齊之社稷，宋之有桑林，楚之有雲夢也．此男女之所屬而觀也．日中，燕簡公方將馳於祖涂，莊子儀荷朱杖而擊之，殪之車上．當是時，燕人從者莫不見，遠者莫不聞，著在燕之『春秋』．諸侯傳而語之曰，“凡殺不辜者，其得不祥．鬼神之誅，若此其憯遬也.” 以若書之說觀之，則鬼神之有，豈可疑哉．

이는 진나라 사서에만 나오는 게 아니다. 옛날 연간공燕簡公이 신하 장자의莊子儀를 죽였지만 그는 아무 죄도 없었다. 당시 장자의는 이같이 말했다.

“군주가 저를 죽이고자 하나 저는 아무 죄도 없습니다. 죽은 자는 아무 지각이 없어 그만이지만 만일 지각이 있다면 3년이 지나기 전에 반드시 군주에게 이를 알리도록 하겠습니다.”

1년 뒤 연나라 사람들이 저택沮澤으로 달려가 제사를 지내고자 했다. 연나라가 ‘저택’에 제사를 올리는 것은 제나라가 사직社稷, 송나라가 상림桑林, 초나라가 운몽雲夢에 제사를 지내는 것과 같다. 남녀노소가 모두 모여 이를 구경했다. 한낮에 연간공이 저택을 향해 내달리고 있을 때 장자의가 붉은 색의 몽둥이를 들고 나타나 수레 위의 연간공을 쳐 죽였다. 당시 연간공을 시종한 연나라 사람 가운데 이를 보지 않은 자가 없었고, 멀리 있는 사람 중에도 이 얘기를 듣지 못한 자가 없었다. 이는 연나라 역사를 기록한 『춘추』에 명백히 기록돼 있다. 이후 제후들은 이를 전하며 말했다.

“무고한 사람을 죽이면 상서롭지 못하니 귀신이 내리는 재앙이 이

처럼 빠르다.'

연나라 『춘추』의 이 기록을 토대로 볼 때 귀신의 존재를 어찌 의심할 수 있겠는가?

연간공燕簡公과 장자의莊子儀 일화를 두고 손이양은 『논형』의 「서허書虛」에는 조간자趙簡子, 「사위死僞」에는 조간공趙簡公으로 나오나 「정귀訂鬼」에는 연간공燕簡公으로 나온다고 지적했다. '장자의'가 『논형』에는 장자의莊子義로 되어 있다. 치조馳祖의 '조'를 왕인지는 연나라의 조택祖澤으로 보았다. 송나라의 상림桑林, 초나라의 운몽雲夢 등과 마찬가지로 사직社稷의 제사가 행해졌다.

31-7

非惟若書之說爲然也, 昔者宋文君鮑之時, 有臣曰祏觀辜, 固嘗從事於厲. 祩子杖揖出, 與言曰, "觀辜, 是何珪璧之不滿度量, 酒醴粢盛之不淨潔也, 犧牲之不全肥. 春秋冬夏選失時? 豈女爲之與, 意鮑爲之與?" 觀辜曰, "鮑幼弱, 在荷繈之中, 鮑何與識焉? 官臣觀辜特爲之." 祩子擧揖而槁之, 殪之壇上. 當是時, 宋人從者莫不見, 遠者莫不聞, 著在宋之『春秋』. 諸侯傳而語之曰, "諸不敬愼祭祀者, 鬼神之誅至, 若此其憯遬也." 以若書之說觀之, 鬼神之有, 豈可疑哉?

이는 연나라 사서에만 나오는 게 아니다. 옛날 송문군宋文君 포鮑의 재위 때 축관祝官 야고夜姑가 사당의 제사를 담당했다. 하루는 사당으로 갔을 때 사당의 신이 그의 몸에 달라붙어 이같이 말했다.

"야고야, 어찌하여 규벽珪璧은 이처럼 규격에 맞지 않고, 단술 등의 제물은 정갈하지 못하고, 희생은 털빛도 잡된데다 기름지지 않고, 춘하추동의 제사 모두 때를 잃고 있는 것인가? 어찌 네가 이리 하는 것인가? 아니면 포가 그리 하는 것인가?"

야고가 말했다.

"공자 포鮑는 아직 어려 포대기 속에 쌓여 있으니 무엇을 알겠습니까? 집사인 이 야고가 그리 한 것입니다."

사당의 신이 지팡이를 쳐들어 그를 제단 위에서 쳐 죽였다. 당시 축사를 시종侍從한 송나라 사람 가운데 이를 보지 않은 자가 없었고, 멀리 있는 사람 중에도 이 얘기를 듣지 못한 자가 없었다. 이는 송나라 역사를 기록한 『춘추』에 명백히 기록돼 있다. 이후 제후들은 이를 전하며 이같이 말했다.

"공경한 자세로 근신하여 제사를 지내지 않으면 귀신이 내리는 재앙이 이처럼 빠르다.'

송나라 『춘추』의 이 기록을 토대로 볼 때 귀신의 존재를 어찌 의심할 수 있겠는가?

송문군宋文君은 시호가 '문군', 이름이 포鮑이다. 후관고祐觀辜의 '후'를 손이양은 축祝의 잘못으로 보았다. 『논형』「사의祀義」를 근거로 '관고' 역시 야고夜姑의 잘못으로 해석했다. 『춘주좌전』「노소공 25년」조에 신야고申夜姑 표현이 나온다. 야夜는 야射와 통한다. 「노문공 6년」조에도 진晉나라 출신 호야고狐射姑 명칭이 나온다. 『춘추곡량전』은 호야고狐夜姑로 표현해 놓았다. 이를 좇았다. 종사어려從事於厲의 '려'는 신을 제사지내는 사당을 말한다. 후대에 등장하는 묘廟의 전신이다. 주자祩子는 사당제사를 집행하는 축사祝史를 달리 말한 것이다. 축祝은 제사를 주관하는 축관祝官, 사史는 제의祭儀의 기록을 맡아보는 사관史官을 뜻했다. '사관'은 이후 역사를 기록하는 독립적인 관직으로 변했다. 여기의 '주'를 필원은 축祝, 손이양은 도祹의 이체자異體字로 보았다. 장읍杖揖은 지팡이를 말한다. 소시학은 '읍'을 즙楫, 손이양은 팔각 창을 뜻하는 수殳의 잘못으로 보았다. 전비全肥의 '전'은 색깔이 잘 갖춰진 것을 뜻하고, '비'는 알맞게 기름진 것을 의미한다. 찬실시選失時의 '찬'은 제사음식을 차린다는 뜻의 찬饌과 통한다. 하강荷繈은 포대기를 뜻하는 말로 강보襁褓와 같은 의미다. 고지槁之의 '고'는 두드린다는 뜻의 고敲와 같다.

31-8

非惟若書之說爲然也, 昔者齊莊君之臣, 有所謂王里國•中里徼者. 此二子者, 訟三年而獄不斷. 齊君由謙殺之, 恐不辜. 猶謙釋之, 恐失有罪. 乃使之人共一羊, 盟齊之神社. 二子許諾. 於是泏洫, 摽羊而漉其血. 讀王里國之辭, 旣已終矣. 讀中里徼之辭未半也, 羊起而觸之, 折其脚, 祧神之而稾之, 殪之盟所. 當是時, 齊人從者莫不見, 遠者莫不聞, 著在齊之『春秋』. 諸侯傳而語之曰, "請品先不以其請者, 鬼神之誅至, 若此其憯遬也." 以若書之說觀之, 鬼神之有, 豈可疑哉. 是故子墨子言曰, "雖有深溪博林幽澗毋人之所, 施行不可以不董, 見有鬼神視之."

이는 송나라 사서에만 나오는 게 아니다. 옛날 제장공齊莊公의 재위 때 왕리국王里國과 중리요中里徼라는 자가 있었다. 두 사람이 3년 동안 소송을 벌였으나 판결이 나지 않았다. 제장공이 두 사람을 모두 죽여 버리자니 무고한 자를 죽였다는 비난을 들을까 두려웠고, 모두 풀어주자니 죄 있는 자를 풀어주었다는 비난을 들을까 우려했다. 이내 두 사람에게 함께 양 한 마리를 희생으로 내어 제나라 신사神社 앞에 가 맹서를 하도록 하자 두 사람이 이를 받아들였다. 이내 신사 앞에 작은 도랑을 판 뒤 희생의 목을 따서는 그 피를 도랑 안으로 흘렸다. 왕리국이 맹서의 글을 다 읽을 때까지 아무 일이 없었다. 뒤이어 중리요가 맹서의 글을 읽을 때 반도 못 읽었을 즈음 양이 벌떡 일어나 뿔로 그를 들이받아 다리를 부러뜨렸다. 다시 사당의 신인 조신祧神이 그를 쳐서 맹서하던 곳에서 죽여 버렸다. 당시 두 사람을 시종한 제나라 사람 가운데 이를 보지 않은 자가 없었고, 멀리 있는 사람 중에도 이 얘기를 듣지 못한 자가 없었다. 이는 제나라 역사를 기록한 『춘추』에 명백히 기록돼 있다. 이후 제후들은 이를 전하며 이같이 말했다.

"맹서할 때 진심으로 하지 않으면 귀신이 내리는 재앙이 이처럼 빠르다.'

제나라 『춘추』의 이 기록을 토대로 볼 때 귀신의 존재를 어찌 의심할 수 있겠는가? 묵자가 말했다.

"비록 깊은 계곡이나 넓은 숲속의 으슥하고 사람이 없는 곳일지라도 모든 일을 삼가서 하지 않으면 안 된다. 일이 진행될 때마다 귀신이 늘 내려다보기 때문이다."

제장군齊莊君은 춘추시대 중엽의 제나라 군주 제장공齊莊公을 말한다. 유겸由謙의 '유'를 왕인지는 욕欲의 뜻을 지닌 유猶, '겸'을 겸兼으로 풀이했다. 출혁泏洫을 손이양은 짐승의 피를 입가에 바르며 맹서하는 삽혈歃血로 풀이했다. 오양摡羊의 '오'를 손이양은 목 벨 아剄로 풀이했다. 녹기혈漉其血의 '녹'을 왕인지는 피를 쏟는다는 의미인 쇄灑의 잘못으로 보았다. 조신祧神은 사당의 신을 말한다. 청품請品先의 '청'을 왕인지는 제諸의 잘못, '품'을 필원은 맹盟의 잘못, '선'을 왕인지는 실失의 잘못으로 파악했다. 유간幽澗은 그윽하고 한가한 유한幽閒과 같다. 부동不董의 '동'을 유월은 삼갈 근堇으로 새겼다.

31-9

今執'無鬼' 者曰, "夫衆人耳目之請, 豈足以斷疑哉? 奈何其欲爲高君子於天下, 而有復信衆之耳目之請哉?" 子墨子曰, "若以衆之耳目之請以爲不足信也, 不以斷疑, 不識若昔者三代聖王堯·舜·禹·湯·文武者足以爲法乎? 故於此乎自中人以上皆曰, '若昔者三代聖王, 足以爲法矣.' 若苟昔者三代聖王足以爲法, 然則姑嘗上觀聖王之事. 昔者武王之攻殷紂誅也, 使諸侯分其祭, 曰, '使親者受內祀, 疏者受外祀.' 故武王必以鬼神爲有, 是故攻殷伐紂, 使諸侯分其祭. 若鬼神無有, 則武王何祭分哉? 非惟武王之事爲然也, 故聖王其賞也必於祖, 其僇也必於社. 賞於祖者何也? 告分之均也. 僇於社者何也? 告聽之中也. 非惟若書之說爲然也, 且惟昔者虞·夏·商·周三代之聖王, 其始建國營都日, 必擇國之正壇, 置以爲宗廟. 必擇木之修茂者, 立以爲菆位. 必擇國之父兄慈孝貞良者, 以爲祝宗. 必擇六畜之勝腯肥倅毛, 以爲犧牲. 珪璧琮璜, 稱財爲度. 必擇五穀之芳黃, 以爲酒醴粢盛, 故酒醴粢盛, 與歲上下也. 故古聖王治天下也, 必先鬼神而後人者, 此也. 故曰, '官府選效, 必先祭器祭服, 畢藏於府. 祝宗有司, 畢立於朝. 犧牲不與昔聚群. 故古者聖王之爲政若此.'" 古者聖王必以鬼神爲有, 其務鬼神厚矣. 又恐後世子孫不能知也, 故書之竹帛, 傳遺後世子孫. 咸恐其腐蠹絶滅, 後世子孫不得而記, 故琢之盤盂, 鏤之金石以重之. 有恐後世子孫不能敬莙以取祥, 故先王之書, 聖人一尺之帛, 一篇之書, 語數鬼神之有也, 重有重之. 此其故何? 則聖王務之. 今執無鬼者曰, "鬼神者固無有." 則此反聖王之務. 反聖王之務, 則非所以爲君子之道也.

지금 귀신이 없다고 주장하는 자들은 이같이 말한다.

"중인衆人의 귀와 눈으로 견문한 사실만으로 어찌 귀신의 존재에 대한 의심을 풀 수 있겠는가? 천하의 고명한 군자가 어찌 중인의 견문을 액면 그대로 믿으려 하겠는가?"

묵자가 말했다.

"중인의 귀와 눈으로 견문한 것도 믿지 못한 채 의심을 풀어 줄만한 게 못된다고 여긴다면 옛날 삼대의 성왕인 요, 순, 우, 탕, 문무 등의 정사 또한 법도로 삼을 게 못된다고 여기는 것인가? 이 문제에 대해 중급 이상의 사람이라면 모두 말하기를, '옛날 삼대의 성왕 같은 사람이라면 법도로 삼을 만하다.'고 할 것이다. 실로 옛날 삼대의 성왕을 법도로 삼을 만하다면 잠시 이들 성왕의 사적에 관해 일별할 필요가 있다. 옛날 무왕은 은나라를 공격해 주紂를 주살한 뒤 제후들로 하여금 각기 그들 조상의 제사를 지내도록 했다. '왕실과 혈연이 가까운 제후는 내사內祀, 먼 자는 외사外祀를 받들도록 하라!'고 말했다. 이는 무왕이 반드시 귀신의 존재를 시인한 결과다. 은나라를 공격해 주를 주살한 뒤 제후들로 하여금 각기 그들 조상의 제사를 지내도록 한 배경이 여기에 있다. 귀신의 존재를 인정하지 않았다면 무왕이 무슨 까닭으로 각기 제사를 지내도록 했겠는가? 이는 비단 무왕에 그친 게 아니다. 옛 성왕은 공이 있는 자에게 포상할 때 반드시 조묘祖廟에서 했고, 죄 있는 자를 처벌할 때 반드시 사묘社廟에서 했다. 조묘에서 포상한 이유는 무엇인가? 포상의 공평함을 알리고자 한 것이다. 사묘에서 처형을 한 이유는 무엇인가? 재판의 공정함을 알리고자 한 것이다. 이는 비단 사서의 기록에만 있는 게 아니다. 옛날 순임금의 우虞와 우왕의 하夏, 탕왕의 상商, 문왕과 무왕의 주周 등 삼대의 성왕 모두 나라를 세우고 도읍을 만들면서 반드시 도읍의 정단正壇을 골라 종묘宗廟를 세우고, 나무가 크게 무성한 곳을 골라 총사叢社를 세우고, 나라의 부형 가운데 효성스럽고 자애로우며 바르고도 선량한 자를 골라 제사를 주관하는 축종祝宗으로 삼았다. 또한 반드시 육축六畜 가운데 살찌고 털빛이 순수한 것을 골라 제물로 삼고, 규珪와 벽璧 및 종琮과 황璜 등의 옥기玉器를 벌려 놓으면서 재정형편에 부합케 했다. 이어 오곡 가운데 향기롭게 잘 여문 것을 골라 단술 등의 제물을 마련하면서 그 해의 수확 정도를 헤아려 그 수위를 조절했다. 옛 성왕이 천하를 다스리면서 반드시 귀신을 먼저 위하고, 사람을 나중에 챙긴 것이 바로 이와 같았다. 그래서 말하기를, '관부官府가 물건을 갖출 때는 반드시 제기와 제복祭服 등을 먼저 갖추고, 이들 모두 부고府庫에 잘 보관했다. 축종 모두 조정의 관직에 있었고, 제물로 바치는 희생은 여타 가축과 함께 기르지 않았다. 본래 옛 성왕의 정사가 이와 같았다.'고 하는 것이다."

옛 성왕은 반드시 귀신의 존재를 인정했고, 정성을 다해 귀신을 섬겼다. 후대의 자손이 이를 알지 못할까 우려한 나머지 죽백에 기록해 전해 주었다. 혹자는 벌레 등이 죽백을 갉아먹어 후대의 자손이 알지 못할까 우려한 나머지 반우盤盂나 금석金石 등에 새기거나 쪼아 넣어 이를 소중히 여기게 했다. 그리고도 후대 자손이 혹여 불경스런 모습을 보여 상서롭지 못한 일을 당하지나 않을까 우려했다. 선왕이 남긴 서적과 성인의 말을 보면 1척尺의 백서帛書와 1편의 글 속에서도 귀신의 존재를 인정하며 섬긴 사실을 거듭 확인할 수 있다. 이는 무슨 까닭인가? 성왕이 이에 힘썼기 때문이다. 지금 귀신이 없다고 주장하는 자들은 말하기를, '귀신은 본래부터 존재하지 않는다.'고 한다. 이는 성왕이 힘쓴 일에 반하는 짓으로 군자가 행해야 하는 도리가 될 수 없다.

이목지청耳目之請의 '청'을 필원은 정情으로 해석했다. 단의斷疑는 의심을 끊고 믿게 됐다는 의미이다. 내사內祀를 손이양은 천자와 동성인 제후들이 묘당을 세우고 제사지내는 것으로 해석하고, 외사外祀는 이성의 제후들이 산천에 망제望祭를 지내는 것으로 풀이했다. 정단正壇은 도성의 중앙에 위치한 제단을 말한다. 축종祝宗은 제사를 관장하는 태축太祝과 종백宗伯을 총칭한 말이다. 승돈돌비쉬모勝腯肥倅毛의 '승'은 성盛, '돈비'는 살찔 비肥, '쉬모'는 순색의 털을 지닌 희생을 상징한다. 규벽종황珪璧琮璜은 4종의 서로 다른 종류의 서옥瑞玉을 총칭한 말이다. 방황芳黃은 곡식이 향기롭고 누렇게 잘 익었다는 뜻이다. 선효選效는 필요한 물건을 갖췄다는 뜻이다. '선'을 손이양은 갖출 선僎으로 읽었다. 『설문해자』「인부人部」는 선僎을 갖출 구具로 해석했다. 『광아』「석고」 역시 '효'를 구具로 풀이했다. 석취군昔聚群을 손이양은 『주례』「충인充人」을 인용해 제사용 희생을 별도로 다른 우리에 묶어 놓고 3달 동안 먹이는 것으로 풀이했다. 함공咸恐의 '함'을 왕인지는 혹或으로 보았다. 경군이취상敬君以取祥의 '위'를 필원 등은 『설문해자』 등을 인용해 위威로 풀이하고, '상'을 상祥과 통하는 것으로 보았다.

31-10

今執'無鬼' 者之言曰, "先王之書, 慎無一尺之帛, 一篇之書, 語數鬼神之有, 重有重之, 亦何書之有哉." 子墨子曰, "『周書·大雅』有之. 『大雅』曰, '文王在上, 於昭于天. 周雖舊邦, 其命維新. 有周不顯, 帝命不時. 文王陟降, 在帝左右. 穆穆文王, 令問不已.' 若鬼神無有, 則文王既死, 彼豈能在帝之左右哉. 此吾所以知『周書』之鬼也." 且『周書』獨鬼而「商書」不鬼, 則未足以爲法也. 然則姑嘗上觀乎「商書」, 曰, "嗚呼, 古者有夏, 方未有禍之時, 百獸貞蟲, 允及飛鳥, 莫不比方. 矧隹人面, 胡敢異心? 山川鬼神, 亦莫敢不寧. 若能共允, 隹天下之合, 下土之葆." 察山川鬼神之所以莫敢不寧者, 以佐謀禹也. 此吾所以知「商書」之鬼也. 且「商書」獨鬼而「夏書」不鬼, 則未足以爲法也. 然則姑嘗上觀乎「夏書, 禹誓」曰, "大戰于甘, 王乃命左右六人, 下, 聽誓于中軍. 曰, '有扈氏威侮五行, 怠棄三正, 天用剿絶其命.' 有曰, '日中, 今予與有扈氏爭一日之命. 且, 爾卿大夫庶人! 予非爾田野葆士之欲也, 予共行天之罰也. 左不共于左, 右不共于右, 若不共命. 御非爾馬之政, 若不共命. 是以賞于祖而僇于社.' " 賞于祖者何也? 言分命之均也. 僇于社者何也? 言聽獄之事也. 故古聖王必以鬼神爲賞賢而罰暴, 是故賞必于祖而僇必于社. 此吾所以知「夏書」之鬼也. 故尙者「夏書」, 其次「商周之書」, 語數鬼神之有也, 重有重之. 此其故何也? 則聖王務之. 以若書之說觀之, 則鬼神之有, 豈可疑哉?

지금 귀신이 없다고 주장하는 자들은 말한다.

"선왕이 남긴 서적과 성인의 말을 볼 때 1척의 백서와 1편의 글 속에서도 귀신의 존재를 인정하며 섬긴 사실을 거듭 확인할 수 있다고 하나 과연 그게 무슨 책에 있다는 것인가?"

묵자가 말했다.

"『시경』「대아, 문왕」에 나온다. 거기에 이르기를, '문왕이 높이 위에 계시니 그 공덕이 하늘에 밝게 빛나네. 주나라는 비록 제후국으로 오래 됐지만 천명은 새롭기만 하다네. 주나라 덕업이 크게 빛나고 상제의 명 또한 크게 때에 맞네. 문왕은 서거한 후 상제의 곁에 있으며 오르내리네. 원만한 문왕의 아름다운 명성이 그치지 않네.'라고 했다. 귀신이 없다면 문왕이 서거한 후 어찌 상제 곁에 머물 수 있었겠는가? 이것이 바로 내가 『시경』을 통해 귀신의 존재를 확인할 수 있는 이유다."

귀신에 관한 얘기가 『시경』에만 나오고 『서경』「상서商書」에 나오지 않으면 법도로 삼기에 부족할 것이다. 잠시 「상서」에 나오는 글을 살펴볼 필요가 있다. 거기에 이런 구절이 나온다.

"아, 옛날 하나라 시대의 아직 재난이 없던 시절 여러 들짐승과 날짐승에 이르기까지 모두 서로 의존하지 않은 게 없었다. 하물며 사람으로서 어찌 감히 다른 마음을 가질 수 있었겠는가? 산천과 귀신 또한 안녕하지 않은 게 없었으니 공손하고 성실하기만 하면 천하가 화합한 덕분에 능히 나라를 보전할 수 있었다."

이것이 「상서」를 통해 귀신의 존재를 확인할 수 있는 이유다. 귀신에 관한 얘기가 「상서」에만 나오고 『서경』「하서夏書」에 나오지 않으면 법도로 삼기에 부족할 것이다. 잠시 「하서, 우서禹誓」에 나오는 글을 살펴볼 필요가 있다. 거기에 이런 구절이 나온다.

"감甘 땅에서 큰 싸움이 벌어지자 군주는 이내 좌우에 있는 6명의 장수에게 명해 수레에서 내려 중군中軍으로 모여 훈시를 듣도록 했다. 이르기를, '유호씨有扈氏는 오행五行을 모멸하고, 하늘과 땅과 사람의 바른 길을 게을리 하며 무시했다. 하늘이 그들의 대명大命을 끊은 이유다.'라고 했다. 또 말하기를, '해가 중천에 뜬 지금 나는 유호씨와 생사를 건 결전을 치르게 됐다. 전진하라, 그대 경대부와 서민들이여! 나는 저들의 전야와 보옥을 탐내는 게 아니라, 삼가 천벌을 대행하려는 것이다. 왼쪽 부대가 전력을 다해 왼쪽으로 진공치 않고, 오른쪽 부대가 전력을 다해 오른쪽으로 진공하지 않으면 이는 그대들이 천명을 받드는 게 아니다. 수레몰이가 말을 잘 몰지 못하면 이 또한 천명을 받드는 게 아니다. 조묘에서 포상하고, 사묘에서 처형코자 하는 이유다."

조묘에서 포상하는 이유는 무엇인가? 천명을 좇은 포상이 공평했음을 말하고자 한 것이다. 사묘에서 처형하는 이유는 무엇인가? 천명을 좇은 처벌이 공정했음을 말하고자 한 것이다. 옛 성왕은 반드시 귀신이 현자를 포상하고 포학한 자를 처벌한다고 생각한 까닭에, 어김없이 포상은 조묘에서 하고 처벌은 사묘에서 행했다. 내가 「하서」를 통해 귀신의 존재를 확인할 수 있는 이유다. 가장 오래된 『상서』의 「하서」를 비롯해 이후에 나온 「상서」와 「주서」 모두 귀신의 존재를 거듭 언급하고 있다. 이는 무슨 까닭인가? 성왕이 귀신의 존재를 알리는데 힘썼기 때문이다. 이들 책의 기록을 토대로 볼 때 귀신의 존재 사실을 어찌 의심할 수 있겠는가?

주서周書는 『시경』을 뜻한다. 손이양에 따르면 고대에는 시詩와 서書가 뒤섞여 사용됐다. 오소우천於昭于天의 '오'는 감탄사 '아!'이다. 비현不顯의 '비'는 비丕와 통한다. '현'은 덕이 빛나는 것을 말한다. 제명불시帝命不時의 '시'는 옳을 시是의 뜻이다. 척강陟降은 하늘로 올라갔다가 땅 위로 내려왔다는 의미이다. 목목穆穆은 부지런히 힘쓴다는 뜻으로 『시경』에는 미미亹亹로 되어 있다. 영문令問은 훌륭한 명성을 의미한다. '문'이 오초본에는 문聞으로 되어 있다. 상서商書는 『서경』「상서」를 말한다. 비슷한 글이 「상서」의 이훈伊訓에 나온다. 백수정충百獸貞蟲의 '정'을 손이양은 정征의 가차로 보았다. 기어 다니는 벌레와 짐승을 뜻한다. 윤급비조允及飛鳥의 '윤'을 왕인지는 이以로 풀이했다. 막불비방莫不比方의 '비방'을 손이양은 순도

順道로 해석했다. 신추矧隹는 어조사로 '신'은 하물며, '추'는 유惟의 뜻이다. 공윤共允의 '공'을 강성江聲은 공恭, '윤'을 성誠으로 읽었다. 하서夏書는 『서경』「하서」를 말한다. 비슷한 글이 「하서」의 감서甘誓에 나온다. 우서禹誓는 우왕이 감甘나라와 전쟁을 치르기 직전에 한 훈시를 말한다. 유호씨有扈氏는 하나라와 같은 성씨의 나라이다. 위모威侮의 '위'를 왕인지는 멸滅의 잘못으로 보았다. 3정三正은 하늘과 땅과 인간의 바른 길을 뜻한다. 초절剿絶은 끊어버린다는 뜻으로 '초'는 둥지를 약탈한다는 의미이다. 보사葆士의 '사'를 유월은 옥玉의 오자로 보고 보옥寶玉으로 풀이했다. 공우좌共于左의 '공'을 손이양은 공攻으로 읽었다. 상자하서尙者夏書의 '상자'를 왕인지는 상서尙書의 잘못으로 보았다.

31-11

於古曰, "吉日丁卯, 周代祝社方, 歲於社者考, 以延年壽." 若無鬼神, 彼豈有所延年壽哉? 是故子墨子曰, "嘗若鬼神之能賞賢如罰暴也. 蓋本施之國家, 施之萬民, 實所以治國家·利萬民之道也." 若以爲不然, 是以吏治官府之不潔廉, 男女之爲無別者, 鬼神見之. 民之爲淫暴寇亂盜賊, 以兵刃毒藥水火, 退無罪人乎道路, 奪人車馬衣裘以自利者, 有鬼神見之. 是以吏治官府不敢不潔廉, 見善不敢不賞, 見暴不敢不罪. 民之爲淫暴寇亂盜賊, 以兵刃毒藥水火, 退無罪人乎道路, 奪車馬衣裘以自利者, 由此止. 是以莫放幽間, 擬乎鬼神之明顯, 明有一人畏上誅罰, 是以天下治.

옛날 기록에 이런 구절이 나온다.

"정일丁日과 묘일卯日의 길일에 사신社神과 사방의 신을 비롯해 작고한 조부와 부친 등의 조상신에게 해마다 제사를 올려 수명을 연장시킨다."

귀신이 없다면 어찌 수명을 연장시킬 수 있겠는가? 묵자가 말했다.

"귀신이 현자를 포상하고 포학한 자를 처벌하는 방식은 원래 나라와 천하 만민을 다스리는데 써먹어야 하는 것이다. 실로 그리 하는 것이 나라를 다스리고 천하 만민을 이롭게 하는 태도에 해당하기 때문이다."

그리하지 않으면 관원은 청렴하지 않고, 남녀 사이 또한 분별이 없게 돼 귀신이 나타나게 된다. 백성들 가운데 음란하고 포학한 모습을 보이며 반역과 도적질을 일삼고, 무기와 독약을 비롯해 물과 불 등의 공격수단을 사용해 길에서 무고한 자를 가로막은 채 수레와 말과 옷가지 등을 약탈하는 식으로 이익을 챙기는 자들이 있다. 귀신은 이들을 훤히 내려다보고 있다. 관원이 공무를 집행하면서 감히 깨끗이 하지 않을 수 없고, 선행을 보면 포상하지 않을 수 없고, 포학한 자를 처벌하지 않을 수 없는 이유다. 덕분에 백성들 가운데 포학하고 반역을 일삼으며 도적질을 일삼고, 무기와 독약을 비롯해 물과 불 등의 공격수단을 사용해 길에서 무고한 자를 가로막은 채 수레와 말과 옷가지 등을 약탈하는 식으로 이익을 챙기는 자들도 자연스레 없어지게 된다. 천하가 바르게 다스려지는 이유다.

주대축사방周代祝社方을 손이양은 용대사사방用代祀社方으로 읽었다. '사방'은 토지신과 사방의 신을 뜻한다. 사자고社者考의 '사'를 손이양은 조祖의 잘못으로 보았다. 작고한 조부와 부친인 선조先祖와 선고先考를 지칭한다. 상약嘗若을 손이양은 당약當若으로 읽었다. 음폭구란淫暴寇亂은 난폭한 짓을 일삼으며 반역을 행하는 것을 말한다. 퇴무죄인退無罪人의 '퇴'를 아迓의 오자로 보았다.

31-12

故鬼神之明, 不可爲幽間廣澤·山林深谷, 鬼神之明必知之. 鬼神之罰, 不可爲富貴衆强·勇力强武·堅甲利兵, 鬼神之罰必勝之. 若以爲不然, 昔者夏王桀貴爲天子, 富有天下, 上詬天侮鬼, 下殃傲天下之萬民, 祥上帝伐元山帝行. 故於此乎天乃使湯至明罰焉. 湯以車九兩, 鳥陳雁行. 湯乘大贊, 犯遂夏衆, 人之螭遂. 王乎禽推哆大戲. 故昔夏王桀貴爲天子, 富有天下, 有勇力之人推哆大戲, 生列兕虎, 指畫殺人. 人民之衆兆億, 侯盈厥澤陵, 然不能以此圉鬼神之誅. 此吾所謂鬼神之罰不可爲富貴衆强·勇力强武·堅甲利兵者, 此也. 且不惟此爲然, 昔者殷王紂貴爲天子, 富有天下, 上詬天侮鬼, 下殃傲天下之萬民, 播棄黎老, 賊誅孩子, 楚毒無罪, 刳剔孕婦, 庶舊鰥寡, 號咷無告也. 故於此乎天乃使武王至明罰焉. 武王以擇車百兩, 虎賁之卒四百人, 先庶國節窺戎. 與殷人戰乎牧之野. 王乎禽費中·惡來, 衆畔百走. 武王逐奔入宮, 萬年梓株, 折紂而繫之赤環, 載之白旗, 以爲天下諸侯僇. 故昔者殷王紂貴爲天子, 富有天下, 有勇力之人費中·惡來·崇侯虎, 指寡殺人, 人民之衆兆億, 侯盈厥澤陵, 然不能以此圉鬼神之誅. 此吾所謂鬼神之罰, 不可爲富貴衆强·勇力强武·堅甲利兵者, 此也. 此『禽艾』之道之曰, "得璣無小, 滅宗無大." 則此言鬼神之所賞, 無所必賞之. 鬼神之所罰, 無大必罰之.

귀신은 모든 것을 밝게 내려다보는 까닭에 설령 으슥한 곳이나 넓은 호수나 산림이나 깊은 골짜기에 있을지라도 비행을 저지를 수 없다. 귀신이 반드시 모든 것을 밝게 알고 있기 때문이다. 귀신의 처벌은 부귀, 큰 세력, 용맹과 완강함, 튼튼한 갑옷과 날카로운 무기 등으로도 막을 수 없는 까닭에 예외 없이 시행된다. 그리 생각하지 않는다면 옛날 하나라 걸桀의 경우를 보자. 그는 귀하기로는 천자의 자리에 있었고, 부유하기로는 천하의 부를 모두 지니고 있었다. 그러나 위로 하늘을 욕하거나 귀신을 업신여기고, 아래로 천하의 천하 만민을 해치거나 죽이면서 마치 상제의 벌을 대신하는 듯이 행동했다. 하늘이 탕왕을 시켜 천벌을 분명히 대행토록 한 이유다. 당시 탕왕은 90량輛의 전차로 조진鳥陣을 펼쳐 마치 기러기 나는 모습으로 진격해 들어갔다. 대찬산大贊山에 올라 하나라 군사를 격퇴하고, 하나라 도읍 근교까지 쳐들어가 손수 추치推哆와 태희大戲를 사로잡았다. 하나라 걸은 귀하기로는 천자의 자리에 있었고, 부유하기로는 천하의 부를 모두 지니고 있었고, 용맹하기로는 추치와 태희 등이 곁에 있어 외뿔소와 호랑이의 몸을 찢을 만한 탓에 손가락질로도 능히 사람을 멋대로 죽일 수 있었다. 인민들 역시 그 수가 억조億兆에 달해 택지와 언덕에 이르기까지 가득 찰 정도였다. 그럼에도 귀신의 처벌을 막을 수는 없었다. 귀신의 처벌은 부귀, 큰 세력, 용맹과 완강함, 튼튼한 갑옷과 날카로운 무기 등으로도 막을 수 없다고 말한 이유다. 이런 일은 비단 하나라 걸에 그치는 게 아니다. 옛날 은나라 주紂 역시 귀하기로는 천자의 자리에 있었고, 부유하기로는 천하의 부를 모두 차지했으나 위로 하늘을 욕보이며 귀신을 업신여기고, 아래로 천하 만민을 해치거나 죽였다. 노인을 내버리고, 어린 아이를 도살하고, 무고한 사람을 불에 태워 죽이고, 임신한 부인의 배를 갈라보았다. 서민과 홀아비 과부들은 울부짖기만 할 뿐 호소할 곳조차 없었다. 하늘이 무왕을 시켜 천벌을 대행토록 한 이유다. 당시 무왕은 전차 100량과 용맹한 정예군 4백 명을 이끌고 연합군의 선봉에

서서 적의 동정을 세심히 관찰했다. 이어 군대를 이끌고 가 은나라 군사와 목야牧野에서 싸웠다. 무왕이 은나라 대장 비중費中과 악래惡來를 사로잡자 은나라 군사가 모두 황급히 돌아서서 달아났다. 무왕이 이들을 추격해 은나라 궁전 안으로 들어간 뒤 만년재주萬年梓株로 주의 목을 절단하고, 붉은 고리에 매어달고 흰 깃발을 꽂고는 천하 제후들이 연합해 폭군을 토벌한 상징으로 삼았다. 은나라 주는 귀하기로는 천하의 자리에 있었고, 부유하기로는 천하의 부를 모두 차지했고, 용맹하기로는 비중과 악래 및 숭후崇侯 호虎 등이 있었던 탓에 손가락질로도 능히 사람을 멋대로 죽일 수 있었다. 인민들 역시 그 수가 억조億兆에 달해 택지와 언덕에 이르기까지 가득 찰 정도였다. 그럼에도 귀신의 처벌을 막을 수는 없었다. 귀신의 처벌은 부귀, 큰 세력, 용맹과 완강함, 튼튼한 갑옷과 날카로운 무기 등으로도 막을 수 없다고 말한 이유다. 이를 두고 『금애禽艾』는 이같이 말했다.

"덕행은 아무리 작아도 포상이 따르고, 종족은 아무리 커도 멸망할 수 있다."

귀신은 포상할 때 아무리 작은 일일지라도 반드시 상을 내리고, 처벌할 때 아무리 큰 상대일지라도 반드시 벌을 내린다는 뜻이다.

앙오殃傲의 '오'를 왕념손은 살殺로 읽었다. 산제山帝의 '산'을 손이양은 상上의 잘못으로 보았다. 9량九兩의 '량'은 량輛과 같다. 손이양은 90량의 잘못으로 파악했다. '범수하중犯遂下衆, 인지교수人之螭遂' 구절을 손이양은 '범축하중犯逐夏衆, 입지교수入之郊遂'의 잘못으로 보았다. 추치推哆와 태희大戲는 하나라 걸桀의 신하들이다. 생열시호生列兕虎의 '열'은 열裂과 통한다. '시'는 외뿔소를 지칭한다. 지획指畫은 손가락질을 의미한다. 후영궐택릉侯盈厥澤陵의 '후'는 어조사로 유維와 같다. 파기여로播棄黎老의 '여로'는 나이 많은 백성을 뜻한다. 초독楚毒을 왕념손은 분자焚炙의 잘못으로 보았다. 고척刳剔은 칼로 베어 쪼개는 것을 뜻한다. 서구庶舊는 여러 노인을 지칭한다. 호도號咷는 울부짖는다는 뜻이다. 무고無告는 고할 곳이 없다는 뜻으로 곧 의지할 곳이 없음을 의미한다. 호분지졸虎賁之卒은 용맹한 병사를 뜻한다. '호본'으로 읽어야 한다. 선서국절先庶國節은 연합군을 앞세웠다는 뜻이다. 여기의 '서국'은 제국諸國, '절'은 군사동원을 상징하는 부절符節을 뜻한다. 중반백주衆畔百走의 '반'은 반기를 들었다는 뜻의 반反 내지 외적과 합세해 저항하는 반叛과 통한다. '백주'는 모두 달아났다는 뜻이다. 만년재주萬年梓株의 '재'는 가래나무로 만든 막대기를 의미한다. 적환赤環의 '환'을 필원은 수레바퀴 환轘과 같다고 보았다. 『순자』의 「해폐解蔽」에는 은나라 주紂의 목이 적패赤旆에 내걸렸다는 구절, 「정론正論」에는 적기赤旂에 내걸렸다는 구절이 나온다. 지과指寡의 '과'는 획畫의 잘못이다. 금애禽艾를 소시학은 일서逸書의 편명으로 보았다. 득기무소得璣無小를 소시학은 『여씨춘추』「보경報更」의 덕기무소德幾無小 구절과 통하는 것으로 보았다. 『설원說苑』「복은復恩」에도 덕무소자德無小者 표현이 나온다.

31-13

今執'無鬼' 者曰, "意不忠親之利而害, 爲孝子乎." 子墨子曰, "古之今之爲鬼, 非他也, 有天鬼, 亦有山水鬼神者, 亦有人死而爲鬼者. 今有子先其父死, 弟先其兄死者矣, 意雖使然, 然而天下之陳物曰, '先生者先死.' 若是, 則先死者非父則母•非兄而姒也. 今絜爲酒醴粢盛, 以敬愼祭祀. 若使鬼神請有, 是得其父母姒兄而飮食之也, 豈非厚利哉?" 若使鬼神請亡, 是乃費其所爲酒醴粢盛之財耳. 自夫費之, 非特注之汚壑而棄之也, 內者宗族, 外者鄕里, 皆得如具飮食之. 雖使鬼神請亡, 此猶可以合歡聚衆取親於鄕里. 今執無鬼者言曰, "鬼神者固請無有, 是以不共其酒醴粢盛犧牲之財, 吾非乃今愛其酒醴粢盛犧牲之財乎? 其所得者臣將何哉?" 此上逆聖王之書, 內逆民人孝子之行, 而爲上士於天下, 此非所以爲上士之道也. 是故子墨子曰, "今吾爲祭祀也, 非直注之汚壑而棄之也. 上以交鬼之福, 下以合歡聚衆取親乎鄕里." 若神有, 則是得吾父母弟兄而食之也, 則此豈非天下利事也哉? 是故子墨子曰, "今天下之王公大人士君子, 中實將欲求興天下之利, 除天下之害, 當若鬼神之有也, 將不可不尊明也, 聖王之道也."

지금 귀신이 존재하지 않는다고 주장하는 자들은 이같이 말한다.

"제사가 어찌 부모의 재물을 낭비함으로써 결과적으로 효행을 방해하는 짓이 아니겠는가?"

묵자가 말했다.

"예나 지금이나 귀신은 다를 게 없다. 하늘의 귀신과 산천 귀신을 비롯해 사람이 죽어서 된 귀신도 있다. 지금 아비에 앞서 죽는 자식이 있는가 하면 형에 앞서 죽는 아우도 있다. 그러나 천하의 이치를 좇을 경우 '먼저 태어난 자가 먼저 죽는다.'고 말할 수 있다. 먼저 죽는 자는 부친이 아니면 모친, 형 아니면 형수일 것이다. 지금 정갈하게 단술 등의 제물을 마련해 공경히 제사를 지내고 있다. 귀신이 실제로 존재한다면 이는 부모를 비롯해 형수와 형에게 올리는 셈이 되니 어찌 크게 이롭게 만드는 일이 아니겠는가?"

만일 귀신이 존재하지 않으면 이는 단술 등의 제물을 차리느라 재물을 낭비하는 것에 지나지 않게 된다. 그러나 이 또한 음식을 도랑이나 구덩이에 쏟아버리는 것과 차원이 다르다. 일족과 마을 사람이 함께 모여 즐겁게 먹고 마시기 때문이다. 설령 귀신이 존재하지 않을지라도 안으로는 일족, 밖으로는 마을 사람이 함께 모여 즐겁게 먹고 마시며 화친하는 계기로 작용한다. 지금 귀신이 존재하지 않는다고 주장하는 자들은 이같이 말한다.

"귀신은 실로 존재하지 않는다. 단술 등의 제물과 희생을 마련할 필요가 없는 이유다. 지금 우리가 단술 등의 제물과 희생을 마련하는 것을 어찌 아까워하지 않을 수 있겠는가? 나아가 우리가 제사를 통해 얻을 수 있는 게 과연 무엇이란 말인가?"

이는 위로 성왕의 사적을 기록한 책의 내용을 거스르는 짓이고, 안으로 백성 가운데 효자들의 행실에도 어긋나는 것이다. 천하의 훌륭한 선비가 되고자 하는 입장에서 보면 이는 결코 좇을 바가 못 된다. 묵자가 말했다.

"지금 우리가 제사를 지내는 것은 음식을 도랑이나 구덩이에 쏟아버리는 것과 차원이 다른 것이다. 위로 귀신에게 복을 빌고, 아래로 일족과 마을 사람이 함께 모여 즐겁게 먹고 마시며 화친할 수 있기 때문이다."

귀신이 존재한다면 이는 곧 우리 부모를 비롯해 형과 형수에게 제수祭需를 먹도록 하는 셈이니 이 어찌 천하를 이롭게 하는 일이 아니겠는가? 묵자가 말했다.

"지금 천하의 왕공대인과 사군자들이 실로 천하의 이익을 일으키고 천하의 폐해를 없애고자 하면 응당 귀신의 존재를 존중하고 널리 드러내지 않으면 안 된다. 그것이 성왕의 도이기 때문이다."

불충不忠의 '충'을 소시학은 맞출 중中의 잘못으로 보았다. 진물陳物은 오래된 고사故事를 뜻한다. 비형이사非兄而姒의 '사'는 형수를 뜻한다. 『이아』「석친釋親」은 "자매 사이에서 언니를 사姒, 여동생을 제娣라고 한다. 윗동서는 아랫동서를 제부娣婦,아랫동서는 윗동서를 사부姒婦로 불렀다."고 했다. '이'를 왕인지는 즉則으로 풀이했다. 자부비지自夫費之의 '자'를 손이양은 차且의 잘못으로 보았다. 오학汚壑은 도랑과 구덩이를 말한다. 신장하재臣將何哉의 '신'은 어찌 거詎와 통하는 거巨의 오자이다. 교귀지복交鬼之福의 '교'는 구할 요徼와 통한다. 소시학은 '귀' 밑에 신神이 누락된 것으로 보았다.

제32장 비악(非樂) 상

'비악'은 음악을 비난한다는 뜻이다. 위정자의 향락을 부추겨 민생을 피폐케 만들 소지가 크기 때문이다. 백성과 나라를 이롭게 하는 이민이국利民利國을 역설한 묵자의 입장에서는 나름 일리가 있다. 예악禮樂을 전면에 내세우며 음악을 숭상한 유가와 극명한 대비를 이룬다. 유가가 음악의 순기능에 주목했다면, 묵가는 음악의 역기능에 주목했다고 평할 수 있다. 「비악」은 원래 3편으로 이뤄졌으나 현재는 상편만 남아 있다.

32-1

子墨子言曰, "仁之事者, 必務求興天下之利, 除天下之害. 將以爲法乎天下. 利人乎, 即爲. 不利人乎, 即止. 且夫仁者之爲天下度也, 非爲其目之所美, 耳之所樂, 口之所甘, 身體之所安. 以此虧奪民衣食之財, 仁者弗爲也. 是故子墨子之所以非樂者, 非以大鍾•鳴鼓•琴瑟•竽笙之聲以爲不樂也, 非以刻鏤華文章之色以爲不美也, 非以犓豢煎炙之味以爲不甘也, 非以高臺厚榭邃野之居以爲不安也. 雖身知其安也, 口知其甘也, 目知其美也, 耳知其樂也, 然上考之不中聖王之事, 下度之不中萬民之利, 是故子墨子曰, "爲樂非也."

묵자가 말했다.

"어진 사람은 일을 할 때 반드시 천하의 이익을 일으키고 천하의 폐해를 제거하는데 힘쓴다. 이를 천하의 준칙으로 삼아 만인에게 이익이 되면 행하고, 그렇지 못하면 그만둔다. 천하를 위해 헤아릴 때는 아름답게 보이고, 즐겁게 들리고, 입맛에 맞고, 몸에 편안한 것을 위해 일하지 않는다. 이처럼 백성의 의식衣食을 축내고 빼앗는 짓을 어진 사람은 행하지 않는다. 묵자가 음악을 반대하는 것은 대종大鍾과 명고鳴鼓 및 금슬琴瑟과 우생竽笙 등의 악기소리가 즐겁지 않다거나, 조각한 무늬와 장식 색깔 등이 아름답지 않다거나, 알맞게 부치거나 불에 구운 소와 돼지 등의 고기 맛이 없다거나, 높은 큰 누대나 고대광실에서 지내는 게 편안치 않기 때문이 아니다. 비록 몸이 편안함을 좇고, 입이 맛난 것을 좇고, 눈이 아름다움을 좇고, 귀가 즐거움을 좇을지라도 그것이 위로는 성왕의 사적에 부합치 않고, 아래로는 백성의 이익과 부합하지 않기 때문이다. 그래서 묵자는 이 같이 말한 것이다.

"음악을 즐기는 것은 잘못이다."

휴탈虧奪은 해치거나 빼앗는 것을 말한다. 고대후사高臺厚榭의 '후사'는 큰 규모의 정자 내지 도장을 의미한다. 수야지거邃野之居는 넓고 깊숙한 집에 사는 것을 말한다. 여기의 '야'를 왕인지는 우宇의 잘못으로 보았다.

32-2

今王公大人雖無造爲樂器已爲事乎國家，非直掊潦水·折壤坦而爲之也，將必厚措斂乎萬民，以爲大鍾·鳴鼓·琴瑟·竽笙之聲．古者聖王亦嘗厚措斂乎萬民, 以爲舟車, 旣以成矣, 曰, "吾將惡許用之." 曰, "舟用之水, 車用之陸, 君子息其足焉, 小人休其肩背焉." 故萬民出財齎而予之, 不敢以爲慼恨者, 何也? 以其反中民之利也. 然則樂器反中民之利亦若此, 卽我弗敢非也. 然則當用樂器, 譬之若聖王之爲舟車也, 卽我弗敢非也.

지금 왕공대인은 나라 안에서 악기의 제조와 연주를 일삼고 있다. 이는 단지 고여 있는 물을 푸거나 흙더미에서 그러모아 만드는 게 아니니다. 반드시 백성들로부터 무겁게 징수해 대종大鍾과 명고鳴鼓 및 금슬琴瑟과 우생竽笙 등의 악기소리를 즐기는 것이다. 옛 성왕은 일찍이 백성들로부터 많이 거둬 배와 수레를 만든 뒤 스스로 이같이 물었다.

"내가 장차 이를 어디에 사용할 것인가?"

그러고는 스스로 이같이 대답했다.

"배는 물, 수레는 뭍에서 쓰면 된다. 군자는 멀리 걸어가는 수고를 덜어 발을 쉬게 할 수 있고, 서민들은 짐을 지고 가는 수고를 덜어 어깨와 등을 쉬게 할 수 있을 것이다."

백성들이 많은 재화를 내주면서도 감히 원망하거나 한스럽게 여기지 않았으니 이는 무슨 까닭인가? 바로 백성들의 이익에 부합했기 때문이다. 악기가 오히려 백성들의 이익에 부합하고, 그 연주가 마치 성왕이 수레나 배를 만드는 것과 같다면 나는 감히 이를 비난하지 않을 것이다.

수무雖無는 '오직'을 뜻하는 어조사로 유무唯毋와 같다. 부요수절양단掊潦水折壤坦의 '부'는 취한다는 뜻이다. '요수'는 땅에 괸

물을 의미한다. '절'을 긁어모을 적摘, '탄'을 단壇의 잘못으로 보았다. 오장오허용지吾將惡許用之의 '오허'는 하처何處의 의미이다. 재재財齎는 재물을 뜻한다. 『주례』「장피掌皮」에서는, 남에게 주는 물건으로 풀이했다. 척한慼恨은 유감으로 여기며 한탄한다는 뜻이다.

32-3

民有三患. 饑者不得食, 寒者不得衣, 勞者不得食. 三者民之巨患也. 然即當爲之撞巨鍾, 擊鳴鼓, 彈琴瑟, 吹竽笙而揚干戚, 民衣食之財將安可得乎? 即我以爲未必然也. 意舍此, 今有大國即攻小國, 有大家即伐小家, 强劫弱, 衆暴寡, 詐欺愚, 貴傲賤, 寇亂盜賊並興, 不可禁止也. 然即當爲之撞巨鍾, 擊鳴鼓, 彈琴瑟, 吹竽笙而揚干戚, 天下之亂也, 將安可得而治與? 即我未必然也. 是故子墨子曰, "姑嘗厚措斂乎萬民, 以爲大鍾•鳴鼓•琴瑟•竽笙之聲, 以求興天下之利, 除天下之害, 而無補也." 是故子墨子曰, "爲樂非也."

백성에게는 3가지 우환이 있다. 첫째, 굶주리는 자가 먹을 것을 얻지 못하는 것이다. 둘째, 헐벗은 자가 옷을 구하지 못하는 것이다. 셋째, 수고로운 자가 쉬지 못하는 것이다. 이들 3가지가 바로 백성들의 큰 우환이다. 만일 위정자가 큰 종을 두드리며, 북을 치고, 거문고를 연주하며, 생황 등을 불고, 문무文舞와 무무武舞를 추는데 열중하면 백성들이 먹고 마시는 재화는 어디서 얻을 수 있겠는가? 반드시 그리할 수 없을 것으로 생각한다. 잠시 얘기를 돌려 보자. 지금 대국이 소국을 침공하고, 큰 종족이 작은 종족을 공벌하고, 강자가 약자를 겁박하고, 다수가 소수를 폭압하고, 약은 자가 어리석은 자를 속이고, 귀인이 서민을 오만하게 대하여 반역과 도적질이 일거에 일어남으로써 이를 금하지도 못하고 있다. 이런 상황에서 위정자가 큰 종을 두드리며, 북을 치고, 거문고를 연주하며, 생황 등을 불고, 문무文舞와 무무武舞를 추는데 열중하고 있으니 천하의 어지러움이 어찌 다스려질 리 있겠는가? 반드시 그리할 수 없을 것으로 생각한다. 묵자가 말했다.

"백성들로부터 많은 재화를 거둬들인 뒤 큰 종과 북, 거문고, 생황 등의 연주를 듣는 것으로 천하의 이익을 일으키고 천하의 폐해를 제거코자 할 경우 결코 아무런 도움도 얻지 못할 것이다."

그래서 묵자는 이같이 말한 것이다.

"음악을 즐기는 것은 잘못이다."

당위지當爲之의 '당'은 '만일'의 뜻인 당儻과 같다. 양간척揚干戚은 도끼와 방패를 들고 춤을 추는 무무武舞를 뜻한다. 의사차意舍此는 잠시 이 얘기는 놓아두고 딴 얘기를 해보자는 취지이다. 여기의 '의'를 유월은 후한 말기에 만들어진 희평석경熹平石經이 억抑을 '의'로 표현한 것을 근거로 '아니면'의 뜻을 지닌 '억'과 통한다고 했다. 『논어』「학이」에 '억여지여抑與之與' 표현이 나온다.

32-4

今王公大人唯毋處高臺厚榭之上而視之, 鍾猶是延鼎也, 弗撞擊, 將何樂得焉哉? 其說將必撞擊之. 惟勿撞擊, 將必不使老與遲者. 老與遲者, 耳目不聰明, 股肱之畢强, 聲不和調, 明不轉朴. 將必使當年, 因其耳目之聰明, 股肱之畢强, 聲之和調, 眉之轉朴. 使丈夫爲之, 廢丈夫耕稼樹藝之時. 使婦人爲之, 廢婦人紡績織紝之事. 今王公大人唯毋爲樂, 虧奪民衣食之財, 以拊樂如此多也. 是故子墨子曰, "爲樂非也."

지금 왕공대인처럼 높고 큰 누대에 거처하는 입장에서 바라보면 종과 같은 악기는 세발솥이나 다를 게 없다. 이를 두드리지 않으면 즐거움을 어디서 얻을 수 있겠는가? 이런 주장에 따르면 종은 반드시 두드려야만 할 것이다. 그러나 종을 두드리고자 하면 결코 노인이나 반응이 느린 자는 쓰지 않을 것이다. 노인과 반응이 느린 자는 귀와 눈이 어둡거나, 사지가 튼튼하지 않거나, 재주는 화음을 내기에 부족하고, 눈썰미 또한 민첩하지 못할 것이다. 그러면 반드시 장년을 쓸 것이다. 그들의 귀와 눈은 밝고, 사지는 튼튼하고, 기예는 화음을 내는데 족하고, 눈썰미는 민첩할 것이다. 이를 농부에게 시키면 밭 갈고 씨 뿌리며 경작하는 시기를 잃게 하고, 여인에게 시키면 방적하고 길쌈하는 일을 폐하는 꼴이 된다. 지금 왕공대인은 한낱 자신들의 즐거움을 위해 백성들이 입고 먹는 재화를 손상시키고 빼앗으면서 이처럼 대규모로 음악연주를 감상하고 있는 셈이다. 그래서 묵자는 이같이 말한 것이다.

"음악을 즐기는 것은 잘못이다."

연정延鼎은 엎어놓은 솥을 뜻한다. '연'은 엎을 복覆과 통한다. 유물惟勿은 '오직'을 뜻하는 유무惟毋와 같다. 노여치老與遲의 '치'는 어릴 치稚와 통한다. 필강畢强의 '필'을 손이양은 잽쌀 질疾로 풀이했다. 명불전박明不轉朴의 '명'을 유월은 눈을 뜻하는 미眉, '박'을 손뼉 칠 변抃의 잘못으로 보았다. 부악拊樂은 악기를 두드린다는 뜻으로 연주를 의미한다.

32-5

今大鍾•鳴鼓•琴瑟•竽笙之聲旣已具矣, 大人鏽然奏而獨聽之, 將何樂得焉哉? 其說將必與賤人, 不與君子. 與君子聽之, 廢君子聽治. 與賤人聽之, 廢賤人之從事. 今王公代人惟毋爲樂, 虧奪民之衣食之財, 以拊樂如此多也. 是故子墨子曰, "爲樂非也."

지금 큰 종과 북, 거문고, 생황 등의 악기가 모두 갖춰져 있을 때 대인大人 홀로 숙연히 음악을 연주하며 감상할 경우 과연 무슨 즐거움이 있겠는가? 이런 주장에 따르면 반드시 벼슬하지 않은 서민 또는 벼슬한 관인官人과 함께 감상해야만 할 것이다. 관인과 함께 감상하면 정사를 방해하고, 서민과 더불어 감상하면 맡은 바 일을 못하게 만드는 꼴이 된다. 지금 왕공대인은 한낱 자신들의 즐거움을 위해 백성들이 입고 먹는 재화를 손상시키고 빼앗으면서 이처럼 대규모로 음악연주를 감상하고 있는 셈이다. 그래서 묵자는 이같이 말한 것이다.

"음악을 즐기는 것은 잘못이다."

대인수연大人鏽然의 '수'는 정숙할 숙肅과 통한다. 군자君子는 여기서 벼슬한 관인官人의 뜻으로 사용됐다. 벼슬하지 않은 사람은 천인賤人으로 표현됐다. 청치聽治는 관인의 공사公事 처리를 뜻한다.

32-6

昔者齊康公興樂『萬』, 『萬』人不可衣短褐, 不可食糠糟. 曰, "食飮不美, 面目顔色不足視也. 衣服不美, 身體從容醜羸不足觀也." 是以食必粱肉, 衣必文繡. 此掌不從事乎衣食之財, 而掌食乎人者也. 是故子墨子曰, "今王公大人惟毋爲樂, 虧奪民衣食之財, 以拊樂如此多也." 是故子墨子曰, "爲樂非也."

옛날 제강공齊康公은 「만萬」이라는 무곡舞曲을 지은 뒤 춤추는 자들로 하여금 험한 옷을 입거나, 거친 음식을 먹지 못하게 하면서 이같이 말했다.

"먹고 마시는 게 훌륭하지 않으면 얼굴과 안색이 흉해진다. 의복이 아름답지 않으면 몸과 거동이 볼품없어진다."

이에 반드시 음식은 좋은 밥과 고기, 옷은 화려한 무늬와 수를 놓은 것이어야 했다. 이들은 늘 옷과 음식을 만드는 일에 종사하지 않은 채 남에게 얹혀 먹고 사는 자들이다. 묵자가 말했다.

"지금 왕공대인은 한낱 자신들의 즐거움을 위해 백성들이 입고 먹는 재화를 손상시키고 빼앗으면서 이처럼 대규모로 음악연주를 감상하고 있다."

그래서 묵자는 이같이 말한 것이다.

"음악을 즐기는 것은 잘못이다."

흥악만興樂萬의 '흥'을 유월은 희喜로 표현했다. '만'은 『시경』에 나오는 '만무萬舞'와 통한다. 만인萬人은 '만무'를 공연하는 무인舞人 내지 악공樂工을 뜻한다. 강조糠糟는 술지게미와 겨처럼 조악한 음식으로 통상 조강糟糠으로 표현한다. '신체종용추리부족관야身體從容醜羸不足觀也' 구절의 '종용'을 『광아』「석훈釋訓」은 거동擧動으로 풀이했다. 고대에는 '거동'을 '종용'으로 표현했다. 왕인지는 『태평어람』「복장부服章部」 등에 인용된 구절이 '신체종용부족관야身體從容不足觀也'인 점에 주목해 추하고 파리하다는 뜻의 '추리' 2자는 후대인이 삽입시킨 것으로 보았다. 양육粱肉은 기장밥과 고기로 좋은 음식을 상징한다. 장부종사掌不從事의 '장'을 손이양은 상常과 통하는 것으로 보았다.

32-7

今人固與禽獸•麋•鹿•蜚鳥•貞蟲異者也. 今之禽獸•麋鹿•蜚鳥•貞蟲, 因其羽毛以爲衣裘, 因其蹄蚤以爲絝屨, 因其水草以爲飮食. 故唯使雄不耕稼樹藝, 雌亦不紡績織紝, 衣食之財固已具矣. 今人與此異者也, 賴其力者生, 不賴其力者不生. 君子不强聽治卽刑政亂, 賤人不强從事卽財用不足. 今天下之士君子以吾言不然, 然卽姑嘗數天下分事而觀樂之害. 王公大人蚤朝晏退, 聽獄治政, 此其分事也. 士君子竭股肱之力, 亶其思慮之智, 內治官府, 外收斂關市•山林•澤梁之利, 以實倉廩府庫, 此其分事也. 農夫蚤出暮入, 稼穡樹藝, 多聚菽粟, 此其分事也. 婦人夙興夜寐, 紡績織紝, 多治麻絲葛緖, 綑布縿, 此其分事也. 今惟毋在乎王公大人說樂而聽之, 卽必不能蚤朝晏退, 聽獄治政, 是故國家亂而社稷危矣. 今惟毋在乎士君子說樂而聽之, 卽必不能竭股肱之力, 亶其思慮之智, 內治官府, 外收斂關市•山林•澤梁之利, 以實倉廩府庫, 是故倉廩府庫不實. 今惟毋在乎農夫說樂而聽之, 卽必不能蚤出暮入, 耕稼樹藝, 多聚菽粟, 是故叔粟不足. 今惟毋在乎婦人說樂而聽之, 卽不必能夙興夜寐, 紡績織紝, 多治麻絲葛緖, 綑布縿, 是故布縿不興, 曰, "孰爲大人之聽治而廢國家之從事," 曰, "樂也." 是故子墨子曰, "爲樂非也."

지금 사람은 확실히 금수禽獸 즉 고라니나 사슴 등의 들짐승, 날아다니는 조류, 땅 위를 기는 파충류와는 다르다. 이들 짐승은 깃과 털을 옷으로 삼고, 발굽과 발톱 등을 신발로 삼고, 물과 풀 등을 먹이로 삼는다. 수컷은 밭 갈고 씨 뿌리는 등의 경작을 할 필요가 없고, 암컷 역시 방적하고 길쌈하는 등의 일을 하지 않아도 된다. 입고 먹을 것이 이미 갖춰져 있기 때문이다. 사람은 이와 다르다. 자신의 힘을 동원하면 살고, 그렇지 못하면 이내 죽게 된다. 군자가 정사에 힘쓰지 않으면 형정이 어지러워지고, 서민이 맡은 바 일에 종사하지 않으면 재용이 부족해진다. 지금 천하의 사군자가 내 말을 받아들이지 않는다면 잠시 시험 삼아 천하의 여러 직분을 헤아리며 음악의 폐해를 살펴보기로 하자. 왕공대인은 아침 일찍 조정으로 갔다가 늦게 퇴근하면서 옥사獄事를 다스리고 국사를 돌본다. 이는 그들의 직분이다. 사군자인 관원은 모든 힘과 지혜를 짜내 안으로 관부官府를 다스리고, 밖으로 관시關市와 산림山林 및 늪과 교량 등지에서 나는 이익을 거둬들여 창름倉廩과 부고府庫를 채운다. 이는 그들의 직분이다. 농부는 농사를 지으면서 아침 일찍 들로 나가고 밤늦게 들어오면서 밭 갈고 씨 뿌리는 등의 경작을 하여 콩과 조 등의 곡식을 수확한다. 이는 그들의 직분이다. 여인들은 아침 일찍 일어나 밤늦게 자면서 방적과 길쌈을 하고, 삼과 명주실, 칡, 모시 등으로 천이나 비단을 짠다. 이는 그들의 직분이다. 지금 왕공대인이 음악에 빠져 이를 즐기고자 하면 반드시 아침 일찍 조회에 나가 늦게 퇴근하면서 옥사를 다스리고 국사를 돌보는 일이 불가능해진다. 그러면 나라가 어지러워지고 사직이 위태로워진다. 지금 사군자인 관원이 음악에 빠져 이를 즐기고자 하면 반드시 모든 힘과 지혜를 짜내 안으로 관부를 다스리고, 밖으로 관시와 산림 및 늪과 교량 등지에서 나는 이익을 거둬들여 창름과 부고를 채우는 일이 불가능해진다. 그러면 창름과 부고가 부실해진다. 지금 농부가 음악에 빠져 이를 즐기고자 하면 반드시 아침 일찍 들로 나가고 밤늦게 들어오면서 밭 갈고 씨 뿌리는 등의 경작과 수확에 전념할 수 없어 곡식이 부족해진다. 지금 여인들이 음악에 빠져 이를 즐기고자 하면 반드시 아침 일찍 일어나 밤늦게 자면서 방적과 길쌈을 하고, 삼과 명주실, 칡, 모시 등으로 천이나 비단을 짜는 일에 전념할 수 없어 입을 것이 부족해진다. 한번 물어보자.

"과연 그 무엇이 대인이 정사를 돌보고, 서민이 맡은 일에 종사하는 것을 가로막는 것인가?"

답은 이렇다.

"바로 음악이다."

그래서 묵자는 이같이 말한 것이다.

"음악을 즐기는 것은 잘못이다."

비조蜚鳥의 '비'는 비飛와 통한다. 제조蹄蚤의 '제'는 발굽을 뜻하고, '조'는 발톱과 손톱을 뜻하는 조爪와 같다. 고구絝屨의 '고'는 정강이에 감는 천으로 고袴와 같다. '구'는 신발로 리履와 통한다. 단기사려지지亶其思慮之智의 '단'을 손이양은 다할 탄殫과 통하는 것으로 보았다. 「비명」에는 '탄'으로 나온다. 택량澤梁의 '량'은 개울 등에 날개 모양으로 둘러치거나 나무 울타리를 친 뒤 그 안에 그물을 달아 두거나 통발 등을 사용해 물고기를 잡는 어살을 말한다. 어전漁箭으로 표현키도 한다. 창름부고倉廩府庫는 창고의 총칭이다. 원래 곡식 저장 창고를 '창', 쌀을 저장하는 창고를 '름', 국가 문서 등을 보관하는 곳을 '부', 비단 등의 재화와 무기를 저장하는 장고를 '고'라고 했다. 이후 '창름'은 식량을 저장하는 창고의 총칭, '부고'는 공문서를 비롯해 비단과 금 등의 물자를 비축한 국고의 총칭으로 사용됐다.

숙속叔粟은 콩과 조로 곡식을 상징한다. '숙'은 숙菽과 통한다. 마사갈서麻絲葛緖의 '마사'는 삼베를 만들 때 사용하는 삼실, '갈서'는 칡과 모시를 뜻한다. '서'는 모시 베인 저紵와 통한다. 곤포삼綑布縿의 '곤'은 짤 직織의 뜻이다. '삼'을 왕인지는 비단을 뜻하는 조繰의 잘못으로 보았다. '숙위대인지청치이폐국가지종사孰爲大人之聽治而廢國家之從事' 구절을 두고 유월은 이폐而廢가 대인大人 앞에 오고, 국가國家는 천인賤人으로 바꿔야 한다고 주장했다. 유월의 주장을 좇아 바꿔 해석했다.

32-8

何以知其然也? 曰, "先王之書湯之「官刑」有之, 曰, '其恒舞於宮, 是謂巫風. 其刑, 君子出絲二衛, 小人否, 似二伯黃徑, 乃言曰, '嗚呼, 舞佯佯, 黃言孔章, 上帝弗常, 九有以亡. 上帝不順, 降之百殃, 其家必壞喪.' 察九有之所以亡者, 徒從飾樂也. 於「武觀」曰, '啓乃淫溢康樂, 野於飮食. 將將銘莧磬以力. 湛濁於酒, 渝食於野, 『萬』舞翼翼, 章聞於大, 天用弗式.' 故上者天鬼弗戒, 下者萬民弗利." 是故子墨子曰, "今天下士君子, 請將欲求興天下之利, 除天下之害, 當在樂之爲物, 將不可不禁而止也."

무엇으로 음악을 즐기는 게 잘못인 줄 알 수 있는가? 대답은 이렇다.

"선왕의 책인 탕왕의 「관형官刑」에 이르기를, '늘 집안에서 춤을 추는 것을 일컬어 무풍巫風이라고 한다.'고 했다. 이를 범하면 벼슬하는 자는 명주실 두 묶음을 내게 했다. 서민의 경우는 내지 않거나, 낼 경우 2백 가닥의 누런 실을 냈다. 또 이르기를, '아, 춤을 너울너울 추고 생황 소리 크게 울리면 상제가 도와주지 않을 것이니 중원의 구주九州 나라들 모두 패망하리라. 상제가 응답하지 않은 채 온갖 재앙을 내리니 그들 집안 또한 패망하리라.'라고 했다. 구주의 나라들이 패망하는 까닭을 살펴보면 오직 음악에 빠져 정사를 소홀히 했기 때문이다. 또 하나의 역사서인 『무관武觀』에 이르기를, '우왕의 아들 계啓가 크게 방탕해 야외에서 큰 연회를 베풀고 퍼마시며 「만萬」의 무곡을 성대하게 울리자 그 소리가 하늘에까지 들렸다. 하늘이 이를 법식으로 삼지 않았다.'고 했다. 이처럼 음악을 즐기는 것은 위로는 하늘과 귀신이 법도로 삼을 수 없다고 비판했고, 아래로는 천하 만민에게 이롭지 못한 일이다."

묵자가 말했다.

"지금 천하의 사군자가 실로 천하의 이익을 일으키고 천하의 폐해를 제거코자 하면 응당 음악을 즐기는 일을 금하지 않을 수 없다."

탕지관형湯之官刑은 탕왕 때 만든 형벌이라는 뜻으로 현존 『서경』의 「상서商書, 관형官刑」에 유사한 구절이 나온다. 무풍巫風은 가무를 즐기는 풍조를 말한다. 2위二衛의 '위'를 손이양은 실타래를 뜻하는 술術의 잘못으로 보았다. 소인부小人否의 '부'는 벌금을 내지 않는다는 뜻이다. 손이양은 배倍의 생략형인 린吝으로 풀이했다. 그러나 문맥상 서민에게 더 많은 벌금을 내게 했다는 것은 타당치 않다. 사이백황경似二伯黃徑을 두고 북경대교수를 지낸 고문자학古文字學의 대가 우성오于省吾는 『묵자신증墨子新証』에서 '사'를 이以, '백'을 백百, '경'을 날실의 경經과 통하는 것으로 보았다. 2백 가닥의 황사黃絲를 바치도록 했다는 의미이다. 무양양舞佯佯의 '양양'은 크게 너울거리는 양양洋洋과 통한다. 황언공창黃言孔章을 두고 우성오는 '황'을 황簧, '언'을 음音으로 간주해 생황소리로 풀이했다. '공'은 대大의 뜻이고, '창'은 드러낼 창彰으로 곧 통창通暢의 창暢과 통한다. 불상弗常의 '상'을 왕인지는 『이아』「석고」를 인용해 받들 우右의 뜻으로 새겼다. 고대에 상尙과 상常은 서로 통용됐다. 구유九有는 중원에 있는 구주九州의 나라를 말한다. 백상百殃은 여러 재앙을 뜻한다. 무관武觀은 하나라의 역사기록을 말한다. 계내음일강락啓乃淫溢康樂의 '계'는 우왕의 아들을 지칭한다. '음일'은 지나치게 음탕하다는 뜻이다. 장장명將將銘의 '장장'은 금옥의 소리인 장장鏘鏘과 같다. 손이양은 『시경』「주송周頌, 집경執競」을 근거로 장장황황將將鍠鍠의 잘못으로 파악했다. 명현경銘莧磬을 두고 우성오는 '명'을 명鳴, '현'을 관管과 통하는 것으로 간주해 관악기와 경쇠의 소리로 풀이했다. 담탁湛濁은 깊이 빠진다는 의미로 침탁沈濁과 같다. 유식어야渝食於野의 '유'는 구차하다는 뜻으로 투偸와 통한다. 만무익익萬舞翼翼의 '익익'은 아름다운 춤사위를 형용한 말로 혁혁奕奕과 통한다. 장문어대章聞於大의 '대'를 필원은 천天의 잘못으로 보았다. 불식弗式은 법식이 아니라는 의미로, 불계弗戒을 손이양은 '불식'의 잘못으로 파악했다.

제33장 비악(非樂) 중   망실

제34장 비악(非樂) 하 망실

권9
제35장 비명(非命) 상

'비명'은 사람의 운명이 미리 정해져 있다는 숙명론宿命論을 비판하기 위해 편제된 것이다. 매사에 근검한 자세로 임하면 하늘이 복을 내린다는 주장을 편 묵자의 입장에서 볼 때 이는 당연한 것이기도 하다. 「비명」은 모두 3편으로 이뤄져 있고, 내용상 차이는 없다.

35-1

子墨子言曰, "古者王公大人爲政國家者, 皆欲國家之富, 人民之衆, 刑政之治. 然而不得富而得貧, 不得衆而得寡, 不得治而得亂, 則是本失其所欲, 得其所惡, 是故何也?"

묵자가 말했다.

"옛날 왕공대인은 나라를 다스리면서 하나같이 나라를 부유하게 만들고, 인민을 크게 늘리고, 형정을 공평히 시행코자 했다. 그러나 부유해지기는커녕 오히려 더 가난해지고, 늘리기는커녕 오히려 더 줄어들고, 공평히 시행키는커녕 오히려 더 어지러워졌다. 바라던 것은 잃고, 오히려 꺼리던 것을 얻은 셈이다. 이리된 까닭은 무엇인가?"

인민지중人民之衆의 '중'은 사람이 많아진다는 뜻의 동사로 사용됐다.

35-2

子墨子言曰, "執'有命' 者, 以雜於民間者衆. 執'有命' 者之言曰, '命富則富, 命貧則貧. 命衆則衆, 命寡則寡. 命治則治, 命亂則亂. 命壽則壽, 命夭則夭.' 明雖强勁何益哉? 以上說王公大人, 下以駔百姓之從事. 故執'有命' 者不仁. 故當執'有命' 者之言, 不可不明辨."

묵자가 말했다.

"운명론을 주장하는 자들이 민간 내에 대거 존재한다. 이들은 말하기를, '부유해질 운명이면 부유해지고, 가난해질 운명이면 가난해진다. 인구가 많아질 운명이면 많아지고, 적어질 운명이면 적어진다. 다스려질 운명이면 다스려지고, 어지러워질 운명이면 어지러워진다. 장수할 운명이면 장수하고, 요절할 운명이면 요절한다.'고 했다. 만일 그렇다면 아무리 노력할지라도 아무 소용이 없는 셈이니 삶에 무슨 도움이 되겠는가? 이들은 이런 운명론을 이용해 위로는 왕공대인에게 유세해 출세를 꾀하고, 아래로는 백성들의 생업을 가로막는 짓을 하고 있다. 운명론을 주장하는 자는 불인不仁한 자들이다. 운명론의 시비를 분명히 따지지 않으면 안 되는 이유다."

잡어민간자雜於民間者의 '잡'이 일부 판본에는 잡雜의 본자本字인 잡襍으로 되어 있다.

35-3

"然則明辨此之說將奈何哉?" 子墨子言曰, "必立儀. 言而毋儀, 譬猶運鈞之上而立朝夕者也, 是非利害之辨不可得而明知也, 故言'必有三表'." "何謂三表?" 子墨子言曰, "有本之者, 有原之者, 有用之者." "於何本之?" "上本之於古者聖王之事." "於何原之?" "下原察百姓耳目之實." "於何用之?" "廢以爲刑政, 觀其中國家百姓人民之利. 此所謂言有三表也."

어떤 자가 묵자에게 물었다.

"운명론의 시비를 분명히 따지고자 하면 과연 어찌해야 합니까?"

묵자가 대답했다.

"반드시 기준을 세워야 한다. 말을 하면서 기준이 없으면 마치 도자기를 빚을 때 돌리는 녹로轆轤 위에서 동서의 방향을 정하는 것처럼 어려운 일이다. 이같이 해서는 시비와 이해를 제대로 가릴 길이 없다. 반드시 3가지 기준인 3표三表가 있어야 한다고 말하는 이유다."

"무엇이 3표입니까?"

"근본을 뜻하는 본표本表, 탐구를 뜻하는 원표原表, 활용을 뜻하는 용표用表가 그것이다."

"무엇이 본표입니까?"

"위로 옛날 성왕의 사적을 거슬러 올라가는 일이다."

"무엇이 원표입니까?"

"아래로 성왕의 사적을 토대로 백성의 일상적인 삶을 살펴보는 일이다."

"무엇이 용표입니까?"

"형정을 공평히 시행하며 나라와 백성의 이익을 상세히 살피는 일이다. 이것이 이른바 '3표'이다."

균지상鈞之上의 '균'은 도자기를 빚을 때 빙빙 돌리는 녹로轆轤를 지칭한다. 입조석立朝夕을 손이양은 해 뜨는 동쪽과 해 지는 서쪽을 따져 가린다는 뜻으로 풀이했다. 3표三表의 '표'는 표준 내지 규범의 뜻으로 사용된 것이다. 폐이위형정廢以爲刑政의 '폐'를 왕인지는 발휘한다는 뜻의 발發로 읽었다. 고대에는 '폐'와 '발'이 통용됐다.

35-4

然而今天下之士君子, 或以命爲有. 蓋嘗尙觀於聖王之事? 古者桀之所亂, 湯受而治之. 紂之所亂, 武王受而治之. 此世未易, 民未渝, 在於桀紂則天下亂, 在於湯武則天下治, 豈可謂有命哉?

지금 천하의 사군자 가운데 간혹 운명론을 주장하는 자가 있다. 이들은 어찌하여 성왕의 사적을 살펴보지 않는 것인가? 옛날 하나라 걸이 천하를 어지럽히자 탕왕이 이를 물려받아 바르게 다스렸고, 은나라 주가 어지럽히자 주나라 무왕이 물려받아 바르게 다스렸다. 천하가 바뀌거나 백성이 변한 것도 아닌데 걸과 주가 다스릴 때는 어지러웠고, 탕왕과 무왕이 다스릴 때는 잘 다스려졌다. 이것이 어찌 운명의 결과이겠는가?

개상상관蓋嘗尙觀의 '개'가 원본에는 '개'의 오자誤字인 익益으로 되어 있었으나 왕인지 등이 '개'로 고쳤다. 상尙은 상上과 통한다. 민미유民未渝의 '유'는 변한다는 의미이다.

35-5

然而今天下之士君子, 或以命爲有. 蓋嘗尙觀於先王之書? 先王之書所以出國家•布施百姓者, 憲也. 先王之憲, 亦嘗有曰'福不可請, 而禍不可諱. 敬無益, 暴無傷' 者乎? 所以聽獄制罪者, 刑也. 先王之刑亦嘗有曰, '福不可請, 禍不可諱. 敬無益, 暴無傷' 者乎? 所以整設師旅•進退師徒者, 誓也. 先王之誓亦嘗有曰'福不可請, 禍不可諱. 敬無益, 暴無傷' 者乎. 是故子墨子言曰, "吾當未鹽數, 天下之良書不可盡計數, 大方論數, 而五者是也. 今雖毋求執'有命' 者之言, 不必得, 不亦可錯乎?"

지금의 사군자 가운데 간혹 운명론을 주장하는 자가 있다. 이들은 어찌하여 선왕의 책을 살펴보지 않는 것인가? 선왕의 책을 보면 나라를 다스리고 백성에게 선포해 널리 시행하는 근거는 헌정憲政이다. 선왕의 헌정 속에 일찍이 '복은 부를 수 없고, 화는 피할 수 없고, 공경은 이익 될 게 없고, 포학은 손해 볼 게 없다.'고 쓰여 있는 구절이 있던가? 옥송을 재판하고 형벌을 정하는 근거는 형법刑法이다. 선왕의 형법 속에 일찍이 '복은 부를 수 없고 화는 피할 수 없고, 공경은 이익 될 게 없고, 포학은 손해 볼 게 없다.'고 쓰여 있는 구절이 있던가? 군사를 정비하고, 진퇴를 결정하는 근거는 맹서盟誓이다. 선왕의 맹서 속에 일찍이 '복은 부를 수 없고, 화는 피할 수 없고, 공경은 이익 될 게 없고, 포학은 손해 볼 게 없다.'고 쓰여 있는 구절이 있던가? 묵자가 말했다.

"나는 아직 다 헤아려 보지는 못했으나 천하의 양서良書는 그 수를 헤아릴 수 없을 정도로 많을 것이다. 그러나 개괄적으로 말하면 대략 위에서 얘기한 헌정과 형법 및 맹서 등 3가지 종류일 것이다.

지금 운명론을 주장하는 논거를 찾아보았지만 도저히 찾을 수가 없었다. 그러니 운명론은 폐기하는 게 옳지 않겠는가?"

포시백성布施百姓의 '포시'는 2가지 뜻이 있다. 첫째, 여기서 사용된 것처럼 법령 등을 공포해 시행한다는 뜻이다. 둘째, 재물을 내어 베푸는 것을 말한다. 이때는 '보시'로 읽는다. 화불가위禍不可諱의 '위'는 위違의 가차이다. 『예기』「치의緇衣」에 대한 정현의 주는 '위'를 피避로 풀이했다. 사려師旅는 군대를 지칭한다. 서야誓也의 '서'는 전쟁에 앞서 군주나 장수가 장병 앞에서 행하는 훈시를 말한다. 전쟁을 벌이게 된 이유와 목적, 군령 등을 전한다. 오당미염수吾當未鹽數의 '당'을 손이양은 상尙의 잘못, '염'을 필원은 진盡의 잘못으로 보았다. 대방大方은 대략大略과 같다. 오자五者의 '오'를 필원은 삼三의 잘못으로 보았다. 불역가착호不亦可錯乎의 '착'을 손이양은 폐기할 폐廢로 읽었다.

35-6

今用執'有命' 者之言, 是覆天下之義. 覆天下之義者, 是立命者也, 百姓之誶也. 說百姓之誶者, 是滅天下之人也. 然則所爲欲義在上者, 何也? 曰, "義人在上, 天下必治. 上帝山川鬼神必有幹主, 萬民被其大利." 何以知之? 子墨子曰, "古者湯封於亳, 絶長繼短, 方地百里. 與其百姓兼相愛•交相利, 移則分. 率其百姓以上尊天事鬼. 是以天鬼富之, 諸侯與之, 百姓親之, 賢士歸之, 未歿其世而王天下, 政諸侯. 昔者文王封於岐周, 絶長繼短, 方地百里. 與其百姓兼相愛•交相利則. 是以近者安其政, 遠者歸其德. 聞文王者, 皆起而趨之. 罷不肖•股肱不利者, 處而願之, 曰, '奈何乎使文王之地及我? 吾則吾利, 豈不亦猶文王之民也哉?' 是以天鬼富之, 諸侯與之, 百姓親之, 賢士歸之, 未歿其世而王天下, 政諸侯. 鄕者言曰, '義人在上, 天下必治.' 上帝山川鬼神必有幹主, 萬民被其大利. 吾用此知之."

지금 운명론을 주장하는 자들의 이론을 좇으면 이는 천하의 대의를 뒤엎는 게 된다. 천하의 대의를 뒤엎는 자는 바로 운명론을 주장하는 자들로 백성의 우환을 기쁨으로 삼는 자들이기도 하다. 백성의 우환을 기뻐하는 자는 천하 사람을 멸망시키고자 하는 자들이다. 그러니 의로운 사람이 윗자리에 앉아 있기를 바라는 까닭은 무엇인가? 대답은 이렇다.

"그래야만 반드시 천하가 잘 다스려지고, 상제와 산천의 귀신도 제사를 주관할 사람이 있게 되고, 천하 만민도 큰 이익을 얻기 때문이다."

무엇으로 그런 줄 알 수 있는가? 묵자가 말했다.

"옛날 탕왕은 박亳 땅에 봉해졌을 때 영지는 긴 곳을 잘라 짧은 곳에 이어 붙여 네모꼴로 만들면 사방 100리에 불과했다. 그는 백성들과 함께 서로 두루 사랑하고 이롭게 해주는 겸애교리兼愛交利를 행하며 이익을 고루 분배했다. 이어 백성을 이끌고 하늘을 받들며 귀신을 섬겼다. 하늘과 귀신이 그를 부유하게 해주고, 제후들은 그의 편이 되고, 백성들은 그와 친하게 되고, 현자는 그에게 귀의하게 됐다. 그가 생전에 천하의 왕자王者가 되고 제후들을 호령하는 우두머리가 된 이유다. 옛날 문왕 역시 기주岐周에 봉해졌을 때 영지는 긴 곳을 잘라 짧은 곳에 이어 붙여 네모꼴로 만들면 사방 100리에 불과했다. 그는 백성들과 함께 '겸애교리'를 행하며 이익을 고루 분배했다. 가까운 곳에 사는 백성은 그의 정사를 편히 받아들이고, 멀리 떨어진 곳의 백성은 그의 덕을 흠모했다. 그의 덕정을 들은 사람들이 모두 일어나 달려간 이유다. 피폐하여 힘이 없거나 사지가 불편한 자들은 사는 곳에서 빌기를, '어찌해야 문왕의 영지가 이곳까지 미칠 수 있을까? 우리가 문왕을 본받으면 이롭게 될 것이니, 그것이 어찌 문왕의 백성이 되는 길이 아니겠는가?'라고 했다. 하늘과 귀신이 그를 부유하게 해주고, 제후들은 그의 편이 되고, 백성들은 그와 친하게 되고, 현자는 그에게 귀의하게 됐다. 그가 생전에 천하의 왕자가 되고 제후들을 호령하는 우두머리가 된 이유다. 앞서 내가 말하기를, '의로운 사람이 윗자리에 앉아 있으면 반드시 천하가 잘 다스려지고, 상제와 산천의 귀신도 제사를 주관할 사람이 있게 되고, 천하 만민도 큰 이익을 얻게 된다.'고 했다. 바로 이런 성왕의 사적을 통해 알 수 있었다."

백성지수百姓之誶의 '수'를 유월은 걱정할 췌悴와 통하는 것으로 보았다. 필유간주必有幹主의 '간주'는 제사를 주관해 지내는 종주宗主의 뜻이다. 탕봉어박湯封於亳의 '박'은 은나라 도읍으로 지금의 하남성 낙양시 동쪽의 언사현偃師縣이다. 이즉분移則分의 '이'는 고대에 넘칠 치侈와 통용됐다. 기주岐周는 주나라의 옛 도읍으로 지금의 섬서성 기산현岐山縣이다. 교상리즉交相利則을 두고 유월은 '즉' 위에 이移 자, 아래에 분分 자가 빠졌다고 보았다. 피불초罷不肖의 '피'는 지칠 피疲와 통한다. '불초'는 못난 사람을 뜻한다. 고굉불리股肱不利는 팔다리가 불편한 자를 지칭한다. 오칙오리吾則吾利는 우리가 문왕을 본받으면 이롭게 된다는 뜻이다. 오용차지지吾用此知之의 '용차'는 '이로써'의 뜻으로 이차以此와 같다.

35-7

是故古之聖王發憲出令, 設以爲賞罰以勸賢. 是以入則孝慈於親戚, 出則弟長於鄕里. 坐處有度, 出入有節, 男女有辨. 是故使治官府, 則不盜竊, 守城則不崩叛. 君有難則死, 出亡則送. 此上之所賞, 而百姓之所譽也. 執'有命' 者之言曰, "上之所賞, 命固且賞, 非賢故賞也. 上之所罰, 命固且罰, 不暴故罰也." 是故入則不慈孝於親戚, 出則不弟長於鄕里. 坐處不度, 出入無節, 男女無辨. 是故治官府則盜竊, 守城則崩叛. 君有難則不死, 出亡則不送. 此上之所罰, 百姓之所非毁也. 執'有命' 者言曰, "上之所罰, 命固且罰, 不暴故罰也. 上之所賞, 命固且賞, 非賢故賞也." 以此爲君則不義, 爲臣則不忠, 爲父則不慈, 爲子則不孝, 爲兄則不良, 爲弟則不弟. 而强執此者, 此特凶言之所自生而暴人之道也.

옛 성왕은 헌정과 법령을 반포하면서 상벌제도로 현자를 고취했다. 현자가 집안으로 들어와서는 부모에게 효도하고, 밖으로 나가서는 마을 어른에게 공경스런 모습을 보인 이유다. 행동거지에 법도가 있고, 들고나는데 절도가 있고, 남녀 사이에 분별이 있었던 것도 이 때문이다. 덕분에 현자는 관부를 맡으면 도적질을 하지 않고, 적의 침공 속에 성을 지키면 배반하지 않고, 군주에게 어려움이 있으면 목숨을 바쳐 충성하고, 군주가 망명하면 행동을 함께 했다. 이들 모두 포상을 받고, 백성의 칭송을 받을 사람들이다. 운명론을 주장하는 자들은 말한다.

"윗사람이 포상하는 것은 본래 그들이 상을 탈 운명이기에 그런 것이지 현명했기 때문에 그런 게 아니다. 반대로 윗사람이 처벌하는 것은 본래 그들이 처벌을 받을 운명이기에 그런 것이지 포학했기 때문에 그런 게 아니다."

사람들이 집안으로 들어와서는 부모에게 효도하지 않고, 밖으로 나가서는 마을 어른에게 공경스런 모습을 보이지 않게 된 이유다. 행동거지에 법도가 없고, 들고나는데 절도가 없고, 남녀 사이에 분별이 없었던 것도 이 때문이다. 이들에게 관부를 맡기면 도적질을 하고, 적의 침공 속에 성을 지키면 배반하고, 군주에게 어려움이 있으면 목숨을 바쳐 충성하지 않고, 군주가 망명하면 행동을 함께 하지 않았다. 이들 모두 처벌을 받고, 백성의 비난을 받을 자들이다. 운명론을 주장하는 자들은 말한다.

"윗사람이 처벌하는 것은 본래 그들이 벌을 받을 운명이기에 그런 것이지 포학했기 때문에 그런 게 아니다. 반대로 윗사람이 포상하는 것은 본래 그들이 상을 받을 운명이기에 그런 것이지 현명했기 때문에 그런 게 아니다."

이런 생각으로 군주 노릇을 하면 불의不義, 신하 노릇을 하면 불충不忠, 아비 노릇을 하면 부자不慈, 자식 노릇을 하면 불효不孝, 형 노릇을 하면 불량不良, 동생 노릇을 하면 부제不悌를 범하게 된다. 운명론의 고집스런 주장은 곧 흉악한 이론의 배경이 될 뿐만 아니라 흉포한 자로 돌변하는 지름길이기도 하다.

상벌이권현賞罰以勸賢을 두고 왕인지는 뒤에 폭력을 저지한다는 뜻의 저폭沮暴이 생략된 것으로 보았다. 붕반崩叛의 '붕'은 배반할 배背의 뜻으로 통용되는 배倍와 통한다. 출망즉송出亡則送의 '송'은 망명하는 군주와 함께 행동하는 것을 뜻한다.

35-8

然則何以知命之爲暴人之道? 昔上世之窮民, 貪於飮食, 惰於從事, 是以衣食之財不足, 而饑寒凍餒之憂至. 不知曰, '我罷不肖, 從事不疾.' 必曰, '我命固且貧.' 昔上世暴王, 不忍其耳目之淫, 心涂之辟, 不順其親戚, 遂以亡失國家, 傾覆社稷. 不知曰, '我罷不肖, 爲政不善.' 必曰, '吾命固失之.' 於「仲虺之告」曰, "我聞於夏人矯天命, 布命於下. 帝伐之惡, 龔喪厥師." 此言湯之所以非桀之執有命也. 於『泰誓』曰, "紂夷處, 不肯事上帝鬼神, 禍厥先神禔不祀. 乃曰, '吾民有命.' 無廖排漏. 天亦縱棄之而弗葆." 此言武王所以非紂執有命也.

무엇으로 '운명'이 포학한 자의 길임을 알 수 있는가? 옛날 가난한 백성들은 먹고 마시는 것을 탐하며 일을 게을리 했다. 입고 먹을 재화가 부족한 탓에 굶고 헐벗어 얼어 죽는 것을 걱정한 이유다. 그럼에도 '내가 어리석고 못나 일을 제대로 못하고 있다.'고 말하지 않고 예외 없이 '내 운명이 본래 그러해 가난하다.'는 식으로 말했다. 옛날 폭군은 눈과 귀의 욕망과 편벽된 마음을 참지 못한 채 부모의 뜻을 따르지 않아 마침내 나라를 잃고, 사직을 무너뜨렸다. 그럼에도 '내가 어리석고 못나 정사가 바르지 못하다.'고 말하지 않고 예외 없이 '내 운명이 본래 그러해 나라를 잃었다.'고 말했다. 『서경』「중훼지고仲虺之告」에 이르기를, "내가 듣건대 하나라 걸은 천명을 멋대로 지어내 세상에 널리 퍼뜨렸다. 상제가 이런 사악한 짓을 징벌키 위해 그 군사를 궤멸시켰다."고 했다. 이는 탕왕이 하나라 걸의 운명 주장에 반대한 배경을 언급한 것이다. 『서경』「태서泰誓」에 이르기를, "은나라 주가 시행한 법은 매우 잔혹했다. 게다가 상제와 귀신을 섬기지 않고, 조상의 신위를 훼손한 채 제사조차 지내지 않았다. 그러고도 말하기를, '나에게 천명이 있다.'며 방비에 힘쓰지 않았다. 하늘 또한 그를 포기하고 보우하지 않았다."고 했다. 이는 주나라 무왕이 은나라 주의 운명 주장에 반대한 배경을 언급한 것이다.

심도지벽心涂之辟의 '도'를 왕인지는 지志의 잘못으로 보았다. 중훼지고仲虺之告는 탕왕이 하나라 걸을 토벌하고 돌아올 때 좌상左相인 중훼가 고한 것을 말한다. 교천명矯天命의 '교'는 무고할 무誣의 뜻이다. 제벌지악帝伐之惡의'벌지악'을 두고 필원은 「비명 중」처럼 식시악式是惡으로 바꿔야 한다고 했다. 식式과 벌伐의 글자모양이 비슷하고, 지之와 시是의 음이 비슷한 탓으로 보았다. 화궐선신제불사禍厥先神禔不祀의 '화'와 '제'를 두고 손이양은 「천지 중」의 구절을 근거로 각각 기棄와 기祇의 잘못이라고 했다. '제와 기祇는 음이 서로 비슷해 고대에는 통용되었다. 무료無廖排漏를 손이양은 「천지 중」을 근거로 무륙기무毋僇其務의 잘못으로 보았다.

35-9

今用執'有命' 者之言, 則上不聽治, 下不從事. 上不聽治則刑政亂, 下不從事則財用不足. 上無以供粢盛酒醴, 祭祀上帝鬼神, 下無以降綏天下賢可之士. 外無以應待諸侯之賓客, 內無以食饑衣寒, 將養老弱. 故命, 上不利於天, 中不利於鬼, 下不利於人. 而强執此者, 此特凶言之所自生而暴人之道也. 是故子墨子言曰, "今天下之士君子, 中實欲天下之富而惡其貧, 欲天下之治而惡其亂, 執'有命' 者之言, 不可不非. 此天下之大害也."

지금 운명론을 주장하는 자의 말을 좇으면 윗사람은 정사를 게을

말하는 이유다. 무엇이 '3가지 기준'인가? 근본, 탐구, 활용이 그것이다. 무엇이 근본인가? 하늘 및 귀신의 뜻과 성왕의 사적을 헤아리는 일이다. 무엇이 탐구인가? 성왕의 글을 통해 근본을 검증하는 일이다. 활용은 어찌해야 하는가? 근본을 실제에 적용해 형정을 공평히 시행하는 일이다. 이를 '3가지 기준'이라고 한다.

의법義法의 '의'는 의儀와 통한다. 원균員鈞은 도자기를 빚을 때 사용하는 녹로를 말한다. 정위情僞는 실정實情을 뜻한다. 발이위형發而爲刑을 두고 필원은 '형' 뒤에 정政이 빠진 것으로 보았다.

36-2

今天下之士君子, 或以命爲亡. 我所以知命之有與亡者, 以衆人耳目之情知有與亡. 有聞之, 有見其, 謂之有. 莫之聞, 莫之見, 謂之亡. 然胡不嘗考之百姓之情? 自古以及今, 生民以來者, 亦嘗見命之物, 聞命之聲者乎? 則未嘗有也. 若以百姓爲愚不肖, 耳目之情不足因以爲法, 然則胡不嘗考之諸侯之傳言流語乎? 自古以及今, 生民以來者, 亦嘗有聞命之聲, 見命之體者乎? 則未嘗有也. 然胡不嘗考之聖王之事? 古之聖王, 擧孝子而勸之事親, 尊賢良而勸之爲善, 發憲布令以敎誨, 明賞罰以勸沮. 若此, 則亂者可使治而危者可使安矣. 若以爲不然, 昔者桀之所亂, 湯治之. 紂之所亂, 武王治之. 此世不渝而民不改, 上變政而民易敎. 其在湯武則治, 其在桀紂則亂. 安危治亂, 在上之發政也. 則豈可謂'有命' 哉? 夫曰'有命' 云者, 亦不然矣.

지금 천하의 사군자 가운데 혹자는 운명이 있다고 하고, 혹자는 없다고 한다. 운명의 존재 여부는 중인衆人이 보거나 들은 사실에 기초해야 정확히 알 수 있다. 증인은 견문한 바가 있으면 '있다', 없으면 '없다'고 말한다. 운명론을 주장하는 자들은 어찌하여 백성들이 견문한 사실을 토대로 존재 여부를 검토하지 않는 것인가? 예로부터 지금까지 사람이 생겨난 이래 일찍이 운명의 모습이나 소리를 보거나 들은 자가 있었던가? 일찍이 존재한 적이 없다. 백성이 어리석고 미욱한 까닭에 눈과 귀로 견문한 것을 기준으로 삼을 수 없다고 생각한다면 어찌하여 제후들 사이에 전해지는 얘기를 토대로 존재 여부를 검토하지 않는 것인가? 예로부터 지금까지 사람이 생겨난 이래 일찍이 운명의 소리나 모습을 듣거나 본 자가 있었던가? 일찍이 존재한 적이 없다. 그렇다면 어찌하여 성왕의 사적을 토대로 존재 여부를 검토하지 않는 것인가? 옛 성왕은 효자孝子를 드러내 부모 봉양을 권하고, 현량賢良을 기려 선행을 권하고, 헌령憲令을 발포해 백성을 깨우치고, 상벌賞罰을 밝게 시행해 권선징악勸善懲惡을 행했다. 이같이 하면 어지러운 것을 다스리고, 위태로운 것을 편안히 할 수 있다. 그렇지 않다고 생각하면 옛 성왕의 사적을 보자. 하나라 걸이 천하를 어지럽히자 탕왕이 이를 바로잡았고, 은나라 주가 어지럽히자 주나라 무왕이 바로잡았다. 이는 천하가 변하거나 백성이 바뀐 것은 아니지만 군왕이 바뀌고 백성에 대한 교화가 쉽게 이뤄진 결과다. 탕왕과 무왕의 치세 때 다스려지고, 걸과 주의 치세 때 어지러웠다. 안위安危와 치란治亂은 군왕이 발포한 헌령에 달려 있다. 그러니 어찌 운명론을 얘기할 수 있겠는가? 무릇 운명론을 주장하는 것은 이처럼 잘못된 것이다.

이명위무以命爲亡의 '무'는 내용상 유무有無를 지칭한다. 이목지정耳目之情의 '정'은 감각을 뜻한다. 권저勸沮의 '저'는 막을 조阻와 통한다.

36-3

今夫'有命' 者言曰, "我非作之後世也, 自昔三代有若言以傳流矣. 今故先生對之?" 曰, "夫有命者, 不志昔也三代之聖善人與, 意亡昔三代之暴不肖人也? 何以知之? 初之列士桀大夫, 愼言知行, 此上有以規諫其君長, 下有以敎順其百姓. 故上得其君長之賞, 下得其百姓之譽. 列士桀大夫聲聞不廢, 流傳至今. 而天下皆曰, '其力也.' 必不能曰, '我見命焉.' 是故昔者三代之暴王, 不繆其耳目之淫, 不愼其心志之辟, 外之驅騁田獵畢弋, 內沈於酒樂, 而不顧其國家百姓之政, 繁爲無用, 暴逆百姓, 使下不親其上. 是故國歸虛厲, 身在刑僇之中. 不肯曰, '我罷不肖, 我爲刑政不善.' 必曰, '我命故且亡.' 雖昔也三代之窮民, 亦由此也. 內之不能善事其親戚, 外不能善事其君長. 惡恭儉而好簡易, 貪飮食而惰從事. 衣食之財不足, 使身至有饑寒凍餒之憂. 必不能曰, '我罷不肖, 我從事不疾.' 必曰, '我命固且窮.' 雖昔也三代之僞民, 亦猶此也. 繁飾有命, 以敎衆愚樸人久矣."

지금 운명론을 주장하는 자들은 이같이 말한다.

"운명론은 우리 후대인이 만든 게 아니다. 옛날 삼대 때부터 전해져 온 것이다. 지금 어찌하여 선생은 이를 비난하는 것인가?"

대답은 이렇다.

"운명론을 주장하는 자는 당초 이를 언급한 자가 삼대의 성현이나 선인善人인지, 아니면 포학하고 불초한 자인지 여부를 모르는 것인가? 무엇으로 이를 알 수 있는가? 옛날 공을 세운 선비와 걸출한 대부들은 말을 신중히 하면서 해야 할 일을 정확히 알고 있었다. 위로 군주나 윗사람에게 바른 말로 간하고, 아래로 백성들을 교화시켜 따르게 만든 이유다. 덕분에 위로는 군주나 윗사람들로부터 포상을 받고, 아래로는 백성들로부터 칭송을 받았다. 이들에 대한 명성이 사라지지 않고 지금까지 전해지는 배경이다. 이를 두고 천하 사람들 모두 '그리된 것은 그들의 노력 덕분이다.'라고 말하지 결코 '운명대로 됐다.'고 말하지 않을 것이다. 삼대의 폭군은 눈과 귀가 밝히는 음탕한 욕망과 편벽된 마음을 삼가지 못한 채 밖으로 말을 내달리며 사냥하고, 안으로 음주가무에 빠진 나머지 나라와 백성을 돌보는 정사를 거들떠보지 않았다. 오히려 쓸데없는 일만 대거 일으켜 백성을 포학하게 대하면서 하극상下剋上을 조장했다. 나라가 공허해지고, 백성이 망명하고, 자신 또한 처형을 당한 이유다. 그런데도 '내가 어리석고 못나 정사를 잘하지 못했기 때문이다.'라고 말하지 않고 반드시 '내 운명 때문에 패망했다.'고 말했다. 삼대의 가난한 백성들 역시 그런 말을 했다. 이들은 안으로 부모 보양을 제대로 못하고, 밖으로 군주와 윗사람을 제대로 섬기지 못했다. 공검恭儉을 싫어하며 간이簡易를 좋아하고, 음식을 탐하며 해야 할 일을 게을리 한 이유다. 입고 먹을 재화가 부족한 탓에 굶주리고 헐벗어 얼어 죽는 것을 걱정케 된 것도 이 때문이다. 그런데도 '내가 어리석고 못나 일에 힘쓰지 않았기 때문이다.'라고 말하지 못하고 반드시 '내 운명 때문에 궁핍하게 됐다.'고 말했다. 삼대에 거짓을 일삼는 백성들 또한 그런 말을 했다. 입만 열면 '운명' 운운하며 어리석고 순박한 백성을 오도한 게 실로 오래됐다.

약언若言은 '그러한 말'을 뜻한다. 금고선생대지今故先生對之의 '고'를 손이양은 의문사 호胡의 잘못으로 보았다. 부지不志의

'지'를 손이양은 『예기』「애공문哀公問」에 대한 정현의 주를 인용해 알 식識으로 풀이했다. 의무意亡는 '그렇지 않으면'의 뜻으로 '의'는 억抑과 통한다. 초지初之는 '옛날의'의 뜻으로 고지古之와 같다. 열사걸대부列士桀大夫의 '열'은 열烈, '걸'은 호걸 걸傑과 통한다. 불규不繆의 '규'를 손이양은 바로잡을 규糾와 통하는 것으로 보았다. 필익畢弋의 '필'은 토끼 등의 작은 짐승을 잡을 때 사용하는 그물을 뜻하고, '익'은 새를 잡는 주살을 의미한다. 허려虛厲는 텅 비어 폐허가 됐다는 뜻이다. '려'는 어그러질 려戾와 통한다. 위민僞民은 거짓을 일삼는 백성의 뜻이다.

36-4

聖王之患此也. 故書之竹帛, 琢之金石. 於先王之書「仲虺之告」曰, "我聞有夏人矯天命, 布命於下. 帝式是惡, 用闕師." 此語夏王桀之執'有命' 也, 湯與仲虺共非之. 先王之書「泰誓」之言然, 曰, "紂夷之居, 而不用事上帝, 棄闕其先神而不祀也. 曰, '我民有命.' 毋僇其務. 天不亦棄縱而不葆." 此言紂之執'有命' 也, 武王以「泰誓」非也. 有於三代不國有之, 曰, "女毋崇天之有命也!" 命三代不國亦言命之無也. 於召公之『執令』於然. "且, 敬哉! 無天命. 惟予二人, 而無造. 言不自降天之哉得之!" 在於商夏之『詩』•『書』曰, "命者, 暴王作之!" 且今天下之士君子, 將欲辯是非利害之故, 當天有命者, 不可不疾非也. 執'有命' 者, 此天下之厚害也, 是故子墨子非也.

성왕은 '운명론'의 폐해를 크게 우려해 죽백에 써 놓기도 하고, 금석에 새겨 넣기도 했다. 선왕의 책인 『서경』「중훼지고」에서 이같이 말했다.

"내가 듣건대 하나라 걸은 천명을 멋대로 지어내 세상에 널리 퍼뜨렸다. 상제가 이런 사악한 짓을 징벌키 위해 그 군사를 궤멸시켰다."

이는 하나라 걸의 운명론 주장을 탕왕과 중훼가 함께 비난한 사실을 언급한 것이다. 선왕의 책인 『서경』「태서」에도 이런 말이 나온다.

"은나라 주가 크게 포학해 상제를 받들지 않고, 조상신까지 버려둔 채 제사를 지내지 않았다. 그러고는 말하기를, '나에게 천명이 있다.'며 정사에 힘쓰지 않았다. 하늘 또한 그를 버려둔 채 보호해 주지 않았다."

이는 은나라 주의 운명론 주장을 주나라 무왕이 「태서」로 비난한 사실을 언급한 것이다. 삼대 당시 열국에도 이를 경계하는 말이 나돌았다.

"너희들은 하늘에 운명이 있다고 믿지 말라!"

삼대에 결코 운명론 주장이 없었음을 보여준다. 주나라 건국공신 소공召公도 운명론을 비판하며 이같이 말했다.

"아, 공경하라! 하늘이 내리는 운명은 없다. 우리는 거짓을 말하지 않는다. 운명은 하늘이 내리는 게 아니라 스스로 만드는 것이다!"

하나라와 상나라를 다룬 『시경』과 『서경』의 관련 대목에도 유사한 구절이 나온다.

"운명은 포군이 만들어낸 것이다!"

지금 천하의 사군자가 시비와 이해를 정확히 가리고자 하면 하늘이 운명을 만든다는 주장을 강력 비판하지 않으면 안 된다. 운명론은 천하의 심대한 폐해이다. 묵자가 운명론을 비판한 것은 바로 이 때문이다.

궐사闕師의 '궐'을 필원은 잃게 한다는 뜻의 상궐喪厥의 잘못으로 보았다. 불국유지不國有之의 '불'을 손이양은 백百의 잘못으로 보았다. 『수서隋書』「이덕림전李德林傳」에 열국의 역사서인 『백국춘추百國春秋』를 보았다는 묵자의 말이 인용돼 있다. 명삼대命三代의 '명'을 손이양은 금今의 잘못으로 보았다. 어소공지집령어연於召公之執令於然을 손이양은 어소공지비집명역연於召公之非執命亦然으로 바꿔야 한다고 했다. 소공召公은 주나라 건국공신으로 연나라에 봉해졌다. 이름은 석奭이다. 차경재且敬哉의 '차'를 필원은 왈曰로 바꿔야 한다고 했다. 부자강천지재득지不自降天之哉得之를 손이양은 '부자천강不自天降, 자아득지自我得之'로 바꿔야 한다고 했다. 욕변欲辯의 '변'은 구별할 변辨과 통한다.

제37장 비명(非命) 하

상편과 중편을 부연설명하며 운명론의 허구를 통렬히 비판하고 있다.

37-1

子墨子言曰, "凡出言談, 則必可而不先立儀而言. 若不先立儀而言, 譬之猶運鈞之上而立朝夕焉也. 我以爲雖有朝夕之辯, 必將終未可得而從定也. 是故言有三法. 何謂三法. 曰, '有考之者, 有原之者, 有用之者.' 惡乎考之? 考先聖大王之事. 惡乎原之? 察衆之耳目之請. 惡乎用之? 發而爲政乎國, 察萬民而觀之. 此謂三法也."

묵자가 말했다.

"무릇 말을 할 때는 먼저 기준부터 세우지 않으면 안 된다. 기준을 세우지 않은 채 말을 하면 마치 녹로 위에서 동서의 방향을 정하는 것과 같다. 스스로 동서의 방향을 제대로 분별했다고 생각할지라도 반드시 확실한 방향을 정하지는 못할 것이다. '3가지 기준'을 언급한 이유다. 무엇이 '3가지 기준'인가? '고찰, 탐구, 활용이 그것이다.'라고 말할 수 있다. 어떻게 고찰할 수 있는가? 옛 성왕의 사적을 참고하면 된다. 어떻게 탐구할 수 있는가? 중인의 이목으로 견문한 것을 토대로 살피면 된다. 어떻게 활용할 수 있는가? 나라의 정사에 적용한 뒤 백성의 실정을 살피면 된다. 이를 일컬어 '3가지 기준'이라고 한다."

필가必可를 소시학은 불가不可의 잘못으로 보았다. 종정從定은 확실한 방향을 정한다는 의미이다. 이목지청耳目之請의 '청'을 필원은 정情의 잘못이라고 보았으나 손이양은 고대에 '청'과 '정'이 통용된 까닭에 고칠 필요가 없다고 했다.

37-2

故昔者三代聖王禹•湯•文武, 方爲政乎天下之時, 曰, "必務擧孝子而勸之事親, 尊賢良之人而敎之爲善." 是故出政施敎, 賞善罰暴. 且以爲若此, 則天下之亂也, 將屬可得而治也. 社稷之危也, 將屬可得而定也. 若以爲不然, 昔桀之所亂, 湯治之. 紂之所亂, 武王治之. 當此之時, 世不渝而民不易, 上變政而民改俗. 存乎桀紂而天下亂, 存乎湯武而天下治. 天下之治也, 湯武之力也. 天下之亂也, 桀紂之罪也. 若以此觀之, 夫安危治亂, 存乎上之爲政也, 則夫豈可謂有命哉. 故昔者禹•湯•文武方爲政乎天下之時, 曰, "必使饑者得食, 寒者得衣, 勞者得息, 亂者得治." 遂得光譽令問於天下. 夫豈可以爲命哉. 故以爲其力也. 今賢良之人尊賢而好功道術, 故上得其王公大人之賞, 下得其萬民之譽, 遂得光譽令問於天下. 亦豈以爲其命哉. 又以爲力也.

옛날 삼대의 성왕인 우, 탕, 문왕과 무왕 등은 바야흐로 천하를 다스리면서 이같이 말했다.

"반드시 효자孝子를 드러내 부모 봉양을 권하고, 현량賢良을 기려 선행을 가르치는데 힘쓴다."

정사를 펼치면서 교화하고, 상벌을 통해 권선징악을 행한 이유다. 이같이 하면 천하의 혼란은 이내 다스려지고, 사직의 위기도 이내 안정될 수 있다. 그렇지 않다고 생각하면 옛 성왕의 사적을 보자. 하나라 걸이 천하를 어지럽히자 탕왕이 이를 바로잡았고, 은나라 주가 어지럽히자 주나라 무왕이 바로잡았다. 당시 세상도 변하지 않았고 백성도 바뀌지 않았으나 군왕이 바뀌고 백성의 습속도 바뀌었다. 걸과 주가 다스릴 때는 천하가 어지러웠고, 탕왕과 무왕이 다스릴 때는 천하가 다스려졌다. 천하가 다스려진 것은 탕왕과 무왕의 능력이고, 천하가 어지러웠던 것은 걸과 주의 죄였다. 이로써 보면 무릇 안위와 치란은 군왕의 정사에 달려 있는 셈이다. 그러니 어찌 운명론을 들먹일 여지가 있겠는가? 옛날 우, 탕, 문왕과 무왕 등의 성군은 바야흐로 천하를 다스리면서 이같이 말했다.

"반드시 굶주린 자는 먹여 주고, 헐벗은 자는 입혀 주고, 수고로운 자는 쉬게 하고, 어지러운 자는 다스려야 한다."

덕분에 마침내 천하의 빛나는 영예와 칭송을 받게 됐다. 그러니 어찌 운명론을 들먹일 여지가 있겠는가? 본래 그들의 능력 덕분이다. 지금 현량한 인물은 현자를 기리며 치국의 바른 도리를 좋아한다. 위로 군주나 상관의 포상을 받고 아래로 백성들의 칭송을 받아 마침내 천하의 빛나는 영예와 칭송을 받는 이유다. 그러니 어찌 운명론을 들먹일 여지가 있겠는가? 이 또한 그들의 능력 덕분이다.

장촉將屬의 '촉'은 '반드시'를 뜻하는 부사어 적適과 같다. 영문令問의 '문'은 고대에 문聞과 통용됐다. 호공도술好功道術의 '도술'은 학술을 의미한다.

37-3

然今夫'有命' 者, 不識昔也三代之聖善人與, 意亡昔三代之暴不肖人與? 若以說觀之, 則必非昔三代聖善人也, 必暴不肖人也.

지금 운명론을 주장하는 사람은 당초 이를 언급한 자가 삼대三代의 성선聖善인지, 아니면 포학하고 불초한 자인지 여부를 모르는 것인가? 그들의 입장에서 보면 그들은 반드시 옛 삼대의 성현이나 선인이 아니라, 반드시 포학하고 불초한 자들일 것이다.

성선인여聖善人與의 '성선인'은 성인과 선인의 통칭이다. '여'는 의문조사로 여歟와 같다.

37-4

然今以命爲有者, 昔三代暴王. 桀•紂•幽•厲, 貴爲天子, 富有天下. 於此乎, 不而矯其耳目之欲, 而從其心意之辟. 外之驅騁田獵畢弋, 內湛於酒樂, 而不顧其國家百姓之政, 繁爲無用, 暴逆百姓, 遂失其宗廟. 其言不曰, '吾罷不肖, 吾聽治不强.' 必曰, '吾命固將失之.' 雖昔也三代罷不肖之民, 亦猶此也. 不能善事親戚君長, 甚惡恭儉而好簡易, 貪飮食而惰從事, 衣食之財不足, 是以身有陷乎饑寒凍餒之憂. 其言不曰, '吾罷不肖, 吾從事不强.' 又曰, '吾命固將窮.' 昔三代僞民亦猶此也. 昔者暴王作之, 窮人術之. 此皆疑衆遲樸,

지금 운명론을 주장하는 자들은 옛날 삼대의 폭군을 살펴볼 필요가 있다. 걸, 주, 유왕과 여왕 같은 자들은 귀하기로는 천자의 자리에 있었고, 부유하기로는 천하의 부를 모두 차지하고 있었다. 이들은 눈과 귀가 밝히는 음탕한 욕망과 편벽된 마음을 삼가지 못한 채 밖으로 말을 내달리며 사냥하고, 안으로 음주가무에 빠진 나머지 나라와 백성을 돌보는 정사를 거들떠보지 않았다. 오히려 쓸데없는 일만 대거 일으켜 백성을 포학하게 대한 나머지 종묘사직을 잃고 말았다. 그런데도 '내가 어리석고 못나 정사를 잘하지 못했기 때문이다.'라고 말하지 않고 반드시 '내 운명 때문에 패망했다.'고 말했다. 삼대의 어리석고 못난 백성들 역시 그런 말을 했다. 이들은 부모 보양도 제대로 못하고 군주와 윗사람도 제대로 섬기지 못했다. 공검恭儉을 싫어하며 간이簡易를 좋아하고, 음식을 탐하며 해야 할 일을 게을리 했다. 입고 먹을 재화가 부족한 탓에 굶주리고 헐벗어 얼어 죽는 것을 걱정한 이유다. 그런데도 '내가 어리석고 못나 일에 힘쓰지 않았기 때문이다.'라고 말하지 못하고 반드시 '내 운명 때문에 궁핍하게 됐다.'고 말했다. 삼대에 거짓을 일삼는 백성들 또한 이들과 같았다. 옛날 폭군이 운명론을 만들자 궁지에 처한 자들이 이를 배웠다. 모두 어리석고 순박한 백성을 혹세무민한 것이다.

심의지벽心意之辟의 '벽'은 편벽偏僻 내지 사벽邪僻의 벽僻과 통한다. 지박遲樸은 질박質朴과 같다. 여기의 '지'를 손이양은 유치할 치穉 내지 치稚와 통하는 것으로 보았다.

37-5

先聖王之患之也, 固在前矣. 是以書之竹帛, 鏤之金石, 琢之盤盂, 傳遺後世子孫. 曰, "何書焉存?" 禹之「總德」有之. 曰, "允不著惟天, 民不而葆. 旣防凶心, 天加之咎. 不愼厥德, 天命焉葆?" 「仲虺之告」曰, "我聞有夏人矯天命, 于下, 帝式是增, 用爽厥師." 彼用無爲有, 故謂矯. 若有而謂有, 夫豈爲矯哉? 昔者桀執'有命' 而行, 湯爲「仲虺之告」以非之. 「太誓」之言也, 於去發曰, "惡乎, 君子! 天有顯德, 其行甚章. 爲鑒不遠, 在彼殷王, 謂人有命, 謂敬不可行. 謂祭無益, 謂暴無傷. 上帝不常, 九有以亡. 上帝不順, 祝降其喪. 惟我有周, 受之大帝." 昔紂執'有命' 而行, 武王爲「泰誓」, 去發以非之. 曰, "子胡不尙考之乎商•周•虞•夏之記? 從十簡之篇以尙皆無之, 將何若者也?"

옛 성왕이 운명론을 걱정한 것은 실로 오래됐다. 이를 죽백에 쓰거나, 금석에 새겨 넣거나, 반우盤盂에 쪼아 넣는 식으로 후대 자손을 경계한 게 그렇다. 누군가 물었다.

"무슨 책에 그런 구절이 나오는가?"

우왕의 사적을 기록한 「총덕總德」에 이런 구절이 나온다.

"성실히 하늘을 좇지 않으면 하늘은 그를 보호하지 않는다. 멋대로 흉악한 마음을 행동에 옮기면 하늘이 이를 벌할 것이다. 근신하지 않아 덕을 잃었는데 어찌 천명이 이를 보호할 수 있겠는가?"

『서경』「중훼지고」에도 유사한 구절이 나온다.

"내가 듣건대 하나라 걸은 천명을 멋대로 지어내 세상에 널리 퍼뜨렸다. 상제가 이를 증오해 그 군사를 궤멸시켰다."

하나라 걸은 없는 것을 있다고 하며 멋대로 천명을 지어냈다. 있는 것을 있다고 했다면 어찌 '지어냈다'고 말할 리 있겠는가? 하나라 걸이 운명론을 주장하며 멋대로 행동하자 탕왕이 「중훼지고」를 지어 비판한 것이다. 『서경』「태서」에 유사한 일화가 나온다. 주나라 무왕인 희발姬發은 은나라 주紂를 토벌한 뒤 이같이 말했다.

"아, 군자여! 하늘은 큰 덕을 지니고 있으니 그 덕행은 매우 분명하다. 우리들이 감계鑒戒로 삼아야 할 일은 멀리 있지 않고 바로 저

은나라 군주에게 있다. 그는 말하기를, '사람에게는 운명이 있어 공경스런 행동은 할 필요도 없다.'고 했다. 또 말하기를, '제사는 아무 이익도 없어 포학한 짓을 해도 해로울 게 없다.'고 했다. 상제가 돕지 않자 그가 보유했던 구주九州는 이내 패망하고 말았다. 상제가 그를 옳지 않게 여겨 패망의 징벌을 내린 것이다. 우리 주나라가 대국인 은나라의 천하를 물려받은 이유다."

은나라 주가 운명론을 주장하면서 멋대로 행동하자 주나라 무왕이 「태서」를 지어 비판한 것이다. 그대들은 어찌하여 은나라 주를 기록한 「상서商書」와 주나라 무왕을 기록한 「주서周書」, 순임금의 사적을 기록한 「우서虞書」, 하나라 걸을 기록한 「하서夏書」 등을 읽어보지 않는 것인가? 이들 기록에는 운명론에 관한 얘기가 없다. 장차 이를 어찌할 것인가?

하서언존何書焉存의 '언'을 왕인지는 어於와 통하는 것으로 보았다. 손이양은 존어하서存於何書의 도치법으로 파악했다. 윤부저允不著는 실로 따르지 않는다는 뜻으로 여기의 '저'를 손이양은 약若의 잘못으로 보았다. 방흉심防凶心의 '방'은 가까이할 방方의 뜻이다. 상궐사爽厥師의 '상'은 상喪의 잘못이다. 거발去發을 두고 손성연孫星衍과 장술조莊述祖 및 유월 등은 주문왕 희창姬昌의 태자인 주무왕 희발姬發을 지칭하는 '태자발太子發'의 잘못으로 해석했다. 원래 「태서」는 3편이었다. 유월은 상편이 「태자발」이었을 것으로 추정했다. 천유현덕天有顯德의 '유'를 장술조는 도울 우右의 잘못으로 보았다. 위감불원爲鑒不遠의 '감'을 장술조는 오초본 등을 토대로 감監의 잘못으로 보았다. 그러나 그대로 두고 해석해도 가하다. 거울로 삼을 만한 은나라 패망의 사례가 그리 먼 얘기가 아니라는 뜻의 은감불원殷鑒不遠 성어가 그 증거다. 상제불상上帝不常의 '상'을 손이양은 상尙과 통하는 것으로 보았다. 축항기상祝降其喪의 '축'을 장술조는 단호히 결단한다는 뜻의 단斷으로 풀이했다. 십간지편十簡之篇은 여러 편의 글을 뜻한다. 이상以尙은 이상以上과 같다.

37-6

是故子墨子曰, "今天下之君子之爲文學·出言談也, 非將勤勞其惟舌而利其脣呡也, 中實將欲其國家邑里萬民刑政者也." 今也王公大人之所以蚤朝晏退, 聽獄治政, 終朝均分而不敢怠倦者, 何也? 曰, "彼以爲强必治, 不强必亂. 强必寧, 不强必危, 故不敢怠倦." 今也卿大夫之所以竭股肱之力, 殫其思慮之知, 內治官府, 外斂關市·山林·澤梁之利, 以實官府, 而不敢怠倦者, 何也? 曰, "彼以爲强必貴, 不强必賤. 强必榮, 不强必辱, 故不敢怠倦." 今也農夫之所以蚤出暮入, 强乎耕稼樹藝, 多聚叔粟, 而不敢怠倦者, 何也? 曰, "彼以爲强必富, 不强必貧. 强必飽, 不强必饑, 故不敢怠倦." 今也婦人之所以夙興夜寐, 强乎紡績織紝, 多治麻統葛緖, 捆布縿, 而不敢怠倦者, 何也? 曰, "彼以爲强必富, 不强必貧. 强必暖, 不强必寒, 故不敢怠倦." 今雖毋在乎王公大人蕢若信'有命' 而致行之, 則必怠乎聽獄治政矣. 卿大夫必怠乎治官府矣. 農夫必怠乎耕稼樹藝矣, 婦人必怠乎紡績織紝矣. 王公大人怠乎聽獄治政, 卿大夫怠乎治官府, 則我以爲天下必亂矣. 農夫怠乎耕稼樹藝, 婦人怠乎紡績織紝, 則我以爲天下衣食之財, 將必不足矣. 若以爲政乎天下, 上以事天鬼, 天鬼不使. 下以持養百姓, 百姓不利, 必離散不可得用也. 是以入守則不固, 出誅則不勝, 故雖昔者三代暴王桀·紂·幽·厲之所以共抎其國家, 傾覆其社稷者, 此也.

묵자가 말했다.

"지금 천하의 군자들이 글을 쓰고 말을 하는 것은 목구멍과 혀를 수고롭게 하고, 입술을 날카롭게 하려는 게 아니다. 실로 나라와 온 고을의 천하 만민을 위해 형정을 공평히 실시코자 하는 것이다."

지금 왕공대인이 일찍 조정에 나가 늦게 퇴근하면서 옥사와 국사를 처리하고, 아침 일찍부터 직분을 다하며 감히 나태하지 않은 것은 무슨 까닭인가? 대답은 이렇다.

"그들이 부지런하면 반드시 잘 다스려지지만 그렇지 못하면 어지러워지고, 부지런하면 반드시 편안해지지만 그렇지 않으면 위태로워진다고 생각하기 때문이다. 그래서 감히 나태하지 않은 것이다."

지금 경대부가 사지의 모든 힘을 다하고 온갖 지혜를 짜내 안으로 관부를 다스리고 밖으로 관시關市와 산림山林 및 택량澤梁의 이익을 거둬 관부를 충실히 하면서 감히 나태하지 않은 것은 무슨 까닭인가? 대답은 이렇다.

"그들이 부지런하면 반드시 귀해지지만 그렇지 못하면 천해지고, 부지런하면 반드시 영예롭게 되지만 그렇지 않으면 치욕을 당하게 된다고 생각하기 때문이다. 그래서 감히 나태하지 않은 것이다."

지금 농부들이 아침 일찍 나갔다가 저녁 늦게 들어오고, 부지런히 밭을 갈고 씨 뿌리는 경작을 통해 콩과 조 등의 곡식을 수확하면서 감히 나태하지 않은 까닭은 무엇인가? 대답은 이렇다.

"그들이 부지런하면 반드시 부유해지지만 그렇지 못하면 가난해지고, 부지런하면 반드시 배불리 먹고 살지만 그렇지 않으면 굶주리게 된다고 생각하기 때문이다. 그래서 감히 나태하지 않은 것이다."

지금 여인들이 아침 일찍 일어나 밤늦게 자면서 방적과 길쌈을 하고, 삼과 명주실 및 칡과 모시 등으로 천이나 비단을 짜면서 감히 나태하지 않은 것은 무슨 까닭인가? 대답은 이렇다.

"그들이 부지런하면 반드시 부유해지지만 그렇지 못하면 가난해지고, 부지런하면 반드시 따뜻하게 지내지만 그렇지 않으면 헐벗게 된다고 생각하기 때문이다. 그래서 감히 나태하지 않은 것이다."

지금 왕공대인이 운명론을 좇아 행동하면 반드시 옥사와 국사의 처리를 게을리 하고, 경대부 역시 반드시 관부의 일을 게을리 하고, 농부도 반드시 밭을 갈고 씨 뿌리며 경작하는 일을 게을리 하고, 여인들 또한 방적하고 길쌈하는 일을 게을리 하게 될 것이다. 왕공대인이 옥사와 국사의 처리를 게을리 하고, 경대부가 관부의 일을 게을리 하면 우리는 천하가 반드시 어지러워진다고 생각할 것이다. 농부가 밭을 갈고 씨 뿌리며 경작하는 일을 게을리 하고, 여인이 방적하고 길쌈하는 일을 게을리 하면 우리는 천하의 입고 먹을 재화가 반드시 부족하게 된다고 생각할 것이다. 그런 식으로 천하를 다스리면 위로 하늘과 귀신을 섬기고자 해도 하늘과 귀신이 따르지 않을 것이고, 아래로 백성을 부양코자 해도 백성에게 이롭지 못해 반드시 사방으로 흩어져 부릴 수가 없게 될 것이다. 설령 들어와 성을 지킬지라도 견고하지 못하고, 출정해 적을 토벌할지라도 이기지 못하게 될 것이다. 옛날 삼대의 폭군인 걸, 주, 유왕과 여왕 등이 나라를 잃고 사직을 뒤엎게 된 이유가 여기에 있다.

문학文學은 학문 연마를 뜻한다. 유설惟舌을 왕념손은 후설喉舌의 잘못으로 보았다. 순문脣呡의 '문'은 문吻과 같다. 종조終朝는 조반을 먹기 전까지의 이른 아침을 뜻한다. 마류갈서麻統葛緒는 삼베 실과 칡베 실을 말한다. '류'를 왕념손은 사絲의 잘못으로 보았다. 곤포삼捆布縿의 '삼' 역시 왕념손은 조繰의 오자로 파악했다. 궤약蕢

若의 '궤'를 유월은 자藉의 잘못으로 보았다. 자약藉若'은 만약萬若과 같다. 천귀불사天鬼不使의 '사'를 왕념손은 『시경』「소아, 우무정雨無正」에 대한 정현의 주를 인용해 따를 종從으로 읽었다. 수석자雖昔者의 '수'는 유惟의 뜻이다. 공운共抎의 '공'을 왕념손은 실失의 잘못으로 보았다. '운'은 손損과 서로 통용됐다.

37-7

是故子墨子言曰, "今天下之士君子, 中實將欲求興天下之利, 除天下之害, 當若'有命' 者之言, 不可不强非也." 曰, "命者, 暴王所作, 窮人所術, 非仁者之言也." 今之爲仁義者, 將不可不察而强非者, 此也.

묵자가 말했다.

"지금 천하의 사군자가 실로 천하의 이익을 일으키고 천하의 폐해를 없애고자 하면 운명론 주장을 강하게 비판하지 않을 수 없다."

또 이같이 말했다.

"운명론은 폭군이 만들어낸 것으로 궁지에 처한 자들이 사용하는 것이지, 결코 어진 사람의 말이 아니다."

지금 인의를 행하는 자들은 이를 잘 살펴 힘써 비판하지 않으면 안 되는 이유가 여기에 있다.

궁인소술窮人所術의 '술'은 얘기할 술述과 통용됐다. 인자지언仁者之言의 '인'이 원본에는 인人으로 되어 있으나 손이양이 도장본과 오초본을 좇아 인仁으로 고쳤다.

第38장 비유(非儒) 상 망실

제39장 비유(非儒) 하

'비유'는 유가를 비판한다는 취지에서 나온 것이다. 제자백가 가운데 묵가가 유가를 비판하며 독립적인 학파로 존립케 된 배경을 상세히 설명하고 있다. 공자를 시조로 한 유가가 시간이 지나면서 속된 무리인 속유俗儒의 밥벌이 수단으로 전락한 결과다. 그런 점에서 묵가는 혁신성이 강한 유가 좌파에 해당한다. 「비유」는 상하 2편으로 구성돼 있다. 현재는 하편만 전해지고 있다.

39-1

儒者曰, "親親有術, 尊賢有等." 言親疏尊卑之異也. 其『禮』曰, "喪, 父母三年. 妻•後子三年. 伯父•叔父•弟兄•庶子期. 戚族人五月." 若以親疏爲歲月之數, 則親者多而疏者少矣, 是妻•後子與父同也. 若以尊卑爲歲月數, 則是尊其妻•子與父母同, 而親伯父•宗兄而卑子也, 逆孰大焉? 其親死, 列尸弗斂. 登屋•窺井•挑鼠穴•探滌器, 而求其人矣. 以爲實在則贛愚甚矣. 如其亡也必求焉, 僞亦大矣.

유자儒者들은 말한다.

"부모처럼 가까운 친척과 더욱 친하게 지내는 친친親親에도 차등

差等이 있고, 현자를 기리는 존현尊賢에도 등급等級이 있다."

이는 친소親疏와 존비尊卑의 차이를 언급한 것이다. 『의례儀禮』에서 말했다.

"상을 치를 때 부모는 3년, 처와 장자도 3년, 백부와 숙부 및 형제와 서자 등은 1년, 척족戚族은 5달이다."

'친소'를 토대로 상기喪期를 정하면 가까운 사람은 길고, 먼 사람은 짧다. 처와 장자가 부모와 같은 게 그렇다. 그러나 '존비'를 토대로 정하면 처와 장자는 부모와 같게 되고, 백부와 집안의 형은 서자와 같게 된다. 거꾸로 된 것이 이보다 더 클 수 있는가? 부모가 죽으면 시신을 늘어놓은 채 염하지도 않았다. 이어 지붕에 올라가거나, 우물을 들여다보거나, 쥐구멍을 쑤시거나, 손 씻는 그릇을 찾거나 하는 식으로 망자의 혼을 부른다. 죽은 자가 실재한다고 생각해 그리한다면 어리석기 짝이 없고, 실재하지 않는 것을 알면서도 반드시 찾아보는 시늉을 하는 것이라면 그 거짓 또한 심대하기 그지없는 짓이다.

친친유술親親有術의 '술'을 왕인지는 깎아내릴 쇄殺의 뜻으로 새겼다. 기례왈其禮曰의 '예'는 『의례儀禮』「사상례士喪禮」를 지칭한다. 후자後子는 뒤를 잇는 아들의 뜻으로 장자를 지칭한다. 열시불렴列尸弗斂의 '열시'는 시체를 그대로 눕히는 것을 말한다. 『소이아小爾雅』「광언廣言」은 '열'을 진陳으로 풀이했다. '렴'은 사람이 죽은 지 3일 만에 수의를 입히고 줄로 동여매는 것을 뜻한다. 등옥登屋은 『의례』「사상례」에 따르면 지붕 위로 올라가 망자의 혼을 부르는 초혼招魂을 의미한다. 규정窺井은 우물을 들여다보며 망자의 혼을 찾는 것을 말한다. 척기滌器는 대야 등의 그릇을 지칭한다. 장우贛愚의 '장'을 『설문해자』는 우愚로 새겼다. 여기망야如其亡也의 '여'를 왕인지는 지知의 잘못으로 보았다.

39-2

取妻身迎，祇褍爲僕，秉轡授綏，如仰嚴親．昏禮威儀，如承祭祀．顚覆上下，悖逆父母，下則妻子，妻子上侵，事親若此，可謂孝乎？儒者迎妻，妻之奉祭祀，子將守宗廟，故重之．應之曰，“此誣言也！其宗兄守其先宗廟數十年，死，喪之期．兄弟之妻奉其先之祭祀，弗散．則喪妻子三年，必非以守奉祭祀也．夫憂妻子以大負絫，有曰，‘所以重親也.’ 爲欲厚所至私，輕所至重，豈非大奸也哉?”

결혼할 때 신랑이 신부를 친히 영접한다. 검은 예복을 차려입고 수레에 오른 신랑이 말고삐를 신부에게 넘겨주는 모습은 마치 친부모를 모시는 듯 공경스럽다. 혼례 의식은 공경한 모습으로 제사를 올리는 것과 닮았다. 위아래가 뒤집히고, 부모에게 패역悖逆을 저지르고, 부모를 처와 자식 수준으로 내리면서 동시에 처와 자식의 지위를 높이는 상황에서 부모를 모시면 이를 과연 효도라고 부를 수 있겠는가? 유자들이 처를 맞아들이는 것은 함께 조상의 제사를 받들고자 하기 때문이다. 자식 또한 장차 종묘를 책임지는 까닭에 소중히 여긴다. 그러나 이에 대한 대답은 이렇다.

“모두 황당한 거짓말이다! 집안의 형은 선조의 종묘를 수십 년 동안이나 지켰는데도 상기는 겨우 1년이다. 형제의 처는 조상의 제사를 받들었는데도 죽었을 때 상기조차 없다. 처와 자식의 상기는 3년이니 이는 반드시 종묘 제사를 받들기 때문이라고 할 수도 없다. 처와 자식을 우대해 상기를 3년으로 하는 것 자체가 이미 큰 잘못을 저지르고 있는 것이다. 그런데도 이를 두고 유자들은 말하기를, ‘이는 부모를 소중히 하기 때문이다.'라고 한다. 그러나 이는 편애하는 자를 후대하고, 중시해야 할 사람을 소홀히 하는 짓에 불과하다. 이 어찌 크게 간교한 대간大奸의 짓거리가 아닐 수 있겠는가?"

지단祗褍의 '지'를 필원은 글자 그대로 공경恭敬의 뜻으로 새겼으나 왕인지는 검은 예복을 뜻하는 현袨의 오자인 저袛로 파악했다. '단'은 옷을 바르게 할 단端과 통한다. 병비수수秉轡授綏의 '비'는 수레를 끄는 말고삐를 말한다. 수綏는 수레를 탈 때 잡은 가죽 손잡이를 지칭한다. 무언誣言은 속이는 말을 의미한다. 불산弗散의 '산'을 노문초盧文弨는 복服의 잘못으로 보았다. 우처자憂妻子의 '우'를 손이양은 고대에 우憂와 우優의 구별이 없고 오직 우憂 자만 존재했다며 편애偏愛의 뜻으로 새겼다. 이대부루以大負纍의 '이'를 손이양은 이已로 보았다. '루'는 허물 루累와 같다. 유왈有曰의 '유'는 우又와 통한다.

39-3

有强執'有命' 以說議曰, "壽夭貧富, 安危治亂, 固有天命, 不可損益. 窮達•賞罰, 幸否有極. 人之知力, 不能爲焉." 群吏信之, 則怠於分職. 庶人信之, 則怠於從事. 吏不治則亂, 農事緩則貧. 貧且亂, 政之本, 而儒者以爲道教, 是賊天下之人者也.

또 운명론을 고집스럽게 주장하는 자들은 이같이 말한다.

"수요壽夭와 빈부貧富 및 안위安危와 치란治亂은 본래 천명에 달린 것이니 덜거나 더할 수 없다. 궁하거나 출세하는 궁달窮達과 포상을 받거나 처벌을 받는 상벌賞罰을 포함해 행복과 불행의 행부幸否 또한 이미 정해진 것이다. 인간의 힘으로는 어쩔 수 없는 것이다."

이런 황당한 얘기를 관원이 믿으면 직분을 태만히 하게 되고, 서민이 믿으면 일을 태만히 하게 된다. 관원이 국사를 제대로 다루지 않으면 나라가 어지러워지고, 서민이 농사를 제대로 짓지 않으면 나라가 가난해진다. 가난하고 어지러운 것은 정사의 근본에 어긋나는 것이다. 그런데도 유자들은 이를 치도治道인 양 가르치고 있다. 이는 천하 사람을 해치는 짓이다.

행부유극幸否有極의 '부'는 불행不幸을 뜻하는 말로 필원은 사死를 뜻하는 것으로 보았다. '극'은 정해진 법도로 여기서는 천명을 뜻한다. 『광아』「석고」는 치우치지 않을 중中으로 풀이했다. 정지본政之本을 두고 왕인지는 탈자脫字가 있는 것으로 보았다. 손이양은 배背와 통하는 배倍를 덧붙여 배정지본倍政之本으로 파악했다.

39-4

且夫繁飾禮樂以淫人, 久喪僞哀以謾親. 立命緩貧而高浩居, 倍本棄事而安怠傲. 貪於飮食, 惰於作務, 陷於饑寒, 危於凍餒, 無以違之. 是若人氣, 鼸鼠藏, 而羝羊視, 賁彘起. 君子笑之, 怒曰, "散人焉知良儒." 夫夏乞麥禾, 五穀旣收, 大喪是隨. 子姓皆從, 得厭飮食. 畢治數喪, 足以至矣. 因人之家以爲翠, 恃人之野以爲尊. 富人有喪, 乃大說喜, 曰, "此衣食之端也."

유자들은 예악을 번거롭게 꾸미는 번식예악繁飾禮樂으로 사람들을 혼란스럽게 만들고, 오랫동안 상복을 입고 거짓으로 슬퍼하는 구상위애久喪僞哀로 돌아가신 부모를 기만한다. 운명론을 좇은 탓에 빈곤한 처지에 빠져 있는데도 고상한 체 허세를 부리고, 근본을 어긴 탓에 할 일을 내팽개치고 있는데도 안일하게 나태한 모습을 보이며 오만하게 군다. 굶주리고 헐벗어 얼어 죽을 위기에 처해 있는데도 피할 생각조차 없다. 거지 모습을 한 채 들쥐처럼 음식을 여기저기 숨겨놓고, 숫양처럼 눈에 불을 켜며 먹을 것을 찾아 헤매다가 혹여 눈에라도 띄면 멧돼지처럼 뛰쳐나온다. 군자들이 이를 비웃으면 이들은 화를 내며 말하기를, '시원찮은 자들이 어찌 뛰어난 유자를 알아보겠는가?'라고 한다. 여름에는 보리나 벼를 동냥하다가 가을에 곡식이 거둬들여지면 크게 장례를 치르는 집을 찾아다닌다. 자식과 손자 등을 모두 이끌고 가 음식을 물릴 정도로 뱃속에 가득 채워 넣는다. 이처럼 상갓집을 몇 차례 돌면 대략 추운 겨울도 버텨낼 수 있다. 유자가 남의 집에 기대 목숨을 이어가고, 남의 곡식에 기대 체면을 유지하는 이유다. 이들은 부잣집에 초상이 나면 크게 기뻐하며 말하기를, '이야말로 입고 먹는 근원이다!'라고 한다.

만친謾親의 '만'을 필원은 속일 기欺로 풀이했다. 호거浩居를 필원은 『설문해자』가 '거'를 웅크릴 준蹲으로 풀이한 점을 근거로 잘난 체 하며 버틴다는 뜻의 오거傲倨로 해석했다. 손이양은 『사기』「공자세가」의 구절로 이를 뒷받침했다. 시약인기是若人氣의 '인기'를 손이양은 걸인乞人의 잘못으로 보았다. 겸서鼸鼠는 두더지를 말한다. 저양羝羊은 숫양을 뜻한다. 분체賁彘는 멧돼지로, 필원은 멧돼지의 어금니를 뜻하는 분시지아豶豕之牙를 예로 들었다. 산인散人을 손이양은 『장자』「인간세人間世」를 근거로 유자들이 군자를 폄하하는 말로 풀이했다. 시원찮은 사람을 뜻한다. 자성子姓을 손이양은 『국어』「초어」에 대한 위소의 주를 근거로 여러 자손을 뜻하는 중자손衆子孫으로 풀이했다. 이위취以爲翠는 원문이 취이위翠以爲로 되어 있다.

손이양은 '이위치'가 도치됐다고 주장하면서 '취'를 살찔 비肥로 새겼다.

39-5

儒者曰, "君子必服古言, 然後仁." 應之曰, "所謂古之言服者, 皆嘗新矣. 而古人言之服之, 則非君子也? 然則必服非君子之服, 言非君子之言, 而後仁乎?"

유자들은 말한다.
"군자는 반드시 옛날 옷인 고복古服을 입고, 옛 성인의 말인 고언古言을 입에 올려야만 비로소 인仁을 이룰 수 있다."
이에 대한 대답은 이렇다.
"이른바 '고언고복古言古服'은 당시의 기준에서 보면 모두 새로운 것이었다. 옛 사람이 '고언'을 말하고, '고복'을 입었다면 그들은 결코 군자가 될 수 없다는 말인가? 그렇다면 군자의 옷이 아닌 것을 입고, 군자의 말이 아닌 것을 말해야 비로소 인을 이룰 수 있다는 말인가?"

복고언服古言을 두고 왕인지는 고언복古言服의 잘못으로 보았으나, 유월은 '복' 앞에 고古 자가 생략된 것으로 파악했다.

39-6

又曰, "君子循而不作." 應之曰, "古者羿作弓, 伃作甲, 奚仲作車, 巧垂作舟." 然則今之鮑函車匠, 皆君子也, 而羿•伃•奚仲•巧垂皆小人邪? 且其所循, 人必或作之, 然則其所循皆小人道也.

유자들은 말한다.

"군자는 옛 것을 따르기만 할 뿐 새롭게 만들지 않는다."

이에 대한 대답은 이렇다.

"옛날 전설적인 명궁 예羿는 활, 하나라 소강小康의 아들 여伃는 갑옷, 하나라 때 전설적인 마부 해중奚仲은 수레, 요임금 때 전설적인 장인 교수巧垂는 배를 만들었다."

그렇다면 지금 활과 갑옷, 수레, 배 등을 만드는 공인工人은 모두 군자이고, 예와 여 및 해중과 교수는 모두 소인인가? 유자가 따르는 것은 반드시 전에 그 누군가 만든 것이다. 그렇다면 지금 유자들이 좇는 것은 모두 소인의 도가 되는 셈이다.

순이부작循而不作은 『논어』「술이」에 나오는 술이부작述而不作과 취지를 같이한다. 예작궁羿作弓의 '예'는 고대의 전설적인 명궁이다. 요임금 때 10개의 해 가운데 9개를 떨어뜨렸다고 한다. 여작갑伃作甲의 '여'는 하나라 소강小康의 아들로 갑옷을 만들었다고 한다. 해중奚仲은 하나라 때 말이 끄는 수레를 만들었다고 한다. 교수巧垂는 요임금 때 배를 만들었다는 명장이다. 포함거장鮑函車匠의 '포'는 가죽 장인, '함'은 갑옷 장인, '거'는 수레 장인을 뜻한다.

39-7

又曰, "君子勝不逐奔, 揜函弗射, 施則助之胥車." 應之曰, "若皆仁人也, 則無說而相與. 仁人以其取舍是非之理相告, 無故從有故也, 弗知從有知也, 無辭必服, 見善必遷, 何故相? 若兩暴交爭, 其勝者欲不逐奔, 掩函弗射, 施則助之胥車, 雖盡能, 猶且不得爲君子也, 意暴殘之國也. 聖將爲世除害, 興師誅罰, 勝將因用儒術令士卒曰, '毋逐奔, 掩函勿射，施則助之胥車.' 暴亂之人也得活，天下害不除，是爲群殘父母而深賤世也，不義莫大焉!"

유자들은 말한다.

"군자는 싸움에 이겨도 달아나는 적을 쫓지 않고, 적이 곤경에 처했을 때는 활로 쏘지 않고, 달아나는 적의 전차가 진창에 빠졌을 때는 뒤에서 밀어주는 것을 도와준다."

이에 대한 대답은 이렇다.

"만일 모두 어진 사람이면 서로 적대할 이유가 없을 것이다. 어진 사람은 취사取捨와 시비是非의 이치를 서로 알려주고, 이치에 어긋나거나 내막을 알지 못하는 무리無理와 무지無知는 이치에 부합하고 내막을 아는 유리有理와 유지有知를 좇고, 할 말이 없는 무사無辭는 논리가 정연한 유사有辭에 승복하고, 선행을 하지 못하는 무선無善은 선행을 실천하는 유선有善을 보면 반드시 그 쪽으로 가기 때문이다. 그러니 어찌 서로 적대할 리 있겠는가? 만일 두 사람이 서로 폭력을 동원해 싸울 때 이긴 쪽이 달아나는 쪽을 쫓지 않고, 곤경에 처한 쪽을 활로 쏘지 않고, 패주하는 적의 전차가 진창에 빠졌을 때 뒤에서 밀어주는 것을 도와줄 경우 설령 모든 노력을 다했을지라도 결코 '군자'라고 할 수는 없다. 왜냐하면 아직도 상대를 폭력으로 제압코자 하는 잔포殘暴한 기운이 남아 있기 때문이다. 유자들이 말하는 성왕이 세상을 위해 천하의 폐해를 제거하는 군사를 일으켜 토벌에 나선 경우를 상정해 보자. 장수가 유자들의 주장을 좇아 병사에게 명하기를, '달아나는 적을 쫓지 말고, 곤경에 처한 쪽을 활로 쏘지 말고, 패주하는 적의 전차가 진창에 빠졌을 때 뒤에서 밀어주도록 하라!'고 하면 폭란暴亂을 일삼는 자가 살아남게 된다. 그러면 천하의 폐해는 영원히 제거되지 않는다. 이는 무리지어 부모를 해치고, 세상을 심각하게 해치는 짓이다. 불의가 이보다 더 클 수는 없다!"

엄함불사揜函弗射의 '엄'이 오초본에는 엄掩으로 되어 있다. 『예기』「표기表記」의 정현 주는 곤박困迫으로 새겼다. 손이양은 '함'을 극亟의 잘못으로 보고 '엄극'을 매우 급박한 엄졸奄卒의 뜻으로 새기면서, '함'을 『설문해자』「구부臼部」에 나오는 작은 함정의 뜻인 함臽으로 새겨도 가하다고 했다. 시즉조지서거施則助之胥車의 '시'는 원래 길이 나뉘는 차로岔路 내지 기로岐路로 들어선 것을 뜻한다. 여기서는 진창 등에 빠졌을 때를 지칭한 것이다. '서거'는 무장을 한 전차 즉 병거兵車를 말한다. 무설이상여無說而相與의 '무설'은 이유가 없다는 뜻이다. '상여'를 두고 왕인지는 고대에 상적相敵과 같은 의미로 사용됐다고 했다. 하고상何故相에 대해 왕인지는 '상' 밑에 여與가 생략됐다고 보았다. 군잔群殘을 무리지어 손상시킨다는 뜻이다. 대망戴望은 '잔'을 적賊의 잘못으로 보았으나 굳이 그같이 새길 필요는 없다. 『맹자』「양혜왕 하」에 나오는 잔적殘賊 표현이 그 증거다.

39-8

又曰, "君子若鍾, 擊之則鳴, 弗擊不鳴." 應之曰, "夫仁人事上竭忠, 事親得孝, 務善則美, 有過則諫, 此爲人臣之道也. 今擊之則鳴, 弗擊不鳴, 隱知豫力, 恬漠待問而後對, 雖有君親之大利, 弗問不言. 若將有大寇亂, 盜賊將作, 若機辟將發也, 他人不知, 己獨知之, 雖其君親皆在, 不問不言, 是夫大亂之賊也. 以是爲人臣不忠, 爲子不孝, 事兄不除, 交遇人不貞良. 夫執後不言之朝物, 見利使己, 雖恐後言. 君若言而未有利焉, 則高拱下視, 會噎爲深, 曰, '唯其未之學也.' 用誰急, 遺行遠矣."

유자들은 말한다.

"군자는 마치 범종과 같아, 치면 울리고 치지 않으면 울리지 않는다."

이에 대한 대답은 이렇다.

"어진 사람은 군주를 섬기면서 충성을 다하고, 부모를 섬기면서 효행에 힘쓰고, 선행을 행하면 칭송하고, 잘못을 저지르면 간한다. 이것이 신하된 자의 도리이다. 지금 치면 울리고 치지 않으면 울리지 않는 식으로 군주를 섬기면 이는 지혜와 능력을 감춘 채 조용히 하문을 기다렸다가 대답을 하는 셈이 된다. 비록 군주나 부모에게 크게 이로운 일일지라도 하문하지 않으면 말하지 않는 꼴이다. 장차 큰 규모의 반역과 외침으로 인해 도적이 사방에서 일어나 마치 쇠뇌의 시위가 튕겨지려는 것과 같은 상황에서 남은 전혀 알지 못하고 자신만이 홀로 알고 있는 경우를 상정해 보자. 군주나 부모가 모두 살아 있는데도 하문하지 않았다는 이유로 말하지 않는다면 이는 곧 큰 혼란을 일으키는 도적이나 다름없다. 신하가 되어 불충不忠, 자식이 되어 불효不孝, 형을 섬기는 동생이 되어 불공不恭, 사람을 바르게 대해야 하는 자가 되어 부정량不貞良을 범하는 셈이다. 이런 자들은 대체로 조정에 가면 자신에게 이로운 일에 대해서는 오히려 남보다 뒤늦게 말할까 걱정한다. 반대로 군주의 말이 아무런 이익이 되지 않는다고 생각되면 팔짱을 낀 채 눈을 아래로 내리깔면서 밥을 입에 가득 물고 호통 치듯 말하기를, '거기에 대해서는 배운 바가 없습니다.'라고 한다. 상황이 매우 화급한데도 군주를 내팽개친 채 멀리 달아나는 꼴이다."

사친득효事親得孝의 '득'을 두고 유월은 뒤에 나오는 무선즉미務善則美의 '무'자와 뒤바뀌어 있다고 주장했다. 은지예력隱知豫力의 '예'를 유월은 쌓을 저儲로 읽었으나 손이양은 버릴 사舍의 가차로 보았다. 문맥상 손이양의 해석이 타당하다. 능력을 버려둔다는 뜻이다. 염막대문恬漠待問의 '염막'은 무심하고 고요한 태도를 지칭한다. 기벽장발機辟將發의 '기벽'은 쇠뇌의 시위를 뜻한다. '벽'을 손이양은 『이아』「석기釋器」를 근거로 덮치기 그물인 벽繴의 가차로 보았다. 고공하시高拱下視는 거만하게 팔짱을 끼고 사람을 내려다본다는 뜻이다. 쾌열위심會噎爲深의 '쾌'를 필원은 음식을 먹다가 목이 멜 쾌噲의 뜻으로 풀이했다. '열'은 목이 메는 것을 말한다. 용수급用誰急의 '수'를 손이양은 수雖의 잘못으로 보았다.

39-9

夫一道術學業, 仁義也. 皆大以治人, 小以任官, 遠施周偏, 近以修身. 不義不處, 非理不行. 務興天下之利, 曲直周旋, 利則止. 此君子之道也. 以所聞孔某之行, 則本如此相反謬也.

무릇 도술과 학업은 인의로 통일된다. 모두 크게는 사람을 다스리고, 작게는 벼슬자리에 나아가고, 멀리는 두루 베풀고, 가까이는 수신修身하는 것을 말한다. 불의한 일에 발을 담그지 않고, 비리를 저지르지 않고, 천하의 이익을 일으키는데 힘쓰고, 실천할 때 이리저리 애쓰면서 이롭지 않으면 이내 그만둔다. 이것이 군자의 도이다. 내가 지금까지 들은 공자의 행동은 이와 근본적으로 어긋난다.

원시주편遠施周偏의 '편'이 오초본에는 편遍으로 되어 있다. 필원은 오초본처럼 고쳤으나 왕인지는 서로 통용된 까닭에 고칠 필요가 없다고 했다. 곡직주선曲直周旋의 '곡직'은 이리저리 애쓰는 것을 뜻한다. 이즉지利則止를 유월은 「비악 상」의 구절을 근거로 불리즉지不利則止로 바꿔야 한다고 했다. 공모지행孔某之行의 '공모'는 공자를 지칭한다. 필원은 원래 공자孔子로 되어 있는 것을 유자들이 휘諱하여 '공모'로 바꿨다고 했다.

39-10

齊景公問晏子曰, "孔子爲人何如." 晏子不對, 公又復問, 不對. 景公曰, "以孔某於寡人者衆矣, 俱以賢人也. 今寡人問之, 而子不對, 何也." 晏子對曰, "嬰不肖, 不足以知賢人. 雖然, 嬰聞所謂賢人者, 入人之國必務合其君臣之親, 而弭其上下之怨. 孔某之荊, 知白公之謀, 而奉之以石乞. 君臣幾滅, 而白公僇. 嬰聞賢人得上不虛, 得下不危. 言聽於君必利人, 教行下必於上. 是以言明而易知也, 行明而易從也. 行義可明乎民, 謀慮可通乎君臣. 今孔某深慮同謀以奉賊, 勞思盡知以行邪. 勸下亂上, 教臣殺君, 非賢人之行也. 入人之國, 而與人之賊, 非義之類也. 知人不忠, 趣之爲亂, 非仁義之也. 逃人而後謀, 避人而後言, 行義不可明於民, 謀慮不可通於君臣. 嬰不知孔某之有異於白公也, 是以不對." 景公曰, "嗚乎, 貺寡人者衆矣, 非夫子, 則吾終身不知孔某之與白公同也."

춘추시대 말기 제경공齊景公이 재상인 안자晏子에게 이같이 물은

적이 있다

"공자는 위인이 어떠하오?"

안영이 대답하지 않자 제경공이 다시 물었다. 그래도 대답하지 않자 제경공이 말했다.

"과인에게 공자에 관한 얘기를 한 자가 매우 많소. 모두 그를 현자라고 했소. 지금 과인의 질문에 경은 대답을 하지 않으니 이는 어찌 된 일이오?"

안영이 대답했다.

"저는 사람이 못나 현자를 잘 알아보지 못합니다. 제가 들은 이른바 '현자'는 타국에 가서는 반드시 그 나라 군신의 관계를 돈독히 하고, 상하의 원한을 제거하는데 애씁니다. 공자는 초나라에 갔을 때 백공白公의 반란 모의를 알고는 석기石乞를 그에게 천거함으로써 초혜왕이 거의 죽게 된 적이 있습니다. 이로 인해 백공은 결국 죽고 말았습니다. 제가 듣건대 현자는 군주의 신임을 배반하지 않고, 민심을 배경으로 난을 일으키지 않는다고 했습니다. 군주에게 건의할 때는 반드시 백성을 이롭게 하고, 백성들을 교화할 때는 반드시 군주에게 이롭게 한다고 했습니다. 언어가 분명하고도 알아듣기 쉽고, 행동이 분명하고도 따르기 쉽고, 의를 행하는 행의行義가 백성에게 밝게 통하고, 계책을 강구하는 모려謀慮가 군주에게 곧바로 통할 수 있었던 이유입니다. 지금 공자는 깊은 '모려' 끝에 반적反賊을 돕고, 지혜와 사고의 총체인 지사知思를 짜낸 끝에 사악한 짓을 저질렀습니다. 백성을 충동해 군주에게 반기를 들게 하고, 신하를 교사해 군주를 시해토록 한 게 그것이니 이는 현자의 행동이 아닙니다. 타국에 들어가 그 나라 반적과 어울렸으니 이는 현자의 의로운 행동이 아닙니다. 불충한 언행을 알고도 오히려 이를 재촉했으니 이는 인의에 어긋난 것입니다. 중인衆人 속으로 달아나 그 뒤에서 모의하고 사주한 탓에 그 '행의'가 백성에게 통하지 않고, '모려' 또한 군주에게 통하지 못한 것입니다. 저는 공자가 백공과 다른 점을 알지 못하겠습니다. 그래서 대답치 않은 것입니다."

제경공이 말했다.

"아, 과인을 깨우쳐 준 게 참으로 많소. 경이 아니었으면 과인은 종신토록 공자가 백공과 같은 사람이라는 사실을 전혀 알지 못했을 것이오."

안자晏子는 춘추시대 말기 제경공齊景公 때의 현상賢相 안영晏嬰을 말한다. 제영공, 제장공, 제경공을 섬기며 제나라의 중흥을 이끌었다. 백공白公은 초평왕의 손자 승勝을 말한다. 『춘추좌전』「노애공 16년」조에 따르면 기원전 478년 7월, 백공이 석기石乞와 함께 반란을 일으켰다가 패사했다. 이를 '백공지란白公之亂'이라고 한다. 예로부터 공자가 '백공지란'을 부추긴 것으로 알려져 왔으나 이는 역사적 사실과 다르다. 필원이 역설했듯이 '백공지란'은 공자가 죽은 뒤의 일어난 사건이다. 손이양은 『열자』「설부說符」와 『여씨춘추』「정통精通」, 『회남자』「도응훈道應訓」 등에 백공과 공자의 문답이 실려 있는 점에 주목해 이런 곡해가 빚어진 것으로 파악했다. 교행하필어상敎行下必於上을 두고 유월은 '행' 밑에 어於가 생략됐고, '어' 또한 리利의 잘못이라고 보았다. 취지위란趣之爲亂의 '취'를 필원은 재촉할 촉促으로 새겼다. 황과인자중의貺寡人者衆矣의 '황'을 필원은 황況의 오자로 보았으나 손이양은 『의례』「사혼례士昏禮」에 대한 정현의 주를 근거로 하사할 사賜의 뜻으로 풀이했다. 여기서는 깨우쳐준다는 의미로 사용됐다.

39-11

孔某之際, 見景公. 景公說, 欲奉之以尼溪, 以告晏子. 晏子曰, "不可. 夫儒, 浩居而自順者也, 不可以教下. 好樂而淫人, 不可使親治. 立命而怠事, 不可使守職. 宗喪循哀, 不可使慈民. 機服勉容, 不可使導衆. 孔某盛容修飾以蠱世, 弦歌鼓舞以聚徒, 繁登降之禮以示儀, 務趨翔之節以觀衆. 博學不可使議世, 勞思不可以補民, 絫壽不能盡其學, 當年不能行其禮, 積財不能贍其樂. 繁飾邪術, 以營世君. 盛爲聲樂, 以淫遇民. 其道不可以期世, 其學不可以導衆. 今君封之, 以利齊俗, 非所以導國先衆." 公曰, "善." 於是厚其禮, 留其封, 敬見而不問其道. 孔某乃恚, 怒於景公與晏子. 乃樹鴟夷子皮於田常之門, 告南郭惠子以所欲爲, 歸於魯. 有頃, 閒齊將伐魯, 告子貢曰, "賜乎, 擧大事於今之時矣." 乃遣子貢之齊, 因南郭惠子以見田常, 勸之伐吳. 以教高•國•鮑•晏, 使毋得害田常之亂, 勸越伐吳. 三年之內, 齊•吳破國之難, 伏尸以言術數. 孔某之誅也.

공자가 제나라로 가 제경공을 만났다. 제경공이 크게 기뻐하며 공자를 니계尼溪 땅에 봉할 생각으로 안자와 상의했다. 안자가 말했다.

"불가합니다. 무릇 유자는 오만하고 멋대로 행동하는 까닭에 백성을 교화할 수 없고, 음악을 좋아해 사람들을 어지럽힙니다. 이들을 기용해 백성을 다스려서는 안 됩니다. 또한 운명론을 들먹이며 국사를 태만히 처리하는 까닭에 어떤 직책을 맡겨서도 안 됩니다. 나아가 상례喪禮를 중시하며 애상哀喪을 그치지 않는 까닭에 애민愛民을 행하지도 못합니다. 더구나 기이한 옷을 입고 치장에 힘쓰는 까닭에 친히 백성을 이끌 수도 없습니다. 실제로 공자는 겉모습을 거창하게 꾸며 세상 사람을 미혹하고, 거문고를 타고 북을 치는 가무를 통해 제자들을 그러모으고, 전당을 오르내리는 예절을 번잡하게 만들어 예의를 드러내고, 잰 걸음으로 재빨리 내딛는 추주趨走와 빙 둘러서 가는 반선盤旋의 예절로 사람들에게 위의威儀를 내보이는데 애쓰고 있습니다. 비록 공자가 학문을 널리 배우는 박학博學을 자랑하고 있으나 이는 세상의 법도가 될 수 없고, 고심하여 생각하는 노사勞思를 내세우고 있으나 이는 백성에게 아무 도움도 되지 않습니다. 문하생들이 아무리 수명을 거듭 연장시킬지라도 그 학문을 다 터득할 길이 없고, 아무리 나이가 들지라도 그 예절을 모두 실천할 길이 없고, 아무리 재물을 많이 쌓을지라도 그 예악을 만족스럽게 연주할 길이 없습니다. 오히려 사악한 이론을 교묘히 포장해 세상의 군주를 미혹하고, 예악을 성대히 꾸려 어리석은 백성을 오도하고 있습니다. 그들의 도술은 세상에 널리 퍼뜨릴 수 없고, 그들의 학문은 백성을 바르게 이끌 수 없습니다. 지금 군주가 그를 봉해 제나라 풍속을 일신코자 하나 이는 나라와 백성을 올바로 이끄는 방법이 아닙니다."

제경공이 말했다.

"좋은 말이오."

이에 제경공은 공자를 두터이 예우하면서도 봉지封地는 유보하고, 공경한 자세로 접견하면서도 도에 관해서는 물어보지도 않았다. 공자가 제경공과 안자에게 원한을 품은 나머지 부호인 치이자피鴟夷子皮를 내심 제나라 찬탈을 꾀하는 권신 전상田常에게 소개하고는 이를 남곽혜자南郭惠子에게 일러준 뒤 노나라로 돌아갔다. 얼마 뒤 제나라가 노나라를 치려 한다는 얘기를 듣고는 제자인 자공子貢에게 말했다.

"사賜야, 대사를 일으킬 기회는 바로 지금이다."

곧 자공을 제나라로 보내면서 남곽혜자를 통해 전상을 만나면 오나라 정벌을 권하게 했다. 이어 고씨高氏와 국씨國氏, 포씨鮑氏, 안씨晏氏 등 제나라의 4대 가문에 유세해 전상의 반란을 방해하지 않도록 했다. 다시 월나라로 가 오나라 정벌을 사주케 했다. 결국 3년 내에 제나라와 오나라 모두 나라가 거의 패망에 이르는 재난을 겪어야만 했다. 당시 죽은 자가 10만 명을 헤아릴 정도로 많았다. 모두 공자의 모략에 따른 것이었다.

자순자自順者는 자기 멋대로 행동하는 것을 뜻한다. 음인淫人은 사람을 그르치게 만든다는 뜻이다. 종상순애宗喪循哀을 두고 손이양은 '종'은 숭崇, '순'은 수遂와 통한다고 했다. 기복면용機服勉容의 '기복'은 기이한 옷을 입는다는 뜻으로 '기'를 우성오는 이異의 가차로 보았다. '면용'은 겉모습의 치장에 애쓰는 것을 말한다. 고세蠱世은 혹세惑世와 같다. 추상趨翔은 여러 행동을 말한다. '추'가 오초본에는 추趍로 되어 있다. 관중觀衆은 여러 사람에게 내보이는 것으로 뽐낸다는 뜻이다. 의세議世의 '의'를 필원은 의儀의 잘못으로 보았다. 누수絫壽는 수명을 거듭 연장한다는 뜻이다. 당년當年의 '당'을 손이양은 장壯의 잘못으로 보았다. 영세營世의 '영'은 혹惑의 뜻이다. 음우민淫遇民의 '우'를 손이양은 「비명 하」를 근거로 우愚와 통하는 것으로 보았다. 기세期世의 '기'를 유월은 시示의 오자로 파악했다. '시세'는 세상에 내보인다는 뜻이다. 이리제속以利齊俗의 '리'를 필원은 이移의 잘못으로 보았다. 도국선중導國先衆은 나라를 이끌고, 백성을 선도한다는 뜻이다. 공모내에孔某乃恚의 '에'가 원본에 지志로 되어 있는 것을 필원이 '에'로 바꿨다. 치이자피鴟夷子皮는 『사기』「월왕구천세가」에 따르면 월왕 구천을 도와 패업을 이룬 범리

范蠡를 말한다. 전상田常은 춘추시대 말기 제나라의 권신 진항陳恒을 말한다. 그의 후손이 태공망의 후예인 강씨姜氏의 제나라를 찬탈한 뒤 성을 '전'에서 '진'으로 바꿨다. 전한 때 문제 유항劉恒의 이름을 꺼려 다시 '항'을 '상'으로 바꿔 기록했다. 사서에 여러 이름이 등장케 된 배경이다. 간제장벌로間齊將伐魯의 '간'을 필원은 틈을 엿본다는 뜻으로 풀이했으나 소시학은 문聞의 오자로 보았다. 고국포안高國鮑晏은 춘추시대 말기 제나라의 4대 권문을 말한다. 이언술수以言術數의 '언'은 억億의 생략형인 의意의 잘못이다. '술'은 헤아릴 솔率과 통한다. 이에 대해 손이양은 '술'을 수隧의 가차로 보았다. 공모지주孔某之誅의 '주'를 소시학은 모謀로 새겼다.

39-12

孔某爲魯司寇, 舍公家而奉季孫. 季孫相魯君而走, 季孫與邑人爭門關, 決植.

공자는 노나라에서 사법을 관장하는 사구司寇가 된 뒤 노나라 공실을 버리고 권신인 계손씨季孫氏를 받들었다. 계손씨가 노나라 재상으로 있다가 군주와 다퉈 망명을 하게 됐다. 계손씨가 식읍의 백성과 관문의 통과 문제를 놓고 다투자 공자가 관문을 들어 올려 망명을 도와주었다.

사구司寇는 조정의 사법 담당 대신을 지칭한다. 계손季孫은 노나라를 실질적으로 장악한 권세가인 3환三桓의 일원을 말한다. 결식決植의 '결'을 손이양은 결抉과 통하는 것으로 보았다. '식'은 문 옆의 기둥을 뜻한다. 『여씨춘추』「신대愼大」 등에 '공자는 나라의 관문을 들어 올릴 만큼 힘이 세었으나 이로써 이름을 떨치려 하지 않았다.'는 얘기가 나온다. 『춘추좌전』에 공자의 부친 숙량흘叔梁紇이 성문을 들어 올려 노나라 군사를 위기에서 구한 일화가 나온다.

39-13

孔某窮於蔡陳之間, 藜羹不糂. 十日, 子路爲享豚, 孔某不問肉之所由來而食. 號人衣以酤酒, 孔某不問酒之所由來而飮. 哀公迎孔子, 席不端弗坐, 割不正弗食. 子路進, 請曰, "何其與陳蔡反也?" 孔某曰, "來, 吾語女! 曩與女爲苟生, 今與女爲苟義. 夫飢約則不辭妄取以活身, 贏飽則僞行以自飾." 汙邪詐僞, 孰大於此?

공자가 천하유세 도중 채蔡나라와 진陳나라 사이에서 진퇴양난의 곤경에 빠졌을 때의 일이다. 명아주로 만든 국만 먹고 밥을 구경도 못했다. 10일째 되던 날 제자인 자로가 돼지새끼를 구해 삶아서 올리자 공자가 고기를 얻게 된 배경을 물어보지도 않은 채 허겁지겁 먹었다. 또 한 번은 남의 옷을 벗겨 술을 사다주자 공자는 술을 얻게 된 배경을 물어보지도 않은 채 벌컥벌컥 들이마셨다. 노애공魯哀公이 천하유세를 마친 공자를 맞아들일 때 공자는 방석이 반듯하지 않으면 앉지 않고, 고기가 바르게 썰어져 있지 않으면 먹지 않았다. 자로가 물었다.

"어찌 그토록 진나라와 채나라 사이에 있을 때와 반대되는 것입니까?"

공자가 대답했다.

"이리 오라, 내가 너에게 일러주겠다! 전에는 너와 함께 하루를 살아가는데 바빴지만, 지금은 너와 함께 의를 행하는데 여념이 없다.

무릇 굶주리고 곤궁할 때는 마구 취해서라도 목숨을 살리는 일을 마다하지 않아야 하고, 배부르고 여유가 있을 때는 허례虛禮를 통해서라도 스스로 꾸밀 줄 알아야 한다."

더럽고 사악하며 거짓된 것으로 이보다 더 한 게 있을 수 있겠는가?

궁어진채지간窮於蔡陳之間은 『사기』「공자세가」에 따르면 공자가 천하유세 도중 채나라와 진나라 사이에서 궁지에 몰렸던 상황을 지칭한다. 여갱불삼藜羹不糂의 '여갱'은 명아주 국을 말한다. '삼'은 국에 쌀가루를 넣어 만든 싸라기죽으로 삼糝과 같다. 자로子路는 공자의 제자로 성은 중仲, 이름은 유由이다. 팽돈享豚의 '팽'은 삶을 팽烹의 속자이다. 오초본에는 형亨으로 되어 있다. 호인의이고주褫人衣以酤酒의 '호'를 필원은 치褫의 잘못으로 보았다. 『설문해자』「의부衣部」는 '치'를 탈의奪衣로 새겼다. '고'는 술을 사는 것을 말한다. 기약飢約은 굶주리고 곤궁하다는 의미이다. 영포贏飽의 '영'은 풍부해 여유가 있는 모습을 뜻한다.

39-14

孔某與其門弟子閑坐, 曰, "夫舜見瞽叟, 孰然, 此時天下圾乎. 周公旦非其人也邪, 何爲舍其家室而託寓也."

공자가 문하의 제자들과 한가로이 앉아 있다가 말했다.

"순舜은 부친인 고수瞽叟를 볼 때면 머뭇거리며 불안해하는 모습을 보였다. 당시 천하는 매우 위태로웠다. 주공 단旦은 인의에 어긋난 사람이었다. 그렇지 않다면 어찌 가족을 버려둔 채 객지인 낙읍洛

邑에 머물 리 있었겠는가?"

고수瞽叟는 순임금의 부친이다. 실제로 소경이었다고도 하고, 소경처럼 속이 좁다고 해서 '고'라는 명칭을 붙였다고도 한다. 숙연孰然의 '숙'은 불안해할 축蹙의 잘못이다. 손이양은 『묵자』에서 취就, 축蹙, 조造가 서로 통용되고 있다고 지적했다. 급호圾乎의 '급'은 위태로울 급岌과 통한다. 탁우託寓는 주공 단이 형제들의 무함을 받고 홀로 동쪽 낙읍 일대로 피신한 것을 뜻한다. 공자는 순임금도 주도적으로 천하경영에 나서야 했고, 주공 단 역시 보위를 차지해 천하를 다스려야 했다고 지적한 것이다.

39-15

孔某所行, 心術所至也. 其徒屬弟子, 皆效孔某. 子貢•季路輔孔悝亂乎衛. 陽貨亂乎齊. 佛肸以中牟叛. 桼雕刑殘, 莫大焉.

공자가 행한 짓은 모두 이처럼 인의에 어긋난 심술心術에서 나온 것이다. 그를 따르던 제자들 모두 공자를 흉내 내 모두 어지러웠다. 자공과 자로는 위衛나라 권신 공회孔悝를 도와 위나라를 어지럽혔고, 계손씨의 가신 양화陽貨는 노나라에서 반기를 일으킨 뒤 제나라로 망명했다. 불힐佛肸도 중모中牟에서 반기를 들었고, 칠조개漆雕開는 형벌을 받았다. 어지러움이 이보다 더할 수 없다.

자공子貢은 공자의 수제자로 성은 단목端木, 이름은 사賜였다. 공자의 제자 가운데 가장 명민했고, 뛰어난 이재理財로 거만의 재산을 모았다. 『사기』「화식열전」에 따르면 공자가 천하유세를 하면서 열국의 제후와 대등한 예를 갖출 수 있었던 것은 전적으로 자공의 재정적 뒷받침이 있었기에 가능했다. 계로季路는 자로子路의 또 다른 자字이다. 위衛나라 대부 공회孔悝의 읍재邑宰로 있던 중 주군을 위해 싸우다가 전사했다. 『춘추좌전』과 『논어』 등에는 자공이 이때 자로와 행동을 같이 했다는 기록이 나오지 않는다. 양화陽貨는 노나라 권신 계손씨의 가신으로 있다가 난을 일으켰다가 패한 뒤 제나라를 거쳐 진晉나라로 달아난 인물이다. 『춘추좌전』에는 양호陽虎로 나온다. 필힐佛肹은 진晉나라 권신 범씨范氏의 가신으로 중모中牟에서 반기를 들었다가 패했다. 칠조桼雕는 공자의 제자로 이름은 개開이다. 『한비자』「현학顯學」에 따르면 용맹을 숭상하며 유가의 한 학파를 이끌었다고 한다. 막대언莫大焉을 두고 필원은 '막' 앞에 난亂이 생략됐다고 보았다.

39-16

夫爲弟子後生其師, 必修其言, 法其行. 力不足, 知弗及而後已. 今孔某之行如此, 儒士則可以疑矣.

무릇 제자가 되면 후생으로서 스승을 흉내 낸다. 반드시 그 말을 학습하고, 그 행동을 본받는다. 역량이 부족하고 지혜가 미치지 못할 정도가 돼야 비로소 그만둔다. 지금 공자의 행동이 이와 같으니, 그를 본받은 유자儒者들은 더욱 의심할 만하다.

유사儒士는 유자儒者와 같다.

권 10
제40장 경(經) 상

「경」과 이를 해설한 「경설」 모두 상하 2편으로 구성돼 있다. 이들 4편은 『묵자』의 여타 편과 성격을 달리하고 있다. 현대 논리학과 유사한 탄탄한 논리를 배경으로 명가名家의 여러 관점을 거침없이 논박한 게 그렇다. 여기에는 현대 광학과 물리학, 기하학 등과 관련한 내용이 매우 많다. 많은 사람이 묵가의 특징이 가장 잘 드러나는 대목으로 지목하는 이유다. 이들 4편을 하나로 묶어 「묵경墨經」으로 칭하는 것도 이런 맥락에서 이해할 수 있다. 묵자가 직접 쓴 것으로 간주한 결과다. 편제는 매우 짧은 글을 상하 두 란으로 나눠 기록하는 식으로 되어 있어 이른바 방행독법旁行讀法으로 접근해야 제대로 된 해석이 가능하다. 각 장의 분류는 판본에 따라 약간 다르나 본서는 손이양의 주석을 기준으로 삼았다.

40-1

故, 所得而後成也.

원인은 사안이 완성된 후 드러난다.

고故를 필원은 고固와 같은 것으로 보았고, 장혜언張惠言은 사람이 하는 것을 얻어야만 이뤄지는 것이라고 했다. 손이양은 이를 모두 부인하면서 '어떤 일로 인해 결과를 얻게 되는 것이다.'라고 했다. 소득所得은 사물의 파악을 의미한다.

40-2

止, 以久也.

정지停止는 가로막는 물건이 얼마나 버티는지 여부에 따라 다르다.

지止를 필원은 그칠 이已로 새기며 풀이키를, "일이 오래 지나게 되면 멈추게 된다."고 했다. 장혜언은 지止가 구久에서 생겨났다고 해석했다.

40-3

體, 分於兼也.

일체一體는 전체에서 나뉜 것이다.

체體를 손이양은 『주례』「천관天官」에 대한 정현의 주를 인용해 분分으로 새기고, 『설문해자』를 인용해 개별적인 '체'를 합치면 겸兼이 된다고 풀이했다.

40-4

必, 不已也.

필행必行은 도중에 그치지 않는다는 뜻이다.

필必을 『설문해자』「팔부八部」는 분극分極으로 풀이했다. 불이不已를 필원은 필행必行으로 새겼다.

40-5

知, 材也.

지재知才는 재능을 말한다.

손이양은 재才가 지智의 뜻을 지니고 있고 재材와 통용되고 있는 만큼 '지' 역시 재材의 뜻을 지니고 있다고 풀이했다.

40-6

平, 同高也.

평평平平은 높이가 같은 것이다.

동고同高를 두고 진례陳澧는 말하기를, "『해도산경海島算經』에서 말한 '2개의 표준 높이가 나란한 것이다.'라고 했다. 또 『기하원본幾何原本』에서 '2개의 평행선 안에 두 평행하는 사각형이 있고, 2개의 삼각형이 있는데 밑변이 같다면 그 모양 또한 같다.'고 한 것과 같은 이치다."라고 했다. 손이양은 진례의 설명을 좇았다.

40-7

慮, 求也.

사려思慮는 원하는 바를 꾀하는 것이다.

『설문해자』「심부心部」는 '려慮'를 모사謀思로 풀이했다. 필원은 모려謀慮의 목적이 구求에 있다고 했다.

40-8

同長, 以缶相盡也.

동장同長은 길이 등이 같아 서로 꼭 들어맞는 합동合同을 뜻한다.

양계초梁啓超는 동장同長의 '장'을 연자로 보았으나 「경설상」에 '동장'으로 나온다. 필원은 말하기를, "노문초는 정缶을 정正의 고자古字로 보았다. 당나라 때 석각石刻에 투심정각投心缶覺 표현이 나온다."고 했다. 장혜언은 이以를 함께 할 여與로 새기면서 "길이가 정正과 서로 들어맞으니 이는 그것을 재어본 결과 똑같다는 뜻이다."라고 풀이했다. 진례는 말하기를, "『기하원본』을 살펴보면 하나는 길고 하나는 짧은 2개의 직선이 있을 경우 긴 선에서 짧은 선으로 줄여가는 각도를 구하는 예가 나온다. 이는 2개의 선으로 원의 중심을 같이 모이게 해 짧은 선을 경계로 원을 그려 긴 선분과 만나게 하면 이것이 짧은 선과 같아진다. 이를 두고 합동合同을 뜻하는 정상진正相盡이라고 한다. 이정以正은 원주와 2개의 직선이 서로 교차해 십十자를 만든다는 의미이다."라고 했다.

40-9

知, 接也.

지각知覺은 사물을 접해 얻을 수 있다.

지知를 필원은 사물을 접하며 생기는 것으로 풀이했다.

40-10

中, 同長也.

중심中心은 원의 지름이 같다.

유월은 풀이키를, "『이아』「석언」은 제齊를 중中으로 새겼다. '중'과 '제'가 같다는 뜻이다. 이 구절은 같은 길이를 가진 것으로 '중'을 해석한 것이다."라고 했다. 진례는 말하기를, "『기하원본』을 살펴보면 '원은 둘레의 한 지점에서 중심까지 직선을 그으면 모두 그 길이가 같다.'고 했다."며 기하학적으로 증명했다.

40-11

恕, 明也.

지智는 사물을 밝게 아는 것이다.

옛 판본에 서恕로 되어 있는 것을 손이양이 도장본과 오초본을 좇아 지恕로 바꿔 놓았다. 『주례』「지관」에 대한 정현의 주는

지知를 사리에 밝은 것으로 풀이했다.

40-12

厚, 有所大也.

후도厚度 즉 두께는 커질 소지가 있는데서 출발한다.

장혜언은 "크기가 곧 부피이다."라고 했다. 진례는 말하기를, "『기하원본』은 면에 길이와 넓이가 있다고 했다. 면은 두께가 없으나 부피에는 반드시 면적의 길이와 넓이가 있어야 한다는 뜻일 것이다. 그래서 유소대有所大라고 한 것이다."라고 했다. 손이양은 진례의 주장을 반박하면서 "여기의 '유소대'는 만물이 형태가 있는 것에서 시작해 장차 이를 쌓게 되면 그 두께가 끝을 다할 수 없다는 점을 언급한 것이다."라고 풀이했다.

40-13

仁, 體愛也.

인仁은 사랑을 체화한 박애博愛이다.

『설원』「수문修文」은 적애積愛를 인仁으로 풀이했다.

40-14

日中, 缶南也.

일중日中은 해가 중천에 뜬 것으로 정남쪽에 위치한다.

「경설 상」에 해설이 없다. 정缶은 정正과 같다. 손이양은 중국이 적도의 북쪽에 위치한 까닭에 해가 중천에 뜨는 위치가 정남쪽이 된다고 했다.

40-15

義, 利也.

의義는 남을 이롭게 하는 것이다.

『춘추좌전』「노소공 10년」조에서 의義는 이로움의 근본이라고 했다.

40-16

直, 參也.

수직垂直은 서로 기대어 세운 것이다.

「경설 상」에 해설이 없다. 직直을 필원은 『설문해자』를 인용해 정견正見으로 풀이했다. 『논어』「위령공」에 수레에서 일어서면 끌채 끝의 멍에를 메는 부분을 볼 수 있다는 취지의 '입즉견기참우전立則見其參于前' 구절이 나온다. 진례는 풀이키를, "이는 『해도산경』에서 말한 '후표後表와 전표前表가 함께 서로 도와 '직'이 되게 하는 것이다."라고 했다.

40-17

禮, 敬也.

예禮는 공경을 말한다.

『예기』「악기樂記」에서 예는 일을 달리하지만 공경하는 것에서는 합치한다고 했다.

40-18

圜, 一中同長也.

원圓은 중심에서 거리가 같은 점의 집합이다.

환圜은 원圓의 뜻이다. 일중一中을 필원은 구멍을 뜻하는 공孔으로 풀이하면서 사방의 면을 측량해 길이가 같은 것을 뜻한다고 했다. 장혜언은 "하나를 세워 중심으로 삼고 사방의 변을 재어 같은 길이에 있으면 그것이 원이다."라고 했다. 추백기鄒伯奇는 풀이키를, "이는 곧 원 안에 하나의 중심을 갖고 있는 것을 언급한 것이다. 원의 둘레가 중심에서 같은 거리에 있다는 뜻이다."라고 했다. 진례는 말하기를, "「기하원본」에서 '원의 가운데가 원심이다.'라고 했다. 하나의 원은 1개의 중심이 있을 뿐 2개의 중심을 가질 수 없다. '일중'이라고 언급한 이유다."라고 했다. 유악운劉嶽雲은 해석키를, "이는 원의 중심에서 둘레까지 직선을 그었을 때 그 길이가 같다."고 했다. 손이양은 추백기와 전례, 유악운 등의 해석을 전폭 수용하면서 "1개의 중심에서 같은 거리에 있는 점의 집합을 '원'이라고 한다."고 했다.

40-19

行, 爲也.

행위行爲는 하고자 하는 의사의 실현이다.

손이양은 「경설 상」을 근거로 의지를 가지고 행동하는 것이 곧 행위라고 풀이했다.

40-20

方, 柱隅四讙也.

방체方體는 모서리가 사방에서 모인 것이다.

환讙이 오초본에는 환驩으로 되어 있다. '환'을 필원은 잡雜으로 보았고, 장혜언은 합合으로 풀이했으나 손이양은 각角의 뜻을 지닌 잡雜의 오자로 보았다. 『여씨춘추』「논인論人」에 대한 고유의 주는 "네 변의 각이 유維가 된다."고 했다. 손이양은 말하기를, "만일 '유'라고 해석한다면 모서리를 뜻하는 주우柱隅와 중복된다. 이 경우 사유四維로 표현하는 게 더 적절할 것이다."라고 했다.

40-21

實, 榮也.

실질實質은 영화롭다.

실實을 필원은 실질에 이르면 그 명성이 마치 꽃이 피듯 분명히 드러난다고 풀이했다.

40-22

倍, 爲二也.

배수倍數는 한 배를 더한 계산법이다.

배倍를 두고 필원은 2배로 늘려 '이二'가 되는 것을 뜻한다고 했고, 양보이는 한 배를 더하는 계산법이라고 했다.

40-23

忠, 以爲利而强低也.

충성忠誠은 군주를 이롭게 하는 동시에 강하게 만든다.

강저强低의 '저'를 장혜언은 뿌리를 뜻하는 저氐로 풀이한데 반해, 손이양은 군주를 뜻하는 군君의 오자로 보았다.

40-24

端, 體之無序而最前者也.

단서端緖는 한 개체에서 순서 없이 가장 앞에 오는 것을 뜻한다.

단端을 필원은 『설문해자』를 인용해 사물의 시초인 단耑, 서

序를 차서次序로 읽었다. 왕인지는 '서'를 후厚의 잘못으로 보았다. 손이양은 끝의 앞에 있는 것은 서로 차서가 없다는 뜻으로 풀이해야 한다고 했다.

40-25

孝, 利親也.

효행孝行은 부모를 이롭게 한다.

효孝를 손이양은 『가자賈子』「도술道術」을 근거로 자식이 어버이를 사랑하여 이롭게 하는 것이 효행의 뜻이라고 풀이했다.

40-26

有閒, 中也.

간극間隙은 두 사물의 사이에 있는 것이다.

간閒은 간間과 같다. 필원은 두 사물 사이의 간극間隙을 언급한 것으로 보았다. 진례는 말하기를, "『기하원본』을 보면 '직선이 서로 만나 각을 이루면 직각이 된다.'고 했고, 또 '많은 경계 사이에 도형이 만들어진다.'고 했다. 모두 유간有閒에 대한 설명이다. 선과 경계 사이에 끼어 있다는 뜻이다."라고 했다.

40-27

信, 言合於意也.

신信은 말과 뜻이 부합한다.

신信을 장혜언은 그 뜻을 속이지 않는 것으로 해석했다.

40-28

閒, 不及旁也.

간극間隙은 가장자리에 미치지 못하는 공간을 뜻한다.

간閒을 손이양은 가운데가 빈 것으로 풀이했다. 장혜언은 주변에 미치지 못하는 것을 극중隙中으로 새겼다.

40-29

佴, 自作也.

차비次比는 스스로 순서지어 나란한 것을 말한다.

이佴를 필원은 『설문해자』를 인용해 남을 돕는다는 뜻의 차佽로 풀이했다. 작作을 손이양은 『경설 상』에 나오는 비比와 뜻이 통하는 비仳의 잘못으로 보았다.

40-30

纑, 閒虛也.

기둥 위 가로나무는 중간이 비어 있다.

노纑를 왕인지는 두공枓栱을 뜻하는 노櫨의 잘못으로 보고, 간허間虛를 두 두공 사이에 다른 나무가 없다는 의미로 새겼다. 진례는 말하기를, "『구장산술九章算術』에 대한 유휘劉徽의 주는 '정사각형 밭의 넓이는 길이의 제곱에 따르니 이를 일컬어 멱冪이라고 한다.'고 했다. 이것이 바로 노纑이다. 또 『해도산경』에 대한 이순풍李淳風의 주는 '앞뒤 표表의 서로 떨어진 거리가 표간表間이다.'라고 했다. 이는 두 나무 사이에 나무가 없다는 뜻이다."라고 했다. 손이양은 이같이 평했다. "왕인지와 진례의 설명이 다르다. 왕인지의 설명이 맞는 듯하다. 노纑는 노櫨의 가차이다. 『문선文選』「위도부魏都賦」에 대한 이선李善의 주는 『설문해자』를 인용해 '두공을 뜻하는 박로欂櫨는 기둥 위의 가로나무이다.'라고 했다. 박로를 한 글자로 말하면 노櫨라고 할 수 있다. 『회남자』「주술훈主術訓」에서 '짧은 것으로 붉은 가로 두공을 삼는다.'고 했다."

40-31

諂, 作嗛也.

자족自足은 스스로 족함을 알고 그만 두는 것을 말한다.

견諂을 손이양은 『맹자』「양혜왕 하」에 나오는 서로를 흘겨보며 비방한다는 뜻의 견견서참睊睊胥讒에 대한 손석孫奭의 주석을 근거로 견睊과 같다고 했다. 견睊과 견狷은 서로 통한다. 『맹자』「진심 하」에는 견獧으로 나온다. 겸嗛을 손이양은 『전국책』「위책魏策」에 대한 고유의 주를 인용해 즐거울 쾌快로 새겼다.

40-32

盈, 莫不有也.

영만盈滿은 없는 게 없다는 뜻이다.

영盈을 『광아』「석고」는 만滿으로 풀이했다.

40-33

廉, 作非也.

마음이 떳떳치 못한 미흡未洽은 자신이 한 일에 잘못이 없지 않은 것을 말한다.

염廉을 필원은 염찰廉察로 풀이했으나 손이양은 마음이 떳떳치 못할 겸慊의 오자로 보았다.

40-34

堅白, 不相外也.

견백석堅白石은 서로 밖이 되지 않는 것을 뜻한다.

견백堅白은 명가名家인 공손룡公孫龍이 제기한 견백석堅白石 궤변을 뜻한다. 불상외不相外는 동체同體를 의미한다.

40-35

令, 不爲所作也.

명령命令은 스스로 하는 게 아니다.

영令을 필원은 사람들에게 시키고 자신이 하는 게 아니라는 의미로 풀이했다.

40-36

攖, 相得也.

접근接近은 서로 만난다는 의미다.

영攖을 『장자』「대종사大宗師」에 대한 최선崔譔의 주석은 묶여 있는 계착繫著으로 풀이했다. 필원은 『옥편玉篇』을 근거로 결結로 새겼다. 양보이楊葆彝는 인引으로 새기면서, 『기하원본幾何原本』을 인용해 두 선이 만나는 것으로 해석했다.

40-37

任, 士損旣己益所爲也.

임협任俠은 선비 스스로 손해 보며 유익한 일을 하는 것이다.

임任을 필원은 『설문해자』「내부乃部」에서 병甹을 협俠으로 풀이한 것을 근거로 임협任俠으로 새겼다. 장안을 중심으로 한 삼보

三輔 일대에서 재물을 가벼이 여기는 사람을 병甹이라고 했다. '병'과 임任은 같은 뜻이다.

40-38

似, 有以相攖, 有不相攖也.

비례比例에는 서로 합치되는 것도 있고, 합치되지 않는 것도 있다.

사似를 손이양은 「경설 상」을 근거로 비仳의 잘못으로 보았다. 그는 말하기를, "비仳는 비교할 비比와 통한다. 상합비相合比는 서로 완전히 합치되는 상영相攖을 뜻하고, 상차비相次比는 서로 합치되지 않는다는 뜻이다."라고 했다.

40-39

勇, 志之所以敢也.

용기勇氣는 뜻대로 감히 하는 것이다.

용勇을 『가자賈子』「도술道術」은 절개를 지닌 채 두려워하지 않는 것으로 풀이했다. 필원은 감히 결단하는 감결敢決로 해석했다. 지지소이감志之所以敢을 장혜언은 의지가 용기를 얻으면 감행할 수 있다는 뜻으로 읽었다.

40-40

次, 無間而不攖攖也.

차례次例는 사이에 낀 것이 없으나 완전히 합치되는 것은 아니다.

영영攖攖을 필원은 연자衍字로 보았으나 손이양은 완전히 합치한다는 뜻인 상영相攖의 잘못으로 파악했다. 그의 해석이다. "2개의 사물이 나란히 있으면 가운데는 빈 공간이 없다. 그러나 완전히 합치하는 것은 아니다. 그래서 불상영不相攖이라고 한 것이다."

40-41

力, 刑之所以奮也.

동력動力은 물체를 움직이는 힘이다.

형刑을 필원은 물체를 뜻하는 형形으로 읽었다.

40-42

法, 所若而然也.

법도法度는 좇아야 할 곳에서 그리하는 것을 말한다.

법法을 손이양은 『순자』「불구不苟」에 대한 양량楊倞의 주를 인용해 본받을 효效로 풀이했다. '양량'의 원음은 '양경'이다. 필원은 약若을 좇을 순順으로 새기면서 "만들어진 법은 따라야 한다는 의미이다."라고 해석했다.

40-43

生, 刑與知處也.

생生은 형체와 지식이 합쳐진 모습으로 존재한다.

형여지처刑與知處를 필원은 사람이 세상을 살아가는 것은 단지 형체와 지식에 달려 있다는 뜻으로 해석했다. 장혜언은 형체 속에 지식과 삶이 있다고 했다. 손이양은 형체와 지식이 합쳐져 같은 곳에 머무는 것이 삶에 해당한다고 풀이했다.

40-44

佴, 所然也.

부차副次는 그리 되도록 따른다는 뜻이다.

이佴를 양계초는 가지런히 할 모侔로 바꿨다. 오초본에는 연然 자가 없다. 필원은 이같이 풀이했다. "연然은 순順의 뜻이다. '이'를 두고 다음을 뜻하는 이貳라고 말하기도 하고, 혹은 이尒의 가차된 발음으로 보기도 한다. 『설문해자』「팔부八部」는 이尒를 필연必然으로 새겼다." 이에 대해 손이양은 이같이 해석했다. "『이아』「석언釋言」에서 이佴를 이貳로 풀이했다. 이에 대한 곽박郭璞의 주는 '이차佴次는 부이副貳의 뜻이다.'라고 했다. 차이次佴는 순順의 의미이다. 필원이 이尒의 가차된 발음으로 설명한 것은 잘못이다." 앞서 이佴가 차비次比의 뜻으로 해석된 점을 감안해 여기서는 필원처럼 '필연'의 의미로 해석해도 가할 듯하다.

40-72

賞, 上報下之功也.

포상褒賞은 윗사람이 아랫사람의 노고에 보답한 것이다.

상賞을 두고 아무도 구체적인 해석을 시도하지 않았다. 「경설 상」에는 '상賞' 자만 나온다. 손이양은 '상보하지공야上報下之功也' 구절이 도중에 생략된 것으로 보았다.

40-73

爲, 存·亡·易·蕩·治·化.

위정爲政은 존국存國, 무병無病, 교역交易, 소탕掃蕩, 순치順治, 교화敎化를 총칭한 말이다.

위爲를 장혜언은 보존할 존存, 병 없을 무亡, 바뀔 역易, 소탕할 탕蕩, 다스릴 치治, 교화할 화化 등 6가지 의미가 내포돼 있다고 했다. 무亡는 무無와 같은 글자로 「경설 상」의 풀이가 보여주듯이 무병無病의 뜻으로 사용된 것이다.

40-74

罪, 犯禁也.

범죄犯罪는 금령禁令의 위반을 의미한다.

범금犯禁의 '금'은 금령禁令을 뜻한다.

40-75

同, 重·體·合·類.

상동相同은 같은 것이 2개의 이름을 갖는 중동重同, 전체와 부분의 관계인 체동體同, 다른 사물과 하나로 합치되는 합동合同, 유사한 부분이 있는 유동類同 등이 있다.

동同을 장혜언은 같은 이름의 중동重同, 전체와 부분의 관계인 체동體同, 다른 것과 하나가 되는 합동合同, 유사한 내용의 유동類同 등 모두 4개의 의미를 내포하고 있다고 했다.

40-76

罰, 上報下之罪也.

형벌刑罰은 윗사람이 아랫사람의 죄를 다스리는 것이다.

벌罰을 '상보하지죄上報下之罪'로 설명한 것은 앞서 상賞을 '상보하지공上報下之功'으로 설명한 것과 짝을 이룬다.

40-77

異, 二·不體·不合·不類.

상이相異는 2가지 모습을 보이는 이양二樣, 전체를 이루는 개체가 서로 다른 불체不體, 서로 합쳐지지 않는 불합不合, 같은 부류가 아닌 불류不類 등이 있다.

이異를 장혜언은 2가지 양상의 이양二樣, 서로 다른 불체不體, 합치하지 않는 불합不合, 같은 부류가 아닌 불류不類 등 4가지 의미가 내포돼 있다고 했다. 원본에는 불체不體의 '불'이 누락돼 있었다. 손이양은 필원본과 오초본을 좇아 '불체'로 교정해 놓았다.

40-78

同, 異而俱於之一也.

동조同調는 서로 다른 것이 하나로 합치는 것이다.

동同이 「경설 상」에는 동侗으로 되어 있다. 서로 통하는 글자이다. 이이구어지일異而俱於之一를 두고 손이양은 '지일'을 시일是一로 파악해 "서로 다른 여러 개를 합쳐 하나로 만든 것이다."라고 풀이했다.

40-79

同異交得, 放有無.

동이同異는 비교를 통해 얻으니 그것으로 '동이'의 유무有無를 알 수 있다.

동이교득同異交得을 손이양은 '언어가 동이同異에 따라 각각 그 뜻을 지니게 되는 것'이라고 풀이했다. 방유무放有無를 두고 장혜언은 '방'을 어於의 잘못으로 보고 "유무有無가 교차하면 동이同異를 얻게 된다."고 해석했다. 손이양은 '방'을 지知의 잘못으로 보고 해석을 시도했다.

40-80

久, 彌異時也.

장구長久는 시간 단위가 매우 길어 무한하다.

구久를 필원은 "시간의 흐름을 바꿀 수 없기에 구久라고 한 것이다."라고 풀이했다. 미이시야彌異時也의 '미'를 왕인지는 두루 미친다는 뜻의 편遍으로 읽었다.

40-81

宇, 彌異所也.

우주宇宙는 공간 단위가 매우 넓어 무궁하다.

우宇가 원본에는 수守로 되어 있었다. 필원은 "그 장소를 바꾸지 않았기에 수守라고 한 것이다."라고 했다. 왕인지의 해석은 이렇다. "수守는 우宇의 잘못이다. 글자 모양이 비슷해 그리 된 것이다. 미彌는 두루 미친다는 뜻의 편遍을 의미한다. 우宇는 서로 다른 장소를 아우를 때 언급하는 말이다. 「경설 상」에서 '우宇는 동서남북을 가리킨다.'고 했다. 동서남북에 두루 퍼져 있는 것이 곧 우宇이다.

고유高誘도 『회남자』「원도原道」을 주석하면서 '사방상하四方上下를 일컬어 우宇라고 한다.'고 했다." 손이양도 왕인지의 주석을 좇았다.

40-82

聞, 耳之聰也.

청문聽聞은 귀로 듣고 잘 이해하는 것이다.

문聞에 대한 해설이 「경설 상」에 누락돼 있다.

40-83

窮, 或有前不容尺也.

곤궁困窮은 1척에도 미치지 못하는 궁한 상황을 뜻한다.

궁窮을 두고 손이양은 이같이 해석했다. "유전有前은 끝이 있다는 유단有端의 뜻이다. 「경설 상」에서 '척尺은 구혈區穴보다는 앞서고, 단端보다는 뒤에 있다.'고 했다. 옷감의 폭에 비유하면 끝단에서 1척에 이르는 것이 반半인데 1척도 용인하지 않는 불용척不容尺은 곧 반에도 미치지 못하는 것을 의미한다. 궁하게 되기 쉽다는 점을 이런 비유를 통해 밝힌 것이다."

40-84

循, 所聞而得其意, 心之察也.

순행循行은 들은 바대로 행하여 마침내 그 뜻을 얻는 것을 말한다. 마음의 통찰력 덕분이다.

순循을 필원은 종從으로 읽었다. 이를 좇을 경우 소문이득기의所聞而得其意는 들은 바대로 좇아 그 뜻을 얻는다는 의미가 된다. 그게 바로 명을 좇아 행한다는 뜻의 순행循行이다. 심지찰心之察은 마음으로 살피는 것을 의미한다. 도장본에는 지之가 야也로 되어 있다.

40-85

盡, 莫不然也.

진종盡終은 그렇지 않은 게 없는 경우다.

역대 주석가 가운데 구체적인 해석을 시도한 사람이 없다. 막불莫不은 2중 부정으로 강한 긍정을 뜻한다.

40-86

言, 口之利也.

언설言說은 입으로 말해 이로움을 얻으려는 것이다.

「경설 상」에 해설이 없다. 구지리口之利의 '리'는 이익을 뜻한다.

40-87

始, 當時也.

시작始作은 시각時刻에 해당한다.

당시當時는 일이 빚어지던 바로 그 시점 내지 이야기하고 있는 그 시기를 뜻한다.

40-88

執所言而意得見, 心之辯也.

상대가 말한 것을 토대로 살펴보면 그 속뜻이 드러난다. 마음의 변별력 덕분이다.

「경설 상」에 해설이 없다. 심지변心之辯의 '변'을 손이양은 『설문해자』「언부言部」를 인용해 치治로 풀이해 놓았다. 현見은 현現과 통한다. 유세술의 핵심인 독심讀心을 언급한 듯하다.

40-89

化, 徵易也.

변화變化는 징험徵驗이 바뀌는 것이다.

징역徵易을 양보이는 '변역變易을 징험하는 것'으로 풀이했다. 장혜언은 징徵을 전轉으로 읽었다.

40-90

諾, 不一利用.

응낙應諾은 한 가지가 아니니 이로운 바에 따라 허용된다.

낙諾을 두고 손이양은 말하기를, "말하는 어기語氣가 서로 같지 않으니, 용도에 따라 각기 마땅한 바가 있다. 「경설 상」에서 5가지 대답하는 바가 있다고 말한 것과 같은 취지이다."라고 했다.

40-91

損, 偏去也.

손상損傷은 일부를 잃는 것이다.

손損을 손이양은 『설문해자』「수부手部」의 해석을 좇아 감減으로 풀이했다. 이에 대해 필운은 보유한 것의 절반을 잃는 것으로 해석했다.

40-92

服, 執, 說, 音利.

설복說服은 때로는 자신의 주장을 고집하고, 때로는 상대의 속마음을 떠보며 자신에게 유리하도록 얘기를 이끌어 가는 것을 말한다.

복服을 손이양은 서로 상대방을 좇으며 고집하지 않는 것으로 풀이했다. 이어 집執은 서로 고집하며 복종하지 않는 것으로 해석했다. 나說는 불복하면서도 고집하지 않는 것으로 풀이하면서 『설문해자』「언부言部」가 '나'를 속마음을 떠보는 나사說伺로 풀이한 점에 주목해 서로 상대의 속마음을 떠보는 상사相伺와 같다고 분석했다. '나'의 유세술을 『귀곡자鬼谷子』에서 말하는 11가지 유세술 가운데 이른바 저희술抵巇術에 해당한다고 본 게 그렇다. '복'과 '집'과 '나'의 유세술 모두 그 뜻과 내용이 서로 다른데도 불구하고 모두 상대방을 이용코자 한 점에서는 똑같다는 게 손이양의 분석이다. 손이양이 음리音利를 언리言利의 잘못으로 본 것도 이 구절이 『귀곡자』처럼 유세술을 언급한 것으로 간주한 결과다.

40-93

巧, 轉則求其故.

공교工巧는 전수傳授의 방식으로 그 이치를 찾는다.

교巧를 두고 손이양은 전轉을 전傳의 잘못으로 간주해 교묘한 솜씨인 공교工巧로 파악했다. 『국어』「제어齊語」에 나오는 '공工은 일로써 서로 말해 주고, 기교로써 서로 보여 주는데서 나온다.'는 구절을 인용한 게 그렇다. 필원과 장혜언은 이 구절과 다음 구절을 합쳐 '교전巧轉, 즉구기고대익則求其故大益'으로 풀이했으나 손이양은 두 구절을 나눴다.

40-94

大, 益.

극대화極大化는 자꾸 덜어내는 극소화極小化와 달리 계속 더해야만 가능한 일이다.

「경설 상」에 해설이 없다. 손이양은 대익大益이 앞에 나오는 교巧에 관한 구절보다 앞에 와야 하는데 잘못하여 뒤에 배치됐다고 보면서, "모든 개체는 덜어내면 작아지고, 더하면 커지는 이치를 언급한 것으로 보인다."고 풀이했다.

40-95

儇, 稘秪.

원환圓環은 끝없이 돌아 끝이 없는 까닭에 모든 지점이 서로 근본이 된다.

현구저儇稘秪의 '구'를 두고 필원은 「경설 상」에 구昫로 되어 있다고 했다. 이에 대해 손이양은 이같이 풀이했다. "현구저儇稘秪는 환구저環俱柢의 잘못이다. 모두 발음 때문에 그리된 것이다. 구俱가 「경설 상」에 구昫로 된 것도 마찬가지다. 저秪가 「경설 상」에 민民으로 되어 있다. 이는 저柢의 생략형인 저氐의 오자이다. 『이아』「석언釋言」에서 저柢를 본本으로 풀이했다. 『시경』「절남산節南山」의 「모전毛傳」에서도 저氐를 본本으로 풀이했다. 무릇 모든 사물은 끝이 있으면 뿌리가 있기 마련이다. 둥근 고리는 빙 돌아 끝이 없는 까닭에 모든 지점이 근본이 되는 듯하다. 그래서 '구저俱柢'라고 말한 것이다.

40-96

法同, 則觀其同.

법이 같으면 그 같은 점을 살핀다.

법法을 손이양은 『예기』「소의少儀」를 예로 들어 법식法式으로 풀이했다. 이 구절은 뒤에 나오는 '법法, 이즉관기의異則觀其宜' 구절과 짝을 이룬다.

40-97

庫, 易也.

창고倉庫는 수장한 물건을 변하게 한다.

고庫를 노문초는 장瘴의 잘못으로 보았다. 손이양도 「경설하」에서 그림자를 가둔다는 뜻의 영장景瘴 구절을 근거로 이를 좇았다. 역易을 홍이훤洪頤烜은 물物의 오자로 파악했다.

40-98

法異, 則觀其宜.

법이 다르면 그 적합성을 살핀다.

「경설 상」에 해설이 없다. 앞에 나온 '법法, 동즉관기동同則觀其同' 구절과 짝을 이룬다.

40-99

動, 或従也.

이동移動은 있던 곳을 옮기는 것이다.

종從을 손이양은 사徙의 잘못으로 보았다. 『설문해자』「착부辵部」에서 사徙를 이迻로 읽었다. 이移와 같은 글자이다. 역或을 손이양은 역域의 정자로 파악했다. 역사或徙는 곧 사람들이 원래 있던 자리를 옮기는 것을 뜻한다. 그것이 움직임의 이치라고 했다.

40-100

止, 因以別道.

정지靜止는 어떤 일로 인해 다른 길을 가게 되는 것을 말한다.

양계초는 지止를 정正으로 바꿨으나 손이양은 「경 하」의 '지'에 대한 구절을 근거로 그대로 두고 이같이 풀이했다. "도道에는 마땅히 멈춰야 할 것과 마땅히 멈춰서는 안 되는 것이 있다. 이는 일에 따라 구분된다는 뜻이다." 장혜언은 인이별도因以別道를 착간錯簡으로 파악했다.

40-101

讀此書旁行. 缶, 無非

이 책은 방행旁行으로 읽어야 한다. 성인은 정도正道를 걷는 만큼

그릇됨이 없다.

독차서방행讀此書旁行을 손이양과 양보이는 후대인의 말로 보았다. 손이양은 풀이키를, '후대인이 이 책을 교정하면서 이 편 끝에 붙여 써놓았던 것인데 이 글을 베끼는 사람이 잘못해 본문에 집어넣은 것이다.'라고 설명했다. '방행'은 위아래의 단이 나뉘어 있는 만큼 마치 옆으로 진행하는 것처럼 읽어야 한다는 뜻이다. 손이양은 이 구절을 근거로 이른바 방행독법旁行讀法을 발견했다. '정缶, 무비無非'를 두고 필원은 말하기를, "『설문해자』「비부非部」는 비非를 위違로 풀이했다. 이 구절은 「경」편이 상하 단으로 나뉘어 옆으로 진행하는 것처럼 독해해야 하니, 그것이 바로 올바른 독해이고, 문장의 의미에 위배되지 않는다는 취지를 밝힌 것이다."라고 했다. 이에 대해 손이양은 '정'을 성인의 말씀을 뜻하는 성聖의 잘못으로 보고 "성인은 정도正道로 살아가는 까닭에 잘못이 없다는 뜻이다."라고 풀이했다.

제41장 경(經) 하

「경 하」에는 현대의 논리학과 수학, 광학, 자연학 등에 준하는 내용이 대거 언급돼 있다. 가설과 추론 등의 논리를 동원해 빛과 그림자, 거울과 형상의 상호관계를 과학적으로 접근한 게 그렇다. 덕분에 묵가는 현대에 들어와 광학의 단초를 열었다는 평가를 받고 있다.

41-1

止, 類以行人, 說在同.

종지終止는 시비를 멈추게 하는 것으로 유추類推를 통한 설복으로 진행된다. 관건은 동일한 논점에 입각한 유추에 있다.

유類를 두고 양보이는 "「소취」에서 '무릇 사辭는 유類를 가지고 운용하는 것이다."라고 했다. 논리의 동일성을 언급한 것이다.

41-2

所存與者, 於存與孰存.

존재하는 곳과 존재하는 사람은, 어디에 존재하고 누가 존재하는가라는 문제에 대한 응답이다.

장혜언과 손이양은 소존여所存與 뒤에 존存 자가 누락됐다고 했다. 손이양은 어존여숙존於存與孰存 뒤에도 빠진 문장이 있다고 했다.

41-3

駟異說, 推類之難, 說在之大小.

네 발 짐승이 서로 다르다고 할 경우 유추가 매우 복잡해진다. 이를 제대로 설명할 수 있는지 여부는 명칭의 대소 차이를 정확히 아는데 있다.

사이설駟異說을 고광기顧廣圻는 설재이說在異의 잘못으로 보았다. 앞에 나온 설재동說在同의 대구로 본 것이다. 정혜언은 "사駟는 연자이고, 이설異說 다음에 대략 설재이說在異가 빠진 듯하다."고 했다. '사'를 두고 양보이는 「경설 하」에 나오는 사족우마四足牛馬의 네 글자가 잘못하여 하나로 합쳐진 것으로 보았다. 손이양도 이를 지지했다.

41-4

五行毋常勝, 說在宜.

오행五行은 늘 이기는 상승常勝관계만 언급한 게 아니다. 상생相生

과 상극相剋의 마땅한 관계도 살펴야 한다.

의宜를 고형은 「경설 하」를 근거로 다多의 오자로 보았다.

41-5

物盡同名, 二與鬭, 愛, 食與招, 白與視, 麗與, 夫與履.

사물은 모두 다르지만 같은 이름으로 부를 수 있다. 두 사람을 뜻하는 이二와 두 사람이 싸우는 투鬭의 경우가 그렇고, 사랑하는 대상이 달라도 애愛라는 말을 사용할 수 있고, 먹을 식食과 부를 초招는 용도가 달라도 말은 같고, 흴 백白과 볼 시視가 공존할 수 있고, 고울 려麗와 포학할 포暴 역시 조합이 가능하고, 지아비 부夫와 신발 리履가 같은 글자를 사용해 서로 어울리는 경우 등이 그렇다.

손이양은 고광기의 교감을 좇아 려여麗與 다음에 포학할 포暴 자가 있어야 하고, 리履는 구屨 자가 되어야 한다고 했다. 리履가 「경설 하」에는 구屨로 되어 있다. 장혜언은 "같은 이름을 가진 유類는 이들 10가지이다."라고 했다. 손이양은 11가지로 보았다.

41-6

一, 偏棄之, 謂而固是也, 說在因.

일一은 한쪽을 버리는 것이다. 말할 때 실로 그러하다고 하지만 이를 뒷받침하는 것은 인과因果이다.

기棄가 「경설 하」에는 거去로 되어 있다. 손이양은 이같이 풀이했다. "대체로 사물은 하나를 둘로 나누면 둘이 되므로 한쪽을 제거할 수 있다. 손이양과 양계초는 뒤에 나오는 '위이고시야謂而固是也, 설재인說在因' 구절을 별개의 장으로 나눴다.

41-7

不可偏去而二, 說在見與俱, 一與二, 廣與脩.

두 개의 성질이 한 물체에 존재할 경우 하나를 떼어낼 수 없다. 이를 설명하는 것이 현見과 구俱, 일一과 이二, 광廣과 수脩 등이다.

손이양은 현여구見與俱를 보이는 것과 보이지 않는 것의 관계, 일여이一與二를 견백석堅白石의 '견'과 '백', 광여수廣與脩를 넓이와 길이의 관계로 보았다.

41-8

無欲惡之爲益損也. 說在宜.

바라거나 싫어하는 욕오欲惡가 없으면 애증愛憎의 손익損益이 없다. 마땅함의 이치 속에 해답이 있다.

양계초는 익益과 손損을 바꿔야 하고, 의宜는 잘못된 것이라고 했다. 손이양은 풀이키를, "이익이 되거나 손해가 되는 것은 주어진 상황의 마땅함에 따를 뿐이다. 정해진 게 없다."고 했다. 장혜언은 "좋고 싫음을 제거해 손익을 따질 경우 그 마땅함을 살펴야 한다."고 했다.

41-9

不能而不害, 說在害.

불능不能이 곧 해가 되는 것은 아니다. 그러나 관건은 해 자체에 있다.

손이양은 풀이하기를, "모든 일에 남에게 해를 끼치는 사람은 해가 되기에 족하다고 하지 않을 수 없다."고 했다.

41-10

損而不害, 說在餘.

덜어내도 해가 되지 않는 경우가 있다. 여유가 있기 때문이다.

여餘를 『설문해자』「식부食部」는 넉넉할 요饒로 새겼다. 손이양은 "사물이 풍족하고 많으면 덜어내는 게 합당하다."고 했다.

41-11

異類不吡, 說在量.

서로 다른 종류는 비교할 수 없다. 헤아리는 잣대가 다르기 때문이다.

비毗는 「경설 상」의 비仳와 같다. 량量을 손이양은 이동異同을 재는 것으로 풀이했다.

41-12

知而不以五路, 說在久.

사물에 대해 알게 되는 것은 눈과 코 등의 오관五官을 통한 게 아니다. 오랫동안 경험했는지 여부가 관건이다.

오로五路를 대다수 주석가들은 오관五官으로 풀이했다. '오관'은 시각, 청각, 후각, 미각, 촉각을 감지하는 눈, 귀, 코, 혀, 피부를 말한다.

41-13

偏去莫加少, 說在故.

하나를 양분해도 더하거나 덜어내는 일이 없다. 합치면 원래 모습이 되기 때문이다.

손이양은 거去를 서로 분리하는 상리相離로 풀이했다. 가소加少는 증감增減을 뜻한다. 고故를 예전과 같다는 뜻의 여고如故로 새겼다.

41-14

必熱, 說在頓.

불은 열기熱氣를 통해 보는 게 아니다. 눈은 화광火光을 볼 뿐이다.

손이양은 「경설 하」를 근거로 필必을 화火, 열熱을 불열不熱, 돈頓은 도睹의 잘못으로 보았다.

41-15

假必誖, 說在不然.

진짜가 아닌 것을 빌리면 반드시 어그러짐이 생긴다. 진짜에서 나타나는 그러함이 없기 때문이다.

손이양은 패誖를 비非로 새겼다. 『설문해자』「언부」는 란亂으로 풀이해 놓았다. 패悖와 같다. 불연不然을 두고 장혜언은 "거짓은 반드시 옳지 않으니 본래 그렇지 않기 때문이다."라고 했다.

41-16

知其所以不知, 說在以名取.

알지 못한 까닭을 알게 되는 경우가 있다. 명칭을 아는 게 중요하다.

장혜언은 풀이키를, "아는 것에 이름을 붙이곤 한다. 모르는 것도 이름을 붙이면 이내 알게 된다."고 했다.

41-17

物之所以然, 與所以知之, 與所以使人知之, 不必同, 說在病.

사물이 그러한 소이所以, 그것을 알게 된 소이, 사람들에게 그것을 알리는 소이는 반드시 같지는 않다. 병病이 그렇다.

물物을 두고 손이양은 "「경설 하」에서 '물'을 상傷이라고 했다. 병病과 같다."고 했다.

41-18

無不必待有, 說在所謂.

무無는 반드시 유有를 근거로 하는 게 아니다. 일컫는 바의 소위所謂에 달려 있기 때문이다.

장혜언은 풀이키를, "있다가 없어지는 것이 있고, 원래 없어서 없는 게 있다. 그 일컫는 바를 보아야 한다."고 했다.

41-19

疑, 說在逢•循•遇•過.

의심疑心이 빚어지는 경우는 어떤 상황을 만났을 때 빚어지는 봉의逢疑, 대세를 좇을 때 빚어지는 순의循疑, 어떤 일을 우연히 맞닥뜨렸을 때 빚어지는 우의遇疑, 지난 일을 따져 볼 때 빚어지는 과의過疑 등이 있다.

의疑를 손이양은 "반드시 그렇다고 할 수 없음을 말한다. 봉逢, 순循, 우遇, 과過 등 4가지 의미를 내포하고 있다."고 했다.

41-20

擢慮不疑, 說在有無.

큰 틀에서 판단하면 의심치 않게 된다. 의심이 존재할 이유가 없기 때문이다.

탁려擢慮의 '탁'을 손이양은 각推 내지 각榷의 잘못으로 보았다. 『광아』「석훈」은 양각揚推, 고각嫴榷, 무려無慮 모두 '큰 틀에서 판단하다.'의 뜻을 지닌 도범都凡으로 새겼다. 『순자』「의병議兵」에 대한 양량의 주 역시 '려'를 '대체로'의 뜻을 지닌 대범大凡으로 풀이했다. 설재유무說在有無를 손이양은 "대략 그 대강의 수를 계산했다."로 풀이했다. 고형은 유有를 연자로 보았다.

41-21

合與一, 或復否, 說在拒.

사물을 합쳐 하나로 만들 때 어떤 것은 잘 합쳐지나 그렇지 못한 것도 있다. 서로 거부하는 상거相拒 탓이다.

고형高亨은 합合 자 뒤에 일一 자가 더 있다고 했다. 장혜언은 말하기를, "혹은 합하여 하나가 될 수도 있고, 그렇지 않을 수도 있다. 마땅히 합쳐지지 않는 것을 거부하여 합쳐야 한다."고 했다.

41-22

且然, 不可正, 而不用害工, 說在宜.

차연且然은 장차 그리하겠다는 뜻으로 바르게 하는 일을 고집할 수는 없으나 힘써 노력하는 용공用工에 해가 되지는 않는다. 먼저 그 마땅함을 살펴야 한다.

설재의說在宜를 두고 손이양은 다음 장의 첫머리에 나오는 구歐가 '의' 뒤에 나와야 하고, '의' 또한 모호하다는 뜻의 개蓋와 통하는 해害의 잘못이라며 설재해구說在害歐로 읽었다. 구歐를 구區와 통하는 것으로 파악한 손이양은 '해구'를 두고 풀이키를, "의심스러운 듯 소략하여 실정을 다 드러내지 못하는 것이다."라고 했다. 이에 대해 '의'에서 문장을 끊은 장혜언은 풀이키를, "장차 그리 될 일은 기한을 정할 수 없으나 그것에 힘을 쓸 수는 있다. 그 마땅함을 살펴야 하는 이유다."라고 했다. 장혜언의 해석을 좇았다.

41-23

歐物一體也, 說在俱一惟是.

사물은 하나의 개체를 이룬다. 하나로 합치는 구일俱一의 명칭과 부합하는 유시惟是가 관건이다.

구歐를 양계초는 구區로 새겼다. 구물歐物의 '구'를 장혜언은 연자로 보았으나 손이양은 수數의 잘못으로 읽었다. 구일유시俱一惟是를 두고 장혜언은 풀이키를, "함께 하면 사물이 하나가 되는 것을 알게 된다. 구일俱一은 분分, 유시惟是는 합合이다."라고 했다. 이에 대해 손이양은 정반대로 풀이했다. "구일이 합合, 유시가 분分이다. 유惟는 유唯가 되어야 한다. '유시'는 곧 사물과 명칭이 서로 부합해 시是가 되는 것을 뜻한다."

41-24

均之絶不, 說在所均.

고른 것이 끊어질 것인지 여부는 기왕의 고르게 된 바에 달려 있다.

균지절부均之絶不의 '부'가 오초본에는 부否로 되어 있다. 과거에는 서로 통용됐다. 설재소균說在所均을 두고 장혜언은 "고른 것은 끊어지지 않으니 고르게 된 이유를 살핀다."고 해석했다. 이에 대해 손이양은 풀이키를, "그 매달림이 고르게 되어 장차 끊고자 해도 끊어지지 않는 것이다."라고 했다.

41-25

宇或徙, 說在長宇久.

사방의 구역區域은 무상無常하게 이동한다. 시공時空이 장구長久한지 여부에 달렸다.

우역사宇或徙의 '역'을 손이양은 역域의 정자正字로 보았다. 『설문해자』「과부戈部」에 역或을 방邦으로 새겼다. '사'가 도장본에 종

從으로 되어 있던 것을 필원이 바꿨고 손이양이 이를 좇았다. 이를 두고 손이양은 풀이키를, "사徙는 집의 방위를 말한다. 이리저리 옮겨 일정하지 않으니 여러 번 이사하여 끝이 없다."고 했다. 『장우구長宇久를 두고 손이양은 공간적으로 크게 확대되면 시간적으로도 오래가게 된다고 보았다.

41-26

堯之義也, 生於今而處於古, 而異時, 說在所義.

요임금의 의義는 지금도 거론되지만 옛날에 행해진 탓에 때를 달리한다. '의'의 내용이 관건이다.

손이양은 생어금生於今의 '생'을 맡길 임任의 잘못으로 파악했다. 이시異時는 고금의 시간적 차이를 언급한 것이다.

41-27

二, 臨鑒而立. 景到, 多而若少, 說在寡區.

물상이 둘로 나타나는 것은 거울을 마주하고 서 있기 때문이다. 거울을 통해 반사된 그림자는 뒤집어져 있고, 커지면서 희미해진다. 이는 거울의 표면이 파인 '오목거울' 여부에 달려 있다.

영도景到의 '영'은 영影의 가차이다. 이를 두고 손이양은 이같이 풀이했다. "필원은 영도影倒로 새겼고, 추백기는 오목거울을 뜻하는 와경窪鏡으로 풀이했다. 추백기의 해석이 옳다. 대체로 빛을 발할 수 있도록 밝음을 품고 있는 것, 빛이 비춰진 물건, 빛을 가려 그림자가 생기는 것을 통칭해 영景이라고 한 것이다. 옛날에는 유리가 없어 거울을 모두 쇠로 만들었다. 그것이 『대대례기』「증자천원曾子天圓」에서 말한 내영內景이다. 여기의 도到는 이른바 격술格術이다. 심괄沈括의 『몽계필담』에서 말하기를, '햇빛을 모으기 위해 구리로 만든 오목거울인 양수陽燧로 사물을 비출 때 바로 가까이 대면 바른 모습이고, 점차 멀어지면 보이지 않다가 이것을 지나면 거꾸로 나타난다. 중간에 막힌 것이 있기 때문이다. 마치 사람들이 배 위에 노를 젓기 위해 설치한 기둥인 노얼艣臬을 움직여 장애물로 삼으면 본말이 서로 뒤집히는 것과 같다. 수학자인 산가算家들은 이를 격술格術이라고 한다.'고 했다. 정복광鄭復光은 『경경영치鏡鏡詅癡』에서 말하기를, '광선光線이 넓은데서 좁아지는 것을 약행선約行線이라고 한다. 이는 끌수록 좁아지는데 반드시 합하여 하나가 되면 각을 이룬다. 이를 교각선交角線이라고 한다. 2가지 물건이 서로 비출 때 약행선은 이곳에서 저곳으로 이른다. 마치 가운데 사물이 막혀 약행선이 막힌 사물에 그치는 것처럼 보인다. 만일 막힌 곳에 구멍을 내면 비스듬히 구멍을 뚫고 약행선이 지나가 저쪽 사물에 닿지 않으면 멈추지 않는다. 만일 저쪽 사물이 너무 멀면 약행선은 반드시 교차하고 교차한 곳을 뚫고 지나간다. 이는 반드시 윗부분이 아랫부분으로 반사되고, 왼쪽이 오른쪽으로 반사된다. 하나의 세勢이다. 그러니 어찌 도영倒影을 만들 수 있지 않겠는가? 탑의 그림자가 거꾸로 걸리는 것은 바로 이런 이치이다.'라고 했다." 다이약소多而若少를 두고 유악운은 풀이키를, "이는 오목한 면으로 빛을 돌려보내는 거울을 말한다. 볼록 면으로 투광透光한 거울도 그림자를 거꾸로 비치게 한다. 광학 이론에 의하면 물건을 오목거울 중심 밖으로 두면 오목거울의 중심과 광선이 모이는 점 사이에 사물이 거꾸로 비친 형상이 만들어진다. 이때는 실물보다 조금 작아진다. 만일 물건을 오목거울의 중심과 빛이 모이는 지점 사이에 두면 중심의 바깥에도 사물의 뒤집어진 모양이 생긴다. 이때는 실물보다 조금 커진다. 여기서 '다이약소'라고 한 것은 실물과 비교해 그것을 조금 작게 만든 것과 꼭 들어맞았다는 말이다. 이로써 사람들이 반드시 오목거울 중심 바깥에 물상을 세우는 이유를 알 수 있다."고 했다. 과구寡區를 손이양은 오목거울을 뜻하는 공구空區의 잘못으로 보았다.

41-28

狗, 犬也. 而殺狗非殺犬也, 可, 說在重.

개를 뜻하는 구狗와 견犬은 같은 뜻이다. 살구殺狗를 살견殺犬이 아니라고 말해도 가하다. 2개의 명칭이 존재하기 때문이다.

손이양은 풀이키를, "『설문해자』「견부犬部」에서 '견犬은 개의 모양에서 다리를 들고 있는 것을 형상한 것이다. 구狗에 대해 공자는 두드릴 고叩로 풀이했다. 기운을 깨워 두드려 지킨다는 의미이다.'라고 했다. 『이아』「석축釋畜」에서 '견犬 가운데 아직 털이 자라지 않은 것을 구狗라고 한다.'라고 했다. 여기서는 아마도 『이아』에서 말한 것처럼 같은 사물인데도 크기가 다른 까닭에 이름이 달라진 배경을 설명한 듯하다."고 했다.

41-29

鑒位, 景一小而易, 一大而缶, 說在中之外內.

거울 앞에 서면 그림자가 하나는 작고 기울어져 보이나, 하나는 크고 바르게 보인다. 위치가 중심의 바깥 또는 안인지 여부에 따른 것이다.

감위鑒位를 왕개운은 임감이립臨鑒而立의 잘못으로 보았다. 필원 역시 여기의 '위'를 립立으로 바꿔야 한다고 했다. 옛날에는 '위'와 '립'이 통용됐다. 유월은 역易을 기울어질 이迆의 가차인 시施로 새겼다.

41-30

使, 殷美, 說在使.

사용使用은 가정과 실제 사이에 존재한다. 의미 있는 사용이 관건이다.

손이양은 은미殷美를 가의假義의 잘못으로 간주해 이같이 풀이했다. "은殷이 「경설 하」에는 전殿으로 되어 있다. 장혜언은 말하기를, '은殷은 전殿이 되는 게 옳다. 전殿은 아래 하下를 뜻하는 까닭에 좋지 않으나 좋은 뜻으로는 군대의 후방에 있는 것을 의미하기도 한다. 어떻게 사용하는가 여부에 달려 있다.'고 했다. 그러나 장혜언의 설명은 현실과 거리가 있다."

41-31

鑒團, 景一.

거울이 둥글면 반사된 그림자를 비추는 빛이 하나로 모인다.

「경설 하」에 해설이 없다. 손이양은 이같이 풀이했다. "『설문해자』「구부口部」는 단團을 둥글 환圜으로 새겼다. 거울이 바르게 둥글면 빛이 한 곳에 모이는 것을 말한 듯하다. 심괄沈括의 『몽계필담夢溪筆談』에서 이르기를, '양수陽燧를 해 쪽을 향해 비추면 빛이 안으로 모여들어 거울로부터 1, 2촌 쯤 되는 한 점으로 모인다. 물건을 대면 불이 붙는다.'고 했다."

41-32

不堅白, 說在.

견석堅石 또는 백석白石 여부를 떠나 하나의 돌일 뿐이다.

장혜언은 빠진 글자가 있다며 앞의 장과 합쳐 해석했다.

41-33

荊之大, 其沈淺也, 說在具.

초나라는 크고 항택沆澤은 얕다. 소유 여부에 따른 것이다.

손이양은 침沈을 항沆, 구具를 유有의 잘못으로 보았다. 그의 해설이다. "침沈은 항택沆澤을 지칭한 것이다. 구具는 「경설 하」에 패貝로 되어 있으니 응당 유有가 되어야 한다. 『여씨춘추』「선기先己」에 대한 고유의 주는 천淺을 좁을 편褊으로 풀이했다. 이 장은 형荊 땅이 넓으니, 그 안의 택지가 좁고 얕은 것이 해가 되지 않는다는 의미이다. 『장자』「천하」에서 변론가들은 말하기를, '초나라 수도 영郢이 천하를 보유하고 있다.'고 했다. 거의 같은 취지이다."

41-34

無久與宇, 堅白, 說在因.

사물은 시간이 장구하지 않을지라도 능히 일정한 공간 속에 존재한다. 마치 견석堅石과 백석白石의 관계와 같다. 시공의 상호관계는 인과因果에 달려 있다.

주석가마다 이 장을 어디에 소속시킬 것인지 여부를 놓고 이견이 많다. 손이양은 「경설 하」에 이에 관한 해설이 없다고 하면서도, 「경설 하」의 '무견득백無堅得白, 필상영야必相盈也' 대목을 이 구절과 앞에 나오는 '불견백不堅白, 설재說在' 구절을 동시에 풀이한 것으로 파악했다.

41-35

以檻爲摶, 於以爲無知也, 說在意.

작은 나무를 묶어 기둥을 만들면 무지無知하다고 여길 것이다. 뜻을 헤아리는 게 관건이다.

「경설 하」에 함檻이 기둥 영楹으로 되어 있다. 단摶이 도장본에는 단慱, 오초본에는 박博으로 되어 있다. 손이양은 필원본을 좇아 단摶으로 교정했다. 그의 해설이다. "단摶은 아마도 나무를 묶는 것을 뜻하는 듯하다. 영楹은 하나의 큰 나무로 만든 기둥이고, 단摶은 여러 작은 나무를 합쳐 만든 것이다. 이 장은 큰 나무 기둥을 작은 나무 묶음으로 여긴 것은 무지의 소산이라고 지적한 것이다."

41-36

在諸其所然, 未者然, 說在於是推之.

여러 유형의 그리 된 바는 아직 그리 되지 않은 것과 연관시켜 생각할 수 있다. 그리 된 옛 것에서 아직 그렇지 않은 앞날을 추론할 수 있기 때문이다.

손이양은 재在를 임任의 잘못, 미자연未者然을 '옛날을 토대로 지금을 보는 것'의 의미를 지닌 제미연諸未然의 잘못으로 보았다. 소연所然은 이미 그리 된 바를 뜻한다.

41-37

意未可知, 說在可用過仵.

속으로 헤아리는 것은 아직 아는 것이라고 할 수 없다. 사용할 수 있는 가용可用과 적절한 도구를 만나는 우오遇仵가 관건이다.

손이양은 과오過仵의 '과'를 우遇의 잘못으로 보면서 문장을 '오'에서 끊었다. 이에 대해 필원과 왕인지 등은 '과오'를 다음 장에 나오는 영불사景不徙 구절에 이어 붙여 해석했다. 손이양의 해석이다. "이 장과 다음 장의 경문은 문맥이 서로 이어지지 않는다. 「경설 하」에도 풀이가 없다. 원래 하나의 경문이 따로 있었는데 그 반이 떨어져 나가고, 다음 경문에도 그 시작하는 말이 누락된 결과로 보인다. 내가 보건대 과오過仵의 '과'는 우遇의 잘못이다. 오仵를 필원은 오午의 이체자로 보았으나 만날 오牾의 이체자로 보는 게 옳다. 『설문해자』「오부午部」가 오牾로 풀이한 게 그 증거다. 『광아』「석언」은 오午를 오牾로 새겼다. 결국 오仵와 오午, 오牾 모두 같은 뜻이다."

41-38

景不徙, 說在改爲.

그림자가 움직이지 않는 것은 뒤의 그림자가 앞의 그림자를 고쳐서 만들어내는 개위改爲 여부에 달려 있다.

『열자』「중니」에 유사한 구절이 나온다. 손이양은 풀이키를, "영景은 햇빛이 비춰 빛을 가려 생긴 그림자를 말한다. 불사不徙는 『장자』「천하」에 나오는 '날아가는 새의 그림자는 움직인 적이 없다.'는 구절과 취지를 같이한다. 그림자는 없어지면 다시 생겨난다. 처음에 있던 것이 바뀌어 고쳐진 것이다. 마치 없어지지 않는 것처럼 보이는 것은 뒤의 그림자가 앞의 그림자가 되어 바뀌는 게 없는 것처럼 보이기 때문이다."라고 했다.

41-39

一少於二, 而多於五, 說在建.

1은 2보다 적지만 5보다 많을 수 있다. 10진법의 '1'이 그렇다.

건建을 손이양은 십진법을 뜻하는 진進의 잘못으로 보았다. 그의 해설이다. "수는 '10'에 이르면 다시 첫머리가 '1'이 된다. 그래서 '5'보다 크다고 한 것이다. 「경설 하」에 건建에 대한 설명이 없다. 진進으로 고쳐야 한다."

41-40

住景二, 說在重.

거울 앞에 설 때 그림자가 2개 나타나기도 한다. 중복된 빛 때문이다.

주住를 손이양은 립立의 뜻을 지닌 위位의 잘못으로 보았다. 장혜언은 풀이키를, "하나가 멈춰 2개의 그림자가 되니 거울에 중복된 것이다."라고 했다. 손이양은 반사광을 뜻하는 회광回光 탓으로 보았다.

41-41

非半弗新, 則不動, 說在端.

어떤 물체를 계속 반으로 쪼갤 경우 끝내 쪼개지 못하는 상황에 이르게 된다. 마지막에는 쪼갤 수 없는 원리가 존재하기 때문이다.

비반불작非半弗新의 '작'을 필원은 작斮의 이체자異體字로 보았으나, 양보이는 쪼갤 작斫과 통하는 저櫡와 같은 글자로 파악했다. 『설문해자』는 작斫을 저櫡로 풀이했다. 손이양은 『집운集韻』「약운藥云」을 근거로 양보이의 견해를 좇으면서 이같이 풀이했다. "만일 사물의 끝이 다했다면 반半이 없는 것이다. 더 이상 쪼갤 수 없다는 뜻이다. 그래서 움직이지 않는 부동不動이라고 한 것이다."

41-42

景到, 在午有端與景長, 說在端.

그림자가 거꾸로 나타나는 것은 교점交點에서 광선이 엇갈리기 때문이다. 이는 교점의 원리로 인한 것이다.

도到는 도倒의 뜻이다. 오午를 장혜언은 교차할 교오交午의 뜻으로 풀이했다. 손이양은 단端을 점點으로 새기면서 풀이키를, "광선은 진행할 때 장애물이 있으면 반드시 교차하고, 교차점을 뚫고 지나가면 거꾸로 된 그림자가 생긴다. 장長은 선線을 말한다. 단端이 점點이 되는 것에 상대하여 말한 것이다."라고 했다.

41-43

可無也, 有之而不可去, 說在嘗然.

유有는 무無가 될 수 있으나 이미 존재했기에 제거할 수는 없다. 일찍이 그러했던 상연嘗然 때문이다.

상연嘗然을 손이양은 풀이키를, "지금은 비록 없지만 실은 이

전에 있었던 것이기에 제거할 수 없다고 한 것이다. 장혜언도 말하기를, '본래는 무無가 될 수 있으나 일찍이 유有의 상태에 있었던 까닭에 제거할 수 없다.'고 했다."

41-44

景迎日, 說在摶.

그림자가 사람과 해 사이에 있으면 마치 해를 마중하는 듯하다. 햇빛이 그림자 속에서 반사하는 반조返照가 그렇다.

영영일景迎日을 두고 손이양은 「경설 하」를 근거로 빛이 반사되어 비춘다는 회광반촉回光反燭으로 파악했다. 단摶에 대해 「경설 하」는 아무런 해설도 달아 놓지 않았다. 손이양은 전轉의 잘못으로 보고, '회광반촉'의 의미로 새겼다.

41-45

缶而不可擔, 說在摶.

바르게 되면 흔들리지 않는다. 마찰 없이 구르는 전동轉動의 원리가 그렇다.

담擔을 손이양은 동요할 요搖와 통하는 요搖의 잘못으로 보았다. 단摶이 도장본에는 박搏, 오초본에는 박博으로 되어 있다. 손이양은 필원본을 좇아 '단'으로 교정했다. 그의 해석이다. "『주례』「시인矢人」의 '협이요지夾而搖之'에 대한 『석문釋文』의 주석에서 '요搖는 본래 요擋로도 쓴다.'고 했다. 요擋는 요搖의 변체變體이다. 『설문해자』「수부手部」는 단摶을 환圜으로 새겼다. 환圜은 만나는 것을 좇아 똑바로 되는 것이므로 불가요不可搖라고 한 것이다."

41-46

景之大小, 說在地缶•遠近.

그림자의 대소는 광선이 비추는 방향이 바르거나 비스듬한지, 물체가 놓여 있는 위치가 멀거나 가까운지 여부에 따른다.

설재지정說在地缶의 '지'를 손이양은 비스듬할 이柂의 가차로 보았다. 유악운은 풀이키를, "사람과 거울 사이의 원근遠近을 말한다. 광학이론에 따르면 빛이 나오는 발광점發光點과 빛을 받는 장소인 수광처受光處는 거리가 멀면 그림자가 반드시 작아지고, 가까우면 그림자가 반드시 커진다."고 했다.

41-47

宇進無近, 說在敷.

우주 공간으로 나아가면 가까운 곳이 없어진다. 얼마나 넓게 펴져 있는지 여부가 관건이다.

부敷를 장혜언은 지至로 새겼다. 손이양은 이같이 풀이했다. "『설문해자』「복부攴部」에서 '부敷는 펼칠 야㪀의 뜻이다.'라고 했다. 또 「촌부寸部」에서 '부尃는 펼 포布의 뜻이다.'라고 했다. 부敷는 부敷

의 속자로 의미는 부尃에 가까우나 두루 퍼져 이르게 됐다는 뜻이다. 『서경』「우공禹貢」에 우임금이 천하의 모든 땅에 두루 이르게 됐다는 뜻의 우부토禹敷土 구절이 나오는 게 그렇다. 이 장은 '우주가 비록 크지만 사람의 걸음걸이로 걸으면 가까운 곳에서 먼 곳에 이를 수 있다.'는 취지이다."

41-48

天而必正, 說在得.

물상이 크게 보이면서도 반드시 바른 경우가 있다. 초점으로부터의 원근에 따른 것이다.

천天을 손이양은 「경설 하」에 근거해 대大의 오자로 보면서 득得에 대해서는 해설을 시도하지 않았다. 둥근 거울의 초점을 언급한 것인 듯하다.

41-49

行循以久, 說在先後.

길게 가는 것은 오랜 시간의 경과를 의미한다. 선후先後 존재하는 이유다.

행순行循의 '순'이 「경설 하」에는 수脩로 되어 있다. 장혜언과 손이양 모두 '수'로 바꿨다.

41-50

貞而不撓, 說在勝.

곪어지고도 구부러지지 않으니, 이는 무게를 감당할 수 있는지 여부에 따른 것이다.

손이양은 정貞을 「경설 하」에 근거해 부負의 오자, 요撓를 요橈의 속자로 보았다. 승勝은 무게를 감당한다는 의미이다.

41-51

一法者之相與也盡, 若方之相合也, 說在方.

하나의 법도가 되는 것은 네모꼴이 서로 곱자에 꼭 들어맞아 합동合同이 되는 것과 같다. 네모꼴의 성질에서 비롯된 것이다.

일법자一法者의 '일'을 도장본과 필원본 모두 위에 나오는 설재선후說在先後의 뒤에 붙여 해석했으나 손이양은 그것이 잘못됐다고 판단해 이 장의 앞머리에 붙였다. 그는 「경설 하」를 근거로 진盡 뒤에 류類 자가 빠져 있다고 했다. 방지상합方之相合의 '합'이 도장본과 필원본에는 소召로 되어 있다. 손이양은 왕인지의 교정을 좇아 '합'으로 바꿨다. 왕인지는 풀이키를, "일一은 같다는 뜻이다. 일법一法은 곧 동법同法과 같다. 진盡은 개皆의 뜻이다. 법도를 같이하는 것이 서로 같다는 것은 곧 네모꼴이 서로 합동이 되는 것과 같은 이치이다."

41-52

契與枝板, 說在薄.

인력引力과 척력斥力은 상반된다. 가해지는 힘이 맞선 결과다.

설여지판契與枝板을 장혜언과 손이양은 설여수반挈與收仮의 잘못으로 보았다. 손이양은 박薄은 권權의 오자로 간주하면서 이같이 풀이했다. "설契은 같은 발음인 설挈의 가차로 『설문해자』「수부手部」는 설挈을 잡아매어 끄는 현지縣持로 새겼다. 판板은 반反과 같은 글자인 반仮의 잘못인 듯하다. 설挈과 수收의 두 힘이 서로 반대된다는 사실을 언급한 것이다."

41-53

狂擧, 不可以知異, 說在有不可.

기준도 없이 예를 드는 광거狂擧로는 차이를 알 수 없다. 불가한 사례를 예로 든 탓이다.

광거狂擧를 손이양은 광설狂說로 풀이했고, 여기의 '광'을 장혜언은 늙거나 정신이 흐려서 말이나 행동이 정상을 벗어난 망령妄靈으로 새겼다.

41-54

牛馬之非牛, 與可之同, 說在兼.

우마牛馬는 소가 아니니 이는 불가不可하다고 말하는 취지와 같다. 소와 말의 개념을 겸하고 있기 때문이다.

손이양은 이같이 풀이했다. "『순자』「정명正名」에서 말하기를, '하나로 족히 알 수 있으면 예를 하나만 들고, 부족하면 겸하여 예를 든다.'고 했다. 문맥상 가지可之는 불가不可가 돼야 한다. 이 장은 '우마처럼 2개의 개념이 겹쳐진 예를 들면 소도 아니고 말도 아닌 게 된다. 소 또는 말이라고 말할 수 없게 되는 이유다.'라는 취지이다."

41-55

倚者不可正, 說在剃.

기울어진 것은 멈추게 할 수 없다. 수레 사다리가 그렇다.

손이양은 「경설 하」를 근거로 정正을 지止, 체剃를 제梯의 잘못으로 보았다. 그의 해석이다. "「경설 하」에서 '기울어 치우치면 바르지 않다.'고 했다. 여기서는 무거운 것을 옮기는 법을 얘기한 듯하다."

41-56

循此循此, 與彼此同, 說在異.

이것을 이것이라고 하는 것과 저것을 이것이라고 하는 것은 같다. 피차彼此가 다르면 서로 다른 사물을 지칭하는 게 된다.

장혜언은 풀이키를, "2개의 순循 자 모두 연자이다. 차차此此는 이것을 이것이라고 하는 차지차야此之此也의 뜻이고, 피차彼此는 저것을 이것이라고 하는 피지차야彼之此也의 뜻이다. 각각의 차此가 모두 같은 차此를 언급한 까닭에 결국 같다는 의미가 된다. 피차彼此가 서로 다르게 인식되는 것은 차지차야此之此也, 피지피야彼之彼也로 해석되기 때문이다."라고 했다. 손이양은 장혜언의 풀이가 타당한지 장담키 어렵다고 했다.

41-57

推之必往, 說在廢材.

기둥을 세우면 반드시 그곳에 머물러 있게 된다. 물건을 설치한 결과다.

손이양은 「경설 하」를 근거로 추推를 주柱, 왕往을 주住의 잘못으로 보았다. 또 폐廢를 치置로 새겼다. 그의 해석이다. "모든 물건에 기둥을 세워 버티게 하면 한 곳에 머물러 움직이지 않는다. 이는 아래로 내려가지 않는다는 뜻이다."

41-58

唱和同患, 說在功.

선창先唱에 화답和答이 없거나 반대의 경우 모두 똑같은 우환이다. 노고勞苦와 공력功力이 합치하지 않은 탓이다.

손이양은 풀이키를, "함께 어우러지지만 화합하지 못하거나 화합하지만 함께 어우러지지 못하면 그 근심은 같다."고 했다. 설재공說在功을 두고 장혜언은 "불창不唱과 불화不和 모두 공功이 없다."고 했다.

41-59

買無貴, 說在仮其賈.

물건을 살 때 비싸지 않게 할 수 있다. 그 값에 반대되는 물건의 유무가 관건이다.

반仮을 필원은 반反의 이체자라고 했다. 장혜언은 "반反은 변할 변變의 뜻이다."라고 했다.

41-60

聞所不知, 若所知, 則兩知之, 說在告.

모르는 것을 들어서 하는 것과 같다면 2가지를 다 알게 된 것과 같다. 모르는 것을 알려준 덕분이다.

양지지兩知之를 두고 장혜언은 풀이키를, "잘 모르는 것도 다른 사람이 알려주면 곧 알게 된다."고 했다.

41-61

賈宜則讎, 說在盡.

값이 적절하면 이내 팔린다. 사고파는 양쪽이 고루 만족한 결과다.

수讎를 필원은 팔릴 수售의 고자古字로 보았다. 그의 해석이다. "수售를 옛날에는 수讎로만 썼으나 도중에 자형이 생략됐다. 『한서』「고제기」에 '한고조 유방이 매번 왕오王媼와 무부武負의 주점에 들러 술을 마시면 매상이 몇 배로 뛰었다.'는 구절을 주수수배酒讎數倍로 표현한 게 그렇다."

41-62

以言爲盡誖, 誖, 說在其言.

말이 모두 틀렸다고 여기는 것 자체가 잘못이다. 말의 내용을 구분해 판단해야 한다.

설재기언說在其言의 '재기'가 필원본에는 기재其在로 되어 있다. 손이양이 도장본과 오초본을 좇아 바꿔 놓았다. 진패盡誖를 두고 손이양은 "사람의 말에는 옳고 그름이 있다. 일괄적으로 잘못이라고 배척하는 또한 잘못이다."라고 했다.

41-63

無說而懼, 說在弗心.

기뻐할 여지도 없이 두려워하니, 안위安危는 반드시 기약할 수 없기 때문이다.

열說은 열悅의 뜻이다. 불심弗心을 장혜언은 스스로 확신하지 못하는 것으로 풀이했다. 손이양은 '심'을 필必의 오자로 간주하며 풀이키를, "안위安危는 기필期必할 수 없는 까닭에 두려운 것이다."라고 했다.

41-64

唯吾謂, 非名也則不可, 說在仮.

나의 말에 저 사람이 응낙하는 것은 명분이 합당치 않으면 불가하다. 옳지 않은 것을 물리치고 반대하는 게 관건이다.

설재반說在仮의 '반'은 흔히 가假의 약자로 사용되고 있으나 여기서는 반反의 의미로 사용된 것이다. 물리치고 응하지 않는다는 뜻이다. 손이양은 이같이 해석해 놓았다. "유오위唯吾謂의 '유'가 옛 판본에 유惟로 되어 있다. 지금 오초본을 좇아 유唯로 바로잡는다. 『설문해자』「구부口部」에서 '유唯는 허락의 뜻이다.'라고 했다. 또 「언부言部」에서 '낙諾은 응낙의 뜻이다.'라고 했다. 『예기』「옥조玉藻」에서 '아버지가 불러 명하면 유唯하되 낙諾하지 않는다.'고 했다. 공영달은 소疏에서 '유唯가 낙諾보다 공손하다.'고 했다. '유오위'는 내가 말하면 저 사람이 응한다는 뜻이다. 그것이 정명正名이 아니라면 내가 말해도 저 사람이 응답하지 않을 것이다. 그래서 불가不可라고 한 것이다."

41-65

或, 過名也, 說在實.

구역區域은 지나가는 방향에 따른 명칭인 과명過名에 지나지 않는다. 실질적인 방향이 중요하다.

역或을 두고 손이양은 역域의 정자로 간주하면서 이같이 풀이했다. "과명過名은 그곳을 지나치면서 그 이름을 붙일 수 있는 것을 말한다. 마치 북쪽으로 갔지만 그곳에 남南의 이름이 붙여지고, 남쪽으로 지나갔지만 그곳에 북北이라는 이름이 붙여진 것과 같다." 그는 또 실實을 방역方域이 고정되어 있는 것으로 풀이했다. 결국 지구 내지 우주 전체 차원의 방위가 중요하다는 취지이다. 이를 뒷받침하는 『장자』「경상초庚桑楚」의 구절이다.

"실재하면서 머무는 곳이 없는 게 바로 도의 공간인 우宇이고, 자라나면서 본말이 없는 것이 도의 시간인 주宙이다. 우주만물 모두 생겨나고, 죽고, 들어가고, 나오는 작용 속에 존재한다."

41-66

無窮不害兼, 說在盈否知.

무궁無窮은 겸애兼愛와 상충하지 않는다. 가득 차는지 여부를 아는 게 관건이다.

손이양은 이같이 풀이했다. "장혜언은 무궁불해겸無窮不害兼을 사람이 비록 무궁할지라도 겸애하는데 방해되지 않는다고 새겼다. 설재영부지說在盈否知는 '사람들이 무궁한 곳을 채우는가, 채우지 못하는가?'에 관한 것이다. 장혜언은 말하기를, '사람들이 차 있는가 여부를 안다는 뜻이다. 영盈은 많다고 여기는 것이고, 부否는 차지 않아 적다고 여기는 것이다.'라고 했다."

41-67

知之否之, 足用也諄, 說在無以也.

'그것을 안다.'고 하는 것을 부인하는 경우가 있다. 그러고도 능히 쓸 만하다고 말하면 사리에 어긋나게 된다. 논거의 유무가 관건이다.

순諄을 장혜언은 그릇될 패誖의 오자로 보았다. 무이無以의 '이'가 오초본에는 이已로 되어 있다. 손이양은 풀이키를, "지지부지知之否之는 잘 모른다는 말이다. 모르면 논할 수가 없다. 그런데도 쓰기에 족하다고 여기면 이는 어긋난 짓이다."라고 했다.

41-68

不知其數而知其盡也, 說在明者.

천하인의 숫자는 모르지만 모두 사랑할 수 있다는 것은 알 수 있다. 이는 물어보는 사람에 달려 있다.

장혜언은 풀이키를, "천하인의 숫자를 모르고도 모두 사랑할 수 있다는 것을 알 수 있다. 이를 밝힌 것이다."라고 했다. 손이양은 장혜언의 해석이 충분치 못하다고 지적하면서 「경설 하」를 근거로 명明을 문問의 잘못으로 보았다.

41-69

謂'辯無勝', 必不當, 說在辯.

변론에 승패가 나지 않았다고 말하는 것은 반드시 그 변론이 타당치 않았기 때문이다. 변론 내용이 관건이다.

필부당必不當을 두고 장혜언은 풀이키를, "변론에는 반드시 승부가 있다. 승부가 나지 않았다고 말하는 것은 반드시 그 변론이 타당치 않았기 때문이다. 타당함은 반드시 변론 자체에서 반성을 통해 해답을 구해야 한다."고 했다.

41-70

不知其所處, 不害愛之, 說在喪子者.

소재에 대한 부지不知는 사랑을 방해하지 않는다. 자식이 곁에 없어도 자식을 사랑하는 이치를 해치지 않는 것과 같다.

자者가 오초본에는 유有로 되어 있으나 손이양은 잘못이라고 했다. 장혜언은 이같이 풀이했다. "천하의 백성이 처한 바를 알지 못해도 고루 사랑이 미치게 할 수 있다. 상喪은 실失의 뜻이다. 자식의 소재를 모를지라도 그것이 자식을 사랑하는 마음을 저해하지 않는 것과 같다."

41-71

無不讓也, 不可, 說在始.

끝까지 사양하지 않는 것은 불가하다. 그 경우 위태롭게 된다.

시始를 손이양은 태殆의 잘못으로 보았다. 그러나 장혜언은 '시'를 그대로 두고 풀이키를, "변론은 반드시 양보할 필요는 없다. 그 처음을 잘 살펴야 한다."고 했다. 끝까지 사양하지 않는 것을 위태롭게 본 손이양과 정반대되는 해석이다. 무불양無不讓을 불필양不必讓으로 바꿔 해석한 결과다. 객관적으로 볼 때 양자 모두 타당하다. 주어진 상황에 따른 적절한 대응이 중요하다.

41-72

仁義之爲內外也, 內, 說在仵顔.

인의를 안팎으로 나누는 것은 잘못이다. 인의가 크게 어긋난 이유다.

내외內外가 옛 판본에는 외내外內로 되어 있다. 손이양이 오초본을 좇아 '내외'로 고쳤다. 손이양은 내內를 비非의 잘못으로 파악했다. 장혜언은 고자告子의 무리와 의義를 놓고 논쟁한 것으로 파악했다. 필원은 설재오안說在仵顔의 '오'에서 문장을 끊었다. 손이양은 이같이 풀이했다. "오안仵顔은 힐오頡仵의 잘못인 듯하다. 『여씨춘추』「명리明理」의 힐오백질頡牾百疾에 대한 고유의 주에서 '힐頡은 대大와 같다. 오牾는 만날 역逆의 뜻이다.'라고 했다. 오仵는 오牾와 통한다. 힐頡은 안顔과 글자 모습이 비슷해 전사傳寫 과정에서 잘못이 있었던 듯하다. 힐오頡仵는 「경설 하」에서 말하는 광거狂擧이다. 이는 오기仵觭로 써야 할 듯하다. 『장자』「천하」에 기우불오觭偶不仵 구절이 나온다. 기觭가 잘못돼 안顏이 되었다. 오기仵觭는 어긋나 부합하지 않는다는 뜻이다."

41-73

於一有知焉, 有不知焉, 說在存.

단단하고 흰 돌이 있을 때 단단한 것만 알고 흰 것을 모르거나 그 반대인 경우가 있다. 2가지 성질이 공존한다는 사실을 모른 탓이다.

손이양은 존存이 견백석堅白石의 '석'일 가능성을 제기하면서 이같이 풀이했다. "「경설 하」에서 '돌이라는 점에서는 하나이고, 견백堅白이라는 점에서는 둘이다. 모두 돌이 지닌 성질에 따른 것이다.'라고 했다. '견백'의 성질이 모두 돌에 있으니, 흰 것 또는 단단한 것만 보면 나머지를 보지 못하게 된다. 그 의미는 『공손룡자公孫龍子』「견백堅白」에 상세히 나와 있다. 혹자는 말하기를, '존存은 석石이 되어야 한다.'고 했다. 그같이 해석해도 가하다."

41-74

學之, 益也, 說在誹者.

배움을 무익하다고 보는 자가 있다. 논거에 어그러짐이 있기 때문이다.

손이양은 익益 앞에 무無가 빠졌다고 했다. 비誹를 두고 장혜언은 배우는 것을 비난한다는 뜻의 비학지인誹學之人으로 풀이했으나 손이양은 어그러질 패誖로 해석했다.

41-75

有指於二, 而不可逃, 說在以二絫.

둘을 겸한 것에서 하나를 가리켜 둘을 얻었으니 달아날 길이 없다. 가리키는 것이 두셋일 경우도 마찬가지다.

장혜언은 류絫를 삼參의 오자로 보았다. 『광아』「석언」은 삼參을 삼三으로 풀이했다. 필원은 풀이키를, "『설문해자』「뤼부厽部」는 '류絫는 증增이다. 뤼厽와 사糸로 구성됐다. 서黍의 10배 무게이다.'라고 했다. 발음은 류纍와 같다."고 했다. 장혜언과 양보이의 해석도 유사하다.

41-76

誹之可否, 不以衆寡, 說在可非.

비난이 가한지 여부는 비난의 중과衆寡에 달린 게 아니다. 가히 비난할 수 있는지 여부가 관건이다.

중과衆寡를 손이양은 「경설 하」에서 말하는 다비소비多誹少誹로 파악했다.

41-77

所知而弗能指. 說在春也·逃臣·狗犬·貴者.

알면서 지칭할 수 없는 경우가 있다. 봄날인 춘春, 달아난 종인 도신逃臣, 개를 뜻하는 구견狗犬, 잃어버린 물건을 의미하는 유자遺者 등이 그렇다.

귀貴를 장혜언은 유遺의 잘못으로 보았다. 도신逃臣의 '신'은 원래 남자 종인 노복奴僕을 뜻한다. 여자 종인 노비는 첩妾으로 불렀다.

41-78

非誹者諄, 說在弗非.

비난하는 사람을 비난하는 것은 잘못이다. 비난 내용이 이치에 맞는지 여부가 관건이다.

순諄을 손이양은 패誖의 잘못으로 보았다. 그의 해석이다. "장혜언은 말하기를, '순諄은 패誖가 되어야 한다. 비난 내용이 모두 타당하면 오히려 비난하지 않는 것이 그릇된 것이다.'라고 했다. 그의 말이 옳다. 불비弗非는 이치에 맞지 않다는 뜻이다."

41-79

知狗而自謂不知犬, 過也, 說在重.

구狗를 알면서 스스로 견犬을 모른다고 말하면 이는 잘못이다. 같은 것을 달리 표현한 것에 지나지 않기 때문이다.

중重을 장혜언은 알고 또 아는 중지重知, 손이양은 명칭이 겹치는 중동重同의 의미로 풀이했다.

41-80

物甚不甚, 說在若是.

사물이 '심한가, 심하지 않은가?'하는 기준은 과연 그와 같은지 여부에 달려 있다.

물심物甚의 '심'이 도장본과 필원본에는 기箕, 오초본에는 순順으로 되어 있다. 손이양이 유월의 주장을 좇아 바꿔 놓았다. 물심불심物甚不甚은 '심한 것과 심하지 않은 것'의 뜻이다.

41-81

通意後對, 說在不知其誰謂也.

상대의 의중意中을 읽은 후에 응답해야 한다. 그렇지 않으면 무엇을 말해야 할지 모르게 된다.

통의후대通意後對를 두고 장혜언은 "먼저 상대의 뜻을 통한 후에 응대할 수 있다."고 풀이했다. 또 부지기수위不知其誰謂에 대해서는 "그리하지 않으면 무엇을 말하는지 알 길이 없다."고 했다.

41-82

取下以求上也, 說在澤.

못처럼 낮은 것으로 산처럼 높은 것을 비교하면 그 기준은 어디까지나 못이 된다.

설재택說在澤이 필원본에는 다음 장의 시是를 덧붙여 설재택시說在澤是로 되어 있다. 손이양은 고광기의 주장을 좇아 '택'에서 문장을 끊었다.

41-83

是是與是同, 說在不州.

이것이 아니라는 뜻의 불시不是와 이것과 같다는 뜻의 시동是同을 설명하는 길은 아닌 것을 아니라고 부인하는데 있다.

시시是是를 손이양은 「경설 하」를 근거로 불시不是의 잘못으로 보았다. 그는 시是의 의미와 『장자』「우언」의 다음 구절에 기초해 '옳다'의 의미로 풀이했다.

"세상 사람들은 우언寓言을 빌리지 않고 직접 말할 경우 그것이 자신의 견해와 같으면 옳다 하고, 다르면 그르다고 비난한다."

부주不州의 '주'를 두고 장혜언은 「경설 하」를 토대로 문文의 잘못으로 추정했다. 그러나 『묵자』 원문에 나오는 '문'이 대거 '지之'의 오자로 나오고 있는 점 등을 감안해 손이양처럼 '부주'를 부인한다는 뜻의 부지否之로 풀이하는 게 타당할 듯하다.

제42장 경설(經說) 상

「경설」은 말 그대로 「경」에 대한 해설이다. 그러나 「경」에만 있고 「경설」에는 없는 경우가 있는가 하면 반대의 경우도 있다. 「경설 상」은 주로 「경 상」에 대한 해설로 꾸며져 있다.

42-1

故, 小故, 有之不必然, 無之必不然. 體也, 若有端. 大故, 有之必無然, 若見之成見也.

원인 가운데 작은 원인은 그것이 있을지라도 반드시 어떤 결과를 낳는 것도 아니고, 없을지라도 반드시 어떤 결과를 낳는 것도 아니다. 작은 원인은 전체의 일부분으로 마치 1척尺에 끝이 있는 것과 같다. 큰 원인은 이와 달리 그것이 있으면 반드시 그렇게 되고, 없으면 반드시 그렇게 되지 않는다. 마치 그것을 얻으면 반드시 그 일이 이뤄지는 것과 같다.

유지불필연有之不必然의 '불필연'이 오초본에는 필불연必不然으로 되어 있다. '체야體也, 약유단若有端'을 장혜언은 "사물에 부분이 있는 것은 마치 그 끝단이 있는 것과 같다."고 풀이했다. 손이양은 '대고大故, 유지필무연有之必無然'을 '대고大故, 유지필연有之必然, 무지필불연無之必不然'의 잘못으로 보았다. 또한 '약견지성견야若見之成見也'의 앞의 견見은 득得, 뒤의 견見은 시是의 오자로 판단했다.

42-2

體, 若二之一, 尺之端也.

개체는 마치 하나가 둘의 한 부분인 것과 같다. 긴 폭에 끝단이 있는 것과 같다.

손이양은 이같이 풀이했다. "척지단尺之端은 척폭尺幅의 가운데를 나눠 그 앞을 단端이라고 한 것이다. 『소이아』에서 넓이의 단위를 두고 '장丈의 2배를 단端이라고 한다.'고 한 것과는 의미가 다르다. 폭幅에서 단端을 겸하면 척尺이 되므로 단은 척의 나뉨이 된다. 장혜언은 말하기를, '일一은 이二가 나뉜 개체이고, 단은 척이 나뉜 개체이다.'라고 했다."

42-3

知材, 知也者, 所以知也, 而必知, 若明.

지재知材는 재능을 뜻하는 말로 사물의 근거를 아는 전제조건에 해당한다. 이런 조건이 맞으면 반드시 사물을 정확히 알 수 있다. 마치 눈에 밝은 시력이 있는 것과 같다.

'지재知材, 지야자知也者'를 두고 손이양은 이같이 풀이했다. "두 지知 자 모두 지智로 읽어야 한다. 『순자』「정명正名」에서 말하기를, '그것으로 알게 된 것이 사람에게 있을 때 지知, 그것이 실제와 합해진 것을 지智라고 한다.'고 했다." 필지必知를 장혜언은 "지혜로운 자는 반드시 안다."고 해석했다. 약명若明과 관련해 손이양은 "『관자』「주합宙合」에서 '잘 살펴보는 것을 명明이라고 한다.'고 했다. 여기서는 눈의 작용을 빌려 지知를 비유한 것이다."라고 했다.

42-4

慮, 慮也者, 以其知有求也, 而不必得之, 若睨.

사려思慮는 깊이 뭔가를 생각하는 것이다. 자신의 재능에 기대 탐구하는 것을 지칭한다. 그렇다고 매번 소기의 성과를 얻는 것은 아니다. 마치 눈을 크게 뜨고 노려보는 예시睨視와 같다.

'여慮, 여야자慮也者'의 앞의 '여'를 유월은 연자로 보았다. 약예若睨를 두고 손이양은 이같이 풀이했다. "여기의 '예'를 『설문해자』「목부目部」는 노려볼 이시䀵視로 풀이했다. 구하였으나 반드시 얻을 수 없는 것이 마치 노려보듯이 보지만 과연 볼 수 있는지 여부는 기약할 수 없다는 뜻이다. 양보이는 해석키를, '『장자』「경상초」에서 알게 되는 것은 그 소이所以를 모르는 바에 있으니 마치 눈을 크게 뜨고 노려보는 것과 같다.'고 했다."

42-5

知, 知也者, 以其知過物而能貌之, 若見.

지각知覺은 뭔가를 깨닫는 것이다. 자신의 감각에 기대 사물을 접촉함으로써 사물의 개략적인 모습을 파악할 수 있다. 마치 눈으로 보는 것과 같다.

모貌가 오초본에는 모皃로 되어 있다. 손이양은 과過를 우遇의 잘못으로 간주해 이같이 풀이했다. "『설문해자』「모부皃部」는 모皃를 모양을 잘 갖춘 송의頌儀로 해석했다. 능모지能貌之는 사물의 모양을 알아볼 수 있다는 뜻이다."

42-6

恕, 恕也者, 以其知論物, 而其知之也著, 若明.

지智는 지혜롭다는 뜻이다. 자신의 지혜에 기대 사물을 깊이 탐구함으로써 아는 것을 보다 분명히 할 수 있다. 마치 물체에 빛을 비춰 밝게 보는 것과 같다.

지恕가 도장본과 필원본에는 서恕로 되어 있다. 손이양이 고광기의 주석을 좇아 바꿔 놓았다.

42-7

仁, 愛己者, 非爲用己也, 不若愛馬, 著若明.

인仁은 백성을 사랑한다는 것이니, 이는 백성을 부려서 사용하겠다는 취지는 아니다. 말을 사랑한다는 것은 말을 잘 부려 이용하려는 속셈이니, 이와 동일한 취지가 아니라는 것은 명확하다.

애기愛己의 '기'를 손이양은 민民의 잘못으로 보았으나 장혜언은 '기'를 그대로 두고 해석했다. 또 손이양은 저약명著若明의 '저'를 자者의 잘못으로 간주하면서 위에 나오는 불약애마不若愛馬와 합쳐 해석해야 한다고 했다. 손이양의 해석을 좇았다.

42-8

義, 志以天下爲芬, 而能能利之, 不必用.

의義는 천하를 위하는 것에 뜻을 두고, 능히 천하를 선하고 이롭게 할 수 있는 것이다. 그렇다고 그것이 반드시 세상을 위해 사용되는 것은 아니다.

장혜언은 분芬을 미美, 능能을 재才로 풀이했다. 유월은 지志를 자者의 잘못이고, '이능능리지而能能利之, 불필용不必用'은 '이능리지而能利之 ,불능필용不能必用'으로 바뀌어야 한다고 했다. 이에 대해 손이양은 능능리지能能利之를 선하고도 이롭게 만든다는 뜻의 능선리지能善利之로 새겨야 한다고 했다.

42-9

禮, 貴者公, 賤者名, 而俱有敬僈焉. 等, 異論也.

예禮는 귀인을 군공君公 등의 작위, 서민은 이름으로 부르는 것을 말한다. 공경하거나 낮춰 부르는 차이가 있기 마련이다. 이는 귀천존비貴賤尊卑의 차이에 따른 것이다.

장혜언은 말하기를, "공公은 군君의 뜻이다. 명名은 민民의 잘못이니 옛날에는 서로 통용됐다."고 했다. 필원은 만優을 만慢의 이체자로 보았다. 이론異論의 '론'을 장혜언은 순서를 뜻하는 륜倫으로 읽어야 한다고 했다.

42-10

行, 所爲不善名, 行也. 所爲善名, 巧也, 若爲盜.

행위行爲는 좋은 명성을 바라지 않아야 가히 인정받을 만하다. 좋은 명성을 바라면 기교를 부리는 짓이다. 명성을 도둑질하는 것과 같다.

왕인지는 선善을 저著의 잘못으로 간주하며 풀이키를, "하려는 일이 이름을 드러내려는 것이면 이는 몸소 행하는 궁행躬行이고, 하려는 일이 이름을 드러내려는 것이면 이는 이름을 훔치는 도명盜名이다."라고 했다. 필원은 "하는 일에 선한 이름이 없으면 '궁행', 선한 이름이 있으면 '도명'이다."라고 했다. 장혜언은 "선명善名은 그 이름이 좋아지는 것을 구하는 것이다. 하는 일이 '선명'을 구하고자 하는 것이니 그 교묘함이 마치 도적과 같다."고 했다. 손이양은 교巧를 절竊로 읽으면서 이같이 풀이했다. "절竊과 도盜는 의미가 서로 이어진다. 절竊의 속자는 절窃이다. 절窃 자의 아랫부분이 마치 교巧와 비슷해 잘못된 것이다. 『대대례기大戴禮記』「문왕관인文王官人」에서 '바르게 간하는 규간規諫은 그 부류를 구별하지 않는다. 도道를 행한다고 하면서도 공평하지 않은 것을 일컬어 교명巧名이라고 한다.'고 했다. 이것이 그 증거다."

42-11

實, 其志氣之見也, 使人如己, 不若金聲玉服.

실질實質은 지기志氣를 드러내 사람들에게 자신의 의중이 그것과 같음을 알게 하는 것이다. 마치 종소리나 옥 장식 등처럼 두드러지게 표현하는 것과 같다.

'지기지현야志氣之見也, 사인여기使人如己'를 두고 손이양은 "다른 사람을 대할 때 실질로써 행하면 자신의 몸에 실행되는 것과 다르지 않게 된다."고 풀이했다. 이에 대해 장이현은 풀이키를, "밖의 모양을 보면 안에 있는 것을 안다."고 했다. 불약금성옥복不若金聲玉服의 '불'을 손이양은 필必의 잘못으로 보고, '옥복'을 옷에 차는 옥인 패복지옥佩服之玉으로 풀이했다. 『예기』「월령月令」에 따르면 봄에는 창옥蒼玉, 여름에는 적옥赤玉, 가을에는 백옥白玉, 겨울에는 현옥玄玉을 찬다.

42-12

忠, 不利弱子亥, 足將入止容.

충성忠誠은 약하고 어린 군주에게 불리한 듯이 보인다. 그러나 충신은 군주를 매우 공경하는 까닭에 조정에 들어갈 때면 몸과 마음을 단정히 한다.

불리약자해不利弱子亥를 두고 손이양은 해亥를 해孩의 잘못으로 보고 풀이키를, "충신이 군주를 강하게 하는 것은 그 행적이 어린 군주에게는 불리한 것 같다는 뜻이다. 『서경』「금등金縢」에서 관숙管叔이 거짓으로 '주공周公이 장차 어린 성왕에게 이롭지 못할 것이다.'라고 소문을 낸 것과 같은 맥락이다."라고 했다. 또 족장입지용足將入止容을 두고 "지止는 정正의 잘못이다. 이는 비록 군주를 강하게 만들려고 해도 군주를 섬길 때는 반드시 공경스럽게 해야 하니 그것이 바로 충성이 되는 이유다."라고 풀이했다.

42-13

孝, 以親爲芬, 而能能利親, 不必得.

효행孝行은 부모를 효친孝親의 대상으로 여겨 이롭게 하는 것을 말한다. 그렇다고 그것이 반드시 부모의 환심을 얻는 것은 아니다.

'이능능리친而能能利親, 불필득不必得'을 유월은 '이능리친而能利親,불능필득不能必得'으로 바꿔야 한다고 했다. 손이양은 이같이 풀이했다. "능능리친能能利親은 부모에게 선하게 대하여 이롭게 할 수 있다는 뜻이다. 『장자』「외물外物」에서 '사람들은 부모로서 자식의 효도를 바라지 않는 자가 없으나, 효성스럽다고 해서 반드시 부모를 사랑하는 것은 아니다.'라고 했다."

42-14

信, 不以其言之當也, 使人視城得金.

신뢰信賴는 반드시 그 말이 사실에 부합해야 가능하다. 예컨대 어떤 사람에게 읍내에 금이 있으니 가서 보도록 했는데 그가 가서 보고 실로 금을 얻게 된 것과 같다.

손이양은 불不을 필必의 잘못으로 보았으나 장혜언은 그대로 두고 해석했다. 사인시성득금使人視城得金을 두고 손이양은 풀이키를, "다른 사람에게 성 위에 금이 있다고 알리자 그가 직접 가서 보고 금을 얻게 되었다는 의미이다."라고 했다.

42-15

佴, 與人遇人, 衆愖.

차비次比는 사람들과 함께하고 서로 만나면서 무리를 이뤄 가까이 하는 것이다.

'이佴, 여인우인與人遇人'을 두고 손이양은 "『한서』「사마천전司馬遷傳」의 '복우이지잠실僕又佴之蠶室'에 대한 여순如淳의 주는 '이佴는 차次의 뜻이다. 사람들이 서로 나란히 한다는 뜻이다.'라고 했다. 『설문해자』「수부手部」에서 '이佴는 차佽의 뜻이다.'라고 풀이한 것과 딱 들어맞는다. 사람들이 서로 서로 만나는 인상여상우人相與相遇는 모두 상차비相佽比의 뜻이다."라고 풀이했다. 중순衆愖을 두고 순이양은 이같이 해석했다. "순愖은 순揗의 오자이다. 같은 발음 글자의 가차자假借字이다. 『설문해자』「수부」에서 순揗은 문지를 마摩로 풀이했다. 사람들의 무리가 서로 가까이 닿아 있다는 마절摩切의 의미이다. 이 장과 관련한 「경 상」의 작作 역시 비仳의 잘못으로 보인다."

42-16

諵, 爲是, 爲是之台彼也, 弗爲也.

자족自足은 스스로 족함을 알고 그만 두는 것이다, 어떤 일로 인해 남을 속이게 되면, 이를 하지 않아야 자족할 수 있다.

손이양은 견諵을 조심할 견獧으로 읽으면서 태台를 고광기를 좇아 이詒로 새겼다. 그의 해석이다. "『설문해자』「언부言部」에서 이詒를 서로 속이는 '상기이相欺詒'로 풀이했다. 이 구절은 '조심하는 견자獧者는 다른 사람을 속이는 말을 하지 않는다.'의 뜻이다. 두 번째 나오는 위시爲是는 아마도 잘못된 연자衍字인 듯하다."

42-17

廉, 已惟爲之, 知其䫉也.

마음이 떳떳치 못한 미흡未洽은 자신이 직접 행하면서 두려워하는 마음을 아는 것이다.

손이양은 염廉을 겸慊, 유惟를 수雖의 잘못으로 보았다. 필원은 마지막 구절이 원문처럼 '지기사이야知其思耳也'가 옳다고 했으나 손이양은 사䫉는 두려워할 사諰의 잘못일 뿐이라고 했다. 손이양의 해석이다. "『순자』「강국彊國」의 '즉유기사의則有其諰矣'에 대한 양량楊倞의 주에 '사諰는 구懼이다.'라고 했다. 여기의 기사其䫉가 바로 『순자』의 기사其諰이다. 『논어』「태백」에 나오는 '신이무례즉사愼而無禮則葸'의 사葸와 가깝다. 이 장은 '조심하는 사람은 하지 않는 바가 있고, 미흡해 하는 자는 비록 잘못을 저지르기는 하나 늘 스스로 뉘우치며 두려워할 줄 안다.'는 뜻이다."

42-18

所令, 非身弗行.

명령을 내리는 것은 자신이 직접 하지 않는 것을 말한다.

불행弗行을 손이양은 소행所行의 잘못이라고 했다. 오초본에는 불弗이 불不로 되어 있다. 손이양은 풀이키를, "이 장은 '다른 사람에게 그것을 하게 하는 것은 몸소 행하는 것이 아니다.'라는 뜻이다."라고 했다.

42-19

任, 爲身之所惡, 以成人之所急.

임협任俠은 자신이 싫어하는 일까지 행하여 남이 다급해하는 일을 이뤄주는 것이다.

손이양과 필원은 임任을 협俠으로 새겼다. 필원은 풀이키를, "임협이 재물을 가벼이 여기는 것을 언급한 것이다."라고 했다.

42-20

勇, 以其敢於是也, 命之. 不以其不敢於彼也, 害之.

용기勇氣는 어떤 일을 과감히 행하는 까닭에 용기의 명을 받는다. 어떤 일을 과감하지 않은 탓에 행하지 않는 경우는 용기를 해치는 것이다.

명지命之를 두고 손이양은 "명命은 명名과 같다. 용맹을 떨쳤다는 이름을 얻었다는 의미이다."라고 했다. 장혜언은 풀이키를, "사람 가운데 감히 하는 사람도 있고, 못하는 사람도 있다. 그 자리에서 감히 할 수 있다면 용감하다고 할 수 있다."고 했다.

42-21

力, 重之謂下, 與重奮也.

동력動力은 중량에 따른다. 무거운 것이 아래로 내려가게 되어 있는 게 그렇다. 그러나 힘을 가하면 무거운 것을 위로 들어 올릴 수 있다.

위謂는 위爲와 통용된다. 손이양은 여與를 거擧의 잘못으로 보았다. 양계초는 분奮을 움직일 동動으로 새겼다.

42-22

生, 楹之生, 商不可必也.

생生은 형체와 지식이 동시에 살아 있어야 가능하다. 그러나 형체와 지식의 동거를 반드시 기약할 수는 없다.

영楹이 오초본에는 영盈으로 되어 있다. 필원은 형形의 잘못으로 보았다. 상商을 손이양은 상常의 오자로 파악했다. 필원의 해석을 좇았다.

42-23

臥.

와면臥眠은 누워 자는 것이다.

와臥에 대한 풀이가 사라졌다. 「경 상」이 와면臥眠과 지각을 언급한 점에 비춰 대략 유사한 해설이 있었을 것으로 짐작된다.

42-24

夢.

수몽睡夢은 누워 자면서 사실처럼 여기는 것이다.

손이양은 몽夢에 대한 더 이상의 설명이 필요 없어 해설을 시도하지 않은 것이라고 했으나 장혜언은 풀이가 사라진 것으로 보았다. 손이양의 추론은 약간 무리가 있다. 대략 와臥의 경우와 마찬가지로 「경 상」의 해당 장이 와면臥眠과 지각을 언급한 점에 비춰 유사한 풀이를 시도했을 것으로 짐작된다.

42-25

平, 惔然.

평정平正은 마음이 편안한 것을 말한다.

장혜언은 담惔을 편안할 담憺의 잘못으로 보았다. 양보이와 손이양 모두 이를 좇았다.

42-26

利, 得是而喜, 則是利也. 其害也, 非是也.

이득利得은 바라는 바를 손에 넣어 기뻐하는 경우다. 자신에게 이롭다고 여기기 때문이다. 해가 되면 그렇지 않을 것이다.

이해利害를 당사자가 좋아하고 싫어하는 희오喜惡와 연계시켜 설명하고 있다.

42-27

害, 得是而惡, 則是害也. 其利也, 非是也.

해악害惡은 꺼리는 바를 손에 넣어 싫어하는 경우다. 자신에게 해롭다고 여기기 때문이다. 이로우면 그렇지 않을 것이다.

앞 장과 마찬가지로 이해를 '희오'와 연계시켜 설명하고 있다.

42-28

治, 吾事治矣, 人有治南北.

치리治理는 자신의 일을 잘 다스려 스스로 몸을 닦는 이치를 말한다. 이를 밖으로 드러내 남북으로 크게 확장해야만 한다.

인유치남북人有治南北을 두고 손이양은 유有를 우又로 간주하면서 인치유남북人治有南北이 바른 문장이라고 했다. 그는 풀이키를, "나의 일을 잘 다스리는 것은 스스로 그 몸을 바르게 다스리는 것이다. 사람을 다스리는 것은 널리 사방에서 구해야 한다."고 했다.

42-29

譽之, 必其行也. 其言之忻, 使人督之.

칭예稱譽는 반드시 선행을 실천한데 따른 것이다. 이를 밖으로 드러내 말하면 선행을 권장하고, 사람들을 독려하는 수단이 된다.

독督을 손이양은 독실할 독篤의 가차로 간주하면서 후厚의 뜻으로 새겨야 한다고 했다. 『이아』「석고」는 독篤을 두터울 후厚로 풀이해 놓았다.

42-30

誹, 止其行也. 其言之忻.

비난非難은 반드시 악행과 과실을 거론해 부끄럽게 만드는 것이다.

필원은 말하기를, '이는 「경 상」의 '비誹, 명악야明惡也'를 해석한 것이다.'라고 했다. 손이양은 앞 장의 '예譽'에 관한 풀이와 연관된 것으로 보면서 빠진 문장이 있을 것으로 추측했다.

42-31

學, 告以文名, 擧彼實也.

거론擧論은 어떤 사물의 명칭을 알려주어 그에 해당하는 실질을 헤아리게 하는 것이다.

거擧가 동장본과 오초본에는 예譽로 되어 있다. 손이양은 문명文名의 '문'을 지之의 잘못으로 보고 풀이키를, "지명之名은 시명是名과 같은 말로 피실彼實과 문맥이 통한다."라고 했다.

42-32

故言也者, 諸口能之, 出民者也. 民若畵俿也. 言也, 謂言猶石致也.

언어言語는 입으로 말하는 능력으로 여러 이름을 드러내는 것이다. 그때의 이름은 마치 호랑이를 말해 머릿속에 호랑이를 그려주는 것과 같다. 언어는 곧 말이 이름으로 인해 실제에 이르게 하는 것을 의미한다.

손이양은 민民을 명名의 오자, 호俿를 호虎의 이체자로 보았다. 또 언야言也 뒤에 자者가 생략돼 있고, 석石은 명名의 잘못이라고 했다. 이를 좇았다.

42-33

且, 自前曰且, 自後曰已, 方然亦且. 若石者也.

차且는 어떤 일이 일어나기 전에 그 일을 말할 때는 '아직', 일이 일어난 후 그 일을 말할 때는 '이미'의 의미를 지닌다. 앞으로 그리 될 일에 대해 말 때 역시 '아직'의 뜻이다.

유월은 약석자야若石者也의 '석'을 명名의 오자로 간주하면서 다음 장과 연결돼 잘못 덧붙여진 것으로 보았다. 그의 해석이다. "모든 일은 사전에 그것에 대해 말할 수도 있고, 일에 임해 그것을 말할 수도 있다. 이때 모두 차且라고 한다." 손이양은 신민야자臣民也者의 잘못으로 보고, 다음 장의 내용이 잘못 들어온 것으로 파악했다.

42-34

君, 以若名者也.

군주君主는 신민臣民과 대칭해 붙여진 이름이다.

「경 상」에는 명名이 맹萌으로 되어 있다. 필원은 '맹'의 잘못으로 보았다. 이에 대해 손이양은 반박키를, "「경 상」에서 '맹'이라고 한 것은 곧 백성 맹氓을 뜻한다. 잘못된 게 아니다. 이는 군君이라는 명칭이 신민臣民과 대칭해 나온 것인 까닭에 약명若名이라고 한다는 뜻이다. 여기의 '약'은 '신민'을 가리킨다. 필원의 주장이 틀렸다."고 했다.

42-35

功, 不待時, 若衣裘.

공리功利는 반드시 때를 기다려야 한다. 마치 여름에 베옷, 겨울에 겨울옷인 갖옷을 입는 것과 같다.

손이양은 불不을 필必의 잘못으로 보았다. 장혜언은 '불'을 그대로 두고 풀이키를, "겨울에 베옷을 주고, 여름에 갖옷을 주는 식으로 때를 맞추지 않을지라도 백성을 이롭게 하는 것을 의미한다."고 했다. 손이양은 이같이 풀이해도 가하다고 했다.

42-36

罪, 不在禁, 惟害無罪, 殆姑.

범죄犯罪는 반드시 금령을 범하는 것만 뜻하는 게 아니다. 해를 끼치면 설령 무죄일지라도 사실상 죄에 해당하는 것이다.

손이양은 태殆를 태隸의 가차로 보았다. 『설문해자』「이부隶部」는 태隸를 급及으로 새겼다. 고姑와 고辜는 통한다.

42-37

賞, 上報下之功也.

포상褒賞은 윗사람이 아랫사람의 공에 보답하는 것이다.

원문은 상賞 뒤에 '상보하지공야上報下之功也' 구절이 생략돼 있다. 손이양은 「경 상」에 나온 풀이가 도중에 빠진 것으로 보았다. 이같이 볼 경우 「경」과 「경설」의 내용이 같게 된다. 이런 예는 오직 이 구절밖에 없다.

42-38

罰, 上報下之罪也.

형벌刑罰은 윗사람이 아랫사람의 죄에 갚음을 하는 것이다.

'상보하지죄야上報下之罪也' 구절은 상賞을 풀이한 '상보하지공야上報下之功也' 구절과 대비된다.

42-39

侗, 二人而俱見是楹也, 若事君.

동조同調는 두 사람이 함께 둥글고 굵은 기둥을 보고 있는 것이다. 마치 여러 신하가 함께 한 군주를 섬기는 것과 같다.

「경 상」에는 동侗이 동同으로 되어 있다. 장혜언은 동侗을 동同의 잘못으로 보았으나 손이양은 동侗, 동同, 동詷 모두 서로 통한다고 보았다. 『설문해자』「인부人部」는 동侗을 대모大貌, 「언부言部」는 동詷을 공共으로 새겼다. 영楹을 두고 손이양은 형形의 잘못으로 보았으나 장혜언은 그대로 두고 이같이 풀이했다. "하나의 영楹이 있는데 두 사람이 모두 보고 있으니 함께 그것을 일러 '영'이라고 한다.

이것이 바로 동同의 의미이다." 손이양은 이같이 풀이해도 가하다고 했다. 약사군若事君의 '사'가 옛 판본에는 시是로 되어 있다. 손이양이 도장본을 좇아 바로잡았다.

42-40

久, 古今旦莫.

장구長久는 '예로부터 지금까지, 또는 아침부터 저녁까지'와 같이 길게 이어지는 시간을 말한다.

도장본에는 구久 앞에 금今이 덧붙여져 있고, 단旦이 차且로 되어 있다. 손이양이 왕인지의 교정을 좇아 바로잡았다. 모莫는 모暮와 같다. 왕인지는 풀이키를, "옛날과 지금은 다른 시간이고, 아침과 저녁도 다른 시간이다. 고금단모古今旦莫는 시간이 지나가면서 오래된 것을 말한 것이다."라고 했다.

42-41

宇, 東西家南北.

우주宇宙는 '동쪽부터 서쪽까지, 또는 남쪽부터 북쪽까지'와 같이 계속 이어지는 공간을 말한다.

고광기와 왕인지는 가家를 연자로 보았다. 이에 대해 손이양은 '가'를 사방의 중심을 뜻하는 중中으로 새기면서 연자가 아닐 공산이 크다고 했다.

42-42

窮, 或不容尺. 有窮, 莫不容尺, 無窮也.

곤궁困窮은 1척의 공간도 허용할 여지도 없는 경우를 말한다. 그런 여지를 허용치 못하는 경우가 없으면 그것은 '곤궁'이 아니다.

장혜언은 무궁無窮을 두고 풀이키를, "1척을 용납하지 않음이 없다고 하는 것은 허虛를 지칭한 것이다. 비록 다하였으나 끝남이 없다는 의미이다."라고 했다.

42-43

盡, 但止動.

진종盡終은 멈춤과 움직임을 함께한다는 의미이다.

진盡이 오초본에는 정靜으로 되어 있다. 손이양은 단但을 구俱의 오자로 간주하면서 풀이키를, "지동止動은 일의 동정에 관계없이 모두 그렇다는 뜻이다. 곧 「경 상」에서 말한 막불연야莫不然也의 의미이다."라고 했다.

42-44

始, 時或有久, 或無久. 始當無久.

시작始作은 곧 시각을 뜻하는 말로 여기에는 계속 이어진 유구有久와 그렇지 않은 무구無久가 있다. '무구'가 시작에 해당한다.

유구有久와 무구無久를 두고 장혜언은 풀이키를, "때에는 '유구'와 '무구' 2가지가 있다. 시始는 '무구'에 해당한다. '무구'는 구久의 시작이다."라고 했다. 손이양은 "만일 '유구'하다면 그것은 시始가 될 수 없다."고 했다. 양계초는 더 이상 쪼갤 수 없는 어느 시점이 '무구'에 해당한다고 풀이했다.

42-45

化, 若鼃爲鶉.

변화變化는 마치 양서류에 속하는 개구리가 조류에 속하는 메추라기로 변하는 것에 비유할 수 있다.

왜鼃는 와蛙와 통한다. 와黽로 쓰기도 한다. 『설문해자』「민부黽部」는 두꺼비인 하마蝦蟆의 부류로 풀이했다. 손성연孫星衍은 이같이 해석했다. "『회남자』「제속훈齊俗訓」에서 '하마蝦蟆가 메추라기 순鶉이 되었는데 태생은 원래 그런 부류가 아니다. 오직 성인만이 그 변화를 알 수 있다.'고 했다." 손이양은 풀이키를, "『순자』「정명正名」은 '모습이 변했으나 실질에서는 구별이 없는 가운데 달라진 것을 변화라고 한다.'고 했다. 변화가 있었으나 구별할 수 없으므로 같은 실질이라고 한 것이다."라고 했다.

42-46

損, 偏去也者, 兼之體也. 其體或去或存, 謂其存者損.

손상損傷을 두고 「경 상」에서 일부를 잃는 편거偏去라고 한 것은 전체를 아우르는 겸兼에 대해 부분을 이루는 하나의 개체를 지칭한 것이다. '겸'의 차원에서 볼 때 개체에는 없애는 것도 있고, 남기는 것도 있다. 남겨진 것을 두고 말할 때 바로 '손상'이 된다.

도장본에는 편거야자偏去也者의 거去 자가 빠져 있다. 손이양은 이를 보충하면서, 겸지체야兼之體也의 '체'가 도장본에 예禮로 되어 있는 것을 바로잡았다. 혹존或存의 '혹'이 도장본에 빠져 있는 것도 보충해 넣었다. 겸지체야兼之體也의 '겸'은 여러 개체가 어우러진 중체衆體의 뜻이다. 장혜언은 이같이 풀이했다. "일물一物이 2가지 개체를 겸하고 있을 때 하나의 개체를 제거하면 하나의 개체만 남는다. 그 남겨진 것을 두고 말하면 덜어낸 것이 된다."

42-47

儇, 昫民也.

원환圓環은 근본에 해당하는 구심점을 함께하는 것이다.

손이양은 현儇을 환環, 구昫를 구俱, 민民을 근본의 의미를 지닌 저氐의 잘못으로 보았다. 이 경우 「경 상」과 「경설 상」의 내용이 사실상 같게 된다.

42-48

庫, 區穴若, 斯貌常.

창고倉庫는 비어 있는 굴인 구혈區穴과 같은 공간을 말한다. 보이는 곳이 막혀 있다.

손이양은 고庫를 장䧟의 잘못으로 보았다. 사모상斯貌常 역시 소시장所視䧟의 오자로 파악했다. 모貌가 오초본에는 모皃로 되어 있다. 이에 대해 그레이엄은 '고'를 운運의 잘못으로 보면서 '운運, 구혈약사區穴若斯, 모상貌常.'으로 구두점을 찍었다. 그의 해석이다. "운運은 바뀔 역易의 뜻이다. 둥근 원의 원주는 마치 칼로 베어낸 것 같아 늘 그 모습이다."

42-49

動, 偏祭從者, 戶樞免瑟.

이동移動은 두루 인접한 곳을 옮겨 다니는 것이다. 마치 문의 지도리와 벌레의 누에가 계속 움직이는 것과 같다.

손이양은 편제偏祭는 편제遍際, 종從은 사徙, 면슬免瑟은 타잠它蠶의 잘못으로 보았다. 그의 해석이다. "편제偏祭는 편제遍際로 써야 할 것이다. 움직이면 접하는 지역을 두루 돌게 된다는 뜻이다. 『설문해자』「타부它部」는 타它를 충虫으로 새겼다. 상고 때는 풀 위에 산 까닭에 뱀을 두려워했다. 문안인사로 뱀이 없는지 여부를 묻는 '무타호無它乎?'를 사용했다. 잠蠶의 속자는 잠蝅이다. 타잠它蝅이 자형이 비슷한 면슬免瑟로 바뀐 것이다."

42-50

止, 無久之不止, 當牛非馬, 若矢過楹. 有久之不止, 當馬非馬, 若人過梁.

정지停止는 2가지 경우가 있다. 막는 게 없는 까닭에 멈추지 않는 경우는 소는 말이 될 수 없다는 명제에 해당한다. 이는 마치 화살이 기둥 사이를 지나는 것처럼 확실하다. 반면 막는 게 있어도 멈추지 않는 경우는 말은 말이 아니라는 명제에 해당한다. 이는 마치 사람이 다리 위를 지날 때 가다서다 하는 것처럼 확실치 않다.

시矢가 도장본에는 부夫로 되어 있다. 장혜언은 인人의 잘못으로 보았으나 왕인지는 시矢가 돼야 한다고 했다. 약시과영若矢過楹을 두고 왕인지는 풀이키를, "화살이 기둥을 지날 때 시간의 흐름을 좇아 멈춰서는 일이 없다. 그래서 '무구지부지無久之不止'라고 한 것이다."라고 했다. 약인과량若人過梁을 두고 손이양은 이같이 풀이했다. "양梁은 교량이다. 사람이 유람 차 다리를 지나면 가다서다 하며 지난 것도, 멈춘 것도 아닌 발걸음을 한다. 이를 두고 장혜언은 풀이키를, '사람이 다리를 지나는 것은 멈추지 않음으로써 멈춤을 구하려는 것이다.'라고 했다."

42-51

必, 謂臺執者也, 若弟兄. 一然者, 一不然者, 必不必也, 是非必也.

필연必然은 굳게 잡고 있는 악집握執을 의미한다. 형제라도 한 사람은 그렇다고 하고, 한 사람은 그렇지 않다고 하는 것은 반드시 그리 된다고 기약할 수 없기 때문이다. 이는 필연이 아니다.

손이양은 도장본과 오초본에 숙孰으로 되어 있는 것을 집執으로 바로잡으면서, 필원의 견해를 좇아 대臺를 악握으로 풀이했다. 필必을 두고 장혜언은 "절대로 그렇지 않음이 없어야 한다."고 했다.

42-52

同, 捷與狂之同長也.

동심同心은 원의 중심에 있는 표지에서 밖에 있는 표지까지의 거리가 똑같은 경우를 말한다.

손이양은 첩捷을 삽揷, 광狂을 왕往으로 새겼다. '첩'이 오초본에는 건揵으로 되어 있다.

42-53

心中, 自是往相若也.

중심中心의 한가운데는 둘레까지의 거리가 모두 같게 되는 지점을 뜻한다.

심중心中을 손이양은 나무를 꽂아 해 그림자를 재는 경우로 상정했다.

42-54

厚, 惟無所大.

무후無厚는 더 이상 두텁게 할 수 없는 무소대無所大의 경우에만 성립한다. 그래야만 점점 쌓아서 크게 만드는 유소대有所大가 가능하다.

필원은 "그 큰 것에 더할 바가 없는 것을 대大라고 한다."고 풀이했다. 이에 대해 손이양은 "이는 없는 상태에서 쌓아 있는 것을 완성하는 것이니, 그 두께를 끝까지 다할 수 없다는 의미이다."라고 했다.

42-55

圜, 規寫支也.

원圜은 그림쇠로 그림을 그려 원주가 교차하거나, 원의 지름이 교차해 만난 것이다.

환圜은 원圓과 같다. 복攴이 오초본에 지支로 되어 있다. 손이양은 교交의 잘못으로 보았다. 장혜언은 법도法度로 풀이했다.

42-56

方, 矩見支也.

방체方體는 곱자로 그림을 그려 모서리의 선들이 직각으로 교차케 된 도형을 말한다.

손이양은 견복見攴을 사교寫交의 잘못으로 보았다. '구사교矩

寫交'는 곱자로 도형을 그리면서 모서리의 선들이 서로 만나게 한 것을 뜻한다.

42-57

倍, 二尺與尺但去一.

배수倍數는 1척과 2척이 1척의 차이가 나는 것과 같다.

장혜언은 풀이키를, "2척은 1척과 비교하면 단지 1척의 차이가 있을 뿐이다."라고 했다.

42-58

端, 是無同也.

단초端初는 사물의 가장 앞에 있는 까닭에 똑같은 게 없다.

장혜언은 풀이키를, "만일 같은 것이 있다면 그것은 가장 앞에 있는 게 아니다."라고 했다.

42-59

有閒, 謂夾之者也.

중간中間은 뭔가를 끼고 있는 것을 말한다.

간閒이 도장본에는 문聞으로 되어 있다. 필원은 풀이키를,

"간閒이 옛날에는 문聞으로 되어 있었다."고 했다.

42-60

閒, 謂夾者也. 尺前於區穴而後於端, 不夾於端與區內. 及, 及非齊之及也.

간극間隙은 두 물건 사이에 끼어 있는 공간을 말한다. 척尺은 구혈區穴보다 앞이고, 단端보다는 뒤에 있다. 반드시 단과 구혈 사이에 끼어 있는 이유다. 「경 상」에 나오는 급及은 서로 같다는 의미의 '급'은 아니다.

필원은 불협어단여구내不夾於端與區內의 '내'를 혈穴로 보았다. 손이양은 풀이키를, "대체로 물건의 맨 앞에 처한 것이 단端이다. 뒤로 단과 떨어진 것이 1척이 되는 척尺이다. 다시 그 뒤의 끝에 있는 것이 구혈區穴이다. 간극을 뜻하는 '구혈'은 마치 옷감을 잘라 꿰매어 붙인 가장자리 솔기와 같다. 옷감을 재단할 때 정방형으로 가로세로 똑같이 만들려면 솔기는 가장자리에서 각각 1촌씩 떨어진다. 폭은 2척이 되고 중간의 반은 1척이 된다."고 했다. 급비제지급及非齊之及에 대해서는 "같지 않음이 없음을 급及이라고 한다. 다만 서로 이어져 고르게 되면 그 가장자리까지 다하여 둘 사이는 같으면서도 다르게 된다."고 해석했다.

42-61

'纑, 閒虛也者', 兩木之閒, 謂其無木者也.

「경 상」에서 '기둥 위 가로나무는 중간이 비어 있다.'고 한 것은 기둥의 두 나무 사이에 있는 두공枓栱 아래에는 다른 나무가 없다는 취지이다.

간허야閒虛也의 '간'이 도장본에 빠져 있었다. 손이양이 왕인지의 교정을 좇아 보정했다.

42-62

盈, 無盈無厚. 於尺無所往而不得,

영만盈滿은 가득 차서 어디서든 없는 곳이 없다는 뜻으로 곧 채워지지 않으면 두께도 없다는 취지와 같다. 예컨대 세상의 돌 가운에 견백석堅白石은 어디서든 얻지 못하는 경우가 없는 것과 같다.

손이양은 척尺을 석石의 잘못으로 보고 이같이 풀이했다. "이 장은 견백석을 설명한 것이다. 견백이 돌에 있으면 몸체를 함께 하여 서로 채우니 전체로 가득 차게 된다. 따라서 있는 것은 모두 단단하고 또한 희다는 뜻이 된다."

42-63

得二, 堅異處不相盈, 相非, 是相外也.

돌이 된다는 것은 견백堅白이 따로 있어 서로 채우는 상영相盈이 되지 못한 것을 뜻한다. '견'이 동시에 '백', '백'이 동시에 '견'이 되지 못하면 이는 서로를 안으로 포함시키지 못하는 상외相外의 관계가 된다.

손이양은 견堅 뒤에 백白이 빠졌다고 했다. 득이得二를 두고 손이양은 풀이키를, "『공손룡자』「견백」에서 '견堅 없이 백白을 얻는 것은 그것을 둘로 거론한 것이고, 백白 없이 견堅을 얻는 것도 그것을 둘로 거론한 것이다.'라고 했다. 득이得二는 결국 득백得白과 득견得堅을 둘로 거론한 것과 같다."고 했다.

42-64

攖, 尺與尺俱不盡, 端與端俱盡. 尺與或盡或不盡. 堅白之攖相盡, 體攖不相盡. 端.

접촉接觸의 경우 척尺과 척尺은 더불어 다하지 못하는 까닭에 하나로 합쳐져 같아지는 일이 없다. 그러나 단端과 단端은 더불어 다하는 까닭에 하나로 합쳐져 같아진다. '척'과 '단'은 합쳐져 같아지기도 하고, 그렇지 못하기도 한다. 견백堅白이 만나면 더불어 다한 덕분에 하나로 합쳐져 같아진다. 그러나 개체 단위로 만나면 서로 다하지 못한 까닭에 하나로 합쳐져 같아지는 일이 불가능하다.

단여단구진端與端俱盡이 도장본에는 단무단단진端無端但盡으로 되어 있다. 척여혹진혹부진尺與或盡或不盡에서 장혜언은 '척여' 뒤에 척尺이 빠졌다고 했다. 맨 끝의 단端에 대해 손이양은 앞 구절의 '척'과 '단'의 구절에서 빠진 글자가 잘못 배치된 결과로 보았다. 견백지영상진堅白之攖相盡을 두고 손이양은 풀이키를, "이는 견백이 비록 다르나 함께 돌에 의탁하여 성질과 색깔이 서로를 품고 가득 차

전혀 틈이 없게 된 덕분에 만나면 서로를 다하는 상진相盡의 관계가 된다는 뜻이다."라고 했다.

42-65

仳, 兩有端而后可.

나란히 늘어놓는 비례比例 여부는 양쪽 끝단을 재봐야 가능하다.

비仳를 두고 왕인지는 풀이키를, "비比와 통한다. 나란히 놓을 병竝의 뜻이다."라고 했다. 후后가 오초본에는 후後로 되어 있다. 양유단이후가兩有端而后可는 합치는지 여부를 알려면 양쪽 끝단을 비교해 봐야 한다는 뜻으로 '길고 짧은 것은 재봐야 한다.'는 우리말 속담과 취지를 같이한다.

42-66

次, 無厚而后可.

순서대로 늘어놓는 차례次例는 두 물체 사이에 간극이 없어야 비로소 가능하다.

후后가 필원본에는 후後, 도장본에는 후厚로 되어 있다. 무후이후가無厚而后可를 두고 장혜언은 "두께가 없으면 중간에 간극이 없다."고 했다. 비례와 차례 모두 완전히 하나로 합치되는 상영相攖이 될 수 없음을 논증하고 있다.

42-67

法, 意•規•員三也, 俱可以爲法.

사물을 재는 법도法度는 측정코자 하는 의도意圖와 척도가 되는 규구規矩, 수치를 나타내는 원員 등 3가지를 모두 갖춰야 가능하다.

손이양은 이같이 풀이했다. "『설문해자』「패부貝部」는 원員을 물건의 수량을 뜻하는 물수物數로 새겼다. 『예기』「소의少儀」는 '공인工人은 법도를 좇아 설說에서 노닌다.'고 했다. 정현의 주에서 '법도는 자로 잰 척촌尺寸의 수치를 말하고, 설說은 넓고 좁게 하는 뜻에 맞추는 것을 뜻한다.'고 했다."

42-68

佴, 然也者, 民若法也.

부차副次는 그리되도록 따른다는 뜻으로, 곧 백성이 법을 따르는 것을 의미한다.

손이양은 약若을 순順으로 새겼다.

42-69

彼, 凡牛樞非牛, 兩也, 無以非也.

피차의 관계에서 우추牛樞라는 나무의 이름은 비록 '우'를 사용하고는 있으나 결코 우牛가 될 수 없다. 양자는 서로 다른 사물에 해당하는 까닭에 변론에 사용키에 부적합하다.

우추牛樞를 두고 장혜언은 이것도 되고 저것도 되는 것을 추樞라고 했으나 손이양은 나무의 명칭으로 보았다. 손이양의 풀이이다. "『이아』「석목釋木」에서는 추蘊를 두고 오미자를 뜻하는 치茥로 새겼다. 곽박의 주에 '『시경』「당풍, 산유추」에 나오는 산유추山有蓲가 지금의 자유刺楡이다.'라고 했다. 『모시毛詩』「당풍唐風」에는 추蓲가 추樞로 되어 있다. 우추牛樞는 아마도 '자유' 가운데서도 큰 것을 가리키는 듯하다. 옛날에는 초목 가운데 큰 것은 우牛라는 이름을 붙인 게 많았다. 『이아』「석초」에서 교茭를 우기牛蘄, 「석목」에서 종終을 우극牛棘으로 풀이한 게 그 증거다. 우추牛樞는 우牛의 명칭을 빌린 것일 뿐 진짜 소는 아니다. 그래서 비우非牛라고 한 것이다."

42-70

辯, 或謂之牛, 謂之非牛, 是爭彼也. 是不俱當. 不俱當, 必或不當, 不若當犬.

쟁변爭辯은 예컨대 혹자는 '소'라고 하고, 혹자는 아니라며 말로 다투는 것을 말한다. 두 입장이 동시에 타당할 수는 없는 까닭에 반드시 어느 한 쪽은 부당不當하게 된다. 이런 '부당'은 구狗를 견犬으로 여기는 게 합당하다고 말하는 것과 같지 않다.

불약당견不若當犬을 두고 손이양은 풀이키를, "우牛의 시비를 논하여 합당하지 않게 되는 것은 구狗를 견犬으로 여기는 게 합당하다는 주장과 같지 않다. 「경설 하」에서 '같으면 혹은 구狗, 혹은 견犬이라고 한다. 다르면 견犬을 두고 혹은 우牛, 혹은 마馬라고 한다. 이는 모두 승패가 날 수 없는 것으로 곧 변론하지 않는 것이나 다름없다. 변론은 혹은 그렇다고 하고, 혹은 그렇지 않다고 하면서 그 가운데 합당한 자가 이기는 것을 말한다."고 했다.

42-71

爲, 欲䨥其指, 智不知其害, 是智之罪也. 若智之愼文也, 無遺於其害也. 而猶欲䨥之, 則離之. 是猶食脯也. 騷之利害, 未可知也, 欲而騷, 是不以所疑止所欲也. 廧外之利害, 未可知也, 趨之而得力, 則弗趨也, 是以所疑止所欲也. 觀爲窮知而縣於欲之理, 䨥脯而非恕也, 䨥指而非愚也, 所爲與不所與爲相疑也, 非謀也.

행위行爲와 관련해 예컨대 손가락을 자르려는 자가 그 해를 알지 못하면 이는 무지無智의 소치이다. 지혜롭게 신중히 대처하는 자라면 해를 남기지 않을 것이다. 만일 해로운 일인 줄 알고 있는데도 그런 일을 당하면 이는 먹고 싶은 마음을 억제하지 못해 맛도 모르는 육포肉脯를 먹는 것에 비유할 수 있다. 냄새와 맛이 좋고 나쁜지 여부를 알 수 없는데도 먹고 싶은 마음에 냄새를 맡게 되면 이는 호기심으로 인해 욕심을 제어하지 못한 경우에 해당한다. 반면 담장 밖의 일은 이해관계를 잘 모르면 설령 그로 인해 금전상의 이익을 얻게 될지라도 함부로 나서지 않는다. 호기심으로 인해 욕구를 제어하지 못한 경우가 바로 육포를 먹는 경우라면, 의구심을 토대로 욕구를 억제한 경우가 바로 담장 밖으로 달려나가지 않은 경우에 해당한다. 이를 통해 「경 상」에서 위爲를 두고 지식과 욕구의 상호관계로 풀이한 '궁지이현어욕窮知而縣於欲'의 의미를 이해할 수 있다. 이로써 보면 육포를 먹었다고 하여 지식이 있었다고 할 수도 없고, 손가락이 잘렸다고 하여 어리석었다고 할 수도 없다. 이처럼 행위는 호기심 내지 의구심이 과연 욕구를 얼마나 잘 조절할 수 있는지 여부에 달려 있는 만큼 결코 심모深謀의 소산으로 간주할 수는 없는 일이다.

작𪎊을 필원은 난難의 이체자로 보았으나, 손이양은 작斫과 통하는 작斮의 잘못으로 파악했다. 이에 대한 손이양의 해석이다. "「경주」와 「비혈」에서 작斮이 모두 난難으로 돼 있다. 「경 하」의 작斮은 옛 판본에 착着으로 잘못 구성된 경우도 있다. 그것이 다시 양養으로 바뀐 것이 아닌가 한다. 작지斮指는 잘린 손가락, 작포斮脯는 잘라서 말린 육포를 뜻한다." 장외廧外의 '장'을 필원은 장牆의 속자라고 했다. 장혜언은 소위여불소위상의야所爲與不所與爲相疑也에서 불소不所는 소불所不의 잘못이고, 뒤의 여與는 연자라고 했다.

42-72

已, 爲衣, 成也. 治病, 亡也.

이제已濟는 크게 옷을 완성하는 것처럼 어떤 결과물을 만들어 내거나, 병을 완치하는 것처럼 어떤 원인을 완전히 제거하거나 하는 등의 2가지 경우가 있다.

무亡를 두고 손이양은 이같이 풀이했다. "『한서』「교사지郊祀志」에서 병이 좋아져 나았다는 뜻의 병량이病良已 구절이 나온다. 주석에서 '맹강孟康은 이已를 병아 나아지는 병유病愈로 새겼다."

42-73

使, 令謂, 謂也, 不必成濕, 故也, 必待所爲之成也.

사역使役은 크게 2가지로 우선 인위적으로 말로써 명을 내려 그리하도록 하는 경우를 들 수 있다. 이때는 일의 성패를 반드시 기약할 수는 없다. 다른 하나로 자연적인 인과관계에 의해 반드시 그리하도록 되어 있는 경우가 있다.

습濕을 두고 손이양은 이같이 풀이했다. "홍이원洪頤烜이 『순자』「불구」에 나오는 습㒨은 『설문해자』「인부人部」에서 말하는 래儽와 같다고 했다. 래儽는 늘어진 모습을 형상한 것이다. 일설에는 게으르다는 뜻의 난해嬾解로 새기고 있다. 홍이원의 주장이 합당하다. 『설문해자』「인부」는 뢰儡를 서로 패한다는 뜻의 상패相敗로 새겼다. 『도덕경』에 나오는 래儽가 어떤 판본에는 패하거나 속인다는 뜻의 뢰儡로 되어 있다. 『회남자』「숙진훈俶真訓」에서 '공자와 묵자의 제자들은 모두 인의仁義의 술책으로 세상을 가르치고자 했으나 오히려 자신의 몸이 패하는 일을 면치 못했다.'고 했다. 뢰儡와 래儽는 소리와 의미가 서로 가깝다. 이곳에서 말하는 습濕은 『설문해자』에 나오는 뢰儡와 래儽의 가차자인 래㶟로 바뀌야 한다." 장혜언은 고야故也 뒤에 자者가 있어야 한다고 했다.

42-74

名, 物, 達也, 有實必待文多也. 命之馬, 類也, 若實也者必以是名也. 命之臧, 私也, 是名也, 止於是實也. 聲出口, 俱有名, 若姓宇.

명칭名稱은 통상 일반 사물의 경우 그 이름을 널리 알리는 달명達名에 해당한다. 실물이 존재하면 반드시 그에 부합하는 명칭을 얻게 된다. 마馬로 명명命名할 경우 이는 사물을 총칭하는 유명類名에 해당한다. 유사한 실물이 존재하면 반드시 '마'라는 이름이 붙게 된다. 노비를 뜻하는 '장臧'을 사적으로 부를 경우 이는 고유 명칭인 사명私名에 해당한다. 이는 해당 실체에 한정된다. 말로 해당 사물을 지칭코자 할 경우 반드시 명칭을 갖게 된다. 이는 마치 성과 이름이 그 사람을 대표하는 것과 같다.

손이양은 문다文多를 지명之名의 잘못일 공산이 크다고 했다. 그의 해석이다. "『순자』「정명正名」에 '만물이 비록 많지만 때로 그것을 넓게 들어 말하려고 하기 때문에 이를 물物이라고 일컫는다. '물'은 대공명大共名이다.'라고 했다. 달명達名은 바로 만물의 통명通名을 의미한다. 여기의 장臧은 노비를 뜻하는 장획臧獲의 '장'을 의미한다. '장'은 통명이 아닌 까닭에 사명私名이라고 한 것이다. 약성우若姓宇의 '우'가 오초본에는 여與로 되어 있다. 필원과 장혜언은 자字의 오자로 보았다. 이들의 교정이 옳다."

양계초는 이름을 바로잡는 정명正名에 버금하는 노력이 명칭의 종류를 바로잡는 일이라고 주장했다. 그는 여기에 나오는 달명과 유명이 『순자』「정명」에서 말하는 대공명大共名과 대별명大別名에 해당한다고 했다. 이어 구별하고 구별하다가 더 이상 구별할 수 없게 된 인명人名이 바로 소별명小別名이고 그것이 바로 여기서 말하는 '사명'에 해당한다고 설명했다. 예컨대 인人은 대별명, 중국인中國人은 그 다음의 대별명, 고대중국인古代中國人은 그 다음 다음의 대별명으로 이들 모두 '유명'에 해당하고, 묵자墨子는 소별명으로 곧 '사명'에 해당한다는 것이다.

42-75

灑謂狗犬, 命也. 狗犬, 擧也. 叱狗, 加也.

운위云謂는 예컨대 개를 두고 '구狗' 또는 '견犬'이라고 말하는 것처럼 사물을 말로 옮겨가는 것을 뜻한다. '구'가 곧 '견'이라고 말하는 것은 곧 비근한 예를 들어 설명하는 거시擧示에 해당한다. 또 '구'를 향해 뭐라고 소리 질러 부르는 것은 곧 기왕에 존재하는 어떤 명칭을 다른 사물에 덧붙여주는 가명加名에 해당한다.

쇄灑가 오초본에는 쇄洒로 되어 있다. 손이양은 「경 상」의 내용에 비춰 '쇄'는 녹鹿이 되어야 한다고 했다. 양보이는 앞 장의 마지막 구절인 약성우若姓宇에 덧붙여 구두점을 찍었다. 양보이의 분석이 합리적이다. 손이양은 명命을 이移의 오자로 간주해 풀이키를, "쇄灑와 녹鹿의 글자가 비슷해 오자가 나온 듯하다. 녹위구견鹿謂狗犬은 '다른 이름을 옮겨다가 이 물건을 말하는 것은 마치 사슴을 가리켜 말이라고 하는 것과 같다.'는 뜻이다."라고 했다. 가야加也는 나쁜 말로 더해 준다는 뜻이다. 『설문해자』「역부力部」는 가加를 서로 더해주는 상증가相增加로 새겼다. 예컨대 남을 낮춰 부를 때 '호로자식' 등으로 칭하는 게 그렇다.

42-76

知, 傳受之, 聞也. 方不𨻶, 說也. 身觀焉, 親也.

지식知識과 관련해 전수해 받는 것은 들어서 아는 문지聞知에 해당한다. 또 방언의 차이를 뛰어넘어 아는 것은 곧 사람이 말해주는 것을 통해 아는 설지說知에 해당한다. 나아가 자신이 직접 목도하는 식으로 경험해 아는 것은 곧 친지親知에 해당한다.

방부장方不瘴을 두고 필원은 풀이키를, "산과 강 등의 지역적 장애물에 의해 막혀 있는 상황이 아닌 것을 뜻한다."고 했다. 지역적 차이를 드러내는 것은 방언이다. 방언의 차이를 극복하고 말로 설득해 뜻을 알리는 것을 의미한다. 그게 설지說知이다. 문지聞知는 과거로부터 축적된 지식을 스승 등을 통해 전수받는 것을 뜻하는데 반해, '설지'는 같은 시대를 사는 다른 사람으로부터 얻어듣고 알게 되는 경우를 지칭한다. 손이양은 장瘴을 장障의 오자로 보았다. 여기의 친지親知는 서로 잘 알고 가깝게 지내는 사람을 뜻하는 통상적인 의미의 '친지'와 구분해야 한다.

42-77

所以謂, 名也. 所謂, 實也. 名實耦, 合也. 志行, 爲也.

거론의 근거가 되는 이른바 소이위所以謂가 곧 명칭이고, 일컬어지는 것이 실제實際이다. 명칭과 실제가 부합하는 것을 명실상합名實相合, 뜻과 행동이 부합하는 것을 지행합일知行合一인 작위作爲라고 한다.

필원은 이 장을 「경 상」에 나오는 명실합위名實合爲에 대한 해설로 보았다. 사실 이 장은 내용상 위에 나오는 장과 합쳐 해석하는 게 낫다.

42-78

聞, 或告之, 傳也. 身觀焉, 親也.

문지聞知는 크게 어떤 사람이 고하여 전해주는 것을 통해 아는 전문傳聞과 자신이 직접 찾아나서 알게 되는 친문親聞이 있다.

문지聞知의 '문'은 단순히 귀로 듣는 감각적인 수단을 통해 아는 것에 국한되지 않는다. 이 장에서 스스로 찾아나서 아는 '친문'을 언급한 이유다.

42-79

見, 時者, 體也. 二者, 盡也.

견물見物은 크게 사물의 일면 내지 하나의 개체만 보고 판단하는 체견體見과 사물의 양면 내지 전체를 보고 판단하는 진견盡見이 있다.

손이양은 시時를 특特의 잘못으로 보고 풀이키를, "특자特者는 짝을 이루지 못하는 것을 뜻한다. 이자二者는 짝을 이루는 우자耦自를 말한다. '특자'는 단지 하나의 개체에 나타나는데 그치지만, '우자'는 여러 개체에 두루 보인다."고 했다.

42-80

古, 兵立, 反中, 志工, 正也. 臧之爲, 宜也. 非彼必不有, 必也. 聖者用而勿必, 必去者可勿疑.

합치合致에는 싸움에서 승리하여 공을 세우는 식으로 결과에 뜻을 둔 정합正合, 선하고 의로운 마음을 갖고 실천하는 식으로 과정에 뜻을 둔 의합宜合, 그것 이외에는 다른 길이 없다는 식으로 동기에 초점을 맞춘 필합必合이 있다. '정합' 내지 '의합'은 사용하되, '필합'은 쓰지 말아야 한다. 일을 행하면서 '필합'이 없다고 하여 그것을 의심할 필요는 없다.

손이양은 고古를 합合의 잘못으로 보았다. 병립반중兵立反中의 '병'이 오초본에는 력力으로 되어 있다. '반중'을 손이양은 반야反也의 오자로 파악했다. 지공志工의 '공'은 공功의 생략형이다. 손이양은 장지위臧之爲의 '장'을 의義, 성자聖者의 '성'을 의宜 내지 정正의 잘못으로 보았다.

42-81

仗者, 兩而勿偏.

권형權衡은 양쪽으로 균형이 맞아 어느 한 쪽으로 치우치지 않아야 한다.

장仗을 두고 장혜언과 양보이는 병기를 총칭하는 병장兵仗으로 간주했으나, 손이양은 저울을 뜻하는 권權의 잘못으로 보았다.

42-82

爲, 早臺, 存也. 病, 亡也. 買鬻, 易也. 霄盡, 蕩也. 順長, 治也. 鼃買, 化也.

위정爲政은 갑옷과 누대의 건설을 통해 나라를 유지하는 보국保國과 병을 치료해 없애는 무병亡病, 사고파는 식으로 물건을 교환하는 교역交易, 해악을 제거하는 소탕掃蕩, 윗사람을 따르게 하는 순치順治, 개구리와 쥐가 메추라기가 되도록 변화시키는 교화敎化 등을 총칭하는 말한다.

손이양은 조早를 갑甲, 왜매鼃買의 '매'를 서鼠의 잘못으로 보았다. 필원과 손이양 모두 소霄를 소消와 통하는 것으로 새겼다. 대臺는 성의 망루인 성대城臺와 성문의 누대인 문대門臺를 뜻한다. 손이양은 풀이키를, "『시경』「정풍鄭風, 출기동문出其東門」의 모전毛傳에서 '도闍는 성대城臺를 말한다.'고 했다. 『예기』「예기禮器」에 천자와 제후의 높은 누대를 뜻하는 대문臺門 표현이 나온다."고 했다. 매육買鬻의 '육'은 매賣와 통한다. 왜매鼃買에 대해 손이양은 "매買는 서鼠로 바꿔어야 한다. 『열자』「천서天瑞」에 밭의 쥐가 메추라기가 된다는 뜻의 전서지위순田鼠之爲鶉 표현이 나온다. 옛날에는 개구리와 쥐가 모두 변해 메추라기가 된다는 말이 있었다. 한나라 때 사용한 서鼠의 예서체隸書體가 매買와 자형이 매우 비슷하다. 혹자는 '매' 자를 순鶉의 생략형인 순䳜으로 보아야 한다고 했다. 그같이 해석해도 가하다."고 풀이했다.

42-83

同, 二名一實, 重同也. 不外於兼, 體同也. 俱處於室, 合同也. 有以同, 類同也.

상동相同은 이름은 둘인데 실물은 하나인 중동重同, 기본 틀을 벗어나지 않은 채 부분과 전체의 관계를 맺고 있는 체동體同, 한 방에 같이 머무는 식으로 합쳐져 있는 합동合同, 유사한 점이 있어 같은 부류에 속하는 유동類同 등이 있다.

유동類同을 두고 손이양은 이같이 풀이했다. "『설문해자』「견부犬部」에서 '종류가 비슷한 것으로 유독 개의 경우가 심하다.'고 했다. 양보이는 말하기를, '「대취」에서는 중동重同, 구동具同, 연동連同, 동류지동同類之同, 동명지동同名之同, 구동丘同, 부동鮒同, 동시지동同是之同, 동연지동同然之同, 동근지동同根之同을 언급하고 있다.'고 했다."

42-84

異, 二必異, 二也. 不連屬, 不體也. 不同所, 不合也. 不有同, 不類也.

상이相異는 실제가 2가지로 나뉘어 반드시 다른 이양二様, 전체를 이룬 부분이 달라 서로 이어져 있지 않은 불체不體, 장소를 달리하여 부합하지 않는 불합不合, 유사한 점이 없어 부류가 다른 불류不類 등이 있다이필이二必異를 두고 손이양은 이같이 풀이했다. "필必은 필畢로 새겨야 한다. 옛날에는 서로 통용됐다. 장혜언은 말하기를, '이름이 다르면 실질 또한 다르다.'고 했다."

42-85

同異交得, 於福家良, 恕有無也. 比度, 多少也. 免蚓還園, 去就也. 鳥折用桐, 堅柔也. 劍尤早, 生死也. 處室子子母, 長少也. 兩絶勝, 白黑也. 中央, 旁也. 論行行行學實, 是非也. 難宿, 成未也. 兄弟, 俱適也. 身處志往, 存亡也. 霍爲姓, 故也. 賈宜, 貴賤也.

동이교득同異交得은 동이同異를 비교해 실체를 파악하는 것을 뜻한다. 마치 부잣집이 먹고 지내는 것을 보고 재력의 유무有無를 알고, 사물을 비교해 헤아림으로써 다소多少를 아는 것과 같다. 뱀과 지렁이가 꿈틀대며 가는 것을 보고 나아가고 물러나는 거취去就를 알고, 오동나무로 나무인형을 만들면서 굳고 부드러운 견유堅柔를 알고, 칼과 갑옷 및 투구 등을 보고 생사生死를 알고, 집에 있는 처녀와 그 모친을 보고 늙거나 젊은 장소長少를 알고, 2가지 색이 서로 이기려고 하는 것을 보고 희고 검은 흑백黑白을 알고, 가운데 위치함으로써 중심과 주변의 중외中外를 알고, 언행과 학문의 실천을 논함으로써 시비是非를 알고, 어려워하거나 익숙한 것을 보고 완성과 미완성의 성미成未를 알고, 형제처럼 지내는지 여부를 보고 함께 하거나 적대하는 구적俱敵을 알고, 몸이 처하는 곳과 뜻이 펼쳐지는 것으로 보고 존망存亡을 알고, 개가 호랑이를 흉내 내는 것을 보고 진짜와 가짜인 진가眞假를 알고, 가격이 적절한지 여부를 보고 비싸고 싼 귀천貴賤을 아는 게 그 실례이다.

동이교득同異交得의 '교'가 오초본에 어於로 되어 있다. 손이양은 어복가량於福家良을 어부가식於富家食, 서유무야恕有無也의 '서'를 지智의 잘못으로 보았다. 또 면인환원免蚓還園의 '면'은 사蛇의 정자인 사它의 잘못이고, '인'은 인螾의 이체자이고, '원'은 환圜이 되어야 한다고 했다. 또 조절용동鳥折用桐의 '조'는 상象의 이체자가 오자로 나타난 것이고, '절'은 경梗이 되어야 한다고 했다. 검우조劍尤早의 '조'가 오초본에는 조蚤로 되어 있으나 손이양은 검과갑劍戈甲의 잘못으로 보았다. 논행행행학실論行行行學實에서 2개의 '행'자는 연자라고 했다. 곽위성霍爲姓과 관련해 손이양은 '곽'을 호虎의 오자, 고야故也의 '고'를 가假와 통하는 가叚의 잘못으로 보았다. 이와 관련해 「경설 하」에도 '곽'을 호랑이로 표현한 "개가 호랑이를 가장하다."의 구절이 나온다.

42-86

諾, 超, 城, 員, 止也. 相從, 相去, 先知, 是, 可, 五色. 長短前後輕重援.

응낙應諾에는 크게 나눠 부정적인 부락負諾과 긍정적인 정락正諾이 있다. '정락'에는 자신의 의견을 버린 채 상대방의 견해를 좇는 상종락相從諾, 뜻은 어긋나지만 입으로는 그렇다고 하는 상거락相去諾, 먼저 그것을 알고 응낙하는 선지락先知諾, 그렇다고 시인하며 응낙하는 시락是諾, 옳다고 인정하며 응낙하는 가락可諾 등이 있다. 장단長短, 응낙을 얻고자 할 때는 전후前後, 경중輕重 등을 적절히 원용援用할 필요가 있다.

초성원지超城員止를 두고 손이양은 '초성'이 잘못된 글자라며 '원지'는 부정負正의 오자로 보았다. 이에 대해 나병량 등은 입으로만 시인하고 마음으로 부인하는 치락治諾, 입으로 시인하며 마음으로 시인하는 성락誠諾, 상대방에 찬성하면서 보충하는 원락員諾, 부분적으로 시인하는 지락止諾으로 풀이했다. 참고할 만한 해석이다. 상거相去 등을 두고 손이양은 풀이키를, "『설문해자』「거부去部」는 거去를 사람이 서로 멀어졌다는 인상위人相違로 새겼다. 입에서는 허락하지만 뜻은 따르지 않는다는 의미이다. 『설문해자』「언부」에서 낙諾을 응應과 통하는 응䧹으로 새겼다. 사람이 응낙하는 것은 그 말의 기운이 달라서 그 용처에 따라 달라지는데 그것은 이상과 같은 '상종락' 등의 5가지가 있다는 뜻이다."라고 했다.

42-87

執服難成. 言務成之, 九則求執之.

고집하거나, 복종하거나, 논정하기 어렵거나 한 것은 말에 힘쓰는 언무言務에서 비롯된다. 말로 서로 떠보는 것은 고집하는 바를 견지코자 하는 것이다.

집복난성執服難成을 두고 손이양은 풀이키를, "집執은 사람마다 각자 하나의 주장을 갖고 있음을 뜻한다. 복服은 다른 사람의 주장에 복종하는 것을 말한다. 난성難成은 시비를 공평하게 의논할 때 논정하는 것이 어려운 것을 뜻한다."고 했다. 구즉구집지九則求執之의 '구'를 손이양은 「경 상」에 나오는 떠본다는 뜻의 나說 자가 깨어진 괴자壞字로 보았다. '구집'은 서로 떠보고 엿본다는 뜻의 상나사相說

侗로 해석했다.

42-88

法, 法取同. 觀巧傳法, 取此擇讀彼, 問故觀宜.

법法은 같은 것을 좇아 취하는 것으로, 훌륭한 기술을 관찰해 그 법식을 전하는 것을 말한다. 이것을 취하고 저것을 버릴 때는 그 까닭을 묻고 타당함을 상세히 살펴야 한다.

손이양은 택擇을 석釋으로 새겼다. 고대에 석釋과 사捨는 통용됐다.

42-89

以人之有黑者有不黑者也, 止墨人. 與以有愛於人有不愛於人, 心愛人, 是孰宜心? 彼擧然者, 以爲此其然也, 則擧不然者而問之.

사람들 중에는 얼굴이 검은 사람도 있고 그렇지 않은 사람도 있다. 이때 검은 사람을 검다고 여기는 것을 멈춰보자. 또 사람들 중에는 사랑을 받는 자도 있고 그렇지 못한 자도 있다. 이때 사람을 사랑하는 것을 멈춰보자. 이들 두 경우에 과연 어느 쪽이 합당한 멈춤인가? 이는 상대가 그런 것을 예로 들어 그렇다고 여길 때 그렇지 않은 것을 예로 들어 물어보는 방식에 해당한다.

'심애인心愛人, 시숙의심是孰宜心' 구절을 두고 장혜언과 손이양은 두 심心 자 모두 지止가 되어야 한다고 했다. 손이양은 풀이키를, "사람 가운데 검지 않은 이가 있다고 하여 검은 것을 배척하는 것을 금하지 못하게 하거나, 사람 가운데 사랑하지 않는 이가 있다고 하여 사람을 사랑하는 것을 금하지 못하게 해서는 안 된다는 의미이다."라고 했다.

42-90

若聖人有非, 而不非.

성인이라면 '아님'이 있을지라도 '아님'이 아닌 것과 같다.

양보이는 앞 장의 뒤 구절로 보았으나 손이양은 정正에 대한 풀이로 파악하면서 이而를 여如의 의미로 새겼다.

42-91

正五諾, 皆人於知, 有說. 過五諾, 若負, 無直, 無說. 用五諾, 若自然矣.

정언正言은 상종락相從諾, 상합락相合諾, 선지락先知諾, 시락是諾, 가락可諾 등의 5가지 응낙을 사람들에게 잘 설명해주는 것을 말한다. 이들 5가지 응낙을 잘못 사용하면 '정언'이 아니다. 이는 사람들도 잘 알 수 없고, 그 이유 또한 제대로 설명할 길이 없다. 이들 5가지 응낙의 사용은 마치 천지만물이 자연自然의 이치를 좇아 저절로 이뤄지는 것처럼 해야 한다.

손이양은 이 장을 「경 상」에 나오는 정正에 대한 해설이 아니라 착간錯簡으로 인해 앞에 나오는 「경설 상」의 오색五色의 뒤에 이어지는 것으로 보았다. 그는 개인어지皆人於知의 '개'를 약若의 잘못으로 간주하면서, 약부무직若負無直의 '부'가 도장본에 원員으로 나오고 있는 만큼 '부'로 교정하고 '직'도 지知로 바꿔야 한다고 했다.

제43장 경설(經說) 하

주로 「경 하」에 대한 해설로 구성돼 있으나 누락된 부분이 많다.

43-1

止, 彼以此其然也, 說是其然也. 我以此其不然也, 疑是其然也.

종지終止는 시비를 멈추게 하는 것으로, 상대가 이것을 옳다고 여겨 그것이 그러하다고 말할 때 나는 이것을 그르다고 여겨 그것이 그러함을 의심케 만드는 것을 말한다.

손이양은 풀이키를, "이 구절은 피차에 그렇고 그렇지 않음을 두고 자신의 주장을 고집하는 것을 언급한 것이다."라고 했다.

43-2

謂四足獸, 與生鳥與, 物盡與, 大小也.

네 발 짐승을 사족수四足獸로 부르는 것은 소와 말을 두고 우마牛馬라고 부르는 것과 차원이 다르다. 사물은 모두 다르게 분류된다.

종속種屬과 같이 사물을 크거나 작게 분류하는데 따른 차이이다.

손이양은 생조여生鳥與를 우마여牛馬與, 물진여物盡與의 '여'를 이異의 잘못으로 보았다. 수獸를 두고 『이아』「석조釋鳥」는 발이 넷이고 털이 난 사족이모四足而毛로 풀이했다. '물진여物盡與, 대소야大小也' 구절을 두고 손이양은 이같이 해석했다. "『장자』「천하」에서 혜시惠施가 말하기를, '크게 같은 대동大同은 작게 같은 소동小同과 다르다. 이를 소동이小同異라고 한다. 만물은 모두 같은 동시에 모두 다른 필동필이畢同畢異라고 할 수 있다. 이를 대동이大同異라고 한다.'고 했다. 물物은 총명總名으로 이름이 큰 것이고, 수獸는 네 발 짐승의 전명專名으로 이름이 작은 것이다. 우마는 짐승 가운데 하나이니, 수獸는 네 발 짐승의 대명大名이 되고, 우마는 네 발 짐승의 소명小名이 된다."

43-3

此然是必然, 則俱. 爲麋同名, 俱鬪, 不俱二, 二與鬪也. 包•肝•肺•子, 愛也. 橘•茅, 食與招也. 白馬多白, 視馬不多視, 白與視也. 爲麗不必麗, 不必麗與暴也. 爲非以人, 是不爲非. 若爲夫勇不爲夫, 爲屨以買衣爲屨, 夫與屨也.

이것을 그렇다고 여길 경우 반드시 그리 되면 이는 서로 같아지는 것이다. 그러나 마馬와 미麋는 '사족수四足獸'라는 이름만 같이할 뿐이다. 서로 싸우는 구투俱鬪의 '구'와 둘이 함께 사이좋게 지내는 구이俱二의 '구'는 그 의미가 다르다. 이는 같은 글자가 서로 다른 의미를 지닌 이여투二與鬪의 사례에 해당한다. 색色, 간肝, 폐肺, 자子 모두 사람들이 사랑하는 것이지만 그 이유는 각기 다르다. 또한 모과인 무楙와 띠 풀인 모茅는 발음이 같지만 하나는 먹는 것이고 다른 하나는 제사 때 혼을 부르는데 사용된다. 이는 똑같은 이름이지만 그 용도가 먹는 것과 혼을 부를 때 사용하는 것처럼 서로 다른 식여초食與招의 사례에 해당한다. 백마白馬는 백색이 많지만 말을 보는 것은 보는 것 자체가 많은 것은 아니다. 이는 흰 말이 많은 것과 보는 것이 많은 것이 다른 백여시白與視의 사례에 해당한다. 아름답게 하는 일이 반드시 아름다울 필요는 없다. 이는 아름다움과 포악함이 서로 다른 여여폭麗與暴의 사례에 해당한다. 남을 비난하는 게 곧 스스로를 비난하는 게 되지는 않는다. 또 용맹으로 인해 사내 부夫의 칭호를 얻을 지라도 이것이 곧 지아비가 된다는 것은 아니고, 팔려고 신발을 만드는 게 곧 자신의 신발을 만드는 것은 아니다. 이는 지아비와 신발처럼 같은 이름일지라도 그 배경이 서로 다른 부부리夫與履의 사례에 해당한다.

손이양은 위미동명爲麋同名의 '위'를 여如 내지 마馬가 돼야 하고, 포包는 색色의 잘못이라고 했다. 귤모橘茅의 '귤'이 오초본에는 묘茆로 되어 있으나 모두 모과를 뜻하는 무楙의 오자이고, 불필려여폭야不必麗與暴也의 '불필' 역시 연자라고 했다. 또 위부용불위부爲夫勇不爲夫의 '용'은 이용以勇, 위구이매의위구爲屨以買衣爲屨의 '의'는 불不이 되어야 한다고 했다.

43-4

二與一亡, 不與一在. 偏去,

하나를 둘로 나눴을 때 둘은 하나가 없어진 것과 함께하고, 하나가 그대로 있는 것과 함께하는 게 아니다. 그리되면 한쪽을 버릴 수 있다.

손이양은 편거偏去 뒤에 지之가 빠졌다고 보고 이같이 풀이했다. "『공손룡자』「통변通變」에서 말하기를, '둘이 하나를 가지고 있는 말입니까? 둘이며 하나는 없다는 얘기이다.'라고 했다. 편거偏去는 하나의 물체를 나누면 2개의 편偏이 나오고, 그 한쪽 '편'을 제거할 수 있다는 뜻이다."

43-5

未. 有文實也, 而後謂之. 無文實也, 則無謂也. 不若敷與美. 謂是, 則是固美也, 謂也, 則是非美, 無謂則報也.

명실名實이 존재해야 비로소 해당 사물을 운위云謂할 수 있다. 명실이 존재하지 않으면 운위할 게 없게 된다. '운위'에는 다른 물건을 빌려다가 말하는 경우와 명실을 합쳐 그 의미를 말하는 경우가 있다. 예컨대 이것을 말하면 실로 그런 뜻이 될 경우 다른 것을 말하면 이는 원래의 뜻과 달라진다. 이때는 이내 다른 물건을 빌려다가 말하는 거짓에 빠지게 된다.

손이양은 미未를 연자로 보았다. 유문실야有文實也의 '문'을 명名으로 새기면서 지之의 초서체가 '문'으로 오인된 것으로 파악했다. 실제로 『묵자』에 나오는 문文은 지之의 잘못인 경우가 많다. 또 그는 불약부여미不若敷與美에서 '불약'을 연자, '부'와 '미'를 가假와

의義의 오자로 보았다. 무위즉보無謂則報의 '보'에 대해서는 반反과 가假, 집執으로 교정해도 가하다고 했다. 장혜언은 문실文實을 명실名實로 새겼다. 『논어』에 나오는 명분과 실리의 조화에 관한 논의를 흔히 문실지변文實之辨이라고 한다. 위타謂也의 '타'를 손이양은 타他의 가차로 보았다.

43-6

見不見離, 一二不相盈, 廣脩堅白

견백堅白石의 '견백'에서 보이는 것과 보이지 않는 것이 분리되면 '견'과 '백'은 서로를 포함하지 않게 된다. 너비와 길이인 광수廣脩, 단단하고 흰 '견백'의 예를 통해 이를 알 수 있다.

광수견백廣脩堅白의 '수'가 옛 판본에 순循으로 되어 있던 것을 손이양이 '수'로 보정해 놓았다. 이 장은 『공손룡자』「견백」의 논지를 옮긴 것이다. 이에 대한 손이양의 해석이다. "견백석에서 '백'을 알면 '견'을 알 수 없고, '견'을 알면 '백'을 알 수 없다. '백'이 하나이고, '견'이 둘이다. 이 2가지는 떨어져 있으면 채워질 수 없다. 상영相盈은 서로를 포함한다는 뜻이다. 예컨대 너비와 길이는 본래 둘이지만 가로와 세로로 포함되면 하나가 된다. '견백' 또한 둘이지만 색깔과 성질이 서로 포함되면 하나가 되는 것과 같다. 모두 둘이면서 하나인 경우를 언급한 것이다."

43-7

擧不重, 不與箴, 非力之任也. 爲握者之顧倍, 非智之任也. 若耳目異.

무게가 없는 것을 예로 들어 말하는 것은 바늘을 예로 드는 것과 아무런 관계가 없다. 힘으로 하는 일이 아니기 때문이다. 손에 쥔 것의 홀짝을 맞추는 것은 지혜로 하는 일이 아니다. 이는 마치 귀와 눈의 능력이 다른 것과 같다.

유월은 불여잠不與箴의 '잠'을 침鍼의 가차로 보았다. 손이양은 이같이 풀이했다. "잠箴은 곧 침鍼의 가차이다. 『일체경음의一切經音義』는 『자고字詁』를 인용해 풀이키를, '침鍼은 침針과 잠箴의 2가지 자형이 있다. 지금은 침針으로 쓴다.'고 했다. 『설문해자』「금부金部」는 침鍼을 바느질하는 도구로 새겼다." 이는 '잠'의 어원을 밝힌 것이다. 원래 '잠'은 원래 고대의 대나무 바늘을 뜻한다. 쇠바늘을 뜻하는 침針이라는 글자가 등장한 후 충고하거나 간하는 의미로 변했다. 손이양은 기배頎倍의 '기'를 외짝을 뜻하는 기觭의 오자, '배'를 우偶의 잘못이라고 했다.

43-8

木與夜孰長? 智與粟孰多? 爵·親·行·賈, 四者孰貴? 麋與霍孰高? 麋與霍孰霍? 蚓與瑟孰瑟?

나무와 야간夜間 가운데 어느 쪽이 더 길고, 지혜와 좁쌀 가운데 어느 쪽이 더 많고, 작위와 친척과 덕행과 물건 값 가운데 어느 쪽이 더 귀하고, 고라니와 높이 나는 새 가운데 어느 쪽이 더 높고, 지렁이와 누에 가운데 어느 쪽이 더 장수하는가?

손이양은 미여곽숙곽麋與霍孰霍의 '곽'을 호虎의 잘못으로 보았다. 이에 대해 장혜언은 풀이키를, "여기의 미麋는 짐승 가운데 높이 뛰는 것, 곽霍은 학隺의 잘못으로 새 가운데 높이 나는 것을 뜻한다."고 했다. 손이양은 인여슬숙슬蚓與瑟孰瑟 구절을 두고 '인'은 인蚓의 이체자, 첫 번째 '슬'은 잠蠶의 오자, 두 번째 '슬'은 장수할 장長의 오자라고 했다.

43-9

偏, 俱一無變.

하나를 둘로 쪼갠 한쪽인 편방偏旁은 다른 한쪽과 함께 전체를 이룬 까닭에 아무런 변화가 없다.

손이양은 이같이 풀이했다. "편偏은 하나가 나뉜 것이다. 나누면 치우친 '편'이 되고, 합치면 하나가 된다. 이것이 바로 함께 하나가 되는 구일俱一이다. 그러나 분합分合은 다르지만 '하나'는 몸체를 온전히 한 전체全體이고, '둘'은 몸체를 반으로 한 반체半體이다. 그곳에 더하고 빼는 것은 없다. 그래서 무변無變이라고 한 것이다."

43-10

假, 假必非也而後假. 狗假霍也, 猶氏霍也.

진짜가 아닌 것을 빌리는 것은 반드시 진짜가 아닌 게 판명된 이후에 빌린 결과다. 개가 호랑이를 흉내 내 호랑이 행세를 하는 것은 마치 짐승인 호虎에 사람을 부를 때 사용하는 씨를 덧붙여 호씨虎氏

라고 부르는 것과 같다.

손이양은 맨 앞의 가假를 연자로 보았다. 오초본에는 '가' 자가 중복돼 있지 않다. 『설문해자』「인부人部」는 '가'를 진짜가 아닌 비진非眞으로 풀이해 놓았다. 「소취」에서는 '지금 임시로 그렇지 않은 것이다.'라고 풀이해 놓았다. 유씨곽아猶氏霍也를 두고 손이양은 이같이 풀이했다. "장혜언은 곽霍을 학隺의 잘못으로 보았으나 호虎의 오자로 보는 게 옳다. 이 구절은 구狗가 호虎의 이름을 빌리는 것은 마치 호虎를 성씨로 삼는 것과 같다는 취지이다. 옛날에는 금수초목禽獸草木을 부를 때도 통상 씨氏라고 했다. 『대대례기大戴禮記』「권학勸學」에서 '난씨지근蘭氏之根, 회씨지포懷氏之苞'라고 한 게 그 증거다."

43-11

物, 或傷之, 然也. 見之, 智也. 告之, 使智也.

사물事物이 그러한 것은 어쩌다 상처를 입어 그리된 것이다. 그리된 것을 본다는 것은 곧 상처를 입게 된 내막을 알게 된다는 뜻이다. 이를 알려 주는 것은 곧 그리된 배경을 알게 만드는 것을 의미한다.

손이양은 물혹상지物或傷之를 「경 하」에 나오는 '사물이 그리된 연유'를 뜻하는 물지소이연物之所以然의 풀이로 간주하면서 '상'을 병病으로 새겼다. 곧 그것을 보면 그 병을 알게 되고, 그것을 일러주면 사람들에게 그 병을 알게 만든다는 것이다. 손이양은 또 '견지見

之, 지야智也'를 「경 하」에 나오는 '까닭을 알 수 있게 하는 것'을 뜻하는 소이지지所以知之의 해석으로 보았다. 장혜언은 여기의 '지'를 지知로 새겨야 한다고 했다. '고지告之, 사지야使智也'에 대해서도 손이양은 「경 하」에 나오는 '다른 사람에게 알 수 있도록 일러주는 것'을 뜻하는 소이사인지지所以使人知之로 풀이했다.

43-12

疑逢, 爲務則士, 爲牛廬者夏寒, 逢也. 擧之則輕, 廢之則重, 非有力也. 沛從削, 非巧也. 若石羽, 循也. 鬬者之敝也以飲酒, 若以日中, 是不可智也, 愚也. 智與? 以已爲然也與? 愚也.

「경 하」에 나오는 의심疑心의 출현 배경은 크게 4가지가 있다. 누군가 흙으로 된 솥을 만들 때 그것이 투구가 아닌 줄 어찌 알고, 추위와 더위를 막으려는 오두막을 보고 그것이 소를 기르는 축사가 아닌 것을 어찌 알 수 있겠는가? 이는 어떤 상황을 맞닥뜨렸을 때 자연스레 일어나는 봉의逢疑에 해당한다. 같은 물건이지만 들면 가볍고 내려놓으면 무거워지는 것을 보고 힘에 따른 게 아닐까 의심하고, 대팻밥이 나무의 결을 따라 나오는 것을 보고 기교가 아닐까 의심한다. 이는 마치 돌은 무겁고 깃털은 가벼운 것처럼 천하대세의 순리를 좇는데 따른 순의循疑에 해당한다. 치고받으며 싸우던 자들을 보면 술을 많이 마신 탓인지, 아니면 시장에서 서로 시비를 벌인 탓인지 자세히 알 길이 없다. 이는 어쩌다 만난 일로 인한 우의遇疑에 해당한다. 어떤 일을 두고 사람들은 자신이 이전부터 알고 있었는지, 아니면 본래 몰랐는지 여부를 이미 그러했던 일에 비춰 추측해 보곤 한다. 이는 지난 일을 헤아린데 따른 과의過疑에 해당한다.

봉逢이 도장본에 봉蓬으로 되어 있는 것을 손이양이 고쳤다. 그는 위무즉사爲務則士의 '무'를 투구를 뜻하는 무鍪로 새기면서 '사'를 토土의 오자로 보았다. 『설문해자』「금부金部」는 무鍪를 솥을 뜻하는 복鍑의 일종으로 새겼다. 『예기』「내칙內則」의 공영달 소는 『은의隱義』를 인용해 무堥는 토부土釜라고 했다. 무鍪와 무堥는 통한다. 자형이 비슷한 까닭에 토土를 사士로 잘못 보았다는 게 손이양의 판단이다. 그의 해석이다. "이 구절은 토양이 매우 천박해도 흙으로 된 솥을 만드는 사람은 흙을 사용한다는 말이다. 사물은 귀천없이 그 편리한 바를 만나야 한다는 취지에서 나온 것이다." 위우려자하한爲牛廬者夏寒을 두고 손이양은 풀이키를, "『설문해자』「엄부广部」에서 말하기를, '려廬는 임시로 머무는 곳이다. 가을겨울에는 그곳을 떠나고 봄여름에는 머문다.'고 했다. 여기의 '우려'는 소를 기르는 곳으로 마치 말을 기르는 마지아馬之庌와 같은 곳인 듯하다. 『주례周禮』「어사圉師」에 대한 정현의 주는 '아庌는 집을 뜻하는 무廡의 의미이다. 말을 서늘하게 보관할 수 있다.'고 했다. 무廡를 두고 『오자병법』「치병治兵」은 '여름에는 서늘하게 기른다.'고 풀이했다. 아마도 말과 소를 기르는 사람들이 모두 가지고 있었던 듯하다. 대략 려廬를 만드는 사람들은 따뜻하게 해주려는 것이고, 아庌는 여름에 시원한 것을 취하려는 것이다. 이것이 「경 하」에서 말한 봉逢의 뜻이다."라고 했다. 패종삭沛從削을 두고 손이양은 풀이키를, "이 구절은 '나무가 잘리는 것은 깎이는 바를 따를 뿐 기교가 되기에는 부족하다.'는 뜻이다."라고 했다. 여기의 '패'를 두고 장혜언은 출柹의 잘못으로 보았다. 『설문해자』「목부木部」는 '출柹'을 두고 나무를 깎고 통나무를 조각내는 것으로 풀이했다. '투자지폐야이음주鬬者之敝也以飮酒, 약이일중若以日中' 구절을 두고 손이양은 이같이 풀이했다. "여기의 일중日中은 시장을 말한다. 『주역』「계사繫辭」에서 한낮에 시장이 열린다는 뜻의 '일중위시日中爲市'를 언급했다. 시장은 일중日中의 시간대에 가장 흥성한데서 나온 말이다. 『주례』「사시司市」에서 '대시大市는 해가 기울면 시장을 연다.'고 했다. 시市를 '일중'으로 표현한 이유다. 마치 혼례에서 저녁시간인 혼昏을 이용한 까닭에 혼婚이라고 한 것과 같다. 옛날에 시장은 아침에 열린 까닭에 일중지조日中之朝로 표현키도 했다. 『안자춘추晏子春秋』「외편外篇」은 죽을 형을 받은 죄인도 '일중지조'에 군주가 그곳을 지나면 사면을 받는다고 했다. 이는 『주례』「사시」에서 '군주가 시장을 지나면 형벌 받을 자들을 사면한다.'고 언급한 것과 취지를 같이한다. 대체로 술을 마시거나 시장거리에 있게 되면 다툼이 쉽게 시작되는 까닭에 다음 구절에서 '불가지야不可知也'라고 한 것이다." 손이양은 '시불가지야是不可智也, 우야愚也'의 '우'를 우遇, '이이위연야여以已爲然也與, 우야愚也'의 '우'를 과過의 오자로 파악했다.

43-13

俱, 俱一, 若牛馬四足. 惟是, 當牛馬. 數牛數馬, 則牛馬二. 數牛馬, 則牛馬一. 若數指, 指五而五一.

구유具有는 하나의 물체를 형성하는 구일俱一을 뜻한다. 마치 우마牛馬를 네 발 짐승인 사족四足의 하나로 파악하는 것과 같다. 「경하」에서 사물과 명칭이 서로 부합해 옳다는 취지로 말한 유시惟是는 바로 '우마'의 경우에 해당한다. '우마'를 헤아릴 때 '우'와 '마'를 따로 세면 '우마'는 둘이다. 그러나 '우마'로 세면 하나가 된다. 마치 손과 손가락 관계에서 손가락을 따로 세면 5개이지만, 그 5개의 손가락은 하나의 손인 것과 같다.

약우마사족若牛馬四足을 두고 손이양은 풀이키를, "우마牛馬는 산명散名으로 겸하여 말한 겸언兼言에 해당한다. 이에 대해 사족四足은 대명大名으로 통하여 말한 통언通言에 해당한다. 겸언과 통언으로 말하면 모두 하나가 된다. 앞의 장에서 '사족수四足獸라고 하는 것은 우마牛馬라고 하는 것과 다르다.'고 한 것이 바로 그 경우다." 라고 했다. 손이양은 또 유시唯是의 '유'를 「경 하」와 마찬가지로 유唯의 오자로 보아야 한다며 이같이 풀이했다. "사희심謝希深은 『공손룡자』의 주에서 말하기를, '유唯는 응답하는 말이다.'라고 했다. 유시唯是는 대답하는 사람이 그렇다고 여긴다는 의미이다. 소가 되었든 말이 되었든 명실이 상부할 경우 여기서 물으면 저기서 호응한다. 이것이 바로 이름이 그 사물에 해당하는 명당기물名當其物이다. 「경설 상」에서 당우비마當牛非馬와 당마비마當馬非馬를 언급한 것도 같은 취지에서 나온 것이다. 『공손룡자』「명실名實」에 유唯와 당當에 관한 자세한 논의가 나온다."

43-14

長宇, 徙而有處, 宇. 宇, 南北, 在旦又在莫. 宇徙久.

사방의 넓은 구역區域을 뜻하는 장우長宇는 무상하게 변동할지라도 일정하게 머무는 지역이 있으니 그것이 바로 구역이다. 이는 남북으로 옮겨가기도 하고, 때론 아침 또는 저녁에 바뀌기도 하다. 구역의 이동은 시간이 걸린다.

'사이유처徙而有處, 우宇' 구절을 두고 손이양은 이같이 풀이했다. "『장자』「경상초庚桑楚」에서 말하기를, '실제로 존재하나 머물 곳을 볼 수 없는 것이 우宇이다. 유장하나 시작과 끝을 볼 수 없는 것이 주宙이다.'라고 했다. 『문자文子』「자연自然」은 노자의 말을 인용해 놓았다. '왕고래금往古來今이 주宙, 사방상하四方上下가 우宇이다.'라는 구절이 그것이다. 우宇는 사방에 가득 퍼져 있어 그 위치가 정해지지 않은 것이다. 각각 그 몸이 처한 곳을 보고 이름을 붙일 뿐이다. 가운데 있으면 본래의 남쪽을 남쪽이라고 하겠지만 만일 옮겨서 북쪽에 처하면 다시 가운데를 남쪽이라 할 것이고, 더욱 북쪽으로 옮기면 이전에 북쪽이었던 곳이 다시 남쪽이 될 것이다. 사방은 옮기는 바에 따라 바뀌게 되니 모두 이와 같다. 방위는 비록 이처럼 여러 번 옮기면서 같지 않게 되지만 반드시 그 처한 곳은 실제로 존재한다. 그래서 사이유처徙而有處라고 한 것이다. 『장자』의 무호처자無乎處者는 무상하게 옮겨 바뀌는 것에 근거한 말이다. '사이유처'와 취지가 어긋난 게 아니다."

43-15

無堅得白, 必相盈也.

견백석堅白石은 설령 견석堅石의 성질을 보지 못하고 백석白石의 성질만 보았을지라도 실은 2가지 성질을 반드시 공유하고 있는 것이다.

필상영必相盈을 두고 손이양은 풀이키를, "돌의 흰 성질만 보고 단단한 성질을 보지 못했을지라도 단단한 성질은 저절로 흰 성질

가운데 내포돼 있는 까닭에 '필상영'이라고 한 것이다."라고 했다.

43-16

在, 堯善治, 自今在諸古也. 自古在之今, 則堯不能治也.

그리 된 바와 아직 그리 되지 않은 바는 예컨대 요임금이 천하를 잘 다스렸다는 사실을 알기 위해 지금의 입장에서 옛날을 살피는 것과 같다. 그러나 옛날을 지금에 놓는다면 요임금도 결코 천하를 잘 다스릴 수는 없을 것이다.

장혜언은 재在를 살핀다는 뜻의 찰察로 새겼다. 손이양은 임任의 오자로 간주하면서 장혜언처럼 '찰'로 새겨도 가하다고 했다.

43-17

景, 光至景亡, 若在, 盡古息.

그림자는 빛이 도달하는 쪽에서는 이내 사라지고 만다. 빛이 가로막혀 생기는 그림자는 그 자체가 움직이는 게 아닌 까닭에 실제로 존재하는 것처럼 보인다. 빛이 점멸點滅할 때 앞서 생겨난 그림자가 끝내 그곳에 머물며 옮겨가지 않는 것처럼 보이는 이유다.

필원은 유월 및 손이양과 달리 '영광지景光至, 영망약재景亡若在'로 끊어 읽었다. 손이양은 진고식盡古息의 '진'을 종終, '식'은 지止로 새기면서 이같이 풀이했다. "유월은 '진고식'을 두고 '그림자가 있다면 빛은 마침내 멈춘 것이다.'라고 풀이했다. 또 '진고'를 두고 '끝내'의 의미인 종고終古로 해석했다. 그러나 여기의 '식'은 지止로 새기는 게 옳다. 「경 하」에 나오는 불사不徙의 뜻을 풀이한 것으로 『장자』「천하」에서 '날아가는 새의 그림자는 움직인 적이 없다.'고 언급한 것과 취지를 같이한다. 대략 이 장은 '빛이 있는 곳에는 그림자가 없으니, 그림자가 있으면 빛을 가린 것이다. 만일 그림자가 있다면 뒤의 그림자는 곧 앞의 그림자인 셈이니, 영원히 언제나 그곳에 머물 것이다. 형체가 비록 움직일지라도 그림자는 마치 멈춘 듯이 바뀌지 않는다.'는 의미이다."

43-18

景, 二光夾一光, 一光者景也. 景光之人煦若射.

그림자가 2개인 것은 양쪽에서 나오는 빛이 하나의 빛을 끼고 있는데 따른 것이다. 하나의 빛마다 하나의 그림자를 만든다. 그림자를 만드는 빛이 사람을 비출 때는 마치 활을 쏘는 것처럼 직진한다.

'이광협일광二光夾一光, 일광자영야一光者景也'를 두고 손이양은 이같이 풀이했다. "만일 해가 동쪽에 있고, 거울이 서쪽에 걸려 있을 때 거울에서 반사된 햇빛이 사람을 비추면 그림자가 만들어진다. 이는 햇빛과 거울에서 반사된 빛이 둘이 되는 것이고, 사람의 그림자는 해와 거울 사이에 있는 게 된다. 이것이 '이광협일광'의 의미이다." 영광지인후약사景光之人煦若射에 대해서는 "지之는 여與와 같다. 영광景光과 사람이 서로 비춘다는 뜻이다. 『설문해자』「화부火部」에서 풀이키를, '후煦는 뜨겁게 찌는 증蒸이다. 일설에는 붉은 모습인 적모赤貌로 새긴다.'고 했다. 또 「일부日部」에서는 '해가 나와 따

그림자의 크기는 땅에 세운 나무가 기울어 있으면 짧고 굵게 나타나고, 반듯하면 길고 가늘게 나타난다. 빛의 크기가 나무보다 작으면 그림자는 나무보다 커진다. 유독 작은 것만 있는 것은 아니다. 거울을 앞에 두고 서면 그림자는 작고 짙어진다. 그림자의 크기뿐만 아니라 모양과 짙기, 원근감, 기울기 등도 빛과 거울의 조건에 따라 달라진다.

손이양은 목이木柂의 '이'를 이迆의 가차로 보았다. 또 대소어목大小於木의 '대'는 광光, 비독소야非獨小也의 '독'은 유猶, 원근림정감遠近臨正鑒은 임감립전臨鑒立前, 영과景寡는 영다과景多寡의 잘못이라고 했다. 이어 모능貌能의 '모'가 오초본에 모皃로 되어 있는 것을 보정하면서 능能을 태態의 오자로 파악했다.

43-23

景當俱就, 遠近去尒當俱, 俱用北. 鑒者之臭, 於鑒無所不鑒. 景之臭無數, 而必過正. 故同處, 其體俱, 然鑒分. 鑒, 中之內, 鑒者近中, 則所鑒大, 景亦大. 遠中, 則所鑒小, 景亦小. 而必正. 起於中緣正而長其直也. 中之外, 鑒者近中, 則所鑒大, 景亦大. 遠中, 則所鑒小, 景亦小. 而必易, 合於中而長其直也.

거울 속의 영상影像은 물체가 거울에 가까워져도 함께하고, 멀어져도 함께한다. 거리의 비례에 따른다. 영상이 함께한다는 것은 곧 거울에 비치지 않는 게 없는 까닭에 영상도 함께한다는 의미이다. 영상이 아무리 많을지라도 반드시 거울 속에 투영된다. 영상은 물체와 함께 머무는 까닭에 늘 함께하지만 거울과의 거리 등에 의해 다양한 모습으로 나타난다. 거울의 중앙에 위치할 경우 영상의 위치가 거울의 중앙에 가까울수록 비춰지는 내용도 많아지고 영상 또한 덩달아 커진다. 반대로 멀어지면 비춰지는 내용도 적어지고 영상 또한 작아진다. 어느 경우든 영상은 반드시 똑바른 모습으로 나타난다. 이는 빛이 광원光源에서 나온 뒤 평행으로 진행해 물체를 길고 바르게 비춘 결과다. 볼록거울의 경우 중심에서 가까운 테두리에 위치하면 중심에 가까울수록 비춰지는 내용도 많고 영상 또한 커진다. 반대로 가운데서 멀어질수록 비춰지는 내용도 적고 영상 또한 작아진다. 이때 어느 경우든 그 모양이 찌그러져 나타난다. 이는 빛이 거울의 중심에 합쳐지기 위해 광선의 길이를 늘인 데 따른 것이다.

손이양은 영당구취景當俱就를 영취당구景就當俱, 거이당구去尒當俱의 '이'를 역亦, 구용북俱用北의 '용북'을 유차由此, 감자지취鑒者之臭의 '취'를 포함한 여타 '취'를 구具의 잘못으로 보았다. 또 즉소감대則所鑒大의 '대' 자 앞에 오초본에는 자者 자가 덧붙여져 있다. 이필역而必易의 '역'을 양보이는 변형될 변變, 손이양은 바르지 못할 사邪로 새겼다. 합어중이장기직야合於中而長其直也의 '중' 자가 도장본에 빠져 있는 것을 왕인지가 보정해 끼워 넣었다. 손이양도 이를 좇았다.

43-24

鑒, 鑒者近, 則所鑒大, 景亦大. 亓遠, 所鑒小, 景亦小, 而必正. 景過正故.

거울에 물체를 비출 때 물체가 거울에 가까울수록 비춰지는 내용도 많아지고 영상 또한 커진다. 반대로 멀어지면 비춰지는 내용도 적어지고 영상 또한 작아진다. 그러나 모양은 반드시 바르게 나타난다. 빛이 물체를 정면으로 바르게 비춘 결과다.

鑒, 鑒者近, 則所鑒大, 景亦大. 기원亓遠의 '기'는 기其의 고자古字로 옛 판본에 역亦으로 되어 있는 것을 왕인지가 보정했다. 손이양은 마지막 구절을 정正에서 끊고, 고故 자를 뒷장의 첫 글자로 간주해 풀이했다.

43-25

招負衡木, 加重焉而不撓, 極勝重也. 右校交繩, 無加焉而撓, 極不勝重也. 衡, 加重於其一旁, 必捶, 權重相若也. 相衡則本短標長. 兩加焉, 重相若, 則標必下, 標得權也.

가로지른 나무인 횡목衡木을 높이 얹어 무게를 더했는데도 한쪽으로 기울어지지 않는 것은 횡목의 앞쪽이 무거워 하중을 이길 수 있기 때문이다. 오른쪽 저울추의 줄이 다른 줄과 서로 걸려 있으면 무게를 그곳에 더하지 않아도 한쪽으로 기울어진다. 횡목이 무게를 이기지 못했기 때문이다. 저울의 어느 한쪽에 무게를 더하면 반드시 아래로 내려온다. 저울추의 무게를 같게 하여 서로 저울질 할 경우를 보자. 저울대의 중심에서 뿌리 쪽이 짧고 가지 쪽이 길 경우 양쪽에 무게를 더하면 비록 무게가 서로 같을지라도 가지 쪽이 반드시 내려오게 된다. 가지 쪽이 저울추의 무게를 얻은 덕분이다.

초부횡목招負衡木의 '횡'은 횡橫과 통한다. 이를 두고 손이양은 이같이 풀이했다. "여기의 '초'는 교橋의 잘못이다. 발음이 가까워 서로 통용된다. 「친사親士」의 초목招木도 교목喬木으로 바꿔야 한다. 『예기』「곡례曲禮」에 대한 정현의 주에서 풀이키를, '교橋는 우물에 위를 높게 건 것이고, 형衡은 위를 내려가게 한 것이다.'라고 했다. 공영달의 소에서는 형衡을 가로로 하는 것이라고 풀이했다. 『설원』「문질文質」에서 '쇠뇌의 기계장치인 기機를 만들면서 앞을 무겁게 하고, 뒤를 가볍게 한 것을 교橋라고 한다.'고 했다. 『장자』「천지」에서도 '나무를 깎아 기구를 만드는데 뒤를 무겁게 하고 앞을 가볍게 하니 그 이름을 고槔라고 한다.'고 했다." 가중언加重焉의 '가'가 도장본에 여如로 되어 있는 것을 필원이 보정했다. 손이양은 극승중야極勝重也의 '극'을 형목衡木을 뜻하는 권權으로 새기면서 풀이키를, "무게가 한쪽으로 더해졌는데도 기울지 않는 것은 형목의 앞쪽 무게가 이를 능히 이길 수 있기 때문이다."라고 했다. 그는 또 우교교승右校交繩의 교校를 권權의 잘못으로 보았다. 본단표장本短標長을 두고 필원은 "표標는 나뭇가지의 끝과 같은 말이다."라고 했다. 양보이는 "『관자』「패언霸言」에 '뿌리는 크게 하고, 가지 끝은 작게 한다.'고 했고, 『광아』「석고釋詁」는 '표標는 끝의 의미이다.'라고 했다."고 풀이했다.

43-26

挈, 有力也. 引, 無力也. 不正, 所挈之止於施也, 繩制挈之也, 若以錐刺之. 挈, 長重者下, 短輕者上, 上者愈得, 下下者愈亡. 繩直權重相若, 則正矣. 收, 上者愈喪, 下者愈得. 上者權重盡, 則遂挈.

인력引力은 끌어당기는 힘으로 위로 올라가는 것은 힘이 있기 때문이고, 아래로 내려오는 것은 힘이 없기 때문이다. 균형을 이루지 못하는 것은 끌어당기는 쪽이 바른 모습인지 여부에 달려 있다. 줄을 이용해 물건을 위로 끌어올리는 것은 송곳으로 구멍을 뚫는 이치와 같다. 물건을 끌어올릴 때 길고 무거운 것은 아래로 내려가고, 짧고 가벼운 것은 위로 올라간다. 위로 올라갈수록 반대쪽은 더욱 무게를 얻고, 아래로 내려갈수록 반대쪽은 더욱 무게를 잃게 된다. 매단 줄이 저울추의 무게에 상응하면 바르게 된다. 물건을 아래로 끌어내리는 것은 위가 더욱 무게를 잃고, 아래가 더욱 무게를 얻은 결과다. 위쪽에 무게를 계속 더해 균형을 맞추면 끌어내리는 일이 그치게 된다.

부정不正의 '정'이 도장본에 심心으로 되어 있는 것을 필원이 보정했다. 손이양은 소설지지어시야所挈之止於施也를 정어이야正於柂也의 잘못으로 보았다. 그의 해석이다. "여기의 어於는 여與의 뜻을 지닌 여如와 같다. 왕인지의 『경전석사經傳釋詞』에 따르면 시施와 이迤, 이柂 모두 비뚤어질 사邪의 뜻이다. '정어시'는 바른 것과 비뚤어진 것을 모두 말한 것이다." 승직권중상약繩直權重相若을 두고 장혜언은 풀이키를, "저울추가 길지도, 짧지도 않아야 한다는 뜻이다."라고 했다.

43-27

兩輪高, 兩輪爲輲, 車梯也. 重其前, 弦其前, 載弦其前, 載弦其軲, 而縣重於其前. 是梯, 挈且挈則行. 凡重, 上弗挈, 下弗收, 旁弗劾, 則下直. 扡, 或害之也. 汖梯者不得流直也. 今也廢尺於平地, 重不下, 無跨也. 若夫繩之引軲也, 是猶自舟中引橫也. 倚•倍•拒•堅, 䠞倚焉則不正. 誰并石纍石耳.

두 수레바퀴는 높이 만들고, 또 다른 두 수레바퀴는 낮게 만들면 곧 수레 사다리가 된다. 통상 앞쪽에 무거운 것을 싣고, 그 앞쪽을 끌어당긴다. 수레의 끌채 앞에 무거운 것을 매단다. 수레 사다리에서 끌어당기면 위로 올라간다. 대체로 무거운 것은 위에서 당기지 않거나, 아래서 끌어내리지 않거나, 옆에서 당기지 않으면 이내 아래로 굴러 내려간다. 무거운 물체가 비스듬히 멈춰 있는 것은 어떤 다른 힘이 이를 해치기 때문이다. 흘러내리는 사다리에서 흘러내리지 않는 것은 곧기 때문이다. 평지에 돌을 두면 아무리 무거워도 아래로 흘러내려가지 않는다. 한쪽으로 치우쳐 있지 않기 때문이다. 줄로 수레 앞쪽의 끌채를 끄는 것은 배에서 가로로 끄는 것과 같다. 의지하는 힘, 등지는 힘, 밀어내는 힘, 끌어당기는 힘이 한쪽으로 치우쳐 기울어지면 바르지 않게 된다. 이는 단지 돌과 돌을 나란히 하여 쌓은 것에 지나지 않는다.

손이양은 양륜고兩輪高의 '고'를 위고爲高, 현기전弦其前의 '현'을 인引의 오자로 보았다. 양륜위천兩輪爲輲을 두고 손이양은 이같이 풀이했다. "4개의 수레바퀴는 높고 낮음이 같지 않은 까닭에 수레는 사다리 모양이 된다는 뜻이다. 『예기』「잡기」에 대한 정현의 주에서 천輲을 바퀴살 없이 통으로 된 수레바퀴인 전輇으로 새겼다. 장혜언은 말하기를, '폭이 있는 바퀴는 높고 폭이 없는 바퀴는 낮다.'고 했다." 거제車梯는 옛날 물건을 싣는 수레 가운데 앞바퀴가 높고 뒷바퀴가 낮은 것을 지칭한다. 손이양은 재현기전載弦其前을 연문으로 보면서 재현기고載弦其軲의 '현' 역시 인引의 잘못으로 파악했다. '고軲'를 두고 필원은 바퀴 곡轂의 이체자로 보았으나 손이양은 전호前胡의 가차로 파악했다. '전호'를 두고 『주례』「대행인大行人」에 대한 정현의 주는 '네 마리 말이 끄는 수레 끌채의 앞으로, 아래로 내려와 땅에 대는 곳이다.'라고 했다. 시제是梯의 '제'가 도장본에는 제埰로 되어 있는 것을 필원이 보정했다. 손이양은 설차설칙행挈且挈則行의 두 번째 '설'을 인引의 잘못, 방불겁旁弗劫의 '겁'은 당길 겁抾의 가차로 보았다. '타扡, 혹해지야或害之也'의 '타'를 두고 장혜언은 "이 글자는 이㩇와 같다. 곧지 않다는 뜻이다. 무엇인가 그것을 해치는 까닭에 똑바르게 되지 않는 것이다."라고 했다. 유제자부득류직汖梯者不得流直은 비뚤어지면 무게의 힘이 치우쳐 내려가게 되는 까닭에 흘러 내려가는 것을 멈출 수 없다는 뜻이다. 『춘추공양전』「노환공 10년」조에 유혈汖血 표현이 나온다. 육덕명陸德明은 『음의音義』에서 흐를 류流의 고자로 보았다. 손이양은 또 무방야無跨也의 '방'은 절뚝발이 기踦, 의배거견倚倍拒堅의 '견'은 설挈, 친의언馳倚焉의 '친'은 사邪의 잘못으로 보았다. 이어 수병석루석이誰茾石絫石耳을 두고 '수'는 유唯와 통하고, '병'은 병幷의 이체자라고 하면서 이같이 풀이했다. "오직 돌과 돌이 서로 합해 거듭 쌓이면 기울어져 바르지 않게 되는 까닭에 이를 끌어당길 수 없게 된다. 만일 수레 사다리가 앞에서 끌어당기는 힘을 갖고 있으면 기울어졌을지라도 물건을 끌어 올려 옮길 수 있다. 그리되면 바르지 않아도 흘러내리는 것을 걱정하지 않게 된다."

43-28

夾帟者法也. 方石去地尺, 關石於其下, 縣絲於其上, 使適至方石, 不下, 柱也. 膠絲去石, 挈也. 絲絶, 引也.

침실에 끼어 있는 것이 기둥이다. 기둥 아래에 있는 주춧돌은 땅으로부터 1척 높이에 있고, 관석闕石은 그 아래에 있다. 그 위로 줄을 매어 주춧돌에까지 이르게 하면 아래로 내려오지 않는다. 기둥에 줄로 매달았기 때문이다. 줄을 붙여 아래의 주춧돌로 내려가게 하면 위에서는 그 줄을 끌어올린다. 도중에 줄이 끊어지는 것은 아래에서 끌어당기기 때문이다.

협침자夾寢者의 '침'을 필원은 침寢의 약자라고 했다. 손이양은 법야法也의 '법'을 주柱의 오자로 보고, 방석方石을 주춧돌로 새겼다. 관석闕石은 주춧돌 아래 따로 돌로 만든 것을 말한다. 교사거석膠絲去石을 두고 장혜언은 풀이키를, "교膠는 붙인다는 뜻이다. 거석去石은 돌을 매달아 아래의 주춧돌로 내려가게 한다는 의미이다."라고 했다.

43-29

未變而名易, 收也. 買, 刀糴相爲賈. 刀輕則糴不貴, 刀重則糴不易. 王刀無變, 糴有變, 歲變糴則歲變刀.

돈과 물건의 총량에 변화가 없는데도 비싸거나 싼 귀천貴賤의 명목이 바뀌는 경우가 있다. 치르는 돈과 사려는 물건이 양이 서로 반대되기 때문이다. 물건을 사고 팔 때 도전刀錢과 곡물이 서로 반대쪽에서 작용해 값을 만든다. 사용한 도전이 적으면 곡식 값은 비싸지 않은 것이고, 많으면 곡식 값은 싸지 않은 것이다. 나라에서 만든 도전의 양은 변함이 없지만 곡물 생산량은 변하는 까닭에 그 가치도 덩달아 변하게 된다.

수야收의 '수'는 반仮의 잘못이다. 도적상위가刀糴相爲賈의 '도'는 칼 모양의 화폐 즉 도전刀錢을 말한다. 필원은 화천貨泉으로 풀이했다.

43-30

若鬻子. 賈盡也者, 盡去其以不讎也. 其所以不讎去, 則讎. 正賈也宜不宜, 正欲不欲. 若敗邦鬻室, 嫁子無子.

자식을 파는 경우를 생각해보자. 가격이 서로 맞아떨어졌다는 것은 거래가 이뤄지지 않는 원인을 모두 제거했다는 뜻이다. 거래가 이뤄지지 않는 원인을 제거하면 물건은 이내 잘 팔리게 된다. 적당한 가격은 부르는 가격이 과연 합당한지, 물건을 바라는 게 간절한지 여부에 달려 있다. 나라를 패망케 하여 가솔을 팔아야 하는 지경에 이르면 곧 자식을 남에게 넘겨주어 자식이 모두 사라질 것이다.

약육자若鬻子를 장혜언은 앞 장에 덧붙여 해석했으나 손이양은 반대했다. 진거기이불수야盡去其以不讎也에서 손이양은 기其 다음에 소所가 생략됐다고 했다. 여기의 수讎가 일부 판본에는 수讐로 되어 있다. 모두 거래를 뜻하는 수售의 뜻이다. 패방육실敗邦鬻室을 『국어』「월어」는 "몸은 베어지고 처자는 팔려나간다."고 풀이했다.

43-31

在軍不必其死生, 聞戰亦不必其生. 前也不懼, 今也懼.

종군했으나 아직 접전이 이뤄지지 않았을 때는 생사를 기약할 수 없다. 접전이 시작됐다고 들었을 때도 생사를 기약할 수 없다. 다만 전에는 두려워하지 않았을지라도 지금에 와서는 두려워하게 된다.

'재군불필기사생在軍不必其死生, 문전역불필기생聞戰亦不必其生'을 두고 손이양은 기생其生이 기사생其死生이 되거나, '재군불필기생在軍不必其生, 문전역불필기사聞戰亦不必其死'가 되어야 한다고 했다. 여기의 '재군'은 이제 막 출병하여 아직 접전이 이뤄지지 않은 상황을 말한다. 장혜언은 전야불구前也不懼의 '전'을 아직 군대 대열에 있을 때, 금야구今也懼의 '금'을 접전을 들었을 때로 해석했다.

43-32

或, 知是之非此也, 有知是之不在此也, 然而謂此南北, 過而以已爲然. 始也謂此南方, 故今也謂此南方.

구역區域은 예컨대 이것이 이곳이 아님을 아는 것은 이것이 이곳에 있지 않음을 아는 것과 같다는 취지에서 나온 것이다. 그런데도 사람들은 이곳을 남쪽 또는 북쪽이라고 말할 경우 그곳을 지나 다른 쪽으로 간 후에도 그곳이 오래전에 이미 남쪽 또는 북쪽이었다고 여긴다. 당초 이곳을 남쪽이라고 말한 까닭에 그보다 남쪽으로 내려간 이후에도 계속 남쪽이라고 말하는 것이다.

지시지비차야知是之非此也를 두고 손이양은 "이 구절은 남쪽 지역은 남南이 아니고, 북쪽 또한 북北이 아님을 말한 것이다."라고 풀이했다. 유지시지부재차야有知是之不在此也의 '유'를 손이양은 장혜언을 좇아 우又로 새기면서 이같이 해석했다. "남과 북은 저기일 수도 있고 여기일 수도 있다. 이름에 해당하는 실제가 정해진 것이 없음을 말한 것이다."

43-33

智論之, 非智無以也.

알게 된 후 논할 수 있는 까닭에 아는 바가 없으면 논할 도리가 없다.

지론지智論之의 '지'를 정혜언은 지知로 새기면서 "알고 난 후에 논함이 있어야 한다는 뜻이다."라고 풀이했다.

43-34

謂, 所謂, 非同也, 則異也. 同則或謂之狗, 其或謂之犬也. 異則或謂之牛, 牛或謂之馬也. 俱無勝. 是不辯也. 辯也者, 或謂之是, 或謂之非, 當者勝也.

운위云謂는 말하는 것으로 일컬어지는 사물과 대상이 다르면 이론異論이 된다. 동론同論은 예컨대 개를 두고 혹자는 구狗, 혹자는 견犬이라고 말하는 경우다. 이에 대해 '이론'은 예컨대 동일한 사물을 두고 혹자는 '소', 혹자는 '말'이라고 말하는 경우에 해당한다. 양쪽 모두 이기지 못했다고 하는 것은 곧 변론하지 않은 것과 같다. 변론은 예컨대 혹자는 옳다고 하고, 혹자는 그르다고 할 때 합당한 얘기를 한 사람이 이기는 경우를 말한다.

'위謂, 소위所謂'의 '소'는 옛 판본에 비非로 되어 있던 것을 손이양이 도장본과 오초본을 좇아 보정한 것이다. 우혹위지마야牛或謂之馬也의 '우'를 손이양은 기其를 뜻하는 기亓의 잘못으로 보았다.

43-35

無讓者酒. 未讓, 始也, 不可讓也.

사양함이 없는 것은 주례酒禮에서 술을 권할 때이다. 사양하지 않은 것이 처음이니 술을 사양해서는 안 된다.

시야始也의 '시'를 손이양은 '거의'를 뜻하는 태殆의 오자로 보았다.

43-36

於石一也. 堅白二也, 而在石. 故有智焉, 有不智焉, 可.

'견백석'의 경우 하나의 돌이지만, 단단하고 흰 2가지 성질이 모두 그 안에 있다. 하나의 물건에 대해 아는 것도 있지만 알지 못하는 측면도 있다고 말하는 게 가능하다.

'고유지언故有智焉, 유부지언有不智焉'을 두고 손이양은 '고' 뒤에 위謂가 빠졌을 것으로 보고 이같이 풀이키를, "이 구절은 견堅을 아는 자는 백白을 모르고 '백'을 아는 자는 '견'을 모른다는 뜻이다."라고 했다.

43-37

有指, 子智是, 有智是吾所先擧, 重. 則子智是, 而不智吾所無擧也, 是一. 謂'有智焉, 有不智焉', 可. 若智之, 則當指之智告我, 則我智之, 兼指之, 以二也. 衡指之, 參直之也. 若曰'必獨指吾所擧, 毋擧吾所不擧', 則者固不能獨指. 所欲相不傳, 意若未校. 且其所智是也, 所不智是也, 則是智, 是之不智也, 惡得爲一? 謂而'有智焉, 有不智焉.'

어떤 가리킴에서 그대가 개를 구狗로 알고 있고, 동시에 내가 특별히 다른 실례를 들어 말할 것이 없음을 안다면 이내 '구'를 통해 견犬을 알 수 있다. 이는 명칭만 둘이고 실질은 하나인 사실의 중복重複에 해당한다. 그러나 그대가 알고 있는 '구'가 내가 말한 '견'과 같다는 사실을 모르면 이는 한쪽만 아는 셈이다. 이때는 "아는 것도 있지만 알지 못하는 측면도 있다."고 말하는 게 가능하다. 만일 그대가 '구'와 '견'이 같은 것임을 알고 있다면 아는 것을 가리켜서 나에게 일러줄 것이고, 나 또한 쉽게 이해할 수 있을 것이다. 겸하여 가리킨다는 뜻의 겸지兼指는 곧 '구'를 가리키며 '견'을 겸하여 가리키는 것을 말한다. 종횡으로 가리킨다는 뜻의 횡지衡指는 하나로 둘을 겸하여 가리킨다는 의미이다. 만일 "반드시 내가 먼저 언급한 것만을 단독으로 사물의 실체를 지적한다는 뜻의 독지獨指로 이해해야 하고, 내가 말하지 않은 것은 거론하지 말아야 한다!"고 말하면 이는 진정한 '독지'가 될 수 없다. 상대방에게 알리고자 했던 바를 제대로 전달하지 못해 내심 즐겁지도 않을 것이다. 아는 것도 '이것', 알지 못하는 것도 '이것'이라고 하면 어찌 이미 알고 있는 것과 아직 알지 못하는 것이 하나가 될 수 있겠는가? "아는 것도 있지만 알지 못하는 측면도 있다."고 말하는 이유다.

유지有指를 두고 손이양은 “일컬을 때는 지칭하는 바가 있다.”고 풀이했다. 유지시오소선거有智是吾所先擧의 ‘유’를 장혜언은 우又로 새겼다. 손이양은 ‘선’을 무無의 잘못으로 보았다. ‘겸지지兼指之, 이이야以二也’를 두고 손이양은 이같이 해석했다. “이 구절은 내가 들어 말할 바가 없음을 아울러 가리키는 것이 마치 구狗를 가리키며 견犬을 겸하여 가리키는 것과 같다는 뜻이다. 가리키는 지指는 하나이나 가리키는 대상인 소지所指는 둘이 되는 경우가 그렇다.” ‘형지지衡指之, 삼직지야參直之也’에 대해서도 이같이 풀이했다. “삼參은 삼三이다. 「경 하」에서 ‘이루二絫’라고 했는데 ‘루’는 삼參의 잘못이다. 이 구절은 종과 횡으로 가리키면 셋으로 서로 만나는 것을 뜻한다. 하나로 둘을 겸하여 셋으로 만나는 까닭에 삼三이 된다. 장혜언은 직直을 당當으로 새겼다.” 의약미교意若未校를 장혜언은 “교校는 기쁘다는 뜻이다. 이 구절은 사람들의 뜻에 기쁘지 않다는 의미이다.”라고 했다. ‘시지是智, 시지부지是之不智’를 두고 손이양은 “여기의 ‘시지’는 이미 알고 있는 바를 의미하고, ‘시지부지’는 아직 알지 못하는 바를 뜻한다.”고 했다.

43-38

所, 春也, 其執固不可指也. 逃臣不智其處, 狗犬不智其名也. 遺者, 巧弗能兩也.

알고 있는 바인 소지所知 가운데 가리킬 수 없는 것이 있으니 예컨대 춘春은 세위勢位를 가리킬 수 없고, 달아난 종인 도신逃臣은 종적을 알 길이 없고, 구狗와 견犬은 그 이름조차 알 길이 없다는 취지이다. 잃어버린 물건을 뜻하는 유자遺者 또한 아무리 정교한 그물일지라도 이를 다시 찾을 수는 없는 일이다.

기집고불가지야其執固不可指也의 '집'을 장혜언은 세勢의 옛 글자인 세埶의 잘못으로 보았다. 교불능양야巧弗能兩也의 '양'을 손이양은 망罔과 통하는 망网의 잘못으로 보았다.

43-39

智, 智狗. 重, 智犬, 則過. 不重則不過.

지智는 예컨대 구狗라는 명칭을 아는 것과 같다. 중重은 '구'라는 명칭이 가리키는 실체가 곧 견犬이라는 명칭의 실체와 같다는 사실을 아는 것이다. 이를 모르면 명칭만 다르고 실체가 같다는 사실을 모르는 것으로 잘못된 일이다. 그러나 '중'의 경우가 아니면 잘못된 게 아니다.

'지智, 지구智狗'에서 오초본은 지智 다음에 자者가 덧붙여져 있다. 즉과則過를 손이양은 부지즉과不智則過의 잘못으로 보았다. 부중즉불과不重則不過를 손이양은 이같이 풀이했다. "이명일실二名一實의 중重이 아니라면 이름과 실은 달라지므로 그것을 모르는 것이 당연하다. 그래서 잘못되지 않은 것이라고 한 것이다."

43-40

通, 問者曰, "子知羈乎?" 應之曰, "羈何謂也?" 彼曰, "羸施." 則智之. 若不問羸何謂, 徑應以弗智, 則過. 且應必應. 問之時若應, 長應有深淺

상대방의 의중과 통해야 제대로 응답할 수 있다. 질문하는 자가 "그대는 노새를 아는가?"라고 물었을 때 "노새란 무엇을 말하는 것인가?"라고 반문하고, 상대가 "이것이 노새이다."라고 답하면 곧 노새가 어떤 것인지 알 수 있다. 만일 반문하지 않은 채 모른다고 응답하면 이는 잘못을 저지르는 것이다. 질문을 받으면 반드시 응대해야 한다. 질문에 대한 응대에는 관심을 갖고 무엇을 말하는 것이냐고 깊이 물어보는 것과 그냥 바로 모른다고 얕게 대답하는 것이 있다.

자지라호子知䫻羸乎의 '라'를 손이양은 『설문해자』「마부馬部」에 나오는 라驘의 옛 글자 나羸의 오자로 보았다. 나귀와 암말 사이에 난 노새를 말한다. 차응필응且應必應을 손이양은 차문필응且問必應의 잘못으로 파악했다.

43-41

大常中在, 兵人, 長所. 室堂, 所存也. 其子, 存者也. 據在者而問室堂, '惡可存也?' 主室堂而問存者, '孰存也?' 是一主存者以問所存, 一主所存以問存者.

존재하는 곳과 존재하는 사람은 별개의 사안인 까닭에 큰 당堂의 한 가운데 그 사람이 있을 경우 실당室堂은 존재하는 곳이고, 모인某人은 그곳에 존재하는 사람이 된다. 존재하는 사람을 토대로 존재하는 곳을 묻는 것은 곧 '어디에 있는가?'라고 묻는 것이다. 또 존재하는 곳을 토대로 존재하는 사람을 묻는 것은 곧 '누가 있는가?'라고 묻는 것이다. 하나는 존재하는 사람을 토대로 존재하는 곳을 물은 것이고, 다른 하나는 존재하는 곳을 토대로 존재하는 사람을 물은 것이다.

대상중재大常中在의 '대'는 도장본과 오초본에 천天으로 되어 있다. 손이양은 문맥상 인人이 되어야 한다고 했다. 필원은 '상'을 당堂의 잘못으로 보았다. '병인兵人, 장소長所'를 손이양은 '기인其人, 기소其所'의 잘못으로 파악했다. 기자其子의 '기'를 손이양은 모某의 오자로 보았다. 거재자據在者의 '재'를 두고 장혜언은 존存의 잘못으로 간주했으나 손이양은 굳이 고칠 필요가 없다고 했다. 오가존야惡可存也의 '가'를 손이양은 소所의 잘못으로 보았다.

43-42

五合, 水土火, 火離然. 火鑠金, 火多也. 金靡炭, 金多也. 合之府水, 木離木.

오행의 상생相生과 상극相剋의 원리를 보면 나무는 불을 낳는다. 그러나 불이 나무에 기대 타오르면 불이 쇠를 녹인다. 이는 불이 강하기 때문이다. 쇠가 숫돌을 갈아 없애는 것은 쇠가 강하기 때문이다. 쇠가 불기운을 얻어 하나로 합쳐지면 쇳물이 된다. 나무는 흙을 기대 살아간다.

화리연火離然을 두고 손이양은 이같이 풀이했다. "이 구절은 불이 나무에 걸려 타는 것을 말한다. 『주역』「이괘離卦」의 「단전彖傳」에서 '리離는 걸린다는 뜻의 리麗와 같다.'고 했다. 『장자』「외물外物」에서는 '나무와 나무를 서로 비비면 불이 난다.'고 했다." 금마탄金靡炭을 손이양은 "쇠가 숫돌을 갈아서 흩날리게 하는 까닭에 없앨 수 있다."고 풀이했다. 여기의 '마'는 마礳의 가차이다. 『설문해자』「석부石部」에서 마礳를 돌을 간다는 뜻의 석애石磑로 새겼다. 합지부수合之府水의 '수'가 오초본과 도장본에는 목木으로 되어 있다. 손이양은 '부'를 성成의 잘못으로 보았다. 또 목리목木罹木은 목리토木離土가 돼야 한다며 이같이 해석했다. "『주역』「이괘」의 '단전'에 말하기를, '온갖 곡식과 초목이 땅에 걸렸다.'고 했다. 이는 「경 하」의 해당 구절을 해설한 것이다."

43-43

若識麋與魚之數, 惟所利, 無欲惡. 傷生損壽, 說以少連, 是誰愛也? 嘗多粟, 或者欲不有能傷也. 若酒之於人也. 且智人利人, 愛也, 則唯智弗治也.

바라거나 싫어하는 게 없으면 애증도 없으니 고라니와 물고기의 숫자나 세며 자연과 더불어 사는 게 이롭다고 생각하는 경우가 이에 해당한다. 그러면 욕오欲惡에 따른 애증의 마음도 사라질 것이다. 삶을 손상시키고 장수에 손해가 되는데 적게 쓰고 맞게 행동하라고 주장하면 이는 누구를 사랑하는 것인가? 여러 곡식을 맛보고 어떤 경우 그것을 바랄지라도 그것 자체가 삶을 손상시키는 것은 아니다. 마치 술이 사람에 대해 그런 것과 같다. 사람이 다른 사람을 이롭게 하는 것이 곧 사랑하는 것임을 알고 있을지라도 그것만으로는 제대로 다스릴 수 없다.

유소리惟所利를 손이양은 "제공되는 바를 생각해 편애하는 게 없는 것이다."라고 풀이했다. 상생손수傷生損壽를 손이양은 절약하고 아껴서 본성을 기르는 것으로 풀이했다. 설이소련說以少連의 '설'이 오초본에 설設로 되어 있는 것을 손이양이 도장본과 필원본을 좇아 '설'로 확정했다. 그는 '련'도 적適이 되어야 한다고 했다. 지인리인䂳人利人의 '리'가 오초본에 서恕로 되어 있는 것을 도장본과 필원본을 좇아 '지'로 바꿨다. 유지불치唯䂳弗治의 '유'는 도장본과 필원본에 유惟로 되어 있는 것을 손이양이 오초본에 근거해 고친 것이다.

43-44

損飽者去餘, 適足不害, 能害飽, 若傷麋之無脾也. 且有損而后智益者, 若瘧病之之於瘧也.

덜어내도 해가 되지 않는 경우가 있으니 포식飽食에서 적정한 수준을 넘는 부분을 제거하는 경우가 그렇다. 이는 만족을 맞추는데 해가 되지 않는다. 그러나 지나치게 많이 먹으면 해가 된다. 마치 넓적다리가 없는 고라니를 포脯로 만들어 제사상에 올리는 것이 무방하기는 하나 약간 단점이 있다고 여기는 것과 같다. 덜어내야 이로운 경우도 있다. 학질을 앓는 사람이 학질을 떨쳐내 이익을 얻는 게 그렇다.

손이양은 능해포能害飽의 '능'을 이而와 통하는 것으로 보고, '해포'를 포해飽害의 잘못으로 보았다. 미지무비麋之無脾의 '비'를 손이양은 넓적다리를 뜻하는 비髀로 새겼다. 약치병지지어치야若瘧病之之於瘧也의 '치'를 필원은 학질을 뜻하는 학瘧의 생략형으로 보았다. 손이양은 두 번째 지之를 인人의 잘못으로 파악했다.

43-45

智, 以目見, 而目以火見, 而火不見. 惟以五路智, 久不當.

지智는 예컨대 눈으로 본다고 하지만 눈은 불을 가지고 보는 것으로 불이 보는 것은 아닌 것과 같다. 오관五官을 통해 아는 것은 오랫동안 경험을 통해 아는 것에 해당되지 않는다.

'지이목견智以目見, 이목이화견而目以火見, 이화불견而火不見'을 두고 손이양은 이같이 풀이했다. "『공손룡자』「견백」에서 말하기를, '그것은 마치 흰 것을 두고 말할 때 눈을 가지고 보는지, 아니면 불을 가지고 보는지 여부를 묻는 것과 같다. 불은 보지 않으니 불과 눈으로 보지 않고 신神으로 본다고 하며, 신이 보지 않으면 눈에서 보는 작용은 분리된다.'고 했다. 이 문장에서 이목以目 다음에 견見과 목目 두 글자가 빠져 있지만 그 의미는 이 장과 같다. 『장자』「천하」에서 '변론하는 자들이 눈으로 보는 것이다.'라고 한 것도 이 구절의 취지와 같다."

43-46

以目見, 若以火見火. 謂火熱也, 非以火之熱.

우리는 눈으로 불이 타는 것을 보면서 마치 화열火熱 때문에 불을 보는 것으로 여긴다. 불이 뜨겁다고 말하지만 보게 만드는 것은 화광火光이지 화열이 아니다.

이목견以目見을 두고 손이양은 뒤에 화火가 빠졌다고 보았다.

『장자』「천하」에 불은 뜨겁지 않다는 내용의 화불열火不熱 구절이 나온다.

43-47

我有若視曰'智'. 雜所智與所不智而問之, 則必曰, "是所智也, 是所不智也." 取去俱能之, 是兩智之也.

내가 무엇을 보고 '안다.'고 말하는 경우를 생각해보자. 알고 있는 것과 알지 못하는 것을 섞어 놓고 물었을 때 반드시 대답키를, '이는 아는 것이고, 이는 알지 못하는 것이다.'라고 할 것이다. 취하고 버리는 것이 동시에 가능하니 이것이 바로 양쪽을 모두 아는 것이다.

취거구능지取去俱能之를 장혜언은 아는 바와 모르는 바에 대한 취사取捨로 해석했다.

43-48

無, 若無焉, 則有之而后無. 無天陷, 則無之而無.

무無는 반드시 유有를 근거로 하는 게 아닌 만큼 만일 '마馬가 없다.'고 말하면 이는 그것이 있은 연후에 없게 된 것을 말한 것이다. 그러나 '하늘이 무너지는 일이 없다.'고 말하면 이는 원래 없는 까닭에 없다고 말한 것이다.

후后가 오초본에는 후後로 나온다. 무언無焉의 '언'을 손이양은 마馬의 잘못으로 보았다. 천함天陷의 '천'을 두고 손이양은 실失

의 잘못으로 보았으나 장혜언은 "혹여 하늘에 무너진 바가 있음을 말한 것이다."라고 풀이했다.

43-49

擢疑, 無謂也. 臧也今死, 而春也得文文死也可.

대강하는 탁각擢推은 '일컫는 것이 없다.'의 뜻이다. 장臧이라는 노복이 지금 죽었을 경우 춘春이라는 노복을 얻을 수도 있으니 그 사람이 죽어도 크게 문제될 것은 없다.

탁의擢疑의 '의'를 손이양은 각推의 잘못으로 보았다. '춘야득문문사야가春也得文文死也可' 구절을 두고 손이양은 풀이키를, "장臧이 없어도 봉양을 받을 수 있으니 대략 족함에 상당하다."고 했다. '춘'을 시종들의 봉양을 뜻하는 양養, '득문'을 득지得之의 잘못으로 간주한 결과다.

43-50

且, 猶是也. 且然, 必然. 且已, 必已. 且用工而後已者, 必用工而後已.

차且는 다음과 같은 의미를 지니고 있다. 장차 그러하다는 뜻의 차연且然이 반드시 그러하다는 뜻의 필연必然이 된다면 이미 그러하다는 뜻의 차이且已는 반드시 그러했다는 뜻의 필이必已가 된다. 따라서 장차 어떤 일에 매진하여 그리 될 것은 반드시 어떤 일에 힘써 종사한 뒤 그리 되는 것이다.

'차연且然, 필연必然' 구절은 도장본에 차차필연且且必然, 오초본에 차필연且必然으로 되어 있는 것을 손이양이 왕인지의 교정을 좇아 고친 것이다. 필용공이후이必用工而後已 구절 역시 도장본에 이而가 빠져 있는 것을 왕인지의 교정을 좇아 보정한 것이다. '용공'은 종사從事의 뜻이다.

43-51

均, 髮均縣. 輕重而髮絶, 不均也. 均, 其絶也莫絶.

고름은 머리카락이 고르게 달린 것이다. 경중輕重으로 인해 머리카락이 끊어지는 것은 고르지 않기 때문이다. 고르면 끊으려 해도 끊어지지 않는다.

옛 판본에는 경輕 밑에 중重이 빠져 있다. 기절야막절其絶也莫絶을 두고 손성연孫星衍은 이같이 풀이했다. "『열자』「탕문湯問」에 대한 장담張湛의 주에서 '머리카락은 매우 미세하지만 절대로 끊어지지 않는다. 이는 대단히 고르기 때문이다. 그것이 끊어지는 이유는 경중이 서로 치우쳐 고르지 않음이 생겼기 때문이다. 고르다면 어찌 끊어질 리 있겠는가?'라고 했다." 손이양도 이를 좇았다.

43-52

堯霍, 或以名視人, 或以實視人. 擧友富商也, 是以名視人也. 指是臛也, 是以實視人也. 堯之義也, 是聲也於今, 所義之實處於古. 若殆於城門與於臧也.

요堯와 호虎의 명칭은 이름 또는 실물을 사람들 앞에 내보인 것이다. 친구를 부상富商으로 소개하는 것은 이름으로 내보인 것이고, 이것을 가리켜 '호虎'라고 한 것은 실물로 내보인 것이다. 요임금의 의義는 명성에 있다. 그 명성은 지금까지 이어지고 있으나 의롭게 여기는 실질은 요임금이 다스리던 때에 있다. 성문城門은 실물을 들어 말한 것이고, 노비 장臧은 이름을 들어 말한 것이다.

손이양은 요곽堯霍의 '곽'과 지시확야指是臛也의 '확' 모두 호虎의 오자로 파악했다. 若殆於城門與於臧也 구절을 두고 장혜언은 '성문城門은 실물을 들어 말한 것이고, 장臧은 이름을 들어 말한 것이다.'라고 풀이했으나 손이양은 앞서 설명한 '무양자주無讓者酒'에 관한 장의 마지막 대목이 잘못해 이곳에 배치된 것으로 보았다. 그의 해석이다. "일반적으로 옛 사람이 예를 행할 때는 손님과 주인 모두 문을 들어서면서 반드시 사양해야 했다. 만일 남과 함께 성문을 들어설 때 서로 가까운 사이라면 사양할 게 없다. 장臧은 천인이니 예를 행하기에 부족하므로 그에게 사양할 필요는 없다. 성문에서 서로 양보하지 않고 가깝게 뒤따라 붙어서 지나는 것이 곧 체문逮門이다. 이 구절은 가깝게 뒤따라 서로 미치기는 하나 앞서기를 다투지 않는다는 뜻이다."

43-53

狗, 狗犬也. 謂之殺犬, 可. 若兩腗.

구狗는 개를 뜻하는 말로 곧 견犬을 뜻한다. 그러나 살구殺狗를 살견殺犬으로 표현하는 것은 불가하다. 마치 몸에 2개의 넓적다리가 있는 것과 같이 같은 물건에도 다른 이름이 있기 때문이다.

'가可'를 손이양은 「경 하」의 구절을 근거로 불가不可의 잘못으로 파악했다. 그의 해석이다. "『장자』「천하」에 나오는 구비견狗非犬 구절에 대한 성현영成玄英의 소에서 '구狗와 견犬은 하나의 사물에 대한 2개의 이름이다. 이름이 비었기 때문에 구狗는 견犬이 아니다. 양자는 실체는 같고 이름이 다르니 명실名實이 합쳐지면 저것은 구狗, 이것은 견犬이라고 말한다. 명실이 분리되면 저것은 구狗라고 하며 견犬과 다르다고 한다.'고 했다. 「경 하」에서 살구殺狗는 살견殺犬이 아니라고 했다. 이는 명과 실이 분리된 경우를 언급한 것이다." 손이양은 귀䫑를 어깻죽지를 뜻하는 우髃의 오자 내지 넓적다리를 뜻하는 비髀의 가차로 보았다.

43-54

使, 令使也. 我使, 我, 我不使, 亦使, 我. 殿戈亦使, 殿不美亦使, 殿.

사使는 명하여 시키는 영사令使의 뜻이다. 의에 입각해 시키는 것도 부리는 것이고, 의에 입각해 시키지 않는 것도 부리는 것이다. 그것이 의이다. 의로운 가정假定도 '사'이고, 의롭지 못한 가정도 '사'이다. 가사假使의 표현이 그 증거다.

'아사아我使我, 아불사역사我不使亦使, 아我' 구절을 두고 손이양은 이같이 풀이했다. "장혜언이 말하기를, '전殿은 스스로 할 수도 있고 시켜서 할 수도 있다는 뜻이다.'라고 했으나 근거가 부족하다.

문맥상 여기의 아我는 「경 하」에서 말한 미美가 되거나, 의義가 되어야 한다. 이 구절은 '의로운 자가 일을 시켜야 그 부림이 바르게 된다. 의로움으로 시키는 것도 부리는 것이고, 의로움으로 시키지 않는 것도 부리는 것이니 불사不使는 곧 그런 것을 금한다는 의미이다.'로 풀이하는 게 옳다." '전과역사殿戈亦使, 전불미역사殿不美亦使, 전殿' 구절을 두고 손이양은 '전'은 가정을 뜻하는 가假, '과'와 '미'는 의義의 잘못으로 보았다.

43-55

荊沈, 沆荊之貝也. 則沈淺非荊淺也.

초나라는 크고 항택沆澤은 얕으니 호수가 초나라에 있기 때문이다. 항택이 얕다는 말이 곧 초나라 땅이 얕다는 것을 의미하는 것은 아니다.

형침荊沈의 '침'을 손이양은 항沆의 오자로 보았다. 그의 해석이다. "『설문해자』「수부」에서 항沆을 대택大澤으로 새겼다. 서개徐鍇의 『계전繫傳』에서 『박물지博物志』를 인용해 말하기를, '물을 막아 멈추게 한 곳을 동쪽에서는 도都라고 하는데 일명 항沆이라고도 한다.'고 했다. 『태평어람太平御覽』「지부地部」도 『술정기述征記』를 인용해 말하기를, '제나라 사람은 호湖를 항沆이라고 한다.'고 했다. 『수경水經』「거마하巨馬河」의 주도 『풍속통의風俗通義』를 인용해 항沆을 물이 흘러넘칠 정도로 넓을 망漭의 뜻으로 풀이했다. 형항荊沆은 곧 초나라의 대택大澤을 의미한다." 형지패荊之貝의 '패'를 손이양은 유有의 오자로 보았다.

43-56

若易五之一. 以楹之摶也, 見之, 其於意也不易, 先智, 意相也. 若楹輕於秋, 其於意也洋然.

작은 나무 묶음으로 기둥을 대신하려고 하면 무지한 짓이니 이는 마치 작은 다섯을 가지고 큰 나무 하나와 바꾸는 것과 같다. 기둥을 작은 나무 묶음과 같은 것으로 간주한 탓이다. 실제로 기둥과 작은 나무 묶음을 보았다면 의중 또한 바꾸지 않는 쪽이었을 것이다. 이를 바꾸려 했던 것은 무지의 소산으로 단지 추측으로 헤아려 본 것에 지나지 않는다. 굵은 기둥을 개오동나무보다 가벼운 것으로 여기는 것 역시 추측으로 헤아려 본데서 비롯된 것이다.

약역오지일若易五之一을 장혜언은 앞장에 이어진 것으로 보았다. 기어의야불역其於意也不易을 두고 손이양은 "대강 추측해 헤아려 보니 바꿔서는 안 된다는 것을 알았다는 뜻이다."라고 풀이했다. '선지先智, 의상야意相也'에 대해 손이양은 이같이 해석했다. "무無의 옛 글자인 무无는 선先과 자형이 비슷하다. 무지无知는 곧 「경 하」에서 말한 무지無知이다. 상相 다음에 빠진 글자가 있는 듯하다." 그는 또 약영경어추若楹輕於秋의 '추'를 개오동나무를 뜻하는 추楸의 가차로 보았다.

43-57

段•椎•錐, 俱事於履, 可用也. 成繪屨過椎, 與成椎過繪屨同, 過忤也.

물건을 가는 판과 나무망치 및 송곳 모두 신발을 만들 때 사용한다. 이를 미리 판단해 준비하는 것을 가용可用이라고 한다. 예컨대 비단신을 만들려면 망치가 있어야 한다. 이는 망치를 만들어 비단신과 만나도록 하는 것과 같다. 이를 두고 필요한 도구가 만나 완성되는 과오過仵라고 한다.

손이양은 오초본에 단段이 단斷, 사事가 시視로 되어 있는 것을 교정했다. 그는 또 회繪와 과過를 증繒과 우遇의 오자로 보았다.

43-58

一, 五有一焉, 一有五焉, 十二焉.

십진법에서 1은 2보다 적지만 5보다 많을 수 있으니, 일의 단위에서는 1이 5 속에 있지만 10단위에서는 1이 5를 가질 수 있기 때문이다. 10은 5와 2의 곱으로 이뤄진다.

손이양은 십이언十二焉을 '십十, 이오언二五焉'의 잘못으로 보았다.

43-59

非斱半, 進前取也, 前, 則中無爲半, 猶端也. 前後取, 則端中也. 斱必半, 毋與非半. 不可斱也.

반이 되지 않는 것을 쪼개고자 할 경우 맨 앞으로 나온 것을 취하게 된다. 이때 앞 끝으로 가면 가운데는 반이 될 것이 없어 마치 홀수인 단端과 같이 된다. 앞과 뒤로 취해 쪼개고자 할 경우 '단'이 가운데가 된다. 이때 둘로 쪼개려면 반드시 반이 되어야 하는데, 반이 안 되는 것은 쪼갤 것이 없는 까닭에 결국 더 이상 반으로 쪼갤 수 없는 상황에 이르게 된다.

작斮은 쪼갤 작斫의 뜻으로 손이양은 저櫡의 이체자로 보았다.

43-60

可無也, 已給, 則當給不可無也. 久有窮無窮.

유有가 무無로 될 수 있는 것은 이미 그러했기 때문이다. 과거 그러했던 일이 있으나 지금은 없어졌기에 그리 말할 수 있을 수 있으나 일찍이 그러했던 일이 아예 없어질 수는 없는 일이다. 오래된 시간은 끝이 있는 듯 보이지만 사실 끝이 없는 것이다.

'이급已給, 즉당급불가무야則當給不可無也' 구절을 두고 손이양은 '이연已然, 즉상연불가무야則嘗然不可無也'의 잘못으로 보았다. 구유궁무궁久有窮無窮 구절을 두고 손이양은 장혜언과 양보이와 달리 뒤에 나오는 민행수필이구야民行修必以久也 구절 뒤에 나와야 할 것이 잘못해 이곳에 배치된 것으로 파악했다.

43-61

正九, 無所處而不中縣, 摶也.

똑바른 원인 정환正丸은 중심을 따라 그렸을 때 이르는 곳마다 중심에 매달리지 않은 게 없다. 이것이 바로 둥글게 그리는 단摶의 의미이다.

정구正九의 '구'를 필원은 범凡, 손이양은 환丸의 잘못으로 보았다. 단摶은 오초본과 도장본에 박搏으로 되어 있는 것을 교정한 것이다.

43-62

傴宇不可偏擧, 字也. 進行者先敷近, 後敷遠. 行者行者, 必先近而後遠.

구획된 공간인 구우區宇를 빠짐없이 두루 번쩍 들 수는 없다. 그게 공간인 우宇의 특징이다. 앞으로 진행하면 먼저 가까운 곳에서 퍼져나가 이후 먼 곳까지 이르게 된다. 진행하는 자는 반드시 먼저 가까운 곳에 이르렀다가 나중에 먼 곳에 이른다.

손이양은 구傴와 자字를 구區와 우宇의 오자로 보았다. 장혜언은 행자행자行者行者가 잘못되어 중복됐다고 파악했다.

43-63

遠近, 脩也. 先後, 久也. 民行脩必以久也.

원근遠近은 거리가 떨어진 것, 선후先後는 시간이 오래된 것을 뜻한다. 사람들은 통상 멀리 가는 것을 반드시 시간이 오래 걸리는 것으로 생각한다.

옛 판본에는 원근遠近의 '원' 뒤에 수脩가 있었으나 유월이 교정했다. '수'가 오초본에는 모두 수修로 되어 있다. 이는 가차이다.

43-64

一方盡類, 俱有法而異. 或木或石, 不害其方之相合也. 盡類猶方也, 物俱然.

같은 방형方形은 동일한 부류에 속한다. 공히 방형의 기준을 충족시키고 있는데도 서로 다를 수 있다. 방형의 나무와 돌이 그런 경우다. 그렇다고 이것이 방형의 기준을 저해하는 것은 아니다. 방형의 부류가 된 것은 모두 방형의 성질에서 비롯된 것이다. 모든 사물이 그렇다.

도장본에는 일방진류一方盡類의 '진'이 모貌, 상합相合의 '합'이 태台, 진류유방야盡類猶方也의 '류'가 모貌로 되어 있다. 여기의 '유'는 말미암을 유由와 통한다. 손이양이 왕인지의 교정을 좇아 모두 고쳤다.

43-65

牛狂與馬惟異, 以牛有齒, 馬有尾, 說牛之非馬也. 不可. 是俱有, 不偏有, 偏無有. 曰, "之與馬不類, 用牛有角, 馬無角, 是類不同也." 若擧牛有角, 馬無角, 以是爲類之不同也, 是狂擧也. 猶牛有齒, 馬有尾. 或不非牛而非牛也, 則或非牛或牛而牛也, 可. 故曰, "牛馬非牛也未可,牛馬牛也未可. 則或可或不可, 而曰, '牛馬牛也未可', 亦不可."

기준도 없이 예를 드는 광거狂擧로는 차이를 알 수 없으니, 소의 본성이 말과 다르지만 소의 이빨과 말의 꼬리를 예로 들어 서로 다르다고 말하는 것은 불가하다. 이빨과 꼬리에 관한 한 소와 말 모두 갖고 있는 구유俱有의 상황인데도 어느 한쪽만 갖고 있는 편유偏有의 비유로 어느 한쪽만 없다고 주장하는 것은 '광거'에 지나지 않는다. 이런 언급이 대표적인 경우다.

"소와 말이 다른 부류인 것을 알려면 소는 뿔이 있고 말은 뿔이 없는 것을 보면 된다. 소와 말은 서로 부류가 다르다."

뿔의 유무를 근거로 소와 말이 서로 다른 부류라고 주장한 것이다. 이는 소의 이빨과 말의 꼬리를 예로 들어 부류를 나누는 것으로 '광거'에 해당한다. 소에 이빨이 있고 말에 꼬리가 있다는 것을 이유로 어떤 것은 소가 아닌 경우가 없다고 말하면 실제로는 소가 아닌 것도 있게 되고, 나아가 소가 아닌 조건을 갖췄지만 실제로는 소인 경우도 있다. 이같이 정리할 수 있다.

"우마牛馬를 두고 소가 아니라고 말하는 것도 가하지 않고, 소라고 말하는 것도 가하지 않고, 가하기도 하고 가하지 않기도 한데 우마를 소라고 말하는 것은 가하지 않다는 식으로 말하는 것 또한 가하지 않다."

우광여마유이牛狂與馬惟異의 '광'과 '유'를 두고 유월은 모두 성性의 잘못으로 보았다. 손이양은 '광'을 '성'으로 교정한 것은 타당하나 '유'는 수雖의 잘못으로 보아야 한다고 했다. 왈지여마불류曰之與馬不類에서 손이양은 '왈' 뒤에 우牛가 누락됐다며 보정했다. 용우 유각用牛有角은 도장본 등에 유有가 빠져 있었으나 왕인지의 교정을 좇아 손이양이 보정했다. 또 그는 이시위류지부동야以是爲類之不同也의 부不를 연자로 보면서, 즉혹비우혹우이우야則或非牛或牛而牛也는 즉혹비우이우야則或非牛而牛也의 잘못이라고 했다.

43-66

且牛不二, 馬不二, 而牛馬二. 則牛不非牛, 馬不非馬, 而牛馬非牛非馬, 無難.

우마牛馬의 경우 소를 세고 말을 세면 '우마'는 둘이 되는데 '우마' 자체로 세면 하나가 된다. 오직 소만 셀 경우 소가 되고, 오직 말만 세면 말이 된다. '우마' 자체로 셀 경우 소도 아니고 말도 아닌 게 되니 논란의 여지가 없게 된다.

이 장을 장혜언은 앞 장과 묶어 해석했다. 우마비마설牛馬非馬說을 두고 『순자』「정명」은 "우마는 말이 아니라는 설은 이름으로 실질을 어지럽히는 짓이다."라고 비판했다. 『공손룡자』「통변」도 이같이 말하고 있다. "닭의 다리는 하나인데 세어보면 둘이다. 둘이면서 하나이므로 셋이 된다고 한다. 소와 양의 다리는 하나인데 세어보면 넷이다. 넷이면서 하나이므로 다섯이 된다고 한다. 소와 양은 발이 다섯이고, 닭은 발이 셋이므로 소와 양이 합쳐진 것은 닭이 아니라고 한다. 비교의 대상이 될 수 없는 것을 예로 들어 비교하는 것은 부류의 기준으로 삼을 수 없다. 이는 명칭을 어지럽히는 짓이다. 이를 두고 광거狂擧라고 한다."

43-67

彼, 正名者彼此, 彼此可. 彼彼止於彼, 此此止於此, 彼此不可. 彼且此也. 彼此亦可, 彼此止於彼此, 若是而彼此也, 則彼亦此此也.

저것을 두고 정명正名에 입각해 '저것은 저것이고, 이것은 이것이다.'라며 피차彼此를 구별하는 것은 가하다. 그러나 저것과 이것을 지정한 가운데 '이것이 저것이고, 저것이 이것이다.'라고 말하는 식의 '피차'는 불가하다. 그밖에 이것과 저것을 하나로 묶어 '이것저것'으로 표현하며 '피차'를 언급할 수 있는 경우가 있다. 같은 범주에 속하고, 저것이 이것이며 이것이 저것일 수 있는 경우가 그렇다. 저것이 이것도 되고, 이것이 저것이 되는 까닭에 '피차'의 구별이 없어지는 경우다.

피피지어피彼彼止於彼를 장혜언은 "저쪽 상대를 지정하면 저쪽 상대가 된다."고 풀이했다. '피차불가彼此不可. 피차차야彼且此也' 구절을 두고 손이양은 해석키를, "이는 피차차야彼且此也, 차역차피야此亦且彼也'로 바꿔야 한다. '피차'의 이름이 정해지지 않은 까닭에 불가하다는 취지이다."라고 했다. 또 즉피역차차야則彼亦此此也는 '즉피역차則彼亦此, 차역차피야此亦且彼也' 구절에서 역차피亦且彼가 누락된 결과로 보았다.

43-68

唱無過, 無所周, 若粺. 和無過, 使也, 不得已. 唱而不和, 是不學也. 智少而不學, 必寡. 和而不唱, 是不敎也. 智而不敎, 功適息. 使人奪人衣, 罪或輕或重. 使人予人酒, 或厚或薄.

주창主唱하고도 화합하지 못하면 쓸모없는 곡물인 피와 같다. 화합하면서도 주창하는 바를 행하지 못해 쓸모없는 상황이 된 경우도 마찬가지인데 이는 부득이한 일이다. 주창하면서도 화합하지 못하는 것은 배우지 않은 탓이다. 지혜가 적은데도 배우지 않으면 이루는 게 반드시 적을 것이다. 화합하면서도 주창하지 않는 것은 제대로 가르치지 않은 탓이다. 지혜로울지라도 가르치지 않으면 공을 세우기가 어렵다. 예컨대 누군가에게 남의 옷을 빼앗도록 하면 죄의 경중輕重 차이는 있을지언정 반드시 처벌이 뒤따를 것이다. 또 누군가에게 주육酒肉을 대접케 하면 분위기를 부드럽게 하는 효과는 있으나 너무 과하면 어지러워지고, 너무 박하면 비난을 사게 된다.

손이양은 창무과唱無過와 화무과和無過의 '과'를 우遇, 무소주無所周의 '주'를 우遇의 잘못으로 보았다. 또 약패若粺의 '패'는 패稗가 돼야 한다고 했으나 두 글자 모두 볏과의 한해살이 풀인 피를 지칭한다. 필과必寡의 '필' 앞에 양보이는 공功이 누락된 것으로 보았다. 지이불교智而不教의 '지' 다음에 필원은 소少, 손이양은 다多가 빠졌다고 보았다. 문맥상 손이양의 견해가 타당하다. 공적식功適息을 두고 장혜언은 "내가 알고 있으면서 남에게 알리지 않으면 공이 멈추게 된다."고 풀이했다. 손이양은 사인탈인의使人奪人衣 구절 앞에 한 글자가 빠졌을 것으로 보았으나 그대로 두고 해석해도 무리가 없다.

43-69

聞在外者所不知也, 或曰, "在室者之色, 若是其色." 是所不智若所智也. 猶白若黑也, 誰勝? 是若其色也, 若白者必白. 今也智其色之若白也, 故智其白也. 夫名以所明正所不智, 不以所不智疑所明. 若以尺度所不智長. 外, 親智也. 室中, 說智也.

밖에서 들으면 안에 어떤 사람이 있는지 자세히 알 길이 없다. 누군가 이런 말을 했다고 치자.

"방안에 있는 자의 행색이 그대가 생각하는 것과 같소."

이 경우 모르고 있던 것이 문득 알고 있는 것과 같아지게 된다. 마치 흑백의 구별을 주문하면서 은근히 일러주는 것과 같다. 그리되면 과연 누가 합당하게 이기겠는가? 이때 흰 것이라 대답했다면 반드시 흰 것일 것이다. 지금 비로소 그 색깔이 희다는 것을 확인하게 됐지만 결과적으로 이전부터 그것이 흰 것이라는 사실을 알고 있던 것과 같다. 무릇 명칭은 밝게 아는 것을 가지고 모르는 것을 바로잡는 것을 뜻한다. 결코 모르는 것을 갖고 밝게 아는 것을 의심하는 게 아니다. 길이를 모를 때 자로 재는 것과 같다. 밖에 있던 사람이 기왕에 알고 있는 것은 스스로 경험해 알게 된 친지親智, 귀띔을 통해 방안의 사정을 알게 된 것은 다른 사람이 일러준 것을 통해 알게 된 설지說智에 해당한다.

시약기색야是若其色也의 '시약'을 손이양은 약시若是의 잘못으로 보았다. 또 부명이소명정소부지夫名以所明正所不智의 명名이 오초본에 명明으로 되어 있는 것을 보정했다. 유백약흑야猶白若黑也의 '약'은 여與와 통한다.

43-70

以詩, 不可也. 出入之言可, 是不詩, 則是有可也. 之人之言不可, 以當, 必不審.

하는 말이 모두 틀렸다고 여기는 것은 그 말을 믿을 수 없기 때문이다. 그 사람 말이 가하다고 여기는 것이 틀리지 않았다면 나름 믿을 만한 점이 있기 때문이다. 그 사람 말이 불합리한데도 합당한 것으로 여긴다면 그것은 반드시 합당치 못한 일이다.

손이양은 출입지언가出入之言可에서 '출입'은 지인之人, 필부심必不審의 '심'은 당當이 되어야 한다고 했다.

43-71

惟, 謂是霍可, 而猶之非夫霍也, 謂彼是是也. 不可謂者, 毋惟乎其謂. 彼猶惟乎其謂, 則吾謂不行. 彼若不惟其謂, 則不行也.

응낙應諾은 이것을 두고 상대가 '호虎'라고 할 경우 그렇다고 수긍하는 경우를 말하는데, '호'가 아니라고 해도 '그 말이 옳다.'며 상대의 말에 호응하는 경우도 포함한다. 일컫는 사안에 '불가'라고 답하면 응낙이 없는 것이다. 상대가 내 말을 응낙하면 곧 내가 말한 바대로 행해지고, 응낙하지 않으면 곧 내가 말한 바대로 행해지지 않게 된다.

손이양은 유惟를 유唯, 곽霍을 호虎의 잘못으로 보았다. 또 즉오위불행則吾謂不行의 '불'을 연자로 파악했다.

43-72

無南者, 有窮則可盡, 無窮則不可盡. 有窮無窮未可智, 則可盡不可盡不可盡, 未可智. 人之盈之否未可智, 而人之可盡, 不可盡亦未可智. 而必人之可盡愛也, 誖. 人若不盈先窮, 則人有窮也. 盡有窮無難. 盈無窮, 則無窮盡也, 盡有窮無難.

무궁無窮은 예컨대 '남쪽에 끝이 없다.'는 명제에 대해 끝이 있다면 닿을 수 있고, 없다면 닿을 수 없는 경우에 사용할 수 있다. 유궁有窮 내지 무궁 여부를 알 수 없다면 끝까지 닿을 수 있는 가진可盡과 그럴 수 없는 불가진不可盡 여부도 알 수 없다. 그곳까지 사람이 채워져 있는지 여부를 알 수 없다면 '가진'과 '불가진' 여부도 알 수 없다. 이를 토대로 겸애兼愛를 부인할 수 없는데도 사람들이 '겸애는 반드시 불가하다.'고 여기는 것은 잘못이다. 사람들이 '무궁한 것은 채울 수 없다.'고 말하지만 이미 채울 수 없다고 했으니 끝이 있는 것이다. 따라서 겸애를 추구하는 사랑 또한 끝이 있는 곳에 닿게 될 것이니 이를 토대로 겸애를 비난하는 것은 합당치 않다. 사람들이 무궁한 곳을 채우면 무궁한 것까지 이미 채워진 게 되고, 그 경계도 다함이 있게 된다. 이 또한 무궁을 유궁으로 바꾸어 추구하는 셈이니 이를 토대로 겸애를 비난하는 것은 합당치 않다.

무남자無南者를 두고 손이양은 『장자』「천하」의 '남방무궁이유궁南方無窮而有窮' 구절을 근거로 남쪽으로 가는 게 끝이 없다는 뜻으로 풀이했다. 또 즉가진불가진불가진則可盡不可盡不可盡의 중복된 '불가진'을 필원은 연문으로 보았다. 인지영지부人之盈之否의 두 번째 '지'를 손이양은 연자로 파악했다. 손이양은 불가진역미가지不可盡亦未可智에서 앞에 인지가진人之可盡이 누락되고, 이필인지가진애야而必人之可盡愛也에서 '가' 앞에 불不이 생략됐다고 보았다. 여기의 진애盡愛는 겸애兼愛의 뜻이다. 인약불영선궁人若不盈先窮의 '선'은 무无의 오자이다.

43-73

不二智其數, 惡智愛民之盡文也? 或者遺乎其問也? 盡問人則盡愛其所問, 若不智其數而智愛之, 盡文也無難.

빠짐없이 셀지라도 천하인의 숫자를 다 알 수 없는데 어떻게 애민愛民의 궁극을 이룰 수 있겠는가? '과인이 누군가를 누락시켰는가?'라고 물어서 사람들에게 묻는 일을 그치지 않는다면 그 물어본 사람들을 모두 사랑할 수 있게 된다. 설령 천하인의 전체 숫자를 모른다 할지라도 겸애의 이치를 알 수 있다. '겸애'는 이런 방식으로 천하의 모든 사람을 두루 사랑할 수 있는 것이니 비난할 게 없다.

손이양은 불이不二를 불일不一의 잘못, 진문盡文의 '문'을 지之의 오자로 보았다. 혹자유호기문야或者遺乎其問也의 '문'이 필원본에 문門으로 되어 있는 것을 손이양이 도장본을 좇아 보정했다.

43-74

仁, 仁愛也. 義, 利也. 愛利, 此也. 所愛所利, 彼也. 愛利不相爲內外, 所愛利亦不相爲外內. 其爲仁內也, 義外也, 擧愛與所利也, 是狂擧也. 若左目出右目入.

인仁은 사람을 사랑하는 인애仁愛, 의義는 사람을 이롭게 하는 이인利人을 뜻한다. 사람을 사랑하고 이롭게 하는 애리愛利는 이쪽 안에 있고, 사랑을 받고 이익을 보는 소애소리所愛所利는 저쪽 밖에 있다. '애리'도 안팎의 관계가 아니고, '소애소리'도 안팎의 관계가 아니다. 그런데도 인은 안에 있고, 의는 밖에 있다고 말하는 것은 '애리'와 '소애소리'의 관계를 제대로 파악치 못한 것이다. 일종의 광거狂擧에 해당한다. 이는 사물의 영상이 왼쪽 눈을 통해 들어갔다가 오른쪽 눈을 통해 빠져나온다고 말하는 것과 같다.

'인仁, 인애야仁愛也' 구절을 두고 장혜언은 뒤에 나오는 '인'을 연자로 보았다. 이에 대해 손이양은 옛날에 인人과 인仁이 통용된 까닭에 '인仁, 애인야愛人也'의 잘못일 공산이 크다고 했다. 그는 또 약좌목출우목입若左目出右目入 구절의 출出이 필원본에 빠져 있는 것을 도장본과 오초본을 토대로 보정했다. 약若이 오초본에 거居의 고자인 거凥로 되어 있는 것도 고쳤다.

43-75

學也, 以爲不知學之無益也, 故告之也, 是. 使智學之無益也, 是教也, 以學爲無益也教, 誖.

배움을 무익하다고 보는 자는 사람들이 이런 사실을 모른다고 생각해 이를 남에게 알려주기 위해 애쓰는데, 그것 자체가 바로 배움이다. 배움이 무익하다는 것을 깨우치도록 남에게 알려주는 게 가르침의 일종에 해당한다면, 그런 내용을 배운 것 자체가 무익하다는 사실을 가르친 셈이 된다. 배움이 무익하다고 가르친 내용도 무익하게 여기게 되니 결국 모순이 된다.

'시교야是教也, 이학위무익야교以學爲無益也教, 패誖' 구절을 두고 장혜언은 풀이키를, "그것을 배우는 것이 무익함을 알게 하려고 가르친다면, 이는 배움이 무익하다고 가르치는 것이 되니 잘못된 것이다."라고 했다.

43-76

論誹, 誹之可不可. 以理之可誹, 雖多誹, 其誹是也. 其理不可非, 雖少誹, 非也. 今也謂多誹者不可, 是猶以長論短.

비난하여 논할 때 과연 비난이 가능한가 하는 것은 이치가 잘못됐는지 여부를 대상으로 삼아 따져야 한다. 상대가 내세운 이치가 잘못된 것을 갖고 비난하면 비록 많이 비난할지라도 그 비난은 옳다. 그러나 그렇지 않은 것을 갖고 비난하면 비록 적게 비난할지라도 그 비난은 잘못된 것이다. 지금 이를 구별하지도 않은 채 많이 비판하는 것은 불가하다고 말하는 것은 마치 서로 비교대상이 되지 않는 것을 두고 장단을 논하는 이장논단以長論短에 해당한다.

이리지가비以理之可誹의 '비'를 장혜언은 비非의 잘못으로 보았다. 기리불가비其理不可非의 '비'를 왕인지는 비誹로 교정했다. 이장논단以長論短을 두고 장혜언은 "길고 짧음에 각기 마땅함이 있는데 긴 것을 기준으로 짧은 것을 논하면 논의가 이뤄질 수 없다."고 풀이했다.

43-77

不誹, 非己之誹也. 不非誹, 非可非也. 不可非也, 是不非誹也.

이치에 입각해 비난하는 자를 비난하는 것은 잘못이니, 이는 자신에 대한 정당한 비난을 비난하는 짓이다. 비난하지 않을 수 없는 불비비不非誹는 비난받을 만한 것을 비난하는 비가비非可非를 뜻한다. 이는 합당함을 따져 불가함을 비난하는 것이니 '불비비'의 기본취지에 부합한다.

불비不誹를 손이양은 「경 하」에 의거해 비비非誹의 잘못으로 보았다. 불가비야不可非也를 두고 손이양은 이같이 풀이했다. "다른 사람에게 실로 잘못이 있어 내가 그것을 비난하는 것은 비난받을 만한 바를 비난한 것이다. 내가 비난한 바가 스스로 합당하면 남들이 나를 잘못이라고 배척할 수 없다."

43-78

物, 甚長甚短. 莫長於是, 莫短於是, 是之是也. 非是也者, 莫甚於是.

사물은 기준이 되는 무엇인가보다 매우 긴 경우도 있고, 반대인 경우도 있다. '이보다 더 긴 게 없다.'고 말하거나, '이보다 더 짧은 게 없다.'고 말하는 게 그렇다. 기준이 된 '이것'을 수긍하지 않으면 '이보다 더 심하다.'는 표현은 성립할 길이 없다.

막심어시莫甚於是를 두고 손이양은 앞에 비非가 빠졌을 것으로 보았다.

43-79

取高下, 以善不善爲度, 不若山澤. 處於善於處上, 下所請上也.

사람을 택해 자리에 앉힐 때 자리의 고하는 좋거나 좋지 않은 선불선善不善을 기준으로 삼는 게 바람직하다. 통상 고하高下를 상징하는 것으로 산택山澤만한 게 없다. 못처럼 아랫자리에 있으면서 산처럼 윗자리에 처한 자보다 잘하면 이른바 상급의 인물이 될 수 있다.

손이양은 하소청상야下所請上也의 '청'을 위謂의 잘못으로 보았다.

43-80

不是, 是則是且是焉. 今是文於是, 而不於是, 故是不文. 是不文則是而不文焉. 今是不文於是, 而文與是, 故文與是不文同說也.

이것이 아니라는 뜻의 불시不是와 이것과 같다는 뜻의 시동是同에 나오는 '시'는 곧 이것을 이것으로 여긴다는 의미이다. 지금 누군가 이것에 대해 그렇다고 여길 때 이를 부정하면 '이것은 아니다.'라는 뜻이 된다. '이것은 아니다.'라는 말은 곧 이것을 부정한 것이다. 지금 이것을 두고 누구는 부정하고, 누구는 긍정하면 '이다'와 '아니다'는 곧 같은 것을 두고 달리 설명하는 게 된다.

손이양은 여기에 나오는 부不를 모두 부否로 간주하면서, 문文도 지之의 잘못으로 풀이했다. 또 이불어시而不於是는 이부지어시而不之於是, 이문여시而文與是는 이시문여시而是文與是로 바꿔야 한다고 했다.

권 11
제44장 대취(大取)

'대취'와 '소취'는 묵가의 논리학 체계를 설명해 놓은 것이다. '취'는 비유를 취했다는 의미로 사용된 것이다. 본문에 '이로운 것 가운데 큰 것을 취한다.'는 구절이 나온다. 그러나 '대취'와 '소취'의 근본적인 차이는 없다. 편의상의 분류로 보인다. 손이양의 분석에 따르면 '대취'와 '소취'는 「묵경」의 여론餘論에 해당한다. '대취'와 '소취'를 하나로 묶어 「묵경」과 대비되는 「묵변墨辯」으로 통칭하는 이유다.

44-1

天之愛人也, 薄於聖人之愛人也. 其利人也, 厚於聖人之利人也. 大人之愛小人也, 薄於小人之愛大人也. 其利小人也, 厚於小人之利大人也. 以臧爲其親也而愛之, 非愛其親也. 以臧爲其親也而利之, 非利其親也. 以樂爲利其子而爲其子欲之, 愛其子也. 以樂爲利其子而爲其子求之, 非求其子也.

천지가 사람을 사랑하는 것은 성인보다 박하지만, 사람을 이롭게 하는 것은 성인보다 후하다. 대인이 소인을 사랑하는 것은 소인이 대인을 사랑하는 것보다 박하지만, 이롭게 하는 것은 소인이 대인을 이롭게 하는 것보다 후하다. 부모를 위해 노비를 사랑하는 것은 부모를 사랑하는 것이다. 그러나 부모를 이롭게 할 생각으로 노비를 이롭게 하는 것은 부모를 이롭게 하는 게 아니다. 자식을 위해 음악을 가르치는 것은 자식을 사랑하는 것이다. 그러나 자식을 이롭게 할 생각으로 음악을 가르치는 것은 자식을 이롭게 하는 게 아니다.

이악위리기자以樂爲利其子에서 '리'를 애愛의 잘못으로 보는 견해도 있으나 그대로 두고 해석해도 가하다. 비애기친야非愛其親也의 '비'를 손이양은 연자로 보았다.

44-2

於所體之中, 而權輕重之謂權. 權, 非爲是也, 非非爲非也. 權, 正也. 斷指以存擊, 利之中取大, 害之中取小也. 害之中取小也, 非取害也, 取利也. 其所取者, 人之所執也. 遇盜人, 而斷指以免身, 利也. 其遇盜人, 害也. 斷指與斷腕, 利於天下相若, 無擇也. 死生利若, 一無擇也. 殺一人以存天下, 非殺一人以利天下也. 殺己以存天下, 是殺己以利天下.

몸에서 경중輕重을 재는 것을 일컬어 저울을 뜻하는 권權이라고 한다. '권'은 시비是非에서 '시'가 되는 것도 아니고, '비'가 되는 것도 아니다. 중심을 바로잡는 이른바 정正이다. 손가락을 잘라 팔뚝을 살릴 수 있다면 이는 이로움 가운데 큰 것을 취하는 이른바 취대取大이다. 해로움 가운데 가장 작은 것을 취하는 취소取小와 취지를 같이한다. '취소'는 해로움을 취하는 게 아니라 이로움을 취하는 것이다. 타인이 주도권을 장악한 불리한 상황에서 최대한 유리한 것을 택하는 사례에 속한다. 도적을 만났을 때 손가락을 잘라 몸이 죽는 해를 면했다면 이로운 것이다. 도둑을 만나는 것은 해로운 일이지만 손가락이나 팔뚝을 잘라 몸을 살리는 게 천하를 이롭게 하는 것이다. 이를 감안하면 선택의 여지는 없다. 삶과 죽음이 이로운 점에서 서로 같다면 사람들은 틀림없이 죽음을 버리고 삶을 택할 것이다. 한 사람을 죽여 천하를 보전하는 것은 한 사람을 죽여 천하를 이롭게 하는 게 아니다. 자신을 죽여 천하를 보전하는 것이 바로 자신을 죽여 천하를 이롭게 하는 것이다.

소체所體는 형체를 갖고 있는 것을 지칭한다. 단지이존완斷指以存擥의 '완'은 완腕과 통한다. 손이양은 단지여단완斷指與斷腕의 '완'과 완捥 모두 완擥의 속자로 보았다. 또 무택야無擇也 앞에 비非가 빠져 있고, 일무택야一無擇也의 '일'도 비非의 잘못이고, 살일인殺一人의 '일'은 연자로 보아야 한다고 했다.

44-3

於事爲之中而權輕重之謂求. 求爲之, 非也. 害之中取小, 求爲義, 非爲義也. 爲暴人語天之爲是也, 而性, 爲暴人歌天之爲非也. 諸陳執旣有所爲, 而我爲之陳執, 執之所爲, 因吾所爲也. 若陳執未有所爲, 而我爲之陳執, 陳執因吾所爲也. 暴人爲我爲天之. 以人非爲是也, 而性不可正而正之. 利之中取大, 非不得已也. 害之中取小, 不得已也. 所未有而取焉, 是利之中取大也. 於所旣有而棄焉, 是害之中取小也.

일을 하면서 경중을 재는 것을 일컬어 추구한다는 뜻의 '구求'라고 한다. 어떤 일을 추구하는 것이 곧 그 일을 행하는 것은 아니다. 해로움 가운데 작은 것을 취하는 '취소'는 의로운 일을 추구하는 것이기는 하나 의로운 일 자체를 하는 것은 아니다. 포학한 자에게 하늘의 뜻을 말하는 것은 옳은 일을 하려는 것으로 수긍이 가지만, 포학한 자를 위해 하늘의 뜻을 노래하는 것은 잘못된 일이다. 자신의 주장을 고집하는 모든 진집陳執은 이미 자신이 그렇게 행한 바가 있는 소위所爲에서 비롯된 것이다. 내가 '소위'를 통해 '진집'으로 나아가는 것은 내가 붙들고 있는 주장이 그렇게 만든 것으로 곧 나의 '소위'에서 비롯된 것이다. '진집'이 아직 '소위'에서 비롯된 것아 아닌데도 '진집'을 행하면 이 '진집'은 내가 과거에 행한 어떤 '소위'에서 비롯된 것이다. 포학한 자가 스스로 하늘의 뜻을 행한다고 여긴 나머지 사람들이 아니라고 여기는 것을 옳다고 고집하는 것은 바로 잡을 수 없는 곳에서 바로잡고자 하는 짓이다. 이로움 가운데 큰 것을 취하는 '취대'는 부득이해서 그러는 게 아니다. 그러나 해로움 가운데서 작은 것을 취하는 '취소'는 부득이해서 그런 것이다. 아직 빚어지지 않은 일 속에서 취하는 것은 '취대', 이미 빚어진 일 속에서 버리는 것은 '취소'에 해당한다.

사위事爲는 종사從事와 같다. 가천지위비歌天之爲非의 '가'는 고한다는 의미의 동사로 사용된 것이다. 진집陳執은 지속적으로 고집한다는 의미이다. 이성而性의 '성'을 손이양은 유唯의 의미를 지닌 유惟의 잘못으로 보았다.

44-4

義可厚, 厚之. 義可薄, 薄之, 謂倫列. 德行•君上•老長•親戚, 此皆所厚也. 爲長厚, 不爲幼薄. 親厚, 厚. 親薄, 薄. 親至, 薄不至. 義厚親, 不稱行而顧行. 爲天下厚禹, 爲禹也. 爲天下厚愛禹, 乃爲禹之人愛也. 厚禹之加於天下, 而厚禹不加於天下. 若惡盜之爲加於天下, 而惡盜不加於天下. 愛人不外己, 己在所愛之中. 己在所愛, 愛加於己. 倫列之愛己, 愛人也.

의에 비춰 후하게 대할 것은 후하게 대하고, 박하게 대할 것은 박하게 대하는 것을 일컬어 함께 나란히 있는 윤렬倫列이라고 한다. 덕행이 뛰어난 사람과 군주, 노인과 어른, 부모 모두 후하게 대해야 하는 사람들이다. 그러나 어른을 후하게 대하는 것이 어린애를 박하게 대하는 것이 돼서는 안 된다. 친척을 후하게 대하는 게 후대厚待이고, 박하게 대하는 게 박대薄待이다. 후대는 지극히 할 수 있지만, 박대는 지극히 할 수 없다. 의에 비춰 가까운 사람을 후대하는 것을 두고 덕행으로 칭송할 수는 없으나 대략 비슷하기는 하다. 천하를 위해 우임금을 후대하는 것은 우임금을 위하는 게 된다. 천하를 위해 우임금을 두터이 사랑하는 것은 바로 우임금이 사람들을 크게 사랑했기 때문이다. 우임금을 후대하는 것은 그 덕이 천하에 더해질 것을 기대하기 때문이다. 그렇다고 그것이 실제로 천하에 큰 덕을 더해주는 것은 아니다. 도적을 미워하는 오도惡盜가 천하에 그 취지가 더해질 것을 기대한데서 나온 것과 같다. 그렇다고 그것이 실제로 천하에 큰 해를 줄여주는 것은 아니다. 사람을 사랑하는 애인愛人은 자신을 사랑하는 애기愛己를 배제하지 않는다. '애기' 자체가 '애인' 속에 포함돼 있기 때문이다. '애기'가 '애인' 속에 있기에 사랑이 자연스럽게 자신에게도 더해진다. '윤열'의 관점에서 보면 '애기'는 곧 '애인'의 결과이기도 하다.

윤렬倫列은 원칙에 따라 배열한다는 뜻이다. 칭행稱行은 덕행으로 일컫는다는 의미이다. 고행顧行의 '고'를 두고 손이양은 류類의 오자로 보았다. 덕행에 가깝다는 의미이다. 손이양은 우지인애禹之人愛의 '인애'를 애인愛人이 도치된 것으로 보았다.

44-5

聖人惡疾病, 不惡危難. 正體不動, 欲人之利也, 非惡人之害也. 聖人不爲其室, 臧之故, 在於臧. 聖人不得爲子之事, 聖人之法, 死亡親, 爲天下也. 厚親, 分也, 以死亡之, 體渴興利. 有厚薄, 而毋倫列之興利爲己.

성인은 자신의 몸을 스스로 소중하게 여긴 까닭에 질병疾病을 미워했고, 남을 위해 어렵고 험한 일을 피하지 않은 까닭에 위난危難을 미워하지 않았다. 성인이 자신의 몸을 보중保重한 것은 자신의 행동으로 사람들 모두 이로워지기를 바랐기 때문이지, 사람들을 위해 헌신하는 것을 꺼렸기 때문이 아니다. 성인은 자신의 집안을 위해 재화를 쌓아두지 않고, 남을 위해 쌓아둔다. 성인은 자식을 위한 일을 하지 않는다. 성인의 법은 부모 사후 곧 부모를 잊으니 이는 천하를 위해 일하고자 하기 때문이다. 부모를 후대하는 것은 자식이 응당 해야 할 본분이기는 하나 부모 사후에는 곧 잊어야 한다. 몸을 다해 천하를 위한 이로움을 일으키기 위해서이다. 성인은 사람을 사랑할 때 후대만 있었고, 박대는 없었다. 모든 사람을 고르게 대하는 윤열倫列의 이치를 좇아 천하를 널리 이롭게 하는 것이 곧 자신을 이롭게 하는 것임을 통찰한 결과다.

'장지고臧之故, 재어장在於臧' 구절을 두고 필원은 아랫사람을 위해 부를 쌓아두는 것으로 풀이했다. 여기의 '장'은 장藏과 통한다. 사망친死亡親을 두고 손이양은 망亡을 망忘과 통하는 것으로 간주해 '부모가 죽자 이내 잊어버렸다.'고 새겼다. 박상薄喪을 뜻하는 것으로 본 것이다. 체갈體渴은 온 몸을 기울인다는 의미이다.

44-6

『語經』, 語經也, 非白馬焉. 執駒焉, 說求之, 舞說非也. 漁大之舞大, 非也. 三物必具, 然後足以生.

공손룡公孫龍 등의 명가名家가 사용하는 『어경語經』은 온갖 궤변을 여러 이유와 논거 등을 들어 뒷받침하고 있다. 예컨대 '흰 말은 말이 아니다.'라든가 '외톨이 망아지에게는 어미가 없다.'라는 등의 주장이 그렇다. 이를 논박코자 하면 확고한 이치로 차분히 설명할 줄 알아야 한다. 그런 설명이 없으면 잘못된 것이다. 어떤 개를 죽이겠다고 하면서 그 개에 대한 설명이 없는 경우와 같다. 이는 잘못이다. 개를 죽이려는 이유와 그 논거, 유사한 사례 등 3가지 요건을 갖춰야 비로소 제대로 된 설명이 가능하다.

집구執駒를 필원은 '외로운 망아지에게는 어미가 없다.'는 명가의 궤변으로 보았다. 무설비야舞說非也의 '무'를 필원은 무無의 잘못으로 파악했다. 어대지무대漁大之舞大의 '어대'를 손이양은 살견殺犬의 잘못으로 보았다.

44-7

臧之愛己, 非爲愛己之人也. 厚不外己, 愛無厚薄. 擧己, 非賢也.

義, 利. 不義, 害. 志功爲辯. 有有於秦馬, 有有於馬也, 智來者之馬也. 愛衆衆世, 與愛寡世相若. 兼愛之, 有相若. 愛尙世與愛後世, 一若今之世人也. 鬼, 非人也. 兄之鬼, 兄也. 天下之利驩. '聖人有愛而無利', 俔日之言也, 乃客之言也. '天下無人', 子墨子之言也. 猶在.

노복이 자신을 사랑하는 애기愛己를 얘기한다고 해서 자신을 사랑하는 사람인 애기지인愛己之人이 되는 것은 아니다. 또한 남을 후대한다고 해서 스스로를 제외시키는 것은 아니다. 사랑에는 후박厚薄이 없기 때문이다. 그런 점에서 자신을 남 앞에 드러내는 거기擧己는 현명한 일이 아니다. 예로부터 의는 이롭고, 불의는 해롭기 마련이다. 의도와 결과는 구별돼야 한다. 진秦나라에 친구가 있을 때 미리 언급해 두어야만 막상 그 친구가 왔을 때 그 배경 등을 알 수 있다. 세상의 많은 세대인 중세衆世를 사랑하는 것과 세상의 적은 세대인 과세寡世를 사랑하는 것은 같은 일이다. 두루 사랑하는 '겸애'의 차원에서 볼 때 양자는 서로 같다. 이전 세대인 상세尙世를 사랑하는 것과 이후 세대인 지금의 후세後世를 사랑하는 것도 같은 일이다. 귀신은 사람은 아니지만, 형의 귀신은 형이다. 천하인은 이롭게 해주면 모두 기뻐한다. '성인은 사랑만 있을 뿐 이롭게 하는 일은 없다.'고 하는 것은 모두 유자儒者들의 객쩍은 말이다. '천하에 남이란 없다.'고 한 것은 묵자의 말이다. 이는 앞으로도 계속 유효할 것이다.

지공志功은 본래의 의지와 사후에 나타난 일의 결과를 뜻한다. 손이양은 유유어진마有有於秦馬의 '유유'를 유우有友, 유유어마有有於馬를 유우어구언有友於口焉의 잘못으로 보았다. '애중중세愛衆衆世, 여애과세상약與愛寡世相若' 구절을 두고 필원은 '세'를 야也로 바꿨고, 왕인지는 '애중야여애과야상약愛衆也與愛寡也相若'의 잘못으로 보았다. 이에 대해 손이양은 '애중세여애과세상약愛衆世與愛寡世相若'으로 바꾸는 게 옳다고 했다. 손이양의 의견을 좇았다. 현일지언야俔日之言也의 '현'은 반박하고 비난한다는 뜻이다. 유자를 뜻하는 유儒의 속자가 변형된 것으로 보는 견해도 있다. 손이양은 그같이 풀이해도 가하다고 보았다. '일'을 손이양은 왈曰의 잘못으로 파악했다. 객지客之는 객쩍은 것을 뜻한다. 무인無人은 남이 없다는 뜻으로 곧 겸애를 의미한다.

44-8

不得已而欲之, 非欲之也. 非殺臧也. 專殺盜, 非殺盜也. 凡學愛人, 小圜之圜, 與大圜之圜同. 方至尺之不至也, 與不至鍾之至不異. 其不至同者, 遠近之謂也.

부득이하여 바라는 것은 진정 바라는 게 아니다. 오로지 노복을 죽이는 길밖에 없었다면 진정 노복을 죽이고자 한 것은 아니다. 오로지 도적을 죽이는 길밖에 없었다면 이 또한 진정 도적을 죽이고자 한 것은 아니다. 무릇 두루 사랑하는 '겸애'의 정신을 배우는 것은 높이 칭송받을 만한 일이다. 작은 원의 둥글기와 큰 원의 둥글기는 서로 같은 것이다. 목적지에 1척가량 남겨 놓고 도달하지 못한 것과 1천 리가량 도달하지 못한 것 역시 서로 다르지 않다. 도달하지 못한 점에서 볼 때 서로 같다고 말한 것은 원근을 막론하고 도달하지 못한 점에 초점을 맞춰 언급한 결과다.

소환小圜의 '환'은 원圓과 같다. 손이양은 방지方至의 '방'을 부不, 종지지鍾之至의 '종'을 천리千里의 오자로 보았다.

44-9

是璜也, 是玉也. 意楹, 非意木也, 意是楹之木也. 意指之人也, 非意人也. 意獲也, 乃意禽也. 志功, 不可以相從也. 利人也, 爲其人也. 富人, 非爲其人也, 有爲也以富人. 富人也, 治人有爲鬼焉. 爲賞譽利一人, 非爲賞譽利人也, 亦不至無貴於人. 智親之一利, 未爲孝也, 亦不至於智不爲己之利於親也.

옥 장식인 황璜을 말하는 것은 곧 옥玉을 지칭하는 것이다. 기둥인 영楹을 말하는 것은 나무를 뜻하는 게 아니라, 기둥이 될 나무인 영지목楹之木을 뜻하는 것이다. 손가락으로 헤아리는 것을 말하는 것은 사람을 헤아리는 것을 뜻하는 게 아니다. 사냥하여 잡는 포획捕獲을 말하는 것은 날짐승을 뜻하는 게 아니다. 공을 세우고자 하는 의지와 실제로 이룬 공은 서로 같기만 한 것은 아니다. 그 사람을 이롭게 하는 것은 당사자를 이롭게 하는 것이다. 남을 부유하게 하는 부인富人은 특정 당사자를 부유하게 만드는 게 아니다. 의도 자체가 남을 부유하게 만드는데 있었기에 특정 당사자가 그 혜택을 입었을 뿐이다. 남을 부유하게 해주어야 사람도 제대로 다스릴 수 있고 귀신도 위할 수 있다. 한 사람을 포상하고 칭송하여 이롭게 하는 것은 모든 사람을 이롭게 하는 것은 아니지만, 포상과 칭송을 널리 권장하는데 아무런 도움도 주지 못하는 것은 아니다. 부모에게 한 가지 이로움을 주는 것은 효를 논하기에 부족하지만 부모에게 이로움을 주는 것을 분명히 알면서도 이를 행하지 않는 지경에 이르게 하지는 않는다.

의영意楹의 '의'는 의도한다는 뜻이다. 내의금야乃意禽也의 '내'를 유월은 비非의 잘못으로 보았다. 손이양은 그대로 해석했으나 문맥상 유월의 주장이 더 낫다. 유위有爲는 겸애의 실천을 뜻한다. 무귀어인無貴於人의 '무귀'를 손이양은 무상예無賞譽로 바꿔야 한다고 했다.

44-10

智是世之有盜也, 盡愛是世. 智是室之有盜也, 不盡是室也. 智其一人之盜也, 不盡是二人. 雖其一人之盜, 苟不智其所在, 盡惡其弱也?

이 세상에 도적이 아무리 많이 존재할지라도 세상 사람을 두루 사랑할 줄 알아야 한다. 이 집에 도적이 있다는 것을 안다고 해서 이 집에 있는 모든 사람을 미워해야 하는 것은 아닌 것과 같다. 2인 가운데 1인이 도적이라는 사실을 알 때 2인을 모두 미워하는 것은 아니다. 하물며 당사자가 누구인지 알지 못하는 경우야 어찌 2인 주변의 모든 사람을 미워할 수 있겠는가?

손이양은 부진시실不盡是室의 '진' 아래에 오惡가 빠졌고, 시이인是二人은 오시인惡是人의 잘못이고, 오기약惡其弱의 '약'은 붕朋의 오자라고 했다.

44-11

諸聖人所先, 爲人欲名實. 名實不必名. 苟是石也白, 敗是石也, 盡與白同. 是石也唯大, 不與大同. 是有便謂焉也. 以形貌命者, 必智是之某也, 焉智某也. 不可以形貌命者, 唯不智是之某也, 智某可也. 諸以居運命者, 苟人於其中者, 皆是也, 去之, 因非也. 諸以居運命者, 若鄉里, 齊荊者, 皆是. 諸以形貌命者, 若山丘室廟者, 皆是也.

여러 성인이 먼저 한 일은 사람들에게 명名과 실實의 부합을 본받아 행하도록 한 것이다. '실'이 반드시 '명'과 부합하는 것은 아니다. 백석白石에서 '백'만 취할 경우 돌이 아무리 클지라도 대석大石의 '대'는 '백'과 분리돼 버린다. '백석'으로 굳어져 있기 때문이다. 형태와 모양을 근거로 이름을 붙인 것은 반드시 그것이 어떤 것인지 쉽게 알도록 하려는 취지에서 나온 것이다. 형태와 모양을 근거로 이름을 붙일 수 없는 경우도 유추 등을 통해 대략 실체를 어느 정도 파악할 수 있다. 머물거나 옮겨지는 점에 주목해 명칭을 붙인 게 그렇다. 그 구역 안에 들어가면 모두 그런 것이 되고, 떨어져 있으면 그런 것이 아닌 게 된다. 예컨대 머물거나 옮겨지는 점에 주목해 명칭을 붙인 것 가운데 붙박이 국명인 제齊와 초楚 등이 모두 그러하다. 형태와 모양을 근거로 이름을 붙인 것 가운데 산이나 언덕, 집, 사당 등의 명칭도 마찬가지다.

손이양은 위인욕명실爲人欲名實의 '욕'을 효效의 오자, 명실불필명名實不必名의 앞에 나온 '명'을 연자, 패시석야敗是石也의 '패'를 취取의 오자로 보았다. 유대唯大의 '유'는 수雖와 통한다. 오초본에는 유惟로 되어 있다. 변위便謂의 '변'을 손이양은 사使의 잘못으로 보았다. 거운居運을 필운은 한 곳에 머무는 거주居住와 이사하는 운사運徙로 풀이했다. 구인苟人의 '인'을 손이양은 입入의 오자로 파악했다.

44-12

智與意異. 重同, 具同, 連同, 同類之同, 同名之同, 丘同, 鮒同, 是之同, 然之同, 同根之同. 有非之異, 有不然之異. 有其異也, 爲其同也, 爲其同也異. 一曰乃是而然, 二曰乃是而不然, 三曰遷, 四曰强. 子深其深, 淺其淺, 益其益, 尊其尊. 察次山比因至, 優指復. 次察聲端名, 因情復. 正夫辭惡者, 人有以其淸得焉. 諸所遭執, 而欲惡生者, 人不必以其請得焉.

아는 것과 뜻하는 것은 다르다. 실질이 같은 중동重同, 장소가 같은 구동具同, 이어져 같은 연동連同, 같은 부류로서 같은 동류지동同類之同, 같은 이름으로 같은 동명지동同名之同, 구역이 같은 구동丘同, 붙어 있어 같은 부동鮒同, 그 점에서 같은 시지동是之同, 그러함에서 같은 연지동然之同, 뿌리가 같은 동근지동同根之同이 있다. 서로 아니어서 다른 비지이非之異, 그렇지 않아 다른 불연지이不然之異도 있다. 또 다른데도 같다고 여기고, 같은데도 다르다고 여기는 경우도 있다. 이를 종합해 보면 첫째, 그러하므로 그렇다고 여기는 내시이연乃是而然이 있다. 둘째, 그러한데도 그렇지 않다고 여기는 내시이불연乃是而不然이 있다. 셋째, 과거에는 그러했으나 지금은 그렇지 않은 것으로 옮겨간 천遷이 있다. 넷째, 외양상 그럴 듯한 것을 억지로 같게 보이도록 만든 견강부회의 강强이 있다. 묵자는 '깊은 것은 깊게 하고, 얕은 것은 얕게 하고, 더할 것은 더하고, 뺄 것은 빼라!'고 말했다. 묵자의 주장을 좇아 말과 실정의 관계를 살펴보면 대략 이렇다. 만일 도둑을 찾는 것이 이 방에서 멈췄다면 이는 사람들이 가리켜서 그 실정을 파악한 것이고, 도둑을 찾으라는 소리로 파악케 됐다면 이는 그 실정을 따져 얻은 게 된다. 또한 어떤 일이 빚어졌을 때 필부는 비록 천하지만 스스로 자신의 뜻을 분명히 밝힐 수만 있다면 반드시 그 실정을 파악할 수 있을 것이다. 그러나 죄를 지어 갇히게 되면 설령 굴욕을 당할지라도 자신의 뜻을 분명히 밝히기가 어려운 까닭에 반드시 실정을 파악할 수 없을 것이다.

구동丘同의 '구'는 구區, 부동鮒同의 '부'는 부附와 통한다. 시지是之는 '그 점에서'의 뜻이고, 연지然之는 '그러함에서'의 뜻이다. 사왈강四曰强의 '강'은 겉모양은 같으나 실제는 다르다는 뜻으로 견강부회牽强附會의 의미이다. 자심기심子深其深 이하의 구절을 두고 "심오深奧한 것은 깊이 연구하고, 천근淺近한 것은 얕게 연구하고, 애써 절용節用과 절장節葬을 실행하라."는 묵자의 가르침으로 풀이한 견해가 있다. 참고할 만하다. '찰차산비인지察次山比因至'에서 '인정복因情復'에 이르는 구절에 대해 여러 해석이 있고, 그 가운데 묵가 학설의 특징으로 풀이한 견해가 가장 많다. 대략 "유래와 원인을 살펴보아야만 지극히 뛰어난 취지를 이해할 수 있고, 성가와 단서 및 명성과 원인을 살펴보아야만 실정을 파악하게 될 것이다."라는 식으로 풀이하고 있다. 이에 대해 손이양은 "도둑을 찾는 것이 이 방에서 멈춘 것은 사람들이 가리켜서 얻은 것이고, 도둑을 찾으라는 소리로 그 이름을 얻었다면 그 실정을 따져 얻은 것이다."라고 풀이했다. 모두 만족스럽지는 못하지만 손이양의 해석을 좇는 게 좋을 듯하다. 손이양은 또 정부사오자正夫辭惡者의 '정부'를 필부匹夫의 잘못, 인우人右의 '우'를 유有의 오자로 보았다.

44-13

聖人之附瀆也, 仁而無利愛. 利愛生於慮. 昔者之慮也, 非今日之慮也. 昔者之愛人也, 非今之愛人也. 愛獲之愛人也, 生於慮獲之利. 慮獲之利, 非慮臧之利也. 而愛臧之愛人也, 乃愛獲之愛人也. 去其愛而天下利, 弗能去也. 昔之知牆, 非今日之知牆也. 貴爲天子, 其利人不厚於匹夫. 二子事親, 或遇孰, 或遇凶, 其親也相若, 非彼其行益也, 非加也. 外執無能厚吾利者. 藉臧也死, 而天下害, 吾持養臧也萬倍. 吾愛臧也不加厚.

성인의 보살핌을 두고 흔히 말하기를, '어질기는 하나 이롭게 해주고 사랑하는 애리愛利의 취지는 없다.'고 하나 지금은 사정이 다르다. 원래 '애리'는 배려配慮에서 나온 것이다. 옛 사람의 배려는 요즘 사람과 다르고, 사랑 또한 요즘 사람과 다르다. 노비를 뜻하는 장획臧獲에 대한 사랑이 그렇다. 원래 남자 하인을 사랑하는 애획愛獲에서 도출된 애인愛人은 하인의 이익에 대한 배려에서 나온 것이다. 엄밀히 말하면 이는 하녀의 이익에 대한 배려와 다르기는 하다. 그러나 하녀를 사랑하는 애장愛臧에서 도출된 애인이 내용 면에서 '애획'에서 출발한 것과 다를 리 없다. 옛날과 달리 지금은 '애획'과 '애장'에 표현된 '애'의 제거로 천하가 이롭게 된다면 이를 제거하지 않을 수 없다. 하녀를 아는 예전의 지장知臧 역시 요즘과 다르다. 원래 필부가 문득 고귀한 천자가 될지라도 천하의 사람을 이롭게 하는 것이 필부 때보다 특별히 더 나아지는 게 아니다. 2명의 효자가 부모를 섬길 때를 생각해보자. 혹은 풍년이 오고 혹은 흉년이 올지라도 서로 힘을 합쳐 부모를 모시면 그 효행은 풍년과 흉년을 막론하고 한결같을 수밖에 없다. 이들의 효행은 외부의 형세에 의해 더 보태지거나 감해지는 게 아니다. 이처럼 외부의 형세는 자신의 부모를 이롭게 하려는 효자의 효행을 더 두터이 해줄 수는 없는 것이다. 같은 이치로 하녀의 죽음이 천하를 크게 해칠 경우 우리는 하녀를 1만 배나 더 잘 돌보아 줄 터이나, 그렇다고 해서 하녀에 대한 우리의 사랑이 더 두터워지는 것은 아니다.

부가附瀆의 '부'가 도장본과 오초본에는 부拊로 되어 있다. '가'를 두고 필원이 뜻을 알 수 없다고 했다. 문맥상 사람들을 보살펴 길러준다는 의미로 보인다. 애획지애인야愛獲之愛人也를 두고 흔히 '하인의 애인愛人을 사랑하다.'로 풀이하고 있다. 해석을 꼬이게 만든 대표적인 사례에 해당한다. 내용적으로 볼지라도 하인이 천하 사람을 사랑하는 경우를 상정하는 것 자체가 무리이다. '획지애인'을 앞에 나오는 애愛의 목적어로 간주한 후과다. 이는 주인이 하인을 사랑하는 '애획'의 행보에서 도출된 '애인'으로 풀이해야 한다. 그래야 문맥도 순통順通하고 내용도 사리에 부합하게 된다. 불능거야弗能去也의 '거'를 손이양은 문맥상 불거不去의 잘못이라고 했다. 석지지장昔之知牆의 '장'을 소시학은 장臧, 유월은 인색할 색嗇의 잘못으로 보았다. '비피기행익야非彼其行益也, 비가야非加也'를 손이양은 비피기행익가야非彼其行益加也의 잘못으로 보았다. 여기의 '익'은 풍년이 들어 부모에게 더 보태어 드리는 것을 뜻하고, '가'는 흉년이 들어 부모에게 더해 드리는 것을 의미한다. 외세外埶의 '세'는 세勢의 가차이다. 자장야사藉臧也死의 '자'는 가정을 뜻하는 부사어이다. 지양持養은 부양扶養과 같다.

44-14

長人之異, 短人也同, 其貌同者也, 故同. 指之人也與首之人也異, 人之體非一貌者也, 故異. 將劍與挺劍異. 劍, 以形貌命者也, 其形不一, 故異. 楊木之木與桃木之木也同. 諸非以擧量數命者, 敗之盡是也, 故一人指, 非一人也. 是一人之指, 乃是一人也. 方之一面, 非方也, 方木之面, 方木也.

키가 크거나 작은 사람을 두고 서로 같다고 말하는 것은 양자 모두 사람의 모습을 같이하고 있기 때문이다. 사람에게 신체의 일부인 손가락과 머리는 다른 의미를 지닌다. 사람의 몸은 한 가지 모습으로 나타나지 않기 때문에 다르다고 말하는 것이다. 똑같은 칼일지라도 칼을 그냥 들고 있는 것과 칼을 뽑아든 것은 차원이 다르다. 원래 칼은 형태와 모습을 근거로 이름을 붙인 것이다. 그러나 그냥 들고 있는 것과 뽑아든 것의 정황이 한결같지 않기 때문에 다르다고 말하는 것이다. 버드나무와 복숭아나무를 두고 그 쓰임새는 다르지만 나무라는 점에서 보면 같다고 말하는 경우도 마찬가지다. 수량에 따라 다른 명칭을 붙이는 게 아니라면 모두 같은 것으로 간주해도 좋다. 예컨대 어떤 사람의 손가락을 두고 말할 때 누구의 손가락인지 특정할 수는 없을지라도 그것이 어떤 사람의 손가락인 것만은 분명하다. 방형方形의 일면이 방형 자체는 아니지만, 방형의 재목인 방목方木의 경우는 4면 가운데 어느 일면이든 모두 방목에 해당한다.

장인지이長人之異의 '이'를 유월은 여與의 잘못으로 보았다. 장검將劍은 칼을 들고 있다는 의미이고, 정검挺劍은 칼을 빼어든다는 뜻이다. 패지진시敗之盡是의 '패'를 손이양은 취取의 오자로 보았다.

44-15

以故生, 以理長, 以類行也者. 立辭而不明於其所生, 忘也. 今人非道無所行, 唯有强股肱而不明於道, 其困也, 可立而待也. 夫辭以類行者也, 立辭而不明於其類, 則必困矣.

모든 언사言辭는 대소를 막론하고 우선은 어떤 연고緣故에서 태어나고, 이치理致에 기초한 논거論據로 커지고, 마침내 유사한 사례인 유례類例를 통해 뒷받침된다. 이론을 전개하면서 문제가 생겨난 배경을 알지 못하면 망령된 말이 된다. 요즘 사람들에게 이치에 닿지 않는 얘기를 하면 통할 수 없다. 아무리 견강부회의 논리를 끌어다가 도와줄지라도 당사자가 이내 곤경에 빠질 것은 서서 기다려도 좋을 정도로 빤한 일이다. 나아가 모든 언사는 유례의 뒷받침이 있어야만 널리 통용될 수 있다. 아무리 뛰어난 이론을 전개할지라도 적절한 유례를 제시하지 못하면 반드시 곤경에 처하게 될 것이다.

이고생以故生을 두고 손이양은 앞에 '부사夫辭'가 생략됐다고 보았다. 『광아』「석고」는 고故를 사事로 풀이했다. 망야忘也의 '망'을 고광기는 망妄의 잘못으로 보았다. 가립이대可立而待는 가히 서서 기다릴 수 있다는 의미로 이내 일이 닥친다는 뜻이다.

44-16

故浸淫之辭, 其類在鼓栗. 聖人也, 爲天下也, 其類在於追迷. 或壽或卒, 其利天下也指若, 其類在譽石. 一日而百萬生, 愛不加厚, 其類在惡害. 愛二世有厚薄, 而愛二世相若, 其類在蛇文. 愛之相若, 擇而殺其一人, 其類在阬下之鼠. 小仁與大仁, 行厚相若, 其類在申. 凡興利除害也, 其類在漏雍. 厚親, 不稱行而類行, 其類在江上井. '不爲己' 之可學也, 其類在獵走. 愛人非爲譽也, 其類在逆旅. 愛人之親, 若愛其親, 其類在官苟. 兼愛相若, 一愛相若, 一愛相若, 其類在死也.

겸애兼愛와 자애自愛는 같으니 첫째, 사람에게 은밀히 깊이 파고드는 언사는 제시한 유례가 마치 진군의 북처럼 사람의 마음을 격동케 만든다. 둘째, 성인은 천하를 다스릴 때 이런 유례를 제시해 천하인의 마음을 사로잡았다. 셋째, 장수 또는 요절을 막론하고 천하의 백성을 선한 쪽으로 교화코자 한 성인들의 목표는 하나같았다. 이들의 교화는 마치 누에가 살찌울 때 먹는 독석毒石인 여석礜石이 은근히 사람의 몸에 스며드는 듯했다. 넷째, 하루에 1백만 명이 태어날지라도 우리의 사랑이 더 두터워지는 것은 아니다. 마치 천하의 해악을 일거에 제거할 수 없는 것과 같다. 다섯째, 상세尙世와 금세今世 및 후세後世를 사랑하는 데는 후박厚薄의 차이가 있지만 그 실질은 같다. 마치 뱀의 몸에 다양한 무늬가 나 있지만 서로 닮아 있는 것과 같다. 여섯째, 한 무리를 두루 사랑하면서도 해악을 끼치는 자를 골라 죽이는 것은 마치 시궁창의 쥐를 죽이는 것과 같아 크게 문제 삼을 게 없다. 일곱째, 범부의 소인小仁이든 천자의 대인大仁이든 본질 면에서는 서로 같다. 주어진 상황과 능력에 따라 덕행의 후박厚薄이 달리 나타나는 것에 비유할 수 있다. 여덟째, 무릇 천하를 이롭게 하면서 천하의 해악을 제거하는 흥리제해興利除害는 마치 옹기에서 물이 새는 곳을 막아 물을 긷는 이로움을 얻는 것과 같다. 아홉째, 부모를 후대하는 것을 두고 덕행으로 칭송할 수는 없으나 후박의 차이를 막론하고 본질은 서로 닮은 것이다. 열째, 친소를 막론하고 후박의 차이를 없애지 않으면 이는 마치 강가의 우물인 강상정

江上井처럼 비록 이롭기는 하나 일정한 한계가 있을 수박에 없다. 열한째, '자신을 위해 일하지 않는다.'는 주장은 가히 크게 배울 만하다. 마치 사냥할 때 급히 말을 몰아 사냥감을 쫓는 것에 비유할 만하다. 열두째, '애인愛人은 명예를 위한 게 아니다.'라는 주장 역시 배울 만한 것으로 마치 행인이 쉬어가는 역려逆旅처럼 사람을 크게 이롭게 한다. 열셋째, 남의 부모를 자신의 부모를 사랑하듯 해야 하는 것은 마치 관원이 백성을 위해 성실히 일해야 하는 것에 비유할 만하다. 이상과 같이 천하 사람을 두루 사랑하는 '겸애'는 스스로를 사랑하는 자애自愛와 같아야 한다는 주장은 마치 뱀이 외부의 공격을 받았을 때 머리와 꼬리가 하나가 되어 싸우는 것에 비유할 만하다.

침음浸淫을 두고 『문선文選』「동소부洞簫賦」에 대한 이선의 주는 '점점 가까워진다는 뜻으로 지나치게 아부하는 것을 의미한다.'고 했다. 추미追迷를 필원은 미혹된 것을 바로잡아 주는 것으로 풀이했다. 예석礜石을 손이양은 독이 들어 있는 여석礜石으로 새겼다. 곽박郭璞은 『산해경』「서산경」에 대한 주석에서 "여석은 쥐를 죽이지만 누에는 이를 먹고 살이 찐다."고 풀이했다. 오해惡害를 두고 필원은 풀이키를, "마음으로는 사랑하려 하면서도 실제로 사랑하지 못하는 것은 어려운 일이 닥칠까 걱정하기 때문이다."라고 했다. 애이세愛二世의 '이'를 손이양은 이전 세대를 뜻하는 상세尙世와 동의어인 상세上世의 '상'을 뜻하는 것으로 보았다. 갱하지서阬下之鼠의 '갱'을 『이아』「석고」는 비운다는 뜻의 허虛로 풀이했다. 제거한다는 의미이다. 기류재관구의 '관구官苟를 두고 손이양은 잘못 된 게 있다고 했으나 구체적으로 적시하지는 않았다. 김학주의 『묵자』와 염정삼의 『묵경』 역시 손이양의 풀이를 그대로 인용하는데 그치고 있다.

이는 구苟를 '진실로'의 뜻으로 간주해 "관원이 백성을 위해 성실히 일해야 하는 것에 비유할 만하다."라고 풀이하는 게 좋을 듯하다. 겸애상약兼愛相若에서 기류재사야其類在死也에 이르는 구절을 두고 손이양은 중복된 일애상약一愛相若을 연문衍文으로 파악했다. '일애'는 한 사람만을 사랑하는 것으로 애기愛己 내지 자애自愛를 뜻한다. '겸애'와 '자애'가 서로 같은 것임을 역설한 것이다. 문제는 '기류재사야' 구절의 해석이다. 손이양은 구체적인 설명을 시도하지 않은 채 잘못된 것이 있다는 식으로 넘어갔다. 필원과 고광기는 여기의 사死를 사蛇의 속자인 사虵의 오자로 보았다. 이들의 주장을 토대로 '겸애'와 '자애'가 결국 같은 것임을 강조한 점에 주목해 풀이할 필요가 있다. 이는 대략 "뱀이 외부의 공격을 받았을 때 머리와 꼬리가 하나가 되어 싸우는 것에 비유할 만하다."라고 풀이할 수 있다. '겸애'와 '자애'는 결국 같은 얘기를 달리 표현한 것에 지나지 않는다는 주장이나 다름없다.

제45장 소취(小取)

'소취'는 대부분 논변의 형식을 취하고 있다. '대취'와 비교할 때 그 내용이 보다 구체적이면서 논리적이라는 평가를 받는 이유다. 논리학파로 분류되는 묵가의 특징이 선명히 드러나는 대목이다. 중국의 고대 논리학 수준을 잘 보여주고 있다.

45-1

夫辯者, 將以明是非之分, 審治亂之紀, 明同異之處, 察名實之理, 處利害, 決嫌疑. 焉摹略萬物之然, 論求群言之比. 以名擧實, 以辭抒意, 以說出故. 以類取, 以類予. 有諸己, 不非諸人, 無諸己, 不求諸人.

무릇 모든 변론은 시비是非의 분별을 밝히고, 치란治亂의 요점을 살피고, 동이同異를 분명히 하고, 명실名實의 이치를 관찰하고, 이해利害에 대처하고, 혐의嫌疑를 해결하는 게 기본목적이다. 또한 만물의 존재이유를 헤아리고, 여러 언설의 흐름을 논구論究코자 한다. 명칭으로 실제를 드러내고, 언설로 뜻을 서술하고, 논설로 이유를 밝히고, 비유로 핵심을 취하고, 유추로 배경을 추론하는 게 그것이다. 자신에게 있는 게 남에게 없는 것도 아니고, 자신에게 없는 것을 남에게 강요해서도 안 된다.

심치란지기審治亂之紀의 '심'은 잘 살펴 실체를 드러낸다는 뜻이다. '기'는 벼리를 뜻하는 강綱과 같다. 기강紀綱으로 쓰는 용례가 그렇다. 모략摹略은 대략을 총괄하여 표현한다는 의미이다. 군언지비群言之比의 '군언'은 여론輿論, '비'는 류類와 통한다. 이류여以類予의 '여'는 취取와 대비되는 말이다. 주고받는 것을 취여取予로 표현하는 게 그렇다. 불비저인不非諸人은 남에게 없는 것도 아니라는 뜻이다. '불비'는 이중부정, '저'는 지어之於의 축약형이다.

45-2

或也者, 不盡也. 假者, 今不然也. 效者, 爲之法也. 所效者, 所以爲之法也. 故中效, 則是也. 不中效, 則非也. 此效也. 辟也者, 擧也物而以明之也. 侔也者, 比辭而俱行也. 援也者, 曰'子然, 我奚獨不可以然也?' 推也者, 以其所不取之, 同於其所取者, 予之也. '是猶' 謂也者, 同也. '吾豈' 謂也者, 異也.

'혹여'는 모두 그렇지는 않다는 뜻이고, '가령'은 지금은 그렇지 않다는 뜻이다. '모방'은 어떤 것을 법도로 삼고, '모범'은 법도로 삼는 근거가 된다는 의미이다. '모방'이 이치에 들어맞으면 옳고, 그렇지 않으면 틀린 것이다. '비유'는 다른 사물을 들어 실질을 밝히는 것이다. '검토'는 여러 주장을 비교해 두루 시행해 본다는 뜻이다. '인용'은 '그대가 옳은데 어찌 나 홀로 옳지 않을 리 있겠는가?'라고 하는 뜻을 내포하고 있다. '추론'은 찬동치 않는 명제가 찬동하는 명제와 같음을 논증하는 것이다. 상대의 논점을 반박할 때 사용한다. '이는 어떠하다.'고 말하는 것은 내포한 뜻이 서로 같다는 의미이고, '내가 어찌'라고 말하는 것은 내포한 뜻이 서로 다르다는 의미이다.

중효中效는 본뜨는 것이 이치에 들어맞는다는 뜻이다. 비야자辟也者의 '비'는 비譬와 통한다. 모야자侔也者는 비교 검토하는 것을 뜻하는 말로 '모'는 원래 가지런히 한다는 의미이다.

45-3

夫物有以同而不, 率遂同. 辭侔之也, 有所至而正. 其然也, 有所以然也. 其然也同, 其所以然不必同. 其取之也, 有所以取之. 其取之也同, 其所以取之不必同. 是故辟•侔•援•推之辭, 行而異, 轉而危, 遠而失, 流而離本, 則不可不審也, 不可常用也. 故言多方, 殊類, 異故, 則不可偏觀也.

무릇 사물에는 같은 것도 있고 그렇지 않는 것도 있으니 대개 같은 것을 좇아간다. 여러 주장을 검토하는 것은 어느 수준에선가는 멈춰야 한다. 그리 된 것에는 나름 그리 된 이유가 있다. 그리 된 모습이 같다고 해서 반드시 그 이유까지 같은 것은 아니다. 어떤 선택에는 나름 선택의 이유가 있다. 선택의 외양이 같다고 해서 반드시 그 이유까지 같은 것은 아니다. 비유와 검토, 인용, 추론 등은 논리전개 과정에서 일정한 변화를 겪게 된다. 예컨대 억지 논리 동원으로 궤변이 되거나, 공허한 얘기로 흘러 타당성을 잃거나, 주제에서 이탈해 초점을 잃거나 하는 것 등이 그렇다. 자세히 살피지 않을 수도 없고, 한 가지 논리를 계속 고집할 수도 없는 이유다. 언사에는 다양한 표현 방법이 있다. 사물의 유형도 다르고, 논거 또한 다양하기 때문이다. 사물을 관찰할 때 한쪽으로 치우쳐 보아서는 안 되는 이유다.

솔수率遂를 두고 손이양은 『광아』「석고」를 인용해 고대에는 '솔'과 '수', 술述 모두 서로 통용됐다고 했다. 유소지이정有所至而正을 손이양은 지止의 잘못으로 보았다. 전이위轉而危의 '위'를 유월은 궤변을 뜻하는 궤詭로 새겼다. 편관偏觀의 '편'은 생각 따위가 한쪽으로 치우쳤다는 의미로 편벽偏僻 내지 편벽偏辟의 뜻이다. 이는 남의 비위를 잘 맞춰 아첨하는 편벽便辟과 구분해야 한다. 아첨을 뜻하는 '편벽'은 총신寵臣을 뜻하는 편폐便嬖와 대략 같은 의미이다.

45-4

夫物或乃是而然, 或是而不然, 或一周而一不周, 或一是而一非也. 不可常用也. 故言多方, 殊類異故, 則不可偏觀也, 非也. 白馬, 馬也. 乘白馬, 乘馬也. 驪馬, 馬也. 乘驪馬, 乘馬也. 獲, 人也. 愛獲, 愛人也. 臧, 人也. 愛臧, 愛人也. 此乃是而然者也.

무릇 사물의 속성에는 타당하면서도 정확한 시이연是而然, 타당하지만 정확치 않은 시이불연是而不然, 그르지만 정확한 불시이연不是而然, 일면 보편적이면서도 일면 그렇지 못한 일주일비一周一非, 일면 타당하면서도 일면 그렇지 못한 일시일비一是一非 등의 여러 경우가 있다. 한 가지 논리를 계속 고집할 수 없는 이유다. 예컨대 공손룡의 비마백마非馬白馬 궤변에 나오는 백마는 말이다. 백마를 타는 것은 말을 타는 것이다. 검은 말도 말이다. 검은 말을 타는 것도 말을 타는 것이다. 하녀는 사람이다. 그녀를 사랑하는 것은 사람을 사랑하는 것이다. 하인도 사람이다. 그를 사랑하는 것도 사람을 사랑하는 것이다. 이것이 바로 타당하면서도 정확한 시이연是而然의 경우다.

리마驪馬의 '리'는 순 흑색의 말을 뜻한다. '려'로도 읽는다.

45-5

獲之親, 人也. 獲事其親, 非事人也. 其弟, 美人也. 愛弟, 非愛美人也. 車, 木也. 乘車, 非乘木也. 船, 木也. 入船, 非入木也. 盜人, 人也. 多盜, 非多人也. 無盜, 非無人也. 奚以明之? 惡多盜, 非惡多人也, 欲無盜, 非欲無人也. 世相與共是之. 若若是. 則雖盜人人也, 愛盜非愛人也. 不愛盜, 非不愛人也. 殺盜人非殺人也, 無難盜無難矣. 此與彼同類, 世有彼而不自非也, 墨者有此而非之, 無也故焉, 所謂內膠外閉, 與心毋空乎? 內膠而不解也. 此乃是而不然者也.

하녀의 부모는 사람이다. 그러나 그녀가 자신의 부모를 섬기는 것은 사람을 섬기는 게 아니다. 그녀의 동생은 미인이다. 그녀가 동생을 사랑하는 것은 미인을 사랑하는 게 아니다. 수레는 나무이다. 그러나 수레에 올라타는 게 나무에 올라타는 것은 아니다. 배도 나무로 만든다. 그러나 배 안으로 들어가는 게 나무 안으로 들어가는 것은 아니다. 도적은 사람이다. 그러나 도적이 많다고 사람이 많은 것도 아니고, 도적이 없다고 사람이 없는 것도 아니다. 어떤 논리로 이를 쉽게 설명할 수 있는가? 도적이 많은 것을 싫어한다고 해서 사람이 많은 것을 싫어하는 것은 아니다. 도적이 없기를 바란다고 해서 사람이 없기를 바라는 것은 아니다. 이는 세상 사람들이 공히 인정하는 바이다. 사실이 이와 같다면 아무리 도적이 사람이라고 할지라도 도적을 사랑하는 것이 곧 사람을 사랑하는 것은 아니고, 도적을 사랑하지 않는 것이 곧 사람을 사랑하지 않는 것은 아니라는 얘기가 된다. 따라서 도적을 죽이는 게 살인이 될 수는 없다. 이런 논리를 이해하는 데는 아무런 어려움이 없다. 이것과 저것은 동류同類인데 세상에서는 저것만 고집하며 스스로 잘못이 없다고 생각한다. 묵가가 저것 대신 이것을 예로 들어 저들을 비판하는 것은 다른 까닭이 있는 게 아니다. 저들의 마음이 안으로 막혀 있고, 밖으로 닫혀 있는 이른바 내교외폐內膠外閉 때문이다. 눈과 귀가 막혀 있으니 심장에 나 있는 구멍 또한 막혀 있는 것인가? 모든 구멍이 안팎으로 막혀 있는 까닭에 사물을 이해할 길이 없다. 이것이 바로 타당하지만 정확치 않은 시이불연是而不然의 경우다.

약약시若若是는 약여시若如是와 같다. 수도인인야雖盜人人也 가운에 하나의 '인'은 연자이다. 무난도무난의無難盜無難矣에서 손이양은 '무난도'를 연자로 보았다. 무타고無也故의 '타'는 타他의 가차이다. 여심무공호與心毋空乎의 '무공'은 구멍이 없다는 뜻의 무공無孔과 같다. 『열자』「중니仲尼」에 따르면 옛 사람들은 일반인에게 6개인 심장의 구멍이 성인만큼은 7개인 것으로 믿었다.

45-5

且夫讀書, 非好書也. 且鬭鷄, 非鷄也. 好鬭鷄, 好鷄也. 且入井, 非入井也. 止且入井, 止入井也. 且出門, 非出門也. 止且出門, 止出門也. 若若是, 且夭, 非夭也, 壽夭也. 有命, 非命也., 非執有命, 非命也. 無難矣. 此與彼同類, 世有彼而不自非也, 墨者有此而罪非之, 無也故焉, 所謂內膠外閉與心毋空乎. 內膠而不解也. 此乃是而不然者也.

장차 책을 읽으려는 것은 책을 좋아하는 게 아니고, 독서를 좋아하는 것은 책을 좋아하는 것이다. 장차 닭을 싸우게 하려는 것은 닭을 싸우게 하는 게 아니고, 닭싸움을 좋아하는 것은 닭을 좋아하는 것이다. 장차 우물로 들어가려고 하는 것은 우물로 들어가는 게 아니고, 우물로 들어가려는 것을 막은 것은 우물로 들어가는 것을 멈추게 한 것이다. 장차 문을 나서려고 하는 것은 문을 나선 게 아니고, 문을 나서려고 하는 것을 막은 것은 문을 나가는 것을 멈추게 한 것이다. 사실이 이와 같다면 장차 요절하려는 것은 요절하는 게 아니고, 요절하려는 것을 막은 것은 곧 요절을 멈추게 한 게 된다. 마찬가지로 운명을 말하려고 하는 것은 운명을 예기한 게 아니고, 고집스런 운명론을 비난한 것은 운명론을 저지하는 것이다. 이런 논리를 이해하는 데는 아무런 어려움이 없다. 이것과 저것은 동류인데 세상에서는 저것만 고집하며 스스로 잘못이 없다고 생각한다. 묵가가 이것을 예로 들어 저들을 비판하는 것은 다른 까닭이 있는 게 아니다. 저들의 마음이 안으로 막혀 있고, 밖으로 닫혀 있는 이른바 '내교외폐' 때문이다. 눈과 귀가 막혀 있으니 마음이 휑하지 않겠는가? 마음이 안팎으로 막혀 있는 까닭에 사물을 이해할 길이 없다. 이것이 바로 그르지만 정확한 불시이연不是而然의 경우다.

'차부독서且夫讀書, 비호서야非好書也'를 손이양은 '차부독서夫且讀書, 비독서야非讀書也. 호독서好讀書, 호서야好書也'의 잘못으로 보았다. 이를 좇았다. 수요야壽夭也를 두고 담계보譚戒甫는 『묵변발미墨辯發微』에서 '수壽, 비요야非夭也'로 교정해 풀이했다. 손이양은 죄비지罪非之의 '죄'를 중衆, 시이불연是而不然을 불시이연不是而然의 잘못으로 보았다.

45-6

愛人, 待周愛人而後爲愛人. 不愛人, 不待周不愛人. 不周愛, 因爲不愛人矣. 乘馬, 不待周乘馬, 然後爲乘馬也. 有乘於馬, 因爲乘馬矣. 逮至不乘馬, 待周不乘馬, 而後爲不乘馬. 此一周而一不周者也.

사람을 사랑하는 진정한 애인愛人은 사람을 두루 사랑하는 주애인周愛人의 경험 이후에나 비로소 가능하다. 그러나 사람을 사랑하지 않는 불애인不愛人은 사람을 두루 사랑하지 않는 부주애인不周愛人의 경험을 할 필요가 없다. '부주애인'은 '불애인'에서 시작한다. 이에 반해 말을 타는 승마乘馬는 두루 말을 타는 주승마周乘馬의 경험 이후에나 가능한 게 아니다. 승마에서 모든 말을 가리지 않고 탈 수 있는 '주승마'가 시작한다. 따라서 불승마不乘馬는 그 어떤 말일지라도 전혀 타지 않게 되는 부주승마不周乘馬를 행해야만 성립한다. '애인'과 '불애인', '승마' 및 '불승마' 모두 일면 보편적이면서도 일면 그렇지 못한 일주일비一周一非의 경우에 속한다.

부대주승마不待周乘馬가 옛 판본에는 '부'가 빠져 있다. 이후위불승마而後爲不乘馬 역시 '위'가 생략돼 있다. 손이양은 왕인지가 보정한 것을 좇았다. 일주이일부주一周而一不周는 '애인'과 '승마'의 경우를 모두 언급한 것이다. 양자는 서로 반대된다. '애인'은 사람을 모두 사랑해야만 가능하나, '불애인'은 사람을 모두 사랑하지 않아도 성립한다. 이에 대해 '승마'는 모든 말을 타지 않아도 가능하나, '불승마'는 모든 말을 빠짐없이 타지 않아야만 성립한다.

45-7

居於國, 則爲居國. 有一宅於國, 而不爲有國. 桃之實, 桃也. 棘之實, 非棘也. 問人之病, 問人也. 惡人之病, 非惡人也. 人之鬼, 非人也. 兄之鬼, 兄也. 祭人之鬼, 非祭人也. 祭兄之鬼, 乃祭兄也. 之馬之目眇則謂之'馬眇', 之馬之目大, 而不謂之'馬大'. 之牛之毛黃, 則謂之'牛黃'. 之牛之毛衆, 而不謂之'牛衆'. 一馬, 馬也. 二馬, 馬也. 馬四足者, 一馬而四足也, 非兩馬而四足也. 一馬, 馬也. '馬或白者', 二馬而或白也, 非一馬而或白. 此乃一是而一非者也.

어떤 나라에 사는 것은 곧 그 나라에 사는 것을 뜻하지만, 어떤 나라에 집 한 채를 갖고 있는 것이 곧 그 나라의 소유를 뜻하지는 않는다. 복숭아나무의 열매는 복숭아이지만, 가시나무의 열매가 곧 가시인 것은 아니다. 병문안은 그 사람을 위문하는 것이지만, 그 사람의 병을 미워하는 게 그 사람을 싫어하는 것은 아니다. 사후에 나타나는 귀신은 사람이 아니지만, 형의 귀신은 생전의 형처럼 모시니 형이나 다름없다. 다른 사람이 제사를 지내는 것은 사람을 제사지내는 게 아니지만, 형의 귀신을 제사지내는 것은 곧 형을 제사지내는 게 된다. 말의 한쪽 눈이 멀면 '이 말의 한쪽 눈이 멀었다.'고 말하지만, 그 말의 눈이 크다고 해서 '이 말이 크다.'고 말하지는 않는다. 소의 털이 누르면 '이 소는 털이 누렇다.'고 말하지만, 그 소의 털이 많다고 해서 '이 소가 많다.'고 말하지는 않는다. 1필匹의 말도 말이고, 2필의 말도 말이다. 말이 4개의 다리를 갖고 있다고 말하는 것은 1필의 말을 지칭한 것이지, 2필의 말을 지칭한 것은 아니다. '말이 혹은 희다.'고 말하는 것은 2필 이상의 말 가운데 백마가 있다는 취지이지, 1필의 말을 언급한 게 아니다. 이것이 바로 일면 타당하면서도 일면 그렇지 못한 일시일비一是一非의 경우이다.

'극지실棘之實, 비극야非棘也' 구절을 두고 손이양은 이같이 풀이했다. "대추나무의 열매는 조棗이다. 그래서 비극非棘이라고 한 것이다. 『시경』「위풍魏風, 원유극園有棘」에 대한 『모전毛傳』 역시 극棘을 조棗로 새겼다." 지마지목반之馬之目盼의 '반'을 고광기는 묘眇의 잘못으로 보았다. 손이양은 이같이 풀이했다. "『설문해자』「목부目部」에서 반盼은 백흑白黑이 뚜렷이 나뉜 것, 묘眇는 한쪽 눈이 작은 것으로 풀이했다. 말에게는 '반'이라는 표현을 쓸 수 없다. 고광기의 교정이 옳다. 지마之馬는 소시학의 주장처럼 시마是馬를 뜻한다." 마혹백자馬或白者 구절 앞에 나오는 일마마야一馬馬也를 두고 왕인지는 연문으로 보았다. '백'이 도장본에는 자自로 되어 있다. 필원이 '백'으로 교정했다.

제46장 경주(耕柱)

'경주'라는 편명은 첫 머리에 나오는 묵자의 제자 이름에서 따온 것이다. 대부분의 내용이 묵자가 제자 또는 다른 학파의 사람과 문답을 통해 행의行義와 안국安國 및 이민利民 방안 등을 논하는 형식으로 구성돼 있다. 핵심어는 말할 것도 없이 '의'이다.

46-1

子墨子怒耕柱子. 耕柱子曰, "我毋兪於人乎." 子墨子曰, "我將上大行, 駕驥與羊, 子將誰敺?" 耕柱子曰, "將敺驥也." 子墨子曰, "何故敺驥也?" 耕柱子曰, "驥足以責." 子墨子曰, "我亦以子爲足以責."

묵자가 제자인 경주자耕柱子를 꾸짖자 경주자가 말했다.

"저는 남보다 나은 게 없습니다."

묵자가 말했다.

"내가 장차 태항산大行山을 오르고자 한다. 준마駿馬와 양이 끄는 수레가 있다고 하자. 너는 어느 쪽을 몰고 갈 생각이냐?"

"준마를 몰겠습니다."

"왜 준마를 몰려는 것이냐?"

"준마는 족히 일을 할 만하기 때문입니다."

묵자가 말했다.

"나 역시 네가 일을 수행할 만하고 여기고 있다."

유어인호兪於人乎의 '유'는 더 낫다는 뜻으로 유愈와 통한다. 태항大行은 지금의 산서성과 하남성 경계에 있는 태항산을 뜻한다. 가기여양駕驥與羊의 '기'는 천리마를 뜻한다. '양'을 왕인지는 우牛의 오자로 보았다. 자장수구子將誰毆의 '구'는 말을 몬다는 뜻의 구驅와 통한다.

46-2

巫馬子謂子墨子曰, "鬼神孰與聖人明智?" 子墨子曰, "鬼神之明智於聖人, 猶聰耳明目之與聾瞽也. 昔者夏后開, 使蜚廉折金於山川, 而陶鑄之於昆吾. 是使翁難雉乙卜於白若之龜, 曰, '鼎成, 三足而方, 不炊而自烹, 不舉而自臧, 不遷而自行. 以祭於昆吾之虛. 上鄉.' 乙又言兆之由, 曰, '饗矣, 逢逢白雲, 一南一北, 一西一東. 九鼎旣成, 遷於三國.' 夏后氏失之, 殷人受之. 殷人失之, 周人受之. 夏后殷周之相受也, 數百歲矣. 使聖人聚其良臣, 與其桀相而謀, 豈能智數百歲之後哉? 而鬼神智之. 是故曰, '鬼神之明智於聖人也, 猶聰耳明目之與聾瞽也.' "

유가인 무마자巫馬子가 묵자에게 물었다.

"귀신과 성인 가운데 어느 쪽이 더 밝은 지혜를 갖고 있습니까?"

묵자가 대답했다.

"귀신이 성인보다 더 밝은 지혜를 갖고 있는 것은 마치 귀가 잘 들리는 사람과 눈이 밝은 사람을 귀머거리와 장님에 견주는 것과 같다. 옛날 하나라 왕 계啓가 신하인 비렴蜚廉에게 명해 산천에서 구리를 채굴한 뒤 곤오昆吾로 가 솥을 주조케 했다. 이어 백익伯益에게 명해 백령百靈의 거북을 이용해 점을 치게 했다. 백익이 점을 치며 빌기를, '솥이 만들어질 때 세 발의 방형方形이 되게 하고, 불을 때지 않아도 저절로 삶아지게 하고, 굳이 들어 올리지 않아도 저절로 창고에 저장되게 하고, 굳이 옮기지 않아도 저절로 필요한 곳으로 가도록 해 주십시오. 지금 곤오 땅의 신에게 제사를 올리니 부디 상향尙饗해 주십시오!'라고 했다. 점괘에 이르기를, '귀신이 이미 제사를 흠향歆饗했다. 뭉게뭉게 피어오른 흰 구름이 한 번은 남쪽, 한번은 북쪽, 한번은 서쪽, 한번은 동쪽에 나타난다. 천하를 상징하는 구정九鼎이 만들어진 뒤 세 나라를 옮겨 다닐 것이다.'라고 했다. 이후 하나라 군주가 구정을 잃자 은나라 군주가 물려받고, 은나라 군주가 잃자 주나라 군주가 물려받았다. 하나라에서 주나라로 이어지기까지 수백 년의 시간이 흘렀다. 성인이 뛰어난 신하를 모아놓고 후일을 도모한들 어찌 수백 년 뒤의 일을 알 수 있겠는가? 그러나 귀신은 이를 미리 알았다. '귀신이 성인보다 더 밝은 지혜를 갖고 있는 것은 마치 귀가 잘 들리는 사람과 눈이 밝은 사람을 귀머거리와 장님에 견주는 것과 같다.'고 말한 이유다."

무마자巫馬子를 손이양은 공자의 제자인 무마기巫馬期의 일족일 공산이 크다고 보았다. 하후개夏后開를 소시학은 전설적인 하나라 우왕의 아들 계啓로 해석했다. '계'를 '개'로 바꾼 것은 한무제 유계劉啓의 이름을 피휘避諱한 결과로 본 것이다. 비렴蜚廉을 소시학은 하나라 때의 신하로 보았다. 『사기』「은본기」에는 주紂의 신하 비렴飛廉의 명칭이 나온다. 절금折金은 적금擿金과 통한다. 구리의 채

굴을 뜻한다. 도주陶鑄는 주조鑄造와 같다. 곤오昆吾는 지금의 산동성 복양현 일대를 말한다. 옹난치을翁難雉乙을 두고 손이양은 '옹'을 백익伯益의 자字, '난'을 착斮의 오자, '을'을 이已와 통하는 이以의 잘못으로 보았다. 백약지구白若之龜의 '백약'이 도장본에는 목고目苦, 오초본에는 백고白苦로 되어 있다. 지명으로 보는 견해가 있으나 문맥상 백세를 사는 신령한 거북을 뜻하는 백령百靈으로 보는 게 옳을 듯하다. 곤오지허昆吾之虛의 '허'는 옛 터를 뜻하는 허墟와 통한다. 상향上鄕은 상향尙饗의 뜻이다. 을우乙又의 '을'을 손이양은 이已의 잘못으로 보았다. '그리고 또'의 의미이다. 조지유兆之由의 '조'는 거북점을 칠 때 거북등이 갈라진 모양을 뜻한다. 여기서 조짐兆朕이 나왔다. '유'를 손이양은 점사占辭를 뜻하는 요繇로 해석했다. 봉봉逢逢은 뭉게뭉게 피어오르는 것을 형상한 의태어이다. 구정九鼎을 『사기』「봉선서封禪書」는 하나라 우왕이 천하의 구리를 모아 주조했다고 기록해 놓았다. 전쟁의 종식을 상징한다. 하, 은, 주 삼대를 두고 전해진 보물이기도 하다. 걸상桀相은 걸출한 재상으로 여기의 '걸'은 뛰어날 걸傑의 가차이다.

46-3

治徒娛·縣子碩問於子墨子曰, "爲義孰爲大務?" 子墨子曰, "譬若築牆然, 能築者築, 能實壤者實壤, 能欣者欣, 然後牆成也. 爲義猶是也, 能談辯者談辯, 能說書者說書, 能從事者從事, 然後義事成也."

제자인 치도오治徒娛와 현자석縣子碩이 스승인 묵자에게 물었다.
"의를 행할 때 무엇을 가장 힘써야 합니까?"
묵자가 대답했다.

"비유하면 담을 쌓는 것과 같다. 흙을 다지는데 능한 자는 잘 다지고, 흙을 옮기는데 능한 자는 잘 옮기고, 인부를 감독하는데 능한 자는 잘 감독하면 된다. 그러면 담이 제대로 쌓아질 것이다. 의를 행하는 것도 이와 같다. 변론에 능한 자는 잘 변론하고, 해설에 능한 자는 잘 해설하고, 일에 능한 자는 잘 일하면 된다. 그러면 의로운 일들이 모두 성취될 것이다."

치도오治徒娛와 현자석縣子碩 모두 묵자의 제자이다. 축장築牆의 '축'은 담을 쌓을 때 틀 속에 흙을 넣고 다지는 판축版築을 의미한다. 실양實壤은 판축 할 때 흙을 채워 넣는 것을 말한다. 능흔자能欣者의 '흔'을 왕인지는 공사를 감독할 희晞의 오자로 보았다. '희'는 원래 햇볕에 말린다는 의미이다.

46-4

巫馬子謂子墨子曰, "子兼愛天下, 未云利也. 我不愛天下, 未云賊也. 功皆未至, 子何獨自是而非我哉." 子墨子曰, "今有燎者於此, 一人奉水將灌之, 一人摻火將益之, 功皆未至, 子何貴於二人?" 巫馬子曰, "我是彼奉水者之意, 而非夫摻火者之意." 子墨子曰, "吾亦是吾意, 而非子之意也."

무마자가 묵자에게 물었다.

"선생은 비록 천하를 두루 사랑하지만 아직 그 이로움이 드러나지 않고 있습니다. 저는 천하를 사랑하지 않지만 아직 그 해로움이 드러나지 않고 있습니다. 결과가 아직 나타나지 않았는데 선생은 어찌하여 홀로 옳고, 저만 그르다고 하는 것입니까?"

묵자가 반문했다.

"지금 여기에 불이 났다고 합시다. 한 사람은 물통을 들어 끼얹으려 하고, 한 사람은 불쏘시개를 들어 화세火勢를 더 키우려 할 경우 결과는 아직 나타나지 않았지만 그대는 두 사람 가운데 누구를 귀하게 여기겠소?"

무마자가 대답했다.

"저는 물통을 든 사람의 뜻이 옳고, 불쏘시개를 든 사람의 뜻이 그르다고 생각합니다."

묵자가 말했다.

"나 역시 천하를 두루 사랑하는 나의 뜻이 옳고, 천하를 사랑하지 않는 그대의 뜻이 그르다고 여기오."

미운리야未云利也의 '운'을 유월은 『광아』「서고」의 풀이를 근거로 유有로 새겼다. 삼화摻火의 '삼'은 잡고 있다는 뜻이다.

46-5

子墨子游荊耕柱子於楚, 二三子過之, 食之三升, 客之不厚. 二三子復於子墨子曰, "耕柱子處楚無益矣. 二三子過之, 食之三升, 客之不厚." 子墨子曰, "未可智也!" 毋幾何, 而遺十金於子墨子曰, "後生不敢死, 有十金於此, 願夫子之用也." 子墨子曰, "過未可智也!"

묵자가 제자인 경주자를 초나라 조정에 천거해 벼슬을 살게 했다. 몇 명의 제자가 초나라로 그를 찾아갔다. 경주자는 하루 3되의 곡식을 먹여주며 두터이 대접하지 않았다. 제자들이 돌아와 묵자에게 말했다.

"경주자는 초나라에서 벼슬을 하고 있지만 별 소득이 없습니다. 저희들이 방문하자 하루 3되의 곡식을 먹여주며 두터이 대접하지 않았습니다."

묵자가 말했다.

"아직은 알 수 없다!"

얼마 후 경주자가 묵자에게 10금金을 보내면서 이같이 전했다.

"후생後生은 감히 죽지 않고 잘 있습니다. 여기 10금을 보내니 부디 필요한 곳에 쓰시기 바랍니다."

묵자가 말했다.

"과연 아직 알 수 없다는 말이 맞아떨어졌다!"

유형游荊의 '유'를 필원은 다른 나라로 보내 벼슬을 하게 했다는 뜻으로 풀이했다. 식지삼승食之三升의 '3승'은 하루에 먹는 곡식의 양을 지칭한 것으로 『장자』「천하」에 따르면 통상 사람들은 하루에 5승의 곡식을 먹었다고 한다.

46-6

巫馬子謂子墨子曰, "子之爲義也, 人不見而耶, 鬼而不見而富, 而子爲之, 有狂疾." 子墨子曰, "今使子有二臣於此, 其一人者, 見子從事, 不見子則不從事. 其一人者, 見子亦從事, 不見子亦從事, 子誰貴於此二人." 巫馬子曰, "我貴其見我亦從事, 不見我亦從事者." 子墨子曰, "然則, 是子亦貴有狂疾也."

무마자가 묵자에게 말했다.

"선생은 의를 행하고 있으나 사람들은 이를 보지도 못할 뿐만 아니라 도와주지도 않고 있습니다. 더구나 귀신도 이를 보지 못하고 선생을 부유케 만들지도 못하고 있습니다. 그런데도 선생은 의를 행하고 있습니다. 이는 광질狂疾입니다."

묵자가 물었다.

"지금 여기 그대에게 2명의 가신이 있다고 합시다. 그 중 한 사람은 그대가 눈에 띄면 일을 하지만 띄지 않으면 일을 하지 않고, 또 한 사람은 그대가 눈에 띄든 말든 일을 할 경우 그대는 두 사람 가운데 누구를 귀하게 여기겠소?"

"저는 제가 눈에 띄든 말든 일을 하는 사람을 귀하게 생각합니다."

묵자가 말했다.

"그렇다면 그대 역시 '광질'을 귀하게 여기는 셈이 되오."

인불견이야人不見而耶의 '이'는 2인칭 여汝의 뜻이다. '야'를 왕인지는 복服의 괴자壞字로 보아 '복'으로 읽었고, 소시학은 취取의 잘못으로 보았다. 손이양은 왕인지를 좇아 '복'으로 읽을 것을 주장하면서 조助의 와전으로 보았다.

46-7

子夏之徒問於子墨子曰, "君子有鬬乎?" 子墨子曰, "君子無鬬." 子夏之徒曰, "狗豨猶有鬬, 惡有士而無鬬矣?" 子墨子曰, "傷矣哉! 言則稱於湯文, 行則譬於狗豨, 傷矣哉!"

자하子夏의 제자들이 묵자에게 물었다.

"군자도 싸우는 일이 있습니까?"

묵자가 대답했다.

"군자는 싸우지 않소."

자하의 제자들이 다시 물었다.

"개나 돼지도 싸우는데 어찌하여 선비는 싸우지 않는다는 것입니까?"

묵자가 대답했다.

"아, 마음이 아프구나! 말로는 탕왕과 문왕을 얘기하면서 행동은 오히려 개나 돼지에 비견되니, 실로 마음이 아프구나!"

자하子夏는 공자의 제자로 성은 복卜, 이름은 상商이다. 공자 사후 그의 제자들이 위문후를 도와 패업을 이루는데 큰 공을 세웠다. 구희유유투狗豨猶有鬬의 '희'가 도장본과 오초본에는 희狶로 되어 있다. 『설문해자』「시부豕部」는 희豨를 돼지가 달아나는 모습으로 풀이했다. 『방언方言』은 저豬를 남초南楚일대에서는 '희'로 불렀다고 했다.

46-8

巫馬子謂子墨子曰, "舍今之人而譽先王, 是譽槁骨也. 譬若匠人然, 智槁木也, 而不智生木." 子墨子曰, "天下之所以生者, 以先王之道教也. 今譽先王, 是譽天下之所以生也. 可譽而不譽, 非仁也."

무마자가 묵자에게 말했다.

"현재의 인물 대신 고대의 성왕을 기리는 것은 해골을 기리는 것입니다. 마치 목수와 같습니다. 고목枯木은 알면서도 생목生木은 모르는 셈입니다."

묵자가 말했다.

"천하 만물이 살아가는 것은 선왕의 도와 가르침 덕분이오. 지금 선왕을 기리는 것은 곧 천하가 살아가는 이유를 기리는 것이나 다름없소. 기려야 하는데도 기리지 않는 것은 어질지 못한 짓이오."

고골槁骨의 '고'는 고枯와 통한다.

46-9

子墨子曰, "和氏之璧·隋侯之珠·三棘六異, 此諸侯之所謂良寶也. 可以富國家·衆人民·治刑政·安社稷乎? 曰, '不可.' 所謂貴良寶者, 爲其可以利也. 而和氏之璧·隋侯之珠·三棘六異不可以利人, 是非天下之良寶也. 今用義爲政於國家, 人民必衆, 刑政必治, 社稷必安. 所謂貴良寶者, 可以利民也, 而義可以利人, 故曰, '義, 天下之良寶也.' "

묵자가 말했다.

"화씨지벽和氏之璧과 수후지주隋侯之珠, 구정九鼎은 제후들이 말하는 이른바 '훌륭한 보배'이다. 그러나 이것으로 나라를 부유하게 하고, 인민을 늘리고, 형정을 바르게 다스리고, 사직을 안정시킬 수 있겠는가? 대답키를, '불가하다'고 할 것이다. 인민이 '훌륭한 보배'를 귀하게 여기는 것은 그것이 이로움을 주기 때문이다. 화씨지벽 등은 인민에게 이로움을 주지 못한다. 천하의 '훌륭한 보배'가 될 수 없는 이유다. 지금 의를 전면에 내세워 나라를 다스리면 반드시 인민들은 늘어나고, 형정은 바르게 다스려지고, 사직은 안정될 것이다. '훌륭한 보배'는 인민을 이롭게 하는 것이니 바로 의가 그렇다. '의는 천하의 훌륭한 보배이다.'라고 말한 이유다."

화씨지벽和氏之璧은 『한비자』「화씨」에 따르면 초나라 사람 화씨가 발견한 뛰어난 보옥寶玉이다. 그는 삼대 군주에 걸쳐 두 다리를 잘려가며 이를 바침으로써 마침내 뛰어난 보옥을 인정받았다. 수후지주隋侯之珠는 '화씨지벽'과 더불어 희귀한 보물의 상징으로 사용된다. 『회남자』「남명훈覽冥訓」에 대한 고유의 주에 따르면 한수 동쪽 나라의 군주로 성씨는 주왕실과 동일한 희씨姬氏였다. 하루는 수후가 큰 뱀이 상처 입은 것을 보고 약을 발라 주자 큰 뱀이 강물로 들어간 뒤 큰 구슬을 들고 나와 보답했다고 한다. '수후지주'는 화씨지벽과 더불어 중국 고대의 귀중한 보물로 알려져 왔다. 『사기』「이사열전」은 수후지주와 화씨지벽을 합쳐 수화지보隋和之寶로 기록해 놓았다. 수隋는 수隨와 통한다. 『여씨춘추』「관생貫生」에는 수주탄작隋珠彈雀 성어가 나온다. 귀한 물건을 하찮은 용도에 사용한다는 뜻이다. 삼극육이三棘六異를 송상봉宋翔鳳은 삼핵육익三翮六翼의 잘못으로 보았다. 주나라 왕실에 전해 오는 유명한 9가지 동기銅器를 뜻한다. 송상봉은 풀이키를, "극棘은 핵翮, 이異는 익翼과 통한다. 곧 구정九鼎을 말한다. 『이아』「석기釋器」에서 이耳의 바깥을 익釴으로 풀이했다. 익翼과 익釴은 서로 통한다. 다리의 속이 빈 솥을 격鬲이라고 한다. '익'은 곧 '격'을 말한다."고 했다.

46-10

葉公子高問政於仲尼曰, "善爲政者若之何?" 仲尼對曰, "善爲政者, 遠者近之, 而舊者新之." 子墨子聞之曰, "葉公子高未得其問也, 仲尼亦未得其所以對也. 葉公子高豈不知善爲政者之遠者近也, 而舊者新是哉? 問所以爲之若之何也? 不以人之所不智告人, 以所智告之. 故葉公子高未得其問也, 仲尼亦未得其所以對也."

섭공葉公 자고子高가 공자에게 정치에 관해 물었다.

"정사를 잘 펼치고자 하면 과연 어찌해야 하는 것입니까?"

공자가 대답했다.

"그리하려면 멀리 있는 자를 친근히 대하고, 옛 친구를 새로이 사귄 듯이 대해야 하오."

묵자가 이 얘기를 듣고 이같이 말했다.

"섭공 자고는 원하는 대답을 얻지 못했고, 공자 또한 요점을 제대로 파악치 못했다. 자고가 어찌 정사를 잘 펴기 위해서는 멀리 있는 자를 친근히 대하고 옛 친구를 새로이 사귄 듯이 대해야 한다는 사실을 모르겠는가? 그가 묻고자 한 것은 과연 어떻게 해야 그리할 수 있는가 하는 방법론이다. 공자는 상대가 알지 못하는 것을 제대로 일러주지는 않고, 자신이 알고 있는 것만 일러준 셈이다. 자고는 원하는 대답을 얻지 못했고, 공자 또한 요점을 제대로 파악치 못했다고 말한 이유다."

섭공자고葉公子高는 '섭' 땅을 다스린 초나라 대부 '자공'을 말한다. 성은 미羋, 씨는 심윤沈尹, 이름은 제량諸梁, 자는 자고子高이다. 사서에는 통상 심제량沈諸梁으로 나온다. 춘추시대 말기 초나라의 군사가이자 정치가이다. 대부 심윤술沈尹戌의 아들로 지금의 하남성 섭현 남양성의 섭현葉縣을 봉지로 받아 섭공葉公으로 불렸다. 이후 초나라에서 빚어진 이른바 '백공白公의 난'을 평정해 명성을 떨쳤다. 『논어』「자로」에 섭공이 공자와 함께 정사를 논한 일화가 나온다.

46-11

子墨子謂魯陽文君曰, "大國之攻小國, 譬猶童子之爲馬也. 童子之爲馬, 足用而勞. 今大國之攻小國也, 攻者, 農夫不得耕, 婦人不得織, 以守爲事. 攻人者, 亦農夫不得耕, 婦人不得織, 以攻爲事. 故大國之攻小國也, 譬猶童子之爲馬也."

묵자가 노양문군魯陽文君에게 말했다.

"대국이 소국을 공격하는 것은 비유하면 아이들이 두 손을 땅에 대고 말타기 흉내를 하는 것과 같습니다. 아이들은 말타기 놀이를 하다 보면 말이 되는 쪽이나 말을 타는 쪽이나 모두 발을 너무 써 이내 지쳐버리고 맙니다. 지금 대국이 소국을 공격하면 소국의 농부들은 경작할 길이 없고, 부인들 또한 길쌈할 여가가 없게 됩니다. 모두 수비에 나서야 하기 때문입니다. 대국 역시 농부들은 경작할 길이 없고, 부인들 또한 길쌈할 여가가 없게 됩니다. 모두 공격에 나서야 하기 때문입니다. 대국의 소국에 대한 공격을 아이들의 말타기 흉내에 비유한 이유입니다."

노양문군魯陽文君은 초나라 노양 땅의 문군文君을 말한다. 초나라의 사마司馬로 있던 자기子期의 아들이다. 위마爲馬는 말타기 놀이를 뜻한다.

46-12

子墨子曰, "言足以復行者, 常之. 不足以擧行者, 勿常. 不足以擧行而常之, 是蕩口也."

묵자가 말했다.

"말은 능히 실천할 수 있는 것이면 늘 해도 된다. 그러나 실천할 수 없는 것이면 늘 해서는 안 된다. 실천할 수 없으면서 늘 행하면 망언妄言이 된다."

복행復行은 실천에 옮긴다는 뜻이다. 상지常之는 늘 행한다는 의미이다. 탕구蕩口는 입만 쓸데없이 놀린다는 뜻으로 곧 헛된 말을 지칭한다.

46-13

子墨子使管黔滶游高石子於衛, 衛君致祿甚厚, 設之於卿. 高石子三朝必盡言, 而言無行者. 去而之齊, 見子墨子曰, "衛君以夫子之故, 致祿甚厚, 設我於卿, 石三朝必盡言, 而言無行, 是以去之也. 衛君無乃以石爲狂乎?" 子墨子曰, "去之苟道, 受狂何傷? 古者周公旦非關叔, 辭三公, 東處於商蓋, 人皆謂之狂. 後世稱其德, 揚其名, 至今不息. 且翟聞之, '爲義非避毁就譽.' 去之苟道, 受狂何傷?" 高石子曰, "石去之, 焉敢不道也. 昔者夫子有言曰, '天下無道, 仁士不處厚焉.' 今衛君無道, 而貪其祿爵, 則是我爲苟陷人長也." 子墨子說, 而召子禽子曰, "姑聽此乎. 夫倍義而鄕祿者, 我常聞之矣. 倍祿而鄕義者, 於高石子焉見之也."

묵자가 제자인 관검오管黔滶로 하여금 또 다른 제자 고석자高石子의 위衛나라 출사出仕를 돕게 했다. 위나라 군주가 고석자를 후한 녹으로 예우하며 경卿의 자리에 앉혔다. 고석자가 3번 조회에 나가 성의를 다해 건의했다. 그러나 자신의 건의가 받아들여지지 않자 이내 위나라를 떠나 제나라로 갔다. 그가 묵자를 만나 말했다.

"위나라 군주는 선생님의 체면을 보아 저에게 후한 녹을 주면서 경이라는 높은 자리에 앉혔습니다. 저는 3번 조회에 나가 성의를 다해 건의했으나 아무것도 실천되지 않았습니다. 그래서 위나라를 떠나게 된 것입니다. 위나라 군주가 저를 미친 자로 생각지 않겠습니까?"

묵자가 말했다.

"옛날 주공 단旦은 관숙管叔에게 비난을 받자 삼공의 자리를 내놓고 동쪽 상엄商奄으로 피신했다. 사람들이 그를 미쳤다고 말했지만 후대인은 그의 덕을 칭송하며 그의 이름을 널리 기렸다. 지금까지도 칭송이 이어진다. 내가 듣건대 '의를 행하는 것은 비난을 피하고 칭송을 받으려는 게 아니다.'라고 했다. 그곳을 떠난 게 실로 도에 부합하면 미쳤다는 얘기를 들은들 무슨 걱정이 되겠는가?"

고석자가 말했다.

"제가 그곳을 떠나면서 어찌 감히 도를 거스를 리 있겠습니까? 옛날 선생님이 말씀하시기를, '천하가 무도하면 어진 선비는 두터운 녹을 받는 자리로 나아가지 않는다.'고 했습니다. 지금 위나라 군주가 무도한데 제가 작록을 탐하면 이는 구차하게 남의 곡식을 먹고 사는 게 됩니다."

묵자가 기뻐하며 금골리禽滑厘에게 말했다.

"고석자의 얘기를 잠시 들어보게! 의를 배반하고 녹을 좇는 자에 관해서는 많이 들어본 바 있네. 그러나 녹을 거절하고 의로움을 좇는 자의 모습을 그를 통해 처음으로 보게 되었네."

관검오管黔滶는 묵자의 제자로 제나라 사람이다. 필원은 『예기』「단궁檀弓」에 나오는 검오黔敖와 같은 인물로 간주하면서 오滶는 오敖의 잘못이라고 했다. 고석자高石子도 묵자의 제자이다. 관숙關叔의 '관'을 필원은 관管과 통하는 것으로 보았다. 상개商蓋를 왕인지는 노나라 땅인 상엄商奄의 잘못이라고 했다. 처후處厚는 후대를 받으며 지낸다는 뜻이다. 구함인장苟陷人長을 두고 손이양은 '함'은 씹을 담啗과 통하고, '장'은 곡식을 뜻하는 식食의 잘못이라고 했다. 배의倍義의 '배'는 배背와 통한다. 향록자鄕祿者의 '향'은 향할 향向과 통한다.

46-14

子墨子曰, "世俗之君子, 貧而謂之富則怒, 無義而謂之有義則喜, 豈不悖哉?"

묵자가 말했다.

"세속의 군자들은 빈궁한데도 부유하게 산다고 남이 말하면 화를 내지만, 의롭지 않은데도 의롭다고 남이 칭찬하면 기뻐한다. 이 어찌 도리에 어긋난 짓이 아니겠는가?"

패悖는 어지러울 패誖와 통한다.

46-15

公孟子曰, "先人有則三而已矣." 子墨子曰, "孰先人而曰'有則三而已矣'? 子未智人之先有後生."

공맹자公孟子가 말했다.

"선배가 있을 때는 닮기 위해 노력하기만 하면 됩니다."

묵자가 반박했다.

"어떤 선배가 있을 때 과연 '닮기 위해 노력하기만 하면 된다.'고 말할 수 있는 것이오? 그대는 아직도 그런 선배 또한 그보다 먼저 태어난 사람의 입장에서 보면 후생後生에 지나지 않는다는 사실을 모르는 것이오?"

공맹자公孟子는 『묵자』에서 유가를 대표하는 인물이다. 선인유칙삼이이의先人有則三而已矣 구절 등에 대한 해석이 분분하다. 『묵자한고』에 나오는 주석가들도 제대로 된 풀이를 내놓지 못하고 있다. 선인先人을 선배로 간주해 풀이하는 게 좋을 듯하다.

46-16

後生有反子墨子而反者, "我豈有罪哉. 吾反後." 子墨子曰, "是猶三軍北, 失後之人求賞也."

제자 가운데 묵자를 등졌다가 되돌아온 자가 말했다.

"제가 어찌 죄를 지었을 리 있겠습니까? 저는 되돌아오는 게 늦었을 뿐입니다."

묵자가 말했다.

"그것은 마치 군대가 패했는데도 달아났다가 돌아온 자가 포상을 요구하는 것과 같다."

삼군배三軍北의 '배'는 패배敗北의 뜻이다. 실후失後는 낙후落後 내지 낙오落伍의 뜻이다.

46-17

公孟子曰, "君子不作, 術而已." 子墨子曰, "不然. 人之其不君子者, 古之善者不誅, 今也善者不作. 其次不君子者, 古之善者不遂, 己有善則作之, 欲善之自己出也. 今誅而不作, 是無所異於不好遂而作者矣. 吾以爲古之善者則誅之, 今之善者則作之, 欲善之益多也."

공맹자가 말했다.

"군자는 창작하지 않고 옛날의 좋은 것을 널리 밝히고 기술하는 천술闡述을 행할 따름입니다."

묵자가 말했다.

"그렇지 않소. 사람들 가운데 가장 군자의 자질이 없는 자는 '천술'하지도 않고, 지금의 좋은 것도 창작하지 않소. 그 다음으로 군자의 자질이 없는 자는 '천술'하지도 않고, 자신에게 좋은 것만 창작하면서 모두 자신으로부터 나오도록 하고 있소. 지금 옛날 좋은 것을 '천술'만 하며 창작하지 않는 것은 옛날 좋은 것을 '천술'하지 않으면서 자신에게 좋은 것만 창작하는 것과 별반 다를 게 없소. 옛날 좋은 것은 응당 '천술'해야 하지만 동시에 지금의 좋은 것도 창작해야 한다는 게 내 생각이오. 좋은 게 더 많아지기를 바라기 때문이오."

술이이術而已의 '술'은 『논어』「술이」에 나오는 술이부작述而不作의 술述과 통한다. 「비유」에도 유사한 취지의 군자순이부작君子循而不作 구절이 나온 바 있다. 소시학은 인지기불군자자人之其不君子者의 '기'를 심甚의 오자로 보았다. 고지선자부주古之善者不誅의 '주'를 필원은 술述, 유월은 술術 내지 술述과 통하는 수詸의 잘못이라고 했다. 고지선자불수古之善者不遂의 '수'도 필원은 술述의 오자로 보았다.

46-18

巫馬子謂子墨子曰, “我與子異, 我不能兼愛. 我愛鄒人於越人, 愛魯人於鄒人, 愛我鄕人於魯人, 愛我家人於鄕人, 愛我親於我家人, 愛我身於吾親, 以爲近我也. 擊我則疾, 擊彼則不疾於我, 我何故疾者之不拂, 而不疾者之拂? 故有我有殺彼以我, 無殺我以利.” 子墨子曰, “子之義將匿邪, 意將以告人乎?” 巫馬子曰, “我何故匿我義? 吾將以告人.” 子墨子曰, “然則, 一人說子, 一人欲殺子以利己. 十人說子, 十人欲殺子以利己. 天下說子, 天下欲殺子以利己. 一人不說子, 一人欲殺子, 以子爲施不祥言者也. 十人不說子, 十人欲殺子, 以子爲施不祥言者也. 天下不說子, 天下欲殺子, 以子爲施不祥言者也. 說子亦欲殺子, 不說子亦欲殺子, 是所謂經者口也, 殺常之身者也.” 子墨子曰, “子之言, 惡利也? 若無所利而不言, 是蕩口也.”

무마자가 묵자에게 말했다.

“나는 선생님과 견해가 달라 ‘겸애’를 실천할 수 없습니다. 멀리 떨어진 월越나라 사람보다 이웃한 추鄒나라 사람을 더 사랑하고, 추나라 사람보다 우리 노魯나라 사람을 더 사랑하고, 노나라 사람보다 내 고향 사람을 더 사랑하고, 고향 사람보다 집안사람을 더 사랑하고, 집안사람보다 부모를 더 사랑하고, 부모보다 나 자신을 더 사랑합니다. 모두 나와 더 가깝기 때문입니다. 본인이 얻어맞으면 아프지만 딴 사람이 얻어맞으면 본인은 아프지 않습니다. 어찌 아픔을 느끼는 자신을 구하지 않고 아픔을 느끼지 않는 남을 구하려 애쓰겠습니까? 내가 남을 희생시켜 나에게 이롭게 하면서 나를 희생시켜 남을 이롭게 하지 않는 이유입니다."

묵자가 물었다.

"그대는 지금 그 얘기를 몰래 마음속에 숨겨 둘 것이오, 아니면 남에게 알릴 것이오?"

무마자가 대답했다.

"어찌 숨길 리 있겠습니까? 사람들에게 알릴 것입니다."

묵자가 말했다.

"그렇다면 그대의 주장에 동조하며 기뻐하는 자가 있다면 그는 그대를 희생시켜 자신을 이롭게 만들고자 할 것이오. 10명이면 10명 모두 그러할 것이고, 마침내 천하인 모두 그대를 희생시켜 자신을 이롭게 만들고자 할 것이오. 정반대로 그대의 주장에 동조하지 않는 자가 있다면 그 또한 그대를 희생의 제물로 삼을 것이오. 그대가 상서롭지 못한 말을 퍼뜨린다고 여긴 탓이오. 10명이면 10명 모두 그러할 것이고, 마침내 천하인 모두 그대가 상서롭지 못한 말을 퍼뜨린다고 여겨 그대를 희생의 제물로 삼고자 할 것이오. 그대의 주장에 동조하는 자는 물론 그렇지 않은 자까지 그대를 죽이려 들 것이니 그것이 바로 가벼운 입놀림은 늘 스스로를 죽인다는 뜻의 이른바 경구살신輕口殺身이오."

묵자가 덧붙여 말했다.

"그대의 주장은 두루 이롭게 하는 것을 혐오한데서 나온 것이오. 아무런 이익도 없는데 꼭 이를 말하고자 하면 그것은 망언에 지나지 않소."

추인鄒人의 '추'는 지금의 산동성 추현 일대를 말한다. 맹자의 고향이다. 공자가 태어난 노魯나라에 속한 지방이라는 설도 있고,

독립된 나라라는 설도 있다. 어느 쪽이든 공자의 고향인 곡부曲阜에서 가까운 곳에 위치해 있다. 불불不拂의 불拂을 『설문해자』「수부手部」는 떨쳐낼 과격過擊으로 새겼으나 여기서는 문맥상 돕거나 아낀다는 의미로 사용된 것이다. 열자說子는 그대의 주장을 좋아하며 따른다는 의미이다. 경자구經者口의 '경'은 가벼울 경輕과 통한다. 살상지신殺常之身의 '상'을 손이양은 자子의 잘못으로 보았다.

46-19

子墨子謂魯陽文君曰, "今有一人於此, 羊牛犓豢, 維人但割而和之, 食之不可勝食也. 見人之作餅, 則還然竊之, 曰, '舍余食!' 不知日月安不足乎, 其有竊疾乎?" 魯陽文君曰, "有竊疾也." 子墨子曰, "楚四竟之田, 曠蕪而不可勝辟, 謼靈數千, 不可勝. 見宋鄭之閒邑, 則還然竊之, 此與彼異乎?" 魯陽文君曰, "是猶彼也, 實有竊疾也."

묵자가 노양문군魯陽文君에게 물었다.

"지금 여기에 어떤 사람이 요리사를 시켜 가축의 고기를 자르고 삶아 맛있는 요리를 만들었는데 다 먹을 수 없을 정도로 고기가 많다고 가정합시다. 이때 다른 사람이 떡을 만드는 것을 보고는 재빨리 슬쩍하면서 '내게도 음식을 좀 주어야지!'라고 말했다고 합시다. 이는 그의 눈과 귀가 만족하지 못할 정도로 음식이 모자라기 때문입니까, 아니면 슬쩍하는 버릇이 있기 때문입니까?"

노양문군이 대답했다.

"슬쩍하는 버릇이 있기 때문이오."

묵적이 말했다.

"대국인 초나라 내의 경지와 황무지는 이루 다 개척할 수도 없을 정도로 많고, 산림과 천택 등을 관리하는 관원 또한 수천 명에 달해 그 수를 셀 수조차 없습니다. 그런데도 소국인 송나라와 정나라의 비어 있는 성읍을 보기만 하면 곧바로 빼앗고자 하니 남의 집 떡을 슬쩍하는 자와 무엇이 다르겠습니까?"

노양문공이 말했다.

"양자가 똑같으니 실로 슬쩍하는 버릇 때문이오."

추환犓豢의 '환'은 가축을 뜻하는 환豢과 통한다. 유인단할이화지維人但割而和之는 요리사가 가축 고기를 손질해 맛있는 요리를 만든다는 뜻이다. 여기의 '유'를 필원은 요리를 뜻하는 옹饔과 통하는 옹雍, '단'을 단袒의 오자로 보았다. 환연還然은 도둑이 주위를 살피는 모양을 형용한 것이다. 사여舍余의 '사'를 손이양은 줄 여予의 잘못으로 보았다. 절질竊疾은 도둑질하는 버릇으로 도벽盜癖과 같다. 불가승벽不可勝辟의 '벽'은 개척할 벽闢과 통한다. 호령訏靈의 '호'를 필원은 소召, '령'을 고광기는 령令과 통하는 것으로 보았다. 이에 대해 손이양은 빈 땅을 뜻하는 호허呼虛의 잘못으로 파악했다. 한읍閒邑은 빈 고을을 뜻한다.

46-20

子墨子曰, "季孫紹與孟伯常治魯國之政, 不能相信, 而祝於叢社曰, '苟使我和.' 是猶弇其目而祝於叢社也, '苟使我皆視.' 豈不繆哉?"

묵자가 말했다.

"계손소季孫紹와 맹백상孟伯常은 함께 노나라를 다스리면서 서로 믿지 못한 탓에 총림叢林 속의 사당으로 가 '우리를 화목하게 해 주십시오.'라고 빌었다. 이는 귀신을 속이기 위해 눈을 가린 채 총림 속의 사당으로 가 '우리를 다 볼 수 있게 해 주십시오.'하고 비는 것과 같다. 이 어찌 황당한 짓이 아니겠는가?"

계손소季孫紹와 맹백상孟伯常을 두고 손이양은 『예기』「단궁」에 대한 정현의 주에서 계손소를 노나라 권신 계강자季康子의 증손 강強, 맹백상을 맹무백孟武伯의 아들 첩捷으로 본 점에 주목해 계강자와 맹무백의 후손일 공산이 크다고 했다. 총사叢社는 나무가 심어져 있는 사당을 말한다. 엄기목弇其目의 '엄'은 가린다는 의미로 엄揜과 통한다.

46-21

子墨子謂駱滑氂曰, "吾聞子好勇." 駱滑氂曰, "然, 我聞其鄉有勇士焉, 吾必從而殺之." 子墨子曰, "天下莫不欲與其所好, 度其所惡. 今子聞其鄉有勇士焉, 必從而殺之, 是非好勇也, 是惡勇也."

묵자가 낙골희駱滑氂에게 말했다.

"나는 그대가 용맹을 좋아한다고 들었소."

"맞습니다. 저는 어떤 마을에 용사가 있다는 얘기를 들으면 반드시 쫓아가 죽입니다."

묵자가 말했다.

"천하에는 자신이 좋아하는 것을 가까이 하고, 싫어하는 것을 멀리 하려 들지 않는 자가 없소. 지금 그대는 어떤 마을에 용사가 있다는 얘기를 들으면 반드시 쫓아가 죽이고 있소. 이는 용맹을 좋아하는 게 아니라 싫어하는 것이오."

낙골희駱滑氂의 '희'가 오초본에는 희釐로 되어 있다. 손이양은 금골희와 같은 이름으로 보았다. 왕인지는 막불욕여莫不欲與의 '여'를 흥興, 도기소오度其所惡의 '도'를 폐廢의 잘못으로 보았다. 손이양이 이를 좇았다.

권 12
제47장 귀의(貴義)

'귀의'는 말 그대로 의를 귀하게 여긴다는 뜻으로 편명은 '천하만사 가운데 의보다 더 귀한 게 없다.'는 구절에서 따온 것이다. 내용상 앞에 나오는 「경주」의 후속편에 해당한다. 구성은 제자가 스승 묵자의 '의'에 관한 언행을 곁에서 보고 들으며 기록한 형식으로 꾸며져 있다. 열국의 군주가 입으로만 '인의'를 떠벌이고 있는 것을 신랄히 비판하고 있다.

47-1

子墨子曰, "萬事莫貴於義. 今謂人曰, '予子冠履, 而斷子之手足, 子爲之乎?' 必不爲. 何故? 則冠履不若手足之貴也. 又曰, '予子天下, 而殺子之身, 子爲之乎?' 必不爲. 何故? 則天下不若身之貴也. 爭一言以相殺, 是貴義於其身也. 故曰, '萬事莫貴於義也.' "

묵자가 말했다.

"천하만사 가운데 의보다 더 귀한 게 없다. 지금 어떤 사람에게 묻기를, '그대에게 관冠과 신발을 줄 터이니 그대의 수족을 자르도록 하시오. 그리 하겠소?'라고 하면 반드시 그리 하지 않을 것이다. 왜

하는 대왕인 까닭에 혹여 천한 백성의 주장으로 여겨 채택하지 않는 경우는 없겠습니까?"

묵자가 대답했다.

"실행에 옮겨 효과를 보기만 하면 됩니다. 비유하면 마치 약과 같습니다. 하찮은 풀뿌리일지라도 천자가 먹고 병을 고칠 수만 있다면 어찌 하찮은 풀뿌리라고 하여 복용치 않을 리 있겠습니까? 지금 농부들이 왕공대인에게 세금을 바치면 왕공대인은 단술 등의 제물을 만들어 상제와 귀신에게 제사를 올립니다. 어찌 천한 백성이 만든 것이라고 하여 제사를 받지 않을 리 있겠습니까? 비록 천한 백성이지만 위로 농부, 아래로 약에 비할지라도 어찌 하찮은 풀뿌리만도 못할 리 있겠습니까? 하물며 대왕은 은나라 탕왕의 전설에 관해 들어본 바가 있습니까? 옛날 탕왕이 이윤伊尹을 찾아가 만날 생각으로 팽씨彭氏의 아들에게 자신의 수레를 몰게 했습니다. 팽씨의 아들이 도중에 묻기를, '군왕은 어디를 가려는 것입니까?'라고 하자 탕왕이 대답키를, '이윤을 가서 만나려는 것이다.'라고 했습니다. 팽씨의 아들이 만류키를, '이윤은 천하의 백성입니다. 군왕이 굳이 그를 만나고자 하면 하령하여 소문召問할지라도 그는 이를 기꺼이 받아들일 것입니다.'라고 했습니다. 그러자 탕왕이 반대키를, '그대는 알지 못한 일이다. 지금 여기에 귀가 더욱 분명해지고 눈이 더욱 밝아지는 약이 있다면 나는 반드시 기뻐하며 억지로라도 그것을 먹을 것이다. 이윤은 우리나라에서 비유컨대 좋은 의사 내지 좋은 약과 같다. 그대는 내가 이윤을 만나지 않기를 바라니 이는 내가 선정을 베풀지 않기를 그대가 바라는 것과 같다.'고 했습니다. 그러고는 팽씨의 아들을 하차시켜 수레를 몰지 못하게 했습니다. 실로 그런 자세로 임했기에 나라를 잘 다스릴 수 있었던 것입니다."

견초헌혜왕見楚獻惠王을 손이양은 『사기』 등에 초헌혜왕楚獻惠王에 관한 기록이 없고 『예문유취藝文類聚』 등에 초혜왕楚惠王의 기록이 나오는 점에 주목해 견초혜왕헌서見楚惠王獻書의 잘못으로 보았다. 목하穆賀는 초나라의 대부이다. 이순기질以順其疾의 '순'은 병이 낫는 것을 말한다. 필원은 『예문유취』의 주석을 근거로 료療로 새겼다. 주군主君은 군주를 뜻한다. 『전국책』과 『사기』 등에 따르면 종횡가인 소진蘇秦이 육국六國의 군주에게 유세하며 '주군'으로 칭했다. 『춘추좌전』 「노소공 29년」조에도 제나라 대부 고장高張이 노소공을 알현하면서 '주군'으로 칭한 대목이 나온다. 구연茍然은 실로 그러하다는 뜻이다.

47-4

子墨子曰, "凡言凡動, 利於天•鬼•百姓者爲之. 凡言凡動, 害於天•鬼•百姓者舍之. 凡言凡動, 合於三代聖王堯•舜•禹•湯•文武者爲之. 凡言凡動, 合於三代暴王桀•紂•幽•厲者舍之."

묵자가 말했다.

"무릇 말과 행동이 하늘과 귀신 및 백성에게 이익이 되는 것이라면 해야 하고, 하늘과 귀신 및 백성에게 해가 되는 것이라면 버려야 한다. 말과 행동이 삼대의 성왕인 요, 순, 우, 탕, 문왕 및 무왕 등에 부합하는 것이라면 해야 하고, 삼대의 폭군인 걸, 주, 유왕 및 여왕 등에 부합하는 것이라면 버려야 한다."

사舍는 버릴 사捨의 뜻이다.

47-5

子墨子曰, "言足以遷行者, 常之. 不足以遷行者, 勿常. 不足以遷行而常之, 是蕩口也."

묵자가 말했다.

"말이 족히 행동으로 옮겨질 수 있는 것이라면 늘 해도 좋으나, 그렇지 못한 것이라면 해서는 안 된다. 행동으로 옮기지도 못하면서 늘 말만 하면 그것은 망언에 지나지 않는다."

천행遷行은 실천한다는 뜻이다.

47-6

子墨子曰, "必去六辟, 嘿則思, 言則誨, 動則事. 使三者代御, 必爲聖人. 必去喜, 去怒, 去樂, 去悲, 去愛, 而用仁義. 手足口鼻耳, 從事於義, 必爲聖人."

묵자가 말했다.

"반드시 행해야 할 3가지 원칙과 버려야 할 6가지 편벽된 행동이 있다. 우선 침묵할 때 능히 생각하고, 말할 때 능히 남을 깨우쳐 주고, 움직일 때 능히 일할 수 있어야 한다. 이들 3가지 원칙을 번갈아 행하면 반드시 성인이 될 것이다. 또한 자신만 느끼는 기쁨과 노여움, 즐거움, 슬픔, 사랑, 증오 등 6가지 편벽된 행동을 버리고 천하 사람을 위한 인의를 행해야 한다. 손과 발, 입, 코, 귀가 이처럼 의로운 일을 행하면 반드시 성인이 될 것이다."

육벽六辟은 6가지 편벽된 행동을 뜻한다. 묵즉사嘿則思의 '묵'은 묵默과 같다. 언즉회言則誨의 '회'는 남을 깨우쳐주는 것을 뜻한다. 대어代御는 교대로 행한다는 의미이다. 거애去愛를 두고 유월은 뒤에 거오去惡가 빠졌다고 보았다.

47-7

子墨子謂二三子曰, "爲義而不能, 必無排其道. 譬若匠人之斲而不能, 無排其繩."

묵자가 몇 명의 제자에게 말했다.

"의를 행하다가 불가능한 게 있을지라도 인의를 탓해서는 안 된다. 목수가 나무를 깎다가 여의치 않을지라도 먹줄을 탓하지 않는 것과 같다."

배기도排其道의 '배'를 필원은 배背와 통한다고 보았다. 장인지착匠人之斲의 '착'은 작斫과 같다. 무배기승無排其繩의 '승'은 목수들이 사용하는 먹줄인 묵승墨繩을 뜻한다.

47-7

子墨子曰, "世之君子, 使之爲一犬一彘之宰, 不能則辭之. 使爲一國之相, 不能而爲之, 豈不悖哉."

묵자가 말했다.

"세상의 군자는 개나 돼지를 잡는 백정의 일을 하라고 하면 손사래를 치며 사절한다. 그러나 한 나라의 재상이 되라고 하면 그 일을 감당할 수 없는데도 다퉈 맡고자 한다. 이 어찌 도리에 어긋난 짓이 아니겠는가?"

일체지재一彘之宰의 '체'는 돈豚 내지 시豕의 뜻이다. '재'는 원래 요리사를 뜻하는 말이나 훗날 황실의 집사를 뜻하는 재상宰相의 의미로 변했다.

47-8

子墨子曰, "今瞽曰, '鉅者白也, 黔者黑也.' 雖明目者無以易之. 兼白黑, 使瞽取焉, 不能知也. 故我曰'瞽不知白黑者', 非以其名也, 以其取也. 今天下之君子之名仁也, 雖禹湯無以易之. 兼仁與不仁, 而使天下之君子取焉, 不能知也. 故我曰'天下之君子, 不知仁者', 非以其名也, 亦以其取也.' "

묵자가 말했다.

"지금 장님이 말하기를, '백색은 희고, 흑색은 검다.'고 한다. 아무리 눈이 밝은 자일지라도 이를 바꿀 수는 없다. 그러나 흰 것과 검은 것을 섞어 놓고 그 중 한 가지를 고르게 하면 장님은 이를 제대로 구별치 못한다. 내가 '장님은 희고 검은 것을 모른다.'고 말한 이유다. 그들이 흑백의 명칭을 모른다고 말한 게 아니라 분별할 능력이 없는 점을 말한 것이다. 지금 천하의 군자들은 입으로만 '인仁'을 말한다. 천하의 성군인 우왕과 탕왕도 이를 바꿀 수는 없다. 그러나 '인'과 '불인不仁'을 섞어 놓고 그 중 한 가지를 고르게 하면 천하의 군자들은 이를 제대로 구별치 못한다. 내가 '천하의 군자들은 인을 제대로 알지 못한다.'고 말한 이유다. 그들이 '인'의 명칭을 모른다고 말한 게 아니라 분별할 능력이 없는 점을 언급한 것이다."

거자백야鉅者白也의 '거'를 유월은 흴 애皚의 생략형인 애豈의 잘못으로 보았다. 검자흑야黔者黑也의 '검'은 검을 흑黑 내지 려黎의 뜻이다. 진秦나라 백성들을 검수黔首로 칭했다. 검은 두건을 두른 결과다. 여기의 '흑'이 오초본에 묵墨으로 되어 있다. 무이역지無以易之는 이의를 제기할 수 없다는 뜻을 내포하고 있다.

47-9

子墨子曰, "今士之用身, 不若商人之用一布之愼也. 商人用一布布, 不敢繼苟而讎焉, 必擇良者. 今士之用身則不然, 意之所欲則爲之. 厚者入刑罰, 薄者被毁醜. 則士之用身, 不若商人之用一布之愼也."

묵자가 말했다.

"지금 천하의 선비들은 인의 등을 앞에 내세우며 처신하고 있으나 상인이 돈 한 푼을 아끼며 물건을 거래하는 것만큼도 신중하지 못하다. 상인들은 한 푼의 돈으로 물건을 살지라도 멋대로 사지 않고 반드시 좋은 것을 택한다. 지금 천하 선비들의 처신은 그렇지 않다. 내심 원하는 게 있으면 곧바로 이를 행해 심한 자는 형벌을 받고, 가벼운 자는 비난을 받는다. 이로써 보면 천하의 선비들은 상인이 돈 한 푼을 아끼며 물건을 거래하는 것만큼도 신중하지 못한 셈이다."

용신用身은 처신處身을 뜻한다. 손이양은 용일포포用一布布에서 두 번째 '포'를 시市, 계구이수繼苟而讎의 '계구'를 욕을 먹는다는 뜻의 해구謑詬의 잘못으로 보았다. 『여씨춘추』「무도誣徒」에 초구譙詬 표현이 나온다. 손이양은 '해구'의 오자로 파악했다. '수'를 필원은 물건을 사고파는 수售의 정자로 보았다. 훼추毀醜는 거칠게 비판하는 것을 의미한다.

47-10

子墨子曰, "世之君子, 欲其義之成, 而助之修其身則慍. 是猶欲其牆之成, 而人助之築則慍也, 豈不悖哉?"

묵자가 말했다.

"세상의 군자는 의를 행하고자 하면서도 수신修身을 도와주고자 하면 화를 낸다. 이는 그의 집 담을 쌓으려 하면서도 남이 도와주고자 하면 화를 내는 것과 같다. 이 어찌 도리에 어긋나는 짓이 아니겠는가?"

조지수기신즉온助之修其身則慍의 '지'는 뒤에 나오는 '수기신'을 받은 것이다. '온'은 성을 내거나 불평하는 것을 뜻한다.

47-11

子墨子曰, "古之聖王, 欲傳其道於後世, 是故書之竹帛, 鏤之金石, 傳遺後世子孫, 欲後世子孫法之也. 今聞先王之遺而不爲, 是廢先王之傳也."

묵자가 말했다.

"옛 성왕은 자신의 도를 전하기 위해 죽백竹帛과 금석金石에 가르침을 새겨 넣어 후대인에게 물려주었다. 후대인이 법도로 삼기를 바란 것이다. 지금 사람들이 선왕의 도를 듣고도 실천하지 않는다면 이는 선왕의 도를 폐기하는 짓이다."

루지금석鏤之金石의 '루'는 각刻과 통한다.

47-12

子墨子南游使衛, 關中載書甚多. 弦唐子見而怪之, 曰, "吾夫子教公尙過曰, '揣曲直而已.' 今夫子載書甚多, 何有也?" 子墨子曰, "昔者周公旦朝讀書百篇, 夕見漆十士. 故周公旦佐相天子, 其脩至於今. 翟上無君上之事, 下無耕農之難, 吾安敢廢此? 翟聞之, '同歸之物, 信有誤者.' 然而民聽不鈞, 是以書多也. 今若過之心者, 數逆於精微, 同歸之物, 既已知其要矣. 是以不教以書也. 而子何怪焉?"

묵자가 남쪽 위衛나라로 유세를 떠날 때 수레에 실은 책이 매우 많았다. 제자인 현당자弦唐子가 괴이하게 여겨 물었다.

"선생님은 일찍이 공상과公尙過에게 이르기를, '책은 시비곡직을 재는 저울에 지나지 않는다.'고 했습니다. 지금 이토록 많은 책을 싣고 가는 것은 어찌 된 연유입니까?"

묵자가 대답했다.

"옛날 주공 단은 아침이면 책을 100편이나 읽고, 저녁이면 70명의 선비들을 접견했다. 천자를 보필하는 재상의 책임을 떠맡은 후에도 수양을 게을리 하지 않아 그 명성이 지금까지 전해지고 있다. 나는 위로 군주를 받드는 직책을 맡지도 않고, 아래로 경작하는 어려움도 없으니 어찌 책을 폐할 수 있겠는가? 내가 듣건대, '모든 학설은 한 가지 진리로 귀결되나 전해지는 와중에 반드시 다양한 학파가 나오기 마련이다.'라고 했다. 사람들이 전해들은 내용이 일치하지 않는 까닭에 책이 많아진 것이다. 지금 공상과 같은 사람들은 사물의 이치를 통찰한 덕분에 모든 학설은 한 가지 진리로 귀결된다는 사실을 깊이 깨닫고 사안이 나올 때마다 핵심 요지를 쉽게 파악했을 것이다. 공상과를 책으로 가르치지 않은 이유다. 그런데도 너는 어찌하여 이를 이상하게 생각하는 것이냐?"

관중關中은 물건을 싣기 위해 수레에 빗장처럼 설치한 장치를 말한다. 현당자弦唐子 역시 묵자의 제자이다. 공상과公尙過는 '공상'이 성으로 위나라 출신인 듯하다. 칠십漆十은 칠십七十과 같다. 수지어금脩至於今의 '수'가 오초본에는 수修로 되어 있다. 불균不鈞의 '균'은 균均과 통한다. 역어정미逆於精微의 '역'을 손이양은 『주례』「향사鄕師」에 대한 정현의 주를 인용해 생각할 고考로 새겼다.

47-13

子墨子謂公良桓子曰, "衛, 小國也, 處於齊晉之間, 猶貧家之處於富家之間也. 貧家而學富家之衣食多用, 則速亡必矣. 今簡子之家, 飾車數百乘, 馬食菽粟者數百匹, 婦人衣文繡者數百人. 吾取飾車食馬之費與繡衣之財以畜士, 必千人有餘. 若有患難, 則使百人處於前, 數百於後. 與婦人數百人處前後, 孰安? 吾以爲不若畜士之安也."

묵자가 위나라 대부 공량환자公良桓子에게 말했다.

"위衛나라는 소국이고, 제齊나라와 진晉나라 사이에 놓여 있습니다. 마치 가난한 집이 부잣집 사이에 있는 것과 같습니다. 가난한 집이 부잣집의 의식衣食을 흉내 내고 허투루 낭비하면 곧바로 망하는 것은 틀림없는 일입니다. 지금 대부의 집안을 보면 멋지게 장식한 수레가 수백 대, 콩이나 조를 먹는 말이 수백 필, 화려한 무늬를 수놓은 옷을 입는 부인이 수백 명이나 됩니다. 수레를 장식하고 말을 먹이는 비용과 수놓은 옷을 입는 재물로 선비를 기르면 반드시 1천여 명의 선비를 거느릴 수 있을 것입니다. 환난을 당하면 곧 1백 명이 선비들로 하여금 앞에서 방어하고, 수백 명의 선비들로 하여금 뒤에서 막게 할 수 있습니다. 수백 명의 부인을 앞뒤로 세운 것과 비교할 때 어느 쪽이 안전하겠습니까? 제 생각으로는 선비를 기르는 쪽이 훨씬 안전할 듯합니다."

공량환자公良桓子를 소시학은 위衛나라 대부로 보았다. 손이양은 『사기』「공자제자열전」에 나오는 진陳나라 출신 공량유公良儒일 가능성을 제시했다. 간자지가簡子之家의 '간'을 『광아』「석언釋言」은 열람할 열閱로 풀이했다. 오취吾取의 '오'를 유월은 약若의 잘못으로 보았다. 필원은 수백어후數百於後의 '수백' 뒤에 인처人處가 생략된 것으로 파악했다.

47-14

子墨子仕人於衛, 所仕者至而反. 子墨子曰, "何故反?" 對曰, "與我言而不當. 曰, '待女以千盆.' 授我五百盆, 故去之也." 子墨子曰, "授子過千盆, 則子去之乎?" 對曰, "不去." 子墨子曰, "然則非爲其不審也, 爲其寡也."

묵자가 제자를 위나라로 보내 벼슬살이를 하도록 했다. 벼슬살이를 하러 간 제자가 가자마자 곧바로 돌아왔다. 묵자가 물었다.

"어찌하여 이토록 빨리 돌아온 것인가?"

제자가 대답했다.

"위나라가 약속을 지키지 않았기 때문입니다. 그들은 저에게 약속키를, '곡식 1천 동이의 녹봉으로 대우하겠다.'고 하고는 그 절반만 주었습니다. 그래서 떠나온 것입니다."

묵자가 다시 물었다.

"녹봉이 1천 동이를 넘을지라도 그곳을 떠날 생각이 있었던 것인가?"

"떠나지 않았을 것입니다."

묵자가 말했다.

"그렇다면 자네가 떠난 것은 그들이 약속을 지키지 않았기 때문이 아니라 녹봉이 적었기 때문이다."

천분千盆의 '분'을 두고 필원은 금속의 무게를 나타내는 일鎰과 통하는 것으로 보았으나, 왕인지는 곡식을 재는 도량형으로 파악했다. 1분은 12두斗 8승升에 해당한다. 『순자』「부국富國」에 '분'을 도량형으로 언급한 대목이 나온다.

47-14

子墨子曰, "世俗之君子視義士不若負粟者. 今有人於此, 負粟息於路側, 欲起而不能. 君子見之, 無長少貴賤必起之. 何故也? 曰, '義也.' 今爲義之君子, 奉承先王之道以語之, 縱不說而行, 又從而非毀之. 則是世俗之君子之視義士也, 不若視負粟者也."

묵자가 말했다.

"세속의 군자들은 의사義士를 마치 곡식을 지고 가는 인부만큼도 여기지 않는다. 지금 여기에 어떤 사람이 곡식을 지고 가다가 길가에 쉬고 있다고 치자. 그가 휴식을 마치고 일어나려다가 힘이 없어 일어나지 못하면 이를 본 군자들은 노소귀천을 막론하고 반드시 그를 일으켜 세워 줄 것이다. 왜 그런가? 군자들은 대답키를, '의義 때문이다.'라고 할 것이다. 지금 의를 행하는 군자들이 선왕의 도를 받들어 세속의 군자에게 '의'를 설파하고 있다. 그럼에도 세속의 군자들은 이들의 말을 꺼릴 뿐만 아니라 오히려 비난하고 무함까지 한다. 세속의 군자들이 '의사'를 마치 곡식을 지고 가는 인부만큼도 여기지 않는 이유가 여기에 있다."

종불열이행縱不說而行의 '열'이 오초본에는 열悅로 되어 있다. 여기의 '종'은 가정법을 나타내는 부사어이다. 종연縱然, 종사縱使 등이 주로 사용된다. 부속負粟은 곡식을 지고 가는 짐꾼을 지칭한다.

47-15

子墨子曰, "商人之四方, 市賈信徙, 雖有關梁之難, 盜賊之危, 必爲之. 今士坐而言義, 無關梁之難, 盜賊之危, 此爲信徙, 不可勝計, 然而不爲. 則士之計利, 不若商人之察也."

묵자가 말했다.

"상인은 천지사방을 무대로 장사를 하는 자들이다. 만일 약간이라도 이익이 나면 이들은 아무리 관소關所를 통과하는 어려움과 도적을 만나는 위험이 있을지라도 반드시 이런 위험부담을 감수하며 장사하러 떠난다. 지금 선비들은 방안에 앉아 의를 논하는 까닭에 관소를 통과하는 어려움과 도적을 만나는 위험도 없다. 그럼에도 이들은 그 공적과 이익이 상인과 비교할 때 헤아릴 수 없을 정도로 큰데도 의를 실천할 생각을 하지 않는다. 이로써 보면 선비들의 이해타산이 상인들보다 밝지 못한 것은 분명한 일이다."

신사信徙를 필원은 배사倍徙의 잘못으로 보았다. 손이양은 '사'가 곱절을 뜻하는 사蓰와 통한다고 했다. 관량지난關梁之難은 관소나 다리 등을 통과할 때 많은 세금을 내야 하는 등의 어려움을 뜻한다. 상인들에게는 난세일수록 이런 부담이 더욱 커진다.

47-16

子墨子北之齊, 遇日者. 日者曰, "帝以今日殺黑龍於北方, 而先王之色黑, 不可以北." 子墨子不聽, 遂北, 至淄水, 不遂而反焉. 日者曰, "我謂先生不可以北." 子墨子曰, "南之人不得北, 北之人不得南, 其色有黑者有白者, 何故皆不遂也? 且帝以甲乙殺青龍於東方, 以丙丁殺赤龍於南方, 以庚辛殺白龍於西方, 以壬癸殺黑龍於北方, 若用子之言, 則是禁天下之行者也. 是圍心而虛天下也, 子之言不可用也."

묵자가 북쪽 제나라를 향해 가다가 점쟁이를 만나게 됐다. 점쟁이가 말했다.

"오늘은 황제黃帝가 북방을 지배하는 흑룡黑龍을 제거한 날입니다. 선생은 피부색이 검은 까닭에 북쪽으로 가서는 안 됩니다."

묵자가 이를 무시한 채 계속 북쪽을 향했다. 제나라 도성 부근을 흐르는 치수淄水까지 갔으나 끝내 뜻을 이루지 못하고 돌아왔다. 소식을 들은 점쟁이가 말했다.

"일전에 저는 선생이 북쪽으로 가서는 안 된다고 말한 바 있습니다."

묵자가 말했다.

"치수의 남쪽 사람 가운데 북쪽으로 가지 못하거나, 북쪽 사람 가운데 남쪽으로 가지 못한 경우가 있을 것이오. 그들 중에는 피부색이 검은 사람이 있고 흰 사람도 있을 터인데 어찌하여 그들 모두 뜻을 이루지 못한 것이오? 그대의 말에 따르면 황제는 목木을 상징하는 갑일甲日과 을일乙日에는 동쪽의 청룡青龍, 화火를 상징하는 병일丙日과 정일丁日에는 남쪽의 적룡赤龍, 금金을 상징하는 경일庚日과 신일申日에는 서쪽의 백룡白龍, 수水를 상징하는 임일壬日과 계일癸日에는 북쪽의 흑룡黑龍을 죽였소. 그대의 주장을 좇으면 해당 날짜에 따라 천하의 모든 길을 수시로 막아야만 할 것이오. 이는 이런저런 금기로 사람의 마음을 옭아매 천하를 텅 비우게 만드는 짓이오. 내가 그대의 말은 따를 수 없었던 이유요."

일자日者는 점을 치는 복인卜人을 말한다. 치수淄水는 지금의 산동성 치박시 부근인 옛 제나라 수도 임치臨淄 주변을 흐르는 강물을 말한다. 치하淄河 또는 치강淄江으로도 불렀다. 위심圍心은 미신으로 인해 마음이 가려진 것을 뜻한다.

47-17

子墨子曰, "吾言足用矣. 舍言革思者, 是猶舍獲而攈拾粟也. 以其言非吾言者, 是猶以卵投石也. 盡天下之卵, 其石猶是也, 不可毀也."

묵자가 말했다.

"나의 주장은 족히 실행할 만한 것이다. 그런데도 이를 버리고 다른 생각을 하는 것은 마치 거둬야 할 것은 버린 채 남이 남긴 곡식의 이삭을 줍는 것과 같다. 다른 사람의 주장을 근거로 나의 주장을 비난하는 것은 마치 계란으로 돌을 치는 것과 같다. 천하의 계란을 모두 그러모아 칠지라도 그 돌은 평소와 마찬가지로 아무런 손상도 입지 않을 것이다."

사확舍獲은 수확을 포기하는 것을 말한다. 군속攟粟은 이삭을 줍는 것을 뜻한다. 습속拾粟과 같다. 여기의 '군'은 군捃과 통한다. 필원에 따르면 일부 판본에는 물속의 마름을 뜻하는 미攈로 잘못 기록돼 있다.

제48장 공맹(公孟)

'공맹'은 주로 묵자가 공맹자와 대화를 나눈 내용으로 꾸며져 있다. 공맹자는 유가의 입장을 대변하는 인물이다. 묵가와 유가의 상대학파에 대한 회의와 이견이 선명히 드러나는 이유다. 묵가가 유가의 뒤를 이어 제자백가의 일원으로 우뚝 서게 된 배경을 짐작케 해주는 대목이다.

48-1

公孟子謂子墨子曰, "君子共己以待, 問焉則言, 不問焉則止. 譬若鍾然, 扣則鳴, 不扣則不鳴." 子墨子曰, "是言有三物焉, 子乃今知其一身也, 又未知其所謂也. 若大人行淫暴於國家, 進而諫, 則謂之不遜. 因左右而獻諫, 則謂之言議. 此君子之所疑惑也. 若大人爲政, 將因於國家之難, 譬若機之將發也然, 君子之必以諫. 然而大人之利若此者, 雖不扣, 必鳴者也. 若大人擧不義之異行, 雖得大巧之經, 可行於軍旅之事, 欲攻伐無罪之國有之也. 君得之, 則必用之矣. 以廣辟土地, 著稅僞材, 出必見辱, 所攻者不利, 而攻者亦不利, 是兩不利也. 若此者, 雖不扣, 必鳴者也. 且子曰, '君子共己, 待問焉則言, 不問焉則止. 譬若鍾然, 扣則鳴, 不扣則不鳴.' 今未有扣子而言, 是子之謂不扣而鳴邪? 是子之所謂非君子邪?"

공맹자가 묵자에게 말했다.

"군자는 두 손을 마주잡고 기다리다가 다른 사람이 물으면 말하고 묻지 않으면 말하지 않으니 비유하면 마치 소리 나는 종과 같아 두드리면 울리고, 두드리지 않으면 울리지 않는 것과 같습니다."

묵자가 말했다.

"그대는 3가지 상황을 언급한 셈이오. 그럼에도 그대는 지금 하나만 얘기하고, 그것이 무엇을 뜻하는지조차 모르고 있소. 첫째, 위정자들이 나라를 음란하고 포학하게 다스릴 때 나아가 간하면 불손하다고 말할 것이고, 측근을 통해 간하면 논란만 일으킨다고 말할 것이오. 군자들이 의혹을 품는 이유요. 둘째, 위정자들이 나라에 환난을 가져올 정도로 어지러운 정사를 펴 마치 쇠뇌가 발사되기 직전의 위험한 상황이라면 군자는 반드시 이를 간할 것이오. 그러면 위정자들은 이익을 보게 되오. 이런 긴급한 상황을 종에 비유하면 설령 두드리지 않을지라도 반드시 울리는 것과 같소. 셋째, 위정자가 예컨대 치밀한 계책 하에 군사를 일으켜 무고한 나라를 정복함으로써 영토를 넓히고 재화를 거둬들이는 것처럼 불의한 일을 일으키면 반드시 치욕을 당하게 될 것이오. 공격당하는 쪽도, 공격하는 쪽도 모두 불리하니 양편 모두 불리한 일을 떠안은 셈이오. 이 또한 설령 종을 두드리지 않을지라도 반드시 울려야만 하는 상황이라고 할 수 있소. 그럼에도 그대는 '군자는 두 손을 마주잡고 기다리다가 다른 사람이 물으면 말하고 묻지 않으면 말하지 않으니 비유하면 마치 소리 나는 종과 같아 두드리면 울리고, 두드리지 않으면 울리지 않는다.'고 말하고 있소. 지금 아무도 두드리지 않았는데 그대가 스스로 말을 했으니 이는 그대가 말한 '두드리지 않아도 울리면 군자가 아니다.'는 경우에 해당하는 게 아니겠소?"

공기이대共己以待의 '공'은 두 손을 맞잡을 공拱과 통한다. 기일신야其一身也의 '신'을 왕인지는 이耳의 오자로 보았다. 신身의 예서체가 이耳와 닮은데 따른 착오라는 것이다. 언의言議는 쓸데없는 논란을 말한다. 대교지경大巧之經은 크게 교묘한 계책을 뜻한다. 저세위재著稅僞材는 세금과 재물을 거둬들인다는 의미로 여기의 '저'는 세를 부과한다는 뜻의 적籍과 통한다. '위'를 필원은 재화를 뜻하는 귀賜의 잘못으로 보았다. '귀'는 옛날 화貨의 뜻으로 사용됐다. '재'는 재財와 통한다. 손이양은 적세귀재籍稅賜材를 적렴화재籍斂貨財로 풀이했다. 자지위子之謂를 두고 손이양은 '위' 앞에 소所가 생략된 것으로 보았다.

48-2

公孟子謂子墨子曰, "實爲善人孰不知? 譬若良玉處而不出, 有餘糈. 譬若美女處而不出, 人爭求之. 行而自衒, 人莫之取也. 今子遍從人而說之, 何其勞也?" 子墨子曰, "今夫世亂求美女者衆, 美女雖不出, 人多求之. 今求善者寡, 不强說人, 人莫之知也. 且有二生於此, 善筮, 一行爲人筮者, 一處而不出者, 行爲人筮者, 與處而不出者, 其糈孰多?" 公孟子曰, "行爲人筮者其糈多." 子墨子曰, "仁義鈞, 行說人者其功善亦多, 何故不行說人也?"

공맹자가 묵자에게 물었다.

"실로 선행을 실천하면 어느 누가 알아주지 않겠습니까? 예컨대 뛰어난 축관祝官이 깊이 들어앉아 있을지라도 많은 복채를 받고, 미녀가 깊이 들어앉아 나돌아 다니지 않아도 사람들이 다퉈 만나고자 하는 것과 같습니다. 나다니며 스스로 미모를 자랑하면 아무도 만나려 하지 않을 것입니다. 지금 선생은 두루 사람들을 찾아다니며 유세하고 있으니 어찌하여 그런 수고를 하는 것입니까?"

묵자가 대답했다.

"지금 세상이 어지러워 미녀를 구하는 자가 많소. 미녀가 밖으로 나다니지 않을지라도 많은 사람들이 그녀를 만나고자 하오. 지금 선행을 실천코자 하는 사람들은 매우 적소. 힘써 유세하지 않으면 사람들이 이를 알지 못하오. 여기 2명의 뛰어난 점술가가 있는데 한 사람은 돌아다니면서 점을 쳐 주고, 또 한 사람은 들어앉아 점을 쳐준다고 칩니다. 들어앉은 자와 돌아다니는 자 가운데 누가 더 많은 복채를 받겠소?"

"돌아다니는 자가 더 많을 것입니다."

묵자가 말했다.

"나 또한 그러하니 인의를 주장하는 게 동일할 경우 돌아다니며 유세하는 공이 더 클 것이오. 그러니 내가 어찌 돌아다니며 유세하는 것을 마다할 리 있겠소?"

양옥良玉의 '옥'을 손이양은 무巫의 잘못으로 보았다. 유여서有餘糈의 '서'는 고사를 지낸 쌀로 여기서는 점을 쳐 주거나 푸닥거리를 해주고 받은 곡식을 말한다. 서稰와 통한다. 선서善筮의 '서'는 시초蓍草 등으로 치는 점을 말한다.

48-3

公孟子戴章甫, 搢忽, 儒服, 而以見子墨子, 曰, “君子服然後行乎, 其行然後服乎?” 子墨子曰, “行不在服.” 公孟子曰, “何以知其然也?” 子墨子曰, “昔者齊桓公高冠博帶, 金劍木盾, 以治其國, 其國治. 昔者晉文公大布之衣, 牂羊之裘, 韋以帶劍, 以治其國, 其國治. 昔者楚莊王鮮冠組纓, 絳衣博袍, 以治其國, 其國治. 昔者越王句踐剪髮文身, 以治其國, 其國治. 此四君者, 其服不同, 其行猶一也. 翟以是知行之不在服也.” 公孟子曰, “善, 吾聞之曰, ‘宿善者不祥.’ 請舍忽, 易章甫, 復見夫子, 可乎.” 子墨子曰, “請因以相見也. 若必將舍忽, 易章甫, 而後相見, 然則行果在服也.”

공맹자가 머리에 예관禮冠을 쓰고, 허리에 홀笏을 꽂고, 유자의 복장을 한 채 묵자를 보고 이같이 물었다.

“군자는 의복을 잘 차려 입은 뒤에 행동을 해야 합니까, 아니면 행동을 한 뒤 옷을 잘 차려 입어야 합니까?”

묵자가 대답했다.

“행동은 의복에 달려 있는 게 아니오.”

공맹자가 재차 물었다.

“무엇으로 그것을 알 수 있습니까?”

묵자가 대답했다.

“옛날에 제환공은 높은 관을 쓰고, 넓은 띠를 띠고, 금으로 된 칼과 나무 방패를 든 채 나라를 다스렸지만 제나라가 매우 잘 다스려졌소. 반면 진문공은 베로 만든 옷과 암양의 갖옷을 입고, 칼을 쇠가죽 띠로 허리에 찬 채 나라를 다스렸지만 진나라가 매우 잘 다스려졌소. 초장왕은 화려한 관을 쓰고, 색실로 짠 관끈을 달고, 붉은 장포長袍를 걸친 채 나라를 다스렸지만 초나라가 매우 잘 다스려졌소. 반면 월왕 구천은 머리를 깎고 문신을 한 채 나라를 다스렸지만 월나라가 매우 잘 다스려졌소. 이들 4명의 군주는 복색은 달랐지만 행동만큼은 같았소. 나는 이것으로 행동이 의복에 달려있지 않다는 것을 알 수 있었소."

공맹자가 다시 물었다.

"좋습니다. 제가 듣건대 '선행을 미룬 채 실천하지 않는 것은 상서롭지 못하다.'고 했습니다. 바라건대 제가 홀을 버리고, 예관을 바꿔 쓴 뒤 선생을 다시 뵈어도 가하겠습니까?"

묵자가 대답했다.

"청컨대 지금 그 모습대로 만납시다. 반드시 홀을 버리고, 예관을 바꿔 쓴 이후에 다시 만날 수 있다면 행동이 의복에 얽매이는 셈이 되오."

장보章甫는 은나라 때 사용한 관冠이다. 『예기』「유행儒行」에는 공자도 '장보'를 사용한 것으로 나온다. 『논어』「선진」에도 '장보' 표현이 나온다. 진홀搢忽의 '홀'은 홀笏의 가차이다. 선관조영鮮冠組纓의 '선관'은 화려한 관, '조영'은 색실을 짜서 관의 끈을 만드는 것을 뜻한다. 봉의박포絳衣博袍은 풍성한 웃옷과 넓은 도포를 말한다. '봉'은 봉縫과 통한다. 옛 판본에 강絳으로 되어 있는 것을 왕인지가 '봉'으로 보정했다. 숙선宿善은 선한 것을 알면서도 묵혀 두고 행하지 않는 것을 말한다.

48-4

公孟子曰, "君子必古言服, 然後仁." 子墨子曰, "昔者商王紂卿士費仲, 爲天下之暴人. 箕子•微子, 爲天下之聖人. 此同言而或仁不仁也. 周公旦爲天下之聖人. 關叔爲天下之暴人, 此同服或仁或不仁. 然則不在古服與古言矣. 且子法周而未法夏也, 子之古, 非古也."

공맹자가 말했다.

"군자는 반드시 옛날 말을 하고, 옛날 복장을 한 연후에 어질다고 할 수 있습니다."

묵자가 말했다.

"옛날 은나라 주紂와 그의 신하 비중費仲은 천하의 포학한 자들이었고, 기자箕子와 미자微子는 천하의 성인이었다. 이들은 똑같은 말을 했으나 혹자는 어질었고, 혹자는 어질지 않았다. 주공 단은 천하의 성인이었으나 그의 동생 관숙管叔은 천하의 포학한 자였다. 이들은 같은 옷을 입었으나 혹자는 어질고 혹자는 어질지 않았다. 인덕仁德의 수양은 옛날 말과 복장은 아무 관련이 없는 것이다. 게다가 그대는 주나라 법도를 좇으면서도 하나라 법도로 좇지 않으니 그대가 말하는 옛날은 진정한 옛날도 아닌 셈이다."

경사卿士는 조정의 고관을 말한다. 비중費仲은 은나라 주紂의 신하이다. 「명귀 하」에는 비중費中으로 나온다. 손이양은 중中이 중仲의 옛 글자로 사용됐다고 했다. 관숙關叔은 주공 단의 동생 관숙管叔을 말한다.

48-5

公孟子謂子墨子曰, "昔者聖王之列也, 上聖立爲天子, 其次立爲卿大夫. 今孔子博於『詩』『書』, 察於禮樂, 詳於萬物. 若使孔子當聖王, 則豈不以孔子爲天子哉?" 子墨子曰, "夫知者, 必尊天事鬼, 愛人節用, 合焉爲知矣. 今子曰, '孔子博於『詩』『書』, 察於禮樂, 詳於萬物, 而曰可以爲天子.' 是數人之齒, 而以爲富."

공맹자가 묵자에게 말했다.

"옛 성인의 서열을 보면 최고의 성인이 천자, 그 다음이 경대부卿大夫의 자리에 앉았습니다. 지금 공자는 『시경』과 『서경』을 널리 전하고, 예악禮樂에 밝고, 만물의 이치를 두루 꿰어 성왕의 요건을 모두 갖췄으니 어찌 천자의 재목이 아니겠습니까?"

묵자가 말했다.

"무릇 지혜로운 자는 반드시 하늘을 존경하고, 귀신을 섬기고, 사람을 사랑하고, 쓰는 것을 절약해야 하오. 이런 덕행을 모두 구비해야 지혜로운 자라고 할 수 있소. 지금 그대는 말하기를, '공자는 『시경』과 『서경』을 널리 전하고, 예악에 밝고, 만물의 이치를 두루 꿰어 성왕의 요건을 모두 갖췄으니 가히 천자의 재목이다.'라고 했소. 이는 남의 장부를 보고 자신이 부자가 된 것으로 착각하는 짓이오."

수인지치數人之齒의 '치'를 필원은 년年으로 새겼으나 유월은 나무에 칼로 이빨처럼 새긴 숫자로 풀이했다. '인지치'는 곧 남의 재물을 기록한 장부를 뜻하고, '수인지치'는 남의 재산 장부를 헤아린다는 의미라는 것이다. 손이양과 소시학 모두 유월의 견해를 좇았다.

48-6

公孟子曰, "貧富壽夭, 齰然在天, 不可損益." 又曰, "君子必學." 子墨子曰, "教人學而執'有命', 是猶命人葆而去亓冠也."

공맹자가 말했다.

"빈부수요貧富壽夭는 하늘에 달려 있어 결코 덜어내거나 더할 수는 없습니다."

그리고는 또 이같이 말했다.

"군자는 반드시 배워야만 합니다."

묵자가 말했다.

"사람들에게 배울 것을 요구하면서 운명론을 주장하는 것은 마치 사람들에게 머리털을 싸매라고 주문하면서 관은 버리라고 주문하는 짓이나 다름없소."

색연齰然은 물건이 엇물려 꼼짝도 하지 않는 모습을 형용한 것이다. 색齚과 통한다. 『설문해자』「치부齒部」는 '색'을 물어뜯을 설齧로 풀이했다. 필원은 '색'이 여기서는 착錯의 뜻으로 사용됐다고 했다. 명인보命人葆의 '보'를 필원은 머리를 싸맨다는 뜻으로 풀이했다.

48-7

公孟子謂子墨子曰, "有義不義, 無祥不祥." 子墨子曰, "古聖王皆以鬼神爲神明, 以爲禍福, 執'有祥不祥', 是以政治而國安也. 自桀紂以下, 皆以鬼神爲不神明, 不能爲禍福, 執'無祥不祥', 是以政亂而國危也. 故先王之書, 子亦有之曰, '其傲也出, 於子不祥.' 此言爲不善之有罰, 爲善之有賞."

공맹자가 묵자에게 말했다.

"사람에게는 '의'와 '불의'는 있어도, 그에 따른 상서롭고 상서롭지 못한 화복禍福은 없습니다."

묵자가 말했다.

"옛 성왕은 모두 귀신을 신명한 것으로 생각했소. 귀신이 능히 화복을 내린다고 여긴 까닭에 '세상에는 상서롭거나 상서롭지 못한 게 있다.'고 주장한 이유요. 정사가 잘 행해지고 나라가 편안했던 것도 이 때문이오. 그러나 걸桀과 주紂 이후 귀신을 신명치 못한 것으로 생각한 나머지 화복을 내릴 수 없다고 여긴 탓에 '세상에는 상서롭거나 상서롭지 못한 게 없다.'고 말한 것이오. 그 결과 정사는 어지러워지고 나라 또한 위태로워졌소. 그대도 갖고 있는 선왕의 책인 『서경』에 이르기를, '언행이 오만한 것은 자신에게 상서롭지 못하다.'고 했소. 이는 선하지 못하면 벌을 받고, 선하면 상을 받는 이치를 언급한 것이오."

선왕지서先王之書는 『서경』「주서周書, 기자箕子」를 말한다. 자역子亦을 대망戴望은 기자箕子를 뜻하는 기자亓子의 오자로 보았다. 곧 기자箕子를 뜻한다.

48-8

子墨子謂公孟子曰, "喪禮. 君與父母·妻·後子死, 三年喪服. 伯父·叔父·兄弟期, 族人五月, 姑·姊·舅·甥皆有數月之喪. 或以不喪之間, 誦『詩三百』, 弦『詩三百』, 歌『詩三百』, 舞『詩三百』. 若用子之言, 則君子何日以聽治. 庶人何日以從事?" 公孟子曰, "國亂則治之, 國治則爲禮樂. 國治則從事, 國富則爲禮樂." 子墨子曰, "國之治, 治之廢, 則國之治亦廢. 國之富也, 從事故富也. 從事廢, 則國之富亦廢. 故雖治國, 勸之無饜, 然後可也. 今子曰, '國治則爲禮樂, 亂則治之.' 是譬猶噎而穿井也, 死而求醫也. 古者三代暴王桀·紂·幽·厲, 薾爲聲樂, 不顧其民,是以身爲刑戮, 國爲戾虛者, 皆從此道也."

묵자가 공맹자에게 말했다.

"상례에 따르면 군주와 부모 및 처와 장자가 죽으면 3년 상복을 입소. 백부와 숙부 및 형제들은 1년, 친척은 5달, 고모와 여자형제 및 고종과 이종 등도 모두 몇 달의 복상 기간이 정해져 있소. 또한 상례를 치르지 않는 기간에는 『시삼백詩三百』을 외우거나, 현악기로 연주하거나, 노래하거나, 춤추거나 하오. 그대의 주장에 따르면 과연 어느 겨를에 군자는 정사를 펴고, 백성은 일에 종사할 수 있겠소?"

공맹자가 대답했다.

"나라가 어지러워지면 백성을 다스리고, 나라가 다스려지면 예악을 행합니다. 나라가 다스려져야 백성들이 일에 종사할 수 있고, 나라가 부유해져야 예악이 행해지게 됩니다."

묵자가 말했다.

"나라가 안녕한 것은 잘 다스려지기 때문이오. 잘 다스리지 못하면 나라의 안녕도 사라지게 되오. 나라가 부유한 것은 백성들이 일에 열심히 종사하기 때문이오. 일에 종사하지 못하면 나라 또한 부유해질 수 없소. 나라를 다스리면서 근면한 자세를 견지해야 하는 이유요. 그래야만 나라를 제대로 다스릴 수 있소. 지금 그대는 말하기를, '나라가 다스려지면 예악을 행하고, 어지러워지면 백성을 다스린다.'고 했소. 이는 마치 목이 멘 뒤 물을 찾고 사람이 죽은 뒤 의사를 찾는 것과 같소. 옛날 삼대의 폭군인 걸, 주, 유왕과 여왕은 음악을 성대히 연주케 하면서 백성을 거들떠보지도 않았소. 이에 자신은 형륙刑戮을 당하고, 나라는 멸망하고 말았소. 모두 그런 길을 좇은 탓이오."

시삼백詩三百의 '시'는 공자가 정리한 현존 『시경』을 지칭한다. '자묵자왈子墨子曰, 국지치國之治' 구절을 두고 노문초는 이 뒤에 '잘 다스리기에 다스려진다.'는 뜻의 치지고치야治之故治也가 생략된 것으로 보았다. 열이천정噎而穿井의 '열'은 목이 멘다는 뜻이다. 이위성악薾爲聲樂의 '이'를 두고 필원은 풀이키를, "『설문해자』에 따르면 꽃이 만발한 화성華盛으로 풀이했다. 사치할 치侈의 음을 가차한 것으로 보기도 한다."고 했다. 여허戾虛는 무너져 폐허가 됐다는 의미이다.

48-9

公孟子曰, "無鬼神." 又曰, "君子必學祭祀." 子墨子曰, "執'無鬼' 而學祭禮, 是猶無客而學客禮也, 是猶無魚而爲魚罟也."

공맹자가 말했다.

"귀신은 없습니다."

또 이같이 말했다.

"군자는 반드시 제례祭禮를 배워야 합니다."

묵자가 말했다.

"귀신이 없다고 주장하면서 제례를 배우라고 주문하는 것은 마치 손님도 없는데 객례客禮를 배우고, 물고기가 없는데도 어망魚網을 만드는 것과 같소."

어고魚罟는 어망漁網 내지 어망魚網과 같다.

48-10

公孟子謂子墨子曰, "子以三年之喪爲非, 子之三日之喪亦非也." 子墨子曰, "子以三年之喪非三日之喪, 是猶倮謂撅者不恭也."

공맹자가 묵자에게 말했다.
"선생은 3년 상을 잘못이라고 했으니 선생이 주장하는 3월 상도 잘못일 것입니다."
묵자가 말했다.
"그대가 3년 상을 근거로 3월 상을 비난하는 것은 마치 벌거벗은 사람이 옷자락을 걷어 올린 사람을 두고 불공不恭하다고 비난하는 것과 같소."

삼일지상三日之喪의 '삼일'을 필원은 삼월三月의 잘못으로 보았다. 손이양도 이를 좇았다. 궤자불공撅者不恭의 '궤'를 홍이훤洪頤煊은 『예기』「내칙內則」에 대한 정현의 주를 인용해 옷자락을 걷어 올린다는 뜻의 게의揭衣로 새겼다.

48-11

公孟子謂子墨子曰, "知有賢於人, 則可謂知乎." 子墨子曰, "愚之知, 有以賢於人, 而愚豈可謂知矣哉?"

공맹자가 묵자에게 물었다.
"아는 게 남보다 많은 것을 두고 지혜롭다고 말할 수 있습니까?"
묵자가 대답했다.
"어리석은 자도 아는 게 남보다 많을 수 있소. 그러나 그를 어찌 지혜롭다고 말할 수 있겠소?"

유이현어인有以賢於人의 '유이'가 오초본에는 역유亦有로 되어 있다.

48-12

公孟子曰, "三年之喪, 學吾之慕父母." 子墨子曰, "夫嬰兒子之知, 獨慕父母而已, 父母不可得也, 然號而不止. 此其故何也, 卽愚之至也. 然則儒者之知, 豈有以賢於嬰兒子哉?"

공맹자가 말했다.

"3년 상은 자식들이 부모에 대한 애모의 정을 배우기 위한 것입니다."

묵자가 말했다.

"무릇 영아의 지혜는 오직 부모를 애모하는데 그칠 뿐이오. 부모가 보이지 않으면 쉬지 않고 우는 게 그렇소. 이는 무슨 까닭이오? 지극히 어리석기 때문이오. 유자들의 지혜가 어찌 영아보다 나을 리 있겠소?"

오지모부모吾之慕父母를 두고 유월은 '지' 뒤에 자子가 빠져 있다고 했다.

48-13

子墨子曰問於儒者, "何故爲樂?" 曰, "樂以爲樂也." 子墨子曰, "子未我應也. 今我問曰, '何故爲室?' 曰, '冬避寒焉, 夏避暑焉, 室以爲男女之別也.' 則子告我爲室之故矣. 今我問曰, '何故爲樂?' 曰, '樂以爲樂也.' 是猶曰, '何故爲室?' 曰, '室以爲室也.' "

묵자가 유자에게 물었다.

"무슨 까닭에 음악을 하는 것이오."

"음악을 즐기려는 것이오."

묵자가 말했다.

"그대는 내게 바른 대답을 못하고 있소. 지금 내가 '무슨 까닭에 집을 짓는 것이오?'라고 물으면 대답키를, '겨울과 여름에 추위와 더위를 피하고 남녀를 구분키 위한 것이오.'라고 할 것이오. 내게 집을 짓는 이유를 설명코자 한 것이오. 그러나 지금 내가 '무슨 까닭에 음악을 하는 것이오?'라고 묻자 그대는 대답키를, '음악을 즐기려는 것이오.'라고 했소. 이는 내가 '무슨 까닭에 집을 짓는 것이오?'라고 묻자 '집을 짓기 위해 집은 짓는 것이다.'라고 대답한 것이나 다름없소."

악이위락樂以爲樂의 '악'은 음악, '락'은 애락哀樂에서 말하는 즐길 '락'의 뜻이다.

48-14

子墨子謂程子曰, "儒之道足以喪天下者四政焉. 儒以天爲不明, 以鬼爲不神. 天鬼不說, 此足以喪天下. 又厚葬久喪, 重爲棺槨, 多爲衣衾, 送死若徙, 三年哭泣, 扶後起, 杖後行, 耳無聞, 目無見, 此足以喪天下. 又弦歌鼓舞, 習爲聲樂, 此足以喪天下. 又以命爲有, 貧富夭壽·治亂安危有極矣, 不可損益也. 爲上者行之, 必不聽治矣. 爲下者行之, 必不從事矣, 此足以喪天下.” 程子曰, “甚矣, 先生之毁儒也.” 子墨子曰, “儒固無此若四政者, 而我言之, 則是毁也. 今儒固有此4政者, 而我言之, 則非毁也, 告聞也.” 程子無辭而出. 子墨子曰, “迷之.” 反, 後坐, 進復曰, “鄕者先生之言有可聞者焉. 若先生之言, 則是不譽禹, 不毁桀紂也.” 子墨子曰, “不然. 夫應孰辭, 稱議而爲之, 敏也. 厚攻則厚吾, 薄攻則薄吾. 應孰辭而稱議, 是猶荷轅而擊蛾也.”

묵자가 제자 정번程繁에게 말했다.

“유가의 학설은 족히 천하를 잃게 하는 4가지 사안이 있다. 첫째, 유자들은 하늘이 밝지 않고, 귀신 또한 신명하지 않다고 여긴다. 하늘과 귀신이 기뻐하지 않는 이유다. 실로 천하를 잃게 할 만한 일이다. 둘째, 유자들은 후장구상厚葬久喪을 주장하는 까닭에 관과 덧널을 겹으로 하고, 여러 겹의 수의를 입히고, 장례를 마치 집을 이사하듯 성대하게 치른다. 3년 동안 곡읍哭泣하는 까닭에 남이 부축해 주어야만 일어서고, 지팡이를 짚어야만 걸어 다닐 수 있고, 귀에는 들리는 게 없고 눈에는 보이는 게 없다. 실로 천하를 잃게 할 만한 일이다. 셋째, 유자들은 거문고를 연주하며 노래하고, 북을 치며 춤을 추는 식으로 가무를 즐긴다. 실로 천하를 잃게 할 만한 일이다. 넷째, 운명론을 주장하며 빈부수요貧富夭壽 및 치란안위治亂安危 모두 정해진 명운이 있어 가감할 수 없다고 믿는다. 이런 생각으로 행동하면 위정자는 반드시 정사를 제대로 펴지 못하고, 백성들 또한 해야 할 일을 못하게 될 것이다. 실로 천하를 잃게 할 만한 일이다.”

정번이 말했다.

“선생님의 유가에 대한 비난이 매우 심합니다.”

묵자가 말했다.

"유자들이 실로 이런 4가지 일을 벌이지 않는데도 내가 이같이 말했다면 근거 없이 헐뜯는 말인 저훼詆毁가 될 것이다. 그러나 지금 유자들이 실로 이런 4가지 일을 벌이고 있고, 나 또한 그런 사실을 언급한 것이라면 이는 저훼라고 할 수 없다. 나는 있는 그대로 얘기해 준 것이다."

정번이 인사도 없이 나가려고 하자 묵자가 말했다.

"돌아와라!"

정번이 돌아와 앉은 뒤 다시 말했다.

"방금 전 선생님 말씀에 그릇된 점이 있습니다. 그런 식으로 말하면 이는 곧 하나라의 우왕을 칭송하지도 않고, 하나라 걸과 은나라 주를 비난하지도 않는 게 됩니다."

묵자가 말했다.

"그렇지 않다. 익히 다 아는 말에 응대할 때는 의를 내세우지 않는 게 명민한 처신이다. 상대가 긴박하게 공격하면 나 또한 긴박하게 대응하고, 느슨하게 공격하면 나 또한 느슨하게 대응한다. 익히 다 하는 말에 응대하면서 의를 내세우는 것은 마치 수레의 끌채를 들어 개미를 치는 것과 같다."

정자程子를 소시학은 묵자의 제자 정번程繁으로 보았다. 유극有極의 '극'을 손이양은 정해진 법도를 뜻하는 상常으로 풀이했다. 고문告聞은 말하여 알려준다는 뜻이다. 미지迷之의 '미'를 손이양은 환還의 잘못으로 보았다. 왕인지는 후좌後坐의 '후'를 복復의 잘못, 복왈復曰의 '복'을 『맹자』「양혜왕 상」의 구절을 인용해 '아뢰다'의 의미로 풀이했다. 가문자可聞者의 '문'을 필원은 비난할 간間의 잘못이라고 했다. 손이양은 『맹자』「이루 상」의 정부족여간政不足與間 구절에 대한 조기의 주를 근거로 필원의 견해를 좇았다. 여기의 '간'은 적適과 마찬가지로 '비난하다'의 뜻을 지니고 있다. 숙사孰辭는 익히 다 아는 말을 뜻한다. '숙'은 숙熟과 통한다. 칭의稱議는 논의에 부합케 한다는 의미이다. '의'가 오초본에는 의義로 되어 있다. 손이양은 '칭' 앞에 불不이 생략됐다고 했다. 후공즉후오厚攻則厚吾의 '오'를 왕인지는 열어구列禦寇의 어禦처럼 '어'로 읽어야 한다고 했다. 고대에 어禦와 오吾는 서로 통했다는 이유다. 하원이격아荷轅而擊蛾의 '원'은 수레의 양쪽에 대는 긴 채인 끌채를 뜻한다. '아'를 필원은 말개미를 뜻하는 의螘와 통한다고 했다.

48-15

子墨子與程子辯, 稱於孔子. 程子曰, "非儒, 何故稱於孔子也?" 子墨子曰, "是亦當而不可易者也. 今鳥聞熱旱之憂則高, 魚聞熱旱之憂則下, 當此, 雖禹湯爲之謀, 必不能易矣. 鳥魚可謂愚矣, 禹湯猶云因焉. 今翟曾無稱於孔子乎."

묵자가 정번과 얘기하다가 공자를 칭송했다. 정번이 물었다.

"유가를 비난하면서 무슨 이유로 공자를 칭송하는 것입니까?"

묵자가 대답했다.

"공자도 합리적인 얘기를 하며 바꿀 수 없는 점을 언급했기에 그런 것이다. 지금 새들은 땅이 가뭄으로 인해 뜨거워질 것을 알아 높이 날아오르고, 물고기들 역시 물 아래로 깊이 잠긴다. 이런 상황에서는 설령 우왕과 탕왕일지라도 새나 물고기를 위해 달리 계책을 내고자 해도 어찌할 도리가 없다. 새나 물고기 모두 어리석은 미물이지만 성왕인 우왕과 탕왕조차 때로는 그들의 행동을 그대로 좇는다.

지금 내가 공자를 칭송한 것도 같은 경우가 아니겠는가?"

칭어공자稱於孔子의 '칭'을 필원은 긍정 인용하는 칭술稱述로 풀이했다. 시역당是亦當의 '역'을 유월은 기其의 고자인 기亓를 역亦으로 기록한 게 매우 많다. 유운인언猶云因焉의 '운'을 왕인지는 혹或으로 새겼다. 옛날에는 '운'과 '혹'이 같은 의미로 사용됐다. '인언'은 그대로 따른다는 의미이다.

48-16

有游於子墨子之門者, 身體强良, 思慮徇通, 欲使隨而學. 子墨子曰, "姑學乎, 吾將仕子." 勸於善言而學. 其年, 而責仕於子墨子. 子墨子曰, "不仕子. 子亦聞夫魯語乎? 魯有昆弟五人者, 其父死, 其長子嗜酒而不葬. 其四弟曰, '子與我葬, 當爲子沽酒.' 勸於善言而葬. 已葬而責酒於其四弟. 四弟曰, '吾末予子酒矣. 子葬子父, 我葬吾父, 豈獨吾父哉? 子不葬則人將笑子, 故勸子葬也.' 今子爲義, 我若爲義, 豈獨我義也哉? 子不學則人將笑子, 故勸子於學."

어떤 자가 묵자의 문하門下로 왔다. 몸이 건장한데다 생각 또한 민첩했다. 묵자가 그를 휘하에 두고 가르칠 요량으로 이같이 말했다.

"잠시 내 밑에서 배워보도록 하게. 그대의 출사出仕에 도움이 될 것이네."

좋은 말로 권해 문하에서 배우게 했다. 1년 뒤 출사를 위한 도움을 청하자 묵자가 말했다.

"나는 자네가 출사하지 않았으면 하네. 자네도 노나라 얘기를 들었겠지? 노나라에 5형제가 있었네. 부친이 죽자 장자가 술을 좋아하는 나머지 장례도 치르지 않았지. 4명의 아우가 말하기를, '형이 저희와 함께 장례를 치르면 형을 위해 술을 사 주겠습니다.'라고 했네. 결국 좋은 말로 권해 함께 장례를 치르게 됐지. 장사를 지낸 뒤 4명의 아우에게 술을 요구하자 아우들이 말하기를, '우리는 형에게 술을 드릴 수 없습니다. 형은 형의 부친을 장사지냈고, 우리 또한 우리 부친을 장사지낸 것입니다. 어찌 우리만 부친을 장사지낸 게 되겠습니까? 형이 장례를 치르지 않았으면 사람들이 형을 비웃었을 것입니다. 형에게 함께 장사지내기를 권한 이유입니다.'라고 했네. 지금 자네는 의로운 일을 행하게 되었고, 나 또한 의로운 일을 행한 셈이네. 어찌 나만 의로운 일을 행한 게 되겠는가? 자네가 내 문하에서 공부하지 않았으면 사람들이 자네를 비웃을 것이네. 자네에게 내 문하에서 배울 것을 권한 이유가 여기에 있다네."

순통徇通은 두루 빨리 통한다는 의미이다. 고학호姑學乎의 '고'는 짧은 순간인 잠시를 뜻하는 말로 고차姑且와 같다. 기년其年은 1년으로 '기'는 기期와 통한다. 『묵자』는 기期를 기其로 표현해 놓은 대목이 매우 많다. 노어魯語는 노나라 얘기를 뜻한다. 고주沽酒는 술을 사준다는 의미이다.

48-17

有游於子墨子之門者, 子墨子曰, "盍學乎." 對曰, "吾族人無學者." 子墨子曰, "不然. 未好美者, 豈曰, '吾族人莫之好, 故不好哉?' 夫欲富貴者, 豈曰, '我族人莫之欲, 故不欲哉?' 好美欲富貴者, 不視人, 猶强爲之. 大義, 天下之大器也. 何以視人, 必强爲之?"

어떤 자가 묵자의 문하로 왔다. 묵자가 물었다.

"어찌하여 배울 생각을 하지 않는 것인가?"

그가 대답했다.

"저의 집안사람 가운데 배운 자가 없습니다."

묵자가 말했다.

"그렇지 않다네. 미인을 좋아하는 사람이 어찌 '우리 집안사람들 가운데 미인을 좋아하는 사람이 없어 나 또한 좋아하지 않는다.'고 말할 수 있겠는가? 부귀를 바라는 사람이 어찌 '우리 집안사람들 가운데 부귀를 바라는 사람이 없어 나 또한 바라지 않는다.'고 말할 수 있겠는가? 미인을 좋아하고 부귀를 바라는 자는 남이 어찌하든 스스로 앞 다퉈 이를 얻고자 애쓴다. 대의大義는 천하의 보기寶器이다. 어찌 반드시 남이 하는 것을 본 뒤 뒤좇아 이를 행하려 들겠는가?"

합학호盍學乎의 '합'은 하불何不의 축약형이다. 시인視人은 남의 눈치를 본다는 뜻이다.

48-18

有游於子墨子之門者, 謂子墨子曰, "先生以鬼神爲明知, 能爲禍人哉福, 爲善者富之, 爲暴者禍之. 今吾事先生久矣, 而福不至. 意者先生之言有不善乎, 鬼神不明乎? 我何故不得福也?" 子墨子曰, "雖子不得福, 吾言何遽不善. 而鬼神何遽不明. 子亦聞乎匿徒之刑之有刑乎?" 對曰, "未之得聞也." 子墨子曰, "今有人於此什子, 子能什譽之而一自譽乎?" 對曰, "不能." "有人於此百子, 子能終身譽其善而子無一乎?" 對曰, "不能." 子墨子曰, "匿一人者猶有罪, 今子所匿者若此其多, 將有厚罪者也, 何福之求?"

어떤 자가 묵자의 문하로 왔다. 그가 묵자에게 물었다.

"선생님은 귀신을 두고 모든 것을 밝게 알아 화복을 내리는데 선행을 한 자는 부유하게 해주고, 포학한 자는 화를 내린다고 했습니다. 지금 저는 선생님을 섬긴 지 오래됐지만 복이 아직 이르지 않았습니다. 혹여 선생님의 말씀이 옳지 않거나, 귀신이 밝지 못하거나 한 탓이 아닙니까? 어찌하여 저는 아직도 복을 얻지 못하는 것입니까?"

묵자가 반문했다.

"그대가 아직 복을 받지 못했을지라도 어찌 내 말이 옳지 않거나, 귀신이 밝지 못하거나 할 리 있겠는가? 그대 또한 죄인을 숨겨준 자도 벌을 받는다는 얘기를 듣지 않았는가?"

"아직 듣지 못했습니다."

묵자가 물었다.

"지금 여기 어떤 사람이 그대보다 10배나 현명하다고 할 경우 그대는 평생토록 그를 자신보다 10배나 더 칭송하면서 자신에 대해서는 1번만 칭찬할 수 있겠는가?"

"그럴 수 없습니다."

묵자가 다시 물었다.

"지금 여기 어떤 사람이 그대보다 100배 현명하다고 할 경우 그대는 평생토록 그를 칭송하면서 자신에 대해서는 단 한 번도 칭찬하지 않을 수 있겠는가?"

"그럴 수 없습니다."

묵자가 말했다.

"단 한 사람의 죄인을 숨겨도 죄가 되는데 지금 그대가 숨겨준 자들은 이처럼 매우 많네. 큰 죄를 지어 커다란 벌을 받아야 할 터에 무슨 복을 바라는 것인가?"

능위화인재복能爲禍人哉福을 손이양은 능위인화복재能爲人禍福哉의 잘못으로 보았다. 의자意者를 두고 왕인지는 『광아』에서 '의'를 의疑로 풀이한 점에 기초해 의문사로 파악했다. 하거何遽는 하고何故와 같다. '거'를 왕인지는 하何와 같다고 했다. 익도지형지유형호匿徒之刑之有刑乎를 손이양은 익형도지유형호匿刑徒之有刑乎의 잘못으로 보았다. '익형도'는 달아난 죄수를 숨겨주는 것을 말한다. 십자什子는 그대보다 10배 현명하다는 의미이다. 마찬가지로 백자百子는 100배 현명하다는 뜻이다.

48-19

子墨子有疾, 跌鼻進而問曰, "先生以鬼神爲明, 能爲禍福, 爲善者賞之, 爲不善者罰之. 今先生聖人也, 何故有疾? 意者善行之言有不善乎, 鬼神不明知乎?" 子墨子曰, "雖使我有病, 何遽不明? 人之所得於病者多方, 有得之寒暑, 有得之勞苦, 百門而閉一門焉, 則盜何遽無從入?"

묵자가 병이 나자 제자인 질비跌鼻가 와서 물었다.

"선생님은 귀신을 두고 모든 것을 밝게 알아 화복을 내리는데 선행을 한 자는 상을 받고, 포학한 자는 벌을 받는다고 했습니다. 지금 선생님은 성인인데 어찌하여 병이 난 것입니까? 혹여 선생님의 말씀이 선하지 않거나, 귀신이 밝지 못하거나 한 탓이 아닙니까?"

묵자가 말했다.

"비록 내가 병이 나기는 했으나 이것이 어찌 귀신이 밝지 못해 그런 것이겠는가? 병을 앓는 데에는 여러 이유가 있으니 과도한 한서

寒暑 때문일 수도 있고, 지나친 노고勞苦 때문일 수도 있다. 비유하면 어떤 집에 100개나 되는 문이 있는데 하나의 문을 닫았다고 해서 도적이 어찌 다른 문을 통해 들어가지 못할 리 있겠는가?"

질비跌鼻도 묵자의 제자이다. 손이양은 하거불명何遽不明 위에 귀신鬼神 두 글자가 빠진 것으로 보았다. 다방多方은 여러 방식을 말한다.

48-20

二三子有復於子墨子學射者, 子墨子曰, "不可. 夫知者必量其力所能至而從事焉. 國士戰且扶人, 猶不可及也. 今子非國士也, 豈能成學又成射哉?"

제자 몇 명이 다시 묵자에게 활쏘기 학습을 청하자 묵자가 말했다.

"불가하다. 지혜로운 자는 반드시 자신의 능력이 미치는 정도를 헤아려 일을 행한다. 아무리 일국의 뛰어난 용사인 국사國士일지라도 일면 전쟁을 치르면서 일면 남을 도와주는 일은 할 수 없다. 지금 그대들은 국사도 아닌데 어찌 학문도 성취하고, 동시에 활쏘기 학습까지 익힐 수 있겠는가?"

복어자묵자復於子墨子의 '복'은 아뢴다는 뜻이다. 국사國士는 한 나라의 뛰어난 용사를 말한다. 부인扶人은 사람을 부축해 준다는 의미이다.

48-21

二三子復於子墨子曰, "告子曰, '言義而行甚惡..' 請棄之." 子墨子曰, "不可, 稱我言以毁我行, 愈於亡. 有人於此, '翟甚不仁, 尊天事鬼愛人, 甚不仁.' 猶愈於亡也. 今告子言談甚辯, 言仁義而不吾毁, 告子毁, 猶愈亡也."

제자 몇 명이 다시 묵자에게 말했다.

"고자告子가 말하기를, '묵자는 입으로만 의를 말하고 그 행동은 심히 악하다.'고 했습니다. 청컨대 그를 내치도록 하십시오."

묵자가 말했다.

"그럴 수는 없다. 내 주장을 칭송하면서 행동을 비난한 것은 아무런 말도 하지 않는 것보다는 낫다. 여기 어떤 사람이 나를 두고 말하기를, '묵자는 매우 어질지 못하다. 하늘을 높이고 귀신을 섬기며 사람들을 사랑해야 한다고 말하면서 그 행동만큼은 매우 어질지 못하다.'고 했을지라도 아무런 말도 하지 않은 것보다는 낫다. 지금 고자는 언변이 매우 뛰어난 자이다. 그는 인의를 전면에 내세우면서 내가 역설한 인의를 비난하지는 않았다. 그가 나를 비난한 것은 아무런 말도 하지 않은 것보다 훨씬 나은 것이다."

고자告子는 『맹자』「고자」에 등장하는 인물로 성선설을 주장한 맹자와 달리 유선유악설有善有惡說을 주창했다. 묵가의 세례를 받았다는 얘기가 있다.

48-22

二三子復於子墨子曰, "告子勝爲仁?" 子墨子曰, "未必然也. 告子爲仁, 譬猶跂以爲長, 隱以爲廣, 不可久也."

제자 몇 명이 다시 묵자에게 물었다.

"고자는 인의를 행할 수 있겠습니까?"

묵자가 대답했다.

"반드시 그렇다고 말할 수는 없다. 고자가 인을 행하는 것은 마치 발뒤꿈치를 들어 키가 크다고 말하거나, 바닥에 누워 면적이 넓다고 말하는 것과 같다. 결코 오래 갈 수 없다."

승위인勝爲仁의 '승'은 감당한다는 뜻이다. 기이위장跂以爲長의 '기'는 발뒤꿈치를 드는 것을 말한다. 은이위광隱以爲廣의 '은'을 필원은 언偃과 통하는 것으로 보았다.

48-23

告子謂子墨子曰, "我治國爲政." 子墨子曰, "政者, 口言之, 身必行之. 今子口言之, 而身不行, 是子之身亂也. 子不能治子之身, 惡能治國政? 子姑亡子之身亂之矣."

고자가 묵자에게 말했다.

"저는 나라를 잘 다스려 정사를 제대로 펼 수 있습니다."

묵자가 말했다.

"정사는 입으로 말한 것을 반드시 몸으로 실천하는 것을 뜻하오. 지금 그대는 입으로는 말하면서 몸으로는 실천하지 않고 있으니 이는 그대의 몸이 어지러운 탓이오. 그대는 자신의 몸도 제대로 추스르지 못하면서 어찌 한 나라의 정사를 제대로 펼 수 있겠소? 그대는 잠시 그대의 어지러운 몸부터 바로 추스르도록 하시오."

고무姑亡의 '무'를 두고 필원은 무약차無若此로 풀이했다. '고무'는 「비제」에도 나온다. 자지신란지의子之身亂之矣의 '신'이 오초본에는 없다.

권 13
제49장 노문(魯問)

'노문'의 편명도 노나라 군주가 묵자에게 질문하는 내용으로 시작하는 첫 장에서 따온 것이다. 주로 묵자가 열국의 제후 및 제자들과 나눈 얘기로 구성돼 있다. 묵자는 '겸애'와 '비공' 등을 내세우며 전쟁에 여념이 없는 열국 군주들의 잘못을 통렬히 지적하고 있다. 『맹자』가 양혜왕의 부국강병책을 비판한 것과 닮았다. 비전非戰의 묵자와 반전反戰의 맹자가 서로 접하는 대목이다. 이는 '인의'를 치국평천하의 최고 기준으로 내건데 따른 당연한 결과이기도 하다.

49-1

魯君謂子墨子曰, "吾恐齊之攻我也, 可救乎?" 子墨子曰, "可. 昔者三代之聖王禹·湯·文武, 百里之諸侯也, 說忠行義, 以取天下. 三代之暴王桀·紂·幽·厲, 讎怨行暴, 失天下. 吾願主君之上者尊天事鬼, 下者愛利百姓, 厚爲皮幣, 卑辭令, 亟遍禮四隣諸侯, 毆國而以事齊, 患可救也. 非此, 顧無可爲者."

노나라 군주가 묵자에게 말했다.

"나는 이웃한 제나라가 장차 우리나라를 칠까 두렵소. 어찌해야 우리 노나라를 구할 수 있겠소?"

묵자가 대답했다.

"능히 구할 수 있습니다. 옛날 삼대의 성왕인 우왕, 탕왕, 문왕과 무왕은 사방 1백 리 영지의 제후에 불과했으나 충성스런 사람을 좋아하고, 인의를 행해 마침내 천하를 차지했습니다. 반대로 삼대의 폭군인 걸, 주, 유왕과 여왕은 충신을 원수로 삼고, 포학한 짓을 행해 마침내 천하를 잃고 말았습니다. 바라건대 군주는 위로 하늘을 존중해 귀신을 섬기고, 아래로 백성을 두루 사랑하며 이롭게 해주십시오. 이어 두터운 예물과 겸손한 언사로 사방의 제후들과 속히 교유하면서 백성들을 고취해 제나라의 침략에 과감히 맞서게 하면 능히 우환에서 벗어날 수 있습니다. 이것 말고는 실로 달리 방법이 없습니다."

백리지제후百里之諸侯는 사방 1백리를 다스리는 제후를 말한다. 열충說忠은 충신을 좋아한다는 뜻이다. 수원행폭讎怨行暴의 '원'을 유월은 충忠의 잘못으로 보았다. 피폐皮幣는 짐승가죽과 폐백幣帛으로 곧 예물을 뜻한다. 비사령卑辭令의 '비'는 몸을 낮춘다는 의미이다. 극편亟遍은 속히 두루 행한다는 뜻이다. 구국敺國은 나라를 황급히 몰아간다는 의미로 '구'는 구驅와 통한다. 고무가위자顧無可爲者의 '고'는 '실로'의 뜻으로 실實과 같다.

49-2

齊將伐魯, 子墨子謂項子牛曰, "伐魯, 齊之大過也. 昔者吳王東伐越, 棲諸會稽. 西伐楚, 葆昭王於隨. 北伐齊, 取國子以歸於吳. 諸侯報其仇, 百姓苦其勞而弗爲用, 是以國爲虛戾, 身爲刑戮也. 昔者智伯伐范氏與中行氏，兼三晉之地．諸侯報其仇，百姓苦其勞而弗爲用，是以國爲虛戾，身爲刑戮，用是也．故大國之功小國也，是交相賊也，過必反於國.”

제나라가 노나라를 치려고 하자 묵자가 제나라 장수 항자우項子牛에게 말했다.

“노나라를 치면 이는 제나라의 큰 잘못이오. 옛날 오왕 부차는 동쪽으로 월나라를 쳐 월왕 구천을 회계산會稽産으로 몰아넣고, 서쪽으로 초나라를 쳐 초소왕楚昭王을 수隨 땅에 가두고, 북쪽으로 제나라를 쳐 제나라 장수를 포로로 잡아왔소. 이후 제후들이 복수에 나서자 오나라 백성들은 크게 피폐해 명을 받들 수가 없었소. 나라가 패망하고, 자신은 형륙을 당한 이유요. 옛날 진晉나라의 권신인 지백智伯은 범씨范氏와 중항씨中行氏를 친 뒤 진나라의 모든 땅을 합병코자 했소. 그러나 조씨趙氏 등이 반발해 복수에 나서자 백성들이 크게 피폐해 명을 받들 수가 없었소. 나라가 패망하고, 자신 또한 형륙을 당했으니 바로 과도한 욕심 때문이었소. 대국이 소국을 치면 서로 크게 해치게 되고, 그 재앙은 반드시 본국으로 되돌아오고야 말 것이오.”

항자우項子牛는 제나라 장수로 권신 전화田和의 휘하에 있었다. 서저회계棲諸會稽의 ‘서’를 두고 손이양은 『국어』「월어」에 대한 위소의 주를 인용해 산속에 머무는 산처山處로 풀이했다. 잡아 가두는 유폐幽閉와 뜻이 같다. ‘저’는 지어之於의 축약형이다. 벌초伐楚는 『춘추좌전』「노정공 4년」조에 따르면 오나라 군사가 초나라 수도 영성郢城을 함락시킨 사건을 말한다. 기원전 506년의 일이다. 보소왕어 수葆昭王於隨의 '보'는 보保와 통한다. 여기서는 잡아가둔다는 뜻으로 사용됐다. 벌제伐齊는 『춘추좌전』「노애공 11년」조에 따르면 오왕 부차의 군사가 제나라를 격파한 사건을 말한다. 기원전 484년의 일이다. 국자國子는 제나라 장수 국서國書를 지칭한다. 불위용弗爲用은 사용할 수 없게 되었다는 뜻으로 곧 백성들이 명을 듣지 않게 되었다는 의미이다. 허려虛戾는 폐허가 되는 것을 뜻한다. 지백智伯은 춘추시대 말기 중원 진晉나라의 권신을 말한다. 범씨范氏 및 중항씨中行氏 등과 함께 권력을 휘둘렀다. 삼진三晉은 통상 진晉나라를 삼분한 한씨韓氏, 조씨趙氏, 위씨魏氏의 나라를 말하나 여기서는 범씨와 중항씨, 지씨를 지칭한 것이다. 용시야用是也의 '용시'를 왕인지는 연자로 보았다. 여기의 '용'은 이以의 뜻이다.

49-3

子墨子見齊大王曰, "今有刀於此, 試之人頭, 倅然斷之, 可謂利乎?" 大王曰, "利." 子墨子曰, "多試之人頭, 倅然斷之, 可謂利乎?" 大王曰, "利." 子墨子曰, "刀則利矣, 孰將受其不祥?" 大王曰, "刀受其利, 試者受其不祥." 子墨子曰, "并國覆軍, 賊敖百姓, 孰將受其不祥." 大王俯仰而思之曰, "我受其不祥."

묵자가 제나라 태공太公 전화田和를 만나 이같이 물었다.

"지금 여기 어떤 보검이 있어 시험 삼아 사람의 머리를 단칼에 잘라냈을 때 과연 예리하다고 말할 수 있습니까?"

"그렇소."

묵자가 거듭 물었다.

"계속 여러 사람의 머리를 단칼에 잘라 냈을 때 과연 예리하다고 말할 수 있습니까?"

"그렇소."

묵자가 다시 물었다.

"칼이 예리한 것은 맞습니다만 과연 누가 그에 따른 화를 입는 것입니까?"

전화가 대답했다.

"칼의 예리함을 증명코자 한 것이니 시험 삼아 행한 자가 그 화를 입을 것이오."

묵자가 말했다.

"남의 나라를 빼앗고 그 군사를 전멸시키는 병국복군幷國覆軍을 행하면서 무고한 백성을 죽이면 과연 누가 그에 따른 화를 입는 것입니까?"

전화가 고개를 숙이다가 드는 식으로 잠시 생각하다가 말했다.

"내가 그 화를 입을 것이오."

태왕大王은 제선공 때의 권신 태공太公 전화田和를 지칭한다. 전화는 강씨姜氏의 제나라를 찬탈한 뒤 성씨를 진陳에서 전田으로 바꿨다. 졸연倅然의 '졸'을 필원은 급작스런 창졸倉猝로 풀이하면서 졸卒의 이체자로 보았다. 원래 졸倅의 발음은 '쉬'로 고을의 수령을 뜻한다. 적오賊敖의 '오'를 필원은 살殺의 잘못으로 보았다.

49-4

魯陽文君將攻鄭, 子墨子聞而止之, 謂陽文君曰, "今使魯四境之內, 大都攻其小都, 大家伐其小家, 殺其人民, 取其牛馬•狗豕•布帛•米粟•貨財, 則何若." 魯陽文君曰, "魯四境之內, 皆寡人之臣也. 今大都攻其小都, 大家伐其小家, 奪之貨財, 則寡人必將厚罰之." 子墨子曰, "夫天之兼有天下也, 亦猶君之有四境之內也. 今擧兵將以攻鄭, 天誅其不至乎?" 魯陽文君曰, "先生何止我攻鄭也. 我攻鄭, 順於天之志. 鄭人三世殺其父, 天加誅焉, 使三年不全. 我將助天誅也." 子墨子曰, "鄭人三世殺其父, 而天加誅焉, 使三年不全, 天誅足矣. 今又擧兵將以攻鄭, 曰, '吾攻鄭也, 順於天之志.' 譬有人於此, 其子强梁不材, 故其父笞之, 其鄰家之父, 擧木而擊之, 曰, '吾擊之也, 順於其父之志.' 則豈不悖哉?"

노양문군魯陽文君이 장차 정나라를 치려고 했다. 묵자가 이 얘기를 듣고는 노양문군을 만나 이같이 물었다.

"지금 노나라 땅 안에서 큰 도시가 작은 도시를 공격하고 큰 종족이 작은 종족을 쳐 사람을 죽이면서 소와 말과 개와 돼지를 비롯해 포백布帛과 곡식 등의 재물을 빼앗아 가면 어찌되겠습니까?"

노양문군이 대답했다.

"노나라 땅 안의 모든 사람은 과인의 신민臣民이오. 지금 큰 도시가 작은 도시를 공격하고 큰 종족이 작은 종족을 쳐 재물을 빼앗으면 과인은 반드시 중벌을 내릴 것이오."

묵자가 말했다.

"무릇 하늘이 천하를 두루 보유한 것 역시 군주가 사방의 영토를 보유하고 있는 것과 같습니다. 지금 군사를 일으켜 정나라를 치면 하늘이 벌을 내리지 않겠습니까?"

노양문군이 말했다.

"선생은 어찌하여 과인의 정나라 토벌을 막고자 하는 것이오? 정나라 토벌은 하늘의 뜻을 따르고자 하는 것이오. 정나라는 몇 번에 걸쳐 그들의 군주를 시해했소. 하늘이 벌을 내려 3년 동안 어지럽게 만든 게 그렇소. 정나라 토벌은 천벌의 집행을 도우려는 것이오."

묵자가 말했다.

"정나라가 누대에 걸쳐 그들의 군주를 시해한 까닭에 하늘이 벌을 내려 3년 동안 어지럽게 만들었으니 이미 천벌을 충분히 받은 셈입니다. 지금 다시 군사를 일으켜 정나라를 치고자 하면서 '정나라 토벌은 하늘의 뜻을 따르고자 하는 것이다.'라고 말하고 있습니다. 이는 비유컨대 자식이 흉포해 사람 구실을 못하자 그 아비가 매질을 하니까 이웃집 사람이 몽둥이를 들고 와 치면서 '이는 그 부친의 뜻을 따른 것이다.'라고 말하는 것과 같습니다. 이 어찌 도리에 어긋난 짓이 아니겠습니까?"

정인삼세살기부鄭人三世殺其父의 '부'를 소시학은 『사기』「정세가」의 기록을 근거로 군君의 잘못으로 보았다. 이에 따르면 정애공鄭哀公 8년에 정나라 사람들이 정애공을 죽이고 정성공鄭聲公의 동생 축丑을 옹립했다. 그가 정공공鄭共公이다. 이후 정공공의 아들 정유공鄭幽公 원년에 한무자韓武子가 정나라를 쳐 유공을 살해했다. 그러자 정나라 사람들이 유공의 동생 태駘를 옹립했다. 그가 정수공鄭繻公이다. 이후 다시 자양子陽의 무리가 정수공을 시해했다. 소시학은 이것이 3대에 걸쳐 군주를 시해한 사건이라고 했으나 손이양은 『춘추좌전』의 기록을 근거로 '삼세'를 이세二世로 바꿔야 한다고 했다. 부전不全은 농사를 제대로 짓지 못해 흉년이 든 것을 지칭한다. 기부태지其父笞之의 '태'는 매질을 뜻한다.

49-5

子墨子謂魯陽文君曰, "攻其鄰國, 殺其民人, 取其牛馬•粟米•貨財, 則書之於竹帛, 鏤之於金石, 以爲銘於鍾鼎, 傳遺後世子孫曰, '莫若我多.' 今賤人也, 亦攻其鄰家, 殺其人民, 取其狗豕•食糧•衣裘, 亦書之竹帛, 以爲銘於席豆, 以遺後世子孫曰, '莫若我多.' 其可乎?" 魯陽文君曰, "然. 吾以之言觀之, 則天下之所謂可者, 未必然也."

묵자가 노양문군에게 물었다.

"지금 제후들은 이웃나라를 공격해 그 나라 백성을 죽이고 소와 말과 곡식 등의 재물을 빼앗고는 이를 죽백竹帛이나 금석金石, 종정鍾鼎 등에 기록해 후대 자손에게 전하기를, '나처럼 많은 공을 세운 자는 없다.'고 하고 있습니다. 지금 어떤 천인이 이웃집을 쳐 사람들을 죽이고 개와 돼지 및 식량과 옷가지 등을 빼앗고는 이를 죽백이나 안석案席 및 식기 등에 기록해 후대 자손에게 전하기를, '나처럼 많은 공을 세운 자는 없다.'고 합시다. 이게 과연 가한 것입니까?"

노양문군이 대답했다.

"과연 그렇소. 내가 선생의 말씀을 듣고 생각해보니 천하 사람이 가하다고 말하는 게 반드시 그렇지만은 않은 듯하오."

명어종정銘於鍾鼎의 '명'은 쇠나 돌 등에 새긴 글자인 명문銘文을 뜻한다. '종정'은 종이나 솥 등의 쇠붙이를 지칭한 말이다. 막약아다莫若我多의 '다'를 『주례』「사훈司勛」은 전공戰功으로 풀이했다. 석두席豆는 안석案席과 식기食器를 뜻한다.

49-6

子墨子謂魯陽文君曰, "世俗之君子, 皆知小物而不知大物. 今有人於此, 竊一犬一彘, 則謂之不仁. 竊一國一都, 則以爲義. 譬猶小視白謂之白, 大視白則謂之黑. 是故世俗之君子知小物而不知大物者, 此若言之謂也."

묵자가 노양문군에게 말했다.

"세속의 군자는 작은 일에만 밝고 큰일에 대해서는 밝지 못합니다. 지금 여기 어떤 사람이 돼지 한 마리나 개 한 마리를 훔치면 곧 '의롭지 못하다.'고 말합니다. 그러나 한 나라나 한 도시를 훔치면 '의롭다'고 여깁니다. 비유하면 작은 흰 점을 보고는 '희다'고 말하면서 크게 흰 것을 보고는 '검다'고 말하는 것과 같습니다. '세속의 군자는 작은 일에만 밝고 큰일에 대해서는 밝지 못하다.'고 말한 것은 바로 이를 언급한 것입니다."

자묵자위노양문군왈子墨子爲魯陽文君曰의 '위'를 필원은 위謂의 잘못이라고 했다. 오초본에는 위謂로 되어 있다.

49-7

魯陽文君語子墨子曰, "楚之南有啖人之國者橋, 其國之長子生, 則鮮而食之, 謂之'宜弟'. 美則以遺其君, 君喜則賞其父. 豈不惡俗哉?" 子墨子曰, "雖中國之俗亦猶是也. 殺其父而賞其子, 何以異食其子而賞其父者哉? 苟不用仁義, 何以非夷人食其子也?"

노양문군이 묵자에게 물었다.

"초나라 남쪽에 식인국이 있소. 장자를 낳으면 곧바로 잡아먹으면서 아우들에게 좋다고 말하오. 맛이 좋으면 이를 군주에게 바치는데 군주는 맛이 좋으면 곧 그 아비에게 상을 내리오. 이 어찌 천하의 악습이 아니겠소?"

묵자가 대답했다.

"중국의 풍속에도 그런 게 있습니다. 전쟁터에서 아비가 전사하면 그 자식에게 상을 주는데 군주가 백성의 자식을 잡아먹고 그 아비에게 상을 내리는 것과 무엇이 다르겠습니까? 실로 인의를 전면에 내세우지 않으면 과연 무슨 근거로 이적夷狄의 식인 악습을 비난할 수 있겠습니까?"

담인지국자교啖人之國者橋의 '담인'은 식인食人의 뜻이다. '교'에 대해 손이양은 자세히 알 수 없다는 뜻의 미상未詳이라고 했다. 연자衍字로 처리하는 게 좋을 듯하다. 의제宜弟는 동생에게 여러모로 좋다는 뜻이다. 이인夷人은 만인蠻人의 의미이다.

49-8

魯君之嬖人死, 魯君爲之誄, 魯人因說而用之. 子墨子聞之曰, "誄者, 道死人之志也. 今因說而用之, 是猶以來首從服也."

노나라 군주의 애첩이 죽자 노나라 사람 가운데 군주에게 아부하기 위해 조문弔文을 지은 자가 있었다. 노나라 군주가 크게 기뻐하며 그를 등용했다. 묵자가 이 얘기를 듣고는 이같이 말했다.

"조문은 사자의 뜻을 밝히기 위한 것이다. 지금 조문을 보고 기뻐하며 등용하면 이는 너구리로 하여금 수레를 끌게 하는 것과 같다."

소시학은 노군위지주魯君爲之誄의 '보군'을 노인魯人, 노인인설이용지魯人因說而用之의 '노인'을 노군魯君의 잘못으로 보았다. 뢰자誄者의 '뢰'는 죽은 자의 사적을 늘어놓으며 칭송하는 것을 말한다. 조문弔文 내지 만장挽章과 같다. 래수來首의 '래'를 손이양은 리貍의 잘못으로 보았다. 『사기』「봉선서」는 리수貍首를 제후들 가운데 봉선에 참여하지 않은 자로 풀이했다.

49-9

魯陽文君謂子墨子曰, "有語我以忠臣者. 令之俯則俯, 令之仰則仰. 處則靜, 呼則應, 可謂忠臣乎." 子墨子曰, "令之俯則俯, 令之仰則仰, 是似景也. 處則靜, 呼則應, 是似響也, 君將何得於景與響也? 若以翟之所謂忠臣者, 上有過, 則微之以諫. 己有善, 則訪之上, 而無敢以告外. 匡其邪而入其善, 尙同而無下比. 是以美善在上而怨仇在下, 安樂在上而憂戚在臣. 此翟之所謂忠臣者也."

노양문군이 묵자에게 물었다.

"내게 충신을 자처하는 자가 있소. 그는 내 명을 좇아 몸을 굽히라면 굽히고, 목을 젖히라면 젖히오. 평소 조용히 있다가 내가 부르면 곧바로 응하오. 그는 가히 충신이라고 말할 수 있는 것이오?"

묵자가 대답했다.

"그에게 명해 몸을 굽히라면 굽히고, 목을 젖히라면 젖힐 경우 이는 그림자와 같습니다. 평소 조용히 있다가 부르면 곧바로 응할 경우 이는 메아리와 같습니다. 군주는 장차 그림자와 메아리로부터 무엇을 얻고자 하는 것입니까? 제가 충신이라고 말하는 자는 군주에게 잘못이 있으면 틈을 보아 간하고, 좋은 계책이 있으면 군주에게 보고하되 다른 곳에는 얘기하지 않고, 사악한 것을 바로잡으면서 선한 것을 적극 받아들이고, 군주와 한마음이 되어 아랫사람과 붕당을 짓지 않는 자를 말합니다. 덕분에 아름답거나 선한 미선美善은 군주에게도 돌아가고, 백성들이 미워하거나 원망하는 원구怨仇는 스스로 떠안습니다. 나아가 편안하거나 즐거운 안락安樂 역시 군주에게 돌아가고, 근심하거나 슬퍼하는 우척憂戚은 스스로 떠안습니다. 이것이 제가 말하는 충신의 모습입니다."

시사영야是似景也의 '영'은 영影의 본자이다. 미지이간微之以諫의 '미'를 손이양은 미覹의 가차로 보았다. 『설문해자』「견부見部」는 미覹를 엿볼 사伺와 통하는 사司로 풀이했다. 『한서』「유협전游俠傳」에 나오는 사인미지적처使人微知賊處에 대한 안사고의 주는 미微를 틈을 엿보는 사간伺間으로 새겼다. 상동尙同은 군주와 행동을 같이한다는 뜻이다. '상'은 상上과 통한다. 하비下比는 아랫사람과 친하게 어울리며 무리를 짓는 것을 말한다.

49-10

魯君謂子墨子曰, "我有二子, 一人者好學, 一人者好分人財, 孰以爲太子而可?" 子墨子曰, "未可知也. 或所爲賞與爲是也. 魡者之恭, 非爲魚賜也. 餌鼠以蟲, 非愛之也. 吾願主君之合其志功而觀焉."

노나라 군주가 묵자에게 물었다.

"내게 아들 2명이 있는데 한 놈은 학문을 좋아하고, 다른 한 놈은 남에게 베풀기를 좋아하오. 누구를 태자로 삼는 게 좋겠소?"

묵자가 대답했다.

"자세히 알 길은 없습니다만 혹여 두 아들 모두 포상과 칭송을 염두에 두고 그리했는지도 모릅니다. 무릇 낚시하는 자가 공손한 모습을 보이는 것은 물고기에게 먹이를 주기 위해 그런 게 아니고, 독이 든 먹이로 쥐를 유인하는 것은 쥐를 사랑하기 때문이 아닙니다. 바라건대 군주는 그들의 뜻과 공로를 종합적으로 검토해 관찰토록 하십시오."

조자지공𨥪者之恭의 '조'를 필원은 조釣와 같은 글자로 보았다. 이서지충餌鼠以蟲의 '충'을 손이양은 고蠱의 오자로 보았다. 『산해경』「남산경南山經」의 곽박 주는 고蠱를 고독蠱毒으로 풀이했다. '이서지충'은 곧 독서毒鼠를 뜻한다.

49-11

魯人有因子墨子而學其子者, 其子戰而死, 其父讓子墨子. 子墨子曰, "子欲學子之子, 今學成矣, 戰而死, 而子慍. 而猶欲糶, 糶讎, 則慍也. 豈不費哉?"

노나라 사람 가운데 자식을 묵자의 문하로 보내 공부시킨 자가 있었다. 자식이 전쟁에 나가 죽자 그 아비가 묵자를 책망했다. 묵자가 말했다.

"그대는 나에게 자식을 보내 공부시키고자 했소. 지금 공부를 이뤘으나 불행하게도 전쟁에 나가 죽게 되었다고 그대가 화를 내니 이는 마치 곡식을 팔려고 내놓았다가, 막상 팔리자 화를 내는 것과 같소. 이 어찌 그릇된 일이 아니겠소?"

기부양자묵자其父讓子墨子의 '양'을 손이양은 『설문해자』「언부言部」의 해석을 근거로 서로 책망하는 상책양相責讓으로 풀이했다. 적수糴讎가 오초본에는 조적糶糴으로 되어 있다. 왕인지는 곡식을 살 '적'을 곡식을 팔 조糶의 잘못으로 보았다. 기패비재豈不費哉의 '패'를 왕인지는 패悖의 가차라고 했고, 고광기는 불拂과 통한다고 했다.

49-12

魯之南鄙人有吳慮者, 冬陶夏耕, 自比於舜. 子墨子聞而見之. 吳慮謂子墨子, "義耳, 義耳! 焉用言之哉?" 子墨子曰, "子之所謂義者, 亦有力以勞人, 有財以分人乎?" 吳慮曰, "有." 子墨子曰, "翟嘗計之義. 翟慮耕而食天下之人矣, 盛, 然後當一農之耕, 分諸天下, 不能人得一升粟. 籍而以爲得一升粟, 其不能飽天下之饑者, 旣可睹矣. 翟慮織而衣天下之人矣, 盛, 然後當一婦人之織, 分諸天下, 不能人得尺布. 籍而以爲得尺布, 其不能暖天下之寒者, 旣可睹矣. 翟慮被堅執銳, 救諸侯之患, 盛, 然後當一夫之戰. 一夫之戰, 其不御三軍, 旣可睹矣. 翟以爲不若誦先王之道而求其說, 通聖人之言而察其辭, 上說王公大人, 次說匹夫徒步之士. 王公大人用吾言, 國必治. 匹夫徒步之士用吾言, 行必修. 故翟以爲雖不耕而食饑, 不織而衣寒, 功賢於耕而食之·織而衣之者也. 故翟以爲雖不耕織乎, 而功賢於耕織也." 吳慮謂子墨子曰, "義耳義耳! 焉用言之哉?" 子墨子曰, "籍設而天下不知耕, 敎人耕與不敎人耕而獨耕者, 其功孰多?" 吳慮曰, "敎人耕者其功多." 子墨子曰, "籍設而攻不義之國, 鼓而使衆進戰, 與不鼓而使衆進戰而獨進戰者, 其功孰多?" 吳慮曰, "鼓而進衆者其功多." 子墨子曰, "天下匹夫徒步之士少知義, 而敎天下以義者功亦多, 何故弗言也? 若得鼓而進於義, 則吾義豈不益進哉."

노나라 남쪽의 시골 마을에 오려吳慮라는 자가 살았다. 겨울에 질그릇을 굽고 여름에 밭을 갈며 스스로를 순임금에 비유했다. 묵자가 그 말을 듣고는 이내 그를 찾아가 만나자 그가 말했다.

"의義여, 의여! 어찌 굳이 말로 할 필요가 있겠는가?"

묵자가 물었다.

"선생이 말하는 의는 남아도는 힘으로 남을 위해 수고하고 자신의 재물을 남에게 나눠 주는 것을 말하는 것이오?"

"그렇소."

묵자가 말했다.

"내가 일찍이 이를 자세히 검토한 적이 있소. 가령 내가 밭을 경작해 천하 사람들을 모두 먹여 살린다고 합시다. 아무리 노력할지라도 농부 1명이 농사짓는 수준에 그칠 것이오. 이를 천하에 나눠주면 한 사람 당 1되도 돌아가지 못할 것이오. 설령 1되의 곡식이 돌아간다 할지라도 그것으로는 천하의 굶주리는 자들을 배불리 먹일 수 없소. 이는 사람들이 이미 익히 알고 있는 것이오. 내가 베를 짜서 천하의 사람들을 모두 입히려 한다고 합시다. 아무리 노력할지라도 부인 1명이 베를 짜는 수준에 지나지 않을 것이오. 이를 천하에 나눠주면 한 사람 당 1자의 베도 돌아가지 못할 것이오. 설령 1자의 베가 돌아간다 할지라도 그것으로는 천하의 헐벗은 자들을 따뜻이 입힐 수 없소. 이는 사람들이 이미 익히 알고 있는 것이오. 내가 베를 짜서 천하의 사람들을 모두 입히려 한다고 합시다. 아무리 노력할지라도 부인 1명이 베를 짜는 수준에 지나지 않을 것이오. 이를 천하에 나눠주면 한 사람 당 1자의 베도 돌아가지 못할 것이오. 설령 1자의 베가 돌아간다 할지라도 그것으로는 천하의 헐벗은 자들을 따뜻이 입힐 수 없소. 이는 사람들이 이미 익히 알고 있는 것이오. 내가 견고한 갑옷을 입고 예리한 무기를 든 채 제후의 환난을 구해 준다고 합시다. 아무리 노력할지라도 병사 1명이 싸우는 수준에 지나지 않을 것이오. 병사 1명으로는 대군을 막아낼 수 없소. 이는 사람들이 이미 익히 알고 있는 것이오. 내 생각으로는 선왕의 도를 외우고 탐구하면서 성인의 말씀을 자세히 살펴 위로 왕공대인, 아래로 사민士民을 설복하는 게 나을 듯싶소. 왕공대인이 이를 받아들이면 나라가 반드시 잘 다스려질 것이고, 사민이 이를 받아들이면 수양이 반드시 크게 이뤄질 것이오. 그러면 밭을 경작하지 않을지라도 굶주린 자를 먹일 수 있고, 베를 짜지 않을지라도 헐벗은 자를 입힐 수 있소. 그 공이 열심히 경작해 사람들을 먹이고, 열심히 베를 짜 사람들을 입히는 것보다 훨씬 클 듯싶소. 내가 그대처럼 열심히 경작하거나 베를 짜지 않고도 천하 사람들을 더 잘 먹이고 입힐 수 있다고 생각하는 이유가 여기에 있소."

오려가 묵자에게 말했다.

"의義여, 의여! 어찌 굳이 말로 할 필요가 있겠는가?"

묵자가 물었다.

"만일 천하 사람들이 농사짓는 법을 모른다고 할 때 사람들에게 농사짓는 법을 가르치는 자와 그리하지 않으면서 홀로 경작하는 자 가운데 어느 쪽의 공이 큰 것이오?"

오려가 대답했다.

"사람들에게 농사짓는 법을 가르쳐 주는 자의 공이 더 클 것이오."

묵자가 말했다.

"만일 불의한 나라를 칠 때 북을 치며 병사들을 고취해 싸우게 하는 자와 그리하지 않으면서 홀로 나가 싸우는 자 가운데 어느 쪽의 공이 큰 것이오?"

오려가 대답했다.

"북을 치며 병사들을 고취해 싸우게 하는 자의 공이 더 클 것이오."

묵자가 말했다.

"천하의 사민 가운데 의를 아는 이가 적은 까닭에 천하에 의를 가르치는 자의 공 역시 클 것이오. 그런데도 어찌 그리하지 않는 것이오? 만일 북을 쳐서 의를 전면에 내세우면 내가 말하는 의 또한 어찌 더 크게 빛나지 않을 리 있겠소?"

남비南鄙의 '비'는 시골 변두리를 지칭한다. 촌인村人을 뜻하는 비인鄙人이 대표적인 용례이다. 자이이위籍而以爲의 '자'는 설령의 뜻을 지닌 자藉의 통한다. '자'로 읽어야 한다. 불어삼군不御三軍의 '어'는 막을 어禦와 통한다. '삼군'은 천자가 보유한 육군六軍에 대비되는 대국의 군사 단위를 말한다. 기가도의既可睹矣의 '도睹'는 볼 견見의 뜻으로 고문에는 '도'로 나온다. 자설籍設은 가정법 부사어로 가령假令과 같다.

49-13

子墨子游公尙過於越. 公尙過說越王, 越王大說, 謂公尙過曰, "先生苟能使子墨子於越而教寡人, 請裂故吳之地方五百里, 以封子墨子." 公尙過許諾. 遂爲公尙過束車五十乘, 以迎子墨子於魯. 曰, "吾以夫子之道說越王, 越王大說, 謂過曰, '苟能使子墨子至於越而教寡人, 請裂故吳之地方五百里以封子.' " 子墨子謂公尙過曰, "子觀越王之志何若?

意越王將聽吾言, 用我道, 則翟將往. 量腹而食, 度身而衣, 自比於群臣, 奚能以封爲哉? 抑越不聽吾言, 不用吾道, 而吾往焉, 則是我以義糶也. 鈞之糶, 亦於中國耳, 何必於越哉?"

묵자가 제자 공상과公尙過를 월나라로 보내 벼슬을 살게 했다. 공상과가 월왕에게 유세하자 월왕이 크게 기뻐하며 공상과에게 말했다.

"선생이 실로 묵자로 하여금 월나라로 와 과인을 가르치도록 할 수만 있다면 오나라의 옛 땅 5백리를 떼어 제후로 봉하도록 하겠소."

공상과가 이를 허락하자 월왕이 마침내 공상과로 하여금 수레 50대를 이끌고 가 노나라에 있는 묵자를 맞이해 오도록 했다. 공상과가 묵자를 찾아가 말했다.

"제가 선생님의 가르침을 좇아 월왕을 설복시키자 월왕이 크게 기뻐하며 말하기를, '실로 그대가 묵자로 하여금 월나라로 와 과인을 가르치도록 할 수만 있다면 오나라의 옛 땅 5백리를 떼어 묵자를 봉하도록 하겠다.'고 했습니다."

묵자가 말했다.

"자네가 보건대 월왕의 의중은 어떤 것인가? 월왕이 내 말을 받아들여 나의 도를 따를 양이면 가도록 하겠다. 배가 적당히 부를 정도로 먹고, 몸에 알맞게 재어 입고, 스스로 여러 신사들과 어울리고 있으면 어찌 땅을 떼어 봉할 수 있겠는가? 만일 월왕이 내 말을 받아들이지 않고 나의 도를 따르지 않는데도 내가 가면 이는 곧 나의 의를 팔아먹는 게 된다. 그런 식으로 의를 팔고자 하면 이곳 중국에서 하는 게 낫다. 굳이 월나라까지 갈 필요가 있겠는가?"

월왕대열越王大說의 '열'이 옛 판본에는 열悅로 되어 있다. 소시학은 '월왕'을 구천句踐의 후예로 보았다. 억월불청抑越不聽의 '억'은 가정법 부사어이다. 중국中國은 황하를 중심으로 한 중원中原 일대를 지칭한다.

49-14

子墨子游, 魏越曰, "旣得見四方之君, 子則將先語." 子墨子曰, "凡入國, 必擇務而從事焉. 國家昏亂, 則語之尙賢尙同. 國家貧, 則語之節用節葬. 國家憙音湛湎, 則語之非樂非命. 國家淫僻無禮, 則語之尊天事鬼. 國家務奪侵凌, 卽語之兼愛非攻. 故曰, '擇務而從事焉.' "

묵자가 외유를 하자 제자 위월魏越이 물었다.

"각지의 제후를 만나면 무엇을 먼저 말할 것입니까?"

묵자가 대답했다.

"무릇 한 나라에 들어가면 반드시 급무急務부터 시작해야 한다. 혼란한 나라는 가장 먼저 현자를 숭상하고 위아래가 합심하는 상현尙賢과 상동尙同, 가난한 나라는 재화의 소비와 장례절차를 간소히 하는 절용節用과 절장節葬, 음악을 좋아해 깊이 빠져 있는 나라는 음악과 운명론을 멀리하는 비악非樂과 비명非命, 음란하고 무례한 나라는 하늘을 높이고 귀신을 섬기는 존천尊天과 사귀事鬼, 남의 것을 빼앗으며 침략에 힘쓰는 나라는 두루 사랑하며 남을 공격치 않는 겸애兼愛와 비공非攻을 말해 주어야 한다. 그래서 '급무부터 시작해야 한다.'고 말한 이유다."

위월魏越은 묵자의 제자이다. 희음침면憙音湛湎의 '침'이 오초

공수자가 묵자에게 말했다.

"나는 선생을 만나기 전만 해도 송나라를 손에 넣고자 했습니다. 그러나 선생을 만난 이후로는 설령 선생이 나에게 송나라를 거저 줄지라도 의롭지 않으면 받지 않을 생각을 하게 되었습니다."

묵자가 말했다.

"내가 그대를 만나기 전만 해도 그대는 송나라를 손에 넣고자 했소. 그러나 내가 그대를 만난 이후로는 설령 내가 송나라를 거저 줄지라도 의롭지 않으면 받지 않을 생각을 하게 되었소. 이는 그대가 의를 중시한 덕분이니 내가 장차 그대에게 송나라를 내주도록 하겠소. 그대가 계속 의를 추구하면 내가 송나라뿐만 아니라 천하라도 내주도록 하겠소."

장여자천하將予子天下의 '여'는 옛 판본에 여與로 되어 있는 것을 손이양이 오초본에 근거해 보정한 것이다.

제50장 공수(公輸)

'공수' 역시 첫 머리에서 따온 편명이다. 주로 무기 제조에 뛰어난 기술을 자랑한 공수반公輸盤과 나눈 얘기로 구성돼 있다. 공수반은 병가의 입장을 대변한다. 묵자는 공수반과 가진 가상의 모의전쟁에서 승리를 거둠으로써 약소국 송나라를 치려던 초나라 왕의 침공의도를 좌절시켰다. 이것이 역사적 사실에 부합한 것인지 여부와 상관없이 당시 그가 '인의'를 기치로 내걸고 자신의 비전론을 강고하게 밀고 나간 것만은 분명하다. 묵가의 '비공' 입장이 선명히 드러나는 대목이다.

50-1

公輸盤爲楚造雲梯之械, 成, 將以攻宋. 子墨子聞之, 起於齊, 行十日十夜而至於郢, 見公輸盤. 公輸般曰, "夫子何命焉爲?" 子墨子曰, "北方有侮臣, 願藉子殺之." 公輸盤不說. 子墨子曰, "請獻十金." 公輸盤曰, "吾義固不殺人." 子墨子起, 再拜曰, "請說之. 吾從北方聞子爲梯, 將以攻宋. 宋何罪之有. 荊國有餘於地而不足於民. 殺所不足而爭所有餘, 不可謂智. 宋無罪而攻之, 不可謂仁. 知而不爭, 不可謂忠. 爭而不得, 不可謂强. 義不殺小而殺衆, 不可謂知類." 公輸盤服. 子墨子曰, "然胡不已乎." 公輸盤曰, "不可, 吾旣已言之王矣." 子墨子曰, "胡不見我於王." 公輸盤曰, "諾."

공수반公輸盤이 초나라를 위해 운제雲梯라는 공성용攻城用 기계를 만들었다. 기계가 완성되자 곧바로 이를 갖고 가 송나라를 치고자 했다. 묵자가 이 얘기를 듣고는 급히 머물던 제나라를 떠나 10일 낮과 밤을 달려가서는 초나라 도성 영성郢城에 이르러 공수반을 만났다. 공수반이 물었다.

"선생은 저에게 무슨 분부할 일이 있소?"

묵자가 말했다.

"북쪽에 나를 업신여기는 자가 있소. 그대의 힘을 빌려 그를 죽일 생각이오."

공수반이 언짢은 모습을 하자 묵자가 말했다.

"10일鎰의 황금을 내놓도록 하겠소."

공수반이 말했다.

"저는 의를 행하는 까닭에 결코 사람을 죽이지 않습니다."

묵자가 일어나 2번 절하고는 이같이 말했다.

"청컨대 그대가 말하는 의에 관해 듣고 싶소. 나는 북쪽에서 그대가 운제를 만들어 송나라를 치려 한다는 얘기를 들었소. 송나라에 무슨 죄가 있소? 초나라는 남아도는 땅이 있는데도 이를 경작할 백성이 부족하오. 전쟁을 하면 부족한 백성을 죽여 남아도는 땅을 더 넓히는 셈이니 지혜롭다고 말할 수 없소. 송나라 또한 아무런 죄도 없이 공격을 받는 셈이니 이 또한 어질다고 말할 수 없소. 알면서도 간하지 않으면 충성스럽다고 말할 수 없고, 다퉈 간하여 뜻을 관철하지 못하면 강하다고 말할 수도 없소. 나아가 의를 내세워 한 두 사람도 아니고 무수한 사람을 전쟁터로 내몰아 죽이면 결코 현자의 무리라고 말할 수도 없소."

공수반이 이를 받아들이자 묵자가 물었다.

"그런데 어찌하여 싸움을 그만두게 하지 않는 것이오?"

공수반이 대답했다.

"늦었소. 나는 이미 송나라를 치도록 초왕에게 건의했소."

묵자가 물었다.

"어찌하여 나를 초왕에게 소개시켜주지 않는 것이오?"

공수반이 대답했다.

"그리하도록 하겠소."

운제雲梯는 성을 공격할 때 사용하는 무기로 수레에 높이 올라가는 사다리가 달려 있다. 누거樓車라고도 한다. 영郢은 초나라의 수도로 지금의 호북성 강릉현 일대에 있었다. 지이부쟁知而不爭의 '쟁'은 쟁간爭諫의 뜻이다. 불가위지류不可謂知類는 '류'는 유추類推의 의미이다.

50-2

子墨子見王, 曰, "今有人於此, 舍其文軒, 鄰有敝輿而欲竊之. 舍其錦繡, 鄰有短褐而欲竊之. 舍其粱肉, 鄰有糠糟而欲竊之. 此爲何若人?" 王曰, "必爲竊疾矣." 子墨子曰, "荊之地, 方五千里. 宋之地, 方五百里, 此猶文軒之與敝輿也. 荊有雲夢, 犀兕·麋鹿滿之, 江漢之魚鼈·黿鼉爲天下富. 宋所爲無雉兎·狐狸者也, 此猶粱肉之與糠糟也. 荊有長松·文梓·楩楠·豫章. 宋無長木, 此猶錦繡之與短褐也. 臣以三事之攻宋也, 爲與此同類. 臣見大王之必傷義而不得." 王曰, "善哉, 雖然. 公輸盤爲我爲雲梯, 必取宋." 於是見公輸盤. 子墨子解帶爲城, 以牒爲械. 公輸盤九設攻城之機變, 子墨子九距之. 公輸盤之攻械盡. 子墨子之守圉有餘. 公輸盤詘, 而曰, "吾知所以距子矣, 吾不言." 子墨子亦曰, "吾知子之所以距我, 吾不言." 楚王問其故, 子墨子曰, "公輸子之意, 不過欲殺臣. 殺臣, 宋莫能守, 可攻也. 然臣之弟子禽滑釐等三百人, 已持臣守圉之器, 在宋城上而待楚寇矣. 雖殺臣, 不能絶也." 楚王曰, "善哉, 吾請無攻宋矣."

묵자가 초왕을 만나 물었다.

"지금 여기 어떤 사람이 자신의 수놓은 수레를 버려둔 채 이웃의 낡은 수레를 훔치려고 합니다. 또 자신의 수놓은 비단인 금수錦繡를 버려둔 채 이웃의 거친 단의短衣를 훔치려고 합니다. 나아가 자신의 미식美食을 버려둔 채 이웃의 겨와 지게인 조강糟糠을 훔치려고 합니다. 과연 이는 어떤 자입니까?"

초왕이 대답했다.

"반드시 도둑질 버릇이 있는 자일 것이오."

묵자가 말했다.

"초나라 영토는 사방 5천리이고, 송나라 영토는 사방 5백리입니다. 이는 수놓은 수레와 낡은 수레에 비유할 만합니다. 초나라의 운몽雲夢 땅에는 물소와 코뿔소, 고라니, 사슴 등의 짐승이 가득 차 있습니다. 또 장강과 한수에는 물고기와 자라, 큰 자라, 악어 등이 있어 천하의 부를 보유한 셈입니다. 이에 반해 송나라는 꿩과 토기, 여우, 삵 등도 없는 나라입니다. 이는 금수와 단의에 비유할 만합니다. 초나라에는 큰 소나무와 가래나무, 녹나무 등의 귀한 목재가 나는데 송나라에는 큰 나무가 없습니다. 이는 미식과 조강에 비유할 만합니다.

이들 3가지 점에서 우위를 지닌 초나라가 송나라를 공격하는 것은 모든 것이 풍족한 자가 이웃집 물건을 훔치고자 하는 것과 같습니다. 생각건대 이리하면 대왕은 반드시 도의를 손상하고 송나라를 차지하지도 못할 것입니다."

초왕이 말했다.

"좋은 말이오. 비록 그렇기는 하나 공수반이 이미 과인을 위해 운제를 만들었소. 반드시 송나라를 손에 넣고 말 것이오."

이에 공수반을 만나게 됐다. 묵자가 허리띠를 풀어 성으로 삼고, 나뭇조각을 공성용 기계로 삼았다. 공수반이 공성의 방법을 9번이나 바꿔 가며 거듭 공격을 가했으나 묵자는 9번 모두 막아냈다. 공수반의 공성은 그 계책이 다했으나 묵자의 수비 계책은 아직도 여유가 있었다. 공수반이 패배를 선언하며 이같이 말했다.

"저는 선생의 수비를 깨는 방법을 알고 있으나 말하지는 않겠습니다."

묵자가 말했다.

"나도 선생이 나의 수비를 깨는 방법을 알고 있으나 말하지는 않겠소."

초왕이 의아해하며 그 까닭을 묻자 묵자가 말했다.

"공수반의 계책은 저를 죽이는 수법에 지나지 않습니다. 저를 죽이면 송나라는 초나라의 공격을 막아낼 길이 없고, 이 틈을 노려 공격코자 하는 것입니다. 그러나 금골희禽滑釐를 비롯한 저의 제자가 3백 명이나 되고, 이들 모두 이미 제가 고안한 수비용 기계를 갖고 가 성위에서 초나라 군사를 기다리고 있습니다. 설령 저를 죽일지라도 이들을 모두 없앨 수는 없을 것입니다."

초왕이 말했다.

"좋소. 과인은 송나라를 공격치 않을 것이오."

문헌文軒은 화려하게 치장된 수레를 말한다. 폐여敝輿는 낡은 수레를 지칭한다. 호리狐狸를 필원은 『태평어람』 기록을 근거로 부어鮒魚의 잘못으로 보았다. 왕인지와 손이양 모두 이를 좇았다. 문재文梓는 고급 목재로 사용되는 가래나무의 일종을 지칭한다. 편남楩楠은 예장豫章 나무와 마찬가지로 고급목재에 속한다. 삼사三事를 손이양은 삼리三吏의 잘못으로 보았다. '삼리'를 두고 『일주서逸周書』「대광大匡」에 대한 공조孔晁의 주는 삼경三卿, 『춘추좌전』「노성공 2년」조에 대한 두예의 주는 삼공三公으로 해석했다. 이첩위계以牒爲械의 '첩'은 나무쪽을 지칭한다. 공수반굴公輸盤詘의 '굴'은 굴복할 굴屈과 통한다. 수어守圉의 '어'는 막을 어禦와 통한다.

50-3

子墨子歸, 過宋, 天雨, 庇其閭中, 守閭者不內也. 故曰, "治於神者, 衆人不知其功. 爭於明者, 衆人知之."

묵자가 돌아가는 길에 송나라를 지나게 됐다. 마침 비가 내려 마을 안으로 들어가 비를 피하고자 했다. 마을 어귀를 지키는 자가 묵자를 들여보내지 않았다. "신묘한 기략機略을 펼치면 사람들은 그 공을 알지 못한 채 오직 드러내 놓고 공을 다툰 자만 알아준다."는 얘기가 나온 이유다.

비기려중庇其閭中의 '비'를 필원은 가릴 음蔭으로 새겼다. 『설문해자』「문부門部」는 여리閭里를 마을 입구에 설치한 문門으로 풀이했다.

◎권 14

제51장 비적(備敵)　　망실

제52장 비성문(備城門)

'비성문'은 성문을 수비한다는 뜻이다. 「비성문」에서 마지막 편인 「잡수」에 이르는 내용은 모두 수비를 위한 계책으로 꾸며져 있다. 그런 점에서 「비성문」은 이들 수비전술 계책의 서론에 해당한다. 내용상 이웃 나라를 병탄하는 공격전을 비판한 '비공'과 짝을 이룬다. 철저히 지킨다는 뜻의 묵수墨守가 묵가사상을 상징하는 용어로 통용된 배경을 짐작케 해주는 대목이다. '묵수'는 「비성문」을 포함해 총 21편에 달하는 것으로 추정된다. 51편 비적備敵(망실)을 비롯해 52편 비성문, 53편 비고림備高臨, 54편 비구備鉤(망실), 55편 비충備衝(망실), 56편 비제備梯, 57편 비인備堙(망실), 58편 비수備水, 59편 비화備火(망실), 60편 비공동備空洞(망실), 61편 비돌備突, 62편 비혈備穴, 63편 비아부備蛾傅, 64편 비분온備轒轀(망실), 65편 비헌거備軒車(망실), 66편 비습備襲(망실), 67편 비간備間(망실), 68편 영적사迎敵祠, 69편 기치旗幟, 70편 호령號令, 71편 잡수雜守가 그것이다. 망실된 것만 모두 10편에 달한다. 손이양은 '묵수'의 내용을 총 20편으로 간주했으나 「비성문」의 앞의 51편도 '묵수'의 일환으로 보는 게 합리적이다. 망실된 편의 편명은 손이양의 주장을 토대로 한 것이다. 손이양이 추론하지 못한 '비적' 등의 편명은 필자가 『묵자』의 전편 내용을 감안해 독자적으로 붙인 것이다.

52-1

禽滑釐問於子墨子曰, "由聖人之言, 鳳鳥之不出, 諸侯畔殷周之國, 甲兵方起於天下, 大攻小, 强執弱, 吾欲守小國, 爲之奈何?" 子墨子曰, "何攻之守?" 禽滑釐對曰, "今之世常所以攻者. 臨·鉤·衝·梯·堙·水·穴·突·空洞·蟻傅·轒轀·軒車, 敢問守此十二者奈何?" 子墨子曰, "我城池修, 守器具, 推粟足, 上下相親, 又得四隣諸侯之救, 此所以持也. 且守者雖善, 則猶若不可以守也. 若君用之守者, 又必能乎守者, 不能而君用之, 則猶若不可以守也. 然則守者必善而君尊用之, 然後可以守也."

금골희禽滑釐가 스승인 묵자에게 물었다.

"성인의 말씀에 따르면 치세에 나타나는 봉황이 나타나지 않으면 제후들이 은나라나 주나라 같은 천자의 나라를 배반하고, 전쟁이 일거에 빚어져 대국이 소국을 공격하고 강국이 약국을 친다고 했습니다. 저는 소국을 지키고 싶은데 과연 어찌 해야 가능하겠습니까?"

묵자가 반문했다.

"어떤 공격을 막아내겠다는 것인가?"

금골희가 말했다.

"지금 세상에서 흔히 사용하는 공성 방법을 보면 토산을 높이 쌓고 그 위에서 공격하는 임臨, 고리가 달린 줄을 성벽에 걸고 기어올라가 공격하는 구鉤, 쇠를 단 수레로 서로 부딪치며 성문과 성벽을 부수고 공격하는 충衝, 사다리 달린 수레를 이용해 공격하는 제梯, 토산을 쌓고 공격해 들어가는 인堙, 물을 성 안으로 흘려 공격하는 수水, 땅굴을 파고 들어가 공격하는 혈穴, 성벽을 깨고 들어가 공격하는 돌突, 성벽에 구멍을 뚫고 들어가 공격하는 공동空洞, 병사들이 개미떼처럼 성벽을 기어 올라가 공격하는 의부蟻傅, 여러 무기를 장착한 수레를 이용해 공격하는 분온轒轀, 사람이 올라탄 판때기를 높이 들어 올려 공격하는 헌거軒車 등이 있습니다. 이들 12가지 공격으로부터 성을 지키려면 과연 어찌해야 합니까?"

묵자가 대답했다.

"성지城池를 잘 수리하고, 수비 기구를 모두 갖추고, 땔감과 식량이 충분하고, 상하가 서로 친하게 지내고, 사방의 이웃나라 제후들의 지원을 받아야 한다. 이것이 성을 지키는 기본 요건이다. 그러나 아무리 잘 지키고자 할지라도 군주가 인재를 기용하지 않으면 곧 지키지 않는 것과 같다. 군주가 인재를 발탁할 때는 반드시 수성守城에 능한 자를 택해야 한다. 능력도 없는데 발탁하면 이 또한 지키지 않는 것과 같다. 인재는 반드시 수성에 능해야 하고, 군주 또한 그를 존중하는 자세로 활용해야 한다. 연후에 비로소 성을 지킬 수 있다."

봉조鳳鳥는 태평성대에 출현한다는 봉황鳳凰을 뜻한다. 제후반諸侯畔의 '반'은 적과 내통한 반叛 내지 내부 반란을 뜻하는 반反 등과 통한다. 인堙을 두고 필원은 흙을 쌓을 인垔의 잘못으로 보았고, 손이양은 『춘추좌전』「노양공 6년」조에 대한 두예의 주를 인용해 토산土山으로 새겼다. 『손자孫子』「모공謀攻」에 유사한 개념의 거인距闉이 나온다. 조조는 이를 두고 풀이키를, "흙을 언덕처럼 높이 쌓아 올린 뒤 여러 번 성벽 쪽으로 무너뜨리며 전진해 마침내 적의 성벽 위로 기어오르는 것을 말한다."고 했다. 「잡수」에는 연煙으로 나온다. 인闉, 인堙, 연煙 모두 같은 뜻이다. 돌突을 두고 『춘추좌전』「노양공 25년」조에 대한 두예의 주는 뚫을 천穿으로 새겼다. 의부蟻傅의 '부'는 손이양이 옛 판본에 부附로 되어 있는 것을 도장본과 오초본을 좇아 고친 결과다. 분온轒轀은 10여 명의 병사가 올라타 공격을 피하며 적의 성을 공격할 수 있도록 설계된 전차이다. 당시 가장 중무장한 전차에 해당했다. 헌거軒車는 누거와 유사한 전차로 사람이 올라탄 판이 상하로 움직일 수 있도록 만들어졌다. 추속推粟의 '추'를 손이양은 초樵의 잘못으로 보았다. 연료와 식량을 뜻하는 신식薪食과 같은 말이다. 차소이지야此所以持也의 '지'를 소시학은 수守의 오자라고 했으나 손이양은 『국어』「월어」에 대한 위소의 주를 인용해 '지'는 '수'와 통한다고 풀이했다. 차수자수선且守者雖善을 두고 노문초는 '군주가 인재를 기용하지 않으면'의 뜻을 지닌 이군불용지而君不用之 5자가 누락됐다고 했다. 이를 보완해 해석했다.

52-2

凡守圍城之法, 厚以高. 壕池深以廣. 樓撕揗, 守備繕利. 薪食足以支三月以上. 人衆以選. 吏民和. 大臣有功勞於上者, 多主信以義, 萬民樂而無窮. 不然, 父母墳墓在焉. 不然, 山林草澤之饒足利. 不然, 地形之難攻而易守也. 不然, 則有深怨於適而有大功於上. 不然, 則賞明可信而罰嚴足畏也. 此十四者具, 則民亦不宜上矣, 然後城可守. 十四者無一, 則雖善者不能守矣.

무릇 성을 지키는 데는 14가지 조건이 있다. 성은 두텁고 높아야 하고, 해자나 못은 깊고도 넓어야 한다. 망루 또한 잘 수리돼 있어야 하고, 연료와 식량도 3달 이상을 버틸 수 있을 정도로 충분해야 한다. 수비하는 사람은 숫자가 많아야 할 뿐 아니라 엄선돼 있어야 한다. 관원과 백성은 서로 잘 어울려야 하고, 나라를 위해 공을 세운 대신들이 많아야 한다. 군주는 신의를 지켜야 하고, 백성은 안락을 무한히 즐길 수 있어야 한다. 그밖에도 성 안에 부모의 묘가 있거나, 산림과 들과 연못에서 풍부한 산물이 나거나, 지형이 공격키는 어렵지만 지키기는 쉽거나, 장병은 적에게 깊은 원한을 품고 군주는 큰 공을 세웠거나, 포상이 공평해 믿을 수 있고 형벌이 엄해 족히 두려워할 만하거나 해야 한다. 이들 14가지 조건이 구비돼야 백성들도 군주를 부덕不德하다고 원망치 않고 성을 시킬 수 있다. 이들 14가지 조건 가운데 하나라도 빠지면 아무리 뛰어난 인물일지라도 성을 견고히 지킬 수 없다.

손이양은 수어성지법守圉城之法의 '어'를 위圍의 잘못이고, '성'을 다음에 나오는 후이고厚以高의 앞에 와야 한다고 했다. 또 그는 루시순樓撕揗을 성지城池의 수리로 풀이하면서 여기의 '시'를 시櫯, '순'을 수脩의 오자로 보았다. '순'이 오초본에는 순楯으로 되어 있다. 인중이선人衆以選의 '선'은 정제整齊의 뜻이다. 심원어적深怨於適의 '적'은 적敵과 통한다. 민역불의상民亦不宜上을 유월은 민역의기상民亦宜其上, 손이양은 민사부덕상民死不悳上으로 풀이했다. 사死와 역亦은 글자 모습이 비슷해 베끼는 과정에서 착오를 범하고, 덕德과 통하는 '덕'의 괴자壞字가 직直과 비슷해졌고 이것이 의宜로 변했다는 것이다.

52-3

故凡守城之法, 備城門爲縣門, 沈機長二丈, 廣八尺, 爲之兩相如. 門扇數令相接三寸. 施土扇上, 無過二寸. 塹中深丈五, 廣比扇, 塹長以力爲度, 塹之末爲之縣, 可容一人所. 客至, 諸門戶皆令鑿而慕孔. 孔之, 各爲二幕二, 一鑿而繫繩, 長四尺. 城四面四隅皆爲高磨𢋈, 使重室子居亓上, 候適, 視亓能狀, 與亓進左右所移處, 失候斬. 適人爲穴而來, 我亟使穴師選士, 迎而穴之, 爲之且內弩以應之. 民室杵木瓦石, 可以益城之備者, 盡上之. 不從令者斬.

무릇 성을 지키는 방법은 이렇다. 성문 위에 좋은 현문懸門과 이를 오르내리는 장치를 마련해야 한다. 현문의 길이는 2장丈, 넓이는 8척尺이다. 두 문짝은 서로 같다. 중간에는 3촌寸 크기의 중첩된 경첩이 있다. 문짝 위에는 화공火攻에 대비해 흙을 바르는데 2촌을 넘지 않아야 한다. 참호의 깊이는 1장 5척이고, 넓이는 문짝과 같게 한다. 길이는 사람의 몸집 크기를 감안해 조절한다. 참호 끝에 현문을 관리하는 자가 들어갈 만한 장소를 마련해 둔다. 적이 쳐들어오면 모든 문짝에 2개의 구멍을 뚫게 하고, 그 가운데 하나의 구멍에 줄을 매달아 둔다. 줄의 길이는 4척이다. 성벽의 사방과 네 모퉁이에 모두 높은 망루를 만들어 놓고, 부귀한 자의 자제들로 하여금 그 위에 올라가 적을 관찰하게 한다. 적들의 현황과 진퇴, 좌우 이동 등을 세밀히 살핀다. 이를 잘못하면 참한다. 적이 구멍을 파고 공격해 오면 급히 땅굴 대비를 총괄하는 혈사穴師로 하여금 땅을 파 맞대응케 한다. 이때 짧은 쇠뇌를 미리 준비해 놓았다가 적을 향해 발사한다. 민가의 재목이나 기왓장 및 돌처럼 성의 수비에 도움이 될 만한 것을 모두 바치게 한다. 명을 좇지 않는 자는 참한다.

침기沈機의 '침'을 손이양은 관기關機의 '관'과 통하는 완浣의 잘못으로 보았다. 『회남자』「제속훈齊俗訓」에 완준浣準, 「태족훈泰族

訓」에 관준管準 표현이 나온다. 완涴, 관管, 관闗이 서로 통용된 결과라는 것이다. '침'을 갱阬과 통하는 항沆의 잘못으로 풀이해도 가하다고 했다. 문선촉門扇數의 '문선'은 문짝을 뜻하고, '촉'은 빈틈이 없을 정도로 빽빽하다는 뜻으로 촉促과 통한다. 객지客至의 '객'은 적敵을 지칭한다. 병서에서는 아군과 적군을 주객主客으로 표현해 놓았다. 모공慕孔의 '모'는 포장을 친다는 뜻으로 필원은 막幕으로 바꿔 놓았다. 고마시高磿㰞를 두고 왕인지는 '마'를 력磿, '시'를 시撕의 잘못으로 보았다. 유월은 '고' 아래 루樓가 빠졌다며, 역시磿撕를 협夾으로 새겼다. 중실자重室子는 귀족 집안 출신 자제를 지칭한다. 후적候適은 적의 동정을 정탐하는 척후斥候를 뜻한다. 태상態狀의 '태'는 태態와 같다. 혈사穴師는 땅굴 전투의 지휘자를 말한다. 내노內弩는 좁은 장소에서 활용하는 짧은 쇠뇌를 뜻한다.

52-4

昔築, 七尺一居屬, 五步一壘. 五築有銻. 長斧, 柄長八尺. 十步一長鎌, 柄長八尺. 十步一斗鬭, 長椎, 柄長六尺, 頭長尺, 斧亓兩端. 三步一大鋌, 前長尺, 蚤長五寸. 兩鋌交之, 置如平, 不如平不利, 兌亓兩末. 穴隊若衝隊, 必審如攻隊之廣狹, 而令邪穿亓穴, 令亓廣必夷客隊. 疏束樹木, 令足以爲柴摶, 毌前面樹, 長丈七尺一, 以爲外面, 以柴摶縱橫施之, 外面以强塗, 毋令土漏. 令亓廣厚, 能任三丈五尺之城以上, 以柴木土稍杜之, 以急爲故. 前面之長短, 豫蚤接之, 令能任塗, 足以爲堞, 善塗亓外, 令毋可燒拔也.

예로부터 성을 쌓을 때는 7척마다 1개의 괭이를 두고, 5보步마다 1개의 토루土壘를 두고, 5축築마다 1개의 호미를 둔다. 긴 도끼는 자루의 길이가 8척이다. 10보마다 1개의 긴 낫을 둔다. 자루의 길이는 8척이다. 10보마다 1개의 손도끼를 둔다. 긴 쇠망치는 자루의 길이가 6척, 머리의 길이는 1척이다. 양편의 끝은 도끼 모양이다. 3보마다 1개의 짧은 창을 둔다. 창끝의 길이는 1척, 손잡이 길이는 5촌이다. 2개의 짧은 창을 마주치게 하여 평평하게 보이도록 세워놓는다. 평평하지 않으면 불리한 까닭에 양쪽 끝을 날카롭게 만든다. 땅굴을 치는 수법으로 적의 땅굴 공격을 막으려면 반드시 적의 공격용 땅굴의 넓이를 잘 알아낸 뒤 땅굴을 옆으로 파나가야 한다. 이를 넓히는 수법으로 적의 땅굴이 무너지게 한다. 장작을 묶어 나뭇단을 단단히 만든 뒤 앞쪽 나무와 연결시킨다. 길이 1장 7척의 나무를 겉으로 하여 나뭇단을 종횡으로 쌓아둔다. 바깥쪽에 진흙을 바르되 흙이 흘러내리지 않도록 조심한다. 넓이와 두께는 3장 5척 이상의 성벽을 견딜 수 있어야 한다. 장작과 나무와 진흙을 이용해 성벽을 보강한다. 견고할수록 좋다. 나뭇단 앞쪽의 길고 짧은 것은 미리 손을 보고 진흙을 잘 발라 성가퀴로 활용한다. 겉에 흙을 잘 발라 적이 이를 불태우거나 뽑아내지 못하도록 한다.

거촉居屬을 필원은 나무를 깎는데 사용하는 괭이 모양의 도구인 거촉鋸欘으로 보았다. 손이양은 『설문해자』「근부斤部」와 「목부木部」에서 촉斸과 촉欘을 작斫으로 새긴 것을 근거로 도끼를 뜻하는 구촉斪斸과 통하는 거촉倨斸의 오자로 파악했다. 또 손이양은 오축유제五築有銻의 '제'를 철鐵의 고자인 철銕의 오자, 조장오촌蚤長五寸의 '조'를 조爪와 통하는 차叉의 가차로 보았다. 『설문해자』「차부叉部」는 '차'를 손발톱으로 풀이해 놓았다. 태기량말兌亓兩末의 '태'를 필원은 예鋭로 새겼다. 혈대穴隊와 충대衝隊 및 객대客隊의 '대'를 손이양은 굴을 뜻하는 수隧의 의미로 풀이했다. 필이객대必夷客隊의 '이'는 평평하게 만든다는 의미로 곧 땅굴을 무너뜨리는 것을 뜻한다. 관전면수田前面樹의 '관'은 관貫의 뜻이다. 무無와 통하는 무毋와 구별해야 한다. 강도强塗는 접착력이 강한 진흙을 발라 떨어지지 않게 하는 것을 말한다. 초두稍杜는 대충 막는 것을 의미한다. 이급위고以急爲故의 '고'를 『광아』「석고」는 사事로 풀이했다. 예조豫蚤는 '미리'의 뜻이다. 소발燒拔은 태워 없애는 것을 말한다.

52-5

大城丈五爲閨門, 廣四尺. 爲郭門, 郭門在外, 爲衡, 以兩木當門, 鑿亓木維敷上堞. 爲斬縣梁, 聆穿, 斷城以板橋. 邪穿外, 以板次之, 倚殺如城報. 城內有傅壤, 因以內壤爲外. 鑿亓間, 深丈五尺, 室以樵, 可燒之以待適.

큰 성은 1장 5척 높이의 규문閨門을 만든다. 넓이는 4척이다. 이어 곽문郭門을 만든다. 규문의 밖에 위치한다. 2개의 가로나무를 곽문의 빗장으로 사용한다. 가로나무에 구멍을 뚫어 줄을 통하게 해 위쪽 성가퀴에 매어 놓는다. 나무판을 이용해 참호 위의 다리를 만들되 성 바깥쪽을 향해 경사지게 놓는다. 다리의 경사는 성벽의 형세와 부합해야 한다. 성의 가장 안쪽에 부첩傅堞, 그 바깥쪽에 내첩內堞을 만든다. 그 사이를 깊이 1장 5척으로 판 뒤 땔나무를 채워 넣는다. 유사시 불을 붙여 적의 성 안 진입을 막을 수 있다.

규문閨門을 손이양은 『이아』「석궁釋宮」을 인용해 궁중의 문이나 성문 가운데 작은 것을 뜻한다고 풀이했다. 곽문郭門은 성의 바깥문을 말한다. 유부維敷는 구멍에 줄을 통하게 한 뒤 매달아 놓은 것을 지칭한다. 령천酹穿의 '령'은 사역동사 령令과 같다. 의쇄倚殺는 비스듬하게 밑으로 처지게 만드는 것을 뜻한다. 손이양은 소시학의 주장을 좇아 성의 가장 안쪽에 있는 성가퀴 부양傅壤과 그 바깥쪽에 있는 내양內壤의 '양'을 첩堞의 잘못으로 보았다. 실이추室以樵의 '실'을 소시학은 실實, 손이양은 질窒과 통하는 것으로 보았다. '초'는 땔나무를 뜻한다. 대적待適의 '적'은 적敵과 통한다.

52-6

令耳屬城, 爲再重樓, 下鑿城外堞內深丈五, 廣丈二. 樓若令耳, 皆令有力者主敵, 善射者主發, 佐以廣矢, 治裾諸. 延堞, 高六尺, 部廣四尺, 皆爲兵弩簡格. 轉射機, 機長六尺, 貍一尺. 兩材合而爲之輼, 輼長二尺, 中鑿夫之爲道臂, 臂長至桓. 二十步一, 令善射之者, 佐一人, 皆勿離.

누각인 영이令耳를 성에 근접해 설치하되 중층으로 만든다. 성벽 쪽에 있는 외첩外堞 아래로 깊이 1장 5척, 넓이 1장 2척의 굴을 판다. 성루와 영이에는 힘 있는 자들이 머물며 적과 맞선다. 활을 잘 쏘는 자가 주역을 맡고, 보조자는 화살을 날카롭게 간다. 또 울타리를 만들어 성가퀴와 연접시킨다. 높이는 6척, 넓이는 4척이다. 어느 곳에나 쇠뇌와 활 등을 비치해 놓고 몰려오는 적을 향해 쏜다. 잇달아 화살을 날리는 전사기轉射機는 길이가 6척이다. 1척은 땅에 묻어 둔다. 2개의 목재를 결합해 와거臥車의 일종인 온輼을 만든다. 길이는 2척이다. 받침대 중간에 구멍을 뚫어 가로나무 침목을 끼워 넣는다. 가로나무의 길이는 세로나무에 닿을 만큼 되어야 한다. 20보마다 전사기 1대를 놓고, 활을 잘 쏘는 자가 관할케 한다. 보조자는 1명이고 늘 현장을 떠나지 못하게 한다.

영이令耳의 뜻이 확실치 않다. 대략 성 위의 누각과 유사한 것을 지칭한 듯하다. 손이양은 「잡수」에 나오는 양령羊玪과 같은 것으로 보았다. 중루重樓의 '루'는 『설문해자』「목부」에 따르면 2층 이상의 건물을 지칭한다. 『이아』「석궁」은 좁고 굴곡진 모습의 다층 건물을 '루', 높고 사면이 방형으로 된 건물을 대臺라고 했다. 주적主敵은 중심이 되어 대적하는 것을 말한다. 광시廣矢의 '광'을 손이양은 숫돌에 화살촉을 가는 것을 뜻하는 려厲의 잘못으로 보았다. 치거제治裾諸의 '치거'를 두고 황소기黃紹箕는 풀이키를, "거裾는 한가롭게 머문다는 뜻의 거椐의 잘못이다. 『광아』「석궁」은 거據를 울타리를 뜻하는 이杝로 새겼다. 『설문해자』에 '거' 자가 없다. 거椐 자 이후에 나온 글자이다."라고 했다. 손이양은 이를 좇으면서 '제'를 자者와 통하는 것으로 보았다. 부광사척部廣四尺의 '부'는 성가퀴에서 망을 보는 곳을 말한다. 간격簡格의 '간'은 마련한다는 의미이고, '격'은 시렁 붕棚의 뜻이다. 매일척貍一尺의 '매'가 도장본에는 매狸로 되어 있다. 손이양은 묻어서 감춘다는 뜻의 매薶와 통하는 것으로 새겼다. 양재합이위지온兩材合而爲之轀의 '재'는 옛 판본에 장杖으로 되어 있는 것을 손이양이 유월의 주장을 좇아 보정한 것이다. 여기의 '온'은 전사기의 뒤쪽을 눌러 안정시키는 장치를 말한다. '온장이척轀長二尺, 중착부지위도비中鑿夫之爲道臂, 비장지환臂長至桓' 구절을 두고 손이양은 '중착부이위통비中鑿夫二爲通臂, 비장지환臂長至桓'의 잘못이라고 했다. 부夫는 발을 뜻하는 부趺, 비臂는 전사기를 안정시키기 위해 가로로 얹혀 놓은 횡재橫材, 환桓 역시 전사기의 안정을 위해 세로로 세워 놓은 직재直材로 파악한 결과다.

52-7

城上百步一樓, 樓4植, 植皆爲通舃, 下高丈, 上九尺, 廣•喪各丈六尺, 皆爲寧. 三十步一突, 九尺, 廣十尺, 高八尺, 鑿光三尺, 表二尺, 爲寧. 城上爲攢火, 夫長以城高下爲度, 置火亓末. 城上九尺一弩•一戟•一椎•一斧•一艾, 皆積参石•蒺藜.

성 위에는 1백 보마다 중층의 누대 1채를 세운다. 4개의 기둥이 있고, 기둥 모두 주춧돌 위에 세운다. 위층 높이는 1장, 아래층 높이는 9척, 넓이와 길이는 모두 1장 6척이다. 모두 전망대용 정자의 모습을 하고 있다. 30보마다 연돌煙突을 하나씩 낸다. 길이 9척, 넓이 10척, 높이 8척이다. 밖을 내다볼 수 있는 창도 뚫는다. 넓이 3척, 길이 2척이다. 이 또한 정자의 모습이다. 이어 성 위에 불을 피워두는 곳을 만든다. 길이는 성의 높고 낮음을 헤아려 조절한다. 끝 쪽에서 불을 피운다. 성 위에는 9척마다 쇠뇌와 끝이 갈라진 창, 쇠망치, 도끼, 낫을 각각 1개씩 놓아둔다. 여러 곳에 적에게 던질 돌과 쇠로 만든 가시인 질려蒺藜 등을 쌓아둔다.

루사식樓四植의 '식'을 손이양은 기둥을 뜻하는 영楹으로 새겼다. 통석通舃을 손이양은 두 기둥이 한 개의 주춧돌 위에 세워지는 것으로 풀이했다. 광상廣喪의 '상'을 왕인지는 세로길이를 뜻하는 무袤의 잘못으로 보았다. '광'은 가로길이를 뜻한다. 개위녕皆爲寧의 '녕'을 필원은 정亭의 오자로 보았다. 일돌一突의 '돌'은 연기도 빼고 밖도 내다볼 수 있게 만든 연돌煙突을 지칭한다. 표이척表二尺의 '표'

역시 왕인지는 무袤의 오자로 보았다. 찬화攢火는 적의 공격에 대비해 불을 모아두는 곳을 말한다. 『문선』「서도부西都賦」에 대한 이선의 주는 「창힐편蒼頡篇」을 인용해 찬攢을 취聚로 풀이했다. 부장夫長의 '부'를 손이양은 시矢 또는 부趺로 바꿔야 한다고 했다. 참석參石을 홍이원은 성 위에서 적을 공격할 때 내려뜨리는 돌인 뢰석礧石과 뜻이 통하는 류석絫石의 잘못이라고 했다. '뢰석'은 빠른 속도로 적의 머리 위에 떨어뜨리기 위해 그물 같은 것 속에 돌을 잔뜩 집어넣은 무기를 뜻한다. 질려蒺藜는 원래 열매에 가시가 많이 달린 남가새 풀을 뜻한다. 여기서는 적의 전진을 막기 위해 철로 만든 쇠 가시를 지칭한다.

52-8

渠長丈六尺, 夫長丈二尺, 臂長六尺, 亓貍者三尺, 樹渠毋傅堞五寸. 藉莫長八尺, 廣七尺, 亓木也廣五尺. 中藉苴爲之橋, 索亓端. 適攻, 令一人下上之, 勿離. 城上二十步一藉車, 當隊者不用此數.

방어용 무기인 거渠는 길이가 1장 6척, 자루 길이는 1장 2척이다. 거에 사용되는 가로나무의 길이는 6척, 땅에 묻힌 부분의 길이는 3척이다. 거는 성가퀴로부터 5촌가량 떨어져 있다. 또 다른 방어용 무기인 자막藉莫은 길이가 8척, 넓이가 7척이다. 자막을 떠받치는 나무의 넓이는 5척이다. 자막의 중간에 다리를 설치한 뒤 끝에 줄을 매달아 오르내린다. 적이 공격해오면 사람을 1명 보내 이를 관할케 하고, 그곳을 떠나지 못하도록 한다. 성 위에 20보마다 1개의 자거藉車를 둔다. 땅굴 공격에 대비할 때는 이 숫자를 따르지 않는다.

거장장육척渠長丈六尺의 '거'는 성을 지킬 때 사용하는 무기의 일종이다. 부장장이척夫長丈二尺의 '부'를 왕인지는 시矢의 잘못으로 보았으나 손이양은 '거'에 사용된 장치로 부趺의 생략형이라고 했다. 무부첩오촌毋傅堞五寸의 '부'와 '오촌'은 옛 판본에 엽倸과 삼장三丈으로 되어 있던 것을 왕인지의 교정을 좇아 손이양이 첩堞과 '오촌'으로 고친 것이다. '무부'는 거리를 두어 붙지 않도록 했다는 뜻이다. 자막藉莫의 '막'을 필원은 막幕으로 새겼다. 손이양은 시석矢石 공격을 막기 위해 둘러친 장막인 포만布幔의 일종으로 보았다. 자저藉苴의 '저' 역시 손이양은 막莫의 잘못으로 새겼다. 자거藉車는 성을 수비하는데 사용된 무기의 일종이다. 당대當隊는 땅굴 공격에 대비한 군대를 말한다. '대'는 굴을 뜻하는 수隧와 통한다.

52-9

城上三十步一礱竈. 持水者必以布麻斗•革盆, 十步一. 柄長八尺, 斗大容二斗以上到三斗. 敝裕•新布長六尺, 中拙柄, 長丈, 十步一, 必以大繩爲箭. 城上十步一鈂. 水瓿, 容三石以上, 小大相雜. 盆蠡各二財. 爲卒乾飯, 人二斗, 以備陰雨, 面使積燥處. 令使守爲城內堞外行餐.

성 위에 30보마다 1곳의 이동 취사장을 둔다. 물을 운반하는 자는 반드시 베로 만든 포마두布麻斗나 가죽으로 만든 물그릇을 써야 한다. 10보마다 1개씩 배치한다. 그 길이는 8척이고, 크기는 2말에서 3말가량의 물이 들어갈 정도가 돼야 한다. 마두에 사용되는 해진 옷이나 새 천의 길이는 6척이다. 포마두의 중간에 들어올리기 위한 자루를 설치한다. 1장 길이의 굽은 자루를 달아 10보마다 1개씩 놓아둔다. 반드시 큰 줄에 묶어 화살을 매단 것처럼 해 놓는다. 성 위에는 10보마다 물을 보관하는 침銶 1개를 설치한다. 3석石 이상 담을 수 있고, 크고 작은 게 섞여 있어야 한다. 물을 뜨는 그릇은 각각 2개씩 둔다. 병사들을 위해 말린 군량을 준비해 둔다. 1인 당 2두斗가 량이다. 흐리고 비 오는 날을 대비해 말린 군량을 사방의 건조한 곳에 쌓아 두게 한다. 성의 안팎을 지키는 병사들을 위해 음식을 보낸다.

농조礱竈는 이동 취사장을 뜻한다. 포마두布麻斗와 혁분革盆 모두 물 담는 그릇을 말한다. '포마두'는 삼베에 기름칠을 하여 만들었고, '혁분'은 짐승가죽으로 만들었다. 중굴中拙의 '굴'은 굴屈과 통하는 굴詘의 가차이다. 중간이 굽었다는 뜻이다. 일침一銶의 '침'이 옛 판본에는 종혈從穴로 되어 있었다. 필원은 전사傳寫 과정에 착오가 있었던 것으로 보고, 『설문해자』를 이용해 가래 모양의 무기로 보았으나 물을 보관하는 시설로 보는 게 문맥에 부합한다. 분려盆蠡는 물을 뜨는 그릇을 말한다. 이재二財의 '재'를 소시학은 수량사인 구具로 새겼다. 면사적조처面使積燥處의 '면'을 손이양은 사방을 뜻하는 것으로 풀이했다. 이에 대해 소시학은 음우陰雨 때 불을 피우기 어려운 까닭에 말린 군량인 건후乾餱를 미리 준비한다는 취지라면서 '면'을 이而의 잘못으로 보았다. 행찬行餐은 음식을 보낸다는 의미이다.

52-10

置器備, 殺沙礫鐵, 皆爲坏斗. 令陶者爲薄缻, 大容一斗以上至二斗, 卽用取, 三秘合束. 堅爲斗城上隔. 棧高丈二, 剡其一末. 爲閨門, 閨門兩扇, 令可以各自閉也.

기구를 저장하는 기비器備를 설치한다. 가는 모래와 쇳가루를 모두 흙을 구워 만든 그릇인 배두坏斗에 담아 둔다. 도공陶工에게 명해 작은 통을 만들도록 한다. 크기는 1두에서 2두가량의 물을 채울 수 있는 정도이다. 사용할 때는 3개를 하나로 단단히 묶어 성 위에서 수비하는 병사들에게 주살을 쏘는 방식으로 전달한다. 주살의 높이는 1장 2척이고 한쪽 끝을 깎아 놓는다. 규문을 만들 때는 2개의 문짝을 짝으로 만들되, 각자 여닫을 수 있게 만든다.

기비器備는 수비용 무기의 저장고를 지칭한다. 쇄사력철殺沙礫鐵의 '쇄사'는 가는 모래를 뜻한다. 필원은 '쇄'를 흩어 뿌린다는 뜻의 쇄繺의 생략형으로 보았다. '력철'은 쇳가루를 뜻한다. '쇄사'와 마찬가지로 공격해 오는 적에게 뿌릴 때 사용한다. 배두坏斗의 '배'를 『설문해자』「토부土部」는 진흙을 빚어 굽지 않은 그릇으로 풀이했다. '두'는 자루가 달린 그릇을 지칭한다. 박부薄瓿는 얇은 항아리를 말한다. 견위두성상격堅爲斗城上隔의 '격'이 오초본에는 격鬲으로 되어 있다. 수비하는 자들이 머무는 서격署隔을 뜻한다. 손이양은 '두'를 주살 익弋의 오자로 보았다. 염기일말剡其一末의 '염'은 삭削과 통한다.

52-11

救闉池者, 以火與爭, 鼓橐, 馮埴外內, 以柴爲燔. 靈丁, 三丈一, 火耳施之. 十步一人, 居柴, 內弩. 弩半, 爲狗犀者環之. 牆七步而一.

해자를 메우려는 적을 물리치려면 화공을 써야 하고 풀무도 사용할 줄 알아야 한다. 성벽 안팎에 나뭇단을 빙 둘러 쳐 놓고 유사시

불을 붙인다. 나무 표지인 영정靈丁은 3장마다 1개씩 세우고, 개 이빨이 맞물린 것처럼 교차해 배치한다. 10보마다 한 사람을 배치해 나뭇단과 쇠뇌를 관리케 한다. 그 절반인 5보마다 올가미를 빙 둘러 설치한다. 성벽을 따라 7보마다 나뭇단 1개씩 둔다.

인지闉池는 적이 성을 공격하기 위해 해자를 메우는 것을 뜻한다. 고탁鼓橐은 풀무를 돌려 바람을 내는 것을 지칭한다. 빙식馮埴의 '식'을 손이양은 원垣의 잘못으로 보았다. '빙원'은 성가퀴 밖에 낮은 담처럼 둘려친 여장女牆을 말한다. 이시위번以柴爲燔의 '번'을 손이양은 울타리 번藩의 잘못으로 보았다. 영정靈丁을 손이양은 말뚝의 일종인 탁익椓弋으로 추정했다. 화이火耳를 손이양은 견아犬牙의 오자로 보았다. '견아'는 개의 이빨처럼 맞물리게 하는 것을 뜻한다. 구서狗犀는 일종의 올가미나 간단한 함정 등을 지칭한다. 손이양은 뒤에 나오는 구시狗屍 내지 구주狗走도 같은 것으로 보았다.

52-12

救車火，爲烟矢射火城門上，鑿扇上爲棧，塗之，持水麻斗·革盆救之. 門扇薄植，皆鑿半尺一寸，一涿弋，弋長二寸，見一寸相去七寸，厚塗之以備火. 城門上所鑿以救門火者，各一垂水，火三石以上，小大相雜.

적의 화공을 막고자 할 경우 적이 불화살을 성문 위로 쏘면 문짝 위에 구멍을 뚫어 시렁을 만든 뒤 그곳을 진흙으로 발라 놓았다가 베로 만든 마두와 가죽 동이로 물을 날라다 불을 끈다. 문짝 위에 걸쳐 있는 나무막대는 빠짐없이 1척 반 크기의 구멍을 뚫은 뒤 1촌마다 1개의 막대를 박는다. 막대의 길이는 2촌이고, 1촌은 바깥쪽으로 노출돼 있다. 막대기 간의 거리는 7촌이다. 막대 위에 진흙을 두터이 발라 화공에 대비한다. 성문 아래 불을 끄기 위해 구덩이를 판 곳에는 각각 물 항아리 1개씩 비치한다. 이들 항아리는 3석石 이상의 물이 들어간다. 크고 작은 항아리를 섞어 비치한다.

거화車火의 '거'를 연기에 그을리는 훈熏의 오자로 보았다. '훈화'는 화공火攻을 뜻한다. 「비제」에 나오는 휘화煇火와 같은 의미이다. 연시烟矢는 불화살을 지칭한다. 착선상위잔鑿扇上爲棧의 '잔'은 시렁 내지 선반을 뜻하는 말로 붕棚과 통한다. 탁익涿弋은 말뚝을 박는다는 뜻으로 '탁'은 탁椓과 통한다. 견일촌見一寸의 '견'을 필원은 간閒의 잘못으로 보았다. 각일수수各一垂水의 수垂를 필원은 작은 물동이를 뜻하는 수甀의 생략형으로 파악했다. 화삼석火三石의 '화'를 왕인지는 용容의 잘못으로 보았다.

52-13

門植關必環錮, 以錮金若鐵鍱之. 門關再重, 鍱之以鐵, 必堅. 梳關, 關二尺, 梳關一莧, 封以守印, 時令人行貌封, 及視關入桓淺深. 門者皆無得挾斧•斤•鑿•鋸•椎.

성문을 만들 때 사용된 가로나무와 세로나무는 반드시 견고해야 하고, 단단한 쇠붙이로 겉을 둘러싸야 한다. 가로나무는 위아래로 이중이어야 하고, 쇠붙이로 씌워 반드시 견고하게 만들어야 한다. 문의 빗장은 길이가 2척이고, 빗장에는 1개의 자물쇠가 달려 있다. 지키는 사람의 인장으로 봉해놓는다. 수시로 사람을 보내 봉인封印을 확인하고, 빗장이 세로나무에 제대로 들어가 있는지 세심히 살피게 한다. 문을 지키는 자는 예외 없이 도끼나 끌, 톱, 망치 등을 휴대할 수 없다.

식관植關의 '식'은 문을 지탱하는 세로나무, '관'은 문 아래의 가로나무를 말한다. 환고環錮는 쇠붙이로 둘러싸는 것을 뜻한다. 금약철金若鐵은 구리와 쇠를 말한다. 옛날에는 동銅을 금金으로 표시했다. 섭지이철鍱之以鐵의 '섭'은 판금板金을 입히는 것을 말한다. 소관梳關의 '소'를 손이양은 광桄의 잘못으로 보았다. 『설문해자』「목부」는 광桄을 충充으로 새겼다. 광관桄關은 곧 나무 빗장인 건楗을 뜻한다. 일현一莧의 '현'을 손이양은 빗장을 채우는 장치인 자물쇠 관管 내지 관筦의 잘못으로 보았다. 수인守印은 수장守將의 관인官印을 뜻한다. 관입환關入桓의 '환'은 빗장을 거는 세로나무를 말한다.

52-14

城上二步一渠, 渠立程, 丈三尺, 冠長十丈, 辟長六尺. 二步一荅, 廣九尺, 袤十二尺. 二步置連梃, 長斧·長椎各一物, 槍二十枚, 周置二步中.

성 위에는 2보마다 1개의 거주渠柱를 둔다. 거주는 똑바로 세운 나무기둥을 말한다. 길이는 1장 2척이고, 기둥의 머리 부분은 10척이고, 가로나무의 길이는 6척이다. 2보마다 1개의 답荅을 둔다. 넓이는 9척, 길이는 12척이다. 2보마다 몽둥이의 일종인 연정連梃을 둔다. 긴 도끼와 긴 쇠망치도 각 1개씩 비치한다. 창 20자루를 2보마다 두루 비치한다.

손이양은 '거립정渠立程, 장삼척丈三尺' 구절의 '정'을 기둥을 뜻하는 정桯, 삼三을 이二의 잘못으로 보았다. 비장육척辟長六尺의 '비'는 팔처럼 옆으로 뻗은 가로 막대인 비臂와 통한다. 일답一荅의 '답'은 수비용 무기로 거渠와 유사하다. 필원은 『한서』에 철질려鐵蒺藜를 뜻하는 거답渠荅 표현이 나온 점을 들었다. 연정連梃은 성벽을 기어오르는 적을 칠 때 사용하는 무기를 말한다. 창이십매槍二十枚의 '창'은 나무의 양쪽 끝을 날카롭게 깎은 것을 지칭한다. 『국어』「제어齊語」에 대한 위소의 주는 '창'을 말뚝 장樁으로 새겼다.

52-15

二步一木弩, 必射五十步以上. 及多爲矢, 節毋以竹箭, 楛•趙•掝•榆, 可. 蓋求齊鐵夫, 播以射衙及櫳樅. 二步積石, 石重千鈞以上者, 五百枚. 無百以亢, 疾犁•壁皆可善方. 二步積苙, 大一圍, 長丈, 二十枚. 五步一罌, 盛水有奚, 奚蠡大容一斗. 五步積狗屍五百枚, 狗屍長三尺, 喪以弟, 瓮亓端, 堅約弋. 十步積摶, 大二圍以上, 長八尺者二十枚. 二十五步一竈, 竈有鐵鐕容石以上者一, 戒以爲湯. 及持沙, 毋下千石.

2보마다 나무로 된 쇠뇌 1개를 둔다. 반드시 50보 이상 떨어진 목표물을 쏠 수 있어야 한다. 화살을 많이 준비하되 대로 된 화살대를 마련키 어려울 때는 싸리나무와 복숭아나무, 산뽕나무, 느릅나무 등으로 대치해도 가하다. 화살대와 더불어 쇠로 된 살촉을 더욱 많이 만들어야 한다. 쇠뇌의 화살은 성 위에 늘어놓은 뒤 적이 공격용 사다리인 충제衝梯와 공격용 누대인 농종櫳樅 등을 이용해 공격해 올 때 사용한다. 2보마다 돌무더기를 쌓아놓는다. 돌 가운데 1천 균鈞 이상의 것을 5백 개 마련한다. 돌이 없을 때는 질려蒺藜와 기왓장 등을 이용해 능히 적의 진입을 막을 수 있다. 2보마다 횃불을 비치한다. 굵기는 1위圍, 길이는 1장이다. 20개를 준비한다. 5보마다 물독 1개를 비치하고 물을 가득 채워 놓는다. 물독 곁에 바가지를 놓아둔다. 크기는 1두의 물을 담을 정도가 돼야 한다. 5보마다 올가미의 일종인 구시狗屍 5백 개를 쌓아둔다. 올가미 길이는 3척이다. 끝을 예리하게 한 모초茅草로 단단히 묶어 둔다. 10보마다 나뭇단을 쌓아 놓는다. 굵기가 2위 이상이고 길이가 8척이 되는 것 20개를 비축해 둔다. 25보마다 1개의 아궁이를 마련하고, 아궁이 위에는 1석 이상의 물을 담는 무쇠 솥 1개를 둔다. 물을 끓여 적을 막고자 한 것이다. 사석沙石도 준비하되 1천 석 이하가 되지 않게 한다.

절무이죽전節毋以竹箭의 '절'을 손이양은 즉卽의 잘못으로 보았다. 호조도유楛趙掝榆의 '호'는 싸리나무의 뜻이다. 손이양은 '조'는 복숭아나무 도桃의 오자, '도'는 산뽕나무 자柘의 오자로 보았다. '유'는 느릅나무를 말한다. 손이양은 개구제철부蓋求齊鐵夫의 '개'를 익益의 오자, '제'를 재齎의 가차로 보았다. 또 '부'를 시矢의 오자 내지 부鈇와 통하는 부夫로 새겨야 한다고 했다. 사충급농종射衝及櫳樅의 '금'을 필원은 충衝의 오자로 보았다. 왕인지는 풀이키를, "충衝은 『설문해자』에 원래 충衝으로 되어 있으나 지금은 충衝으로 쓴다. 이는 충衝의 오자이다."라고 했다. '사충'은 '농종'과 마찬가지로 수성용 무기의 명칭이다. 천균千鈞의 '균'은 30근에 해당한다. 무백이항無百以亢의 '항'을 『주례』에 대한 정현의 주는 어禦로 새겼다. 질리疾犁를 필원은 질려蒺藜의 정자正字라고 했다. 선방善方의 '방'은 방防과 통한다. 적립積苙의 '립'이 필원본에는 립笠으로 되어 있다. 손이양은 횃불 거炬와 통하는 거苣의 잘못이라고 했다. 일앵一罌의 '앵'은 항아리를 뜻한다. 성수유해盛水有奚를 두고 왕인지는 '해' 밑에 려蠡 자가 빠졌다고 했다. '해려'는 표주박을 뜻한다. 구시狗屍는 올가미나 함정을 뜻한다. 상이제喪以弟의 '상'을 필원은 감출 장藏으로 새겼다. 손이양은 '제'를 모茅의 오자로 보았다. 옹기단瓮亓端의 '옹'이 오초본에는 옹甕으로 되어 있다. 손이양은 예銳의 가차인 예兌의 잘못으로 파악했다. 견약익堅約弋의 '견약'은 단단히 묶어둔다는 뜻이다. 철잠鐵鐕의 '잠'을 필원은 큰 솥을 뜻하는 심鬵의 가차로 보았다. 확鑊과 통한다.

52-16

三十步置坐候樓, 樓出於堞四尺, 廣三尺, 廣四尺, 板周三面, 密傅之, 夏蓋其上. 五十步一藉車, 藉車必爲鐵纂. 五十步一井屛, 周垣之, 高八尺. 五十步一方, 方尙必爲關籥守之. 五十步積薪, 毋下三百石, 善蒙塗, 毋令外火能傷也.

30보마다 망을 보는 누대를 설치한다. 누대는 성가퀴마다 4자가량 튀어나와 있다. 넓이는 3척, 길이는 4척이다. 나무판을 3면으로 두른 뒤 빈틈없이 진흙을 발라 위쪽을 덮는다. 50보마다 자거藉車 1대를 둔다. 바퀴 굴대는 반드시 쇠로 만들어야 한다. 50보마다 측간 1곳을 둔다. 주위에 담장을 친다. 높이는 8척이다. 50보마다 변소 1곳을 마련한다. 방은 반드시 문을 설치하고 자물쇠로 채운다. 사람이 교대로 그 곳을 지킨다. 50보마다 땔나무를 쌓아둔다. 무게는 3백 석 이하가 되지 않게 하고, 그 위를 진흙으로 잘 발라 덮는다. 성 밖에서 쏘아대는 적의 불화살이 이를 태우지 못하게 하려는 것이다.

좌후루坐候樓는 성 위의 망을 보는 누각을 말한다. 광사척廣四尺의 '광'을 유월은 장長의 잘못이라고 했다. 판주板周는 나무판을 두르는 것을 말한다. 밀부密傅는 빈틈없이 진흙을 바르는 것을 뜻한다. 철찬鐵纂의 '찬'을 필원은 수레의 바퀴 굴대를 만드는 것으로 풀이했다. 정병井屛을 손이양은 측간을 뜻하는 병측屛廁으로 해석했다. 일방一方의 '방'을 유월은 방房의 가차로 새겼다. 관약關籥의 '약'은 자물쇠를 뜻하는 약鑰과 통한다. 몽도蒙塗는 진흙을 덮어 바르는 것을 뜻한다.

52-17

百步一櫳樅, 起地高五丈, 三層, 下廣前面八尺, 後十三尺, 其上稱議衰殺之. 百步一木樓, 樓廣前面九尺, 高七尺, 樓軔居坫, 出城十二尺. 百步一井, 井十罋, 以木爲繫連. 水器容四斗到六斗者百. 百步一積雜秆, 大二圍以上者五十枚, 百步爲櫓, 櫓廣四尺, 高八尺, 爲衝術. 百步爲幽牘, 廣三尺高四尺者千. 二百步一立樓, 城中廣二丈五尺二, 長二丈, 出樞五尺.

1백 보마다 성을 지키는 누대인 농종櫳樅 1곳을 설치한다. 땅으로부터의 높이는 5장이고, 3층으로 되어 있다. 아래쪽의 넓이는 앞이 8척, 뒤는 13척이다. 위쪽의 넓이는 균형을 맞춰 줄여나간다. 1백 보마다 나무누대 1곳을 설치한다. 누대의 넓이는 앞쪽이 9척이다. 높이는 7척이다. 누대의 창은 성벽 위에 두되 성벽 밖으로 12척가량 튀어나와야 한다. 1백 보마다 우물 1개를 판다. 우물에는 10개의 독을 비치하고, 나무로 된 두레박을 사용한다. 4두에서 6두의 물을 담을 수 있는 두레박 1백 개를 준비해 둔다. 1백 보마다 짚단 1더미를 쌓아둔다. 굵기가 2위 이상 되는 것으로 50단이 있어야 한다. 1백 보마다 큰 방패를 비치한다. 너비는 4척, 높이는 8척이다. 적의 예봉을 막기 위한 것이다. 1백 보마다 숨겨진 도랑을 판다. 너비 3척, 높이 4척의 도랑이 1천 개는 있어야 한다. 2백 보마다 누각 1곳을 세운다. 성가퀴 안의 넓이는 2장 5척, 길이는 2장이다. 성 밖으로 5척가량 튀어나와야 한다.

칭의최쇄稱議衰殺의 '최쇄'를 필원은 균형을 맞춰 줄여나가는 것으로 풀이했다. 누문거고樓軪居坫의 '문'을 손이양은 누거樓車를 뜻하는 팽軿의 잘못으로 보았다. '고'를 필원은 담장을 뜻하는 점坫의 잘못으로 보았다. 계련繫連을 소시학은 두레박으로 풀이했다. 잡간雜秆의 '간'은 볏짚을 뜻한다. 충술衝術의 '술'을 손이양은 수隧의 잘못으로 보았다. 유독幽膭의 '독'을 유월은 숨겨진 도랑을 뜻하는 두竇의 오자로 파악했다. 손이양은 오척이五尺二의 '이'를 연자, 출추오척出樞五尺의 '추'를 성 밖으로 나가 있는 부분을 뜻하는 거距와 뜻이 통하는 거拒의 오자로 읽었다.

52-18

城上廣三步到四步, 乃可以爲使斗. 俾倪廣三尺, 高二尺五寸. 陛高二尺五, 廣長各三尺, 遠廣各六尺. 城上四隅童異, 高五尺, 四尉舍焉. 城上七尺一渠, 長丈五尺, 狸三尺, 去堞五寸. 夫長丈二尺, 臂長六尺. 半植一鑿, 內後長五寸. 夫兩鑿, 渠夫前端下堞四寸而適. 鑿渠·鑿坎, 覆以瓦, 冬日以馬夫寒, 皆待命, 若以瓦爲坎.

성 위의 넓이는 3보에서 4보는 되어야 한다. 그래야 병사가 몸을 자유롭게 움직이며 싸울 수 있다. 밖을 내다보는 성가퀴는 넓이가 3척, 높이가 2척 5촌이다. 오르내리는 계단은 높이가 2척 5촌이고, 넓이와 길이는 각각 3척이다. 오르내리는 계단에 이르는 길의 폭은 각각 6척이다. 성 위 네 모퉁이에는 중층으로 된 누대가 있다. 높이는 5척이고, 4명의 위관尉官이 머문다. 성 위에는 7척마다 1개의 거주渠柱를 둔다. 길이는 1장 5척이다. 3척을 땅에 묻고, 성가퀴로부터 5촌 떼어놓는다. 밖으로 노출된 받침대의 길이는 1장 2척이고, 가로나무의 길이는 6척이다. 기둥의 중간쯤에 1개의 구멍을 뚫는다. 직경은 5촌이다. 받침대에는 2개의 구멍을 뚫는다. 거주의 끝은 성가퀴보다는 4촌이 낮아야 적당하다. 거주에 구멍을 뚫고 거주를 세울 구덩이를 판 뒤 기와로 덮어 놓는다. 겨울에는 말먹이로 채워놓고 늘 명이 떨어지기를 기다린다. 기와로 구덩이를 덮어놓기도 된다.

비예俾倪는 밖을 내다볼 수 있는 성가퀴를 말한다. 원광遠廣의 '원'을 손이양은 도道의 잘못으로 보았다. 손이양은 동이童異의 '동'을 중重, '이'를 집을 뜻하는 이廙 또는 루樓와 통하는 루婁의 잘못으로 파악했다. 사위사언四尉舍焉의 '위'는 무관武官을 뜻하고, 사舍는 자리를 잡는다는 의미이다. 손이양은 내후장오촌內後長五寸의 '후'를 경徑의 오자, '장'을 연자로 보았다. 또 마부한馬夫寒의 '부'를 시矢, '한'을 색塞의 잘못으로 파악했다.

52-19

城上千步一表, 長丈, 棄水者操表搖之. 五十步一廁, 與下同圂. 之廁者不得操. 城上三十步一藉車, 當隊者不用. 城上五十步一道陛, 高二尺五寸, 長十步. 城上五十步一樓抓, 抓勇勇必重. 土樓百步一, 外門發樓, 左右渠之. 爲樓加藉幕, 棧上出之以救外. 城上皆毋得有室, 若也可依匿者, 盡除去之. 城下州道內百步一積薪, 毋下三千石以上, 善塗之.

성 위에는 10보마다 표지 1개를 세운다. 길이는 1장이다. 성 아래로 물을 버릴 때는 표지를 잡고 흔들어 밑의 사람에게 이 사실을 알린다. 50보마다 측간 1곳이 있다. 성 아래 측간과 같은 구덩이를 사용한다. 위쪽 측간을 가는 자는 손에 무기를 들어서는 안 된다. 성 위에는 30보마다 1개의 자거藉車를 둔다. 적의 땅굴 공격을 방어할 때는 이 기준에 얽매이지 않는다. 성 위에는 50보마다 오르내리는 계단 1개가 있다. 높이는 2척 5촌, 길이는 10보이다. 성 위에는 50보마다 망루 1개를 둔다. 망루는 반드시 중층으로 만들어야 한다. 토루土樓는 1백 보마다 1개씩 둔다. 바깥쪽에 현문懸門을 달고, 좌우에 참호를 파놓는다. 토루에 자막藉幕 시설을 할 때는 잔도棧道를 통해 밖으로 나와 구원할 수 있도록 조치해야 한다. 성벽 위에는 방을 설치해서는 안 된다. 사람이 숨을 만한 곳이 있으면 모두 제거해야 한다. 성 밑의 도로에는 1백 보마다 땔나무 1더미를 둔다. 3천 석 이하가 되지 않게 하고, 진흙을 잘 발라 덮어두어야 한다.

천보일표千步一表의 '천'을 손이양은 십十의 오자로 보았다. '표'는 물을 버릴 때 미리 일러주는 장치를 말한다. 동혼同圂의 '혼'은 오물을 쌓아 두는 곳을 뜻한다. 부득조不得操의 '조'를 필원은 옆에 끼는 협지挾持로 새겼다. 누공樓扤의 '공'은 시撕의 오자이다. 공용용필중扤勇勇必重을 손이양은 누시필재중樓撕必再重의 잘못으로 파악했다. 발루發樓는 현문懸門을 뜻한다. 거지渠之의 '거'는 참호를 판다는 뜻의 동사로 사용된 것이다. 주도州道는 성을 둘러싼 주도周道를 말한다. 손이양은 주도州涂, 환도環涂 모두 같은 뜻이라고 했다.

52-20

城上十人一什長, 屬一吏士, 一帛尉. 百步一亭, 高垣丈四尺, 厚四尺. 爲閨門兩扇, 令各可以自閉, 亭一尉, 尉必取有重厚忠信可任事者. 二舍共一井爨, 灰•康•秕•杯•馬矢, 皆謹收藏之.

성 위에는 10명 당 십장什長 1명을 두고, 그 밑에 인사 담당 속리인 이사吏士 1명과 재무 담당 속리인 백위帛尉 1명을 두어 보좌케 한다. 또 성 위 1백 보마다 정亭 1곳을 설치한다. 정은 높이가 1장 4척, 두께는 4척이다. 두 짝으로 된 규문閨門을 설치하고, 각각 따로 여닫게 한다. 정마다 위관尉官 1명을 둔다. 위관은 중후重厚하고, 충신忠信하여 가히 일을 맡길만한 자여야 한다. 2곳의 막사는 1개의 우물과 취사장을 공동으로 사용한다. 재와 겨, 쭉정이, 왕겨, 말똥 등을 모두 삼가 거두어 잘 쌓아두어야 한다.

십장什長은 10명의 역부役夫를 통솔하는 사람을 말한다. 속일이사屬一吏士를 두고 손이양은 '이사'를 졸병으로 간주해 '일'을 십十의 오자로 보았다. 뒤에 백위帛尉가 나오는 점에 비춰 십장을 돕는 속리屬吏로 보는 게 나을 듯하다. '백위'를 손이양은 백위百尉 내지 정위亭尉로 보아야 한다고 했으나 문맥상 '이사'와 더불어 십장을 돕는 속리로 보는 게 나을 듯하다. '이사'는 인사 담당, '백위'는 재무 담당 속리로 보인다. 이사二舍의 '사'를 손이양은 이사吏士와 백위帛尉 등이 머무는 숙소로 해석했다. 정찬井爨의 '찬'은 취사장으로, 『의례』「사우례士虞禮」에 대한 정현의 주는 조竈로 새겼다. 회강비배灰康秕杯의 '강'은 겨를 뜻하는 강糠의 속자 내지 약자이다. 오초본에는 강糠으로 되어 있다. 비秕는 쭉정이를 말한다. '배'를 필원은 『통전通典』「수거법守拒法」을 근거로 밀기울을 뜻하는 부麩의 가음假音으로 보았다. 그러나 손이양은 왕겨 부稃와 통하는 비秠의 가차로 보아야 한다고 했다. 마시馬矢의 '시'는 시屎의 아어雅語이다.

52-21

城上之備. 渠譫•藉車•行棧•行樓•到•頡皋•連梃•長斧•長椎•長兹•距•飛衝•縣□•批屈. 樓五十步一, 堞下爲爵穴. 三尺而一爲薪皋, 二圍, 長四尺半, 必有潔. 瓦石重二升以上, 上城上. 沙, 五十步一積. 竈置鐵鐕焉, 與沙同處. 木大二圍, 長丈二尺以上, 善耿其本, 名曰'長從', 五十步三十. 木橋長三丈, 毋下五十. 復使卒急爲壘壁, 以蓋瓦復之. 用瓦木罌, 容十升以上者, 五十步而十, 盛水且用之. 五十二者十步而二.

성 위의 비품으로는 거답渠荅, 자거藉車, 행잔行棧, 행루行樓, 작斫, 힐고頡皋, 연정連梃, 장부長斧, 장추長椎, 장자長兹, 거距, 비충飛衝, 현량縣梁 등이 있다. 50보마다 성루 1개를 만들고, 성가퀴 아래에 참새구멍처럼 작은 작혈爵穴을 뚫는다. 3척마다 물을 퍼 올릴 때 사용하는 무자위 즉 '힐고' 1개를 만든다. 굵기는 2위, 길이는 4척 반이다. 반드시 손잡이가 있어야 한다. 와석瓦石은 무게가 2근斤 이상으로 성 위로 옮겨 놓는다. 사토沙土는 50보마다 한 무더기씩 쌓아 놓는다. 취사장에는 큰 무쇠 솥을 걸어놓는다. 모래와 같은 곳에 둔다. 나무는 굵기가 2위, 길이가 1장 2척 이상 되는 것으로 하여 밑동을 잘 연결시킨다. 이를 일컬어 장종長從이라고 한다. 50보마다 30개를 놓아둔다. 나무다리는 길이가 3장이다. 50개 이하가 돼서는 안 된다. 재차 병사들을 급파해 보루의 벽을 만들게 하고 이를 기와로 덮어둔다. 기와 또는 나무로 만든 독은 10되들이 이상의 것을 마련한다. 50보마다 10개씩 비치한다. 물을 담아놓고 쓰려는 것이다. 5말들이는 10보마다 2개씩 준비해 둔다.

거섬渠譫의 '섬'을 필원은 답荅의 가음으로 보았다. 도到를 손이양은 우리말 작두의 원말인 작도斫刀와 통하는 착斮의 오자로 보았다. 힐고頡皐는 도르래를 뜻하는 말로 길고桔槔 내지 힐교頡橋 등으로도 표현된다. 장자長茲의 '자'를 필원은 낫 겸鎌으로 풀이했으나 손이양은 호미나 괭이 등을 뜻하는 자기鎡錤를 뜻한다고 했다. 거距는 쇠뇌의 활줄을 거는 장치인 노아弩牙를 말한다. 비충飛衝은 빠른 속도로 움직이는 충거衝車를 뜻한다. 현량縣梁의 량梁을 손이양은 교량을 뜻하는 량梁으로 추정했다. 비굴批屈을 고광기는 착간錯簡으로 보았다. 신고薪皋를 손이양은 힐고頡皐의 잘못으로 파악했다. 필유결必有潔의 '결'을 필원은 손잡이를 뜻하는 설挈의 오자로 보았다. 이승二升의 '승'을 왕인지는 근斤의 잘못이라고 했다. 상성상사上城上沙의 앞 '상'을 필원은 연자로 보았다. 선경기목善耿其本의 '경'을 손이양은 련聯의 잘못이라고 했다. 장종長從을 손이양은 앞에 나온 농종櫳樅과 같은 것으로 파악했다. 이개와복지以蓋瓦復之의 '복'을 왕인지는 덮을 복覆의 뜻으로 풀이했다. 와목앵瓦木罌은 기와나 나무로 만든 독을 말한다. 오십이자五十二者의 '십이'를 소시학은 두斗의 잘못으로 보았다.

52-22

城下里中家人, 各葆亓左右前後, 如城上. 城小人衆, 葆離鄕老弱國中及也大城. 寇至, 度必攻, 主人先削城編, 唯勿燒. 寇在城下, 時換吏卒署, 而毋換亓養, 養毋得上城. 寇在城下, 收諸盆甕, 耕積之城下, 百步一積, 積五百. 城門內不得有室, 爲周官桓吏, 四尺爲倪. 行棧內閈, 二關一堞. 除城場外, 去池百步, 牆垣樹木小大俱壞伐, 除去之. 寇所從來, 若昵道•傒近, 若城場, 皆爲扈樓, 立竹箭天中.

성 아래 마을에 사는 민간인도 각자 자신의 좌우전후에 대한 수비를 성 위에서 하는 것과 똑같이 한다. 성은 작은데 사람이 많을 경우 고향을 떠나온 노인과 병약자는 나라 안이나 다른 큰 성으로 보내 보호한다. 적이 다가와 반드시 공격할 것으로 여겨지면 성을 지키는 사람은 먼저 성에 붙어 있는 쓸모없는 시설물을 제거해 불이 나지 않도록 조치한다. 적이 성 아래로 다가오면 수시로 장병의 근무부서를 바꾼다. 다만 취사병만은 바꾸지 말아야 하고, 성 위로 올라오는 일도 없어야 한다. 적이 성 아래로 다가오면 모든 대야와 항아리를 거둬 성 아래쪽에 쌓아둔다. 1백 보마다 한 무더기씩 만든다. 무더기는 모두 5백 개이다. 성문 안에는 방을 설치하지 않는다. 지붕만 있는 주궁周官을 설치한 뒤 관원을 파견해 지킨다. 주궁은 높이가 4척이다. 성의 위아래를 오르내리는 사다리인 행잔行棧 안의 문은 빗장 2개와 쇠고리 1개를 설치한다. 성 둘레의 길을 제하고, 해자에서 1백 보 내에 있는 담이나 울타리 나무 등의 크고 작은 물건은 모두 부수고 베어버린다. 적이 진격해 올 공산이 큰 길인 편도便道와 근도近道 및 성 둘레의 길 등에는 누각을 세우고, 대 화살을 물속에 꽂아 두어야 한다.

급야대성及也大城의 '야'를 필원은 타他의 잘못이라고 했으나 손이양은 고대에 '타'와 혼용된 만큼 고칠 필요가 없다고 했다. 선삭성편先削城編은 성에 붙어 있는 쓸모없는 시설을 철거한다는 뜻이다. 양무득상성養毋得上城의 '양'은 취사병을 지칭한다. 분옹盆甕은 대야와 항아리로 여기서는 여러 가지 물을 담는 그릇을 뜻한다. 경적耕積의 '경'을 필원은 쌓을 구冓의 잘못으로 보았다. 주관환리周官桓吏를 손이양은 주궁식리周宮植吏의 잘못으로 파악하면서 '식植'을 치置의 가차로 보았다. '주궁'은 성 안의 망을 보는 곳, '식리'는 관리를 두는 것을 의미한다. 사척위예四尺爲倪의 '예'는 낮은 성가퀴를 말한다. 필원은 비예陴倪로 새기면서 예埶를 그 속자俗字로 보았고, 소시학은 '예' 위에 비俾가 생략된 것으로 보았다. 이에 대해 손이양은 예倪를 소아小兒로 새기면서 엿볼 예睨의 가차로 파악했다. 행잔내한行棧內閈의 '행잔'은 성의 위아래를 오르내리는 사다리를 말한다. '한'은 폐閉의 뜻이다. 이관일첩二關一堞에 대해 손이양은 미상未詳이라고 했으나 여기의 '첩'을 쇠고리를 뜻하는 섭鍱의 오자로 간주하면 문맥과 일치한다. 성장城場의 '장'을 손이양은 성 아래의 주도周道로 새겼다. 닐도昵道는 잘 보는 대로大路를 지칭한다. 혜근傒近을 손이양은 근혜近傒로 바꿔야 한다고 했다. 혜傒는 샛길을 뜻하는 혜蹊와 통한다. 호루扈樓는 대루大樓를 뜻한다. 천중天中을 손이양은 수중水中의 잘못으로 보았다.

52-23

守堂下爲大樓, 高臨城, 堂下周散道. 中應客, 客待見. 時召三老在葆宮中者, 與計事得先. 行德計謀合, 乃入葆. 葆入守, 無行城, 無離舍. 諸守者審知卑城淺池, 而錯守焉. 晨暮卒歌以爲度, 用人少易守.

수장守將이 머무는 당 아래에 큰 누각을 세우고, 위에서 성을 내려다볼 수 있게 한다. 당 아래 성 둘레에는 사방으로 통하는 길을 낸다. 당 안에서 손님을 응대하거나 접견한다. 불시에 만나게 될 때는 보궁葆宮 안에 있는 삼로三老를 불러 일의 득실을 따지며 계책을 논한다. 이득과 계책이 맞아떨어지면 곧 보궁으로 들어간다. 브궁으로 들어가 성을 수비할 때는 성을 돌아다니지도 않고, 머무는 곳을 떠나지도 않는다. 성을 지키는 자는 누구나 비성卑城 해자의 얕은 곳을 숙지한 뒤 수비한다. 아침저녁으로 병사가 북을 울려 시각을 알린다. 쓰는 사람이 적으면 지키기도 쉽다.

수당守堂은 성을 지키는 태수나 장수가 머무는 당을 말한다. 주산도周散道는 성 둘레에 사방으로 통하는 길을 낸다는 뜻이다. 삼로三老는 『한서』「백관공경표百官公卿表」에 따르면 한 고을의 교화를 떠맡은 장로를 지칭한다. 보궁葆宮은 '삼로'가 머무는 곳을 의미한다. 득선得先의 '선'을 손이양은 실失의 잘못으로 보았다. 조수錯守는 빈틈없이 지키는 것을 말한다. '조'는 조措와 같다. 손이양은 치수置守로 풀이하면서 『초사楚辭』「국상國殤」에 대한 왕일王逸 주를 좇아 교대로 수비하는 교交로 풀이해도 가하다고 했다. 졸가卒歌의 '가'를 병사들이 북을 치는 고鼓로 바꿔야 한다고 했다.

52-24

守法. 五十步丈夫十人·丁女二十人·老小十人, 計之五十步四十人. 城下樓卒, 率一步一人, 二十步二十人. 城小大以此率之, 乃足以守圉. 客馮面而蛾傅之, 主人則先之知, 主人利, 客適. 客攻以遂, 十萬物之衆, 攻無過四隊者, 上術廣五百步, 中術三百步, 下術五十步. 諸不盡百王步者, 主人利而客病. 廣五百步之隊, 丈夫千人, 丁女子二千人, 老小千人, 凡四千人, 而足以應之, 此守術之數也. 使老小不事者, 守於城上不當術者.

수위守衛의 방법은 이렇다. 50보마다 장정 10명, 부녀자 20명, 노인과 아이들 10명을 둔다. 50보에 도합 40명이다. 성 위 누대의 병사는 1보마다 1명이니 20보에 도합 20명이다. 성의 규모에 따라 이 비율로 조절하면 능히 수비할 수 있다. 적이 성벽에 개미떼처럼 붙어 기어오를 경우 수비하는 쪽에서 이를 먼저 알면 수비하는 쪽이 유리하고 적은 불리하다. 적이 땅굴로 공격해 올 경우 10만 명의 대군일지라도 공격 노선은 결코 4개의 땅굴을 넘지 않는다. 상급의 땅굴은 넓이가 5백 보, 중급은 3백 보, 하급은 3백 보가량이다. 150보가 안 되는 땅굴은 수비하는 쪽이 유리하고 적은 불리하다. 5백 보의 땅굴은 장정 1천 명, 부녀자 2천 명, 노인과 아이들 1천 명 등 도합 4천 명으로 능히 대응할 수 있다. 땅굴 공격 대비에 필요한 사람의 규모가 이렇다. 노인과 아이들 가운데 적의 땅굴 공격 대비에 나서지 않는 자들은 성 위에서 사이길 등을 수비하는 역할을 맡는다.

성하루졸城下樓卒의 '졸'은 옛 판본에 본本으로 되어 있었으나 왕인지의 교정을 좇아 손이양이 바꿨다. 여기의 '하'를 손이양은 상上의 잘못으로 보았다. 이차율지以此率之의 '율'은 비율로 삼는다는 뜻이다. 아부蛾傅는 개미떼처럼 성벽을 기어오르는 것으로 의부蟻傅와 같다. '부'는 부附와 통한다. 객적客適의 '적'을 손이양은 병病의 잘못으로 보았다. 객공이수客攻以遂의 '수'는 수隧와 통한다. 십만물지중十萬物之衆의 '물'을 손이양은 연자로 보았다. 필원에 따르면 일부 판본에는 수數로 되어 있다. 상술광오백보上術廣五百步의 '술'을 손이양은 대隊와 마찬가지로 공성용 땅굴로 풀이했다. '백'이 옛 판본에는 십十으로 되어 있는 것을 오초본을 좇아 손이양이 고쳤다. 하술오십보下術五十步의 '십'을 소시학은 백百의 잘못이라고 했다.

52-25

城持出必爲明塡, 令吏民皆智知之. 從一人百人以上, 持出不操塡章. 從人非亓故人, 乃其積章也, 千人之將以上止之, 勿令得行. 行及吏卒從之, 皆斬, 具以聞於上. 此守城之重禁之. 夫姦之所生也, 不可不審也.

성을 지키는 장수인 천인지장千人之將이 출성할 때는 병사들로 하여금 반드시 깃발을 들게 한다. 관원과 백성들이 쉽게 알아보도록 하려는 것이다. 장수가 1백 명 이상을 이끌고 출성할 때는 깃발을 들지 않는다. 혹여 다른 사람이 어떤 이유로 깃발을 든 경우는 1천 명의 병사를 이끄는 천인지장 이상의 관원이 이를 제지하며 통과시키지 않을 수 있다. 그래도 출행을 강행하거나 이졸吏卒이 그를 따르거나 하면 이들 모두 참한 뒤 그 실정을 상급 관원에게 보고한다. 이는 성을 지키기 위한 중대한 금령이다. 간사한 일이 여기서 빚어지는 만큼 자세히 살피지 않을 수 없다.

성지출필위명전城持出必爲明塡을 두고 손이양은 '지'를 장將의 잘못으로 보면서 천인지장千人之將을 뜻한다고 풀이했다. 또 '전'을 기旗의 오자라고 했다. 지지지智知之의 지知를 왕인지는 연자라고 했고, 소시학은 지智를 습習의 오자라고 했다. 손이양은 모두 가하다고 했다. 일인一人의 '일'을 손이양은 십十의 잘못이라고 했다. 내기진장야乃其積章也의 '내'를 필원은 급及의 오자로 보았다. 손이양이 이를 좇았다. 필원은 또 '진장'을 인장의 일종인 전장塡章의 오자로 보았으나 손이양은 기장旗章으로 바꿔야 한다고 했다.

52-26

城上爲爵穴, 下堞三尺, 廣亓外, 五步一. 爵穴大容苣, 高者六尺, 下者三尺, 疏數自適爲之. 塞外塹, 去格七尺, 爲縣梁. 城筵陜不可塹者勿塹. 城上三十步一聾竈. 人擅苣, 長五節. 寇在城下, 聞鼓音, 燔苣, 復鼓, 內苣爵穴中, 照外.

성 위에 작혈爵穴을 낼 때는 성가퀴 밑으로 3척 되는 곳에 낸다. 바깥쪽 구멍은 넓게 내고, 5보마다 1개씩 만든다. 작혈의 크기는 횃불을 넣을 정도이다. 높은 곳은 6척, 낮은 것은 3척 높이에 낸다. 그 밀도密度는 가시거리의 정황에 따른다. 성 밖에 참호를 팔 때는 방책인 격格으로부터 7척 떨어진 곳에 파고, 이곳에 들어 올리는 다리인 현량懸梁을 놓는다. 성 밖이 협찬해 참호를 팔 수 없을 경우는 파지 않아도 된다. 성 위에는 30보마다 취사장 1곳을 둔다. 성을 지키는 사람들 모두 길이 5척의 횃불을 준비한다. 적이 성 아래에 이르면 북소리가 난 뒤 횃불에 불을 붙이고, 재차 북소리가 났을 때 횃불을 작혈에 끼워 넣어 밖을 밝힌다.

작혈爵穴은 성가퀴 아래의 작은 구멍을 말한다. 대용저大容苴의 '저'를 왕인지는 횃불을 뜻하는 거苣의 잘못으로 보았다. 소촉疏數은 소밀疏密과 같다. 색외참塞外塹의 '색'을 손이양은 천穿의 잘못이라고 했다. 거격칠척去格七尺의 '격'은 적이 성벽 위로 기어오르는 것을 막기 위해 세워둔 나무를 지칭한다. 착협窄陜의 '착'이 옛 판본에 연筵으로 되어 있는 것을 왕인지의 교정을 좇아 손이양이 고쳤다. 『옥편玉篇』은 착窄을 협狹으로 풀이해 놓았다. 농조聾竈는 앞에 나온 농조壟竈와 마찬가지로 이동취사장을 뜻한다. 천거擅苣는 횃불을 준비한다는 의미이다. 오절五節의 '절'을 손이양은 척尺의 잘못으로 보았다. 번거燔苣는 횃불에 불을 붙이는 것을 말한다.

52-27

諸藉車皆鐵什. 藉車之柱長丈七尺, 其貍者四尺. 夫長三丈以上至三丈五尺, 馬頰長二尺八寸, 試藉車之力而爲之困, 失四分之三在上. 藉車, 夫長三尺, 四二三在上, 馬頰在三分中. 馬頰長二尺八寸, 夫長二十四尺, 以下不用. 治困以大車輪. 藉車桓長丈二尺半. 諸藉車皆鐵什, 復車者在之.

각종 자거藉車는 모두 쇠로 둘러씌운다. 기둥은 길이가 1장 7척이고, 묻혀 있는 깊이는 4척이다. 받침대는 길이가 3장에서 3장 5척이 되어야 한다. 양쪽으로 뻗은 마협馬頰은 길이가 2척 8촌이다. 자거는 제작할 때 미리 그 힘을 시험한 뒤 틀의 제작에 들어간다. 받침대의 4분의 3은 지면 위로 나와 있다. 자거는 받침대의 길이가 3장이고, 4분의 3이 지면 위로 나와 있다. 마협은 지면 위로 올라온 부분의 중간 부분에 있다. 마협의 길이는 2척 8촌이다. 받침대는 길이 24척 이하의 것은 쓰지 않는다. 자거의 틀은 큰 수레바퀴로 만든다. 자거의 세로나무 기둥은 길이가 1장 2척 반이다. 각종 자거는 모두 쇠로 둘러씌우고, 뒤쪽에 있는 수레가 그 기능을 돕는다.

철십鐵什의 '십'을 필원은 쇠를 덧씌울 탑錔과 통한다고 했다. 마협馬頰은 말의 양편 볼처럼 양쪽으로 나와 있는 자거藉車의 부속품을 말한다. 위지곤困은 문지방 곤梱과 통한다. 손이양은 실사분지삼失四分之三의 '실'을 부趺의 가차인 부夫, 장삼척長三尺의 '척'을 장丈, 사이삼四二三의 '이'를 지之의 잘못으로 보았다. 환장桓長의 '환'을 세워 놓은 나무기둥으로 자거의 부속품이다. 손이양은 복거자재지復車者在之의 '복'을 후後, '재'를 좌佐와 통하는 좌左의 오자로 보았다.

52-28

寇闉池來, 爲作水甬, 深四尺, 堅慕貍之. 十尺一, 覆以瓦而待令. 以木大圍長二尺四分而早鑿之, 置炭火其中合慕之, 而以藉車投之. 爲疾藜投, 長二尺五寸, 大二圍以上. 涿弋, 弋長七寸, 弋間六寸, 剡其末. 狗走, 廣七寸, 長尺八寸, 蚤長四寸, 犬耳施之.

적이 해자를 메우고 공격해 올 때는 일종의 함정에 해당하는 수통水桶을 만든다. 깊이가 4척이다. 단단히 묶어 땅 속에 묻는다. 10척에 1개씩 묻고 기와를 덮은 뒤 명을 기다린다. 수통은 둘레길이가 2척 4촌인 나무를 사용한다. 중간을 파낸 구멍에 숯불을 집어넣고 이를 봉한 뒤 자거를 이용해 적진을 향해 내던진다. 질려疾藜도 함께 내던진다. 길이는 2척 5촌, 굵기는 2위 이상이 되어야 한다. 성문 위에는 말뚝을 박아 놓는다. 길이는 7촌이고, 말뚝 사이는 6촌이다. 끝을 깎아 뾰족하게 해둔다. 올가미는 넓이가 7촌, 길이가 8촌, 갈고리 길이가 4촌이다. 개 이빨처럼 교차해 설치한다.

수용水甬의 '용'은 수통을 뜻하는 통桶과 통한다. 일종의 함정과 같았다. 모매幕貍는 천으로 감싸고 묻는다는 뜻으로 막매幕埋와 같다. 조착早鑿의 '조'를 손이양은 가운데를 텅 비게 깎아낸다는 뜻의 중中이 되어야 한다고 했다. 합모合慕의 '모'를 필원은 막幕의 잘못이라고 했다. 탁익涿弋의 '탁'은 말뚝을 박는다는 뜻의 탁椓과 통한다. 구주狗走는 앞에 나온 구서狗犀 내지 구시狗屍와 같다. 올가미를 뜻한다. 조장蚤長의 '조'는 조爪와 통한다. 올가미에 걸린 적을 상하게 만드는 발톱 같은 장치를 지칭한다. 견이犬耳를 손이양은 견아犬牙의 잘못이라고 했다.

52-29

子墨子曰, "守城之法, 必數城中之木, 十人之所擧爲十挈, 五人之所擧爲五挈, 凡輕重以挈爲人數. 爲薪樵挈, 壯者有挈, 弱者有挈, 皆稱亓任. 凡挈輕重所爲, 吏人各得亓任. 城中無食則爲大殺."

묵자가 말했다.

"성을 지키는 방법을 말하면 반드시 성 안의 나무부터 헤아려야 한다. 10명이 들 수 있으면 10설, 5명이 들 수 있으면 5설이라고 한다. 설의 경중과 성을 지키는데 필요한 인원은 서로 맞아떨어져야 한다. 땔나무를 설 단위로 묶을 때는 건장한 자들이 무거운 설을 맡고, 약한 자들이 가벼운 설을 맡는다. 각자의 능력에 상응한 조치다. 설의 경중에 따라 일을 배분하는 것은 관민 모두 각자의 능력에 따라 일을 떠맡기 위한 것이다. 성 안에 먹을 게 없을 때는 설의 무게를 대대적으로 줄인다."

십설十挈의 '설'은 사람을 들어 올리는 양사量詞로 사용된 것으로, 이지러졌다는 의미로 사용될 때는 '계'로 읽는다. 대쇄大殺는 크게 줄여준다는 뜻이다.

52-30

去城門五步大塹之, 高地三丈下地至. 施賊其中, 上爲發梁, 而機巧之, 比傳薪土, 使可道行, 旁有溝壘, 毋可踰越, 而出佻且比, 適人遂入, 引機發梁, 適人可禽. 適人恐懼而有疑心, 因而離.

성문으로부터 5보되는 곳에 큰 참호를 판다. 지세가 높은 곳은 지면으로부터 1장 5척 깊이로 판다. 지세가 낮은 곳은 지하수가 나오는 곳으로부터 3척 정도의 깊이에서 멈춘다. 참호 속에는 뾰족한 말뚝을 박아놓고, 그 위에는 들어 올리는 다리를 설치한 뒤 기계장치를 통해 오르내린다. 다리 위는 초목을 깔아 길처럼 다니게 한다. 양쪽으로 해자와 보루가 있어 감히 뛰어 넘을 수 없다. 이같이 조치한 뒤 비로소 군사를 내보내 적에게 도전한다. 이때 짐짓 패한 것처럼 달아나면서 적들을 유인한다. 적들이 다리 위로 들어오면 기계장치를 이용해 다리를 들어올린다. 이같이 하면 적들을 능히 사로잡을 수 있다. 적이 두려워하며 의심을 품으면 이내 철군하게 된다.

고지삼장하지지高地三丈下地至를 두고 왕인지는 '고지장오척高地丈五尺, 하지지천下地至泉, 삼척이지三尺而止'가 돼야 한다고 했다. 손이양이 이를 좇았다. 시적施賊의 '적'을 왕인지는 잔棧의 잘못으로 보았으나, 손이양은 말뚝을 뜻하는 익杙의 오자로 파악했다. 발량發梁은 오르내리게 한 다리로 현량懸梁과 같다. 기교機巧의 '교'를 손이양은 인引의 잘못으로 보았다. 기계장치로 끄는 것을 의미한다. 비전

比傳의 '전'을 고광기는 부傅의 오자로 보았다. 싸 바르는 것을 뜻한다. 차비且比의 '비'를 왕인지는 패배를 뜻하는 배北의 잘못으로 파악했다. 적인가금適人可禽의 '금'은 포획할 금擒과 통한다. 인이리因而離의 '리'는 여기서 철군撤軍의 의미로 사용됐다.

제53장 비고림(備高臨)

'비고림'은 토산을 쌓고 공격해 들어오는 적의 예봉을 피하는 계책을 논한 것이다. 성을 지키는 수성守城의 계책에 관한 한『묵자』에 나오는 '묵수' 21편은『손자병법』을 위시한 여타 병법서보다 나은 바가 있다.

53-1

禽子再拜再拜曰, "敢問賊人積土爲高, 以臨吾城. 薪土俱上, 以爲羊黔, 蒙櫓俱前, 遂屬之城, 兵弩俱上, 爲之奈何?" 子墨子曰, "子問羊黔之守邪? 羊黔者, 將之拙者也, 足以勞卒, 不足以害城. 守爲臺城, 以臨羊黔, 左右出巨, 各二十尺, 行城三十尺, 强弩之, 技機藉之, 奇器□□之, 然則羊黔之攻敗矣."

제자 금골희가 거듭 두 번 절한 뒤 묵자에게 물었다

"감히 적군이 흙을 높이 쌓아 우리 성을 내려다보며 공격하는 형세에 관해 묻고자 합니다. 적들이 나무와 흙을 이용해 양검羊黔으로 불리는 토산을 만든 뒤 큰 방패로 앞을 가리면서 우리 성으로 쳐들어와 접전이 벌어질 경우 과연 어찌해야 합니까?"

묵자가 대답했다.

"지금 '양검' 진공에 대한 방어책을 묻는 것인가? '양검' 진공술은 장수가 사용하기에는 매우 졸렬한 전술로 병사들만 지키게 만들 뿐이다. 수성하는 쪽에 결코 위협이 될 수 없다. 수성하는 쪽에서도 높은 대성臺城을 쌓은 뒤 '양검'을 내려다보면 공격할 수 있다. 좌우로 큰 나무로 짠 틀을 각각 20척씩 내밀게 한다. 임시로 만든 이 성의 높이는 30척이다. 여기에 강력한 쇠뇌를 걸고 적을 향해 쏘면서 각종 기계의 힘을 빌려 역공하면 된다. 이같이 하면 '양검' 진공술은 이내 실패하고 말 것이다."

양검羊黔에 대해 필원은 풀이키를, "「잡수」에 나오는 양금羊坅과 같고, 자세한 기능은 알 수 없다."고 했다. 이에 대해 왕인지는 「잡수」에 나오는 것은 '양금'이 아닌 양령羊坅이고, 험준한 언덕을 뜻한다고 했다. 대성臺城은 성 위에 임시로 다시 쌓아올린 누대를 말한다. 좌우출거左右出巨의 '거'는 큰 나무를 엮어 양쪽으로 길게 삐져나오게 만든 임시 성채를 가리킨다. '강노지強弩之, 기기자지技機藉之'를 두고 손이양은 '강노사지強弩射之, 교기자지校機藉之'로 바꿔야 한다고 했다. 교기校機를 그는 「비혈」에 나오는 철교鐵校로 보았다. 기기奇器 ㅁㅁ에서 누락된 두 글자 ㅁㅁ는 역공을 가한다는 뜻으로 풀이하는 게 그럴 듯하다.

53-2

備臨以連弩之車, 材大方一方一尺, 長稱城之薄厚. 兩軸三輪, 輪居筐中, 重下上筐. 左右旁二植, 左右有衡植, 衡植左右皆圜內, 內徑四寸. 左右縛弩皆於植, 以弦鉤弦, 至於大弦. 弩臂前後與筐齊, 筐高八尺,弩軸去下筐三尺五寸. 連弩機郭同銅, 一石三十鈞. 引弦鹿長奴. 筐大三圍半, 左右有鉤距, 方三寸, 輪厚尺二寸, 鉤距臂博尺四寸, 厚七寸, 長六尺.

토산을 높이 쌓고 성을 공격하는 임臨에는 여러 쇠뇌를 연결시킨 연노連弩를 장착한 수레로 대응한다. 수레의 목재는 각재角材로 한 면의 넓이가 1척이다. 길이는 성벽의 두께에 맞춰 조절한다. 2개의 굴대에 바퀴 4개가 달려 있다. 바퀴는 수레 상자 안에 있고, 상자는 상하로 구성돼 있다. 좌우 양쪽으로 2개의 기둥이 있고, 가로나무 2개가 걸쳐 있다. 가로나무 좌우의 끝은 둥근 장붓구멍의 모습이다. 직경은 4촌이다. 좌우의 기둥에는 쇠뇌가 매어져 있고, 활줄이 서로 이빨처럼 맞물려 큰 활줄에 연결돼 있다. 쇠뇌의 활잡이는 앞뒤로 수레 상자와 가지런하게 놓는다. 수레 상자의 높이는 8척이다. 쇠뇌의 굴대는 아래쪽 수레 상자로부터 3척 5촌 떨어져 있다. 연노의 주요부분은 구리로 만든다. 무게는 150근이다. 줄을 잡아당길 때는 도르래로 조인다. 수레 상자의 둘레는 3위 반이다. 좌우에 쇠뇌의 줄 걸이가 있다. 3촌의 나무로 만든다. 바퀴의 두께는 1척 2촌이다. 쇠노히의 줄 걸이는 넓이가 1척 4촌이고, 두께는 7촌, 길이는 6척이다.

양축삼륜兩軸三輪의 '삼'을 유월은 사四의 잘못이라고 했다. 고대에 '사'를 사亖로 썼는데, 삼三과 헷갈릴 소지가 컸다는 것이다. 윤거광중輪居筐中의 '광'은 물건을 싣게 되어 있는 수레의 몸통을 말한다. 횡식衡植의 '횡'은 횡橫의 뜻이고, '식'은 빗장을 끼울 수 있도록 세워 놓은 나무기둥을 지칭한다. '횡식'은 곧 가로 댄 빗장을 뜻한다. 환예圜內의 '예'는 쐐기를 뜻하는 예枘의 가차이다. 이현구현

以弦鉤弦에서 손이양은 앞의 '현'을 쇠뇌의 활줄을 거는 물건인 거距의 잘못으로 보았다. 노아弩牙라고도 한다. 노비弩臂는 화살 통을 중심으로 사람의 양팔처럼 벌려져 있는 쇠뇌의 활채를 말한다. 기곽機郭은 쇠뇌의 화살이 들어 있다가 나가는 중심 부분을 뜻한다. 총으로 치면 총신銃身에 해당한다. 삼십균三十鈞의 '균'을 손이양은 근斤의 잘못으로 보았다. 녹장노鹿長奴의 '장'이 오초본에는 없다. 필원은 '노'를 노弩로 새겼으나 손이양은 도르래를 뜻하는 녹로를 거둔다는 뜻의 녹로수鹿盧收의 잘못으로 파악했다. '녹로'는 녹로轆轤와 같다. 삼위반三圍半의 '위'는 둘레 단위로 한 아름을 뜻한다. 8척尺에 해당한다.

53-3

橫臂齊筐外, 蚤尺五寸, 有距, 博六寸, 厚三寸, 長如筐. 有儀, 有詘勝, 可上下. 爲武重一石, 以材大圍五寸. 矢長十尺, 以繩□□矢端, 如如戈射, 以磨鹿卷收. 矢高弩臂三尺, 用弩無數, 出人六十枚, 用小矢無留. 十人主此車. 遂具寇, 爲高樓以射道, 城上以荅羅矢.

연노의 옆으로 뻗은 팔은 수레 상자와 나란하고, 끝의 1척 5촌 되는 곳에는 거距가 달려 있다. 넓이는 6촌, 두께는 3촌이다. 길이는 수레 상자와 같다. 가늠자가 있고 출입할 때 상하로 오르내릴 수 있다. 쇠뇌 판의 무게는 120근이고, 1위 5촌의 목재로 만든다. 쇠뇌의 화살은 길이가 10척이다. 화살 끝에 줄을 매어 사용하는 까닭에 마치 하늘에 나는 새를 쏘는 주살과 닮았다. 발사한 화살은 도르래를 사용해 회수한다. 화살은 연노의 팔보다 3척가량 높다. 화살의 사용 횟수는 고정돼 있지 않다. 최소한 1인당 60매씩 배당한다. 작은 화살은 회수할 필요가 없다. 10명이 연노를 장착한 수레 1량을 맡는다. 적의 공격을 효과적으로 막기 위해서는 높은 누대를 만들어 그 위에서 적을 향해 쏘고, 성 위에서는 풀잎으로 만든 두터운 차폐물인 답라시荅羅矢를 이용해 적의 화살을 막아야 한다.

조척오촌蚤尺五寸의 '조'는 연노의 발톱처럼 생긴 부속품으로 조爪와 같다. 유의有儀의 '의'는 쇠뇌의 가늠자를 지칭한다. 굴승詘勝은 쇠뇌를 오르내리는 장치를 말한다. 위무중일석爲武重一石의 '무'를 손이양은 부趺의 잘못으로 보았다. 이승以繩□□의 □□는 화살 끝에 줄을 매단다는 뜻을 살리기 위해 '연결'로 풀이하는 게 그럴 듯하다. 여여과사如如戈射를 두고 손이양은 '여'가 하나 잘못 들어갔고, '과'는 주살 익弋의 잘못이라고 했다. 마록磨鹿을 왕인지는 도르래를 뜻하는 녹로轆轤로 새겼다. 손이양은 출입出人의 '출'을 시矢, 무류無留의 '류'를 수數, 구구具寇의 구具를 견見, 사도射道의 '도'를 적敵과 통하는 적適의 잘못으로 보았다. 답라시荅羅矢의 뜻이 명확치 않으나 대략 두터운 차폐물로 짐작된다. 손이양은 '라'를 뢰礧를 뜻하는 류纍의 오자로 보면서 '시' 밑에 글자가 생략됐을 것으로 파악했다.

제54장 비구(備鉤)　　망실

第55장 비충(備衝)   망실

제56장 비제(備梯)

'비제'는 적이 해자를 메운 뒤 성벽 아래까지 다가와 사다리가 달린 수레인 운제雲梯로 공격해 올 때 이를 어떻게 효과적으로 방어할 것인지를 집중 논하고 있다. 묵자는 여기서 결정적인 시기에 성 밖으로 나가 적을 치기 전에 반드시 먼저 백성들을 다독이고, 이웃 나라와 외교적 협력을 강화할 것을 당부하고 있다.

56-1

禽滑釐子事子墨子三年，手足胼胝，面目黧黑，役身給使，不敢問欲．子墨子亓哀之，乃管酒塊脯，寄於大山，昧茅坐之，以樵禽子．禽子再拜而嘆．子墨子曰，"亦何欲乎?" 禽子再拜再拜曰，"敢問守道." 子墨子曰，"姑亡，姑亡！古有亓術者，內不親民，外不約治，以少閒衆，以弱輕强，身死國亡，爲天下笑．子亓愼之，恐爲身薑." 禽子再拜頓首，願遂問守道．曰，"敢問客衆而勇，煙資吾池，軍卒並進，雲梯旣施，攻備已具，武士又多，爭上吾城，爲之奈何?" 子墨子曰，"問雲梯之守邪? 雲梯者重器也，亓動移甚難．守爲行城，雜樓相見，以環亓中．以適廣陜爲度，環中藉幕，毋廣亓處．行城之法，高城二十尺，上加堞，廣十尺，左右出巨各二十尺，高廣如行城之法．爲爵穴•煇鼠，施荅亓外，機•衝•錢•城，

한다. 구직鉤樴은 갈고리가 달려 있는 말뚝을 지칭한다. 사사死士는 결사대決死隊를 뜻한다. 분사賁士는 용사勇士와 같다. 인소因素는 '평소대로'의 뜻이다. 고조鼓噪는 북을 치며 시끄럽게 구는 것을 말한다. 고조鼓譟라고도 한다. 적인필혹適人必或의 '혹'은 당혹할 혹惑의 뜻이다. 이호상득以號相得의 '호'는 암호를 의미한다.

제57장 비인(備堙) 망실

제58장 비수(備水)

'비수'는 적이 화공火攻을 가할 경우에 대비한 전술을 논하고 있다. 본문의 대부분이 사라지고 물로 적을 물리치는 계책의 일부만이 남아 있다.

58-1

城內塹外周道, 廣八步. 備水謹度ㅁ四旁高下. 城地中遍下, 令耳亓內, 及下地, 地深穿之, 令漏泉. 置則瓦井中, 視外水深丈以上, 鑿城內水耳.

성 안 참호 주변으로 빙 둘러 닦은 주도周道는 넓이가 8보이다. 성 안으로 물을 흘려 들여보내는 적의 수공水攻에 대비해 반드시 미리 사방의 지세를 상세히 살펴야 한다. 성 안의 지세가 낮으면 수로를 판다. 지세가 더 낮은 곳에는 땅을 더 깊이 파서 우물을 만들고 도랑과 통하게 한다. 우물을 통해 물을 빼고자 하는 것이다. 우물 안에는 측와則瓦를 둔다. 수위를 측량키 위한 것이다. 성 밖에 있는 물의 깊이가 1장 이상이 되면 성 안에 수로를 판다.

광팔보廣八步의 '보'는 길이 단위로 6척에 해당하다. 령이기내令耳亓內의 령令을 소시학은 암키와인 령瓴과 통한다고 했다. '이'를 두고 소시학은 와瓦의 오자로 보았으나, 손이양은 도랑을 뜻하는 거渠의 생략형인 거巨의 잘못으로 보았다. 손이양의 해석을 좇았다. 누천漏泉을 두고 필원은 풀이키를, "『통전』「수거법守拒法」에 '물이 나오는 곳을 찾아 10보마다 우물 1개를 파고, 우물 안으로 스며드는 물을 끌어온 게 바로 설루洩漏이다.'라고 했다. '누천'은 그 유제遺制이다."라고 했다. 측와則瓦의 '측'은 측側, '와'는 령瓴과 통한다. 한쪽으로 기울어져 물을 퍼내기가 편리하도록 만든 물통을 지칭한다.

58-2

並船以爲十臨, 臨三十人, 人擅弩, 計四有方, 必善以船爲轒轀. 二十船爲一隊, 選材士有力者三十人共船, 亓二十人擅有方, 劍甲鞮瞀, 十人人擅苗. 選養材士, 爲異舍食亓父母妻子以爲質, 視水可決, 以臨轒轀決外堤, 城上爲射檥, 疾佐之.

2척의 배를 하나로 묶은 것을 '1림一臨'이라고 하는데 이런 식으로 '10림'을 편성한다. 30명이 승선한다. 사람들 대부분 쇠뇌를 갖고 있지만 10분의 4는 긴 창을 든다. 배는 반드시 잘 수리해 적의 방어벽을 허무는 분온轒轀처럼 활용할 수 있어야 한다. 20척의 배가 1대一隊가 된다. 재능 있는 정예병 30명을 골라 승선시킨다. 그 가운데 12명은 각자 긴 창을 소지한 채 갑옷과 투구를 착용한다. 나머지 18명은 긴 창을 손에 쥔다. 먼저 재능 있는 정예병을 양성하기 위해서는 따로 집을 내주고, 그의 부모와 처자를 먹여 주어야 한다. 이들을 일종의 인질로 삼고자 한 것이다. 적당한 때가 되면 바깥쪽의 제방을 터뜨리기 위해 여러 척의 배를 묶어 '분온'처럼 활용한다. 성 위에서는 쇠뇌 등의 발사기를 동원해 신속히 이들을 지원하고 나선다.

림삼십인臨三十人의 '림'을 필원은 높은 곳에서 적을 공격할 수 있는 기구로 곧 배를 뜻한다고 했다. '삼십인'을 두고 손이양은 풀이키를, "『전국책』「초책楚策」에 '방선舫船에 군사를 싣는다. 일방一舫에 50인이다.'라고 했다. '림'에는 30인을 싣는다고 했으니 이와 다르다."고 했다. 인천노계사유방人擅弩計四有方의 '천'은 집어 든다는 뜻이다. 손이양은 '계사'를 10분의 4를 뜻하는 십사什四, '유방'을 긴 창을 뜻하는 추모酋矛의 잘못으로 보았다. 필선이선必善以船의 선善은 수선할 선繕의 뜻이다. 재사材士는 정예병을 의미한다. 제무鞮瞀를 두고 필원은 『설문해자』를 인용해 '제'는 가죽신인 혁리革履, '무'는 투구를 뜻하는 무鍪의 가음假音으로 보았다. 왕인지는 『전국책』「한책韓策」에 나오는 갑순제무甲盾鞮鍪 표현을 근거로 '제무' 자체가 곧 갑옷을 뜻하는 두무兜鍪의 뜻이라고 했다. 『한서』「양웅전揚雄傳」에 대한 안사고의 주도 마찬가지다. 이위지以爲質의 '지'는 폐백幣帛 내지 전당典當을 뜻하는 지贄와 통한다. 여기서는 인질人質의 의미로 사용됐다. 바탕을 뜻할 때는 '질'로 읽는다. 사의射㩘의 '의'를 필원본은 화살대를 뜻하는 의檥로 바꿔 놓았으나 손이양은 기機의 잘못으로 보았다. 「비성문」에 사기射機로 나온다. '사기'는 화살 등을 잇달아 쏘는 기계를 지칭한다.

제59장 비화(備火)　　망실

제60장 비공동(備空洞) 망실

제61장 비돌(備突)

'비돌'은 적이 성에 구멍을 뚫고 쳐들어올 때를 가상한 대비책을 논하고 있다. 대부분의 내용은 사라지고 일부만 전해진다.

61-1

城百步一突門, 突門各爲窯竈, 竇入門四五尺, 爲亓門上瓦屋, 毋令水潦能入門中. 吏主塞突門, 用車兩輪, 以木束之, 塗亓上, 維置突門內, 使度門廣狹, 令之入門中四五尺.

성에는 1백 보마다 돌문突門 1개를 만든다. 돌문에는 각기 질그릇을 굽는 가마니 형태의 아궁이를 만들어 놓는다. 아궁이 입구의 넓이는 4, 5척이다. 돌문 위는 기와로 덮어 물이 스며들지 않게 한다. 병사들을 보내 돌문을 관리한다. 이때 통나무를 줄로 연결해 2개의 수레바퀴에 매달고, 그 위쪽은 진흙을 바르고, 줄은 돌문 안에 매어 둔다. 돌문의 광협廣狹을 헤아려 돌문 안의 4, 5척가량 되는 곳에 수레바퀴를 매달아 둔다.

돌문突門은 성이나 보루에 은밀히 만들어 놓은 작은 문을 말한다. 주로 적을 급습할 때 사용한다. 『육도六韜』「표도豹韜, 돌전突戰」은 풀이키를, "1백 보 마다 돌문을 하나씩 만들고, 각 돌문마다 공격저지용 전차인 행마行馬를 배치한다."고 했다. 요조窯竈는 질그릇 굽는 가마처럼 생긴 아궁이를 지칭한다. 두입문竇入門의 '두'는 뚫는다는 뜻이다. 이주吏主는 돌문의 관리자를 의미한다. 도기상塗亓上의 '도'는 불에 타지 않도록 수레와 나무 위에 진흙을 바른다는 뜻이다. 유치維置의 '유'는 바퀴를 돌려 돌문을 개폐할 때 사용하는 줄을 뜻한다. 바퀴에 줄을 연결해 한 끝을 문에 매어둔다.

61-2

置窯竈, 門旁爲橐, 充竈伏柴艾, 寇即入, 下輪而塞之, 鼓橐而熏之.

돌문 안에 질그릇을 굽는 가마 형태의 아궁이를 만들어 놓고 그 옆에 풀무를 비치한다. 아궁이에는 나무와 쑥 등을 채워 넣는다. 적이 들이닥치면 바퀴를 돌려 돌문을 닫고, 풀무를 돌려 아궁이의 뜨거운 불기와 매운 연기를 적을 향해 불어댄다.

문방위탁門旁爲橐의 '탁'은 풀무를 뜻한다. 시애柴艾는 불길과 연기를 낼 때 사용하는 땔나무와 쑥을 말한다. 고탁이훈지鼓橐而熏之의 '고탁'은 풀무질을 의미하고, '훈'은 불과 연기로 적을 그슬린다는 뜻의 동사로 사용된 것이다.

제62장 비혈(備穴)

'비혈'은 적의 땅굴 공격에 대한 대비책을 논하고 있다. 내용을 보면 당시 땅굴 공격이 매우 흔하게 사용됐음을 짐작할 수 있다.

62-1

禽子再拜再拜曰, "敢問古人有善攻者, 穴土而入, 縳柱施火, 以壞吾城, 城壞, 或中人爲之奈何?" 子墨子曰, "問穴土之守邪? 備穴者城內爲高樓, 以謹候望適人. 適人爲變築垣聚土非常者, 若彭有水濁非常者, 此穴土也. 急塹城內, 穴亓土直之. 穿井城內, 五步一井, 傅城足. 高地, 丈五尺, 下地, 得泉三尺而止. 令陶者爲罌, 容四十斗以上, 固順之以薄鞈革, 置井中, 使聽耳者伏罌而聽之, 審知穴之所在, 鑿穴迎之."

금골희가 거듭 재배한 뒤 묵자에게 물었다.

"감히 묻건대 옛날 공성攻城에 능했던 자가 땅굴을 파고 들어와 기둥에 장작을 묶고 불을 질러 우리 성을 파괴할 경우 많은 사람들이 상할 터인데 과연 이를 어찌해야 합니까?"

묵자가 대답했다.

"땅굴 공격에 대한 방어책을 묻는 것인가? 땅굴 공격에 대비키 위해서는 먼저 성 안에 높은 누대를 만들어 놓고 적의 움직임을 잘 관찰해야 한다. 적진에 변화가 생겨 평시와 달리 담을 쌓고 토석을 모으거나 사방으로 탁한 진흙물이 흐를 경우 이는 땅굴의 징후이다. 급히 성 안에도 참호를 파고 땅굴 공격에 대비해야 한다. 적의 땅굴 방향을 짐작키 어려울 때는 성 안에 5보마다 우물 1개씩 파 성벽 근처까지 이르도록 한다. 지세가 높은 곳은 1장 5척까지 파고, 낮은 곳은 물이 나는 곳에서 3척가량 더 판다. 도공으로 하여금 큰 독을 만들게 한다. 40두 이상의 용량이라야 한다. 그 독을 얇고 부드러운 가죽을 단단히 싼 뒤 우물 속에 넣어둔다. 이어 귀가 밝은 자로 하여금 독 안에 들어가 듣게 하면 적이 파는 땅굴의 위치를 자세히 알 수 있다. 그때 이쪽에서 반대방향으로 땅굴을 파 들어간다."

박주縛柱는 기둥에 장작을 붙들어 매는 것을 뜻한다. 중인中人은 사람들이 다치는 것을 의미한다. 약팽若彭을 두고 왕인지는 '약'을 여與, '방'을 '널리'의 뜻을 지닌 방旁과 통한다고 보았다. 직지直之는 그것에 대처한다는 뜻으로 필원은 당지當之와 통한다고 했다. 부성족傅城足의 '부'는 닿거나 미친다는 의미이다. 고순지固順之의 '순'을 손이양은 포장을 뜻하는 멱幎의 잘못으로 보았다. 박락혁薄鞜革은 부드러운 가죽 끈을 말한다. 복앵伏罌은 큰 독 안으로 들어가 엎드려 귀를 독에 대는 것을 뜻한다.

62-2

令陶者爲月明, 長二尺五寸, 六圍, 中判之, 合而施之穴中, 偃一, 覆一. 柱之外善周塗, 亓傅柱者勿燒. 柱者勿燒, 柱善塗亓竇際, 勿令泄. 兩旁皆如此, 與穴俱前. 下迫地, 置康若灰亓中, 勿滿. 灰康長五竇, 左右俱雜, 相如也. 穴內口爲竈令如窯, 令容七八員艾, 左右竇皆如此, 竈用四橐. 穴且遇, 以頡皐衝之, 疾鼓橐熏之, 必令明習橐事者, 勿令離竈口.

도공에게 질그릇 독을 만들 때는 길이는 2척 5촌, 굵기는 6위로 한다. 가운데를 반으로 쪼갠 뒤 다시 합쳐 굴 안에 넣는다. 하나는 위를 보게 하고, 하나는 이를 덮어 원주圓柱 모양으로 만든다. 원주 밖은 고운 진흙으로 틈을 메워 잠시라도 불이 붙지 않게 한다. 원주를 연결시킨 틈도 진흙으로 잘 발라 공기가 새 나가지 않게 한다. 땅굴의 양쪽에 이런 독을 비치한다. 땅굴을 좇아 비치할 때 지면과 잘 접착시켜야 한다. 독 속에 겨와 탄가루 등을 가득 채우면 안 된다. 겨와 재는 땅굴에 꽉 채워둔다. 좌우의 땅굴 모두 이같이 한다. 땅굴 안쪽 입구에 아궁이를 만든다. 질그릇 굽는 가마처럼 만들고 7, 8 다발의 쑥이 들어가게 한다. 좌우의 땅굴도 이같이 한다. 가마에는 4개의 풀무를 쓸 수 있도록 준비해 둔다. 땅굴이 서로 만날 때가 되면 큰 공이로 내리쳐 깨뜨린다. 이어 급히 풀무질을 하며 쑥에 붙인 연기로 그슬린다. 풀무질을 잘하는 자로 하여금 이를 책임지게 한다. 아궁이 곁을 떠나는 일이 있으면 안 된다.

월명月明을 왕인지는 질그릇 독을 뜻하는 와앵瓦罌의 잘못으로 보았다. 「비성문」에 와목액瓦木罌 표현이 나온다. 중판中判은 독의 밑바닥을 제거한 뒤 가운데를 쪼개 원통형이 되게 만든 것을 지칭한다. 언일偃一을 필원은 위를 향해 젖혀 놓는 언앙偃仰으로 풀이했다. 복일覆一은 위를 덮어 원통형으로 만드는 것을 뜻한다. 주자물소柱者勿燒를 필원은 잘못돼 중복된 것으로 보았다. 하박지下迫地를 손이양은 언일偃一 앞에 나와야 할 것으로 보았다. 땅에 바짝 붙인다는 의미이다. 강약회康若灰를 두고 왕인지는 '강'은 강穅, '약'은 여輿와 통한다고 했다. 연기를 피워 적에게 보낼 때 겨와 재까지 함께 날려 적이 눈을 뜨지 못하도록 한 것을 지칭한다. 오두五竇의 '오'를 손이양은 긍亙의 잘못으로 보았다. 『설문해자』「목부」에 긍椢을 다할 경竟으로 풀이했다. 고문古文에서는 긍椢을 긍亙으로 썼다. '긍두'는 땅굴에 모두 꽉 채워둔다는 뜻이다. 원애員艾의 '원'은 다발을 뜻하는 환丸과 같다.

62-3

連版, 以穴高下廣陜爲度, 令穴者與版俱前, 鑿亓版令容矛, 参分亓疏數, 令可以救竇. 穴則遇, 以版當之, 以矛救竇, 勿令塞竇. 竇則塞, 引版而郄, 過一竇而塞之, 鑿亓竇, 通亓煙, 煙通, 疾鼓橐以熏之. 從穴內聽穴之左右, 急絶亓前, 勿令得行. 若集客穴, 塞之以柴, 塗, 令無可燒版也. 然則穴土之攻敗矣.

나무쪽을 합쳐 만든 연판連版은 땅굴의 높이와 넓이 등을 헤아려 만든다. 병사들이 이를 들고 전진한다. 이때 연판에 크고 작은 구멍을 뚫는다. 긴 창을 들이밀고자 한 것이다. 그 밀도는 적이 독을 파괴하는 것을 막을 정도면 된다. 적과 마주치면 연판으로 막고, 창으로 굴을 방어한다. 이때 굴이 막히지 않게 주의한다. 굴이 막히면 연판을 갖고 퇴각한다. 이어 굴을 막아 적의 진입을 제지한 뒤 다른 굴을 뚫고 그곳으로 연기가 통하게 한다. 연기가 통하면 풀무질로 연기를 적 쪽으로 내몬다. 굴 안에서는 굴의 좌우에 귀를 기울인다. 굴을 팔 때는 적의 전진하는 길을 문득 끊어 적이 나오지 못하게 한다. 적의 굴에 모이면 나무와 흙으로 이를 틀어막는다. 이때 연판을 태우는 일이 없도록 주의한다. 이리하면 땅굴을 통한 적의 공격은 실패로 돌아갈 것이다.

연판連版은 굴의 흙이 무너지는 것을 막고 적을 만나면 방패 역할을 하는 나무판을 말한다. 참분기소촉參分亓疏數은 판상版上에 뚫은 구멍의 밀도密度를 뜻한다. '소촉'은 헐렁하고 빽빽한 정도를 지칭한다. 인판이극引版而郄의 '극'을 왕인지는 극郤으로 바꿨다. 『광아』「석언」은 극郤을 퇴退로 풀이했다.

62-4

寇至吾城, 急非常也, 謹備穴. 穴疑有, 應寇. 急穴, 穴未得, 愼毋追. 凡殺以穴攻者, 二十步一置穴, 穴高十尺, 鑿十尺, 鑿如前, 步下三尺, 十步擁穴左右橫行, 高廣各十尺殺.

적이 이미 우리 성에 다가와 상황이 매우 심각해지면 적의 땅굴 침공에 세심한 주의를 기울여야 한다. 적의 땅굴 침공 조짐이 드러나면 긴급히 땅굴을 파 대응한다. 적의 땅굴 소재를 정확히 파악치 못했을 때는 결코 섣불리 출성出城하여 추격해서는 안 된다. 땅굴 공격을 해오는 적을 분쇄하려면 20보 간격으로 굴 1개를 판다. 굴은 높이 10척, 넓이 10척이다. 굴을 팔 때 1보마다 3척 아래로 내려간다. 10보 들어갈 때마다 좌우로 평행하게 '옹혈擁穴'로 불리는 옆 굴을 판다. 이때 높이와 넓이가 각 10척인 옹혈인 쇄殺도 만든다.

'혈미득穴未得'은 적의 땅굴 소재를 정확히 파악치 못했다는 뜻이다. 고광각십척쇄高廣各十尺殺의 '고'는 옛 판본에 중첩돼 있었으나 도장본과 오초본을 좇아 손이양이 고친 것이다. 손이양은 '쇄' 위에 위爲가 생략된 것으로 보았다. 옹혈擁穴은 기본 굴 옆으로 판 갈래 굴을 뜻한다.

62-5

俚兩罌, 深平城, 置板亓上, 聑板以井聽. 五步一密, 用揄若松爲穴戶, 戶穴有兩蒺藜, 皆長極亓戶, 戶爲環, 壘石外埻, 高七尺, 加堞亓上. 勿爲陛爲石, 以縣陛上下出入. 具鑪橐, 橐以牛皮, 鑪有兩甀, 以橋鼓之百十, 每亦熏四十什, 然炭杜之, 滿鑪而蓋之, 毋令氣出. 適人疾近五百穴, 穴高若下, 不至吾穴, 卽以伯鑿而求通之. 穴中與適人遇, 則皆圉而毋逐, 且戰北, 以須鑪火之然也, 卽去而入壅穴殺.

적의 땅굴 공격을 분쇄하기 위해 2개의 큰 독을 묻는다. 깊이는 독의 입구와 지면이 나란히 하는 수준이면 된다. 그 위에 나무쪽을 덮는다. 이를 이용해 적의 땅굴 파는 소리를 들을 수 있다. 적의 땅굴 공격을 탐지키 위한 우물은 5보마다 1개씩 판다. 굴의 입구는 가래나무와 소나무로 만든다. 문 안 양쪽에 질려蒺藜를 부착한다. 질려의 길이와 문의 높이는 일치한다. 문 위에는 고리를 달아둔다. 땅굴 바깥쪽 둘레에 돌로 담을 쌓는다. 높이는 7척이고, 다시 담 위에 성가퀴를 만든다. 계단은 만들지 않고, 돌에 사다리를 걸쳐 오르내리는 식으로 출입한다. 곁에 불가마와 풀무도 비치한다. 풀무는 소가죽으로 만든다. 불가마에는 2개의 독이 있다. 손잡이를 잡고 풀무질을 한다. 무게는 1백 근 정도이다. 불가마에는 매탄煤炭이 들어 있다. 중량은 40근 정도이다. 숯에 불을 붙여 불가마에 채운다. 숯불이 가득차면 가마를 덮어 열기가 새어나오지 않게 한다. 적의 땅굴이 우리 굴과 접속할 경우 비스듬히 굴을 뚫어 적의 땅굴과 통하게 만든다. 굴 안에서 적과 만나면 방어만 할 뿐 추격하지는 않는다. 싸우다가 짐짓 달아나면서 불가마의 불로 격파할 기회를 노린다. 불가마의 불이 달궈지면 적으로부터 떨어져 옹혈인 '쇄' 안으로 들어간다.

리량앵俚兩罌의 '리'를 손이양은 매埋와 통하는 매薶의 가차로 보았다. 「비성문」에는 리貍로 나왔다. 책판柵板을 두고 손이양은 련聯의 오자로 보았다. '련판'은 앞에 나온 연판連版과 같다. 용이약송用揓若松의 '이'를 소시학은 동桐의 오자로 보았으나, 손이양은 가래나무 재梓의 가차로 사용된 이枱의 잘못으로 보았다. 외후外埻의 '후'가 오초본에는 후厚로 되어 있다. 손이양은 '후'를 성곽을 뜻하는 곽郭의 이체자인 곽墎의 오자로 보았다. 노탁鑪橐은 불가마와 풀무를 지칭한다. 이교고지백십以橋鼓之百十을 두고 손이양은 '백' 위에 중重이 빠지고, '십'은 근斤의 잘못이라고 했다. '고지'는 풀무질을 한다는 뜻이다. 매역훈사십십每亦熏四十什의 '역'이 필원본에는 기丌로 되어 있다. 손이양은 무하중사십근毋下重四十斤의 잘못이라고 했다. 무게가 40근 이하여서는 안 된다는 뜻이다. 연탄然炭의 '연'은 연燃과 통한다. 오백혈五百穴을 소시학은 오혈吾穴의 잘못으로 보았다. 백착伯鑿의 '백'을 손이양은 기울어질 사邪의 뜻을 지닌 의倚의 오자로 파악했다.

62-6

有偪隴, 爲之戶及關籥獨順, 得往來行亓中. 穴壘之中各一狗, 狗吠卽有人也. 斬艾與柴長尺, 乃置窯竈中, 先壘窯壁, 迎穴爲連. 鑿井傅城足, 三丈一, 視外之廣陜而爲鑿井, 愼勿失. 城卑穴高從穴難. 鑿井城上, 爲三四井, 內新甀井中, 伏而聽之. 審之知穴之所在, 穴而迎之. 穴且遇, 爲頡皐, 必以堅材爲夫, 以利斧施之, 命有力者三人用頡皐衝之, 灌以不潔十餘石. 趣伏此井中, 置艾亓上, 七分, 盆蓋井口, 毋令煙上泄, 旁亓橐口, 疾鼓之.

쇄殺에는 서혈鼠穴이 있다. 문에 빗장과 자물쇠를 만들어 놓는다. 사람 1명 정도만 오갈 수 있다. 굴의 보루마다 개 1마리씩 둔다. 개가 짖으면 곧 사람이 있다는 뜻이다. 쑥과 나뭇단을 1척 크기로 잘라 불가마 아궁이 곁에 비치한다. 아궁이의 벽을 잘 쌓은 뒤 적의 땅굴 침공은 연판으로 막는다. 성벽 바로 밑에 우물을 파되 3장마다 1개씩 판다. 지형의 광협을 살핀 뒤 우물을 파야 한다. 실수가 있어서는 안 된다. 성의 기초가 낮고 깊은데다 땅굴의 입구가 높은 곳에 있으면 굴을 파기가 매우 어렵다. 성 아래로 우물을 3, 4개 판다. 새 독을 우물에 넣고 미세한 소리까지 세심히 들어야 한다. 적의 땅굴 위치를 알아내면 그 쪽으로 파들어 간다. 양쪽의 굴이 맞닿게 되면 커다란 규모의 무자위를 만든다. 이때 반드시 견고한 재료로 받침대를 만들고, 거기에 날카로운 도끼를 장착한다. 힘 센 병사 3인에게 명해 무자위를 이용해 돌격하면서 적의 땅굴 기반을 허물게 한다. 굴이 통하면 분뇨 등의 오물 10여 석을 적의 땅굴로 흘려보낸다. 또 사람을 땅굴로 통하는 우물 주변에 매복시킨 뒤 우물 위에 쑥 7, 8 다발을 놓는다. 이때 대야로 우물 입구를 덮어 연기가 위로 새지 않게 한다. 이어 풀무를 비치한 뒤 신속히 적의 땅굴 쪽을 향해 풀무질을 한다.

서찬鼠隴을 두고 필원은 모두 서鼠의 잘못이라고 했으나 손이양은 서鼠가 겹쳐 사용될 이유가 없다며 서혈鼠穴의 의미로 풀이했다. 찬隴을 혈穴을 뜻하는 찬竄의 이체자로 본 것이다. 『설문해자』「혈부穴部」는 찬竄을 숨을 익匿으로 새겼다. 관약독순關籥獨順의 '관약'은 빗장과 열쇠를 말한다. 관약管鑰과 같다. '독순'을 손이양은 승멱繩幎의 오자로 보았다. 관약승멱關籥繩幎은 문호門戶를 여닫거나, 줄로 묶거나, 덮을 때 사용하는 것들이다. 착정성상鑿井城上의 '성상'을 유월은 성내城內, 손이양은 성하城下의 오자로 파악했다. 신추新甀의 '추'는 입이 작은 항아리를 지칭한다. 복차伏此의 '차'를 손이양은 시柴의 잘못이라고 했다. '복시'는 장작을 쌓아두는 것을 의미한다. 칠분七分을 손이양은 칠팔원七八員의 오자라고 했다.

62-7

以車輪轀. 束樵, 染麻索塗中以束之. 鐵鎖, 縣正當寇穴口. 鐵鎖長三丈, 端環, 一端鉤. 鼠穴高七尺五寸, 廣柱間也尺, 二尺一柱, 柱下傅舄, 二柱共一員十一. 兩柱同質, 橫員士. 柱大二圍半, 必固亓員士, 無柱與柱交者.

수레바퀴로 분온轒轀을 만든다. 땔나무를 묶을 때 물들인 삼베 줄을 이용해 중간에 진흙을 바른 뒤 수레바퀴에 묶는다. 이어 이를 쇠사슬로 엮어 적의 땅굴 입구에 매단다. 쇠사슬은 길이가 3장이다. 한 쪽 끝에는 고리, 다른 끝에는 갈고리가 달려 있다. '서혈'은 높이가 7척 5촌이다. 기둥과 기둥 사이는 7척이다. 굴 안에는 2척마다 기둥 1개를 세운다. 기둥 밑에 주춧돌이 놓여 있다. 2개의 기둥은 부토負土로 불리는 나무판을 공히 이고 있다. 아래쪽으로 두 기둥 모두 같은 주춧돌 위에 있다. 부토는 가로 방향으로 얹혀 있다. 기둥은 굵기가 2위圍 반이다. 그 위의 부토는 반드시 견고히 얹혀 있어야 한다. 나아가 기둥과 기둥이 교차하는 일이 없어야 한다.

단환端環은 끝에 고리가 달린 것을 말한다. 야척也尺의 '야'를 손이양은 칠七의 잘못이라고 했다. 원십일員十一을 손이양은 부토負土의 오자인 원사員土가 전사 과정에서 재차 잘못된 것으로 보았다. '부토'는 『주례』「총인冢人」에 대한 소疏에 따르면 기둥 위에 나무판을 얹어 천장의 흙을 받치도록 한 것을 말한다.

62-8

穴二窯, 皆爲穴月屋, 爲置吏•舍人各一人, 必置水. 塞穴門, 以車兩走爲蓋, 塗亓上, 以穴高下廣陜爲度, 令入穴中四五尺, 維置之. 當穴者客爭伏門, 轉而塞之. 爲窯容三員艾者, 令亓突入伏尺, 伏傅突一旁, 以二橐守之勿離. 穴矛以鐵, 長四尺半, 大如鐵服說, 卽刃之二矛. 內去竇尺, 邪鑿之, 上穴當心, 亓矛長七尺. 穴中爲環利率, 穴二.

굴 안에는 불가마 2개가 있다. 그 위는 기와로 덮는다. 관리인 1명과 보조원 1명을 두어 관장케 한다. 반드시 물을 충분히 준비해 놓아야 한다. 적의 땅굴을 틀어막고자 할 때는 2개의 수레바퀴를 분온에 묶고 그 위를 진흙으로 바른 뒤 땅굴의 형세를 헤아려 땅굴에서 4, 5척가량 들어가는 곳에 잡아매 둔다. 굴을 관리하는 자는 적이 다투어 우리가 매복한 문 쪽으로 쳐들어올 때 곧바로 도르래를 돌려 분온으로 적의 진공을 막는다. 쑥 3다발이 담긴 불가마는 적이 우리가 매복해 있는 쪽으로 유인할 때 활용한다. 우리는 돌문의 한

쪽에 은밀히 매복해 있어야 한다. 이때 2개의 풀무로 풀무질을 하면서 그곳을 지키고 떠나지 말아야 한다. 굴 안에서 사용하는 단창短槍은 쇠로 만든다. 길이는 4척 반이고, 크기는 철복열鐵服說과 같다. '철복열'은 고대 병기에 나오는 창으로 수모首矛와 이모夷矛 등 2가지 종류가 있다. 굴의 입구에서 1척 떨어진 곳에서 굴착할 때는 비스듬한 방향으로 뚫고 들어간다. 창이 땅 끝에 닿기 위해서는 길이가 7척가량 되어야 한다. 굴에 고리를 달아 위아래로 끌어당기기 위해서는 굴 마다 2가지 종류의 고리를 설치해야 한다.

혈월옥穴月屋을 왕인지는 땅굴 위의 기와집을 뜻하는 개위혈문상와옥皆爲穴門上瓦屋의 잘못으로 보았다. 이거양주위운以車兩走爲蓋의 '양주'는 양륜兩輪을 뜻한다. 손이야은 '운'을 온轀의 오자로 보았다. 복문伏門의 '문'을 손이양은 투鬪의 잘못이라고 했다. 복척伏尺의 '복'을 손이양은 밀密의 오자로 보았다. 혈모穴矛는 굴을 팔 때 사용하는 창을 말한다. 철복열鐵服說은 고대의 창이다. '복열'을 도끼나 작두의 일종인 부월鈇鉞로 보기도 한다. 환리율環利率을 손이양은 『육도』「호도虎韜, 군용軍用」에 나오는 환리철쇄環利鐵鎖와 유사한 무기로 파악했다.

62-9

鑿井城下, 俟亓身井且通, 居版上, 而鑿上一遍, 已而移版, 鑿一遍. 頡皋爲兩夫, 而旁貍亓植, 而數鉤亓兩端. 諸作穴者五十人, 男女相半. 五十人. 攻內爲傳士之口, 受六參, 約枲繩以牛亓下, 可提而與投. 已則穴七人守退壘之中, 爲大廡一, 藏穴具亓中. 難穴, 取城外池脣木月散之什, 斬亓穴, 深到泉. 難近穴, 爲鐵鈇, 金與扶林長四尺, 財自足. 客卽穴, 亦穴而應之. 爲鐵鉤鉅長四尺者, 財自足, 穴徹, 以鉤客穴者. 爲短矛•短戟•短弩•寅矢, 財自足, 穴徹以鬪.

성 아래 우물을 팔 때는 양쪽이 서로 통하는 것을 기다려야 한다. 나무판 위에서 한 쪽 끝을 판 뒤 다른 한 쪽을 파는 식이다. 무자위에 양쪽 끝 가운데 한 쪽에 세워진 기둥은 땅에 묻고, 다른 쪽 끝에는 갈고리 몇 개를 달아놓는다. 굴을 파는 사람은 각 부대마다 50명 가량이고, 남자와 여자가 반반이다. 50명이 굴을 팔 때는 반드시 파낸 흙을 운반하는 장치가 필요하다. 밧줄을 삼태기 밑에 연결해 사용한다. 그러면 쉽게 흙을 밖으로 옮길 수 있다. 굴착 작업 도중에 굴 안에 휴식을 취할 수 있는 공간을 만들고, 7명이 굴을 지킨다. 또 굴 안에 큰 헛간을 하나 만들어 굴착에 사용되는 도구를 넣어둔다. 적의 진공을 막기 위해 해자 주변의 돌과 나무 및 기와 등을 날라다가 성벽 밖에 뿌려둔다. 이때 성 안에서는 참호를 판다. 깊이는 지하수가 나올 정도까지면 된다. 적의 땅굴과 접해 적의 진격을 저지코자 할 때는 쇠도끼를 쓴다. 쇠붙이와 자루의 총 길이는 4척이면 족하다. 적이 땅굴로 공격해 오면 우리는 적의 땅굴을 적극 활용해 타격을 가한다. 이때 쇠로 된 갈고리를 쓴다. 길이 4척이면 족하다. 굴이 적의 땅굴과 통하게 됐을 때 이런 무기를 사용해 적에게 타격을 가한다. 짧은 창, 짧은 삼지창, 짧은 쇠뇌, 짧은 화살 등이 그것이다. 이것만으로도 족하다. 굴이 서로 통하게 됐을 때 굴을 파는 사람들은 바로 이런 무기를 들고 적과 싸우면 된다.

공내위전사지구攻內爲傳士之口의 '내'를 손이양은 혈穴, '전사'는 지사持士의 잘못으로 보았다. '공혈'은 땅굴을 파는 것을 말한다. 수륙참受六參의 '참'을 손이양은 류絫의 오자로 파악했다. 류絫, 뢰畾, 루壘, 류藟 모두 새끼로 결은 삼태기를 뜻하는 류虆의 가차이다. 소시학은 약이승이우기하約枲繩以牛亓下의 '이승'을 마승麻繩으로 풀이하면서 '우'를 반絆의 오자로 보았다. 또 여투與投의 '여'를 거擧의 오자라고 했다. 대무大廡는 큰 헛간을 말한다. 소시학은 이같이 풀이했다. "무廡는 『의례』의 주에 따르면 고문古文의 무甒이다. 『방언』에서 '앵罌을 주周와 위魏 사이에서는 무甒라고 한다.'고 했다." 난혈難穴의 '난'을 손이양은 작斫과 통하는 작斮의 잘못으로 보았다. 지순池脣은 해자의 주변을 말한다. 손이양은 목월산지십木月散之什의 '월'을 와瓦, '십'을 외外, 참기혈斬亓穴의 '혈'을 내內, 부림扶林을 도끼의 손잡이를 뜻하는 부방鈇枋의 오자로 파악했다. 재자족財自足의 '재'는 '겨우 -하면 된다.'는 뜻의 재纔와 같다. 철구거鐵鉤鉅의 '거'는 며느리발톱 거距의 뜻이다. 혈철穴徹의 '철'은 서로 통한다는 의미이다. 맹시寍矢는 짧은 화살로 '맹'은 등에를 뜻하는 맹虻과 같다.

62-10

以金劍爲難, 長五尺, 爲銎·木尿, 尿有慮枚, 以左客穴. 戒持罌, 容三十斗以上, 貍穴中, 丈一, 以聽穴者聲. 爲穴, 高八尺, 廣, 善爲傅置. 具全牛交槀, 皮瓦坫, 衛穴二, 蓋陳靃及艾, 穴徹熏之. 斧金爲斫, 尿長三尺, 衛穴四. 爲壘, 衛穴四十, 屬四. 爲斤·斧·鉅·鑿·靃, 財自足. 爲鐵校, 衛穴四. 爲中櫓, 高十丈半, 廣四尺. 爲橫穴八櫓蓋. 具槀臭, 財自足, 以燭穴中. 益持醢, 客即熏, 以救目. 救目分方鑿穴, 以益盛醢置穴中, 文盆毋少四斗. 即熏, 以目臨醢上及以洫目.

작두는 구리로 날을 만드는데 길이는 5척이다. 자루를 끼우기 위한 구멍이 있고 나무로 된 자루를 여기에 끼운다. 자루의 손잡이 부분에 도르래를 달아 적의 땅굴 공격을 막는데 사용한다. 명을 받아 비축해둔 30두 이상의 용량을 지닌 독을 갖다가 땅굴 속에 묻는다. 3장에 1개씩 묻고, 땅굴을 파는 소리를 탐지한다. 굴을 팔 때 높이는 8척, 넓이는 적당한 정도여야 한다. 이때 벽에 진흙을 잘 발라야 한다. 불가마와 소가죽 풀무 및 질항아리를 준비한다. 매 굴마다 2개씩 비치한다. 독에 마른 콩잎과 쑥 등을 가득 채워 넣은 뒤 굴이 통하게 되면 그때 이를 불태운다. 쇠붙이로 된 도끼를 만들 때 나무로 된 자루의 길이는 3척이다. 도끼는 매 굴마다 4개씩 비치한다. 흙 운반용 삼태기를 보호하기 위해서는 40개가 필요하고, 괭이 등의 공구는 4개 있어야 한다. 손도끼와 일반 도끼, 톱, 끌, 큰 끌 등은 필요한 만큼만 준비하면 된다. 적의 목을 조이기 위한 올가미인 철교鐵校도 준비한다. 굴을 지키기 위해 4개가 필요하다. 중간 크기의 방패도 준비한다. 높이는 10장 반, 넓이는 4척이다. 굴 안에 비치해 두었다가 적의 진공을 막는 커다란 연판도 필요하다. 이밖에도 짚더미와 삼대 등도 필요하다. 그러나 많을 필요는 없고 필요한 만큼만 비치한다. 촛불처럼 사용코자 한 것이다. 식초도 필요하다. 적이 연기로 공격해 왔을 때 눈을 보호키 위한 것이다. 눈이 시력을 되찾으면 각자 위지로 돌아가 굴을 뚫는다. 이때 대야에 식초를 담아 굴 안에 둔다. 큰 대야는 4두 이하가 돼서는 안 된다. 연기에 쏘였을 때는 머리를 대야 위로 숙이고 눈을 씻는다.

이금검위난以金劍爲難을 손이양은 착이금위작斮以金為斱의 잘못으로 보았다. '착'은 작두, '금'은 구리, '작'은 날을 뜻한다. 위공목치爲銎木㞕의 '공'은 도끼 구멍, '치'는 자루를 의미한다. 치유려매㞕

有慮枚의 '려'를 손이양은 로鑪의 오자로 간주하면서, 노매鑪枚를 도르래를 뜻하는 녹로수鹿盧收의 잘못으로 보았다. 이좌객혈以左客穴의 '좌'는 좌佐와 같다. 손이양은 '좌' 아래 글자 한 자가 빠진 것으로 간주했다. 계지戒持는 명을 내려 준비토록 하는 것을 말한다. 광선위부치廣善爲傅置를 두고 손이양은 '광' 아래 '몇 척'을 뜻하는 숫자가 빠졌고, '부치'는 진흙을 바른다는 뜻의 부식傅埴의 잘못이라고 했다. 손이양은 또 구전우교고具全牛交槀를 구로우피탁具鑪牛皮橐, 피급거皮及坊를 급와부及瓦缶의 오자라고 했다. 개진확급애蓋陳藿及艾의 '개'를 손이양은 익益의 잘못으로 보았다. 『묵자』에는 익益이 개蓋로 표현된 경우가 많다. '확'은 콩잎을 뜻하는 곽藿과 같다. 촉사屬四의 '촉'은 나무를 깎는데 사용하는 괭이 모양의 도구인 촉斸의 생략형이다. 「비상문」의 거촉居屬과 같다. 철교鐵校는 적의 목을 조이는데 사용하는 무기를 말한다. 『설문해자』「목부」는 교校를 목수木囚르 새겼다. 손이양은 횡혈팔로橫穴八櫓의 '팔로'를 땅굴을 호위하는데 사용하는 큰 방패인 대로大櫓의 잘못으로 보았다. 고시槀枲를 두고 소시학은 태워서 촛대처럼 사용할 수 있는 것으로 볏짚이나 마른 풀 등으로 파악했다. 익지혜益持醯의 '혜'는 식초를 뜻하는 혜醯와 같다. 구목救目은 눈을 보호해 준다는 의미이다. 분방고혈分方鑿鑿穴의 '고'를 필원은 고鼓와 같다고 보았으나 소시학은 착鑿의 오자라고 했다. 이익성혜以益盛醯의 '익'을 소시학은 분盆의 오자로 보았다. 문분文盆의 '문'이 도장본과 오초본에 장丈으로 되어 있다. 손이양은 대大로 바꿔야 한다고 했다. 전목洒目의 '전'은 원래 수세水勢가 광대하다는 뜻이나 여기서는 씻어낸다는 의미로 사용됐다.

제63장 비아부(備蛾傅)

'비아부'는 적이 압도적인 병력을 배경으로 성벽에 개미처럼 달라붙어 공격해 올 경우를 가상한 대비책을 논하고 있다. '아부'는 성벽을 기어오르는 적병을 불에 달려드는 나방에 비유한 것이다.

63-1

禽子再拜再拜曰, "敢問適人强弱, 遂以傅城, 後上先斷, 以爲浛程. 斬城爲基, 掘下爲室. 前上不止, 後射旣疾, 爲之奈何?" 子墨子曰, "子問蛾傅之守邪? 蛾傅者, 將之忿者也. 守爲行臨射之, 校機藉之, 擢之, 太氾迫之, 燒荅覆之, 沙石雨之, 然則蛾傅之攻敗矣."

금골희가 거듭 재배하고 묵자에게 물었다.

"감히 강하거나 약한 적이 마침내 개미떼처럼 성벽에 달라붙어 공격하는 상황에 대해 여쭙고자 합니다. 적이 늦게 오르는 자를 참하는 것으로 법도를 삼고, 성 밑에 참호를 파면서 토산을 쌓거나 땅굴을 파고, 앞쪽이 쉬지 않고 기어오르면 뒤쪽이 활을 쏘며 엄호할 경우 과연 이를 어찌해야 합니까?"

묵자가 대답했다.

"자네는 적군이 개미떼처럼 성벽을 기어오르며 공격하는 이른바 아부蛾傅에 대한 방어책을 묻는 것인가? 아부의 전술은 적장이 노한 탓이다. 지키는 쪽은 높은 위치에게 활을 쏘며 기계를 이용해 공격하면 된다. 또 성벽을 기어오르는데 사용하는 무기를 아래로 떨어뜨리기 위해 불과 끓는 물을 퍼붓고, 포장에 불을 붙여 덮어씌우고, 모래와 돌 등을 빗발치듯 내던진다. 그리하면 아부의 공격은 실패하고 말 것이다."

부정浾程의 '부'를 왕인지는 법法의 오자로 보았다. '법정'은 법도法度와 같다. 참성斬城의 '참'은 참塹 내지 참鏨의 생략형으로 구덩이 등을 파는 것을 뜻한다. 교기校機는 적을 공격하는 기계의 일종으로 손이양은 「비혈」에 나오는 철교鐵校 등과 유사한 것으로 파악했다. 태범太氾을 손이양은 불과 끓는 물을 뜻하는 화탕火湯의 오자로 간주하면서 「비제」에 나오는 신화수탕薪火水湯과 같다고 보았다.

63-2

備蛾傅爲縣脾, 以木板厚二寸, 前後三尺, 旁廣五尺, 高五尺, 而折爲下磨車, 轉徑尺六寸, 令一人操二丈四方, 刃亓兩端, 居縣脾中, 以鐵璅敷縣二脾上衡, 爲之機, 令有力四人下上之, 弗離. 施縣脾, 大數二十步一, 攻隊所在六步一. 爲纍, 荅廣從丈各二尺, 以木爲上衡, 以麻索大徧之, 染亓索塗中, 爲鐵鏁, 鉤亓兩端之縣. 客則蛾傅城, 燒荅以覆之. 然篧, 抄大皆救之.

아부蛾傅의 공격을 막기 위해 이동용 간이 성가퀴인 현비懸脾를 준비한다. 두께 2촌의 나무판을 사용한다. 앞뒤 3척, 옆넓이 5척, 높이 5척이다. 이를 무거운 물건을 오르내리는 역거磿車에 매단다. 바퀴의 직경은 1척 6촌이다. 병사 1명이 긴 창을 들고 현비에 올라탄다. 창은 2장 4촌이고, 양끝 모두 날이 서 있다. 쇠사슬로 현비의 위쪽을 묶어 기계의 도르래에 연결시킨 뒤 힘 센 병사 4명으로 하여금 이를 수시로 오르내리게 한다. 잠시도 멈추지 않는다. 이들 현비는 20보마다 1대씩 설치한다. 적의 공격을 받는 곳은 6보에 1대씩 배치한다. 보루를 만들 때 나무다발을 포장한 답荅을 비치하는데 그 길이와 넓이 모두 1장 2척이다. 나무로 위쪽의 들보로 만든 뒤 삼 줄로 이를 단단히 묶는다. 삼 줄은 진흙탕에 담근 것을 사용한다. 이어 쇠사슬을 이용해 이를 양쪽 갈고리에 걸어 놓는다. 적이 성벽에 붙어 기어오르면 '답'에 불을 붙여 적에게 덮어씌운다. 몽둥이를 비롯해 재와 모래 등을 써 적의 진공을 막기도 한다.

현비縣脾의 '비'를 필원은 비陴의 오자로 보았다. '현비'는 성벽을 기어오르는 적을 찌를 때 사용하는 이동용 간이 성가퀴를 뜻한다. 절위하마거折爲下磨車의 '절'은 연결하거나 매단다는 의미이다. 여기의 '마거'를 손이양은 역거磿車의 잘못으로 보았다. '역거'는 『주례』「수사遂師」에 대한 정중鄭衆의 주에도 나온다. 지금의 기중기처럼 무거운 물건을 오르내릴 때 사용한 장치이다. 이장사방二丈四方의 '방'을 필원은 모矛의 오자로 보았다. 손이양은 『고공기考工記』「여인廬人」에 나오는 이모夷矛와 유사한 긴 창으로 파악했다. 이철소부현이비상형以鐵璅敷縣二脾上衡의 소璅가 오초본에는 쇄瑣로 되어 있다. 부敷는 붙들어 맬 부傅와 통한다. 이二를 손이양은 현縣의 중문重文으로 간주했다. 위류爲纍의 '류'를 필원은 루壘의 오자로 파악했다. 이마색대편지以麻索大徧之를 손이양은 이대마색편지以大麻索編之의 잘못으로 보았다. 철쇄鐵鏁는 앞에 나온 철쇄鐵璅와 같다. 연제然簻를 필원은 미상未詳이라고 했으나 대략 「비성문」에 나온 연정連梃의 오자인 듯하다. 초대개구지抄大皆救之의 '초대'를 손이양은 모래와 재를 뜻하는 사화沙火의 잘못으로 파악했다.

63-3

以車兩走, 軸間廣大, 以圍犯之, 䡶其兩端以束輪, 徧徧塗其上, 室中以榆若蒸, 以棘爲旁, 命曰'火捽', 一曰'傳湯', 以當隊. 客則乘隊, 燒傳湯, 斬維而下之, 令勇士隨而擊之, 以爲勇士前行. 城上輒塞壞城, 城下足爲下說鑱杙, 長五尺, 大圍半以上, 皆剡其末, 爲五行, 行間廣三尺, 貍三尺, 大耳樹之. 爲連殳, 長五尺, 大十尺. 梃長二尺, 大六寸, 索長二尺. 椎, 柄長六尺, 首長尺五寸. 斧, 柄長六尺, 刃必利, 皆䇞其一後.

수레의 두 바퀴를 수비용으로 활용할 때는 수레의 굴대 사이를 넓게 한다. 그러면 적의 공격을 용이하게 막을 수 있다. 이때 양쪽 끝날이 날카로운 창을 수레바퀴에 묶은 뒤 빈틈없이 끈으로 엮고, 그 위에 진흙을 바른다. 안쪽은 느릅나무 지엽 등으로 채워 잘 타게 만든 뒤 가시로 그 둘레를 두른다. 이를 화졸火捽 또는 전탕傳湯이라고 부른다. 적이 집중 공격하는 곳에 둔다. 적이 부대 단위로 성벽을 오르면 '전탕'에 불을 붙인 뒤 이를 매단 줄을 잘라 적의 머리 위로 떨어지게 한다. 이어 용맹한 병사들로 하여금 적을 추격해 치도록 하는 것은 이들을 앞세워 전진하려는 취지이다. 성 위에서는 곧 무너진 성을 수리하고, 성 아래서는 끝이 날카로운 말뚝을 박는다. 길이는 5척이고, 굵기는 1위 반 이상이어야 한다. 끝을 뾰족하게 깎아 5행으로 배열한다. 행간의 넓이는 3척이다. 3척가량을 땅 속에 묻고, 개 이빨처럼 교차해 세운다. 몽둥이를 연결한 연수連殳는 길이가 5척, 굵기가 10척이다. 정梃은 길이가 2척, 굵기가 6촌이다. 매달린 줄의 길이는 2척가량이다. 쇠망치의 일종인 추椎의 경우 자루의 길이가 6척이고, 머리 부분의 길이는 1척 5촌이다. 도끼의 경우 자루의 길이가 6척이다. 날은 반드시 날카롭고, 뒤쪽 날은 편편해야 한다.

동기양단䡖其兩端의 '동'을 필원은 고苦와 통하는 긍矜의 이체자로 보았으나, 손이양은 날이 날카로운 창을 뜻하는 동𤜣의 이체자로 보았다. 여기서는 날을 날카롭게 간다는 뜻의 동사로 사용됐다. 편편도기상徧徧塗其上의 '편편'을 소시학은 편遍의 오자가 거듭된 것으로 보았으나, 손이양은 빈틈없이 끈으로 엮는다는 뜻이라며 두 번째 '편'을 편編의 잘못으로 파악했다. 질중室中의 '질'을 손이양은 채운다는 뜻의 질窒로 읽어야 한다고 했다. 유약증楡若蒸은 불에 잘 타는 느릅나무나 가는 나뭇가지를 지칭한다. '증'과 관련해 『주례』「전사甸師」에 대한 정현의 주는 큰 땔감은 신薪, 작은 땔감은 증蒸으로 풀이했다. 이위용사전행以爲勇士前行을 손이양은 이용사위전행以勇士爲前行의 잘못이라고 했다. '전행'은 앞서 나가는 선봉先鋒을 뜻한다. 설참익說鑱杙의 '설'을 손이양은 예銳의 잘못으로 보았다. 『설문해자』「금부」는 참鑱을 예銳로 새겼다. 익杙은 옛 판본에 조找로 되어 있었으나 왕인지의 교정을 좇아 손이양이 고쳤다. 대이大耳를 손이양은 견아犬牙의 잘못으로 보았다. 연수連殳는 여러 개의 창을 연결시킨 무기를 말한다. 손이양은 개예기일후皆葬其一後의 '예'를 축築으로 파악하면서 '기일후'를 미상未詳이라고 했다. 뒤쪽 날은 편편해야 한다는 뜻으로 풀이했다.

63-4

荅廣丈二尺, □□丈六尺, 垂前衡四寸, 兩端接尺相覆, 勿令魚鱗三, 著其後行中央木繩一, 長二丈六尺. 荅樓不會者以牒塞, 數暴乾, 荅爲格, 令風上下. 堞惡疑壞者, 先貍木十尺一枚一, 節壞, 斲植, 以押慮盧薄於木, 盧薄表八尺, 廣七寸, 經尺一, 數施一擊而下之, 爲上下釫而斲之. 經一, 鈞•禾樓•羅石. 縣荅植內, 毋植外. 杜格, 貍四尺, 高者十丈, 木長短相雜, 兌其上, 而外內厚塗之. 爲前行行棧, 縣荅. 隅爲樓, 樓必曲里. 土五步一, 毋其二十畾. 爵穴十尺一, 下堞三尺, 廣其外. 轉䠷城上, 樓及散與池, 革盆. 若轉攻卒擊其後, 煖矢治. 車革火.

답荅은 폭이 1장 2척, 길이는 2장 6척이다. 전면에 있는 가로나무에서 4촌가량 떨어진 곳에 걸어둔다. 양 끝이 가로나무와 접하는 부분은 1척 정도 서로 맞물리도록 설치하고, 고기비늘처럼 교차시켜서는 안 된다. 뒤쪽의 가로나무에는 커다란 줄을 하나 맨다. 길이는 2장 6척이다. 답이 잘 맞물리지 않을 때는 나무판을 이용해 틈을 메운다. 나무판은 자주 햇볕에 말린 것을 사용해야 한다. 시렁에 얹어 바람이 위아래로 잘 통하게 하는 식으로 건조한다. 성가퀴가 견고하지 못해 무너질 염려가 있을 때는 나무 말뚝을 임시로 박아 둔다. 10척의 말뚝을 답 하나에 하나씩 박는다. 무너지기 시작할 때는 임시로 박아 둔 나무를 정확히 박아 넣고, 가로나무를 그 위에 설치해 고정시킨다. 가로나무는 길이 8척, 넓이 7촌, 직경 1척이다. 말뚝은 한 번 내리치면 깊숙이 박혀야 한다. 연후에 못으로 고정시킨다. 또 갈고리와 나무 및 돌덩이로 된 직경 1척가량의 무더기를 곁에 비치한다. 답은 기둥 안쪽에 걸려 있어야 한다. 바깥쪽에 걸려 있어서는 안 된다. 적의 공격을 막기 위한 설치물인 두격杜格은 4척가량 땅에 묻는다. 지면 위로 드러난 부분의 높이는 10장이 한계이다. 길고 짧은 것을 뒤섞어 배치한다. 끝을 뾰족하게 깎고, 진흙을 안팎으로 두텁게 바른다. 사다리 길인 행잔行棧은 '두격'의 앞으로 나아갈 때 사용하고, 답에 걸쳐둔다. 성의 모퉁이에 누대를 만들되 반드시 복층이어야 한다. 흙은 5보마다 한 무더기씩 쌓아둔다. 20개 무더기보다 적어서는 안 된다. 작혈은 10척마다 1개씩 뚫는다. 성가퀴 아래 3척 되는 것에 뚫되 바깥쪽을 약간 크게 한다. 성 위에 돌아가며 뚫는다. 동시에 임시 누대인 행루行樓를 비롯해 쇄殺, 연못, 가죽부대 등을 비치해 두어야 한다. 적이 성벽을 기어오를 때 공격 임무를 맡은 병사들이 제때 출격하지 못하면 군법에 의거해 엄히 조치한다. 이를 제대로 하지 않으면 화를 입는다.

□□장육척丈六尺의 □□는 답荅을 폭보다 길이가 긴 장방형長方形으로 가정할 경우 대략 '장이長二'가 생략된 것으로 추정된다. 뒤에 나오는 '장이장육척長二丈六尺' 구절이 이를 뒷받침한다. 어린삼魚鱗三의 '삼'을 소시학은 「잡수」의 구절을 근거로 모여 있다는 뜻의 잠簪이 잘못된 것으로 보았다. 손이양은 후행後行을 답 뒤쪽의 가로나무를 뜻하는 후횡後衡, 목승木繩一의 '목'을 대大의 오자로 파악했다. 소시학은 불회자不會者의 '회'를 합合, 이첩색以牒塞의 '첩'을 첩堞의 잘못으로 보았다. 절괴節壞의 '절'을 손이양은 즉卽의 오자로 파악했다. 막 무너지려 한다는 의미이다. 필원은 등식斲植의 '등'을 착斲과 통하는 것으로 새기면서, 압려로박押慮盧薄의 '려'를 연자로 보았다. '로박'을 『한서』「왕망전王莽傳」 박로薄櫨에 대한 안사고 주는

기둥 위에 가로 얹어 댄 나무인 주상계柱上枅로 새겼다. 표팔척表八尺의 '표'를 소시학은 장長의 오자, 손이양은 무袤의 오자로 보았다. 경척일經尺一의 '척일'을 손이양은 일척一尺의 잘못이라고 했다. 삭시일격이하지數施一擊而下之의 '삭시'는 여러 기구를 자주 작동시키는 것을 의미한다. '격'을 손이양은 도르래를 뜻하는 길고桔槔의 길桔의 오자로 보고, '하지'를 상하지上下之의 잘못으로 파악했다. 위상하화爲上下釫의 '화'를 『옥편』은 양날의 가래를 뜻하는 화鏵로 새겼다. 손이양은 균화루鈞禾樓의 '균'을 구鉤, '화루'의 '화'를 목木의 잘못으로 보았다. 구목루鉤木樓는 나무 누각에 고리를 매어다는 것을 뜻한다. 나석羅石을 손이양은 「비성문」의 뢰석礧石을 뜻하는 류석纍石의 잘못으로 보았다. 두격杜格은 적의 공격을 막는 시설을 지칭한다. 예기상兌其上의 '예'는 예銳의 가차인 까닭에 '예'로 읽어야 한다. 전행행전前行行棧은 사다리 구조물을 이용해 '두격'의 앞쪽으로 가는 것을 말한다. 무기毋其의 '기'를 손이양은 이하以下를 뜻하는 하下의 잘못으로 보았다. 전용성상轉牖城上의 '용'을 필원은 부傅로 새겼으나 손이양은 미상未詳이라고 했다. 문맥상 대략 돌아가며 구멍을 뚫는 것을 지칭하는 듯하다. 루급산樓及散의 '산'은 쇄殺의 잘못이다. 전공轉攻의 '전'을 손이양은 적이 성에 바짝 붙는다는 뜻의 부傅의 잘못으로 보았다. 난실치煖失治의 '난'을 손이양은 완緩의 오자로 파악했다. '치'는 격적擊敵의 의미이다. 거혁화車革火를 손이양은 미상이라고 했다. 문맥상 화를 입는다는 뜻으로 새기는 게 좋을 듯하다.

63-5

凡殺蛾傅而攻者之法, 置薄城外, 去城十尺, 薄厚十尺. 伐操之法, 大小盡木斷之, 以十尺爲斷, 離而深貍堅築之, 毋使可拔. 二十步一殺, 有壚, 厚十尺. 殺有兩門, 門廣五步, 薄門板梯貍之, 勿築, 令易拔. 城上希薄門而置搗. 縣火. 四尺一椅, 五步一竈, 竈門有鑪炭. 傳令敵人盡入, 車火燒門, 縣火次之. 出載而立, 亓廣終隊, 兩載之間一火, 皆立而待鼓音而然, 卽俱發之. 敵人辟火而復攻, 縣火復下, 敵人甚病. 敵引哭而榆, 則令吾死士左右出穴門擊遺師, 令賁士·主將皆聽城鼓之音而出, 又聽城鼓之音而入. 因素出兵將施伏, 夜半而城上四面鼓噪, 敵人必或, 破軍殺將. 以白衣爲服, 以號相得.

적의 강경한 아부 공격을 방어하는 통상적인 방법은 이렇다. 우선 성 밖에 말뚝의 일종인 이른바 박薄을 박아 방책防柵을 만든다. 박은 성에서 10척 떨어진 곳에 만들고, 높이는 10척으로 한다. 나무를 잘라 박을 만드는 법은 이렇다. 크고 작은 나무를 모두 대상으로 하고 10척을 단위로 자른다. 일정한 거리를 두고 깊숙이 박아 쉽게 뽑히지 않도록 한다. 20보마다 1개의 쇄殺를 둔다. 쇄 가운데 격鬲을 비치한다. 두께는 10척이다. 쇄는 2짝의 문이 있다. 문의 넓이는 5척이다. 박에 사용된 문의 나무판은 땅에 얕게 묻는다. 다져 묻어서는 안 되고 반드시 쉽게 뽑히도록 해야 한다. 박이 잘 보이는 성 위에는 적에게 투척할 물건을 쌓아두는 도搗를 설치한다. 성 위에는 또 현화懸火를 비치한다. 4척마다 현화를 매달 기둥을 세운다. 또 5보마다 아궁이 1개를 둔다. 아궁이 입구에는 숯불이 담긴 화로를 비치한다. 적이 모두 진입하기를 기다렸다가 군령이 떨어지면 곧 불을 붙여 문을 태우고, 매어 단 현화를 적에게 내던진다. 이때 작전용 무기를 늘어놓고 적의 공격에 대비한다. 그 범위는 적의 땅굴 규모와 상응한다. 두 작전용 무기 사이에 현화 1개를 피워둔다. 병사 1명이 이를 지키고 서 있다가 출격의 북소리가 들리면 곧바로 불을 붙여 일제히 적을 향해 내던진다. 적이 현화를 피했다가 다시 공격해 오면 재차 현화를 내던진다. 이를 반복하면 커다란 전력 손실을 입은 적은 더 이상 버티지 못한 채 황급히 달아나게 된다. 이때 결사대에 명해 좌우로 혈문穴門을 빠져나가 적을 치게 한다. 이때 정예병과 장수는 북소리를 좇아 착오 없이 움직이도록 한다. 출성과 입성이 이처럼 엄정해야 한다. 평소 이런 식으로 출격과 매복 훈련을 시킨다. 밤중에 성위 사면에서 시끄럽게 북을 울리며 소리를 지르면 적은 반드시 크게 당황할 것이다. 이같이 하면 반드시 적을 크게 무찌르고 적장을 죽이는 파군살장破軍殺將의 공을 세울 수 있다. 흰색의 군복을 착용해 피아를 구별하고, 암호를 이용해 서로 연락한다.

치박성외置薄城外의 '박'을 두고 손이양은 적의 공격을 막기 위해 성 밖에 박아둔 울타리 모양의 차폐물로 해석했다. 황소기黃紹箕는 풀이키를, "『설문해자』「초부艸部」에서 박薄을 임박林薄으로 새기면서 일명 잠박蠶薄으로 부른다고 했다. 『순자』「예론禮論」에 대한 양량楊倞의 주는 박기薄器를 대나무 등으로 만든 기구인 죽위지기竹葦之器로 풀이했다. 『묵자』에 나오는 거椐는 대략 나무를 엮어 만든 울타리인 번이藩杝를 뜻한다. 거椐와 박薄은 옛날에 성부聲部가 비슷한데다 뜻도 같았다."고 했다. 손이양이 이를 그대로 좇았다. 벌조伐操의 '조'를 필원은 박薄의 오자로 보았다. 나무를 베어 '박'을 만드는 것을 뜻한다. 유우有壥의 '우'를 손이양은 격鬲 내지 격隔의 잘못으로 파악했다. '격'은 「비제」에서 살펴보았듯이 물건을 저장하는 곳이다. 판제板梯는 문이 바로 서 있도록 하는 나무 장치를 뜻한다. 희박문希薄門의 '희'는 바라볼 희晞의 가차이다. 치도置搗의 '도'를 왕인지는 나무 말뚝을 뜻하는 익杙과 통하는 갈榻의 오자로 보고 이같이 풀이했다. "「비제」에 치갈置楬이 치걸直桀로 되어 있다. 치置와 치直, 갈楬과 걸桀은 서로 통한다. 『이아』에서 닭이 홰를 치는 곳을 걸桀로 해석했다." 여기서 걸桀은 적에게 던질 물건을 지칭한다. 사척일의四尺一椅의 '의'를 손이양은 불을 매다는 고리가 달린 기둥을 뜻하는 직樴의 잘못이라고 했다. 「비제」에 구직鉤樴 표현이 나온다. 출재出載의 '재'는 수레 거車의 뜻이다. 인곡이유引哭而楡의 '곡'을 유월은 사師의 오자로 보았다. '유'를 필원본은 거去로 고쳐 놓았으나 손이양은 고대에 요兆와 유俞의 성부가 비슷해 서로 통용됐다는 이유로 도逃의 가차로 보았다. 상득相得은 서로 연락을 취한다는 의미이다.

제64장 비분온(備轒轀) 망실

제65장 비헌거(備軒車) 망실

제66장 비습(備襲) 망실

제67장 비간(備間)　　망실

제68장 영적사(迎敵祠)

'영적사'는 적을 맞아 싸우기 전에 종묘 등의 사당 앞에서 제사를 올리는 것을 말한다. 제사를 주관하는 자들의 태도와 선서 형식 등이 자세히 언급돼 있다. 『손자병법』「시계」에도 "무릇 전쟁에 임해 싸움을 시작하기도 전에 묘산廟算을 통해 승리를 점칠 수 있는 것은 이길 조건을 충분히 갖췄기 때문이다."라는 구절이 나온다. '묘산'은 종묘 등의 묘당廟堂에서 군신이 모여 논의 끝에 결정한 계책을 말한다. 고대에는 전쟁을 벌이기 전에 종묘에서 일정한 의식을 거행하고 전쟁의 방침이나 계책 등을 논의했다. 여기서 전쟁의 준비과정을 '묘산'으로 부르게 됐다. '영적사'는 병법에서 말하는 '묘산'과 취지를 같이한다.

68-1

敵以東方來, 迎之東壇, 壇高八尺, 堂密八. 年八十者八人, 主祭青旗. 青神長八尺者八, 弩八, 八發而止. 將服必青, 其牲以雞. 敵以南方來, 迎之南壇, 壇高七尺, 堂密七. 年七十者七人, 主祭赤旗. 赤神長七尺者七, 弩七, 七發而止. 將服必赤, 其牲以狗. 敵以西方來, 迎之西壇, 壇高九尺, 堂密九. 年九十者九人, 主祭白旗. 素神長九尺者九, 弩九, 九發而止. 將服必白, 其牲以羊. 敵以北方來, 迎之北壇, 壇高六尺, 堂密六. 年六十者六人, 主祭黑旗. 黑神長六尺者六, 弩六, 六發而止. 將服必黑, 其牲以彘. 從外宅諸名大祠, 靈巫或禱焉, 給禱牲.

적이 동쪽에서 쳐들어오면 동쪽에 단壇을 세우고 신령을 맞이한다. 단의 높이는 8척이고, 사당의 깊이도 8척이다. 나이 80세의 노인 8명이 청기靑旗를 들고 키가 8척 되는 8명의 동방 신을 모신다. 8개의 쇠뇌로 8발씩 8번 쏜 뒤 그친다. 장수의 옷은 반드시 동방의 색인 청색이어야 하고, 제물로는 닭을 쓴다. 적군이 남쪽에서 쳐들어오면 남쪽에 단을 세우고 신령을 맞이한다. 단의 높이는 7척이고, 사당의 깊이도 7척이다. 나이 70세의 노인 7명이 적기赤旗를 들고 키가 7척 되는 7명의 남방 신을 모신다. 7개의 쇠뇌로 7발씩 7번 쏜 뒤 그친다. 장수의 옷은 반드시 남방의 색인 적색이어야 하고, 제물로는 개를 쓴다. 적군이 서쪽에서 쳐들어오면 서쪽에 단을 세우고 신령을 맞이한다. 단의 높이는 9척이고, 사당의 깊이도 9척이다. 나이 90세의 노인 9명이 백기白旗를 들고 키가 9척 되는 9명의 서방 신을 모신다. 9개의 쇠뇌로 9발씩 9번 쏜 뒤 그친다. 장수의 옷은 반드시 서방의 색인 백색이어야 하고, 제물로는 양을 쓴다. 적군이 북쪽에서 쳐들어오면 북쪽에 단을 세우고 신령을 맞이한다. 단의 높이는 6척이고, 사당의 깊이도 6척이다. 나이 60세의 노인 6명이 흑기黑旗를 들고 키가 6척 되는 6명의 북방 신을 모신다. 6개의 쇠뇌로 6발씩 6번 쏜 뒤 그친다. 장수의 옷은 반드시 북방의 색인 흑색이어야 하고, 제물로는 돼지를 쓴다. 적이 밀려오면 성 밖에 있는 유명한 큰 사당의 신주를 성 안으로 옮긴다. 영험한 무당이 와서 기도를 올리거나 하면 제수祭需를 공급한다.

당밀팔堂密八의 '밀'을 유월은 돌突의 오자로 보았다. 『설문해자』「혈부穴部」는 '돌'을 심深으로 새겼다. '팔'은 오행설에 따르면 동쪽을 상징하는 목木의 성수成數로 생수生數는 3이다. 칠척七尺의 '칠'은 남쪽을 상징하는 화火의 성수成數로 생수는 2이다. 기생이구其牲以狗의 '구'를 가의賈誼의 『신서新書』「태교胎教」는 남방의 희생犧牲이라고 했으나 『예기』「월령」에 대한 정현의 주는 서쪽 금金에 해당하는 가축이라고 했다. 구척九尺의 '구'는 서쪽을 상징하는 금金의 성수로 생수는 4이다. 기생이양其牲以羊의 '양'을 『신서』는 서쪽의 희생이라고 했으나 「월령」의 정현 주는 남쪽 화火에 해당하는 가축이라고 했다. 육척六尺의 '육'은 북쪽을 상징하는 수水의 성수로 생수는 1이다. 기생이체其牲以彘의 '체'를 「월령」의 정현 주는 북쪽의 가축이라고 했다. 종외택從外宅의 '종'을 손이양은 성 밖에서 성 안으로 옮겨 온다는 뜻의 사徙의 잘못이라고 했다.

68-2

凡望氣, 有大將氣, 有小將氣, 有往氣, 有來氣, 有敗氣, 能得明此者可知成敗吉凶. 擧巫•醫•卜有所, 長具藥, 宮之, 善爲舍. 巫必近公社, 必敬神之. 巫卜以請守, 守獨智巫卜望氣之請而已. 其出入爲流言, 驚駭恐吏民, 謹微察之, 斷罪不赦. 望氣舍, 近守官. 牧賢大夫及有方技者若工, 弟之. 擧屠酤者置廚給事, 弟之.

싸우기 전에 전쟁의 기운인 전기戰氣를 점치기도 한다. 대장의 기운인 대장기大將氣, 소장의 기운인 소장기小將氣, 떠나가는 기운인 왕기往氣, 다가오는 기운인 내기來氣, 패하는 기운인 패기敗氣 등이 있다. 이런 기운을 분명히 알 수 있는 사람은 능히 성패와 길흉을 예측할 수 있다. 뛰어난 무당과 의원, 점쟁이를 찾아낸 뒤 그들이 잘하는 일에 맞춰 필요한 약재를 공급하거나, 주택을 제공하거나, 머물 곳을 알선하거나 한다. 무당은 반드시 사당 가까운 곳에 살아야 하고, 신을 공경해야 한다. 무당과 점쟁이가 전기를 관찰한 내용을 수장守將에게 알리면 수장은 그 내용을 혼자만 알고 있어야 한다. 그들이 출입하는 와중에 뜬소문을 퍼뜨려 관민이 놀라고 두려워하면 자세히 살핀 뒤 가차 없이 엄벌에 처하고 결코 용서하지 않는다. 전기를 관찰하는 곳은 장수의 집과 가까워야 한다. 현명한 대부를 비롯해 뛰어난 지식과 기예를 지닌 자들을 거둬들여 그에 상응하는 급료를 준다. 백정과 술장수들도 주방에 배치한 뒤 직급에 따른 급료를 지불한다.

유대장기有大將氣 뒤에 모곤본茅坤本은 유중장기有中將氣 4자가 덧붙여져 있다. 궁지宮之를 손이양은 궁양지宮養之의 잘못으로 보았다. 또 선위사善爲舍의 '선'은 수선할 선繕과 통한다고 했다. 무복이청수巫卜以請守를 두고 왕인지는 '수' 위에 보報, 손이양은 '복' 아래 망기望氣가 생략돼 있다고 했다. 미찰微察의 '미'는 은밀하다는 뜻이다. 단죄불사斷罪不赦의 '단'과 관련해 『설문해자』「근부斤部」는 단절斷截, 「거부車部」는 참절斬截, 「수부首部」는 단절斷截로 새겼다. 손이양은 여기의 '단'을 참斬과 통하는 단斷의 뜻으로 새겼다. 절截은 절截과 같다. 목현대부牧賢大夫의 '목'을 손이양은 수收의 잘못으로 보았다. 도고자屠酤者의 '고'를 소시학은 술을 팔 고沽와 통한다고 했다.

68-3

凡守城之法, 縣師受事, 出葆, 循溝防, 築薦通塗, 脩城. 百官共財, 百工卽事, 司馬視城修卒伍. 設守門, 二人掌右閹, 二人掌左閹, 四人掌閉, 百甲坐之. 城上步一甲·一戟, 其贊三人. 五步有五長, 十步有什長, 百步有百長. 旁有大率, 中有大將, 皆有司吏卒長. 城上當階, 有司守之. 移中中處, 澤急而奏之. 士皆有職. 城之外, 矢之所遝, 壞其牆, 無以爲客菌. 三十里之內, 薪·蒸·水皆入內. 狗·彘·豚·雞食其肉, 斂其骸以爲醢, 腹病者以起. 城之內, 薪蒸廬室, 矢之所遝, 皆爲之涂菌. 令命昏緯狗纂馬, 掔緯. 靜夜聞鼓聲而譟, 所以閹客之氣也, 所以固民之意也, 故時譟則民不疾矣.

수성守城의 방법을 말하면 우선 현사縣師는 보루를 살피고, 해자와 방책 등을 순시하고, 적의 침공 노선을 미리 막는 식으로 성을 튼튼히 수축修築하는데 만전을 기한다. 대소 관원은 식량 등의 군수품을 확보하는데 공히 나서고, 모든 공인은 재능에 따라 일을 하고, 사마司馬는 성을 시찰하며 군사를 정비한다. 문지기를 배치할 때 2명은 오른쪽 문짝, 2명은 왼쪽 문짝을 맡게 한다. 문을 여닫는 일은 4명이 공히 책임진다. 병사 1백 명이 무장한 채 성문을 지킨다. 성 위에는 1보마다 무장한 병사 1명이 창을 든 채 지키고 3명의 조수가 그를 보좌한다. 5보마다 오장伍長, 10보마다 십장什長, 1백 보마다 백장百長이 있다. 성의 사면은 각기 1명의 대솔大率을 보내 통솔케 하고, 성의 중앙부는 대장大將이 지휘하는 식으로 모든 직책에 상하의 위계를 둔다. 성벽을 오르내리는 계단이 있는 곳은 담당자를 파견해 지킨다. 문서와 장부 등은 위급할 때 적합한 장소로 옮긴다. 긴급을 요하는 상황이면 중요 부분을 취사선택해 옮긴 뒤 상부에 보고한다.

병사들 역시 각자의 직책을 좇아 성을 방어한다. 성 밖의 구역 가운데 화살이 닿는 곳 이내에 있는 담장은 모두 허문다. 적이 엄폐물掩蔽物로 삼는 것을 미리 방지코자 하는 것이다. 30리 거리 안에 있는 땔감용 초목은 모두 베어 성 안으로 옮긴다. 개와 큰 돼지, 작은 돼지, 닭과 같이 군량으로 사용될 수 있는 가축은 모두 잡아 장조림을 만든다. 병든 사람들이 기력을 회복하는데 사용코자 하는 것이다. 적의 불화살이 닿는 곳 이내에 있는 성 안의 건물과 땔감 퇴적장은 반드시 불에 타지 않도록 흙을 발라 두어야 한다. 황혼 무렵에는 성 안의 모든 사람에게 명을 내려 개를 묶고, 말을 매어 두도록 한다. 반드시 단단히 매우 풀어지지 않도록 주의한다. 적막한 밤중에 북소리와 시끄러운 함성이 울리는 것은 적의 사기를 떨어뜨리고 민심을 다지기 위한 것이다. 이리하면 백성들이 놀라 불안해하는 일이 없다.

현사縣師를 손이양은 『주례』「지관地官」에 나오는 관직으로 보았다. 「지관」에는 '현사'와 상사上士 2인이 나온다. 대장군의 명을 받아 군사를 단속하고 여러 기구를 관리하는 자가 '현사'이다. 축천통도築薦通塗는 사방으로 통하는 길을 봉쇄한다는 뜻으로 여기의 '천'을 손이양은 천荐과 통한다고 했다. 『춘추좌전』「노애공 8년」조에 나오는 천지이극栫之以棘의 '천'에 대한 두예의 주는 옹壅으로 새겼다. 천栫과 천荐은 같은 뜻이다. 우엄右閹의 '엄'은 궁문의 여닫이를 관장하는 내관을 지칭한다. 이중중처移中中處의 '이중'을 손이양은 다솔多率의 잘못으로 보았다. 택급이주지澤急而奏之의 '택'을 필원은 택擇의 오자라고 했다. '주'를 유월은 종종걸음으로 달려가는 추향趨向으로 새겼다. 객균客菌의 '균'을 손이양은 가릴 예翳, 소시학은 은폐물을 뜻하는 곤梱로 풀이했다. 신증수薪蒸水의 '신증'은 잔 나무를 말한다. 큰 나무를 뜻하는 재목材木과 대비된다. 손이양은 '수'를 재목을 뜻하는 목木의 오자로 보면서 재材 자가 누락됐다고 했다. 식기육食其宍의 '육'을 필원은 육肉의 속자라고 했다. 이위해以爲醢의 '해'는 고기로 만든 장조림을 뜻한다. 복병자腹病者의 '복'을 손이양은 뼈가 섞인 것을 뜻하는 니臡의 정자인 니腝의 잘못이라고 했다. 도균涂菌을 소시학은 화살을 피하기 위한 엄폐물로 해석했다. 참호를 뜻하는 도涂는 도塗와 같고, '균'은 땅 위로 나와 있는 엄폐물을 지칭한다. 견위堅緯의 '견'을 『설문해자』「수부手部」는 고固, '위'를 『대대례기大戴禮記』「하소정夏小正」의 전傳은 속束으로 새겼다. 고성이침鼓聲而諗의 '침'을 필원은 조譟의 이체자로 보았다. 『주례』「대사마大司馬」는 조譟를 시끄러울 환讙으로 새겼다.

68-4

祝史乃告於四望·山川·社稷, 先於戎, 乃退. 公素服誓於太廟, 曰, "其人爲不道, 不脩義詳, 唯乃是王, 曰, '予必懷亡爾社稷, 滅爾百姓.' 二三子尙夜自廈, 以勤寡人, 和心比力兼左右, 各死而守." 旣誓, 公乃退食. 舍於中太廟之右, 祝史舍於社. 百官具御, 乃斗, 鼓於門, 右置旂, 左置旌, 于隅練名. 射参發, 告勝. 五兵咸備, 乃下, 出挨, 升望我郊. 乃命鼓, 俄升, 役司馬射自門右, 蓬矢射之, 茅参發, 弓弩繼之. 校自門左, 先以揮, 木石繼之. 祝史·宗人告社, 覆之以甂.

축사祝史는 싸움이 벌어지기 전에 사방의 산천과 사직社稷의 신에게 적의 침공 사실을 고한 연후에 물러난다. 군주는 흰옷을 입고 조상의 사당인 태묘太廟로 가 대신들 앞에서 이같이 선서한다.

"지금 저들은 부도不道한 짓을 저지르며 인의를 실행하지도 않고,

오직 힘으로만 다스리며 '나는 반드시 너의 나라 사직을 무너뜨리고 너의 백성을 멸할 것이다.'라고 말하고 있다. 여러 대신은 과인을 위해 성실히 보필토록 하라. 과인 또한 상하가 마음과 힘을 합쳐 결사의 각오로 수성守城에 임하도록 모든 노력을 기울일 것이다."

군주는 선서가 끝나면 비로소 물러나 음식을 먹는다. 이후 임시로 태묘의 오른편에 머문다. 축사 또한 임시로 태묘 안에 거주한다. 모든 관원은 직책에 따라 태묘로 올라가 참배하고 북을 울린다. 이때 태묘의 문 오른쪽에 쌍용을 그린 기旂를 세우고, 왼쪽에 오색의 새 깃으로 장식한 정旌을 세운다. 태묘의 양 모퉁이에는 전공을 세운 자의 이름을 비단에 적은 연명練銘을 내건다. 병사들은 화살을 3발 쏘아 승리를 빌며 5가지 병기를 모두 갖춘다. 의식이 끝나면 모두 태묘에서 내려와 명을 기다리고, 군주는 누대로 올라가 교외를 관망한다. 이때 북을 치는 자들에게 속히 올라와 북을 울리게 한다. 도역徒役을 관장한 역사마役司馬가 성문 오른편에서 천지 사방을 향해 쑥대 화살을 쏜다. 창을 잡은 병사들은 하늘을 향해 3번 찌르는 흉내를 내고, 이어 사수들이 하늘을 향해 화살을 발사한다. 군교軍校는 성문 왼편에서 먼저 승리를 기원하는 불화살을 쏘고 뒤이어 나무와 돌 등을 던진다. 축사와 종인宗人은 태묘에 고한 뒤 음복飮福할 때 사용한 제기祭器를 덮고 밖으로 나온다.

사망四望은 사방의 망제望祭를 뜻한다. '망제'는 가뭄이 심할 때 북교北郊에 나가서 악嶽, 해海, 독瀆, 명산名山, 대천大川 등에 제사를 올리는 것을 말한다. 선어융先於戎을 손이양은 선이계先以戒의 잘못으로 보았다. 먼저 전쟁에 대해 경계토록 하는 것을 뜻한다. 의상義詳의 '상'을 필원은 상서로울 상祥과 통한다고 했다. 유내시왕

唯乃是王을 손이양은 유력시정唯力是正의 잘못이라고 했다. 힘만으로 다스리는 역정力政을 말한다. 이삼자상야자하二參子尙夜自廈의 '이삼자'를 유월은 백성과 군사를 지칭하는 '그대들'의 뜻인 이삼자二三子와 같다고 하면서 '상' 아래 숙夙 자가 빠졌다고 했다. '하'를 필원은 힘쓸 려厲의 오자로 보았다. 겸좌우兼左右의 '좌우'를 필원은 조助로 새겼다. 보필한다는 뜻의 좌우佐佑와 같다. 퇴식退食은 관원이 근무처에서 집으로 돌아와 식사하는 것을 뜻한다. 내두乃斗를 필원은 조두刁斗의 잘못으로 보았다. 손이양은 '두'를 태묘로 오른다는 뜻의 승升의 오자로 파악했다. 우치기右置旂의 '기'는 날아오르는 용과 내려오는 용을 그린 붉은 깃발을 말한다. 좌치정左置旌의 '정'은 깃대 위에 오색의 새 깃을 꽂은 깃발을 지칭한다. 연명練名의 '연'을 『설문해자』「사부糸部」는 물속에서 불린 명주인 연증湅繒으로 새겼다. '명'을 손이양은 새길 명銘의 옛 글자라고 했다. 출애出挨의 '애'를 필원은 기다릴 사俟의 잘못이라고 했다. 봉시蓬矢는 쑥대로 만든 화살로 사기邪氣를 내쫓는데 사용됐다. 모삼발茅參發의 '모'를 손이양은 모矛의 잘못으로 보았다. 선이휘先以揮의 '휘'를 손이양은 불화살을 뜻하는 휘煇의 잘못으로 보았다.

제69장 기치(旗幟)

'기치'에서는 군령軍令을 전달키 위한 신호체계를 상세히 논하고 있다. 취지만큼은 디지털시대의 군사통신 및 전령傳令 체계와 하등 다를 바가 없다.

69-1

守城之法, 木爲蒼旗, 火爲赤旗, 薪樵爲黃旗, 石爲白旗, 水爲黑旗, 食爲菌旗, 死士爲倉英之旗, 竟士爲雩旗, 多卒爲雙兎之旗, 五尺男子爲童旗, 女子爲梯末之旗, 弩爲狗旗, 戟爲䈂旗, 劍盾爲羽旗, 車爲龍旗, 騎爲鳥旗. 凡所求索旗名不在書者, 皆以亓形名爲旗. 城上擧旗, 備具之官致財物, 之足而下旗.

수성守城의 방법으로 깃발을 통한 교신을 들 수 있다. 필요한 것이 있을 때마다 나무는 푸른 창기蒼旗, 불은 붉은 적기赤旗, 땔나무는 누런 황기黃旗, 돌은 흰 백기白旗, 물은 검은 흑기黑旗, 식량은 꼭두서니 빛깔의 균기菌旗로 교신한다. 또 결사대는 푸른 물결을 그린 창랑기滄浪旗, 정예군사는 호랑이를 그린 호기虎旗, 여타 군사는 2마리 토끼를 그린 쌍토기雙兎旗, 5척이 안 되는 14세 미만의 병사는 동기

童旗, 여자는 자매기姊妹旗로 표시한다. 무기와 관련해 쇠뇌는 개를 그린 구기狗旗, 창은 기장목이 달린 정기旌旗, 칼과 방패는 새의 깃털로 만든 우기羽旗, 수레는 용을 그린 용기龍旗, 말은 새를 그린 조기鳥旗를 사용한다. 필요로 하는 것을 글 대신 깃발로 표시할 때는 모두 대상의 형태와 이름 등을 감안해야 한다. 성 위에서 깃발을 들면 장비를 갖추는 일을 담당한 관원은 해당 물자를 목적지로 운반한다. 물자가 필요한 만큼 채워지면 깃발을 내린다.

균기菌旗의 '균'을 손이양은 꼭두서니 천茜의 잘못으로 보았다. 『설문해자』「초부艸部」는 천茜을 붉게 물들일 때 사용하는 도귀茅蒐로 새겼다. 천蒨으로 쓰기도 한다. 창영지기倉英之旗의 '창영'을 소시학은 창응蒼鷹의 잘못으로 파악했으나 유월은 푸른색의 창랑滄浪이나 푸른 대인 창랑蒼筤을 그린 깃발로 보았다. 손이양은 유월의 견해를 좇았다. 경사竟士는 정예병을 뜻하는 말로 여기의 '경'을 손이양은 경競의 가차, 필원은 강彊, 유월은 경勁의 의미로 새겼다. 우기雩旗의 '우'를 필원은 호虎의 가차, 왕인지는 '호'의 오자로 보았다. 오척남자五尺男子는 14세 미만의 아이를 가리킨다. 「잡수」에도 나온다. 제말지기梯末之旗의 '제'를 소시학은 가라지 풀을 뜻하는 제稊의 잘못으로 보았으나 문맥상 자매姊妹로 보는 게 옳을 듯하다. 손이양은 극위정기戟爲莛旗의 '정'을 정旌의 잘못, 지족之足의 '지'를 물物의 잘못으로 보았다.

69-2

凡守城之法, 石有積, 樵薪有積, 菅茅有積, 雚葦有積, 木有積, 炭有積, 沙有積, 松柏有積, 蓬艾有積, 麻脂有積, 金鐵有積, 粟米有積. 井竈有處，重質有居．五兵各有旗，節各有辨，法令各有貞，輕重分數各有請，主愼道路者有經．

수성의 방법으로 여러 군수품의 비축을 들 수 있다. 적의 진공을 막기 위해서는 돌, 땔나무, 띠 풀, 갈대, 목재, 숯, 모래, 송백松柏, 쑥대와 약쑥, 삼대와 기름, 돈, 식량 등을 충분히 비축해 두어야 한다. 나아가 우물과 취사장이 적당한 곳에 있어야 하고, 적에게서 빼앗은 인질 등의 전리품을 둘 곳도 있어야 한다. 각종 무기는 쉽게 알 수 있는 깃발이 있어야 하고, 군사동원 승인을 뜻하는 부절符節은 군주와 장수가 정확히 반으로 쪼개 각자 잘 간수해야 한다. 법령은 각기 잘 지켜야 하고, 직책은 경중에 따라 각기 성실히 이행해야 하고, 구역의 순찰 또한 담당 관원의 책임 아래 철저히 이행돼야 한다.

관모菅茅의 '모'가 오초본에 묘茆로 되어 있다. 옛날에는 두 글자가 통용됐다. 『설문해자』「초부」는 관菅을 모茅로 새겼다. 화공火攻에 사용하는 띠 풀을 뜻한다. 관위雚葦의 '관'을 『설문해자』「초부」는 왕골을 뜻하는 란薍, '위'를 큰 갈대를 뜻하는 대가大葭로 새겼다. 손이양은 '관'을 모시풀을 뜻하는 환萑의 잘못으로 보았다. 마지麻脂는 횃불을 만들 때 쓰는 삼대와 기름을 말한다. 금철유적金鐵有積의 '철'을 왕인지는 전錢의 잘못이라고 했다. 중지重質는 귀중한 인질로 병사들의 부모와 처자를 지칭한다. 유변有辨의 '변'을 『설문해자』「도부刀部」는 판判으로 새겼다. 손이양은 유청有請의 '청'을 성誠과 통하는 것으로 보고, 주신主愼의 '신'을 순찰한다는 뜻의 순循의 가차라고 했다.

69-3

亭尉各爲幟, 竿長二丈五, 帛長丈五, 廣半幅者大. 寇傳攻前池外廉, 城上當隊鼓三, 擧一幟. 到水中周, 鼓四, 擧二幟. 到藩, 鼓五, 擧三幟, 到馮垣, 鼓六, 擧四幟, 到女垣. 鼓七, 擧五幟. 到大城, 鼓八, 擧六幟. 乘大城半以上, 鼓無休. 夜以火, 如此數. 寇却解, 輒部幟如進數, 而無鼓.

정위亭尉 또한 고유의 깃발을 갖고 있다. 깃대의 길이는 2장 5척이다. 깃발은 길이가 1장 5척, 넓이가 반 폭幅이다. 모두 6개를 사용한다. 적이 해자 밖까지 쳐들어오면 적의 진공 방향에 있는 자들은 북을 3번 울리고, 깃발 1개를 들어올린다. 해자의 중간쯤에 이르면 북을 4번 울리고 깃발 2개를 들어올린다. 성 밖 울타리에 이르면 북을 5번 울리고 깃발 3개를 들어올린다. 성 밖의 낮은 성가퀴인 풍원馮垣에 이르면 북을 6번 울리고 깃발 4개를 들어올린다. 성가퀴인 여원女垣에 이르면 북을 7번 울리고 깃발을 5개 들어올린다. 성벽의 바로 아래에 이르면 북을 8번 울리고 깃발 6개를 들어올린다. 성벽을 절반쯤 타고 올라오면 북을 쉬지 않고 친다. 밤에는 횃불을 들어 깃발과 똑같은 숫자를 표시한다. 적이 후퇴할 때는 적이 진격해 올 때와 같은 숫자로 깃발을 아래로 내린다. 북은 울리지 않는다.

손이양은 정위亭尉를 「비성문」의 백위帛尉와 「영적사」의 백장百長과 같다고 보고, 외렴外廉의 '렴'을 변邊으로 새겼다. 수중주水中周의 '주'를 손이양은 물 가운데의 땅인 주州와 같다고 했다. 속어로 주洲로 표시하기도 한다. 풍원馮垣은 성 바깥쪽으로 난 낮은 성가퀴를 말한다. 여원女垣은 성가퀴 첩堞과 같다. 부치部幟의 '부'를 왕인지는 넘어뜨릴 북踣과 통한다고 했다. 옛날에는 복仆, 북踣, 부部가 통용됐다.

69-4

城爲隆, 長五十尺, 四面四門將, 門長四十尺, 其次三十尺, 其次二十五尺, 其次二十尺, 其次十五尺, 高無下四十五尺. 城上吏卒置之背, 卒於頭上, 城下吏卒置之肩, 左軍於左肩, 中軍置之胸, 各一. 鼓, 中軍一三, 每鼓三十擊之, 諸有鼓之吏, 謹以次應之. 當應鼓而不應, 不當應而應鼓, 主者斬.

성의 수비 총책인 대장은 붉은 깃발을 사용한다. 길이는 50척이다. 사방의 4대문을 지키는 장수의 깃발은 40척이다. 그 다음의 군관은 직급의 순서를 좇아 30척, 25척, 20척, 15척을 차례로 사용한다. 15척 아래로 내려가는 경우는 없다. 성 안의 모든 사람은 휘장徽章을 통해 직급과 직책을 나타낸다. 성 위의 군교는 등에 붙이고, 사병은 모자나 두건에 단다. 성 아래의 군교는 어깨에 달고, 병사도 같다. 좌군左軍은 왼쪽 어깨, 우군右軍은 오른편 어깨에 단다. 중군中軍만큼은 가슴에 단다. 각 군은 북을 1개씩 보유한다. 중군만큼은 3개이다. 모든 북은 3번부터 10번까지 울린다. 북을 치는 자는 반드시 법도에 맞춰 쳐야 한다. 쳐야 할 때 치지 않거나, 쳐서는 안 될 때 치는 자는 모두 참한다.

성위륭城爲隆을 두고 손이양은 성장위강치城將為絳幟의 잘못으로 보았다. 강絳, 강降, 륭隆은 서로 통용됐다. 사십오척四十五尺의 '사'를 손이양은 연자로 간주했다. 성상리졸城上吏卒의 졸을 두고 왕인지는 연자로 보면서 '성상리' 위에 빠진 글이 있다고 했다. 손이양이 이를 좇았다. 좌군어좌견左軍於左肩의 '좌군'이 오초본과 마찬가지로 재타在他로 되어 있었다. 도장본에는 재야在也로 되어 있다. 손이양은 좌시어좌견左施於左肩의 잘못으로 보았다. 왕염손은 이 구절 뒤에 우군어우견右軍於右肩 5자가 빠졌다고 했고, 손이양은 우시어우견右施於右肩이 생략됐다고 했다. 중군일삼中軍一三의 '일'을 손이양은 연자로 보았다. 매고삼십격지每鼓三十擊之의 '삼십'은 세 번에서 열 번까지 친다는 의미로 사용된 것이다.

69-5

道廣三十步, 於城下夾階者各二, 其井, 置鐵罋. 於道之外爲屏, 三十步而爲之圜, 高丈. 爲民圂, 垣高十二尺以上. 巷術周道者, 必爲之門, 門二人守之, 非有信符, 勿行, 不從令者斬. 城中吏卒男女, 皆葕異衣章微, 令男女可知. 諸守牲格者, 三出却適, 守以令召賜食前, 予大旗, 署百戶邑若他人財物, 建旗其署, 令皆明白知之, 曰某子旗. 牲格內廣二十五步, 外廣十步, 表以地形爲度. 靳卒中教, 解前後左右, 卒勞者更休之.

진퇴를 위한 군도軍道의 넓이는 30보이다. 성 아래로 연결되는 계단을 끼고 있는 큰 군도에는 우물이 2개 있다. 곁에 쇠 항아리를 놓아둔다. 군도 바깥쪽에 담을 두른다. 30보마다 둥근 울타리를 만든다. 높이는 1장이다. 공공용 측간은 높이가 12척 이상이 돼야 한다. 오물처리장을 만든다. 담의 높이가 12자 이상이어야 한다. 성 안의 군도와 연결된 크고 작은 골목길 어구에는 반드시 관문을 설치해야 한다. 2명의 파수꾼이 이를 지키면서 신분을 증명하는 증표가 없으면 통과시키지 않는다. 명을 따르지 않는 자는 참한다. 성 안의 군교와 병사 및 남녀노소 모두 옷과 휘장을 달리해야 한다. 남녀노소 모두 쉽게 서로를 식별토록 하려는 것이다. 적의 공격을 막기 위한 설치물인 작격柞格을 지키는 자가 3번 출동해 적을 물리치면 주장主將은 그를 관서로 불러 먹을 것을 내리고, 큰 깃발을 수여하고, 1백 호의 고을에서 나는 세금을 수입으로 삼게 한다. 큰 깃발을 그의 군영에 세우도록 하는 것은 사람들에게 그의 무공을 널리 알리려는 것이다. '작격'은 안의 넓이가 25보, 밖의 넓이가 10보이다. 길이는 지형을 좇아 정한다. 반복훈련을 통해 병사들로 하여금 전후좌우의 진퇴명령 취지를 명확히 이해시킨다. 병사들이 지치면 번갈아 휴식을 취하도록 배려한다.

철관鐵鑵의 '관'을 왕인지는 활처럼 휜 궁곡弓曲으로 풀이한 『설문해자』를 근거로 옹甕과 통하는 옹雍의 잘못으로 보았다. 위지환爲之圜의 '환'을 손이양은 뒷간 내지 돼지우리를 뜻하는 환圂의 잘못으로 보았다. 민환民圂은 오물처리장을 뜻한다. 항술주도자巷術周道者의 '술'을 『설문해자』「행부行部」는 마을의 큰 길을 뜻하는 읍중도邑中道로 풀이했다. '주도'는 둘레 길을 뜻한다. 연이의장미荇異衣章微의 '연'을 왕인지는 변辨의 잘못, '의장휘'를 왕념손은 의장미직衣章微職의 잘못으로 간주했다. 생격牲格은 적의 침공을 막는 장치로 손이양은 「비아부」에 나오는 작격柞格의 오자인 두격杜格과 같고, 생牲은 곧 작柞의 잘못이라고 했다. 각적却適은 적을 물리친다는 뜻으로 '각'을 『옥편』은 각卻의 속자라고 했다. '적'은 적敵과 통한다. 서백호읍署百戶邑의 '서'는 사적으로 다스리게 한다는 의미이다. 표이지형表以地形의 '표'를 유월은 세로 길이인 무袤의 오자로 보았다. 근졸靳卒

의 '근'을 손이양은 힘쓰게 할 륵勒의 잘못이라고 했다.

제70장 호령(號令)

'호령'은 휘하 장병에 대한 명령을 뜻한다. 엄정한 군기軍紀의 유지가 관건이다. 『손자병법』을 비롯한 모든 병서가 역설하고 있듯이 공평무사한 신상필벌信賞必罰이 답이다. 성을 지키기 위한 엄벌을 역설한 점에서 『손자병법』보다 더한 느낌마저 준다.

70-1

安國之道, 道任地始, 地得其任則功成, 地不得其任則勞而無功. 人亦如此, 備不先具者無以安主, 吏卒民多心不一者, 皆在其將長. 諸行賞罰及有治者, 必出於王公.

나라를 편하게 하는 안국安國의 같은 응당 지리地利를 취하는데서 시작한다. 땅이 그 소임을 다하도록 유도하면 곧 공을 이룰 수 있다. 그렇지 못하면 수고롭기만 할 뿐 공을 이룰 수 없게 된다. 인화人和를 구하는 것도 이와 같다. 준비를 제대로 하지 못하면 군주가 편안할 수 없다. 대소 관원과 백성이 한 마음으로 일치단결하지 못하면 그 책임은 장수將帥와 관장官長에게 있다. 모든 상벌賞罰과 치란治亂은 반드시 왕공王公의 명의에서 시작된다.

도임지시道任地始의 '도'를 『예기』「예기禮器」에 대한 정현의 주는 종從으로 풀이했다. 장장將長은 장수와 관청 우두머리를 뜻한다.

70-2

數使人行勞賜守邊城關塞•備蠻夷之勞苦者, 擧其守率之財用有餘•不足, 地形之當守邊者, 其器備常多者. 邊縣邑, 視其樹木惡, 則少用. 田不辟, 少食. 無大屋草蓋, 少用桑. 多財, 民好食.

왕공은 자주 사람을 보내 국경의 성이나 요새를 지키고, 오랑캐를 대비하느라 애쓰는 자에게 위로 하사품을 내려주어야 한다. 수병守兵들의 재용財用이 풍족한지, 지형이 국경을 지키기에 합당한지, 무기 등의 군수품과 장비가 늘 충분히 구비됐는지 여부 등을 보고토록 한다. 변경 일대의 주현州縣을 시찰한 결과 수목의 생장이 여의치 않으면 목재 사용을 줄이고, 땅이 잘 개간돼 있지 않다면 양식을 줄이고, 큰 집은 없고 초가만 있으면 수레의 이용을 줄인다. 백성이 지나치게 부유하면 먹기 마시기를 좋아할 것이다.

노사勞賜는 위로하며 하사한다는 뜻이다. 수솔守率의 '솔'을 손이양은 졸卒의 잘못이라고 했다. 기비器備는 수비하는데 필요한 무기와 장비를 말한다. 초개草蓋는 풀로 덮었다는 뜻으로 곧 초가집을 뜻한다. 소용상少用桑의 '상'을 도장본은 '상'의 속자인 상桒으로 보았다. 손이양은 소거승少車乘의 잘못으로 보았다.

70-3

爲內牒, 內行棧, 置器備其上, 城上吏·卒·養, 皆爲舍道內, 各當其隔部. 養什二人, 爲符者曰養吏一人, 辨護諸門. 門者及有守禁者, 皆無令無事者, 得稽留止其旁, 不從令者戮.

성 안의 성가퀴와 성 안의 행잔行棧을 구축하고, 성벽 위에 무기장비를 둘 장치를 하고, 성을 지키는 장교와 사병 및 취사병 모두 소속 영내에 머문다. 10인 당 취사병 2명을 둔다. 부신符信을 관장하는 양리養吏 1인을 두고 성문 관리를 감찰케 한다. 문지기를 비롯해 금령禁令 담당 관원 모두 명이 없거나 일이 없으면 성문 근처에 머물 수 없다. 명을 좇지 않으면 죽인다.

내첩內牒의 '첩'을 첩堞의 잘못으로 보았다. 행잔行棧은 험한 곳을 오르내리는데 사용한 간이용 사다리를 말한다. 격부隔部는 병사 10명이 수비하는 담당구역을 뜻한다. 십이인什二人은 10인당 2인을 의미한다. 위부자爲符者는 신분증에 해당하는 신부符信를 관장하는 사람을 뜻한다. 변호辨護는 분별하여 지킨다는 의미이다. 계류稽留는 머문다는 뜻이다.

70-4

敵人但至, 千丈之城, 必郭迎之, 主人利. 不盡千丈者勿迎也, 視敵之居曲衆少而應之, 此守城之大體也. 其不在此中者, 皆心術與人事參之. 凡守城者以亟傷敵爲上, 其延日持久以待救之至, 明於守者也. 不能此, 乃能守城.

적이 공격해 올 때 큰 성은 반드시 성곽 밖으로 나가 영격迎擊한다. 그게 수비하는 쪽에게 유리하다. 큰 성이 아니면 영격해서는 안 된다. 적 병력의 다소에 따라 유연하게 대응한다. 이것이 수성守城의 기본방략이다. 여기서 언급하지 않은 사항은 심술心術과 지략 등에 기초해 임기응변한다. 수성은 재빨리 적을 내치는 게 상책이다. 날짜를 늘리며 지구책地久策을 구사하고 구원부대가 오는 것을 기다리는 계책은 수성의 이치를 모르는 자의 행동이다. 이런 이치를 알아야만 능히 수성에 성공할 수 있다.

천장지성千丈之城은 한 폭 길이가 1천 장에 해당하는 성으로 곧 큰 성을 의미한다. 곽영지郭迎之는 적을 성의 외곽에서 맞아 싸우는 것을 뜻한다. 거곡居曲의 '곡'을 손이양은 부곡部曲으로 새기면서 여與의 오자로 해석해도 가하다고 했다. 불능차不能此의 '불'을 소시학은 필必의 오자로 보았다.

70-5

守城之法, 敵去邑百里以上, 城將如今盡召五官及百長, 以富人重室之親, 舍之官府, 謹令信人守衛之, 謹密爲故. 及傅城, 守城將營無下三百人. 四面四門之將, 必選擇之有功勞之臣及死事之後重者, 從卒各百人. 門將並守他門, 他門之上, 必夾爲高樓, 使善射者居焉. 女郭•馮垣一人, 一人守之, 使重室子.

수성의 방법은 이렇다. 적이 고을에서 1백 리 이상 떨어져 있을 때는 성의 장수가 명을 내려 오관五官과 백장百長을 모두 소집하고, 부자와 귀한 집안의 친인척들은 관부官府로 와 머물게 하고, 믿을 만한 사람에게 삼가 이들을 보호케 한다. 삼가 빈틈없이 일을 처리해야만 한다. 적이 성벽에 기어오르면 수성하는 장령은 최소한 3백 명 이상의 병력을 보유하고 있어야 한다. 사방의 성문을 지키는 장수는 반드시 군공을 세우거나 사직을 위해 몸을 던진 자의 후손 가운데서 고른다. 각자 병사 1백 명을 이끈다. 문을 지키는 장수가 다른 문도 함께 지킬 때는 반드시 한쪽에 다른 쪽 성문을 볼 수 있는 누대를 만들고, 활 잘 쏘는 자로 하여금 이를 지키게 한다. 성 위의 낮은 성가퀴인 여곽女郭과 풍원馮垣을 차례로 설치해 병사 1인으로 하여금 지키게 한다. 여기에는 귀한 집안의 자식을 임명한다.

여금如今을 필원은 여령如令, 왕인지는 내령乃令의 잘못으로 보았다. 손이양은 필원의 견해를 좇았다. 근밀위고謹密爲故의 '위고'는 일을 처리한다는 뜻이다. 여곽女郭은 성 밖에 만든 작은 성가퀴로 여원女垣과 같다. 소시학은 풍원일인馮垣一人의 '일인'을 연자로 보았다.

70-6

五十步一擊. 因城中里爲八部, 部一吏, 吏各從四人, 以行衝術及里中. 里中父老小不擧守之事及會計者, 分里以爲四部, 部一長, 以苛往來不以時行•行而有他異者, 以得其姦. 吏從卒四人以上有分者, 大將必與爲信符, 大將使人行守操信符, 信不合及號不相應者, 伯長以上輒止之, 以聞大將. 當止不止及從吏卒縱之, 皆斬. 諸有罪自死罪以上, 皆遝父母•妻子同産. 諸男女有守於城上者, 什六弩•四兵. 丁女子•老少, 人一矛.

50보마다 병기를 저장하는 격隔 1개를 설치한다. 성 안의 마을은 모두 8부部로 나누고, 각 부마다 책임 관원 1명을 둔다. 관원은 각각 4명의 보좌진을 이끌고 중요 도로와 마을의 뒷골목 등을 순찰한다. 수비와 요역 등에 참여하지 않는 노인과 젊은이들은 마을을 4부로 나눠 순찰한다. 각 부마다 책임자 1인을 두고, 오가는 사람을 검문하거나 불시로 마을을 순찰하다가 거동이 이상한 자가 있으면 곧바로 적발해 그 행적을 캐낸다. 대장은 병사 4명 이상을 거느리고 수비 임무를 수행하는 자에게 반드시 일종의 신임장인 신부信符를 만들어 주어야 한다. 이때 사람을 파견해 수시로 수비 상황을 점검하면서 신부의 소지 여부를 반드시 조사하게 한다. 신부가 규정에 어긋나고 암호에 응답치 않는 자가 있을 경우 백장百長 이상의 장령이 곧바로 그를 제지하고 대장에게 보고한다. 정지 명령에도 정지하지 않거나 장병이 이런 자를 멋대로 풀어줄 경우 모두 참한다. 군법을 어겨 사죄死罪 이상의 죄를 범할 경우 그 형벌은 부모처자를 비롯해 자식과 형제에게까지 미친다. 성 위에서 수비하는 남자들 가운데 10분의 6은 쇠뇌와 활을 소지하고, 나머지 10분의 4는 다른 병기를 든다. 젊은 여자와 노인 및 어린애는 창 1개를 소지한다.

오십보일격五十步一擊의 '격'을 소시학은 루樓의 잘못으로 보았으나 손이양은 적의 공격을 막기 위해 설치한 시설인 격隔의 오자로 파악했다. 충술衝術은 길거리를 뜻한다. 손이양은 「기치」의 항술巷術과 같은 의미라고 했다. 회계會計는 여기서 무기를 들고 싸우는 것 이외의 일을 지칭한다. 가왕래苛往來의 '가'를 『주례』「사인射人」에 대한 정현의 주는 힐문詰問으로 풀이했다. 유분자有分者를 두고 왕인지는 '분' 뒤에 수守가 빠졌다고 했다. '분수'는 나눠 지킨다는 의미이다. 백장伯長은 백장百長과 같다. 동산同産은 같은 어머니에게서 난

형제들을 말한다. 정여자丁女子는 튼튼한 젊은 여인으로 정녀丁女와 같다. 젊은 남자는 정남丁男이라고 한다.

70-7

卒有驚事, 中軍疾擊鼓者三, 城上道路·里中巷街, 皆無得行, 行者斬. 女子到大軍, 令行者男子行左, 女子行右, 無並行. 皆就其守, 不從令者斬. 離守者三日而一徇, 此所以備姦也. 里正與皆守宿里門, 吏行其部, 至里門, 正與開門內吏, 與行父老之守及窮巷幽間無人之處. 姦民之所謀爲外心, 罪車裂. 正與父老及吏主部者, 不得, 皆斬. 得之, 除, 又賞之黃金, 人二鎰. 大將使使人行守, 長夜五循行, 短夜三循行. 四面之吏亦皆自行其守, 如大將之行, 不從令者斬.

문득 경계할 일이 생기면 대장이 있는 중군은 급히 북을 3번 울리고, 성 위의 길을 비롯해 마을의 골목길까지 봉쇄한다. 어기는 자는 참한다. 여자가 대군大軍에 들어오면 남자는 왼쪽, 여자는 오른쪽으로 걷는다. 나란히 걸어서는 안 된다. 군민 모두 각자 맡은 지역을 충실히 수비해야 한다. 명을 좇지 않는 자는 참한다. 수비 위치를 멋대로 떠난 자는 참한 뒤 그 시체를 3일 동안 이리저리 끌고 다시며 전시傳尸한다. 간사한 행동을 미연에 막기 위한 것이다. 이장과 마을의 장년들은 마을 어귀의 문을 단속한다. 관원이 자신의 부部를 순시하다가 마을 어귀의 문에 이르면 이장이 문을 열고 맞아들인다. 이어 관원을 배행陪行하면서 노인이 지키는 곳과 외진 골목까지 순찰한다. 간사한 마음을 품고 적과 내통한 간민姦民은 몸을 수레에 매어 찢어 죽이는 거열형車裂刑에 처한다. 이장과 부로父老 및 부를 관리하는 관원이 간민을 적발 내지 포획하지 못하면 모두 참한다.

간민을 적발 내지 포획하면 사면하고 1인 당 황금 2일鎰을 포상으로 내린다. 대장은 신임하는 부하를 각 수비지역에 파견해 수비 상황을 점검한다. 밤이 긴 겨울에는 하루 밤에 5번, 짧은 여름에는 3번 순찰케 한다. 사방을 지키는 장령들 역시 자신이 관할하는 수비지역을 대장과 마찬가지로 순찰한다. 이를 이행하지 않는 자는 참한다.

경사驚事의 '경'을 『문선』「탄서부歎逝賦」의 이선 주는 경계할 경警과 통한다고 했다. 삼일이일순三日而一徇을 두고 소시학은 '이'를, 손이양은 '이일'을 연자로 보았다. 이정里正은 이장里長과 같다. 개수皆守를 손이양은 유수자有守者의 잘못으로 보았다. 이일二鎰의 '일'은 무게 단위로 24량兩에 해당한다. 사인使人을 손이양은 대장 밑에서 수비를 점검하는 일을 떠맡은 신인信人의 잘못으로 보았다.

70-8

諸竈必爲屛, 火突高出屋四尺. 愼無敢失火, 失火者斬其端, 失火以爲事者車裂. 伍人不得, 斬. 得之, 除. 救火者無敢讙譁, 及離守絶巷救火者斬. 其正及父老有守此巷中部吏, 皆得救之, 部吏亟令人謁之大將, 大將使信人將左右救之, 部吏失不言者斬. 諸女子有死罪及坐失火皆無有所失, 逮其以火爲亂事者如法.

모든 취사장에는 반드시 방화용防火用 문을 설치하고, 굴뚝은 지붕보다 4척 위로 올라가게 만든다. 조심하여 불이 나는 일이 없게 하려는 것이다. 실화失火한 자는 참하고, 고의로 방화放火해 민심을 어지럽힌 자는 거열형에 처한다. 이웃사람끼리 조성된 5인조는 스스로 방화한 자를 포획하지 못할 경우 모두 참한다. 늦게라도 포획하면 사면한다. 진화鎭火할 때 큰 소리로 떠들어서는 안 된다. 큰 소리로 떠들거나 멋대로 자신의 수비지역을 떠나 불을 끄는 자도 참한다. 불이 난 지역의 이장과 부로 및 그 부의 관원 모두 구화救火 작업에 적극 나선다. 그 부의 관원은 급히 사람을 대장에게 보내 이를 보고하고, 대장은 신임하는 자를 급파해 부하들과 함께 불을 끄게 한다. 그 부의 관원이 사실을 은폐해 보고하지 않을 경우 참한다. 여자가 사죄死罪를 범하거나, 실화를 범하기는 했으나 남에게 피해를 주지 않았을 경우 화재로 소란을 야기한 화란죄火亂罪로 처벌한다.

화돌火突은 연통을 뜻한다. 오인伍人은 연대책임을 지는 기본 단위로 오가五家를 뜻한다. 무감환화無敢讙譁의 '환화'는 시끄럽게 떠드는 것으로 훤화喧譁와 같다. 이수절항離守絶巷의 '절'을 필원은 난亂으로 새겼다.

70-9

圍城之重禁. 敵人卒而至, 嚴令吏民無敢讙囂·三最·並行·相視坐泣·流涕若視·擧手相探·相指·相呼·相麾·相踵·相投·相擊·相靡以身及衣·訟駁言語, 及非令也而視敵動移者, 斬. 伍人不得, 斬. 得之, 除.

적에게 성이 포위됐을 때 가장 무거운 금령은 다음과 같다. 적이 문득 기습공격을 가해오면 관민에게 엄명을 내려 감히 큰소리로 떠들거나, 3인 이상 모여 있거나, 2인 이상이 내달리거나 하지 못하게 한다. 또 상대방에 대해 바라보며 쭈그려 앉아 울거나, 눈물과 콧물을 흘리며 바라보거나, 손을 들어 더듬거나, 손가락질을 하거나, 큰소리로 부르거나, 손을 흔들거나, 발을 구르거나, 물건을 던지거나, 치고받거나, 몸이나 옷을 부비거나, 말다툼을 하거나, 명이 없는데도 적의 움직임을 보고 크게 놀라 멋대로 움직이거나 하지 못하게 한다. 이를 어긴 자는 참한다. 5인조가 이를 적발 내지 제지하지 못해도 모두 참한다. 늦게라도 적발 내지 제지하면 사면한다.

환효讙囂는 시끄럽게 군다는 뜻으로 앞에 나온 환화讙譁와 같다. 삼최三最의 '최'를 왕인지는 취聚와 통하는 취冣의 잘못으로 보았다. 병행並行은 둘이 나란히 가는 것을 말한다. 송박訟駁은 시비를 다투며 공방을 펼친다는 뜻이다.

70-10

伍人踰城歸敵, 伍人不得, 斬. 與伯歸敵, 隊吏斬. 與吏歸敵, 隊將斬. 歸敵者父母妻子同産, 皆車裂. 先覺之, 除. 當術需敵, 離地, 斬. 伍人不得, 斬. 得之, 除. 其疾鬪却敵於術, 敵下終不得復上, 疾鬪者隊二人, 賜上奉. 而勝圍, 城周里以上, 封城將三十里地爲關內侯, 輔將如令賜上卿, 丞及吏比於丞者, 賜爵五大夫. 官吏·豪傑與計堅守者, 十人及城上吏比五官者, 皆賜公乘. 男子有守者爵, 人二級, 女子賜錢五千, 男女老小先分守者, 人賜錢千, 復之三歲, 無有所與, 不租稅. 此所以勸吏民堅守勝圍也.

5인조 가운데 1인이 성벽을 넘어 적에게 투항하면 이를 저지 내지 포획하지 못한 자를 모두 참한다. 100인조에서 투항하는 자가 있으면 백장百長을 참하고, 백장이 투항하면 그가 소속돼 있는 사방 성문의 대장을 참한다. 적에게 투항한 자의 부모처자를 비롯해 자식과 형제 모두 거열형에 처한다. 낌새를 눈치 채고 투항하지 않은 자는 사면한다. 적이 쳐들어오는 길목을 지키면서 두려워한 나머지 자리를 이탈한 자는 참한다. 5인조가 이를 제지하지 못했으면 모두 참한다. 늦게라도 제지했으면 사면한다. 속전속결로 적을 패퇴시켜 적이 다시는 공격하지 못하게 만들면 1개 부대 당 용사 2인씩 추천케 해 최고의 포상을 내린다. 적의 포위망을 격파하고 적을 성에서 1리 이상 물리쳤을 때는 수장守將에게 30리 땅을 떼어주고 관내후關內侯에 봉한다. 보좌한 부장副將은 규정을 좇아 상경上卿의 벼슬을 내린다. 승丞과 그에 상당하는 서리胥吏 등은 오대부五大夫의 벼슬을 내린다. 수성의 작전에 참여한 여타 관원과 호걸豪傑 및 사인士人과 오관五官에 해당하는 성 위의 관원에게는 관용 수레를 내준다. 수비를 담당한 남자에게는 작위를 내리고, 2급의 벼슬을 더해 준다. 여자는 5천 전錢을 상으로 준다. 수비에 참여한 나머지 사람들은 남녀노소를 막론하고 1인 당 1천 전을 상으로 내리고 3년 동안 세금과 부역을 면제해 준다. 모두 관민에게 견고히 수비하여 적의 포위망을 격파할 것을 고취키 위한 것이다.

손이양은 여백귀적與伯歸敵의 '백'을 백인百人으로 새기면서, 대리참隊吏斬의 '대리'를 앞에 나온 백장伯長 내지 백장百長과 같다고 했다. 대장隊將은 사방 성문의 대장을 말한다. 당술수적當術需敵의 '당술'을 손이양은 적이 공격해 들어오는 길인 「비성문」의 당대當隊와 같다고 했다. '수'가 오초본에는 서舒로 되어 있다. 손이양은 두려워할 나懦로 새겼다. 『고공기考工記』「주인輈人」에 대한 정현의 주는 나需를 외나畏懦로 풀이했다. 질투疾鬪는 용감히 싸운다는 의미로 분투奮鬪와 같다. 상봉上奉의 '봉'은 봉록을 뜻하는 봉俸과 통한다. 관내위關內侯는 봉지가 없는 제후로 명예직이다. 보장輔將은 보좌하는 장수로 비장裨將과 같다. 여기서는 사방의 문을 지키는 장수를 뜻한다. 여령사상경如令賜上卿의 '령'은 현령, '상경'은 조정의 최상급 대관을 지칭한다. 승급리丞及吏의 '승'은 현령의 보좌관을 말한다. 오대부五大夫는 상급의 대부를 뜻한다. 십인급성상리비오관자十人及城上吏比五官者의 '십인'을 소시학은 사인士人의 잘못으로 보았다. '성상리'를 손이양은 백위지속百尉之屬을 뜻한다고 풀이했다. '오관'은 여기서 주로 숙위를 담당하는 무관을 지칭한다. 공승公乘은 공용수레를 말한다. 복지삼세復之三歲의 '복'은 부역과 세금의 면제를 뜻하고, '세'는 년年의 의미이다.

70-11

吏卒侍大門中者, 曹無過二人. 勇敢爲前行, 伍坐, 令各知其左右前後. 擅離署, 戮. 門尉晝三閱之, 莫, 鼓擊門閉一閱. 守時令人參之, 上逋者名. 鋪食皆於署, 不得外食. 守必謹微察視謁者·執盾·中涓及婦人侍前者志意·顏色·使令·言語之請. 及上飲食, 必令人嘗, 皆非請也, 擊而請故. 守有所不說謁者·執盾·中涓及婦人侍前者, 守曰'斷之, 衝之, 若縛之'. 不如令, 及後縛者, 皆斷. 必時素誡之. 諸門下朝夕立若坐, 各令以年少長相次, 旦夕就位. 先佑有功有能, 其餘皆以次立. 五日官, 各上喜戲, 居處不莊, 好侵侮人者一.

장병 가운데 관서의 대문을 지키는 자들은 1개조를 편성할 때 2명을 넘지 말아야 한다. 용감한 자를 앞에 세우되 대오의 배열에 따라 각자 자신의 좌우전후를 숙지케 한다. 멋대로 관서를 떠나는 자는 죽인다. 문위門尉는 매일 낮에 3번 점호點呼한다. 저녁에 북이 울려 문을 닫은 후에도 다시 한 번 점호한다. 수장守將은 수시로 사람을 보내 순찰하면서 멋대로 자리를 떠난 자의 명단을 올리게 한다. 위병衛兵은 새참을 모두 자기 부서에서 먹어야 한다. 밖으로 나가 먹으면 안 된다. 수장은 반드시 삼가 조심해 가까이서 일하는 알자謁者와 근위병인 집순執盾, 아전인 중연中涓, 시중하는 부인婦人의 마음가짐과 안색 및 명을 따르는 태도와 말씨 등을 자세히 살펴야 한다. 음식이 올라오면 반드시 다른 사람에게 먼저 맛보게 한다. 이상한 정황이 나타나면 곧바로 잡아다가 심문한다. 수장은 자신의 신변에 있는 알자와 집순 및 중연과 부인의 언행에 문제가 있을 경우 곧바로 '처단하라, 매우 쳐라, 오라를 지워라!'는 식으로 여러 명을 내린다. 명을 따르지 않거나 굼뜨게 행동하는 자 역시 모두 처벌한다. 이는 이들이 반드시 평소에 서로 경계토록 만들려는 조치이다. 관서의 대문 앞을 조석으로 지키는 자는 교대로 근무한다. 연령의 대소를 순서로 삼아 차례를 정해 놓고 조석으로 교대하며 위치를 지킨다. 이때 공을 세웠거나 유능한 자를 우대하고, 나머지 사람들은 순서를 좇아 근무한다. 관장官長은 5일 단위로 순찰 도중 희학질을 하거나, 근무태도가 엄정하지 못하거나, 남을 업신여기거나 한 자들의 이름을 적어 위에 보고한다.

조무과이인曹無過二人의 '조'는 무리를 뜻하는 말로 조組와 통한다. 오좌伍坐는 5명이 한 조를 이뤄 앉아 있는 것을 뜻한다. 포식餔食의 '포'를 필원은 오후 3시에서 5시 사이에 먹는 새참인 포餔의 잘못으로 보았다. 알자謁者는 성을 지키는 장수가 다른 사람을 만나는 것을 주선하는 사람을 말한다. 집순執盾은 장수를 곁에서 호위하는 근위병을 지칭한다. 중연中涓은 찾아온 사람을 접대하는 관원을 뜻한다. 언어지청言語之請의 '청'을 소시학은 정情과 통한다고 했다.

격이청고擊而請故를 손이양은 죄인을 묶어다가 힐문한다는 뜻의 계이힐고繫而詰故의 잘못으로 보았다. 시소계時素誡는 때로는 평소부터 경계하는 것을 말한다. 오일관五日官을 손이양은 날마다 5번 시찰하는 일오열지日五閱之의 잘못으로 보았다. 희희喜戲는 장난치며 논다는 뜻으로 희희嬉戲와 같다. 침모인자일侵侮人者一의 '일'을 손이양은 명名의 잘못으로 보았다.

70-12

諸人士外使者來，必令有以執將. 出而還若行縣，必使信人，先戒舍室，乃出迎，門守，乃入舍. 爲人下者常司上之，隨而行，松上不隨下. 必須□□隨. 客卒守主人，及其爲守衛，主人亦守客卒. 城中戍卒，其邑或以下寇，謹備之，數錄其署，同邑者弗令共所守. 與階門吏爲符，符合入，勞. 符不合，牧，守言. 若城上者，衣服，他不如令者. 宿鼓在守大門中，莫，令騎若使者•操節閉城者，皆以執毚. 昏鼓，鼓十，諸門亭皆閉之. 行者斷，必擊問行故，乃行其罪. 晨見掌文鼓縱行者，諸城門吏各入請籥. 開門已，輒復上籥. 有符節不用此令.

외래 사절을 포함한 모든 인사는 반드시 신분을 증명하는 부절符節을 소지해야 한다. 멀리 외출했다가 돌아오거나, 멀리 순행을 나갔다가 돌아오거나 할 때는 반드시 먼저 믿을 만한 사람을 보내 묵을 곳을 조사하고, 영접을 받게 되면 수장에게 이를 보고한 뒤 숙소로 들어간다. 하사下司는 늘 상사上司의 뜻을 세심히 살피고 수행해야 하니, 매사에 상사의 의중을 좇아야 하고 밑의 사람을 따라서는 안 된다. 반드시 명을 기다렸다가 수종해야 한다. 내부 출신 주인主人을 보조키 위해 온 외부 출신 객졸客卒이 수비 임무를 맡게 되면 주인

측은 객졸과 마찬가지로 수비 역할을 수행하며 감찰한다. 혹여 있을 간모奸謀를 방지하려는 것이다. 성 안에 있는 수자리 병사인 수졸戍卒은 그들의 고향이 적에게 함락될 경우 요주의要注意 대상으로 삼는다. 수시로 그들의 부서를 검열하고, 그들의 동향 사람을 같은 부서에 배치하지 않는다. 성 위의 계단과 누대를 지키는 관원은 부절을 엄격히 통제한다. 부절이 맞는 사람만 들여보내 위로하고, 맞지 않는 자는 즉각 체포해 수장에게 보고하는 게 그렇다. 성 위로 오는 자의 의복이나 기타 모습이 명령과 같지 않을 경우도 그같이 한다. 수장이 머무는 곳의 대문 안에 북을 비치한다. 저녁에 기병騎兵과 사자使者로 하여금 부절을 들고 가서 폐문閉門의 명을 전하게 한다. 사자는 반드시 명령 집행을 상징하는 부신符信을 소지해야 한다. 저녁에 호령을 전하는 북이 10번 울리면 사방의 모든 문과 정자는 폐문을 행한다. 금령을 어기고 나다니는 자는 반드시 잡아서 그 배경을 심문하고, 그 죄를 묻는다. 아침이 되면 큰북을 울려 다니는 것을 허락한다. 모든 성문 담당자는 각자 관서로 들어가 열쇠를 받아가지고 나와 문을 연다. 연 뒤에는 곧바로 열쇠를 반납한다. 부절이 있는 자는 이를 좇지 않아도 된다.

집장執將의 '장'을 손이양은 신분을 표시하는 기장旗章과 부절符節로 풀이했다. 문수내입사門守乃入舍의 '문'을 손이양은 문聞의 잘못으로 보았다. 문수聞守는 성의 장수에게 보고하는 것을 뜻한다. 사상지司上之를 왕인지는 윗사람의 뜻을 엿보는 사상지伺上志의 잘못으로 파악했다. 송상松上의 '송'을 왕인지는 종從으로 해석했다. □□수隨의 □□에 대해 주석가들이 구체적인 해석을 시도하지는 않았으나 문맥상 대략 기다리며 따른다는 뜻의 대이待而가 생략된 것으로 짐작된다. 하구下寇는 적에게 함락된다는 뜻이다. 삭록數錄은 자주 점검한다는 의미이다. 목수언牧守言의 '목'을 소시학은 수收의 잘못으로 보았고, 손이양은 이를 좇아 수언수收言守로 풀이했다. 약성상자若城上者의 '성상'이 오초본에는 상성上城으로 되어 있다. 집참執毚의 '참'을 손이양은 집규執圭의 규圭가 잘못된 구龜의 오자로 보았다. 「경주」에 나오는 백약지구白若之龜의 '구'가 옛 판본에 참毚으로 되어 있다. '집규'는 옥으로 된 홀인 규圭를 들고 있는 사람으로 곧 벼슬한 사람을 지칭한다. 격문擊門의 '격'을 손이양은 계繫의 잘못으로 보았다. 문고文鼓는 큰 북으로 분고賁鼓와 통한다. 청약請籥의 '약'을 소시학은 약鑰과 같다고 했다. 『월령月令』에 대한 공영달의 소는 열쇠를 뜻하는 관약管籥을 마치 관악기의 구멍을 막거나 떼는 것에 비유해 풀이했다.

70-13

寇至, 樓鼓五, 有周鼓, 雜小鼓乃應之. 小鼓五後從軍, 斷. 命必足畏, 賞必足利, 令必行, 令出輒人隨, 省其可行不行. 號, 夕有號, 失號, 斷. 爲守備程而署之曰'某程', 置署街街衢階若門, 令往來者皆視而放. 諸吏卒民有謀殺傷其將長者, 與謀反同罪, 有能捕告, 賜黃金二十斤, 謹罪. 非其分職而擅取之, 若非其所當治而擅治爲之, 斷. 諸吏卒民非其部界而擅入他部界, 輒收以屬都司空若候, 候以聞守, 不收而擅縱之, 斷. 能捕得謀反·賣城·踰城敵者一人, 以令爲除死罪二人, 城旦四人. 反城事父母去者, 去者之父母妻子.

적이 공격해 오면 누대의 북을 5번 울리고, 다시 사방을 향해 북을 친다. 이때 주변에 있는 크고 작은 북도 이에 응해 함께 울린다.

작은 북이 5번 울린 후에 소집에 응한 자는 처단한다. 명령은 반드시 두려워할 만하고, 포상은 반드시 이롭게 여길 만하고, 명령은 반드시 실행돼야 한다. 명령이 내려지면 사람들은 곧바로 명을 좇아 행할 것과 행해서는 안 될 사항을 숙지해야 한다. 암호는 저녁에 쓰는 암호가 따로 있다. 암호가 틀리는 자는 처단한다. 계엄의 규정을 마련한 뒤 「모모某某 규정」의 표제를 붙여 모든 거리와 골목, 계단, 문 등에 부착한다. 왕래하는 자들이 모두 빠짐없이 보고 따르게 하려는 조치이다. 군관민 가운데 상급자를 살상하려고 한 자는 모반죄謀反罪의 극형으로 다스린다. 고발한 자는 황금 20근을 내리고 죄를 면해 준다. 직책을 벗어나 멋대로 취하거나, 직권을 남용해 비리를 저지른 자는 처단한다. 군관민 가운데 자신의 구역이 아닌데도 멋대로 들어간 자는 곧바로 체포해 죄인을 다루는 도사공都司空이나 해당 관서의 집행 관원에게 인도하면 이들은 이 사건을 수장에게 보고한다. 체포하지 않고 멋대로 놓아준 자는 처단한다. 모반을 꾀하거나, 군사기밀을 넘기거나, 성을 넘어가 투항코자 한 자 1명을 체포했을 경우 사죄死罪를 2번, 중노동의 형벌을 4번 면제시켜 줄 수 있다. 성을 배반하고 부모도 버린 채 달아날 경우 그 부모와 처자까지 모두 엄단한다.

가행불행可行不行의 '가'를 손이양은 연자로 보았다. 가가구街街衢를 두고 소시학은 '가' 한 글자가 잘못 덧붙여졌다고 했으나 손이양은 술가구術街衢의 잘못이라고 했다. 시이방視而放의 '방'을 소시학은 모방할 방倣으로 새겼으나 손이양은 지知의 잘못이라고 했다. 도사공약후都司空若候의 '도사공'을 『한서』「백관공경표百官公卿表」에 대한 여순如淳의 주는 물과 죄인을 관장하는 관원으로 풀이했다.

'후'는 하급 집행관원을 말한다. 유성적踰城敵의 '적' 앞에 필원은 귀歸가 빠졌다고 했다. 성단城旦을 『한서』「혜제기惠帝紀」의 주는 응소應劭의 주석을 인용해 아침부터 성을 쌓는 일을 하는 중죄인으로 풀이했다. 사부모事父母의 '사'를 손이양은 기棄의 잘못으로 보았다.

70-14

悉擧民室材木•瓦若藺石數, 署長短小大. 當擧不擧, 吏有罪. 諸卒民居城上者各葆其左右, 左右有罪而不智也, 其次伍有罪. 若能身捕罪人若告之吏, 皆構之. 若非伍而先知他伍之罪, 皆倍其構賞. 城外令任, 城內守任. 令•丞•尉亡得入當, 滿十人以上, 令•丞•尉奪爵各二級. 百人以上, 令•丞•尉免, 以卒戍. 諸取當者, 必取寇虜, 乃聽之.

싸움을 벌이기 전에 미리 민가에 있는 재목과 기와 및 돌덩이 등의 숫자와 장단대소를 모두 조사해 기록해 두어야 한다. 그리하지 않은 관원에게 죄를 묻는다. 군민 가운데 성 위에 있는 자는 좌우에 배치된 사람과 연좌책임을 진다. 좌우의 사람에게 죄가 있는데도 이를 알지 못했다면 소속된 5인조와 함께 같은 죄로 묻는다. 죄인을 체포하거나 관원에게 고발하면 포상을 받는다. 자신의 소속이 아닌 다른 5인조의 죄를 고발하면 2배의 포상을 받는다. 성 밖의 일은 수령守令, 성 안의 일은 수장守將의 책임이다. 영令과 승丞, 위尉 등의 관원은 부하 가운데 일부가 달아났을 때 포획한 도주자와 포로의 숫자로 그 책임을 면해 준다. 다만 도망자가 10명 이상이면 영, 승, 위의 직책에서 각각 2급씩 낮춘다. 도망자가 1백 명 이상이면 영, 승, 위의 직책을 빼앗고 성을 지키는 수졸戍卒로 강등시킨다. 달아난 자를 머리 숫자로 상계相計하려면 반드시 그 숫자만큼 포로를 잡아야 한다. 그래야 용서받을 수 있다.

린석藺石은 성 위에서 아래로 던지는 돌을 말한다. 개구지皆構之의 '구'를 고광기는 『설문해자』를 인용해 재물로써 구하는 구購와 통한다고 했고, 소시학은 상賞으로 새겼다. 청지聽之는 변명을 들어주는 것으로 곧 용서한다는 의미이다..

70-15

募民欲財物粟米以貿易凡器者, 卒以賈予. 邑人知識•昆弟有罪, 雖不在縣中而欲爲贖, 若以粟米•錢金•布帛•他財物免出者, 令許之. 傳言者十步一人, 稽留言及乏傳者, 斷. 諸可以便事者, 亟以疏傳言守. 吏卒民欲言事者, 亟爲傳言請之吏, 稽留不言諸者, 斷. 縣各上其縣中豪傑若謀士•居大夫重厚, 口數多少. 官府城下吏卒民家前後左右相傳保火. 火發自燔, 燔曼延燔人, 斷. 諸以衆强凌弱少及强姧人婦女, 以喧嘩者, 皆斷.

백성의 재물과 곡식을 거둬 백성이 보유한 여러 기물과 무역貿易코자 할 경우 반드시 공평한 값을 치러야 한다. 고을에 사는 친구나 잘 아는 사람을 포함해 형제 가운데 죄를 지은 자가 있으면 비록 그가 성 안에 있지 않을지라도 곡식이나 돈, 포백布帛 등의 재물을 내고 그 죄를 대속代贖할 수 있다. 법령으로 이를 허락해야 한다. 전언傳言을 담당한 자는 10보마다 1명씩 둔다. 전언을 지체하거나 누락한 자는 처단한다. 군사상 업무를 편리하게 처리할 수 있는 사항은 문서화 해 속히 수장에게 전한다. 군관민 가운데 뭔가 말하고자 하는 자가 있으면 속히 관부에 청원해야 한다. 관원이 청원을 유보하거나 보고하지 않으면 처단한다. 현은 해당 현의 호걸豪傑이나 모사謀士, 벼슬을 그만둔 대부大夫, 인품이 중후重厚한 사람의 수가 얼마나 있는지 서면으로 보고한다. 관부를 포함해 성 아래 관원과 사병, 백성 모두 전후좌우에 있는 이웃집과 긴밀히 연락해 화재를 예방해야 한다. 실화失火로 자신의 집을 태우거나, 그 불로 이웃집까지 연소延燒케 만든 자는 처단한다. 강대한 자가 약소한 자를 업신여기거나, 부녀자를 욕보이거나, 소란을 일으키거나 할 때 모두 처단한다.

범기凡器는 각종 기물을 뜻한다. 졸이가여卒以賈予를 손이양은 공평한 값을 치러준다는 의미의 이평가여以平賈予의 잘못이라고 했다. 지식知識은 잘 아는 사람을 뜻하는 말로 친지親知와 같다. 편사便事는 군사에 편리한 것을 말한다. 거대부居大夫는 벼슬을 끝내고 집에 와 머무는 대부를 뜻한다. 중후重厚를 필원은 크게 부유한 부후富厚로 풀이했다. 강간强姧의 '간'을 『옥편』 간姦의 속자라고 했다. 오초본에는 강간強奸으로 되어 있다.

70-16

諸城門若亭, 謹候視往來行者符. 符傳疑•若無符, 皆詣縣廷言, 請問其所使. 其有符傳者, 善舍官府. 其有知識•兄弟欲見之, 爲召, 勿令里巷中. 三老•守閭令厲繕夫爲荅. 若他以事者微者, 不得入里中. 三老不得入家人. 傳令里中有以羽, 羽在三所差, 家人各令其官中, 失令若稽留令者, 斷. 家有守者治食. 吏卒民無符節而擅入里巷•官府, 吏•三老•守閭者失苛止, 皆斷. 諸盜守器械•財物及相盜者, 直一錢以上, 皆斷. 吏卒民各自大書於傑, 著之其署同, 守案其署, 擅入者, 斷. 城上日壹發席蓐, 令相錯發. 有匿不言人所挾藏在禁中者, 斷.

성문과 전망대용 정자를 관장하는 자는 왕래하는 자의 통행증인 부전符傳을 세밀히 살펴야 한다. 부전이 의심스럽거나 없으면 모두 현의 관청으로 이송해 누가 보냈는지 여부 등을 심문한다. 그들 가운데 부전이 있는 자는 관청으로 보내 잘 머물도록 한다. 그들이 지인이나 형제를 만나고자 하면 그들을 위해 불러주되 성 안의 마을에서 만나지는 못하게 한다. 그들이 고을의 삼로三老와 수려守閭에게 숫돌과 화살을 손질하며 거답渠荅을 만들게 한다. 만일 다른 일로 징발된 자라면 마을 안으로 들어갈 수 없다. 삼로도 민가로 들어가지 못한다. 마을에 명을 전하는 전령傳令은 새 깃으로 표지를 삼은 긴급군사우편인 우서羽書를 사용한다. 우서는 삼로의 집안에 둔다. 일반 백성에게 전하는 전령은 직접 그 집안에 전한다. 전령을 전하지 못하거나 지체했을 때는 처단한다. 전령을 맞이하는 삼로 집안의 집사는 음식을 장만한다. 군관민이 부절符節도 없이 멋대로 마을이나 관부로 들어가는데 관원이나 삼로 내지 수려가 이를 제때 검문하거나 제지하지 못하면 모두 처단한다. 여러 수비 기구나 재물을 훔치거나 이를 도운 자는 훔친 물건이 1전 이상의 값이 나가면 모두 처단한다. 군관민은 자신의 이름을 쓴 문패를 수비하는 자들이 머무는 서격署隔에 붙인다. 수장은 순찰 도중 멋대로 남의 부서에 들어가는 자를 적발해 처단한다. 성 위에서는 하루에 1번씩 바닥에 깐 자리를 들어 올려 조사한다. 자리는 서로 바꿔 사용한다. 개인이 금제품禁制品을 은밀히 소장한 사실을 알고도 이를 덮어주며 보고하지 않은 자는 같은 죄로 처단한다.

근후시謹候視는 엄격히 살피는 것을 말한다. 부전符傳은 부신符信과 신서信書 등의 증명서를 지칭한다. 영려선부令厲繕夫를 손이양은 숫돌과 화살을 손질하게 한다는 뜻의 영선려시令繕厲矢의 잘못으로 보았다. 위답爲荅의 '답'은 성을 수비하는데 사용하는 기물을 저장하는 곳을 말한다. 약타이사자미자若他以事者微者를 소시학은 약이타사징자若以他事徵者의 잘못이라고 했다. 부득입가인不得入家人의 '가인'을 손이양은 평민의 가정으로 들어가는 입가入家의 잘못일 공산이 크다고 했다. 소시학은 전령리중유이우傳令里中有以羽의 '유'를 자者, 삼소차三所差를 삼로소로三老所老, 관중官中을 궁중宮中의 잘못으로 보았다. 가지苛止를 필원은 꾸짖어 멈추게 한다는 뜻의 '불가지지不訶止之'로 새겼다. 상도相盜는 도둑질을 돕는 것을 말한다. 치일전直一錢의 '치'는 치値와 통한다. 대서어걸大書於傑의 '걸'을 손이양은 홰 걸桀의 가차로 보았다. 오초본에는 걸桀로 되어 있다. 서동署同을 손이양은 수비하는 자들이 머무는 서격署隔의 잘못으로 보았다. 발석욕發席蓐은 깔아놓은 자리를 들어 올리는 것을 말한다.

70-17

吏卒民死者, 輒召其人, 與次司空葬之, 勿令得坐泣. 傷甚者令歸治病, 家善養, 予醫給藥, 賜酒日二升·肉二斤, 令吏數行閭, 視病有瘳, 輒造事上. 詐爲自賊傷以辟事者, 族之. 事已, 守使吏身行死傷家, 臨戶而悲哀之. 寇去事已, 塞禱. 守以令益邑中豪傑力鬬諸有功者, 必身行死傷者家以弔哀之, 身見死事之後. 城圍罷, 主亟發使者往勞, 擧有功及死傷者數使爵祿, 守身尊寵, 明白貴之, 令其怨結於敵. 城上卒若吏各保其左右. 若欲以城爲外謀者, 父母妻子同産皆斷. 左右知不捕告, 皆與同罪. 城下里中家人皆相葆, 若城上之數. 有能捕告之者, 封之以千家之邑. 若非其左右及他伍捕告者, 封之二千家之邑.

군관민이 전사하면 곧바로 유족을 불러 위로하고, 차사공次司空에게 명해 전사자를 장사지내되 앉아서 울지는 못하게 한다. 심한 부상을 당한 자는 귀가해 요양하게 한다. 이때 의원을 보내주고 약도 대준다. 또 하루에 술 2승升과 고기 2근을 보내준다. 관원으로 하여금 자주 마을을 살피고 병이 나은 것을 알면 즉시 보고토록 한다. 귀대 조치해 봉사토록 하려는 것이다. 고의로 자해하거나 거짓으로 병을 칭해 군역을 피하려는 자는 3족三族을 연좌시켜 처벌한다. 전사자를 장사지낸 후 수장은 관원을 전사자와 부상자의 집에 보내 위문과 애도를 표하도록 조치한다. 적이 물러나고 전쟁이 끝나면 대대적인 거애擧哀 행사를 올린다. 이때 수장은 명을 내려 성 안의 호걸과 온 몸을 내던져 공을 세운 자들에게 후한 상을 내린 뒤 반드시 전사자와 부상자의 집을 찾아가 조문하고 위로하면서 전사자의 후손을 만나보아야 한다. 성의 포위가 풀리면 수장은 속히 사자를 보내 이들을 위로해야 한다. 유공자를 위시해 전사자와 부상자에 대한 논공행상을 하면서 작위와 벼슬을 나눠준다. 수장은 몸소 그들을 드러내 놓고 존중함으로써 그들의 원한 맺힌 마음이 적개심으로 승화케 만든다. 성 위의 병사와 관원은 각자 자신의 좌우 사람과 연대책임을 진다. 성 안의 사람이 밖에 있는 적과 모의할 경우 그의 부모처자와 형제들까지 모두 처단한다. 연좌책임을 지고 있는 인보隣保 단위의 좌우로 있으면서 이런 사실을 알고도 체포 또는 고발하지 않으면 같은 죄로 처벌한다. 성 아래 마을에 사는 사람들 모두 인보의 연좌책임을 숙지해야 하고, 상벌은 성 위의 경우와 같다. 죄를 범한 자를 체포 또는 고발하면 1천 호의 식읍食邑을 내린다. 같은 인보가 아닌 다른 인보의 범죄자를 체포 또는 고발하면 포상을 2배로 올려 2천 호의 식읍을 내린다.

차사공次司空은 도사공都司空 바로 밑의 관직을 말한다. 시병유추視病有瘳의 '추'는 병이 낫는 것을 뜻한다. 조사造事의 '조'는 이르게 된다는 의미이다. 족지族之의 '족'은 삼족을 멸한다는 뜻이다. 새도塞禱의 '새'는 푸닥거리를 한다는 뜻으로 『사기색은史記索隱』은 『사기』「봉선서封禪書」에 대한 주석에서 '새'를 신에게 복을 비는 새賽와 같다고 했다. 동산同産은 같은 집안에서 태어난 사람으로 곧 형제를 지칭한다.

70-18

城禁. 使•卒•民不欲寇微職•和旌者, 斷. 不從令者, 斷. 非擅出令者, 斷. 失令者, 斷. 倚戟縣下城, 上下不與衆等者, 斷. 無應而妄讙呼者, 斷. 總失者, 斷. 譽客內毁者, 斷. 離署而聚語者, 斷. 聞城鼓聲而伍後上署者, 斷. 人自大書版, 著之其署隔, 守必自謀其先後, 非其署而妄入之者, 斷. 離署左右, 共入他署, 左右不捕, 挾私書, 行請謁及爲行書者, 釋守事而治私家事, 卒民相盜家室•嬰兒, 皆斷, 無赦. 人擧而藉之. 無符節而橫行軍中者, 斷. 客在城下, 因數易其署而無易其養, 譽敵少以爲衆, 亂以爲治, 敵攻拙以爲巧者, 斷. 客•主人無得相與言及相藉, 客射以書, 無得譽, 外示內以善, 無得應, 不從令者, 皆斷. 禁無得擧矢書, 若以書射寇, 犯令者父母•妻子皆斷, 身梟城上. 有能捕告之者, 賞之黃金二十斤. 非時而行者, 唯守及摻太守之節而使者.

수성을 위한 금령禁令은 이와 같다. 군관민은 임의로 성 아래로 내려갈 수 없다. 멋대로 적의 휘장이나 깃발을 본뜨는 자는 처단한다. 명을 따르지 않는 자도 처단한다. 멋대로 그릇된 명을 내리는 자도 처단한다. 명을 지키지 못하는 자도 처단한다. 창을 지렛대 삼아 성 위에서 아래로 뛰어내리거나, 성을 오르내리면서 여러 사람과 행동을 같이하지 않는 자도 처단한다. 호령에 응하지 않고 멋대로 소리를 내지르는 자도 처단한다. 죄인을 놓치거나 공물을 잃는 자도 처단한다. 적을 칭찬하며 아군을 비방하는 자도 처단한다. 멋대로 자리를 떠나 여러 사람과 얘기하는 자도 처단한다. 성의 북소리를 듣고도 북이 5번이나 울릴 때까지 뒤척이며 늦게 부서로 온 자도 처단한다. 사람들은 자신의 이름을 나무판에 쓴 뒤 부서의 벽에 붙인다. 장수는 반드시 스스로 부하들의 부서를 세밀히 살핀 뒤 자기 부서가 아닌데도 함부로 들어가는 자는 처단한다. 부하를 이끌고 자기 부서가 아닌 남의 부서로 들어가거나 좌우에 있으면서도 이를 제지하지 않은 자, 사적인 서신을 옆에 끼고 다니면서 청탁을 하거나 대신 편지를 써 보내는 자, 수비하는 일은 내팽개친 채 사사로운 일을 행하는 자, 군민 가운데 서로 남의 처자나 아이를 훔치는 자들은 모두 가차없이 처단하고 결코 용서치 않는다. 빼앗은 처자 등은 사람들의 천거를 토대로 법에 따라 호적을 만들어준다. 부절도 없이 군중軍中을 멋대로 돌아다니는 자는 처단한다. 적이 성 아래에 와 있을 때 적의 규모에 따라 부서를 바꾸면서 급양給養을 바꾸지 않거나, 적의 숫자가 적은데도 많다고 보고하거나, 적이 혼란한데도 잘 정비돼 있다고 보고하거나, 적의 공격이 졸렬한데도 교묘하다고 보고한 자는 처단한다. 적과 아군은 서로 말을 건네거나 물건을 빌려서는 안 된다. 적이 활로 서신을 쏘아 보낼 때 이를 주워서는 안 된다. 적이 성 안의 아군을 향해 선동할 때 이에 호응하거나 해서는 안 된다. 이런 금령을 좇지 않는 자는 모두 처단한다. 적이 활로 서신을 쏘아 보낼지라도 이를 줍지 말 것을 명하고, 서신을 화살에 매어 적에게 쏘는 식으로 군령을 범하면 그 부모처자까지 처단한 뒤 성 위에 그들의 시체를 전시傳尸한다. 이런 자를 포획 또는 고발하는 자에게는 황금 20근을 포상으로 내린다. 통행금지 시간에 다닐 수 있는 사람은 오직 장수와 장수의 부절을 갖고 있는 사자뿐이다.

손이양은 사졸민使卒民의 '사'를 리吏, 불욕不欲을 하효下效의 오자로 보았다. 또 미직微職을 군인의 휘장을 뜻하는 휘지徽識의 가차로 파악했다. 화정和旌은 군문에 세워두는 깃발을 말한다. 『주례』「대사마직大司馬職」에 대한 정현의 주는 화和를 군문軍門으로 새겼다. 의극현하성倚戟縣下城은 계단을 통하지 않고 창에 의지해 성을 내려간다는 뜻이다. 환호讙呼는 시끄럽게 소리 지는 것을 의미한다. 총실總失의 '총'을 손이양은 풀어줄 종縱의 잘못으로 보았다. 청알請謁은 청탁請託과 같다. 상자相藉는 서로 빌려 쓰는 것을 말한다. 삼태수지절摻太守之節의 '삼'을 손이양은 조操의 이체자라고 했다. '삼'은 취하거나 붙잡는다는 뜻으로, 예쁜 손 모양을 뜻할 때는 '섬', 북장단을 뜻할 때는 '참'으로 읽는다. '절'은 부절符節을 말한다.

70-19

守入臨城, 必謹問父老•吏大夫, 請有怨仇讎不相解者, 召其人, 明白爲之解之. 守必自異其人而藉之, 孤之. 有以私怨害城若吏事者, 父母•妻子皆斷. 其以城爲外謀者, 三族. 有能得若捕告者, 以其所守邑小大封之, 守還授其印, 尊寵官之, 令吏大夫及卒民皆明知之.

수장이 성 안으로 들어와 성을 지키는 원리는 이와 같다. 수장은 반드시 부로와 관리 및 대부에게 성 안의 실정을 자세히 물어본다. 원한을 품고 있는데도 서로 풀지 않는 자들이 있으면 모두 불러 분명히 화해케 만든다. 수장은 동시에 반드시 그런 사람들의 명단을 만든 뒤 그들이 함께 거주하거나 일을 함께 하는 일이 없도록 조치한다. 사사로운 원한으로 성의 수비 업무나 관원의 직무를 해치는 자가 있으면 그 부모처자까지 처단한다. 성 밖의 적과 모의해 모반을 꾀하는 자는 삼족을 멸한다. 그런 자들을 체포 내지 고발하는 자는 그에 합당한 규모의 성읍을 식읍으로 내린다. 수장은 그에게 관인官印을 내주면서 높은 관직을 하사한다. 이는 관원 및 대부와 군민들로 하여금 이를 명백히 알고 좇아 할 것을 권하기 위한 것이다.

임성臨城은 성의 방비에 임한다는 의미이다. 적지藉之의 '적'은 기록할 적籍의 가차로 사용된 것이다.

70-20

豪傑之外多交諸侯者, 常請之, 令上通知之, 善屬之, 所居之吏上數選具之, 令無得擅出入, 連質之. 術鄉長者•父老•豪傑之親戚父母•妻子, 必尊寵之 若貧人食不能自給食者, 上食之. 及勇士父母•親戚•妻子, 皆時賜酒肉, 必敬之, 舍之必近太守. 守樓臨質宮而善周, 必密塗樓, 令下無見上, 上見下, 下無知上有人無人.

밖으로 제후들과 두루 교제하는 호걸은 수시로 초청해 친하게 지낸다. 이는 위에서 그의 가치를 잘 인식해 크게 예우하고, 해당 지역 관원 또한 그를 자주 연회에 초청해 그의 마음을 사게 하려는 속셈이다. 호걸이 임의로 나다니지 못하게 하고, 호걸의 인척을 인질로 잡아 놓으려는 계책에서 나온 것이다. 고을의 장로나 부로, 호걸의 부모처자는 반드시 크게 존중하고 아껴주어야 한다. 가난해 끼니를 제대로 잇지 못하면 위에서 식량을 대주어야 한다. 용사의 부모처자에게는 수시로 술과 고기를 보내주고, 반드시 그들을 공경하고, 반드시 태수의 거소 근처에 살게 한다. 수장의 망루는 이들 인질의 숙사宿舍를 훤히 내려다보고, 주위를 잘 살필 수 있는 곳이어야 한다. 망루는 반드시 진흙을 빈틈없이 발라 아래서는 위를 볼 수 없고, 위에서만 아래를 볼 수 있도록 해야 한다. 그래야만 망루 아래의 숙사에 사는 사람들은 위에 사람이 있는지 여부를 알 수 없게 된다.

선촉善屬은 잘 돌봐줄 것을 부탁한다는 뜻으로 '촉'은 촉囑과 통한다. 선구選具는 음식을 뜻하는 말로 여기의 '선'은 찬餐과 같다. 『광아』「석고釋詁」는 찬饌을 구具 내지 식食으로 새겼다. 연지連質는 가족을 인질로 잡는 것을 말한다. 술향術鄕은 고을을 뜻하는 수향遂鄕의 의미이다. 친척부모親戚父母에서 왕인지는 '부모'를 후대인이 잘못 끼워 넣은 것으로 보았다. 고대에는 '부모'를 친척親戚으로 표현했다는 게 논거다. 손이양이 이를 좇았다. 지궁質宮은 인질들의 숙소를 말한다. 진시황의 천하통일 이전까지만 해도 궁宮은 통상적인 집의 의미로 사용됐다.

70-21

守之所親, 擧吏貞廉•忠信•無害可任事者, 其飮食酒肉勿禁, 錢金•布帛, 財物各自守之, 愼勿相盜. 葆宮之牆必三重, 牆之垣, 守者皆累瓦釜牆上. 門有吏, 主者門里, 筦閉, 必須太守之節. 葆衛必取戍卒有重厚者. 請擇吏之忠信者, 無害可任事者. 令將衛, 自築十尺之垣, 周還牆, 門閨者, 非令衛司馬門. 望氣者舍必近太守, 無私必近公社, 必敬神之. 巫祝史與望氣者必以善言告民, 以請上報守, 守獨知其請而已. 無與望氣妄爲不善言驚恐民, 斷勿赦.

수장이 친히 지내는 주변 관원은 정렴貞廉하며 충신忠信하고 무해無害하여 능히 일을 맡길 수 있는 자라야 한다. 그들이 먹고 마시는 고기와 술은 제한하지 않는다. 돈이나 포백 등은 각자 지켜 서로 도둑질하는 일이 없게 한다. 숙소의 담은 반드시 3겹으로 한다. 지키는 자는 담 위에 기왓장이나 질그릇 조각을 쌓아 놓는다. 성문에는 관리자를 두어 성문을 포함한 성 안 마을 문의 개폐를 관장케 한다. 개폐는 반드시 태수太守의 부절을 근거로 이뤄진다. 인질의 숙소에 대한 호위는 반드시 수졸戍卒 가운데 중후한 자를 골라 맡긴다. 관원 가운데 충신하고 무해하여 능히 일을 맡길만한 자를 신중히 골라 호위를 총괄케 한다. 영令과 장將은 스스로 호위를 행한다. 관서와 거처의 둘레에 10척 높이의 담을 쌓는 게 그렇다. 이곳의 대문과 작은 문을 관장하는 위병衛兵은 성 밖의 사마문司馬門까지 담당한다. 전기戰氣의 기운을 살피는 자의 숙소는 반드시 태수의 거처와 가깝고, 무당의 숙소는 반드시 공사와 가까운 곳이어야 한다. 신을 공경히 모셔야 하기 때문이다. 무축巫祝과 기운을 살피는 자는 반드시 좋은 말로 백성들을 일깨워주고, 실정을 태수에게 보고한다. 태수는 홀로 그 실정을 알고 있어야 한다. 기운을 살피는 자가 망령되이 좋지 못한 말로 백성을 놀라게 하거나 두렵게 하는 짓을 방치하면 안 된다. 가차 없이 처단하고 용서치 않는다.

보궁葆宮은 지궁質宮과 같다. 루와부累瓦釜를 소시학은 담을 넘어 달아날 때 소리 나게 만든 장치로 해석했다. 질그릇이나 기왓장을 쌓아 놓은 것을 말한다. 주자문리主者門里의 '자'를 손이양은 제諸와 통한다고 했다. 소시학은 '문리'를 리문里門의 잘못으로 보았다. 관폐筦閉의 '관'은 관關과 통한다. 청택請擇의 '청'을 손이양은 근謹의 오자로 보았다. 문규자門閨者는 보궁葆宮의 대문과 작은 문을 관장하는 사람을 말한다. 비령非令의 '비'를 손이양은 병幷의 잘못으로 보았다. 사마문司馬門은 성 밖의 시설물에 있는 문을 지칭한다. 공사公社는 고을의 토지신을 제사지내는 사당을 말한다.

70-22

度食不足, 食民各自占家五種石升數, 爲期, 其在蓴害, 吏與雜訾. 期盡匿不占, 占不悉, 令吏卒散得, 皆斷. 有能捕告, 賜什三. 收粟米·布帛·錢金, 出內畜産, 皆爲平直其賈, 與主券人書之. 事已, 皆各以其賈倍償之. 又用其賈貴賤·多少賜爵, 欲爲吏者許之, 其不欲爲吏而欲以受賜賞爵祿, 若贖出親戚·所知罪人者, 以令許之. 其受構賞者令葆宮見, 以與其親. 欲以復佐上者, 皆倍其爵賞. '某縣某里某子家食口二人, 積粟六百石', '某里某子家食口十人, 積粟百石'. 出粟米有期日, 過期不出者王公有之, 有能得若告之, 賞之什三. 愼無令民知吾粟米多少.

식량의 부족을 헤아린 뒤 백성들로 하여금 각자 집에 있는 여러 곡식의 수량을 적어 바치게 한다. 기간을 정해 장부의 기록에 따라 수납한다. 관원은 정당한 가격을 보상한다. 기일이 지나도록 숨겨 놓고 보고하지 않거나, 보고 내용이 정확치 않으면 군관을 파견해 실상을 조사케 한 뒤 처단한다. 그런 자들을 포획 또는 고발하는 자는 몰수 대상의 10분의 3을 포상으로 내린다. 징수하는 곡식과 포백, 금전, 가축 등은 정당한 가격을 지불하고 주인에게 증명서를 써

준다. 군수물자 징수 작업이 끝나면 모두 정당한 값을 지불한다. 값의 다소에 따라 벼슬을 내리기도 한다. 보상 대신 관직을 얻고자 하는 자가 있으면 이를 허락한다. 관직 대신 포상이나 작록을 받거나 친척과 지인의 죄를 대속代贖코자 하면 법령에 의거해 이를 허락한다. 포상과 작록 등의 상사賞賜를 받은 자는 인질들의 숙소인 보궁葆宮에서 친척을 만나는 것을 허락한다. 수장의 친애하는 마음을 전하고자 한 것이다. 군량 등을 재차 바치고자 하는 자는 작상爵賞을 2배로 높여준다. 곡식을 헌납하는 양식은 「모현某縣, 모리某里, 모가某家, 식구食口 2인, 적곡積穀 6백 석」 내지 「모리, 모가, 식구 10인, 적곡 1백 석」과 같다. 곡식을 내놓을 때는 정해진 기일이 있다. 기일이 지나도 내놓지 않으면 조정에서 몰수한다. 그런 자를 체포 내지 고발하는 자는 몰수대상의 10분의 3을 포상으로 내준다. 백성들이 성에 비축돼 있는 군량의 규모를 알게 해서는 안 된다.

점가占家의 '점'을 왕인지는 물자의 다소를 헤아려 기록한 내용을 관가로 보내는 것으로 풀이했다. 오종五種을 『주례』「직방씨職方氏」에 대한 정현의 주는 기장 서黍, 조 직稷, 콩 숙菽, 보리 맥麥, 쌀 도稻로 간주했다. 순해蓴害를 손이양은 장부를 뜻하는 부자薄者의 잘못으로 보았다. 부薄는 고대에 부簿의 의미로 사용됐다. 리여잡자吏與雜訾의 '자'를 『회남자』「원도훈原道訓」에 대한 고유의 주는 량量으로 새겼다. 영리졸미득令吏卒微得의 '미'를 왕인지는 사司와 통하는 미𪒠의 잘못으로 보았다. 미𪒠는 미微로도 썼다. 일부 판본에는 '미'가 관款으로 잘못 표기돼 있다. 출납出內의 '납'은 납納과 같다. 평치기가平直其賈의 '치'는 치値, '가'는 가價와 통한다. 주권인主券人은 증거가 되는 문서인 증권證券을 주관하는 사람을 뜻한다. 수구상자受構賞者는 공을 세워 인질로 잡힌 친족을 대속代贖할 은전을 입은 자를 말한다.

70-23

守入城, 先以候爲始, 得輒宮養之, 勿令知吾守衛之備. 候者爲異宮, 父母妻子皆同其宮, 賜衣食酒肉, 信吏善待之. 候來若復, 就閒. 守宮三難, 外環隅爲之樓, 內環爲樓, 樓入葆宮丈五尺爲復道. 葆不得有室, 三日一發席蓐, 略視之, 布茅宮中, 厚三尺以上. 發候, 必使鄉邑忠信·善重士, 有親戚·妻子, 厚奉資之. 必重發候, 爲養其親若妻子, 爲異舍, 無與員同所, 給食之酒肉. 遣他候, 奉資之如前候. 反, 相參審信, 厚賜之, 候三發三信, 重賜之, 不欲受賜而欲爲吏者, 許之二百石之吏. 守珮授之印. 其不欲爲吏而欲受構賞, 祿皆如前. 有能入深至主國者, 問之審信, 賞之倍他候. 其不欲受賞而欲爲吏者, 許之三百石之吏. 扞士受賞賜者, 守必身自致之其親之其親之所, 見其見守之任. 其次復以佐上者, 其構賞·爵祿·罪人倍之.

수장은 싸움을 준비하기 위해 입성하면 가장 먼저 적정敵情을 정확히 파악키 위한 첩보諜報 활동부터 시작한다. 첩보원이 정해지면 곧바로 수장의 궁에서 양성하고, 아군의 방위 시설과 장비를 보지 못하게 한다. 첩보원들은 서로 떨어져 거주하되, 당사자는 부모처자는 함께 거주한다. 의식衣食과 주육酒肉을 충분히 대주면서 수시로 믿을 만한 관원을 보내 이들을 후대케 한다. 이들이 활동을 마치고 복귀하면 첩보 내용을 상세히 탐문한다. 수장의 궁은 3겹의 담으로 둘러싸여 있다. 궁 밖의 모퉁이에도 망루를 세우고, 안에도 망루를 세운다. 망루에서 첩보원의 숙소로 들어갈 때는 1장 5척의 복도를 통해야 한다. 보궁葆宮에는 내실이 없다. 3일에 1번씩 자리를 걷어 올리고 살핀다. 집에는 띠 풀을 깔아준다. 두께는 3척 이상이다. 첩보원을 보낼 때는 반드시 마을에서 충신하고 중후한 자를 택해야 하고 반드시 부모와 처자가 있어야 한다. 이들이 첩보를 수집하기 위해 출성할 때는 활동자금을 넉넉히 주어야 한다. 이들을 거듭 첩보활동에 내보내기 위해서는 반드시 그들의 부모와 처자를 잘 부양해 주어야만 한다. 그들의 집은 서로 떨어져 있어야 하고, 음식과 주육 등은 넉넉히 대주어야 한다. 다른 지역에 첩보원으로 보낼지라도 대우는 이전과 같아야 한다. 이들이 돌아오면 앞뒤로 온 2인의 첩보 내용을 비교하며 실체를 파악한다. 그 내용이 믿을 만하면 후한 포상을 내린다. 3번에 걸쳐 첩보 활동에 나서고 그 내용 또한 믿을 만하면 더욱 큰 포상을 내린다. 포상 대신 관원이 되고자 하면 2백 석 녹봉의 관직에 임명하고, 수장은 관인을 내려준다. 관직 대신 포상을 바라면 앞에서 언급한 것과 같은 작록을 내린다. 적국의 도읍까지 깊이 들어가 얻은 첩보가 심문 결과 믿을 만하면 포상을 일반 첩보원보다 2배로 한다. 포상 대신 관직을 바라면 3백 석 녹봉의 관직에 임명한다. 성을 보위하는데 혁혁한 공을 세워 포상을 받은 용사는 수장이 반드시 그 부모가 있는 곳까지 가서 포상한다. 수장의 굳건한 신임과 은총을 분명히 보여주기 위한 것이다. 이들이 포상으로 받은 상사賞賜를 다시 나라에 헌납해 수장을 돕고자 하면 당사자가 재차 수여받을 포상과 작록 및 대속이 가능한 죄수의 숫자 모두 2배로 늘어난다.

궁양宮養은 집을 내주고 잘 보양하는 것을 뜻한다. 이궁異宮은 다른 집에 살게 한다는 의미이다. 취한就閒은 한가한 시간을 갖고 휴식한다는 뜻이다. 삼난三難의 '난'을 손이양은 잡匝과 통하는 잡雜의 잘못으로 보았다. '삼잡'은 당장을 세 겹으로 두르는 것을 말한다. 복도復道는 이중으로 된 복도複道와 같다. 봉자奉資는 받들면서 물자를 대주는 것을 말한다. 삼참심신相參審信은 여러 가지를 참고하고 살펴 믿게 만드는 것을 뜻한다. 주국主國은 왕국의 도성을 지칭한다. 한사扞士는 적을 물리친 용사를 뜻한다. 기친지기친지소其親之其親之所의 '기친지'를 소시학은 연자로 보았다. 죄인罪人을 두고 왕인지는 연자로 보았으나, 손이양은 그 위에 속출贖出 두 글자가 빠졌다고 했다.

70-24

出候無過十里, 居高便所樹表, 表三人守之. 比至城者三表, 與城上烽燧相望, 晝則擧烽, 夜則擧火. 聞寇所從來, 審知寇形必攻. 論小城不自守通者, 盡葆其老弱•粟米•畜産. 遣卒候者無過五十人, 客至堞, 去之, 愼無厭建. 候者曹無過三百人, 日暮出之, 爲微職. 空隊•要塞之人所往來者, 令可口迹者, 無下里三人, 平而迹. 各立其表, 城上應之. 候出越陳表, 遮坐郭門之外內, 立其表, 令卒之半居門內, 令其少多無可知也. 卽有驚, 見寇越陳衷, 城上以麾指之, 迹坐擊缶期, 以戰備從麾所指. 望見寇, 擧一垂. 入竟, 擧二垂. 狎郭, 擧三垂. 入郭, 擧四垂. 狎城, 擧五垂. 夜以火, 皆如此.

적정을 탐지하러 나선 경계병인 척후斥候는 성에서 10리 이상 떨어진 곳까지 나아가지는 않는다. 지세가 비교적 높고 편한 곳에 표지를 세우고, 병사 3인이 이를 지킨다. 가장 멀리 떨어진 표지와 성 사이에 5개의 표지를 세운 뒤 봉화를 통해 성 위와 서로 연락한다.

낮에는 연기, 밤에는 횃불로 신호를 보낸다. 적이 쳐들어오는 경로를 정확히 파악하고, 적진의 대형과 반드시 공격할 것으로 예상되는 지점 등을 정밀히 분석코자 한 것이다. 작은 성으로는 적의 공격 노선을 차단키 어렵다고 생각되면 노약자를 비롯해 곡식과 가축을 미리 성 안으로 보호해 들여놓아야 한다. 척후로 내보내는 병사의 숫자는 50인을 넘지 않아야 한다. 적이 외성外城에 다다를 즈음이면 이들을 철수시켜야 하고, 성 밖에 체류케 만들어서는 안 된다. 척후병의 총수는 3백 인을 넘지 않는다. 해가 지면 내보내되 휘장과 표식을 달아야 한다. 척후를 사람이 늘 다니는 길과 중요한 관문으로 보내 길에 남겨진 흔적 등을 추적한다. 추적자는 1리 당 3인 이하여서는 안 된다. 동이 틀 때 추적에 나서고, 상황을 성 위로 보고하기 위한 표지를 세운다. 성 위에서도 이에 상응하는 반응을 보여야 한다. 척후가 표지를 통해 정황을 보고하면 성 안의 경계병은 외성의 문 안팎에 앉아 있다가 연락표지를 세우고, 병사를 반으로 나눠 각각 외성의 문안과 밖에 서 있게 한다. 적이 아군의 병력 규모를 눈치 챌 수 없게 만들려는 조치이다. 급박한 상황이 되어 적이 외성 밖의 표지를 넘어오는 등의 모습이 목격되면 성 위에서는 곧 깃발로 경계병을 지휘하면서 북을 울리고, 깃발을 정비하는 식으로 본격적인 전투준비에 들어간다. 이때 모든 것은 성 위의 지휘를 따른다. 멀리서 다가오는 적이 관찰되면 표지 1개, 경계를 넘어 들어오면 2개, 외성에 가까이 오면 3개, 외성 안으로 들어오면 4개, 내성 가까이 오면 5개를 들어올린다. 밤에는 표지 대신 횃불을 사용해 이런 방식으로 교신한다.

수표樹表는 표지를 세우는 것을 말한다. 삼표三表를 왕인지는 오표五表의 잘못이라고 했다. 손이양은 염건厭建의 '건'을 권倦의 옛 글자인 권券으로 새기면서 「잡수」에 나오는 엄체弇逮로 새겨도 가하다고 했다. 고대에는 '체'와 태怠가 서로 통용됐다. 미직微職의 '미'를 필원은 깃발을 뜻하는 비妃의 잘못, '직'을 직織의 오자로 보았다. 손이양은 휘지徽識의 오자로 파악했다. 공대空隊의 '대'를 소시학은 수隧의 잘못이라고 했으나 손이양은 서로 통한다고 했다. 요새지인要塞之人의 '지인'을 소시학은 인지人之가 뒤집힌 것이라고 했다. '령가구적자令可口迹者, 무하리삼인無下里三人, 평이적平而迹' 구절을 왕인지는 '인소왕래자人所往來者, 령가이적令可以跡, 적자跡者, 무하리삼인無下里三人, 평명이적平明而跡'으로 바꿔야 한다고 했다. 진표陳表는 성곽 밖에 세워둔 표지로 「잡수」의 전표田表와 같다. 즉유경卽有驚의 '경'은 경계할 경警과 통한다. 차좌격정기迹坐擊缶期의 '적'을 소시학은 차遮의 잘못으로 보고, '정' 밑에 고鼓가 누락됐다고 했다. 거일수擧一垂의 '수'를 유월은 우표郵表의 잘못으로 보았다. 막대기 위에 끈 등을 달아 표지로 삼은 것을 의미한다. 압곽狎郭은 성곽에 다가오는 것을 뜻한다.

70-25

去郭百步, 牆垣·樹木小大盡伐除之. 外空井盡窒之, 無令可得汲也. 外空室盡發之, 木盡伐之. 諸可以攻城者盡內城中, 令其人各有以記之, 事以, 各以其記取之. 事爲之券, 書其枚數. 當遂材木不能盡內, 卽燒之, 無令客得而用之. 人自大書版, 著之其署忠. 有司出其所治, 則從淫之法, 其罪射. 務色謾缶, 淫囂不靜, 當路尼衆, 舍事後就, 踰時不寧, 其罪射. 讙囂駴衆, 其罪殺. 非上不諫, 次主凶言, 其罪殺. 無敢有樂器·弊騏軍中, 有則其罪射. 非有司之令, 無敢有車馳·人趨, 有則其罪射.

無敢散牛馬軍中, 有則其罪射. 飮食不時, 其罪射. 無敢歌哭於軍中, 有則其罪射. 令各執罰盡殺, 有司見有罪而不誅, 同罰, 若或逃之, 亦殺. 凡將率鬭其衆失法, 殺. 凡有司不使去卒•吏民聞誓令, 代之服罪. 凡戮人於市, 死上目行.

외성에서 1백 보 내에 있는 담과 나무는 크기를 막론하고 모두 베어내거나 허물어뜨린다. 성 밖의 민가 우물은 모두 메워 먹을 수 없게 조치한다. 또 민가의 방 역시 모두 허물어뜨리고 나무도 모두 베어 버린다. 성을 공격할 수 있는 물건은 모두 성 안으로 들여놓는다. 소유자 이름과 수량을 기록해 두었다가, 사후에 주인이 기록을 토대로 찾아가게 한다. 이때 관원은 보관 증서를 내주고 증서에 수량을 적어 넣는다. 길가의 재목은 성 안으로 모두 들여올 수 없을 경우 태워버린다. 적이 이를 이용하도록 방치해서는 안 된다. 사람들은 나무판에 이름을 쓴 뒤 자신의 소속 부서 벽에 부착한다. 관원은 다음과 같은 내용의 처벌규칙을 공포한다. 멋대로 근무지를 벗어나면 화살을 귀에 꽂는 관이형貫耳刑에 처한다. 교만한 자세로 바른 사람을 업신여기거나, 함부로 큰소리를 내며 계속 소란을 떨거나, 길을 막고 사람의 통행을 방해하거나, 직무를 팽개친 채 태만히 근무하거나, 악행을 보고도 때를 넘기거나 고발하지 않거나 하면 이 또한 관이형에 처한다. 소란을 피워 여러 사람을 놀라게 하면 사형에 처한다. 상관에게 간하지 않은 채 뒤에서 비난만 하고, 멋대로 불리한 얘기를 하면 이 또한 사형에 처한다. 감히 악기나 바둑 장기를 군대 안으로 들여와서는 안 된다. 이를 들여오면 관이형에 처한다. 상급자의 명이 없으면 감히 수레를 급히 내몰거나 사람을 내달리게 할 수 없다. 이를 범하면 관이형에 처한다. 감히 소나 말을 군중에 흩뜨려놓아서는 안 된다. 범하면 관이형에 처한다. 음식을 아무 때나 먹고 마시면 관이형에 처한다. 군중에서 감히 노래하거나 곡을 연주하면 안 된다. 범하면 관이형에 해당한다. 각급 관원에서 명을 발해 형벌을 집행케 한다. 사형도 일률적으로 집행한다. 유사有司가 형벌을 집행하지 않으면 같은 죄로 처벌한다. 도중에 달아나는 자가 있으면 달아나게 한 자를 사형에 처한다. 장수가 부하들을 싸우게 하면서 법에 어긋나는 짓을 하면 사형에 처한다. 유사가 병사와 관민들로 하여금 군령을 따르게 하지 못하면 그에 따른 벌을 받아야 한다. 모든 사형은 저자에서 행하고, 그 시체는 3일 동안 저자에 내건다.

왕인지는 공정空井을 택정宅井, 공질空室을 택실宅室의 잘못으로 보았다. 사위지권事爲之券의 '사'를 소시학은 리吏의 오자로 파악했다. 당수재목當遂材木의 '수'를 필원은 길을 뜻하는 술術, 왕인지는 수隧와 같다고 했다. 서충署忠의 '충'을 손이양은 중中의 잘못으로 보았다. 종음지법從淫之法의 '종'은 방종할 종縱의 뜻이다. 기죄사其罪射의 '사'는 군법에서 활로 귀를 뚫는 형벌을 말한다. 『설문해자』「이부耳部」는 철형聅刑이라고 했다. 무색만정務色謾正은 잘난 안색을 하며 바른 사람을 업신여기는 것을 말한다. 음효淫囂는 매우 시끄러운 것을 뜻한다. 니중尼衆은 길 가는 사람을 가로막는 것을 의미한다. 필원은 '니'를 지止로 새겼다. 불녕不寧은 고하지 않는 것을 말한다. 『한서』「고제기」 주는 이비李斐의 말을 인용해 아뢰지 않는 것을 명名, 길일에 흉사를 고하는 것을 녕寧으로 풀이했다. 환효해중讙囂駭衆의 '해'를 필원은 해駭의 이체자로 보았다. 차주흉언次主凶言의 '차'를 손이양은 군주를 비판한다는 뜻의 자刺의 오자로 보았다. 폐기弊騏를 손이양은 혁기弈棋의 잘못이라고 했다. 서령誓令은 군령

軍令의 뜻이다. '서'는 전쟁을 앞두고 군주나 장수가 장병들 앞에서 행한 당부나 명령을 말한다. 사상목행死上目行을 손이양은 사삼일순死三日徇의 잘못으로 보았다. '순'은 순徇의 고자古字이다.

70-26

謁者侍令門外, 爲二曹, 夾門坐, 鋪食更, 無空. 門下謁者一長, 守數令入中, 視其亡者, 以督門尉與其官長, 及亡者入中報. 四人夾令門內坐, 二人夾散門外坐. 客見, 持兵立前, 鋪食更, 上侍者名. 守室下高樓候者, 望見乘車若騎卒道外來者, 及城中非常者, 輒言之守. 守以須城上候, 城門及邑吏來告其事者, 以驗之, 樓下人受候者言, 以報守. 中涓二人, 夾散門內坐, 門常閉, 鋪食更. 中涓一長者.

위병衛兵 역할을 수행하는 수장의 알자謁者는 수장이 머무는 궁문 밖에서 시립하며 명령의 출납을 담당한다. 2조曹로 나뉘어 궁문을 끼고 근무한다. 조석으로 식사를 할 때도 교대하며 비우는 일이 없다. 궁문을 지키는 알자의 무리는 우두머리 1명을 둔다. 수장은 자주 그를 파견해 달아나는 자가 있는지 여부를 살피는 식으로 문위門尉와 관장官長을 독촉한다. 도주자가 나오면 그 명단을 보고토록 한다. 알자 4명은 대문인 영문令門을 끼고 안쪽, 2명은 곁문인 산문散門을 끼고 바깥쪽에서 근무한다. 손님이 수장을 만나기 위해 오면 무기를 든 채 문 앞쪽에 서서 검문한다. 조석으로 식사를 하기 위해 교대할 때는 근무자의 이름을 보고한다. 수장이 머무는 건물 아래쪽의 망루에서 망을 보는 자는 수레나 말을 탄 사람이 길 저편에서 오거나, 성 안의 이상한 정황이 포착되면 즉시 이를 수장에게 보고한다. 수장은 성 위의 망을 보는 자의 보고 내용을 성문을 지키는 자 및 고을의 관원 등이 보고한 내용과 비교해 그 진상을 파악한다. 이때 망루 아래에 있는 자는 망을 보는 자가 전하는 말을 수장에게 그대로 보고한다. 이 역할을 떠맡은 아전을 중연中涓이라고 한다. 중연은 2인을 둔다. 이들은 곁문을 끼고 문 안쪽에서 근무한다. 곁문은 늘 닫혀 있다. 조석으로 식사를 위해 자리를 뜰 때면 미리 교대를 한다. 중연 가운데 연장자 1명을 우두머리로 삼는다.

영문令門은 장수가 머무는 곳의 문을 말한다. 포식경鋪食更의 '포'를 손이양은 포餔의 잘못으로 보았다. '경'을 소시학은 교대할 대代로 새겼다. 산문散門은 곁문 내지 옆문을 뜻한다.

70-27

環守宮之術衢, 置屯道, 各垣其兩旁, 高丈, 爲埤院, 立初雞足置, 夾挾視葆食. 而札書得必謹案視参食者, 節不法, 正請之. 屯陳•垣外術衢街皆爲樓, 高臨里中, 樓一鼓, 聾竈. 即有物故, 鼓, 吏至而止. 夜以火指鼓所. 城下五十步一廁, 廁與上同圂. 請有罪過而可無斷者, 令杼廁利之.

수장의 궁을 감싸고 있는 한길에는 갈래 길인 둔도屯道를 둔다. 둔도의 양편에 높이 1장의 담을 쌓는다. 여기에 사방을 두루 살필 수 있는 누대를 세운다. 모양이 닭의 다리처럼 돼서는 안 되고, 병사들이 인질의 숙소인 보궁을 양쪽에서 쉽게 감시할 수 있어야 한다. 서신 등의 문건을 접수할 때는 반드시 신중히 살피며 배경 등을 파악한다. 군법에 어긋난 점이 있으면 자세히 심문하면서 수정을 청한다. 협도 담 밖의 한길에는 도처에 누대를 세운다. 높은 곳에서 마을 안을 속속들이 들여다보기 위한 것이다. 누대에는 북 1개를 비치하고, 간이 취사장을 설치한다. 유사시 곧바로 북을 '둥둥' 울리고, 관원이 오면 멈춘다. 밤에는 횃불을 들어 불빛으로 사고 지점을 비춘다. 성 밑에는 50보마다 측간 1곳을 둔다. 측간은 성 위의 측간과 마찬가지로 하나의 구덩이를 사용한다. 죄수 가운데 처형하지 않아도 좋을 사람을 불러 측간을 청소케 하고 죄를 면해 준다.

술구術衢의 '술'은 로路의 뜻이다. '구'를 『설문해자』「행부行部」는 사방으로 길이 통하는 사달四達로 새겼다. 둔도屯道는 작은 갈래 길로 뒤에 나오는 둔진屯陳과 같다. 비예埤院는 성가퀴의 일종으로 필원은 '예'를 예倪의 잘못으로 보았다. 그러나 비예睥睨와 비예俾倪 모두 서로 통하는 말이다. 손이양은 협협시보식夾挾視葆食의 협夾을 졸卒, '식'을 사舍의 오자로 보았다. 보사葆舍는 보궁葆宮과 같다. 참식參食의 '참'을 왕념손은 험驗의 잘못으로 파악했다. 손이양은 절불법節不法의 '절'을 즉卽, 정청正請을 멈추게 한 뒤 추궁하는 지힐止詰의 오자라고 했다. 물고物故는 사람의 죽음을 뜻하는 말이다. 저측杼廁의 '저'를 손이양은 서抒의 잘못으로 보았다. 『춘추좌전』「노문공 6년」조에 대한 두예의 주는 '서'를 제거할 제除로 새겼다.

제71장 잡수(雜守)

'잡수'는 성을 지키기 위한 모든 전술을 요약해 기술하고 있다. 총 21편에 달하는 '묵수'의 계책 가운데 총론적인 성격이 짙다. 앞 편과 비교할 때 중복되는 내용이 제법 많다.

71-1

禽子問曰, "客衆而勇, 輕意見威, 以駭主人. 薪土俱上, 以爲羊坽, 積土爲高, 以臨吾民, 蒙櫓俱前, 遂屬之城, 兵弩俱上, 爲之奈何?" 子墨子曰, "子問羊坽之守邪? 羊坽者, 攻之拙者也, 足以勞卒, 不足以害城. 羊坽之政, 遠攻則遠害, 近攻則近害, 不至城. 矢石無休, 左右趣射, 蘭爲柱後, 望以固. 厲吾銳卒, 愼無使顧, 守者重下, 攻者輕去. 養勇高奮, 民心百倍, 多執數賞, 卒乃不怠."

금골희가 물었다.

"적은 숫자도 많고 용감한데다 싸움을 가벼이 알며 위세를 드러내 우리 군사를 놀라게 합니다. 또 땔나무와 흙을 위로 올려다가 일종의 성벽 공격용 발판인 양령羊坽을 만들고, 토산을 높이 쌓아 올려 우리 성을 내려다보며 공격합니다. 이어 큰 방패를 엄폐물로 삼아 맹공을 퍼부으면서 온갖 무기와 쇠뇌를 올려다 놓고 총공격을 가해 올 경우 과연 어찌해야 합니까?"

묵자가 대답했다.

"그대는 양령 활용 공격에 대한 방어책을 묻는 것인가? 양령 활용 공격은 매우 졸렬한 공격전술로 병사들만 수고롭게 만들 뿐 공성의 효과를 기대키가 어렵다. 적이 양령 활용 공격을 가해올 때는 원공遠攻에는 '원공', 근공近攻에는 '근공'으로 응하면 된다. 아무런 해도 없다. 시석矢石을 쉬지 않고 좌우에서 발사하고, 큰 돌로 적의 진공을 막으며 방어의지를 다진다. 정예병을 격려하며, 지나치게 신중한 나머지 뒤를 염려하는 일이 없도록 하는 게 그렇다. 수비하는 병사가 진중한 자세로 방어하면 공격하는 적이 이내 퇴각하기 마련이다. 용기를 북돋워주면 더욱 크게 분발하고, 민심 또한 용기백배해진다. 포로를 많이 잡은 자에게 자주 크게 포상을 내리면 병사들은 결코 나태해지지 않는다."

경의輕意의 '경'을 손이양은 경쟁할 경競과 통하는 경竟의 잘못으로 보았다. 양령羊坽은 성 위의 누각과 유사한 건물로 「비성문」에 나오는 영이令耳 및 「비고림」의 양검羊黔과 같다. 부족이해성不足以害城의 '해'를 손이양은 어圉의 잘못으로 보았다. 양령지정羊坽之政의 '정'을 소시학은 공攻의 오자라고 했다. 손이양은 근성즉근해近城則近害의 '성'을 공攻, '해'를 어圉와 통하는 어圄의 잘못으로 보았다. 부지성不至城 앞에 손이양은 해害가 빠졌다고 했다. 란위주후蘭為柱後의 '란'을 손이양은 「비성문」의 병노간격兵弩簡格과 같은 것으로 보고 '주'를 주춧돌 위에 서 있는 기둥인 지주榰柱로 파악했다. 이에 대해 '린'을 성 위에서 아래로 던지는 돌인 「호령」의 린석藺石으로 보면서 '주'를 돌로 내리치는 주拄의 잘못으로 해석하는 견해도 있다. 망이고望以固를 두고 필원은 글자 하나가 빠져 있다고 했고, 손이양은 해설을 생략했다. 대략 방어의지를 다진다는 의미로 풀이하는 게 좋을 듯하다. 다집삭소多執數少의 '다집'은 많은 포로를 잡는다는 뜻이다. '소'를 왕념손과 소시학은 상賞의 잘못으로 보았다. 졸내불태卒乃不怠의 '태'를 왕인지는 태殆와 같다고 했다.

71-2

作土不休, 不能禁御, 遂屬之城, 以御雲梯之法應之. 凡待堙•衝•雲梯•臨之法, 必應城以御之, 曰不足, 則以木槨之. 左百步, 右百步, 繁下矢石•沙炭, 以雨之, 薪火•水湯以濟之. 選厲銳卒, 愼無使顧, 審賞行罰. 以靜爲故, 從之以急, 無使生慮, 恚瘱高憤, 民心百倍, 多執數賞, 卒乃不怠. 衝•臨•梯皆以衝衝之. 渠長丈五尺, 其埋者三尺, 矢長丈二尺. 渠廣丈六尺, 其弟丈二尺, 渠之垂者四尺. 樹渠無傅堞五寸, 梯渠十丈一梯, 渠荅大數, 里二百五十八, 渠荅百二十九.

적이 흙을 쉬지 않고 쌓아올려 고대高臺를 만들 때 이를 효과적으로 막지 못해 마침내 성벽에 달라붙는 상황이 빚어지면 곧 다음과 같은 방어책으로 대처한다. 적이 해자를 메우는 인堙, 충격용 수레를 이용하는 충衝, 사다리를 이용한 운제雲梯, 토산을 만들어 공격하는 림臨 등의 전술로 쳐들어올 때는 반드시 성의 형편을 좇아 임기응변으로 방어해야 한다. 방어무기도 충분치 않고 시간도 부족하면 곧 목재를 길고 견고하게 만든 뒤 목곽木槨의 촌척寸尺을 기준으로 하여 왼쪽 1백 보, 오른쪽 1백 보의 거리를 확보한다. 이어 화살과 돌, 모래, 숯 등을 아래를 향해 내던진다. 불붙은 나무와 끓는 물도 적극 활용한다. 정예병을 선발한 뒤 분전을 적극 고취한다. 이들이 신중한 나머지 뒤를 돌아보는 일이 없도록 만든다. 공정한 포상과 형벌이 관건이다. 진중한 대처가 기본이나 상황에 따라서는 급히 결단해야 한다. 뒤를 돌아다보는 일이 생기지 않도록 주의한다. 병사들의 용기를 북돋워 분발케 하면 민심 역시 용기백배할 것이다. 포로를 많이 포획한 자는 자주 큰 상을 내린다. 그러면 병사들이 나태해지지 않을 것이다. 인, 충, 운제, 임 등에 의한 공격은 충거衝車를 적극 활용해 무찌른다. 방어용 무기인 거渠의 길이는 1장 5척, 땅 속에 묻히는 부분은 3척이다. 받침대의 길이는 1장 2척이고, 거의 넓이는 1장 6척이다. 거에 사용된 사다리의 길이는 1장 2척이고, 거가 아래쪽으로 늘어진 부분의 길이는 4척이다. 거를 똑바로 세울 때 성가퀴에 걸쳐서는 안 된다. 성벽에서 5촌 이상 떨어져 있어야 한다. 사다리는 10장마다 1개가 비치돼 있어야 한다. 거渠와 답荅이 설치되는 거리는 대략 1리 즉 258보이다. 그 안에 거와 답은 모두 129개가 설치된다.

작사불휴作士不休의 '작사'를 손이양은 적토積土의 잘못으로 보았다. 적이 성을 공격하기 위해 흙을 성 높이만큼 쌓아올린 것을 말한다. 대연待堙의 '연'을 손이양은 해자를 메우고 공격해 오는 「비성문」의 인堙이 잘못된 것으로 보았다. 즉이목곽지則以木槨之의 '곽'을 왕인지 풀이키를, "부딪칠 정揨의 잘못이다. 『설문해자』는 정朾을 당撞, 『광아』는 정揨을 당척撞刺으로 풀이했다. 정揨과 정朾은 같다. 곧 나무로 인堙과 충衝, 제梯, 림臨을 친다는 뜻이다."고 했다. 이정위고以靜爲故는 고요함을 평소의 행동으로 삼는다는 뜻이다. 에통恚癒을 두고 필원은 『설문해자』를 인용해 '에'를 한恨으로 새기면서

'통'은 고문에서 용勇과 통한 용恿의 잘못이라고 했다. 이에 대해 왕인지는 풀이키를, "필원이 '통'을 용恿의 잘못이라고 한 것은 맞다. 그러나 '에'는 근심을 뜻하는 양恙의 잘못이다. 양恙과 양養은 옛날 서로 통용됐다."고 했다. 손이양은 왕인지의 해석을 좇아 용기를 북돋아주는 양용養勇의 잘못으로 풀이했다. 시장矢長의 '시'를 손이양은 받침대를 뜻하는 부趺의 생략형인 부夫의 오자로 보았다. 기제其弟의 '제'를 소시학은 제梯의 잘못이라고 했다. 부엽傅葉의 '엽'을 필원과 소시학은 첩堞의 오자로 파악했다.

71-3

諸外道可要塞以難寇, 其甚害者爲築三亭, 亭三隅, 織女之, 令能相救. 諸距阜·山林·溝瀆·丘陵·阡陌·郭門若閻術, 可要塞及爲微職, 可以迹知往來者少多及所伏藏之處. 葆民, 先舉城中官府·民宅·室署, 大小調處. 葆者或欲從兄弟·知識者, 許之. 外宅粟米·畜產·財物諸可以佐城者, 送入城中, 事卽急, 則使積門內. 民獻粟米·布帛·金錢·牛馬·畜產, 皆爲置平賈, 與主券書之. 使人各得其所長, 天下事當. 鈞其分職, 天下事得. 皆其所喜, 天下事備. 强弱有數, 天下事具矣.

성 밖의 모든 주요 도로에 있는 요해처要害處를 장악해 적의 진공을 저지하고 심대한 타격을 가한다. 이곳에는 3개의 전망대용 정자를 설치한다. 이들 3개 정자는 마치 직녀성의 삼성三星처럼 삼각형을 이루고 있어 유사시 서로 쉽게 도움을 줄 수 있다. 이때 각종 토산과 산림, 수로, 도랑, 구릉, 성곽이나 마을의 관문으로 이어지는 길의 요해처를 틀어막고 표지를 세운다. 이를 통해 적정을 대략 짐작할 수 있다. 적이 남긴 종적을 토대로 왕래한 적병의 규모와 매복지 등을 추론하는 게 그렇다. 적의 침공에 대비해 백성을 성 안으로 끌어들인 뒤 여러 궁실로 소산疏散시킬 때는 먼저 성안의 관부官府와 민택民宅, 내실內室, 외청外廳 등의 대소를 조사한 뒤 적절히 배치해야 한다. 혹여 형제 및 지인과 함께 있기를 원하는 자가 있으면 이를 허락한다. 성 밖의 민가가 보유한 곡식이나 가축 또는 재화 가운데 성의 수비를 도울 수 있는 것은 모두 성 안으로 들여온 뒤 위급할 때를 대비해 성문 안에 쌓아둔다. 백성이 바친 곡식이나 포백, 금전, 가축 등은 모두 공평하게 값을 따진 뒤 보관 증서를 담당하는 관원에게 이를 상세히 적어 교부하도록 한다. 사람들이 능력에 따라 일을 맡으면 천하사天下事가 합당해지고, 맡은 직분이 공평하면 천하사가 뜻대로 되고, 각자 좋아하는 일을 행하면 천하사가 갖춰지고, 강자와 약자가 분수를 지키면 천하사가 모두 이뤄지게 된다.

정삼우亭三隅의 '삼우'는 세모꼴로 배치한다는 의미이다. 직녀지織女之를 필원은 직여지織如之의 잘못으로 보면서 직織과 치幟는 고대에 서로 통용됐다고 했다. 이에 대해 왕인지의 제자 진환陳奐은 풀이키를, "직녀성을 형성하는 세 개의 별은 삼각형을 이룬다. 그래서 방어용 정亭을 쌓을 때 이를 흉내 내 세모꼴로 한 것이다."라고 했다. 손이양이 이를 좇았다. 천맥阡陌은 밭 사이에 난 작은 길을 말한다. 염술閻術의 '염'은 마을의 문으로 이문里門과 같다. '술'은 마을에 뻗어 있는 길을 지칭한다. 미직微職은 휘직徽識의 잘못이다. 조처調處는 조절하여 거처하게 한다는 의미이다. 평가平賈는 공평한 가격을 뜻한다. 균기분직鈞其分職의 '균'은 균均과 통한다.

71-4

築郵亭者圜之, 高三丈以上, 令侍殺. 爲辟梯, 梯兩臂, 長三丈, 連門三尺, 報以繩連之. 塹再雜爲縣梁, 聾竈, 亭一鼓. 寇烽·驚烽·亂烽, 傳火以次應之, 至主國止, 其事急者引而上下之. 烽火已擧, 輒五鼓傳, 又以火屬之, 言寇所從來者少多. 旦弇還, 去來屬次, 烽勿罷. 望見寇, 擧一烽. 入境, 擧二烽. 射妻, 擧三烽一藍. 郭會, 擧四烽二藍. 城會, 擧五烽五藍. 夜以火, 如此數. 守烽者事急.

적의 동태를 살피는 우정郵亭을 세우고, 둘레에 담을 쌓는다. 담의 높이는 3장 이상이어야 하고, 꼭대기 부분은 비스듬하게 만든다. 이어 양팔처럼 2개의 기둥으로 된 사다리를 만들어 놓는다. 사다리의 양팔은 길이가 3장이고, 연판連版은 3척이다. 줄로 단단히 묶어 이어놓는다. 우정의 둘레에 참호를 2중으로 판 뒤 현량懸梁과 간이 취사장을 만들어 놓는다. 우정마다 북 1개를 매단다. 적이 쳐들어올 때 올리는 봉화는 크게 3가지이다. 적이 진공할 때 올리는 구봉寇烽, 상황이 매우 위급할 때 올리는 경봉驚烽, 적과 교전이 벌어졌을 때 올리는 난봉亂烽이 그것이다. 상황의 전개과정에 따라 다양한 종류의 봉화를 올려 적극 대응한다. 봉화를 통한 전황의 전달은 나라의 도읍에서 그친다. 사태가 매우 급할 때는 봉화를 잡고 위아래로 흔든다. 봉화에 불을 붙였을 때는 먼저 북을 5번 울려 적의 침공 사실을 알린다. 이어 봉화를 잇달아 올리면서 적의 규모와 침공 방향 등을 전한다. 이는 조금도 지체해서는 안 된다. 적이 앞뒤로 오갈 때는 봉화를 쉬지 않고 올린다. 봉화는 적이 눈에 띄면 1개, 국경 안으로 들어오면 2개를 올린다. 외성 가까이 육박하면 3개를 올리고, 커다란 땔감광주리 1개를 태운다. 적이 외성 앞에 집결하면 4개를 올리고, 땔감광주리 2개를 태운다. 적이 마침내 성벽 아래 집결하면 5개를 올리고, 땔감광주리 5개를 태운다. 야간에는 횃불로 연기를 대신한다. 숫자는 연기를 피울 때와 같다. 봉화를 지키는 자는 화급을 다퉈 일을 처리해야 한다.

우정郵亭은 봉화를 올리며 망을 보는 곳을 뜻한다. 시쇄侍殺의 '시'를 손이양은 의倚의 잘못이라고 했다. '쇄'를 소시학은 감減으로 새겼다. '의쇄'는 곧 비스듬히 세우는 것을 말한다. 벽제辟梯를 필원은 양팔처럼 벌려 세우는 사다리인 비제臂梯와 같다고 했다. 연문連門을 손이양은 연판連版의 잘못으로 보았다. 보이승련지報以繩連之의 '보'는 감아서 묶는 것을 말한다. 참재잡위현량槧再雜爲縣梁의 '참'을 손이양은 참호를 뜻하는 참塹의 잘못이라고 했다. '잡'은 잡帀과 같다. 단엄환旦弇還을 손이양은 「호령」의 무염건無厭建 내지 뒤에 나오는 유엄체唯弇逮와 같은 무엄건毋弇建의 잘못이라고 했다. '환'을 체逮와 통하는 답遝의 잘못으로 보아도 가하다고 했다. 『묵자』에 나오는 답遝은 대개 환還의 오자인 경우가 많다. 나태하거나 지체하지 말라는 뜻이다. 사처射妻의 '처'를 손이양은 요要의 잘못으로 보았다. 왕념손은 일람一藍의 '일'을 삼三, 이람二藍의 '이'를 사四의 잘못으로 보았다. 곽회郭會는 적이 성곽 가까이 다가와 싸움이 시작하는 것을 말한다.

71-5

候無過五十, 寇至堞, 隨去之, 唯弇逮. 日暮出之, 令皆爲微職. 距阜•山林皆令可以迹, 平明而迹. 無迹, 各立其表, 下城應之. 候出置田表, 斥坐郭內外, 立旗幟, 卒半在內, 令多少無可知. 卽有驚, 擧孔表,見寇, 擧牧表. 城上以麾指之, 斥步鼓整旗, 旗以戰備從麾所指. 田者男子以戰備從斥, 女子亟走入. 卽見寇, 鼓傳到城止. 守表者三人, 更立捶表而亡, 守數令騎若吏行旁視, 有以知其所爲. 其曹一鼓. 望見寇, 鼓, 傳到城止.

척후는 매번 출격할 때마다 50인을 넘어서는 안 된다. 적이 외성의 낮은 성가퀴에 이르면 곧바로 척후를 철수시킨다. 지체해서는 안 된다. 해가 진 뒤에 다시 내보낸다. 이때 모두 휘장이나 표지를 달도록 한다. 커다란 토산이나 산림 등과 같이 적의 종적을 추적하기 좋은 곳에서는 낮이 밝기를 기다려 추적에 나선다. 추적자는 1리 당 3인 이하여서는 안 된다. 동이 틀 때 추적에 나서고, 상황을 성 위로 보고하기 위한 표지를 세운다. 성 위에서도 이에 상응하는 반응을 보여야 한다. 척후가 표지를 통해 정황을 보고하면 성 안의 경계병은 외성의 문 안팎에 앉아 있다가 연락표지를 세우고, 병사를 반으로 나눠 각각 외성의 문안과 밖에 서 있게 한다. 적이 아군의 병력 규모를 눈치 챌 수 없게 만들려는 조치이다. 척후는 일단 긴장상황이 조성되면 외표外表, 적이 보이면 차표次表를 세운다. 성 위에서는 곧 깃발로 경계병을 지휘하면서 북을 울리고, 깃발을 정비하는 식으로 본격적인 전투준비에 들어간다. 이후 성 위의 지휘를 따른다. 성 밖의 들에서 일하던 농민들은 남자의 경우 척후와 함께 활동에 들어가고, 여자의 경우 재빨리 성 안으로 피신한다. 적이 눈에 띄면 급히 북을 울린다. 그 소리가 성 위까지 들리게 되면 멈춘다. 표지를 지키는 자는 3인이다. 이들은 봉화 등을 통해 적정을 수시로 알리면서 여타 지역의 표지를 세심히 살핀다. 수장은 수시로 기병騎兵과 관원을 각지로 파견해 순찰을 강화한다. 이를 통해 상황의 전개과정을 소상히 알 수 있다. 표지를 지키는 초소에는 북이 1개씩 있다. 적이 멀리서 보이면 곧바로 북을 울려 이를 알리고, 성 위에 연락이 되면 그친다.

구지엽寇至葉의 '엽'을 필원은 기棄의 오자로 보았으나 왕인지는 첩堞의 잘못이라고 했다. 거부距阜는 큰 언덕으로 '거'는 강대할 거鉅와 통한다. 왕인지는 무적無迹을 「호령」을 좇아 적자무하리삼인跡者無下里三人, 하성지응下城之應의 '하성'을 성상城上으로 바꿔야 한다고 했다. 전표田表는 성곽 밖에 세워두는 표지로 진표陳表와 같다. 손이양은 공표孔表를 외표外表, 목표牧表를 차표次表의 잘못이라고 했다. 소시학은 척보고정기斥步鼓整旗의 '보'를 좌坐의 오자로 보고, 뒤따르는 기이旗以의 '기'를 연자로 파악했다. 추표捶表를 유월은 우표郵表로 보았다. 방시旁視는 사방을 두루 살피는 것을 뜻한다. 기조일고其曹一鼓의 '조'는 추적자들이 망을 보는 초소를 지칭한다.

71-6

斗食, 終歲三十六石. 參食, 終歲二十四石. 四食, 終歲十八石. 五食, 終歲十四石四斗. 六食, 終歲十二石. 斗食食五升, 參食食參升小半, 四食食二升半, 五食食二升, 六食食一升大半, 日再食. 救死之時, 日二升者二十日, 日三升者三十日, 日四升者四十日, 如是而民免於九十日之約矣.

사람이 1년 동안 매일 1두씩 먹으면 36석, 3분의 2두면 24석, 4분의 2두면 18석, 5분의 2두면 14석 4두, 6분의 2두면 12석을 먹게 된다. 하루 1두씩 먹을 경우 한 끼에 5승升을 먹는 셈이다. 매일 3분의

2두면 한 끼 당 3승반이 안 되고, 4분의 2두면 2승반, 5분의 2두면 2승, 6분의 2두면 1승반을 조금 넘게 먹는 셈이다. 하루에 2끼 먹는 것을 전제로 한 얘기다. 아사를 막아야 하는 비상시에 하루 2승씩 20일, 하루 3승씩 30일, 하루 4승씩 40일간 먹는 식으로 90일 동안 버티면 아사에 이르는 자가 없게 된다.

두식斗食은 한 끼에 5승升, 하루 두 끼 1두斗씩 먹는 급식방법을 지칭한다. 10두가 1석石이므로 1년에 36석을 먹는 셈이다. 삼식參食은 한 끼에 3분의 2두를 먹는 방법을 뜻한다. 구사救死는 식량이 부족한 위기를 극복하는 것을 의미한다. 구십일지약九十日之約의 '약'은 궁핍한 사태로 곧 아사餓死의 위기를 상징한다.

71-7

寇近, 亟收諸雜鄕金器若銅鐵及他可以佐守事者. 先擧縣官室居·官府不急者, 材之大小長短及凡數, 卽急先發. 寇薄, 發屋, 伐木. 雖有請謁, 勿聽. 入柴, 勿積魚鱗簪, 當隊, 令易取也. 材木不能盡入者, 燔之, 無令寇得用之. 積木, 各以長短·大小·惡美形相從. 城四面外各積其內, 諸木大者皆以爲關鼻, 乃積聚之.

적이 가까이 다가오면 속히 다른 지역의 금기金器와 동철銅鐵을 비롯해 수성에 도움이 될 만한 것들을 모두 거둬들인다. 현의 관원 집과 관부 내에 있는 물품 가운데 다급하지 않은 것과 대소장단大小長短을 막론한 목재 등의 개략적인 수량을 조사해 시급히 징발한다. 적이 코앞으로 닥쳐오면 집을 무너뜨리고 나무들을 베어낸다. 인정에 호소하는 청탁이 있을지라도 들어주지 않는다. 땔나무를 들여와

물고기비늘처럼 차곡차곡 쌓아서는 안 되고, 땅굴 침공에 대비하는 사람들이 가져가기 쉽도록 놓아두어야 한다. 성 안으로 다 갖고 들어오지 못하는 목재는 모두 불태운다. 적이 이를 이용치 못하게 하려는 것이다. 목재를 쌓을 때는 장단, 대소, 미추美醜 등을 기준으로 나눠 쌓아야 한다. 성의 사방에서 갖고 온 재물은 성 안의 사방 모퉁이에 쌓아 둔다. 큰 목재는 큰 구멍을 뚫어 줄을 맨 뒤 성 안으로 운반한다.

제잡향諸雜鄕의 '잡'을 왕념손은 리離의 잘못으로 보았다. 좌수사左守事의 '좌'를 고광기는 조助, 소시학은 좌佐로 새겼다. 구박寇薄의 '박'을 소시학은 가까이 박두하는 박근迫近으로 풀이했다. 어린잠魚鱗簪은 물고기 비늘처럼 들쭉날쭉 늘어놓는 것을 말한다. 필원은 '잠'을 『회남자』에 나오는 고유의 주를 인용해 물속에 섶나무를 쌓아 물고기를 잡는 장치인 적시지삼積柴之罧으로 새겼다. 손이양은 풀이키를, "『회남자』「설림훈說林訓」에 대한 고유의 주에 삼罛을 '적시지삼'의 의미로 풀이했다. 「비아부」에 나오는 물령어린삼勿令魚鱗三 구절의 '삼'이 바로 삼罛 내지 삼罧과 통하는 삼槮의 생략형인 삼參을 말한 것이다. 『이하』『석기釋器』는 삼槮을 잠涔으로 부른다고 했다. 『소이아』「광수廣獸」는 잠潛을 삼槮으로 새겼다. 잠潛과 잠涔은 서로 통한다. 결국 삼槮, 잠潛, 삼參, 잠簪은 모두 같은 뜻이다."라고 했다. 관비關鼻는 코를 뚫어 끈을 매는 것을 말한다.

71-8

城守, 司馬以上, 父母·昆弟·妻子有質在主所, 乃可以堅守. 署都司空, 大城四人, 候二人, 縣候面一, 亭尉·次司空·亭一人. 吏侍守所者財足廉信，父母•昆弟•妻子有在葆宮中者，乃得爲侍吏．諸吏必有質，乃得任事．守大門者二人，夾門而立，令行者趣其外．各四戟，夾門立，而其人坐其下．吏日五閱之，上逋者名．池外廉有要有害，必爲疑人，令往來行夜者射之，誅其疏者．牆外水中爲竹箭，箭尺廣二步，箭下於水五寸，雜長短．前外廉三行，外外鄕，內亦內鄕．三十步一弩廬，廬廣十尺，袤丈二尺．

수장은 사마司馬 이상 관원의 부모형제와 처자를 자신이 거처하는 곳에 인질로 보호해 둔다. 그래야 성을 견고히 수비할 수 있다. 도사공都司空을 임명한데 이어 대성大城 4인, 후候 2인, 현후縣候와 성의 사면을 담당하는 성사면城四面을 각각 1인씩 임명한다. 정위亭尉와 차사공次司空, 정인亭人은 각 1인씩 둔다. 수비 담당 관원은 매우 청렴하고 신의가 있어야 한다. 부모형제와 처자가 보궁에서 보호받고 있어야 한다. 모든 관원은 반드시 인질로 보호받는 자가 있어야 하고, 사실 그래야만 수비 업무를 책임지고 감당할 수 있다. 성의 대문을 지키는 위병衛兵 2인은 대문을 끼고 서 있다. 행인들은 빠른 걸음으로 대문 앞을 지나간다. 모든 성문에는 창을 든 갑사甲士 4인이 문을 낀 채 서 있다. 위병은 이들 갑사 아래쪽에 서 있다. 관원은 매일 5번씩 이들을 검열하고, 자리를 이탈한 위병의 이름을 보고한다. 해자 바깥쪽에 요해처가 있다. 수상한 자가 오가면 야간순행을 하는 병사가 활로 쏜다. 이를 허술히 하는 자는 주살誅殺한다. 성벽 밖의 해자에 대 화살을 꽂아둔다. 화살을 꽂는 곳의 넓이는 2보이다. 화살은 물속으로 5촌가량 내려가 있다. 길고 짧은 게 뒤섞여 꽂혀 있다. 성 안쪽의 바깥에는 3줄로 설치하되 바깥 줄은 밖을 향하고, 안 줄은 안을 향한다. 30보마다 쇠뇌를 쏘는 움막 1곳을 설치한다.

움막은 넓이가 10척, 길이가 1장 2척이다.

사마司馬는 부서의 우두머리를 가리킨다. 병권을 쥔 대사마大司馬와 다르다. 도사공都司空은 수령 아래에 있는 속관屬官을 지칭한다. 육경六卿의 하나인 대사공大司空과 다르다. 현후縣候는 성의 사방에 1인씩 배치한 장수를 말한다. 정위亭尉는 「비성문」의 백위帛尉, 「호령」의 백장百長과 같다. 재족財足의 '재'를 손이양은 재纔와 통한다고 했다. 상포자명上逋者名의 '포'는 근무지를 이탈하는 것을 말한다. 지외렴池外廉의 '렴'은 가장자리를 뜻한다. 모기소자謀其疏者의 '모'를 유월은 주誅의 잘못으로 보았다. 노려弩廬는 쇠뇌를 장치해 두는 움막을 지칭한다.

71-9

隊有急, 極發其近者往佐, 其次襲其處. 守節出入使, 主節必疏書, 署其情, 令若其事, 而須其還報以檢驗之. 節出, 使所出門者, 輒言節出時操者名. 百步一隊. 閣通守舍, 相錯穿室. 治復道, 爲築墉, 墉善其上. 取疏, 令民家有三年蓄蔬食, 以備湛旱·歲不爲. 常令邊縣豫種畜芫·芸·烏喙·袾葉, 外宅溝井可寘, 塞. 不可, 置此其中. 安則示以危, 危示以安.

어떤 부대이든 사정이 급할 때는 재빨리 인근 부대를 이끌고 가 돕는다. 이후 또 다른 인근 부대로 이들을 대체해 방비한다. 수장이 제작한 부절符節에는 성을 출입하는 사자와 이를 관장하는 관원이 반드시 사용자의 신상과 실지 임무를 써넣는다. 하는 일이 기록된 임무와 같아야 한다. 사자 등이 임무를 마치고 돌아와 보고를 하면 이를 토대로 검증한다. 부절을 든 사람이 성을 나서면 출문의 위병은 곧바로 부절을 들고 나간 자의 명단을 상부에 보고한다. 1백 보마다 1개 지대支隊를 둔다. 수장의 집무실 협문과 수장의 거처는 서로 통한다. 복잡하게 구조로 만들어져 방까지 이어져 있다. 복도도 만들고 담도 두른다. 담 위에는 깨진 기와 등을 얹어 놓는다. 김장을 저장할 때는 민가에 명해 3년 치를 마련케 한다. 한발 등의 천재지변에 대비한 것이다. 변경의 현은 늘 물고기를 잡을 때 사용하는 원초芫草, 망초芒草, 오훼烏喙, 초엽椒葉 등의 유독성 식물을 비축해 둔다. 적이 쳐들어오면 성 밖 민가의 개울이나 샘을 메우고, 메우기 어려울 때는 이들 독초를 푼다. 안전할 때는 적에게 짐짓 위태로운 듯이 내보이고, 위태로울 때는 짐짓 안전한 듯이 내보인다.

극발極發의 '극'은 빠를 극亟과 통한다. 주절主節은 부절을 관장하는 관원을 말한다. 검험檢驗을 왕념손은 참조하여 검토하는 참험參驗의 잘못으로 보았다. 상착相錯은 서로 복잡하게 얽히는 것을 뜻한다. 용선기상墉善其上을 손이양은 선개기상善蓋其上 내지 선도기상善塗其上의 잘못으로 보았다. 취소取疏의 '소'를 필원은 채소 소蔬의 정자라고 했다. 축소식畜蔬食의 '축'을 손이양은 축蓄과 통한다고 했다. 잠한湛旱은 홍수와 가뭄으로 수한水旱과 같다. '잠'은 장마를 뜻한다. 세불위歲不爲는 흉년이 드는 해를 의미한다. 원운오훼주엽芫芸烏喙祩葉의 '원'은 물에 풀어 물고기를 잡는 독초를 말한다. '운'을 손이양은 독초인 망초芒草를 뜻하는 '망'의 잘못이라고 했다. '오훼'는 원래 까마귀 입을 뜻하나 여기서는 독초의 이름으로 사용됐다. '주엽'의 '주'를 손이양은 산초山椒의 '초'와 같은 글자인 초茮의 잘못이라고 했다. 가전可寘의 '전'은 전填과 같은 뜻으로 옛 판본의 치寘를 왕인지가 교정한 것이다.

71-10

寇至, 諸門戶令皆鑿而類竅之, 各爲二類, 一鑿而屬繩, 繩長四尺, 大如指. 寇至, 先殺牛·羊·雞·雞·狗·烏·鴈, 收其皮革·筋·角·脂·䏡·羽. 彘皆剝之. 吏欈桐直, 爲鐵錍, 厚簡爲衡枉. 事急, 卒不可遠, 令掘外宅林. 課多少, 若治城□爲擊, 三隅之. 重五斤已上諸林木, 渥水中, 無過一茷. 塗茅屋若積薪者, 厚五寸已上. 吏各擧其步界中財物可以左守備者上.

적이 쳐들어오면 모든 문호門戶에 2개의 구멍을 내고 장막으로 덮어 둔다. 구멍 하나에는 길이 4척에 손가락 굵기의 줄을 매달아 둔다. 적이 쳐들어오면 먼저 소, 양, 닭, 돼지, 개, 오리, 거위 등을 죽이고 껍질과 가죽, 살, 뿔, 기름, 뇌, 깃털 등을 따로 모아둔다. 또 개오동나무와 오동나무 등에 쇠 화살촉을 끼워 화살을 만들고, 두꺼운 목재로 시렁을 만든다. 사태가 급박해 멀리 가서 목재를 얻을 수 없을 때는 성 밖 민가의 목재를 가져다 쓴다. 이때는 성벽을 보수하고 수비용 장비인 격隔을 만드는데 필요한 양의 3배가량을 할당해 징발한다. 무게 5근 이상의 목재를 물에 담글 때는 뗏목 1개를 만드는데 필요한 수량을 넘어서는 안 된다. 건물의 지붕과 땔나무 더미는 두께 5촌 이상의 진흙을 발라 둔다. 관원은 담당 구역에서 수성에 도움이 될 물건을 징발하여 위로 보낸다.

류규類竅의 '류'를 손이양은 멱幎의 잘못으로 보았다. 활이나 쇠뇌를 쏘는 구멍을 적이 알지 못하도록 포장으로 덮어두는 것을 의미한다. 오안烏鴈의 '오'를 필원과 왕인지는 오리와 거위를 뜻하는 부鳧와 아鵝의 잘못으로 보았다. 뇌우蕾羽의 '뇌'를 『고공기考工記』에 나오는 뇌𠠎로 새겼다. 문맥상 대략 뇌腦로 해석하는 게 좋을 듯하다. 손이양은 이속동목吏粟桐盲의 '이'를 사使, '동'을 가檟의 잘못으로 보았다. '목'이 일부 판본에는 자自로 나와 있으나 필원은 미상未詳이라고 했다. 대략 나무의 일종으로 보는 게 좋을 듯하다. 위철비爲鐵錍의 '비'를 필원은 도끼로 풀이했으나 『방언方言』에서는 긴 화살을 비錍로 표현해 놓았다. 곽박郭璞은 주에서 강동江東에서는 이를 비전鎞箭으로 불렀다고 한다. 여기서는 쇠 화살촉을 지칭한 것으로 풀이하는 게 옳다. 후간위횡왕厚簡爲衡枉을 손이양은 앞에 나오는 난위주후蘭爲柱後의 잘못으로 보았다. 영굴외택림令掘外宅林의 '굴'은 수집한다는 뜻이다. '림'을 손이양은 재材의 잘못으로 보았다. 모다소謀多少의 '모'를 손이양은 과課의 오자로 파악했다. 성城□의 □는 상上이 누락된 것으로 보인다. 악수중渥水中의 '악'은 담근다는 뜻이다. 일패一茷의 '패'를 필원은 풀이키를, "『설문해자』에 발橃을 바다의 큰 배로 새기면서 속자로 벌筏을 썼다고 했다. 당나라 융천선사隆闡禪師의 비문에는 벌栰로 썼다. 여기의 패茷는 발橃의 가차이다." 라고 했다. 손이양은 이같이 풀이했다. "『논어』「공야장」에 대한 주에서 마융馬融의 해석을 인용해 '대나무와 나무를 엮은 것 가운데 큰 것을 벌栰, 작은 것을 부桴라고 한다.'고 했다. 『통전通典』「병문兵門」에서 창槍 10근根을 1속一束, 4166근을 1벌一栰이 된다고 했다. 이는 후대의 해석이고 『묵자』에서 말하는 일벌一筏이 정확히 어떤 것인지 정확히 헤아릴 길이 없다." 보계步界를 왕인지는 부계部界의 오자로 파악했다.

71-11

有讒人, 有利人, 有惡人, 有善人, 有長人, 有謀士, 有勇士, 有巧士, 有使士, 有內人者, 外人者, 有善人者, 有善門人者, 守必察其所以然者, 應名乃內之. 民相惡•若議吏•吏所解, 皆札書藏之, 以須告者之至以參驗之. 睨者小五尺, 不可卒者, 爲署吏, 令給事官府若舍. 藺石•厲矢諸材器用皆謹部, 各有積分數. 爲解車以枱, 城矣以軺車, 輪軲廣十尺, 轅長丈, 爲三幅, 廣六尺. 爲板箱, 長與轅等, 高四尺, 善蓋上, 治中令可載矢.

세상에는 남을 헐뜯는 참인讒人, 남을 이롭게 하는 이인利人, 행실이 나쁜 악인惡人, 선한 마음을 지닌 선인善人, 장자長者의 덕성을 지닌 장인長人, 책략이 뛰어난 모사謀士, 용맹이 출중한 용사勇士, 뛰어난 재주를 지닌 교사巧士, 심부름을 잘하는 사사使士, 궁 안의 일에 능한 나인內人, 외국 사정에 밝은 외인外人, 교제에 능한 선교인善交人, 남과 잘 다투는 선투인善鬪人 등이 있다. 수장은 반드시 이들 여러 사람의 성향을 잘 살펴 명실상부名實相符한 경우에만 받아들인다. 백성들 가운데 서로 다투며 원한을 품거나 관부에 고소장을 낸 자가 있으면 관원은 이들을 화해시킨 뒤 해당 사안을 기록해 잘 보관해 둔다. 이후 어떤 보고가 들어왔을 때 이를 참고한다. 키가 5척이 안 되는 자는 병사로 삼을 수 없는 탓에 서리胥吏로 삼아 관부나 사가私家의 집사 등으로 부린다. 투척용 돌과 예리한 화살 등의 무기는 각 부서에서 신중히 장만하되 예정된 수량을 충분히 비축해 두어야 한다. 가래나무로 만든 초거軺車는 활과 화살을 실어 나르는데 사용한다. 수레의 몸통은 넓이가 10척이고, 끌채의 길이는 1장이다. 바퀴는 4개이고, 바퀴 사이의 넓이는 6척이다. 수레의 밑받침은 길이를 끌채와 같게 한다. 높이는 4척이다. 수레 위의 덮개는 잘 덮어야 하고, 활과 화살을 다량 실을 수 있어야 한다.

참인讒人은 남을 헐뜯는 사람을 지칭한다. 장인長人을 키 큰 사람으로 보는 견해도 있으나 문맥상 너그러운 장자長者의 풍모를 지닌 사람으로 보는 게 타당하다. 선문인善門人의 '문'을 소시학은 투鬥의 잘못으로 보았다. 응명應名은 명분에 부응하는 것을 뜻한다. 찰서札書는 항목별로 자세히 기록하는 것을 말한다. 예자소睨者小의 '예'는 어린아이를 뜻하는 말로 손이양은 예婗의 가차로 보거나, '예자소' 전체를 제소아諸小婗로 바꾸거나 해야 한다고 했다. 린석藺石은 성 위에서 아래로 던지는 돌을 말한다. 근부謹部는 각 부서에서 조심하여 준비하는 것을 뜻한다. 분수分數는 분담하는 수량을 의미한다. 손이양은 해거이태解車以枱의 '해'를 작은 수레를 뜻하는 초軺의 오자, '태'를 가래나무 재梓의 가차로 보았다. 성의城矣를 소시학은 재시載矢의 잘못이라고 했다. 윤고輪軲는 수레의 앞에 단 나무로 넓이를 말할 때 수레의 몸통을 상징한다. 삼폭三幅을 손이양은 사륜四輪의 잘못이라고 했다. 판상板箱은 수레의 밑받침으로 곧 차상車箱과 같다.

71-12

子墨子曰, "凡不守者有五. 城大人少, 一不守也. 城小人衆, 二不守也. 人衆食寡, 三不守也. 市去城遠, 四不守也. 蓄積在外, 富人在虛, 五不守也." 率萬家而城方三里.

묵자가 말했다.

"수성을 어렵게 하는 데는 크게 5가지 이유가 있다. 성이 지나치게 크고 사람이 적은 경우다. 첫 번째 이유다. 성이 지나치게 작고 사람이 많은 경우다. 두 번째 이유다. 사람이 지나치게 많은데 식량이 적은 경우다. 세 번째 이유다. 시장이 성에서 지나치게 멀리 떨어진 경우다. 네 번째 이유다. 수성에 필요한 물자가 성 밖에 쌓여 있고, 부자 또한 성 밖에 머무는 경우다. 다섯 번째 이유다."

개략적으로 말하면 성 안에 사는 1만 호가 가솔家率을 모두 끌어들여 보호코자 할 경우 성의 규모는 최소한 사방 3리 이상은 되어야 한다.

부인재허富人在虛는 성안에 없다는 뜻으로 여기의 '허'를 소시학은 허墟와 같다고 했다. 방삼리方三里를 손이양은 풀이키를, "방삼리는 9평방 리로 곧 8,100무畝에 해당한다. 여러 집에 분거分居하면 한 집안 당 1무畝의 땅도 돌아가지 않지만 빈부貧富가 서로 보완하면 성을 지탱하는 데는 나름 충분한 넓이이다."고 했다.

역자 후기 – 새로운 G1시대와 묵자사상

맹자의 표절과 유가의 한계

제자백가는 하나같이 도가에서 말하는 도道를 끌어들여 자신들의 주장을 합리화했다. 유가는 천도天道, 법가는 법도法道, 병가는 병도兵道를 말하는 식이다. 특이하게도 묵가는 유가의 '천도'를 천지天志 내지 천의天意로 바꿔 표현해 놓았다. 일견 비슷해 보이지만 그 내용은 하늘과 땅만큼의 차이가 있다. 유가와 묵가가 갈리는 길목이다.

원래 도가에서 나온 '도'라는 용어는 말 그대로 단순한 길을 뜻한다. 도가는 '도'를 우주만물을 생성한 근원적인 이치로 풀이했다. 형이하의 용어로 형이상의 세계를 설명한 셈이다. 도가는 사람들에게 우주만물의 근원적인 이치인 '도'를 따라가면 반드시 그 근본에 이르게 된다고 설파했다. 『도덕경』은 이를 만물이 생명의 근원을 지향해 돌아오는 작용으로 파악해 귀근歸根 내지 복명復命으로 풀이해 놓았다. 만물이 '도'로 돌아오려고 하기 때문에 '도'는 비로소 끝없이 응용될 수 있고 만물 역시 낳고 또 낳아 끝이 없게 된다는 논리이다.

객관적으로 볼 때 만물의 '귀근'과 '복명' 작용은 '도'의 기본특성을 표현한 것으로 간주할 수 있다. 『도덕경』에서 얘기하는 '도'와 덕

德의 관계는 결코 선후 내지 상하의 개념이 아니다. 『주역』에서 말하는 체體와 용用의 개념으로 설명하는 게 합당하다. '도'가 본체라면, '덕'은 활용이라고 할 수 있다. 당연한 결과로 우주만물은 실체로 존재하는 동안 '덕'을 거쳐 생명의 원류인 '도'로 돌아오려는 움직임을 계속하게 된다. '도' 역시 중도에 없어지거나 다하는 날이 없다. 생장소멸生長消滅을 끝없이 반복하는 이유다.

도가는 '도'와 '덕'의 끝없는 순환을 인간의 '덕성'을 통해 구현되는 세속의 통치에도 그대로 적용코자 했다. 그게 바로 『도덕경』에서 말하는 최고의 치도治道인 이른바 무위지치無爲之治이다. 무위한 듯이 보이지만 유위有爲하지 않은 게 없는 경지를 말한다. 다스리지 않는 게 없는 무불치無不治의 개념과 같다. 치도의 종류를 종합 정리한 순자는 이를 제도帝道로 규정했다. 맹자가 역설한 왕도王道보다 한 수 위에 있다. 하늘의 일월이 만물을 고루 비추듯이 제왕이 인의예지 등의 인위적인 다스림을 완전히 배제한 가운데 '무위지치'에 입각해 천하를 다스리는 최상의 경지를 뜻한다.

일각에서 『도덕경』에 대해 세속의 통치를 염두에 두고 만들어진 최고의 정치사상서로 평하는 이유다. 실제로 조선조 최고의 거유巨儒 이율곡은 『도덕경』을 유학의 관점에서 해석한 『순언醇言』을 펴내기도 했다. 이를 두고 유가의 입장에서 노자를 해석했다는 의미에서 이유석로以儒釋老라고 한다. 이율곡의 '이유석로'는 공자가 말한 인의예지 등의 '덕'이 도가에서 말하는 '덕'과 별반 차이가 없다는 사실을 증명하려는 취지에서 나온 것이다. 말할 것도 없이 유가의 치도를 도가의 치도로 끌어올리려는 속셈이다. 『도덕경』은 유가의 인의예지 덕목을 인위적이라는 이유로 하덕下德으로 깎아내리고, '도'의 활용인 '덕'만이 진정한 의미의 '덕'인 상덕上德에 해당한다고 했다.

공자도 기본입장만큼은 이율곡과 마찬가지로 '상덕'과 '하덕'의 구별을 거부했다. 그가 생전에 '도'를 여러 차례 언급한 사실을 통해 이를 쉽게 알 수 있다. 『논어』「이인」의 다음 대목이 그 증거다.

"공자가 말하기를, '아침에 도를 들으면 저녁에 죽어도 가하다.'고 했다."

바람직한 군자의 모습을 찾기 위해 끝없이 노력한 자신의 삶을 도를 추구하는 구도자求道者의 삶에 비유한 것이다. 후대의 주희는 여기의 '도'를 사물의 당연지리當然之理로 풀이했다. 그러나 이는 공자가 말한 기본취지와 다르다. 『논어』에 나오는 '도'는 성리학에서 말하는 '천도' 개념과 거리가 멀다. 약간의 예외가 있기는 하나 사람이 되어 '사람답게 사는 길'의 뜻을 지닌 경우가 대부분이다. 『논어』「공야장」의 다음 대목이 이를 뒷받침한다.

"자공이 말하기를, '부자夫子의 문장文章은 가히 들을 수 있었다. 그러나 부자가 성性과 천도天道를 얘기하는 것은 들을 수 없었다.'고 했다."

이는 공자의 언행에 대한 수제자 자공의 술회이다. 이를 두고 주희는 '성'을 사람이 부여받은 천리天理, '천도'를 '천리자연天理自然의 본체'로 간주해 이같이 풀이했다.

"자공은 이때에 이르러 비로소 이에 관한 얘기를 얻어 듣고 그 훌륭함에 감탄한 것이다."

이는 공자로부터 '성'과 '천도'에 관해 전혀 들은 바가 없다고 술회한 자공의 언급과 완전히 배치되고 있다. 성리학을 합리화하기 위한 억지해석이다. 이에 대해 자공이 스승인 공자를 추억하면서 일종의 비평을 가한 것으로 해석하는 견해가 있으나 이 또한 억지해석에 지나지 않는다. 자공은 안회와 자로가 죽은 뒤 공자의 총애를 거의 독차지했다. 그가 공자 사후 6년간에 걸쳐 시묘侍墓하게 된 배경이다. 만년의 공자는 자공과 가장 많은 대화를 나눴다. 『맹자』「공손추상」편에 다음과 같은 맹자의 언급이 나온다.

"옛날 자공이 공자에게 말하기를, '부자夫子는 성인입니다.'라고 하자 공자가 응답키를, '성인의 경지는 내가 감히 넘볼 수 없다. 나는 단지 배우기를 싫어하지 않고 가르치기를 게을리 하지 않는 사람일 뿐이다.'라고 했다. 자공이 말하기를, '배우기를 싫어하지 않는 것이 지知이고 가르치기를 게을리 하지 않는 것이 인仁입니다. 지와 인을 모두 갖췄으니 부자는 이미 성인입니다.'라고 했다."

자공의 공자에 대한 존경은 상상을 초월할 정도였다. 그런 그가 '성'과 '천도'에 관한 얘기를 듣지 못했다는 이유로 공자에게 비평을 가했을 리 없다. 그럼에도 후대의 성리학자들은 공자가 '천도'를 적극 언급하고 나섰다는 식으로 왜곡했다. 이는 맹자가 말한 '천도'를 공자에게 뒤집어씌운 것에 지나지 않는다. 맹자 자신이 공자가 극도로 언급을 꺼린 '성'과 '천도'를 마치 공자가 생전에 매우 중요하게 다룬 것처럼 왜곡해 놓은 장본인이다. 이를 뒷받침하는 『맹자』「진심하」의 관련대목이다.

"입과 맛, 눈과 색깔, 귀와 소리, 코와 냄새, 팔다리와 편안함의 관계는 성性의 문제에 속한다. 그러나 입과 눈 등이 추구하는 맛과 색깔 등의 실현은 명命에 달려 있다. 군자가 맛과 색깔 등을 '성'이라고 부르지 않는 이유다. 인仁과 부자父子, 의義와 군신君臣, 예禮와 빈주賓主, 지智와 현자賢者, 천도天道와 성인聖人의 관계는 '명'의 문제에 속한다. 부자와 군신, 빈주, 현자, 성인이 추구하는 인의예지와 천도의 실현은 '성'에 달려 있다. 군자가 인의예지와 천도를 '명'이라고 부르지 않는 이유다."

훗날 주희의 사상적 스승인 북송대의 정이程頤는 여기에 나오는 성性과 명命의 관계를 이같이 풀이해 놓았다.

"입과 눈 등이 맛과 색깔 등을 구별하는 것은 '성'이다. 그러나 여기에는 분수가 있는 까닭에 바라는 바와 같이 할 수는 없는 일이다. 이는 '명'이다. 이를 나의 '성'에 있는 것이라고 주장하면서 반드시 손에 넣으려고 해서는 안 된다. 인의예지와 천도는 '명'이 사람에게 부여한 것이나 이를 받아들이는 데는 사람마다 후박厚薄과 청탁淸濁의 차이가 있다. '성'은 본래 선하여 배워서 극진히 할 수 있는 까닭에 인의예지를 '명'이라고 이르지 않는 것이다."

주목할 점은 맹자가 맛과 색깔 등은 '성'에 속하나 그 실현은 '명'에 달려 있고, 인의예지와 천도는 '명'에 속하나 그 실현은 '성'에 달려 있다고 본 점이다. 이는 훗날 성리학의 이론적 배경인 이기론理氣論의 근거가 되었다. 원래 맹자는 맛과 색깔 등은 '성'에서 비롯된 것이나 이를 '성' 자체로 보아서는 안 되고, 인의예지와 천도는 '명'에서 나오는 것이나 이를 '명' 자체로 보아서는 안 된다고 주장했다. 매우 어지러운 논법이다. 성리학자들은 여기서 한 발 더 나아가 문제를 더욱 복잡하게 만들었다. 맛과 색깔 등을 '성'에서 비롯된 정情으로 규정하면서 기氣의 구체적인 표현으로 간주한데 이어 인의예지와 천도를 분리시킨 뒤 인의예지를 천도의 또 다른 표현인 천리天理를 축약한 리理로 정리한 게 그렇다. 여기서 난삽하기 짝이 없는 형이상의 이기론이 전개됐다. 치국평천하治國平天下에 뿌리를 둔 공자사상이 사적인 수양에 불과한 수신제가修身齊家에 방점을 찍은 형이상의 도덕철학으로 전락한 배경이 여기에 있다.

공자사상을 왜곡한 일차적인 책임은 맹자가 져야 한다. 이는 그가 겉으로는 공자사상의 후계자를 자처하면서도 실은 유신론에 가까운 묵자사상을 그대로 흡입한데 따른 것이었다. 묵자가 말한 인격신에 가까운 '천지' 내지 '천의'를 '천도'를 바꿔 표현한 결과다. 주희를 비롯한 후대의 성리학자들은 이를 다시 '천리'로 치환시켜 극히 사변적인 이기론을 만들어냈다. 여기서 치국평천하를 핵심 과제로 삼은 공자사상은 사실상 종언을 고한 것이나 다름없다. 맹자에 의해 결정적으로 왜곡된 공자사상을 복원한 순자가 맹자를 질타한 이유가 여기에 있다. 순자를 포함한 정통 유가의 입장에서 볼 때 맹자는 공자사상을 묵자사상으로 바꿔 놓기 위해 잠입한 '트로이 목마'에 해당한다. 묵자가 사상 최초로 언급한 천지와 천의는 객관적인 기준인 '도'를 주관적인 기준인 의지意志로 변형시키는데 결정적인 공헌을 한 셈이다. 일각에서 유가의 천도 개념을 무신론, 묵가의 천지 내지 천의 개념을 유신론의 일종으로 파악하는 것도 바로 이 때문이다.

G2시대의 종언과 묵자사상

일본학자 와타나베는 『고대중국사상의 연구』에서 묵가사상은 고대에 너무 일찍 근대를 지향했기에 절멸했지만 동시에 그로 인해 21세기에 들어와 오히려 새삼 주목 대상이 됐다고 했다. 나름 일리가 있는 지적이다. 객관적으로 볼 때 묵자는 점진적인 개혁을 꿈꾼 공자와 달리 체제를 일거에 뒤엎는 일종의 혁명가에 가까웠다. '만국의 노동자여, 궐기하라!'고 외친 마르크스의 선조가 기원전에 출현한 것에 비유할 만하다.

실제로 묵자사상은 21세기 관점에서 볼지라도 그만큼 혁명적인 내용을 담고 있다. 단지 폭력혁명을 적극 부추긴 마르크시즘과 달리 방어를 위한 전쟁만을 용인한 점에서 얼굴만 평화적인 모습을 띠었을 뿐이다. 그게 인구에 회자하는 묵수墨守다. 그러나 '묵수'는 상황에 따라 매우 격렬한 공격으로 전환될 수도 있다. 이른바 묵공墨攻이다. '묵공'이 등장할 경우 세상은 어떻게 될까? 노동자가 주축이 된 프롤레타리아 독재를 획책한 마르크시즘과 하등 다를 바가 없게 된다.

묵학과 그 사상적 후신인 맹학, 맹자를 사상적 교조로 받든 후대의 주자학, 『성경』의 천년왕국을 지상에 건설코자 한 마르크시즘 모두 3가지 공통점을 갖고 있다. 첫째, 극도로 혼란스런 시기에 태어났다. 묵학과 맹학이 전국시대에 등장하고, 주자학이 북방 이민족의 압박을 받는 남송 때 출현하고, 마르크시즘이 서구 열강의 식민지쟁탈이 극에 달한 제국주의 말기에 풍미한 게 그렇다. 둘째, 이들 사상 모두 극단적인 이상주의에 입각해 있다. 현실의 모순에 강한 불만을 표시하며 현세에 이상국을 세우고자 한 게 그렇다. 셋째, 확고한 신념체계 속에 매우 독창적이면서도 구체적인 이상국을 지상에 세우고자 했다. 묵자가 공자가 말한 '인'과 '의'를 하나로 녹여낸 인의仁義 개념을 최초로 제시하며 만민이 모두 인간적인 대접을 받은 세상을 만들어야 한다고 역설하고, 맹자가 사단설四端說과 성선설性善說을 제창하며 길 가는 필부가 성인이 되는 세상을 만들자고 주창하고, 주희가 천리인욕설天理人欲說을 내세우며 '천리'에 충실한 도덕국가를 만들어야 한다고 역설하고, 마르크스가 인류의 역사를 가진 자와 못 가진 자의 역사로 단정하며 계급혁명론階級革命論을 토대로 프롤레타리아 독재국가를 세우고자 한 게 그렇다. 모두 급진 혁명가의 사상적 특징을 지니고 있다.

이들 사상은 묵학처럼 한때 세상을 풍미했다가 사라진 뒤 수천 년 뒤에 새삼 각광을 받는 경우가 있는가 하면, 맹학 내지 주자학처럼 수천 년 동안 지구의 반쪽인 동양의 정신세계를 지배했다가 아편전쟁 이후 쇠멸하기 시작해 21세기에 들어와 사실상 사라진 경우도 있고, 마르크시즘처럼 19세기 말 이후 커다란 돌풍을 일으켰다가 20세기 후반 소련 및 동구의 소멸로 급격히 와해된 후 중국과 북한, 베트남, 쿠바 등 몇 몇 나라에서만 껍데기만 남은 형태로 잔존하는 경우도 있다.

예나 지금이나 통치이념이 소수의 기득권세력을 위한 이데올로기로 작동할 경우 이에 대항하는 서민들의 반체제 경향은 더욱 격화되고, 이를 이론적으로 뒷받침하기 위한 학문 또한 과격해질 수밖에 없다. 묵학과 맹학, 주자학, 마르크시즘이 지니고 있는 혁명사상이 그 증거다. 묵학이 2천여 년 동안 지하에 묻혀 있다가 위기에 처한 청나라 말기에 이르러 문득 커다란 각광을 받게 된 것도 이런 맥락에서 이해할 수 있다.

21세기 현재 맹학과 주자학, 마르크시즘 모두 역사의 무대 뒤로 퇴장했다. 유독 묵학만이 중국 학계를 중심으로 21세기 스마트혁명 시대를 이끌 새로운 패러다임의 대안으로 주목을 받고 있다. 큰 틀에서 볼 때 묵학은 공자좌파에 속한다. 좌파의 가장 큰 특징은 개개인의 삶을 중시하며 이상을 지향하는 데 있다. 난세보다는 치세에 부합한다. 21세기 스마트혁명 시대는 모든 나라가 총력전을 펼치는 경제전쟁의 시대이자, 미국과 중국이 천하의 패권을 놓고 치열한 신경전을 펼치는 G2시대이다. 한마디로 난세이다. 지상에 이상국을 세우고자 한 묵학이 들어설 입지가 그리 넓지 않다.

그러나 이는 역으로 생각해 볼 필요가 있다. 하늘에 2개의 태양이 동시에 떠 있을 수는 없다. 아편전쟁을 계기로 해가 지지 않는 대영제국이 천조天朝를 자부한 대청제국을 제압하고 천하의 패권을 장악했다. 이른바 '팍스 브리타니카'의 출현이다. 제1, 2차 세계대전을 거치며 '팍스 아메리카나'로 변하기는 했으나 21세기 현재까지 영미가 세계를 호령하는 일이 2백년 가까이 지속되고 있다. 그러나 서구 열강이 과연 계속 천하를 제패할 수 있는 것일까? 대답은 회의적이다.

2013년부터 가동하기 시작한 시진핑 정권은 명실상부한 G1을 지향한다. G2시대의 앞날과 관련해 내로라하는 세계 석학들의 전망은 극명하게 엇갈리고 있다. 지난 2013년 말 모든 것이 급변하는 '초超경쟁' 이론으로 세인의 주목을 끈 다트머스대 교수 리처드 다베니는 국내 유수 일간지와 가진 인터뷰에서 이같이 전망했다.

"서구 열강의 핍박을 받았던 중국은 이제 '모멸감의 시대'를 지나 글로벌 리더로서의 정체성을 확립해 가고 있다. 시진핑은 군부대를 돌면서 '중국몽中國夢'에 대해 얘기하기 시작했다. 미국을 대체해 명실상부한 G1이 되고자 하는 것이다. 과거 미국은 급성장하는 일본을 일거에 약하게 만들 힘이 있었다. 그러나 지금은 그게 안 통한다. 중국이 너무 커 버렸기 때문이다. 이대로 가면 미국은 10년 내에 확실한 2등이 될 것이다. 미국이 그나마 자랑해온 게 혁신인데 이 또한 사정이 달라졌다. 강력한 의사결정으로 자본을 즉각 끌어들일 수 있는 중국이 혁신에서도 미국을 압도한다. 향후 10년 안에 중국이 미국을 추월해 세계의 리더가 될 것이다. 미국은 중국이 미국을 파괴하기 전에 선제공격에 나서야 한다."

최근 미국이 일본의 적극적인 자위권 행사를 적극 지지하고 나선 배경을 짐작케 해주는 대목이다. 경제경영 분야에서 그의 '초경쟁' 이론은 나름 일리가 있으나 이를 국제정치 영역으로 확장해 '선제공격' 운운한 것은 지나쳤다. 이는 동아시아 국제질서의 오랜 전통인

중화질서中華秩序에 대한 오해에서 비롯된 것이다. 공자가 『논어』에서 언급한 화이華夷 용어는 민족개념이 아닌 문화개념이다. 문치文治를 이루면 이적夷狄도 '중화'가 되고, 중원에 위치할지라도 문치를 멀리하면 '이적'이 된다는 게 골자이다. 몽골의 원나라가 강남까지 제압한 뒤 남송 치하의 한족을 남쪽 오랑캐라는 뜻의 만자蠻子로 낮춰 부른 사실이 이를 반증한다. 다베니가 중국을 고립시킨 채 미국을 중심으로 한 거대한 무역권을 만들어야 한다고 주장한 것은 미국의 G1 지위 영속을 노리는 '꼼수'에 지나지 않는다.

그럼에도 다베니의 G2시대 전망은 나름 일리가 있다. 21세기의 G2시대는 G1의 자리를 놓고 미중이 치열한 패권경쟁을 벌이는 과도기에 해당한다. 중원의 패권을 놓고 다툰 과거의 원명 및 명청의 왕조교체기와 유사하다. 천하를 놓고 다투는 왕조교체기 때는 반드시 G1으로 부상하는 G2가 있는가 하면 천하를 호령하던 자리에서 내려오는 어제의 G1이 존재하기 마련이다.

만일 중국이 명실상부한 G1이 돼 '팍스 시니카' 체제를 구축할 경우 새로운 패러다임으로 어떤 것을 내세우는 게 좋을까? 객관적으로 볼 때 빈부귀천에 따른 신분상 차별과 화이華夷의 구분에 따른 민족 및 지역 간 차별을 거부하며 만민평등을 외친 묵자사상만큼 좋은 게 없다. 천하의 이익을 고루 나누며, 천하 만민을 두루 사랑하고, 국가 간 갈등이 빚어질 때도 오직 방어를 위한 전쟁만을 인정한 게 그렇다. '겸애'와 '비공'으로 상징되는 묵자사상의 위대한 면모가 여기에 있다.

특히 묵자사상은 기독교사상과 닮은 점이 많아 수천 년 동안 기독교문화에 젖어 있는 서구인들을 다독이는데도 매우 유용하다. 가까운 사람을 더욱 가까이 하는 친친親親의 유가사상이 지니지 못한 묵자사상만의 자랑이다. 묵자사상은 명실상부한 '사랑과 평화'를 구현할 수 있는 뛰어난 요소를 두루 지니고 있는 셈이다.

문제는 우리다. 우리는 과도기인 G2시대를 최대한 활용해 조속히 한반도통일을 이뤄내야 한다. 그 경우 곧바로 중국과 미국, 일본, 독일에 이어 G5로 부상할 수 있다. 우리가 하기에 따라서는 일본과 독일을 제치고 명실상부한 G3가 될 수도 있다. 이는 지축을 뒤흔드는 일대 변혁에 해당한다. 2백년 가까이 지속된 영미 위주의 국제질서 패러다임도 바뀔 수밖에 없다. 이때 그럴 듯한 패러다임을 제시해야만 한다. 그 대안이 바로 '겸애'와 '비공'으로 요약되는 묵자사상이다. 21세기에 들어와 중국 학계가 묵학의 연구에 박차를 가하고 있는 것도 이런 맥락에서 이해할 수 있다.

우리가 묵학 연구에 뒤쳐져서는 안 되는 것도 같은 맥락이다. 우리는 유교와 불교, 기독교 등 3대 종교에서 신도의 숫자는 말할 것도 없고 세계 최고 수준의 학문적 성과를 자랑하고 있다. 묵학을 깊이 연구하면 이들 종교를 하나로 묶는 끈을 발견할 수도 있을 것이다. 여러 모로 우리는 새로운 21세기 G1시대를 주도적으로 맞이할 수 있는 여건을 구비하고 있는 셈이다. 모두 우리가 하기 나름이다.

부록-묵자 연표

기원전	주나라	나이	사건
468	貞定王 원년	1세	묵자가 태어남. 노애공魯哀公이 월越로 달아남.
448	21년	21세	공상과가 월왕에게 유세함. 월왕이 공상과에게 묵자 모셔오게 함.
447	22년	22세	초楚가 채蔡를 멸함.
445	24년	24세	초가 기杞를 멸함.
441	28년	28세	정정왕이 죽고 동생들이 보위를 서로 찬탈해 나라가 어지러움.
440	考王 원년	29세	공수반이 수전용 배와 운제를 만들자 묵자가 이를 제지함.
439	2년	30세	묵자가 초혜왕을 만나고자 했으나 거절당함.
431	10년	38세	초가 거莒를 멸함.
430	11년	39세	서쪽 의거義渠가 진秦을 공격해 위남渭南으로 진출함.
426	15년	43세	서주西周 혜공이 아들 반班을 공鞏 땅에 세우고 동주東周를 칭함.
423	威烈王 3년	46세	진晉이 정鄭을 침. 묵자가 노양문군의 정 침공을 막음.
413	13년	56세	진秦이 진晉에 패함. 제齊가 진晉을 치고 양호陽狐를 포위함.
412	14년	57세	제齊의 항자우가 노魯를 3번 침공함.
409	17년	60세	노魯 군주가 묵자에게 제의 침공 위협을 호소함.

403	23년	66세	3진三晋이 시작됨. 전국시대가 열림.
400	安王 2년	69세	정鄭이 한韓의 양척陽翟을 포위함. 3진이 초楚를 침.
397	5년	72세	섭정聶政이 한나라 재상 협루俠累를 죽임.
396	6년	73세	위문후魏文侯가 죽고 아들 위무후魏武侯가 즉위함.
387	15년	82세	진秦이 촉蜀의 남정南鄭을 공략함.
386	16년	83세	제齊의 전화田和가 제후에 봉해짐. 묵자가 전화를 만남.
382	20년	87세	제齊와 위魏가 위衛를 도와 조趙를 치고 강평剛平을 공략함.
381	21년	88세	오기吳起가 초에서 거열형에 처해짐.
379	23년	90세	전씨田氏가 강씨姜氏의 제를 멸하고 새 나라를 세움.
378	24년	91세	3진이 제를 침. 『묵자』에는 이후의 묵자 행보 안 나옴.
377	25년	92세	촉蜀이 초를 침.
376	26년	93세	묵자가 이때 사망한 것으로 추정됨.

참고문헌

1. 기본서

『논어』, 『맹자』, 『관자』, 『순자』, 『열자』, 『한비자』, 『윤문자』, 『도덕경』, 『장자』, 『묵자』, 『양자』, 『상군서』, 『안자춘추』, 『춘추좌전』, 『춘추공양전』, 『춘추곡량전』, 『여씨춘추』, 『회남자』, 『춘추번로』, 『오월춘추』, 『신어』, 『세설신어』, 『잠부론』, 『염철론』, 『국어』, 『설원』, 『전국책』, 『논형』, 『공자가어』, 『정관정요』, 『자치통감』, 『독통감론』, 『일지록』, 『명이대방록』, 『근사록』, 『송명신언행록』, 『설문해자』, 『사기』, 『한서』, 『후한서』, 『삼국지』

2. 저서 및 논문

1) 한국

가나야 사다무 외, 『중국사상사』, 조성을 역, 이론과 실천, 1988.
가리노 나오끼, 『중국철학사』, 오이환 역, 을유문화사, 1995.
가이쯔까 시게끼, 『제자백가』, 김석근 외 역, 까치, 1989.
강신주, 『노자, 국가의 발견과 제국의 형이상학』, 태학사, 2004.
고성중 편, 『도가의 명언』, 한국문화사, 2000.
곽말약, 『중국고대사상사』, 조성을 역, 도서출판 까치, 1991.
그레이엄, 『도의 논쟁자들-중국 고대 철학 논쟁』, 나성 역, 새물결,

2003.
기세춘 역저, 『묵자』, 바이북스, 2009.
김덕삼, 『중국도가사 서설』, 경인문화사, 2004.
김승혜, 『원시유교』, 민음사, 1990.
김예호, 『한비자, 법치로 세상을 바로 세운다』, 한길사, 2010.
김충열, 『노장철학 강의』, 예문서원, 1995.
김학주, 『묵자, 그 생애, 사랑과 묵가』, 명문당, 2002.
나카지마 다카시, 『한비자의 제왕학』, 오상현 역, 동방미디어, 2004.
니담, 『중국의 과학과 문명』, 이석호 역, 을유문화사, 1988.
니비슨, 『유학의 갈림길』, 김민철 역, 철학과 현실사, 2006.
니시지마 사다이끼, 『중국고대사회경제사』, 변인석 편역, 한울아카데미, 1996.
동광벽, 『도가를 찾아가는 과학자들』, 이석명 역, 예문서원, 1994.
류예, 『묵자 경영학』, 나진희 역, 에버리치홀딩스, 2007.
리슈에친, 『잃어버린 고리』, 임형석 역, 학연문화사, 1996.
마쓰시마 다까히로 외, 『동아시아사상사』, 조성을 역, 한울아카데미, 1991.
모리모토 준이치로, 『동양정치사상사 연구』, 김수길 역, 동녘, 1985.
모리야 히로시, 『한비자, 관계의 지략』, 고정아 역, 이끌리오, 2008.
묵적, 『묵자』 1-2, 김득순 역, 연변인민출판사, 2010.
____, 『묵자』, 이운구 역, 길, 2012.
____, 『신완역 묵자』 상하, 김학주 역, 명문당, 2003.
문익환 외 저, 『예수와 묵자』, 바이북스, 2009.
미조구치 유조, 『중국 사상문화 사전』, 김석근 외 역, 책과 함께, 2011.

박문현, 『묵자, 사랑과 평화의 철학』, 살림출판사, 2013.

북경대중국철학사연구실 편, 『중국철학사』, 박원재 역, 자작아카데미, 1994.

샤오꿍취엔, 『중국정치사상사』, 최 명 역, 서울대출판부, 2004.

서복관, 『중국예술정신』, 이건환 역, 이화문화사, 2001.

서울대동양사학연구실 편, 『강좌 중국사』1-7, 지식산업사, 1989.

소공권, 『중국정치사상사』, 최 명 역, 서울대출판부, 2004.

송영배, 『제자백가의 사상』, 현암사, 1994.

송원옥, 『한비자, 전국책의 지혜』, 큰산, 2008.

슈월츠, 『중국고대사상의 세계』, 나성 역, 살림출판사, 1996)

신동준, 『욱리자』, 인간사랑, 2013.

염정삼 주해, 『묵경』 1-2, 한길사, 2012.

오강남, 『도덕경』, 현암사, 2002.

오카모토 류조, 『한비자 제왕학』, 배효용 역, 예맥, 1985.

요감명, 『노자강의』, 손성하 역, 김영사, 2010.

유소감, 『노자철학』, 김용섭 역, 청계, 2000.

유필화, 『역사에서 리더를 만나다』, 흐름출판, 2010.

윤재근, 『학의 다리가 길다고 자르지 마라』, 둥지, 1990.

윤천근, 『노자도덕경』, 법인문화사, 1996.

이상수, 『한비자, 권력의 기술』, 웅진지식하우스, 2007.

이성규 외, 『동아사상의 왕권』, 한울아카데미, 1993.

이철, 『가슴에는 논어를, 머리에는 한비자를 담아라』, 원앤원북스, 2011.

이치카와 히로시, 『영웅의 역사, 제자백가』, 이재정 역, 솔, 2000.

이택후 외, 『중국미학사』, 권덕주 역, 대한교과서 주식회사, 1992.

임건순, 『묵자, 공자를 딛고 일어선 천민 사상가』, 시대의 창, 2013.
전목, 『중국사의 새로운 이해』, 권중달 역, 집문당, 1990.
전일환, 『난세를 다스리는 정치철학』, 자유문고, 1990.
전해종 외, 『중국의 천하사상』, 민음사, 1988.
진고응, 『노장신론』, 최진석 역, 소나무, 1997.
최명, 『춘추전국의 정치사상』, 박영사, 2004.
최윤재, 『한비자가 나라를 살린다』, 청년사, 2000.
친위, 『마흔 셋, 묵자를 만나다』, 이영화 외 역, 예문, 2012.
포르케, 『중국고대철학사』, 양재혁 외 역, 소명, 2004.
풍우란, 『중국철학사』, 정인재 역, 형설출판사, 1995.
한국도교문화학회, 『도교와 생명사상』, 국학자료원, 1998.
한국동양철학회 편, 『동양철학의 본체론과 인성론』, 연세대출판부, 1990.
한무희 외 편, 『선진제자문선』, 성신여대출판부, 1991.
황원구, 『중국사상의 원류』, 연세대출판부, 1988.

2) 중국

高懷民, 『中國先秦道德哲學之發展」『華岡文科學報』14, 1982.
顧頡剛 外, 『古史辨』1926-1941, 上海古籍出版社.
郭沂, 『郭店竹簡與先秦學術思想』, 上海教育出版社, 2001)
郭末若, 『十批判書』, 古楓出版社, 1986.
郭志坤, 『提問墨子』, 中西書局, 2012.
金德建, 『先秦諸子雜考』, 中州書畵社, 1982.
羅世烈, 『先秦諸子的義利觀」『四川大學學報, 哲學社會科學)』1988-1, 1988.

戴維,『帛書老子校釋』, 岳麓書社, 1998.
童書業,『先秦七子思想研究』, 齊魯書社, 1982.
樓宇烈,『王弼集校釋』, 中華書局, 1999.
李學勤,『新出簡帛佚籍與學術史』, 臺灣, 時報出版公司, 1994.
牟宗三,『中國哲學的特質』, 臺灣學生書局, 1980.
方立天,『中國古代哲學問題發展史, 上,下)』, 中華書局, 1990.
傅樂成,『漢法與漢儒」『食貨月刊』復刊5-10, 1976.
徐復觀,『中國思想史論集』, 臺中印刷社, 1951.
蕭公權,『中國政治思想史』, 蕭公權先生全集4), 臺北聯經出版事業公司, 1980.
蘇誠鑑,『漢武帝"獨尊儒術"考實」『中國哲學史研究』1, 1985.
蘇俊良,『論戰國時期儒家理想君王構想的產生」『首都師範大學學報』2, 1993.
孫謙,『儒法法理學異同論」『人文雜誌』6, 1989.
梁啓超,『先秦政治思想史』, 商務印書館, 1926.
楊寬,『戰國史』, 上海人民出版社, 1973.
楊榮國 編,『中國古代思想史』, 三聯書店, 1954.
楊幼炯,『中國政治思想史』, 商務印書館, 1937.
楊鴻烈,『中國法律思想史』上,下, 商務印書館, 1937.
呂思勉,『秦學術概論』, 中國大百科全書, 1985.
嗚光,『黃老之學通論』, 浙江人民出版社, 1985.
嗚辰佰,『皇權與紳權』, 儲安平, 1997.
王明,『道家和道敎思想研究』, 中國社會科學出版社, 1990.
王文亮,『中國聖人論』, 中國社會科學院出版社, 1993.
于霞,『千古帝王術, 韓非子』, 江西敎育, 2007.

熊十力,『新唯識論- 原儒』, 山東友誼書社, 1989.
劉澤華,『先秦政治思想史』, 南開大學出版社, 1984.
游喚民,『先秦民本思想』, 湖南師範大學出版社, 1991.
李錦全 外,『春秋戰國時期的儒法鬪爭』, 人民出版社, 1974.
李宗吳,『厚黑學』, 求實出版社, 1990.
李澤厚,『中國古代思想史論』, 人民出版社, 1985.
人民出版社編輯部 編,『論法家和儒法鬪爭』, 人民出版社, 1974.
任繼愈,『墨子與墨家』, 商務印書館, 1998.
任守景,『墨子硏究論叢』上下, 齊魯書社, 2009.
林聿時·關 峰,『春秋哲學史論集』, 人民出版社, 1963.
張君勱,『中國專制君主政制之評議』, 弘文館出版社, 1984.
張岱年,『中國倫理思想硏究』, 上海人民出版社, 1989.
錢穆,『先秦諸子繫年』, 中華書局, 1985.
鄭傑文,『中國墨學通史』, 人民出版社, 2006.
周立升 編,『春秋哲學』, 山東大學出版社, 1988.
周燕謀 編,『治學通鑑』, 精益書局, 1976.
陳長文,『墨子與墨家學派』, 吉林文史出版, 2012.
馮友蘭,『中國哲學史』, 商務印書館, 1926.
胡適,『中國古代哲學史』, 商務印書館, 1974.
侯外廬,『中國思想通史』, 人民出版社, 1974.
侯才,『郭店楚墓竹簡校讀』, 大連出版社,1999.

3) 일본

加藤常賢,『中國古代倫理學の發達』, 二松學舍大學出版部,

1992.
角田幸吉,『儒家と法家」『東洋法學』12-1, 1968.
岡田武彦,『中國思想における理想と現實』, 木耳社, 1983.
鎌田　正,『左傳の成立と其の展開』, 大修館書店, 1972.
高文堂出版社 編,『中國思想史, 上,下)』, 高文堂出版社, 1986.
高須芳次郎,『東洋思想十六講』, 新潮社, 1924.
顧頡剛,『中國古代の學術と政治』, 小倉芳彦 等 譯, 大修館書店, 1978.
館野正美,『中國古代思想管見』, 汲古書院, 1993.
溝口雄三,『中國の公と私』, 研文出版, 1995.
宮崎市定,『アジア史研究, I-V)』, 同朋社, 1984.
金谷治,『秦漢思想史研究』, 平樂寺書店, 1981.
大久保隆郎也,『中國思想史, 上)-古代.中世-』, 高文堂出版社, 1985.
大濱晧,『中國古代思想論』, 勁草書房, 1977.
渡邊信一郎,『中國古代國家の思想構造』, 校倉書房, 1994.
渡邊卓,『古代中国思想の研究』, 創文社, 2003.
半藤一利,『墨子よみがえる』, 平凡社, 2011.
森三樹三郎,『墨子』, 筑摩書房, 2012.
上野直明,『中國古代思想史論』, 成文堂, 1980.
小倉芳彦,『中國古代政治思想研究』, 青木書店, 1975.
藪內淸,『墨子』, 平凡社, 2009.
守本順一郎,『東洋政治思想史研究』, 未來社, 1967.
守屋洋,『右手に論語 左手に韓非子』, 角川マガジンズ, 2008.
安岡正篤,『東洋學發掘』, 明德出版社, 1986.

安居香山 編,『讖緯思想の綜合的研究』, 國書刊行會, 1993.
宇野精一 外,『講座東洋思想』, 東京大出版會, 1980.
栗田直躬,『中國古代思想の研究』, 岩波書店, 1986.
伊藤道治,『中國古代王朝の形成』, 創文社, 1985.
日原利國,『中國思想史, 上,下)』, ぺりカン社, 1987.
中島孝志,『墨子の自分の城は自分で守れ』, 太陽企劃出版, 2007.
中村哲,『韓非子の專制君主論」『法學志林』74-4, 1977.
紙屋敦之,『大君外交と東アジア』, 吉川弘文館, 1997.
淺野裕一,『墨子』, 講談社, 1998.
貝塚茂樹 編,『諸子百家』, 筑摩書房, 1982.
戸山芳郎,『古代中國の思想』, 放送大教育振興會, 1994.
丸山松幸,『異端と正統』, 毎日新聞社, 1975.
丸山眞男,『日本政治思想史研究』, 東京大出版會, 1993.
荒木見悳,『中國思想史の諸相』, 中國書店, 1989.

4) 서양

Ahern, E. M., Chinese Ritual and Politics, London, Cambridge Univ. Press, 1981.

Allinson, R., ed.), Understanding the Chinese Mind-The Philosophical Roots, Hong Kong, Oxford Univ. Press, 1989.

Aristotle, The Politics, London, Oxford Univ. Press, 1969.

Barker, E., The Political Thought of Plato and Aristotle, New York, Dover Publications, 1959.

Bell, D. A., Democracy in Confucian Societies-The Challenge of Justification. in Daniel Bell et. al., Towards Illiberal Democracy in Pacific Asia, Oxford, St. Martin's Press, 1995.

Carr, E. H., What is History, London, Macmillan Co., 1961.

Cohen, P. A., Between Tradition and Modernity-Wang T'ao and Reform in Late Ch'ing China, Cambridge, Harvard Univ. Press, 1974.

Creel, H. G., Shen Pu-hai. A Chinese Political Philosopher of The Fourth Century B.C., Chicago, Univ. of Chicago Press, 1975.

Cua, A. S., Ethical Argumentation-A study in Hsün Tzu's Moral Epistemology, Honolulu, Univ. Press of Hawaii, 1985.

De Bary, W. T., The Trouble with Confucianism, Cambridge, Mass./London, Harvard Univ. Press, 1991.

Fukuyama, F., The End of History and the Last Man, London, Hamish Hamilton, 1993.

Graham, A. C., Disputers of the Tao-philosophical argument in ancient China, La Salle, Illinois, Open Court, 1989

Hsü, L. S., Political Philosophy of Confucianism, London, George Routledge & Sons, 1932.

Moritz, R., Die Philosophie im alten China, Berlin, Deutscher Verl. der Wissenschaften, 1990.

Munro, D. J., The Concept of Man in Early China, Stanford, Stanford Univ. Press, 1969.

Peerenboom, R. P., Law and Morality in Ancient China - The Silk Manuscripts of Huang-Lao, Albany, New York, State Univ. of New York Press, 1993.

Plato, The Republic, London-Oxford Univ. Press, 1964.

Pott, W. S., A Chinese Political Philosophy, New York-Alfred. A. Knopf, 1925.

Rubin, V. A., Individual and State in Ancient China-Essays on Four Chinese Philosophers, New York, Columbia Univ. Press, 1976.

Schwartz, B. I., The World of Thought in Ancient China, Cambridge, Harvard Univ. Press, 1985.

Stewart, M., The Management Myth, New York, W. W. Norton & Company, 2009.

Taylor, R. L., The Religious Dimensions of Confucianism, Albany, New York, State Univ. of New York Press, 1990.

Tomas, E. D., Chinese Political Thought, New York, Prentice-Hall, 1927.

Tu, Wei-ming, Way, Learning and Politics-Essays on the Confucian Intellectual, Albany, New York, State Univ. of New York Press, 1993.

Waley, A., Three Ways of Thought in Ancient China, New York, Doubleday & company, 1956.

Wu, Geng, Die Staatslehre des Han Fei-Ein Beitrag zur chinesischen Idee der Staatsräson, Wien & New York, Springer-Verl., 1978.

지은이 **묵자**

묵자(기원전 470?~391?)는 중국 춘추전국시대에 제자백가 중 묵가를 대표하는 위인으로 송 허난 성에서 탄생한 사상가이다. 본명은 묵적墨翟이다. '묵'을 성, '적'을 이름으로 보는 게 통설인데, 그에게 '자'를 붙인 것은 존경을 표한 것이다. 그가 활약한 시기는 대략 기원전 450년에서 390년 사이로, 시기적으로 춘추시대 말기에서 전국시대 초기에 해당한다. 묵자는 대략 공자가 세상을 떠난 지 10여 년 뒤 태어나, 맹자가 태어나기 10여 년 전 세상을 떠난 것으로 추정된다. 예수보다 약 4백여 년 가량 앞서 인류가 서로 평화롭게 사는 비결을 전수한 셈이다. 『묵자』의 핵심 사상은 겸애와 비공이며, 유교나 도교와 차별화된다. 그가 말한 '겸애'는 관념적인 사랑이 아니다. 타인을 이롭게 하는 것이 곧 자신을 이롭게 하는 길이라고 설파한다. 기독교과 불교에서 말하는 아가페나 이타 정신과 하등 다를 게 없다. 싸움을 그치고 안정과 휴식을 취함으로써 서로 '윈-윈' 할 수 있다는 '비공' 주장 역시 매우 합리적이다. 그는 시대를 앞서간 인물로 만민평등과 반전이라는 인류번영의 보편적 가치를 주창했다.

옮긴이 **신동준**

학오學吾 신동준申東埈은 고전을 통해 세상을 보는 눈과 사람의 길을 찾는 고전 연구가이자 역사문화 평론가다. 현재 21세기 정경연구소 소장으로 있는 그는 격동하는 21세기 동북아시대를 슬기롭게 헤쳐나가기 위해 동양고전의 지혜를 담은 한국의 비전을 꾸준히 제시하고 있으며, 2012년부터는 《조선일보》 주말판 경제 섹션 〈위클리비즈〉의 인기 칼럼 '동양학 산책'을 연재 중이다. 저서 및 역서로는 『조조통치론』, 『삼국지통치학』, 『전국책』, 『국어』, 『후흑학』, 『인물로 읽는 중국 현대사』, 『조조의 병법경영』, 『장자』, 『한비자』, 『귀곡자』, 『상군서』, 『채근담』, 『명심보감』, 『G2시대 리더십으로 본 조선왕 성적표』, 『욱리자』, 『왜 지금 한비자인가』 등이 있다.

묵자(墨子)
수정증보판

발행일 1쇄 2018년 11월 20일
2쇄 2022년 12월 20일
지은이 묵자
옮긴이 신동준
펴낸이 여국동
인쇄 성년인쇄 **출력** 현대미디어 **종이** 세원지업사

펴낸곳 도서출판 인간사랑
출판등록 1983. 1. 26. 제일 - 3호

ISBN 978 - 89 - 7418 - 775 - 0 03100

경기도 고양시 일산동구 백석로 108번길 60-5 2층
전화 031)901 - 8144, 977 - 3073, 031)907 - 2003
팩스 031)905 - 5815
전자우편 igsr@naver.com
페이스북 http://www.facebook.com/igsrpub
블로그 http://blog.naver.com/igsr

이 도서의 국립중앙도서관 출판시도서목록(CIP)은 서지정보유통지원시스템 홈페이지(http://seoji.nl.go.kr)와 국가자료공동목록시스템(http://www.nl.go.kr/kolisnet)에서 이용하실 수 있습니다.(CIP제어번호: CIP2018035019)